JN308521

叢書・ウニベルシタス　972

自己を超えて

ウィトゲンシュタイン，ハイデガー，レヴィナスと言語の限界

ポール・スタンディッシュ
齋藤直子 訳

法政大学出版局

Paul Standish
BEYOND THE SELF
Wittgenstein, Heidegger and the limits of language
(Avebury: Aldershot, UK)

Copyright © 1992 by Paul Standish

This book has been revised and expanded for publication in Japan
by arrangement with Paul Standish
through The English Agency (Japan) Ltd., Tokyo.

目次

第II部

凡例

一、本文中の段落間に挿入した注は訳注を示す。各章の終わりに記載された注は、原著の注を示す。原著の注に対する訳注は、章末注として、各章の最後に記載する。

一、ハイデガーの用語のうち、原著で使用されている英語が大文字の‘Being’になっているものについては、「存在」として、傍点をふり、それ以外の「存在」と区分している。ただし、著書名の場合は特に傍点はふっていない。

一、原著の本文中の強調のイタリック体は「対話」のように黒丸の傍点として右と区別している。

第Ⅰ部

日本語版への序文

ポール・スタンディッシュ

イギリスの教育と社会をめぐる時代背景

本書の一部を占めるのは、拙著 *Beyond the Self: Wittgenstein, Heidegger, and the Limits of Language* の翻訳である。この原著の主たる部分は一九八〇年代に執筆された。このたびここに出版されるテクストは、この原著の諸部分を改訂したものに、日本の読者を念頭に置き、その後執筆された諸論文を加えたものである。この序文において私は、原著の執筆動機が何であったかを明らかにし、また、今回の改訂に関わりをもつことになった様々な知的・政治的諸力を示したいと思う。もし私の思考が何らかの仕方でかれこれ二〇年前に自分がとった立場から前進していないのであれば、これは悔いるべきことであろう。もっとも、もし私が主たる議論の筋道をもはや維持しないのであれば、このたびの改訂を行うことを正当化する理由はほとんどなくなるであろう。こうした執筆の諸局面のそれぞれに関わる文脈と動機を説明しながら、ここで重要な点を説明してみたい。

原著のテクストで私が提示した中心的な思想は一九八〇年代に発展をみたが、それには、三つの主たる要因が関連している。第一は、社会的・政治的な背景である。八〇年代に国際政治において生じた大変化とも言えるものは、ソ連の崩壊によって最も劇的に示されたが、それは西欧ですでに進行していた諸々の変化と複雑な仕方で対応するものであった。こうした変化は、英語使用圏の国々で最も著しく見られたが、一層グローバル化しつつある世界の別の場所でも広がっていた。一九八〇年にロナルド・レーガンがアメリカ大統領に選出され、その一年前には、マーガレット・サッチャーがイギリス首相に選出されたことが、この変化を最も明瞭に表わしていた。両首長によって、政治的右派への決定的な推移が生じたのである。いずれの場合も変化の契機となったのは、社会経済レベルではミルトン・フリードマンの通貨主義理論であり、フリードリッヒ・ハイエクの、より広範な政治哲学がその背景で重要な影響を及ぼした。新しい政策は、両国の大多数の人々の気持ちを捉えた。そこでは、概してケインズ的な戦後の経済秩序は弱体化しており、また、両国の国際舞台での自信は揺らいでいた。二人の指導者たちは共に、独立した企業家的な自己を推進するような新しい政治を先導し、福祉体制を軽視すると同時に、社会や共同体といった概念を不鮮明なものとして軽視し、互いに協力しながら国家の自尊心を新たに主張した。直接税の削減と、貪欲さとまでは言わずとも取得心の奨励によって、企業は経済的進歩と繁栄の機動力として活気づけられた。国家の自尊心の再主張は、メディアイメージによって姿を変えられ、「文化遺産産業」[1]によって様々な仕方で劣悪なものとなった伝統の賞賛や内政の反動的な転換と好戦的な外交政策に結びつけられた。好戦的な外交政策に認められる功績は、せいぜいのところ冷戦の終結と抑圧的な共産主義体制の解体に何らかの影響をもたらしたということぐらいであろう。確かに、サッチャーとレーガンは依然として、前共産主義国家の多くの人々によって、その熱狂ぶりがいかに愚直で場違いなものであったとしても英雄としてほめたたえられている。さらに、フランシス・フクヤマの「歴史の終焉」という、悪名高く、多くの点で異議を挟む余地がある考えは、以上のような政策の影響が世界中に広がり、アメリカ支配がどの程度まで新しい世界秩序の主要な特徴となったのかを正確に記すものであるという点で正しかった。

もちろん、こうした政治的展開は、どこからともなく生じたものではない。様々な意味でそれは、より長期間にわたり社会で作用していた諸動向の論理的な展開であり、そうした動向の大半は、ある特定の期間、潜伏していたのである。ある意味でこうした動向を「復古的」と名づけることは便利であろうが、それはあまりに性急すぎる。というのも、これは伝統的保守主義への回帰ではなく、むしろ何か新しいものの創造であったからだ。事の真相は、二人の指導者たちが、より正確にはサッチャーが、と言った方がよいかもしれないが、人々の生活観や様式を変化させることに成功したということなのである。そのための手段の一つとして、サッチャーは、専門職、労働組合、教育制度を含めた社会の主要機関を解体し、徹底的に見直した。こうして教育にも変化が生じたわけであるが、これが本書執筆に関わる第二の主要因である。

イギリスの公教育の歴史は複雑であり、そこにおいては教会が主たる役割を担ってきた。総じてこれは、過去一世紀半にわたる、教育機会の漸進的な拡大の歴史である。第二次世界大戦後、何十年間にもわたり、中等・高等教育の機会均等化はとりわけ目立つものであった。一つの統計を挙げるなら、一九六〇年代に、高等教育――学位取得レベルとその先のレベルの教育と大まかに定義されるもの――が広まり、それによって、就学率はおよそ一〇パーセントになった。二一世紀の初めにあって、その数字は五〇パーセントに近づいている。ある意味でこれは、教育の民主化として、また、かつての階級支配社会以降なおも生き残っている特権構造を除去するための重要な手段としてみなされるべきである。しかし実情は一層複雑である。機会の拡大がそれに見合う公的支出の増加なしに達成された結果、現在の学生の教育経験と、学費を維持するために彼らが払う金銭面での労力は、かつての世代の経験とは著しく異なるものとなっている。*1 今日の納税者の五〇パーセントがなおも高等教育の経験の恩恵を被っていないという事実を念頭に置いた場合、おそらくこうした状況は、より公正な教育の普及であり公的支出の配分であり、したがってより民主的なものであるとも言えるだろう。*2 つまり、大学に通う人々が得る恩恵は、四〇年、五〇年前のものとは異なるかもしれないが（今やより多くの人々が学位をもち、その経験自体がもはやそれほど特別なものではないかもしれないからである）、それでもなお恩恵ではあるのだ。しかし、ここで描かれている諸々の変化がもたらした全般的な恩恵を測るには、ここまでの問いかけでは摑みきれない部分に目を向ける必要がある。そこで次にこの点について論じることにしよう。

＊1　高等教育を受ける人口は増大したにもかかわらず、それに比例して納税者一人当たりの教育費の負担は増加しなかったため、受けられる大学教育の質は、低下することになった。

＊2　教育の機会均等が拡大した背景には以下の二つの要素が絡んでいた。一方で、より多くの人々が大学に行くようになり、大学の恩恵がより広く普及することになったということは、平等という観点から見れば善きことであった。他方で、納税者の教育費負担が大学参加率の拡大に比例する形で増えはしなかったという事実は、納税者の半分が大学教育の恩恵を被っていない、という点から見れば、そうした納税者にとってより公正で善きことである、と考えられる。

考慮する必要があるのは、カリキュラムの変化と教育行政の変化であり、ここでは市場志向が二重の意味で顕著なものとなっている。カリキュラムに関して言うなら、経済的な協議事項に対してあからさまに固執する全般的な傾向が見られる。すなわち、教育の目的は、国の競争力を保証するために必要な技能と特性を労働人口に提供することだとされるのである。教育行政については、おおかた標準的な供給形態から、一層の多様性と制度間の競争への動きが進行してきた。コンプリヘンシヴスクール（総合性中等学校）――万人のための地域の学校であり、多くの人々にとって、それ自体が民主主義の表明であると同時に、その達成の手段として重要に思われるものである――とは対照的に、多様性と間接的な選抜形式への趨勢が強まった。これは、「万人受けする」学校では生徒が適切に差異化されず、親の選択の余地も残されないという認識のもとで生み出されたものである。学校、コミュニティカレッジ、大学といったレベルに管理面・財政面での責任が引き渡され、その結果、公立学校は地元の市場で生徒を獲得すべく競争し合うこととなり、大学は国家および世界的な規模で競争することとなる。学校の試験の結果は全国的に公開され、学業成績の順位番付によって、学校の卓越ぶりについての公的（そしてしばしば自己）認識が形成される。（試験の結果という形をとる）成果の測定が最も重要となり、一方ではこれが積極的な市場化の機動力となり、他方では懲罰的な検閲体制の機動力となる。その結果として生じるものがアカウンタビリティの文化である。そこでは何が重要かということが狭い意味で定義され、ジャン＝フランソワ・リオタールの表現を用いるなら、行為遂行性に基づく体制が煽られる。これが生み出す一つの不幸はストレスの増加であり、これに現在の多くの教師が耐えている。もう一つは子どもたち自身の側に見られる、満足のいく結果を出すことに対する前例のない不安である。これには、一部の人々がある種の子ども時代の喪失とみなすものが関係している。もちろん、二一世紀の初めにおいて、子ども時代の喪失という観点から物事がますます語られる傾向にあることには、他にも多くの理由がある。しかしここで決定的なことは、かなり年少の子どもたちが、（とりわけ、読み書き算数といった）きわめて狭い活動範囲の中で行われる試験の成績に資するものとして、教育を理解するようになっていることである。

ここで描写されるような変化は、一九六〇年代の繁栄期に、きわめて劇的な仕方でイギリスを席巻した、子ども中心主義の教育の効果と考えられるものに対する反動でもあった。よく知られているように、一九四〇年代、五〇年代の戦後の耐乏生活からようやく抜け出た後の一九六〇年代は、新しい機会と新しい思考方法の一〇年であった。経済が好転したおかげでこれらの変化は促され、その結果六〇年代初頭の首相、ハロルド・マクミランが大衆に、「これほど順風満帆であったことはない」と告げたことは有名である。芸術における新しい展開――ポップミュージックや映画からインテリ文化に至るまで――は、既成の権威が疑問に付され、道徳の標準として通用していたものが紋切り型の礼儀作法にすぎないものとして挑戦を受けたという事実を反映するものであった。そうした標準は、理性にも良心にも裏付けられておらず、過去を振り返ることしかしない社会を支援するものであるとみなされるようになったのである。生み出された社会変化の諸々の形式は、社会の一部において恐怖を引き起こしたが――「権威」に対する尊敬の失墜と性的行動の一層の自由に対しても同じ程度の恐怖が抱かれたように思われたのであるが――その政治的側面は比較的穏やかなものであった。対照的に、アメリカとフランスでは事情が異なっていたし、それは日本でも異なっていた。アメリカの大学のキャンパスでベトナム戦争に対する定期的な学生デモが行われたことにより、警察側はより厳格な対応を見せるようになり、ケント州立大学の学生が射撃された。これはベトナム戦争だけではなく、公民権運動の際のデモ行進とその果ての立法措置、そして、ジョン・ケネディ、ロバート・ケネディ、マーティン・ルーサー・キングといった指導者たちの暗殺の一〇年でもあった。フランスでは、政治的な不穏状態が依然として一層深刻なものであったということを覚えておくべきである。一九六八年、高等教育の改革案に対し、多くの教授の支持を得る形で学生からの抗議が生じたが、これはフランス社会での持続的な不平等に不満を抱いていた労働者たちと、ともかくも目的を共有することができた。しばらくの間、フランスは再び革命の瀬戸際にあるように思われた。イギリスの大学では、確かに座り込みデモや抗議があったが、実際にはフランスの場合ほどの政治的な影響をもつものではなかった。こうした不穏状態の中には、新たに見いだされた自由にうまく対処できずにいる中流階級の若者の、自己陶酔的で自己耽溺的な、取るに足らない反逆にすぎないようなものもあったことは間違いない。しかし、当時の大学は、より純粋な意味で政治的に活発であり、この中には、学生の学業に対する取り組みへの精神的な糧となるものがあったこともまた真実であろう。

もし一九六〇年代後半の大学生が世界の不正や社会主義の可能性を念頭に置いていたとするなら、ここ一〇年の学生はむしろ自らを、様々な課程の単位を集積する「自立した学習者」とみなすであろう。この努力は、実務的な目的に向けられるものかもしれない。あるいは、履修費用を支払い学費を維持するためにした借金をじきに返済しなければならず、それには雇用者が求める類いの資格をもっていることが必要であろう、という醒めた認識を反映しているにすぎないのかもしれない。かつての世代の学生が社会学や政治学を選んだとするなら、今日の学生はむしろ、会計、法律、マーケティングを選ぶかもしれない。これがもたらした損害は、マイケル・オークショットが「休止期間のスペース」と呼んだ大学教育の考え方――初等・中等教育が課す学業の要求と、将来働き口を獲得せよという要求の間にある休止期間――が徐々に浸食されてきたことに表れている。オークショットはこの休止期間が、自分自身のために勉強する機会によって特徴づけられるものであると理解した。すなわち、少なくとも自分が選ぶ学科のうちで、また願わくばより幅広い仕方で、文化が提供すべき最良のものと関連づけて自らを発見し陶冶するための機会である。オークショットは概して保守的な態度をとったので、一九六〇年代に行われた大学カリキュラムのあらゆる実験的試みを是認したわけではなかったが、それでも彼は、そうした実験的試みの後、ここ何十年かの間に見られるようになった全般的な実務教育重視主義には反対するであろう。

だが、私の見解では、嘆くべきは教育の実務化そのものではない。教育と労働のつながりが問題であると考えることは、実務的なものと学問的なものの二分化を固持することに等しく、これは説得力に欠けるばかりか、両者を共に損なう危険を冒すものでもある。明らかに、純粋に道具的な価値をもつ職業訓練の形式も存在する。タイプの学習はその一例であり、現在われわれがもっているキーボードをたたくための技能は、（音声認識の改良などを通じて）二〇年後には時代遅れになるだろう。しかし道具的な効用性と〔学問それ自体の〕本質的な豊かさを共にもちうる学問の諸形式も存在する。医学部の学生と人間生物学部の学生は、共に全く同じことを研究するかもしれない。前者には道具的な研究理由があるが、両者にとって研究は同様に興味深く価値あるものであろう。さらに、おそらく教育制度の中には、過去にこの誤った二分化が実務的なものを損なう働きをしたケースもあるだろう。確かに、例えばイギリスでは、エリート私立学校のカリキュラムを競争心をもって真似たグラマースクール[*3]は、非実務性という特徴を強くもつ傾向にあった。さらに、大学における実務的教科の研究は、いくぶんか劣っているとみなされた。これがイギリスの階級制度に起源をもつことはきわめて容易に理解できる。また、そうだとすれば、そのような二分化はほとんど正当化されえないものであり、制度としての大学、そして社会全体の双方にとって有害でありうる。

＊3　グラマースクールは、古典語、現代語、自然科学などを中心に一般的教育を行う大学進学準備のための公立中等学校であり、前出のコンプリヘンシヴスクール（総合性中等学校）と対比される。後者が能力にかかわらずすべての生徒のための学校であるのに対し、グラマースクールは、学問的に最も優秀な学生のみを対象とする。両者は共に、公立学校の範疇に入る。

教育をめぐる変化は、他の要因によっても特徴づけられる。その中でも特に二つを取り上げてみたい。第一は、経営管理主義である。一九八一年に『美徳なき時代』（*After Virtue*）の中で、アラスデア・マッキンタイアは、現代に典型的な三つのタイプの一つとして「管理者」を挙げている。経営管理主義のうねりは教育の諸制度に広がり、実際のところ、そうした制度が本来もって然るべき教育的関心事項から人々の注意を逸らすこととなった。産業によって設定されるモデルに従い、いわゆる「行為遂行性」と「優良性」尺度と呼ばれるものが導入された。事実上、これらの要因が上述したようなより広範な変化の大半の方向を導くことになった。第二に、教育におけるコンピューターへの関心が急速に高まった。当初は、コンピュータープログラムを学科としてカリキュラムに導入することに力点が置かれたが、後にこれは、カリキュラム「全面」における情報通信技術といったものへと移行した。そして、かつてのカリキュラム改革の大半は誤った構想であったと認識された。しかしながら、情報通信技術の使用が増大したことに伴うより重要な側面は、制度の管理経営面に見られた。この新しい技術が、管理者や教師の実践を一層決定づけるようになっていく有様には、驚くべきものがあった。それはあたかも、新しい思考様式の幕が切って落とされ、ある特定の教育実践が技術に従属するようになったかのようであった。

イギリスの教育哲学とリベラル・エデュケーション：自律性、真正性、人間主体

これら二つの点において、私は何か本質的に教育を歪めるものが進行していると感じた。しかし、教育哲学に目を転じ、それがどのような批判を提供しうるのかと見たところで、それに満足することはできなかった。当時のイギリス、そしてある程度のところ、英語使用圏の世界の他の諸地域では、教育哲学が正統的学説によって強力に支配されていた。これは、イギリスではR・S・ピーターズ、ポール・ハースト、ロバート・ディアデン、そしてアメリカではイズラエル・シェフラーの業績のめざましい成功によるものであった。彼らは、概念分析の方法（主流の哲学部で支配的であった哲学の形式）を採用し、彼ら曰く、

教育の哲学的探究に新たな厳密さを持ち込んだ。これによって、知識、学習、カリキュラムに関わる中心的な概念に精密な分析が提供されたが、私自身が直面していた実際的な問題にとっては比較的無力であるように思われた（この点については、Standish, 2007 を参照）。より切れ味がよく洞察に富む批判の形式を模索する中で、前述した諸々の変化に至る年月の間に私が発展させてきた哲学的関心が強められていった。このことについては、後ほどさらに論じたい。

しかしその前にまず、哲学が教育に関連づけられていた固有の文化的状況について、また広く行き渡っていた共通認識と力をもっていた語彙について、少々詳述しておく必要があるだろう。この状況は、リベラリズムの重要性と「リベラル」という用語に付与される重みについての何らかの感覚なくしては理解できないようなものである。もちろん、その用語と思想は共によく知られたものであり、教育を受けた人々が共有する用語の一部であることは確かである。しかし、政治的力を備えた数多くの重要な用語と思想がそうであるように、慣れ親しんでいることによって、かえってその思想と用語がくぐり抜けてきた様々な遍歴にわれわれは盲目になりうる。一九八〇年代に、「リベラル」という語は「自由主義経済学」という思想と新たに関連づけられるようになった。これは自由市場の経済学であり、先に論じたように、レーガンとサッチャーの台頭に密接に関連していた。この種のリベラリズムは、政治的右派がもつ系統的特色であり、トマス・ホッブズによる自然状態の比喩に起源をもつ。またその子孫である「ネオ・リベラリズム」は、新たな世界秩序を定義づける特徴となる。この世界秩序のグローバルな実現に対するフクヤマの賞賛は広く共有され、それを本当に妨げてきたものはイスラム原理主義の台頭と昨今の経済不況のみであったように思われる。しかしこれは実のところ、ホッブズではなくジョン・スチュアート・ミルからわれわれが継承する政治思想においてより広範に流布してきたものに比べ、「リベラル」という語をはるかに限定的な意味合い（自由市場的なリベラル）で用いたものである。とはいえ、このリベラルという語の外形は往々にして曖昧なものであり続けていることも事実である。ミルの指針的な思想——人々は自らが欲することを行うよう認められるべきであるが、ただしこれを行うに際し他人に害を与えてはならない——は、ミルの『自由論』が出版された後一世紀半にわたり西欧の意識の本流に注がれてきた感情であった。そして今や、かなり確信をもって言えるのであるが、学問の世界——実際のところ、今やグローバル化された今日の西欧世界——で出会う大半の人々は、この曖昧な意味でのリベラルである。その感情が、リベラルの名とほぼ同一視されるネオ・リベラリズムによって歪められ、植民地化され、弱体化され、腐敗化されてきた仕方を吟味するには、現状で認められる以上に、より精細な分析が必要とされるであろう。だが以下に続くテクストでは実際に、われわれの自律性と真正性（authenticity）、そしてまさにわれわれが自分自身を理解する言語そのものが、新資本主義の言説を通じて新たに構築される有様に触れる。「リベラル」をめぐる用語の近似性と語法上の重複によって生み出される混乱は、新資本主義の諸力の作用のもとで、ミルの不朽の労作を触発した洞察をはっきりと見据えることを困難にしているのである。

　けれども、さらに問いかける必要のある別の混乱がある。教育哲学においても、「リベラル」という用語は重要な位置づけをもっていた（そしてもち続けている）。オークショットに触発された哲学者たちがなそうとしてきたのは、リベラル・エデュケーションの思想を再表明することであった[*4]。そして彼らがこの語句に光を当てたのは、まさにその古典的な由来ゆえであったのである。おそらく、彼らが一九六〇年代と一九七〇年代にこのことを強調した最も重要な理由は、先に見たように、子ども中心主義の教育、もしくは進歩主義教育の台頭に対する懸念であろう。彼らは決して、子ども中心主義のすべてに反対したというわけではないのだが、とりわけ、それが教育の方法に集中しすぎて教育の内容をおろそかにしたという批判を行ったのであった。何が、なぜ、教えられるべきであるのか。教育内容をめぐる諸々の問いはいかにして解決されるべきであるのか。こうした教育の中心的な問いは、リベラル・エデュケーションの提唱者たちにとって、進歩主義者たちが必死に取り組んでいる方法についての考察に先立たねばならない問いであるように思われた。確かに、リベラル・エデュケーションの提唱者たちが、進歩主義者たちの熱意の中に（子ども中心主義は、当時主流であった教師教育における正統的学説となっていた）、一種のイデオロギーを認めたことは正しかったと言える。

＊4　原語 'liberal education' および関連用語である 'liberal' は「リベラル・エデュケーション」、「リベラル」と訳出する。本書で論じられているリベラル・エデュケーションは、政治・経済的な自由主義という意味ではなく、イギリス教育で今日も影響をもち続けている思想と実践の一系譜である。その主たる特徴は、(a)自律的個人の育成、(b)知的伝統への導き（＝学習内容への力点）、(c)以上の帰結として教養教育の重視などである。この意味で、通常、大学教育の用語として用いられる広義の「一般教育」とも区分される。

ここで、進歩主義とリベラル・エデュケーション擁護論との間の争いは、ある点において驚くべきものであるように思われるかもしれない。というのも、確かに、何らかの意味での自由を両者は共に模索しているからである。つまり、「リベラル」という語は結局のところ、「自由の特質をもつもの」を意味するのである。しかしながらここでの決定的な違いは、子ども中心主義が、子どもは最初から自由であるべきだと考える（とりわけ、『社会契約論』の冒頭の一行「人間は自由な状態で生まれるが、いたるところで鎖につながれている」[*5]というルソーの思考に触発されたものである）のに対して、リベラル・エデュケーションは、自由が教育を通じて、すなわち精神の漸進的な発達を通じて達成されるべき状態であると理解する、という点にある。つまり、後者によれば精神の漸進的な発達は、人間としてわれわれが継承するものの一部としての、思考と探究の伝統への手ほどきによって達成されることになる。このリベラル・エデュケーションの具体な現れの筋書きは、最も明瞭な形ではオークショットに由来しており、その比喩的表象の頂点は、二〇〇〇年以上前にプラトンの洞窟の比喩の寓話において見いだされていた。そこでは、われわれが自己満足的に現実として思い描く（洞窟の背後の）壁に点滅するイメージにとらわれている状態から、やがて教師によって頭の向きを変えられ、眼力を強化し、光に目を転じることができるようになるという観点から、人間の条件が描かれている。すなわち、実在、真理、善という観点である。しかしもしこれが、（真理について観照するための）幻影からの解放としての自由であるとするなら、ピーターズとその仲間の業績にはもう一つの自由の強調も見られた。ミルとイマヌエル・カントの政治的リベラリズムに一層起源をもつ自由、すなわち自らが自分自身で合理的に行った選択に従って行為するための自由である。この伝統に根づくと考えられる、より最近の教育哲学では、プラトンとオークショットからの継承は徐々に否定され、自律性の問題と選択の促進が、一層のこと前面に出るようになっている。この違いは時に、「リベラル・エデュケーションの哲学」と「リベラルな教育哲学」の対比という観点から説明される。私は、無批判にではないが、前者に深く共鳴する。また、様々な点で後者の内容には懐疑的である。本書の第五章においてなされている自律性の議論は、このことを明確にするものであるが、実のところそれは、本書全体の原動力である、より深遠な批評に込められたものである。自律性の理想に対する私の批判が一部では歓迎されていないということは、驚くにあたらない。（この一例として、White, 2003 を参照）。ジョン・ホワイトは、ピーターズ、ハースト、ディアデンのリベラル・エデュケーションの伝統を継承しつつも、明らかにこれをリベラルな教育哲学の方向に誘導する者である。この論文の中でホワイトは、自らがリベラリズムの批判者とみなす者たちの名を何人か挙げてそれぞれの立場を批判しており、私を含むこれらの批判者たちが、それぞれの立場に対するホワイトのこの批判に対して応答している。

＊5　ルソー『社会契約論』桑原武夫、前川貞次郎訳（岩波書店、一九五四年、一五頁）参照。

実のところ、合理的自律性とそれに付随する人間の主体性概念に対する批評は、大陸哲学では十分に行われていた。しかし、この形のリベラリズムは英語圏の道徳・政治哲学にとって支配的な枠組みであり続けていた。そして、はっきりさせておくなら、自律性の批評はこの価値の全面的な拒絶では決してなく、むしろそれが生み出す主体性の概念と、これが人間経験にもたらす限度についての徹底した認識を伴うものであった。私が提示する批評は、慎み深さ（humility）の徳についての第一章冒頭の記述で始まるのであるが、この徳がもつ力は、言語、人間主体、そして自律性と真正性をめぐる各章を通じて展開され詳述されており、これらすべての概念は、その冒頭の記述を起点に展開していくものであると言える。しかしとりわけ本書の第Ⅲ部によって、以上のことがより強固に達成される思考の道筋との一層明示的なつながりをつけることが可能になり、そうした思考の道筋のもつ教育的な意義を引き出すことが可能になった。

ハイデガーとウィトゲンシュタイン、そしてレヴィナスへ

先に説明したように、より切れ味がよく洞察に富む批判の形式を模索する中で、前述したような教育政策と実践の変化に至る年月の間に私が発展させてきた哲学的関心が強められていった。そこで、私の思想が育まれた経緯に、より直接に目を向けてみたい。これらの哲学的関心の内容については、本書の原著で中心的な役割を果たす二人の哲学者に言及することによって明らかにすることができる。ウィトゲンシュタインは当時、英語圏の哲学者の間で広く読まれていたが、ハイデガーは避けられていた。大半のイギリスの（そしてアメリカの）哲学者はハイデガーを読んでいなかったと言ってもよかろう。それだけではな

く、ヘーゲル、ニーチェ、そしてキルケゴールすらも読んでいなかったし、ましてやデリダ、フーコー、リオタール、レヴィナスはもってのほかであった。とりわけハイデガーは、一貫性がないという点で槍玉に挙げられ、その著作は明らかに本来の意味での哲学ではないと考えられた。これはもちろんのこと、依然として根強い、しかし弱まっているとも言える、いわゆる分析哲学と大陸哲学の間の分断を反映するものである。この分断によって、哲学は多くの面で損害を被ってきた。イギリスの哲学者、バーナード・ウィリアムズはかつて、このように哲学を区分することは、車を前輪駆動車と日本車に分けるような、混乱した区分であると述べた。私はこうした分断に失望していたが、それとは別に、それぞれの側に属する二人の哲学者の著作に関心を見いだし、あるきわめて特異な事態に驚きを感じていた。つまり、私には、私の教師たちが着目していた後期ウィトゲンシュタインの洞察が、実のところ、それより二〇年ほど前に出版されたハイデガーの『存在と時間』における思想と驚くほど似ているように思われたのである。ウィトゲンシュタインは、近代の感性それ自体にデカルト的自我が埋め込まれてきた多様な仕方を、骨折って明らかにしようとし、また、これがわれわれの生活のいたるところに悲惨な形で余波をもたらしてきたという鬱積した思いを表明した。このことは、私の考えるところ、彼の著書を読んでいると主張する人々によってさえ部分的にしか受け入れられていなかった。より広範な文化的病についての彼の感覚と、専門化された哲学やわれわれが理論化する傾向性それ自体が問題の一部であるかもしれないという不快なほのめかしは、当然のことながら、容易には受け入れられなかった。ゆえに、ウィトゲンシュタインは教育哲学において「権威」として不当に取り込まれ、彼の明晰さは崇められたが、それはリベラルな教育哲学の形而上学的な基礎を強化し、「平常通りの業務」を維持する形でなされた。この形而上学のかなめとも言えるものが、先に論じた合理的自律性の理想とぴったり適合するような主体性の概念であった。ウィトゲンシュタインの手法は控えめで抑制の利いた装いをもち、個別の事例に光を当てそれらを互いに並べて示し、われわれが使用する言語への忍耐強い注意を通じて理解の結び目をほどく。こうした手法のおかげで彼の著作は、表面的な分析を行う哲学の読者にとって理解しやすいように思われた。だとすれば、控えめさとはほど遠く一段と壮大なハイデガーの現象学の構想、そして言うまでもなく存在に対する崇敬と言語に対する一層の敬愛によって、ハイデガーは受け入れがたいものとなり、その思想は、ウィトゲンシュタインの書いたものを熟読する人々によってすら無視されるか抑圧されるかであった。ウィトゲンシュタインが挙げる諸例の明晰さと表現のニュアンスを聴き取る力は、無理な解釈をすれば、J・L・オースティンらの「日常言語学派の哲学」と共に、概念分析の作業を促進させるものとして読むことも可能である。ただしここでの「日常言語学派の哲学」は、この概念分析作業の下位区分として（不当に）理解されるもの、という意味でのそれである。その一方で、ハイデガーの言語は不可解なものに思われた。しかしそれでもなお、私には、今やついに二〇世紀前半の最も重要な人物と思われるこれら二人の哲学者の著書の間に、響き合うものがあると強く感じられた。なぜこの共鳴は認められていないのか。こうして、この問題に取り組むことが私の目的の一つとなった。

そのためには、書き方に関わるとてつもない問題に取り組む必要があることは明らかであった。教育哲学にはある特定の流布している言説があり、その中でウィトゲンシュタインはしばしば言及されていたが、いくぶんか限定的な読み方をされていたとも言え、またハイデガーは多かれ少なかれ未知であった。ウィトゲンシュタインの二次文献は膨大にあり、それによって私は、教育哲学分野の読み手にとっては耐えがたいであろうような解釈の複雑さに取り組むこととなった。そして再び、大きな溝の向こう側にはハイデガーについての膨大な文献があった。それは、ウィトゲンシュタイン派の人々と教育哲学者の双方の言説に見られる学問的形式とはおおかたのところ相容れない、特殊な専門用語で語りかけるものであった。事をさらに複雑にした側面として、先述したような教育の諸問題に取り組もうとするなら、実践に関わる教育者をいくぶん念頭に置かねばならないという思いがあった。これは純粋に学術的な探究ではありえなかった。

この帰結として、原著の想定される読者について確たる感覚を維持することはきわめて困難であった。前述したような多様な読者を見定めるなら、私の手法によって、それぞれがある意味で失望している姿を思い描くことができる。一種類の読み手だけのために書けば、事は簡単に解決していたであろう。しかし、そうしないことが私の目指すところであった。私は自分が見いだしていた様々な溝に架橋することを望み、より断定的な言い方をするなら、ばらばらの言説の諸形式をとりまとめることによって読者を攪乱することを望んだ。実際のところ、言語の違いと、そうした違いに対する感性の欠如は、私が関心を抱いている問題の核心に近いものであった。原著の中で私は、書き方における軋み合うずれとも言えるものの一部が、原著の目的におおいに関連するものである理由を示そうと試みている。

今回邦訳されることになった原著の改訂・拡大版では、多くの点で改良の機会が与えられることになった。原著のもつ弱点については、当時かなりはっきりと意識していたものもあれば、年月を経て納得するようになったものもある。こうした弱点のすべてを訂正できたわけではない。しかし、とりわけ、第Ⅲ部としてエマニュエル・レヴィナスについての諸章が所収されることによって、原著執筆以来の私の思想の発展の一部を示すことが可能になった。レヴィナスとウィトゲンシュタインの関連は限定的なものであり、十分に探究されてはいない。しかしレヴィナスはハイデガーのもとで研究した時期があり、ハイデガーが二〇世紀の偉大な哲学者の一人であるという思いを抱いていた。このことは、彼がハイデガーの著書について最も深い洞察に富む批判者の一人となることを妨げはしなかった。さらに私は、レヴィナスに目を向けることによって、原著において予示されている倫理的な関係性の一部により直接に取り組み、これをより充実させる形で発展させることができるようになったと考えている。レヴィナスがポスト構造主義に与えた影響は、ハイデガーと同様きわめて深遠であり、私はデリダの読解を通じてレヴィナスの著書に関心を抱くようになったところもある。しかしレヴィナスの著書は、特に本書との関連で、慎み深さという主題に適合するものでもある。この慎み深さという主題は、本書のより大きな企てを導く手がかりであり、その重要性が本書全体を通じて感じ取られるものであることを私は願っている。先に、控えめさとはほど遠いハイデガーの手法と私が呼ぶものについて留意した。もちろんハイデガーこそが、二〇〇〇年以上の期間の中で、存在を理解し、われわれの形而上学的な失墜を見抜く能力をもつ唯一の哲学者であるという権威の衣を身にまとった人物であった。だが私は、彼の哲学がある種の慎み深さを携えるものであるという考えを、それがいかに彼の個人的・政治的生活において彼を捉え損ないうるものであろうとも、捨ててはいない。ウィトゲンシュタインにおいて、この徳は議論の余地がない。ウィトゲンシュタインは、その人柄においても仕事においても、慎み深さと言えるものを体現する人物である。私が原著の初版を執筆して以来、他の人々も同様の思考の筋道を辿ってきた（Mulhall, 2001; Cooper, 2002）。しかし今回の改訂版で第Ⅲ部を追加することによって、私は今や一層強固であると思われる仕方で、すなわち、ウィトゲンシュタインの抑制を超える仕方で、またハイデガーの思想の過剰さによりうまく対決するような形で、こうした主題をとりまとめることができるようになった。これは、とりわけレヴィナスの著作を通じて達成される。そこにはレヴィナスがハイデガーを必要とするという感覚がある。つまり、レヴィナスの難解な思想の性質は、すでに差し出されていたハイデガー的な伝統がもつ深い洞察から距離を置くものとしてでなければ、容易には理解されないということである。こうして、本書の第Ⅱ部と第Ⅲ部の間に、ある転換点、もしくは折り目が生じることになるのだが、これは本書の意図に本質的に関わるものである。表現を変えれば、それはこの著書の目的の中枢であるとも言え、これらの著者たちの書いたものを十分に読み取る上で、経験的に必要なものである。

原著を執筆して以来、（英語圏の）教育哲学界は、以前ほど正統的学説によって支配されなくなり、一層国際的になり、異文化間の交流によって一層豊かなものとなってきた。本書の改訂版が日本語で出版されることがこれを示しているとも言えよう。そうした事実に、私はある意味で安堵している。また、英語使用圏において大陸哲学への関心が一層広まり、諸々の伝統の間の壁が崩れてきたことは喜ばしいことである。私がそうした変化に対してたいそうな貢献をなしたなどと主張するつもりはないが、この一つの流れが行き着く、より高い地点に合流できたなら本望である。当時は一つの滴に思われたものが、今や諸々の潮流が融合する中で、より広い思考の泉へとほとばしり出て、哲学と教育に資するものとなっている様子を目の当たりにできるようになったのである。

（1）これを示すのは、様々な形でノスタルジアがメディアによって推進された有様である。例えばＢＢＣは、かつて実験的演劇や芸術の革新に力を注ぎ、それで信望を集めていたのであるが、これを切り捨てて、製作費はかかるが、批評的な切れ味を欠く、文学名著の改作を取り入れた。

序文

本書の目的は、二つの関心の方向性という観点から理解できるであろう。

第一は、ハイデガーとウィトゲンシュタインの著書の諸側面のよりよき理解に向かう方向性である。本書では、対立する伝統を代表するとしばしば考えられる哲学者たちについての読解を組み合わせ、その価値を示すことを試みる。

第二は、現代の世界に流布している諸々の特徴をよく表していると考えられる、ある特定の実践的諸問題について理解を一層深める方向性である。これら二つの方向性は、言語と自己に関する諸問題に収斂する。教育の理論と実践の諸側面には、これらの諸問題についての今日的な想定と応答が先鋭な形で表れている。教育は、今日の文化的価値や信念の表明であると同時に、それらの未来の発展の決定要素であるという意味で、特別な意義をもつ。

表層的な意味において、これら二つの方向性は対立すると捉えられるかもしれない。本文では、それぞれの方向での探究が互いに高め合うような形で、異なる語り方を通じて、行きつ戻りつ執筆することが目指される。実践的な問題の理解には、哲学的な支柱が必要である。逆に、哲学の意義と重要性は、実践的なものとの結びつきが示されるところで表明される。

言語と自己に関する諸問題の分析は、現代の世界を理解する上でなおも実現されるべきものとしての、ハイデガーとウィトゲンシュタインの思想の価値を示そうとするものである。こうした仕方で応用される場合、哲学は万事をあるがままにとどめる必要はない。本書は、少なくともこうした諸問題のいくつかが見直されるような再方向づけを目指すものである。

D・I・ロイド博士には、私のウィトゲンシュタインへの関心を高め発展させていただいたことに感謝する。マイケル・ボネット氏、フランシス・ダンロップ氏、R・K・エリオット教授、リチャード・スミス氏には、執筆の初期段階で有益な助言をいただいた。

第一章　序　論

第1節　目　的

本章は議論の第一段階ではなく、本書の全体像を描くものである。また、後に続く諸章を構成するハイデガーとウィトゲンシュタインの比較考察を展開するための素地を記すものでもある。ここで示される様々な思考の流れや手法は、テクストの展開の中で織り合わされていく。以下、本章では、大まかな輪郭を描くと同時に、時に実践的なことがらの細部にも焦点を当てる。その哲学を現代の問題に応用しようとするのであれば、こうした手法の幅広さが求められる。応用の中でその理解は一層深められるのである。

近代世界についての懸念は何ら目新しいものではない。また、懸念の源を言語と自己についての近代的な捉え方のうちに見いだすことにも目新しさはない。その上で、そういった問題について繰り返し言及するにとどまらないためには、より鮮明に焦点を当てることが必要となる。そのための一つの方法は、一連の実践的・理論的諸問題および政策に関わる想定をめぐる論争の場を視野に入れることである。現代の教育は、支配的な価値と信念を反映すると同時に未来の発展を方向づけるという、とりわけ重要な形で、そうした場を提供する。

ここで姿を現す教育の場面において決定的な役割を果たす要因は、カリキュラム、教育管理、学習者の捉え方という観点から明らかにされるはずである。それでは、そうした要因を特色づけている際立った特徴とは何であろうか。

カリキュラムの内容は、ある意味で一層支配的なものになっている功利主義的な関心によって特徴づけられている。情報とその処理への関心によって教科の手ほどきが置き去りにされるという事実が、このことをよく表わしている。また同じことが、技能への集中にも明らかに見てとれる。「学習の仕方を学習すること」は情報源へのとらわれにつながり、その結果、従来的理解を得ていた教えることの役割が価値を失い、物事を簡便化する思想に取って代わられるようになる。

とりわけ、管理技術を通じた合理的計画に対する信仰が、多くの革新、再組織化、系統化を支えている。これは、物的・人的資源の管理についてだけでなく、児童や生徒に対する見方についても少なからずあてはまることである。産業管理の思想の影響は、「効率性と有効性」、査定と評価、品質管理への新たなとらわれの中に感じられる。

合理的計画の望ましさはまた、学習者が自分自身の人生を考えるよう奨励される仕方にも顕著に表れている。ある人の人生を計画すべき何かとみなす考え方に対応するものは、個人・社会教育の諸側面において、産業と商業の需要に見合う若者を生産する必要性や、安定した社会の維持を促進する必要性が、多少なりとも公然と受け入れられている状態に見いだされる。

このような教育の隷属状態に含意される技術主義によって、学習と知識の捉え方は改訂される。その結果、技能と情報へのアクセスへのとらわれによって、理解の促進が置き去りにされる。

これらの特色は、世界と人間本性についての実証主義的な見解と結びついている。ここでの実証主義は、大まかな意味での科学的方法を生活の他領域に拡張することに深く関わるものとして理解される。(1) そこには、事実こそが知識の唯一可能な対象であり、それは科学的方法によってのみ提供されるという前提がある。科学は行為の基礎である予測を提供するとされる。また、人間の行いを基礎づける一般原理は発見されうるものであり、行為を導くはずのものであるとされる。そして計画された行為は進歩をもたらす。これらの典型的な特徴は、これから考察されることになる諸形式の中に多かれ少なかれ明らかに見てとれるものである。

これに関連して、教育に特別な帰結をもたらすものとして、二つの形式が挙げられる。第一は、言語に見られる実証主義である。第二は、個別の行為者という思想に見られる実証主義である。これら二つの形式は関連しており、そこから科学主義的傾向性——科学の言語(と通常考えられるもの)の流用と誤用——も生じてきた。

これらの問題は一様でなく、幅広い形で認められるものであり、これまで様々な形で考察されてきた。また、これらに対しては多くの批判が向けられてきた。すなわち、直接的には教育実践に対する、より一般的には近代世界を形成してきた道具主義に対する批判である。こうした批判は、真っ当な議論よりもむしろ情報源の制御によって強力に弁護されてきた領域に、意味ある形で食い込んできた。教育哲学者によって、とりわけ支配的なリベラル・エデュケーションの理論によって批判がなされる場合もあった。しかしこの問題は、国内的には教師教育のコースに割り当てられる時間の大幅な削減という結末を辿ったのであり、このことは情報源の制御が批判の効果を弱める上で果たしてきた役割を例証している。もちろん、この種の権力は、いかなる論争を調停するものでもないが、問題となっている教育の捉え方が繁栄してきた有様を説明する上での手がかりにはなる。

これらの批判は価値あるものではあったが、一部の批判の根拠には疑いをもつだけの理由はある。要するにその批判の弱点は、ある特定の点に関してそれ自体が疑わしくなるような教育の捉え方に結びつけられている、ということにある。これが真相であることを例証するためには、より幅広い説明が必要となる。

たとえそれがより洗練され説得力をもった実証主義であるにしても、リベラル・エデュケーションの理論には、実証主義の要素が含まれている。リベラル・エデュケーションの理論の見解のもっともらしさは、リベラルな知的伝統が支配的なものであり続けてきたという事実にいくぶんか関わっている。こうした伝統はわれわれの文化的生活や社会的・政治的制度にきわめて深く埋め込まれているので、それを問い直そうとするいかなる試みも、不安定な基盤から出発するしかないように思われる。

だが、この見解が重大な欠陥をもつと信じる根拠はある。そうした欠陥は、この伝統の中で著者たちが表明している立場の中に発見される場合もあるし、彼らの暗黙の想定のうちに発見される場合もある。欠陥は主として言語の性質と人間主体の性質に関わっている。そして、言語と主体の問題の間には相互関連性がある。

これらの過ちは、リベラルな哲学者たちが吟味する、教育における実証主義に現れている。しかしながら一部の批判が相対的に見て有効性をもたない一因は、批判者たちがこれらの過ちを共有している点にある。したがって、実証主義に対する異議申し立てを成功させるためには、こうした過ちの正体を暴く必要がある。

後期ウィトゲンシュタインとハイデガーは、これらの思想に対する批判の原動力となる可能性を秘めている。前者は学術文献の中で広く引用されているが、おそらくは、彼の立場がもつ力は十分には理解されずにいる。また後者は実質的に無視されている。他にも、ある特定の点について関係する思想を提示してきた著者たちがいる。したがって、私の主たる目的は、これらの思想の源を明らかにしていくことにある。問題となっている実践に対する直接的な批判を、これらの思想家の著書から読み取ることは通常は不可能である。というのも、ある意味で思想の力が明白になりうるのは、思想がそれ自体のことばで提示された時に限られるからである。しかしながら、まさに思想をそれ自体のことばで提示することができれば、諸問題に対するそれらの思想の応用可能性を見てとることも可能となるであろう。

こうした理由から、本書における私の関心の一つは、これらの著者たちの思想を直接に解明することにある。このことは、彼らの思想の価値と実践への応用可能性を最終的に明らかにするために必要なことなのだ。これが以下本書で展開されていく必要のある筋書きである。この筋書きが展開されないままで終わってしまうようなことがあれば、問題となっている世界の（したがって教育の）見方に閉じ込められたままでいることになろう。

逆に、こうした筋書きを語ることによって、ウィトゲンシュタインとハイデガーを探究するための構造と方向性が提示される。ゆえにそれは、哲学における根源的諸問題をめぐる彼らの立場を明らかにし、比較するための適切な手段なのである。このように、英米哲学と大陸的伝統の間の思想内容と文体双方における緊張関係のいくつかを検証することによって、これらの問題の考察を活性化することができる。

ここで提示される思想が教育に対してもつ関連性は、否定的なものには限られない。つまり、教育に関する支配的な捉え方に見られる過ちの正体を暴くことには、より肯定的な示唆が伴うのである。こうした示唆は——例えばカリキュラム立案といった——個別的な実践に対する批判をもとにした、いくらか理解しやすい処方箋として現れる場合もあるであろう。このような処方箋は、批判されているものをある程度は無効化する力をもち、難なく理解される。

しかしながら、それほど容易には表現できない、より広い意味での示唆もある。ここで私が意図していることを簡潔に言い表わすために「受容性」（'receptiveness'）という用語を早々に持ち出してしまうと、この示唆は誤解されてしまう可能性がある。なぜなら受容性という用語は、本書で異議を唱える見解を背景にして後に取り上げられることになるからである。したがって、もしこうしたより広く深い示唆を実現しようとするなら、徐々に全体に光を当てる必要がある。論証するよりも、むしろ示す必要があるものも存在するのである。

どのような手法をとるかを説明するために、ここで予備的概略へと進んでいきたい。これはより大きなテクストの中の縮図としての役割を果たし、素描という形で、諸思想を提示するものである。以下に続く諸章の課題は、それらの思想を裏付け、補塡し、展開していくことにある。予備的概略は要約ではない。つまり、後に論じられるいくつかの思想は複雑さをもつゆえに、この段階で自己充足的でもっともらしいいかなる要約にも取り込まれることはない。予備的概略は戦略の一部なのだ。思想は一つ一つ積み上げることのできるものではない。それらが意味をなすためには、相互関連性が必須だからである。概略が提供する全体を垣間見ることによって、後に続く諸章でのより込み入った議論のための文脈が提供される。それはいわば、演劇が始まる前の無言劇である。

概略では、慎み深さ（humility）について論じられるが、それは諸問題の性質を焦点化する手段である。このことが適切であるのは、慎み深さが、特に自己を超えるものに関わる徳だからである。それは受容性を創出する徳である。そして私は、それが言語とその限界に関する諸問題と不可分であることを示したい。

第2節　予備的概略

2・1　自己本位的な徳

最近目にしたコンピューター作業の求人広告には、以下のように書かれている。

あなたは利己的ですか。わたしたちはそういう人を求めています。自制心があり、自己動機づけがあり、自己を確信している人……

求められている徳は、今日、特に重用されているものである。ここで列挙されているものは、先に挙げた教育のいくつかの特徴に共通する要因を捉えるのに便利な手がかりである。

職業的に新たに重視される点には、一方で、教育が産業の需要をかなりの程度満たさなければならない、という信念が含み込まれている。他方でそれは、システム内で「本分を尽くす者」となる人々には潤沢な報酬があるとほのめかすことで、学習者を惹きつけようとする。「成功」を生み出すことになる特質だとされているのは、まさに先に挙げたようなものである。

そこに見られる生徒中心の発想には、何はさておき学習者自身が教育的企ての出発点、あるいは中心点であるべきだという信念がある。このことは、勉強する教科が学習者の嗜好に基づいて選択されることになり、教科の内在的一貫性にはさして注意が払われなくなる可能性を意味するのかもしれない。教科の権威と自律性は、学習者の活動と応答の正当性とみなされるものに従属することになろう。ここでは学習者自身が権威なのである。

これらの価値は、より微妙な形ではあるが、情報と技能としての知識という捉え方にも現れている。これに従えば、成功する生徒とは、独立してうまくやっていくのに役立つ知識の情報源を制覇できる人物だということになるであろう。ここで、知識の情報源に依拠した学習に従事する、孤立した存在としての生徒像は、プロセスの中の一段階として、モジュール式のカリキュラムからの選択を行う者としてのキャリア計画者像によって重ね合わされる。

リベラル・エデュケーションの理想もまた、より洗練されたやり方ではあるが、これらの徳を重用する。公共的な思考や、それ自体が目的とみなされるような知識形態の伝授に力点が置かれるが、その正当化の根拠の一部は、こうしたものの修得が自己を自律的状態へと解放するために必要である、という前提に基づいている。ここで言う解放には、一般的なものと普遍的なものの理解を通じて、現前するものと個別的なものの限度を超え出て自分自身を高めることを学習者に可能にさせるということも含まれるであろう。そうであるとすれば、リベラル・エデュケーションの理想的産物は自己の手中に収まり、またおそらくは先の求人広告に挙げられたような徳を十全に表わすものとなるであろう。

先の広告は、「利己的」という語の軽蔑的意味と他の用語との表層的関係を、挑発的な口調で利用している。今日人々が一層利己的であるか否か――そしてこれが善いことか悪いことか――を私は論じたいわけではない。これらの自己本位的な徳の価値と、教育的企ての内部でのその重要性には否定しがたいものがある。それを抜きにした世界の展望は、ほとんど一貫性をもたないように思われる。確かに、自己本位的な徳は、最も重用される功績のいくつかに役立つ道具ではある。そうであるとすればどうやって――以上のことがもつ力によってそう言わざるをえないように思われるのだが――われわれがその価値に問いを差し挟むことなど、はたしてできるのであろうか。

しかしなお、何かがこの見方から抜け落ちているという感覚が残る。これがまさに何であるかは定義しがたい。広告の一覧が提供する問題の手がかり、すなわち自己本位的な徳に共通する要素は、自己への焦点化である。このことは、自己本位的な徳において、自己が価値の中心かつ世界の立脚点として主要な参照点である有様に関わっている。

その見方から何が抜け落ちているのかという問いについて取り組むために、ある徳について考察したいと思う。それは、価値と立脚点の中心たる自己が抑止され乗り越えられるような徳、すなわち慎み深さという徳である。この概念の分析は何を生み出すのであろうか。

2・2 慎み深さ（humility）

もしある人が自分の慎み深さを誇るなら、それに対する気の利いた応答は、その人にはかなり謙虚な（humble）ところがあるのかもしれないと遠回しに述べることである。もっとまじめに、場合によってはニーチェを引き合いに出して、慎み深さは何ら喜ばしいものではないとその人に進言することも可能であろう。むしろ慎み深さとは、人間を限界づけ、軟弱にさせるキリスト教の名残であり、人間が能力を発揮することを妨げるものであるというわけだ。慎み深さは、成功への欲求や功績の誇りといった諸価値とは正反対の方向に向かおうとする。われわれの知る数多くの英雄の一人一人が、現実に達成した目標よりもむしろ慎み深さを追い求めていたなら、その数は著しく減っていたであろう。こうした主張の妥当性については、後に触れるつもりである。しかしながらまずは、「慎み深さ」や「謙虚な」といった用語を用いる際に何が意味されているのかを明らかにするために、いくつかのことを述べておく必要がある。

これらの語について着目すべきことの一つは、名詞形がもつ、形容詞形や動詞形とは異なる意味である。私は、ささやかな教師の給与を得るしがない(humble)教師であるかもしれないし、つましい(humble)家に住んでいるのかもしれないが、これは私に慎み深さがあるということを何も示唆してはいない。(ラテン語の'*humilis*'という語には否定的な意味しかない。)「慎み深い」という用語がとりわけ人間について用いられるということは、ある人の家のつましさ(humbleness)や質素さ(humble nature)ではなく、その慎み深さについて語ることの不適切さ、あるいは少なくともぎこちなさを考えれば明らかである。このことの意義は、家の特質のように公的に観察可能な特徴と、ある人の自己理解のようなもっと私的な要因との間の区分にあるように思われる。もちろん、ある人の慎み深さは、その人の行動に明らかに見てとれるものであるかもしれない。例えばその人は、他者の利益を考慮することに熱心で、自分自身の目的だけを追い求めることには乗り気でないかもしれず、彼自身の信念には警戒を示し他者の重要性には気づきを示すかもしれない。しかしこれらはいずれも、彼の慎み深さの十分な証拠ではなかろう。慎み深さは、何よりもまず、彼が彼自身と世界における自らの位置づけをどのように見ているかということを含意するように思われる。

2・3　正当な自尊心と真なる判断

自尊心と傲慢さも、自己の捉え方について何らかのことを含意している。繰り返すが、これらはいずれも主として行動に関わることがらではない。ただし、われわれが普段人々の傲慢さを非難するのは、彼らが望ましくない仕方でふるまうからである。それを償う行動について何らかの説明がなされるなら、われわれは非難を引っ込めようとするだろう。例えば「マードックは傲慢に見えるが、本当は彼は自信をなくした哀れな奴なのだ」といったようにである。マードックが自分自身を他人よりましであると信じる場合にのみ、その咎めは有効であろう。しかし、われわれは常に、傲慢さの非難と自尊心の賞賛を同時に行うことができる。人は自分の仕事に自尊心をもつべきであり、自分が達成したことの一部を正当に誇ることができる。もしそうした場合の自尊心が悪徳ではなく徳であるというなら、ここでは「正当に」という語の意味が決定的に重要である。もし私が正当にXについて誇るなら、そのことはXおよびそこでの自分の役割についての私の捉え方が正しいということを意味するであろう。そこでの私の役割が偉大なものである必要はない。ジュリーが彼女の長い髪を誇っていることや、ジャネットがくびれた腰を誇っていることには、何ら悪いことはないように思われる。ただし、そうしたことはいずれも普通は功績とはみなされえない。

しかしながら、自尊心が過度に一般化される場合、われわれはそれを徳としてみなすことをやめる。もしマクセルがたんに自尊心をもつ人物であるというなら、われわれはおそらく彼をその傲慢さゆえに非難するであろう。ここで傲慢さというのは、自慢したり、自分自身を他人に優先させるといった傾向性だけを含意するものではなく、自らが他人よりも優れており、重要であるという信念を含意するものであろう。そのような信念が正当化されるかどうかは、平等に関する問題によってある程度決定されるように思われる。ある人々――例えばレオナルド・ダ・ヴィンチやゲーテ――が、多くの点で他の人々より有能であるということは明らかである。もしそのような人々が自身の様々な功績について誇るなら、われわれが彼らを傲慢であると非難することは理にかなわないように思われる――ただし、多くのことは、功績が自己増長の手段として道具的にみなされるのではなく、どの程度自尊心の中心を占めているかということによるであろう。もし彼らがたとえわずかにでも自分たちの功績を人間としての価値と等価にみなすなら、われわれは疑念をもち始める。そして、これら個別の能力のいずれをも超えてより重要であり、それに照らしてみれば彼らが仲間より秀でているということにはならないような、人間に共通の何らかの特質を求めることになる。このことを見落とすなら、そうした人々は実に傲慢であると感じられることになる。

ここで論じられる必要があるのはこの複雑な問題ではない。「傲慢さ」という侮蔑的な語が表現する意味は、自分の才能を過剰に評価している人物に関わるものであると同時に、自分の重要性を過剰に評価している人物に関わるものでもある、とだけ述べておけば十分である。傲慢さの場合に見られるこの過剰評価という規準は、慎み深さの性質に何らかの光を投げかけることができるのであろうか。

先に挙げた例から明らかなように、ある人物の自分自身の価値についての感覚は、特定の文脈に限定されるかもしれないし、一般化されうるかもしれない。特定の文脈の好例は、スポーツの分野に見ることができる。五年間続けてウィンブルドンで（また他の主要なトーナメントで）勝利するテニスの選手がいるとしよう。この場合、この選手の選手としての価値の真の査定は、彼が世界で最高の選手であるというものだろう。もしその選手がこう考えたとしても、われわれが彼を傲慢であると非難することが正当化されないことは確かであろう。他方、もし彼が自分自身をいまだかつてない、そしてこれからも永遠に現れることのない最高のテニス選手であると判断するなら、彼はおそらく、その信念が証拠づける、あるいは証拠づけうるいかなるものをも超えてしまうという理由で、傲慢さの罪を負うであろう。しかし、もしそのような証拠に対面して彼が自分の成功には目もくれず、自分は本当のところテニスクラブの良き一選手にすぎないのだと感じるならどうであろうか。あるいはもっとありうることとして、上位一〇位ほどの中に自分をランク付けることは受け入れても、これを除けば彼の成功はその日の運に多分に関わるものであった、と信じるならどうであろうか。そのような態度は説得力がないわけではないであろうし、確かに斬新であるだろう。しかしそれは慎み深さとみなされうるのだろうか。

われわれは通常、人々が誤った世界観をもつことを賞賛することはできない。大真面目の過小評価も含め、誤った判断は、人をこの種の徳から遠ざけるように思われる。逆に、もしある人の才能についての真の評価が慎み深さの一部であるなら、慎み深さは公正な自尊心と両立するものとなる。慎み深さには自分自身についての失意の感覚が深く関わるというヒュームの主張は、妥当性に欠けている。それは力点の違いなのだと言われるかもしれない。すなわち、慎み深さは自分自身を超えるものに注意を焦点化するものであり、他方で自尊心は主として自己中心的である、と主張されるかもしれない。その差異の重要性については以下で考察されることになる。

しかし真の評価という考えには、それが慎み深さの条件とみなされる限りで、問題がある。自己を強調しないことと真の評価という考え方の間には、ある種の緊張関係がある。もしある人物が、仲間の相対的な成功と失敗に基づく判断によって彼自身の才能と功績を評価し始めるなら（そしてもしこれを公明正大に行うなら）、これは公正な評価の要件を満たすように思われる。ここでの一つの問題は、こうした評価に自己自身への焦点化が深く関わるということである。しかし問題はこれ以上に根深いものである。状況へのこうしたアプローチには、測定の適切さを認めるという問題がつきまとう。スポーツにおける功績といった限定的な文脈においては、このアプローチは妥当なものに思われ、それこそが事の核心であると言う人もいるかもしれない。これに基づくなら、慎み深さは過大評価と大真面目の過小評価の行き過ぎの間に位置づく、自己自身についての真の判断のための手段であると言える。ここでの徳は、自己を抑制する働きをなす。しかしスポーツの文脈においてすら、この分析には何かしら欠落した部分がある。事実、この条件が満たされた結果生じるものは、慎み深さよりも、むしろ控えめであること（modesty）に関わることがらである。ただし、前者の用語が緩やかにこうした意味で用いられる場合もある。

より強力に解釈すれば、慎み深さにおいて自己は注意の焦点となることを一切やめる、と捉えることもできる。これによって自己自身についての判断が不正確であるということを言いたいのではない。そうではなく、注意がこれを超えるところに向けられ、謙虚な人物にとって自己は問題ではなくなるということが言いたいのである。こうした観点に立った場合、自分自身についての真の判断は、決定的な慎み深さの規準ではありえず、控えめであることとの関連においても不十分だということになる。

この強力な解釈に基づくなら、慎み深さは、自己自身の深刻な過小評価と矛盾しないと言えるかもしれない。しかしこの解釈が説得力をもつかどうかは、その人がどのような展望によって導かれるか、ここからどのような生活が生み出されるかによるであろう。このことは、ある部分自己自身と世界の間の境界をいかに捉えるかによって決まる。この点で、人の才能をどのようにみなすべきかという問いかけが重要なものとなるであろう。

2・4　態度と様式

慎み深さと控えめであることがテニスのチャンピオンの態度から欠落しているように思われる場合、それは、チャンピオン自身の勇敢な行為が正確に評価されないからではなく、競争という文脈における彼の態度と行動に落ち度があるためである。これは一面では様式の問題でもある。

これは問題を矮小化することではない。他者とやりとりをする際、われわれはある仕方で行為しなければならない。われわれの態度は、こうした様式の差異という観点から育まれ維持される。もちろん、多くは通常スポーツマン精神と呼ばれるものに関わることがらであろう。こうした精神に基づいて、スポーツの勝者は第二位の者に対して何らかの気遣いを示すであろう。そして、彼らの長所について語るだろうし、彼らが参加したことの真価を認めるであろう。こうしたことはすべて行為でありうるし、実際そうであることがしばしばである。しかしそれは、真価を認める純然たる態度を反映するものでもありうる。そうなると勝者は、他者を、彼自身と同じく価値ある企てに従事している者とみなすであろう。そこには、「だから言ったではないか」といった自分の成功に対する自信よりもむしろ、驚きの要素がある。

態度と様式はまた、人が自分自身の才能をどのようにみなすかという点でも意義をもつであろう。人は自らの才能を、自分が世界にもたらす属性でありながら、控えめであるためには公正に判断しなくてはならない属性であるとみなすこともできる。しかしながら、慎み深さを守る時、これらは評価の対象として掲げられる所有物ではなく、感謝されるべき贈り物としてみなされるべきものである。その場合人は、作者であるよりもむしろ受け手である。人がその内で自らの才能を保持するような自己の境界は視界から消えていく。

2・5　他者への敬意

慎み深さが感謝されるべき贈り物としてみなされなくなると、慎み深さが他者志向的なものとなり、また慎み深さと控えめであることとの間に何らかの違いが明らかになるような、二つの状態が明らかになる。前段落で概説した真価を認める構えは、控えめな人物にはとてもしっくりくるかもしれないが、実際に彼に期待されているものは、功績を軽く扱い、場合によってはそこから注意を逸らす傾向性である。慎み深さによって、その方向性はより積極的に外へと向けられる。第一に、スポーツや他の美的目的のためにある技能を実践する人々が、いかなる個別の競争者からも独立し彼らを超えるところにある標準に向かって奮闘している、という状態がある。もっとうまくできたかもしれない、といつでも思われるわけである。第二に、成功する人々は、事が違う風になされていた可能性がある――彼らが失敗していたかもしれない――という事実に対する気づきを維持できるという状態がある。これは、人間の計画と功績の不安定さについてそれとなくほのめかすものに違いない。悲劇と同様、スポーツはある意味で、もう少しで失敗するということが成功を補っている状態を劇的に示す。そのような気づきによって、少なくとも、他者に対するある種の共感を維持し獲得することさえも可能であるように思われる。他者も自分と同じく価値はあるが危険を伴う企てに従事している。競争が終わり、競争者たちがあからさまに肩を寄せ合う様は、おそらくこのようなことを示唆するものであろう。失敗をどれくらいまで認められるかで、ある程度の威厳は手に入る。失敗の危険を冒そうとする意欲は、臆病な性質に歯止めをかけるものとなる。

2・6　測定、および標準の独立性

そのような場合、他者への気づき方として二つのタイプが挙げられるであろう。第一に、個別の競争者から独立した標準を敬うことである。第二に、他者と彼らの目論見に対し、ある程度の感受性をもつことである。そのような他者への気づきは、競争の領域を超える含意をもつ。実際に、競争という考えは、功績を相対的に評価することと必然的に関連しており、標準の独立性の感覚に取って代わろうとするものであるのかもしれない。

独立した標準への関心は、独立した道徳的価値への関心に呼応する。他方で他の競争者に対する感受性は、他者の幸福への感受性に呼応する。これは論理的必然性の問題ではなく、他者への気づきの様々な形態をまさに指し示しているのである。それらは、ある人物の広義の慎み深さにおいて重要な要素となるであろう。

他者への気づきに関するこれらの形式は明らかに、例えば、寛大さ、親切、慈悲深さ、ある特定の形をとる忍耐などの徳に関連する。人は、他者に対して、寛大で、親切で、慈悲深い。また、他者に対して忍耐強くありうる。自分自身を他者のために犠牲にすることもできる。しかしこうしたことはいずれも、考察にとってあまり役に立つものではない。もし倫理学が行動のための正しい原理を確立することに関わるものであるとすれば、そのような考慮事項はあまりに明白すぎて、長々と考える価値などない。しかしながら、そのような徳が要求される状況に実際に従事する時にそうした考察が行われれば、それは重要となる。例えば、もし私が気乗りのしない学習者に対して苛立ちを募らせているとしよう。この場合、これに打ち勝つための助けとして私が必要とするものはおそらく、行動のある特定の原理を思い出すことではなく、その状況を異なる観点から見ることのできる能力、状況について異なる感じ方ができる能力であろう。[2]共通の人間性を認識し、学習者の欲求不満の感覚にある程度気づき、私の一途な目的ゆえに「狭い視野」を生み出さないことなどはすべて、バランスのとれた物の見方をもつ助けとなるかもしれない――そしてこれらすべては他者志向的なものである。

さて、ここでの全般的な関心事である他者への気づきの性質を鮮明にするために、見方を広げてみよう。美的経験もまた、妥当な観点から自分自身を超えて物を見ることに深く関わっている。そのような経験は、たんなる感覚には還元できず、何らかの意味で価値があると感じられる対象の知覚に依拠している。それらが感じられるということには、特定の評価の原理を応用すること以上のものが含まれている。さらに、そのような経験に実際に従事する際、そこには原理を構築する際に含み込むことができないような直接性が含まれる。対象の真価を認めるために、人はそれをある特定の仕方で見なければならない。例えば、対象がいわば、それ自身の生命をもっている、といった感覚がなければならない。そしておそらく、その対象がある意味で測りがたいものであるという感覚もなければならないだろう。少なくとも、その対象が個人の限度を超えるということへの気づきがなければならない。もしこのことが正しければ、美的経験はその人自身の限度への気づきに直接的に関わっている。

個人の限度を超えるものについてのこの感覚は、先に挙げた、独立した標準についてある程度の気づきをもつスポーツマンの例にも関連している。しかしここでは多くのことが、標準という考えをどのように捉えるかにかかっている。標準は、それに照らして評価を行うことができる一種の尺度であるよりも、むしろ無限の彼方や上方にある何かであるかもしれない。このことが明白な形で現れるのは、神をそのように捉える宗教的見解である。私は同胞との比較を通じて自分自身を測ることができるが、神との比較に基づく測定という考えはまさに、われわれを隔てている無限の溝を理解し損なう冒瀆である他ない。神に直面する時、私は無に等しい(3)。これに対して、このことを安易に歪曲してしまった場合、誤った慎み深さが生み出される。ガブリエル・マルセルは述べる。

時間と空間の無限と比較して、自分の無意味さを認めるという行為には、高慢と偽りの慎み深さとが織り交ざっている。なぜならわれわれはこの時、認識の対象として現実化されたこの二重の無限と、観念的に一致しようとしているからだ (Marcel, 1949, p. 24)[*1]。

片意地な自己卑下によって、慎み深さの妨害となるような類いの自己耽溺が生じるかもしれないのである。

＊1　ガブリエル・マルセル「存在と所有」『存在と所有・現存と不滅』［マルセル著作集2］信太正三　他訳（春秋社、

一九七一年、二三頁）参照。

道徳性の場合とは異なり、宗教において人はある意味、決して十分に物事をしつくすことはできないのだという感覚については先に述べた。独立して存在し、完全な善とみなしうるような行為はあるかもしれないが、ある人物が完全に有徳であるという考えにわれわれは抵抗を覚える。道徳的要件の充足という考えには、貸借対照表と同様な意味での、すなわち社会契約的な交換という意味での道徳性といったニュアンスが含まれる。それは、善の潜在的可能性をこれからも満たされるべき義務とみなし続けるという、徳の最も重要な要求を見失うものである。善き生活を送ろうとする努力には終わりがない。ここには、ただたんに自分自身を超えるところではなく、自らの頭上にある標準へと注意が引きつけられるような上方に向かうまなざしの感覚があるかもしれない。そしてここでの標準とは、論理的な段階を追って拡張されたものとしての標準――高跳びの場合のようなもの――ではなく、賞賛の対象なのである(4)。このことによって、徳は、人間によって断定され合意されることがらにではなく、独立した道徳的価値に基礎づけられる。そうした価値は必然的に他なるものであるが、人が徐々に知りうるようなものでもある。ある意味で、徳の要件を充足することは、必然的に達成不可能である。しかしこの種の不可能性は義務を排除するものではない。ウィトゲンシュタインが考察するように、「汝、完全であれ」という命令は完全に実現することができるようなものではないが、この命令をもとにして、われわれはなおも挑戦すべきなのだと理解することには意味がある(5)。われわれの行為は、この標準についての理解をもとに方向性を得ることができるのである。

これに対して、スポーツから出される例は凡庸なもののように思われるかもしれない。問題は、参加者が無限の彼方とみなすような何かがスポーツにあるのかどうか、ということである。スポーツについて還元的に考え、それを行うことは可能である。この場合、勝つために何が必要とされるかについての冷めた計算が深く関わるであろう。そしてこの計算には、敵対者よりも一歩だけ抜きんでていることが必要不可欠であるとの認識が伴っているであろう。しかし、少なくともそれ以上の何かの痕跡を見ることも可能である。真剣な参加者に必要とされる献身と注意は、奉仕という考えをいくぶんか示唆している。そのような熱中している人々が魅了されていることは、驚くべきことではない。このようにスポーツが行われている時、プレーヤーの心をとらえているものは成功ではなく卓越性であるかもしれない。勝利という観点で見れば彼の成功は完全であるかもしれないが、卓越性の希求という点では、これで十分ということは決してない。通常、こうした語り方をすることは流行でないのかもしれないが、スポーツに参加することに伴う興奮の背後にあるものは、こういった類いのことであるように思われる。実際の功績（どれほどめざましいものであろうとも）を改良する無限の可能性は、たいていのスポーツにつきものであり、競争相手に対する成功という測定的次元とは異なる秩序のもとにある。もちろんスポーツは多面的であり、ここで言われていることが画一的にあてはまるわけではない。美的要素が過度に強調されていると感じられるかもしれない。それでもやはり、以上のことは私が正体を明らかにしようとしている態度を示すものである。

奉仕という考えが自尊心と慎み深さをつなぐものであると主張することもできよう。ジョン・パスモアは、ある人の労働の中に（古典的な）自尊心を見いだし、それを「まさに文明化の本質」である徳だとみなしている（Passmore, 1970, p. 289）。（彼はこれを、自分の地位に対する貴族主義的な自尊心および独立独行の人間のロマン主義的な自尊心と比較している。）また、「カトリックの小説家」（'Catholic Novelists'）の中でフラナリー・オコナーは、真理に向かう際の慎み深さにはより高い標準を目指すことが必要とされる、と主張している（O'Connor, 1984, p. 149）。[*2] どちらの場合においても、自分自身を超える何ものかに身を託すことによって、われわれはより偉大な功績を希求することになるのである。

＊2　フラナリー・オコナー「カトリックの小説家」『秘義と習俗』上杉明訳（春秋社、一九八二年、一一七―一一八頁）参照。

2・7　日常的経験、美的経験、驚嘆

美的経験のより中心的な領域、すなわち芸術の鑑賞において、理解の限界を意識する場合がある。そのような限界を意識するためには、理解不可能なものを認める力が必要とされる。理解の限界を超えるものに気づくことによって、神秘と驚嘆の経験の可能性を開く受容性の余地が生まれる。ロナルド・ヘップバーンは、様々な驚嘆の経験に共通するのは、まさにそうした経験が他者志向的なものであることだと述べている（Hepburn, 1980）。曖昧な神秘主義を連想することなしに、この概念を明らかにすることは難しい。驚嘆のような極端な経験に関しては、対象が特に強烈な形で立ち現れるということは真実であるように思われる。自己満足的ないかなる感情も払い落とされ、物事が当然とはみなされなくなる。そして、対象の存在感と重要性に気づく。その結果、知覚には新鮮さが生じるのである。

もし以上のことがいかんともしがたく不明瞭なものにとどまっていると言うなら、ある簡単な例が説明の助けとなろう。例えば、お馴染みのアートギャラリーを訪問することは、多くの人々にとって不確かさを伴う経験である。ある時にはお気に入りの絵画がいつもと同じように強烈な印象を訪問者に与え、際立って見えるだろう。またある時には同じ絵画が壁紙同然の印象しか与えないだろう。もちろん、このような結果をもたらした原因に筋書きを与え、二つの場合の異なる反応について部分的な説明をすることはできる。疲労、苛立ち、一層刺激的なものへの期待などはすべて、応答能力を減じるものであろう。しかし、

そのような原因の説明によっては、二つの場合に感じられる応答の差異を示すことはできない。前者の場合には、訪問者があたかも絵画それ自体のもつ現実感に、すなわち芸術作品としての実際の質ではなく、作品が存在すること自体に衝撃を受けたとでもいうかのようである。

こうした応答の違いは、日常的な日々の境遇にもあてはまるということを強調しておきたい。お決まりの家事とみなされているものが、ある特定の観点から見た場合、より豊かな特質を与えられるということは十分ありうる。D・H・ロレンスの小説『息子と恋人』はその一例である。（これは美的な例としてではなく、実経験をもっともらしく詳述するものとして捉えられる。）炭鉱夫のウォルター・モレルは、家で炭坑の導火線を作っており、彼の子どものポールとアニーがそれを手伝っている。彼は明らかにその活動に没頭しており、その没頭状態が子どもたちを感化しているように思われる。

しかし年下の子どもたちが一番喜んだのは、彼が導火線を作る時だった。モレルは物置から、長い、割れ目がない麦藁をひと束持ってきた。彼はそれを一本一本、金色に光るまで手で磨き上げ、それから六インチくらいずつの長さに切って、そうすることができる場合には、一本ごとに底の方に切り目を入れた。彼は、藁を傷つけることなくすぱすぱ切ることができる、よく研いだナイフをいつも持っていた。それから彼はテーブルの真ん中に、火薬を少し撒いた。それは真白くなるまで拭き込まれたテーブルの上に、黒い粒々の小さな山を作った。彼が藁を切って形を整え、それに火薬を詰めている間に、ポールとアニーが藁に栓をした。ポールは、自分の掌から黒い火薬の粒が藁の口に流れ込んで、藁の中を埋めていくのを見るのが好きだった。それから彼は、ティーカップの下皿にひと塊のせてあったその石けんを親指の爪ですくい取って、それで藁に栓をした――こうして導火線が一つできあが

った。（Lawrence, 1966, p. 83）[*3]

ここで描かれている対象は、それがこうした人々にとっては日常的で馴染み深いものであったとしても、実際の事物以上の意味を含み込んでいるように思われる。ここでもまた、そうした対象の存在そのもの、つまりそれらが存在しているという事実が際立っているのである(6)。

*3　D・H・ローレンス『息子と恋人（上）』吉田健一訳（新潮社、一九五二年、一一九―一二〇頁）参照。

ハイデガーにとって、そうした気づきはたんに、世界内部的存在者への気づきや、実在する物についての気づきではなく、存在への気づき、すなわち実存という事実についての気づきである（『存在と時間』）。したがって、それは存在するかもしれないあらゆる固有の物を包括する、存在の神秘への気づきである。そして、この存在するということは、いかなる探究の形式によってもその本質を明るみに出すことができないゆえに、不可避的に神秘的である。実際のところ、体系的に探究を展開することによって、かえってそのような存在への気づきは一層捉えがたいものになろう。芸術の歴史を読み終えた後にアートギャラリーを訪れる者は、絵画を時代の中に位置づけ、その芸術家による他の作品を思い出し、その人の伝記と絵画の創造にまつわる境遇を想起するであろう(7)。同様に、もし私が爆発物についてなにがしかを理解するなら、ウォルター・モレルの手先の器用さは、他の起爆装置の例と対比して見られるであろう。あるいは、一層もっともらしい話として、私が社会史家であるなら、資本所有者による社会的抑圧の背景に照らして彼を見るかもしれない。重要な点は、そのような知識が本質的に悪いものであるということではない。むしろ、そのような諸々の語りの内でうまく事を進める中で、存在がなす包括的問いかけから気を逸らされてしまうということが重要なのである。自信を得たために気を逸らされるという場合もある。安心し自己満足してしまうような語りの中でうまく事を進めることに甘んじてしまうのである。それはあたかも、見知らぬ街の地理がわかって安心し、周囲の無限に広がる、一層不思議な未知の風景を無視することに甘んじているかのようである。

しかしこの類比は、もしかすると時代錯誤的なものであるかもしれない。テド・ヒューズが「七月四日」（*Fourth of July*）という詩の中で述べているように、今日「アマゾンの土民ですら、税を払い、護衛され」、そして「正しい地図には、モンスターが一切記載されない」のである（Hughes, 1972）[*4]。

＊4　テド・ヒューズ『テド・ヒューズ詩集』片瀬博子訳・編（土曜美術社、一九八二年、四八―四九頁）参照。

今日の世界において、われわれはたえず自分たちが理解しない物に対面しているが、その一つ一つがその道の専門家による特異な技術を秘めている。何かを測定することが困難なところで、新しい技術が生み出される。エロスの代わりに、今やセラピストのマスターズとジョンソン[*5]が登場する[8]。技術の成功と新しい技術の考案の過程そのものによって、ある物事が本来神秘的であるという考えは駆逐される。神秘に取り囲まれているという考えをもつことは一層難しくなる。そしてたとえそのような考えをもつとしても、事態がさして手に負えないわけでないところで他の何かに専心することを優先して、神秘について考えることは棚上げされる。われわれは、ついていない日にアートギャラリーに足を踏み入れた訪問者が絵画に気づくといった程度にしか、このような神秘に気づくことはない。神秘をおざなりにしたり、熟考したり、拒絶したりすることはできても、それに立ち会うことは稀であると言ってもよいかもしれない。

＊5　人間の性行動を研究し、性的なセラピーを発案した、ウィリアム・ハウエル・マスターズ（William Howell Masters）とヴァージニア・エシェルマン・ジョンソン（Virginia Eshelman Johnson）のこと。

2・8　理解と開示

「創造的衝動」という論文の中でホワイトヘッドはこうした見解に近いことを述べている。

理解は第一義的には推論に基づいていない……。理解とは自明さのことである。だが、われわれの解明できる直観には限りがあり、しかも、それは明滅する状態にある。したがって、われわれが達成しうるような理解を手に入れる手段として、推論が入り込んでくるのである。いろいろな証明は、われわれの不完全な自明さを拡張するための道具である。実際、証明はある明白さを前提にしている。さらに、証明はこの明白さが、周囲の世界――事実の世界、可能性の世界、評価されたものとしての世界、企てられたものとしての世界――に関するわれわれのぼんやりとした認知に与えられた、不完全な透察にすぎないのだ、ということも前提にしている（Whitehead, 1938, p. 69）。*6

ここでの危険性は、思考の演繹的、帰納的体系を用いて首尾よく物事を運びうるゆえに、われわれが透察の不完全さや世界の認知の不明瞭さを見失うことであるように思われる。したがって推論は、直観に従属する立場へと引き下げられるべきである。そのような論証は、閉じた体系の内で作用する。そして、支配的な地位を認められることで、受容性を衰弱させ、開示という最も価値のある経験を奪い取る。ホワイトヘッドは続けて述べる。

というのも偉大な経験の本質は、未知なるもの、未経験なものを透察することだからである。
論理学も美学も共に、閉じられた事実に注意を払うものである。われわれの生活は開示の経験の中で過ごされる。開示についてのこの感覚を見失う時、われわれはそれが本質的に担う機能の様態を取りこぼしてしまう。そして、われわれは過去の平均的な考え方と、たんに整合性を保つにすぎない状態になる。完全な整合性は、生活の喪失を意味している。非有機的な自然の不毛な存在が残されるわけである (ibid., p. 87)[*7]。

ここでホワイトヘッドが用いる「美学」という用語は、美的鑑賞の体系化として理解できるであろう。概してこれには、芸術作品について、一般化したり、ある理論のもとに包摂したりして語ることが含まれるであろう。よってそこでは、独創的作品の独自性と活力が覆い隠される傾向がある。この種の還元主義は、芸術作品に固有の神秘を損なってしまうものである。還元主義的手法を培えば培うほど、作品の固有性と活力についての理解は一層貧弱なものとなろう。そしてこのことは、われわれが世界内部的存在者については気づいているが、存在については気づいていない、という際にハイデガーが述べようとしていることに近いだろう。ここで「世界内部的存在者」とは、たんに世界の対象物との日々の交流を含意するだけではなく、理論的言説の中で経験がぶつ切りにされることをも含意している。「存在」には実存の神秘が含意される。ヴァン・ゴッホの「靴」や「椅子」といった作品は、存在の感覚のようなものを伝える。

＊6　ホワイトヘッド『思考の諸様態』［ホワイトヘッド著作集　第一三巻］藤川吉美、伊藤重行訳（松籟社、一九八〇年、六九頁）参照。

＊7　同、八五頁、参照。

ハイデガーに特有の専門用語は、われわれがこうしたことをもうそれ以上追求する気力をなくすほど徹底している。しかしそのような気づきに対する関心は、複数の哲学者の著書を見ても明らかである。例えばソクラテスは、哲学が驚嘆に始まり驚嘆に終わると述べている。ライプニッツは、なぜ無ではなく何かがあるのかについて熟考している。そしてウィトゲンシュタインは次のように書き記している。「世界がいかに在るかが神秘なのではない。世界が在るというそのことが神秘なのだ」(*Tractatus*, 6. 44)[*8]。ハイデガーは、われわれがこの神秘――物が在るということ――に立ち会っている状態が、森の中の間伐地が立ち現れる状態に類似しているとみなす。先に用いられた、「ある特定の光のもとで見ること」という比喩は、これと明らかに関連性をもつものであるが、誤解を招く部分もある。視覚には、外界からデータを収集する受け身的な観察者という含意がある。ハイデガーは、この世界の一部としての自分自身に対する気づきを強調するであろう。つまり、われわれは俯瞰的な傍観者ではないということである。同様に、われわれはどこかより高い――より安全であるという理由で――認識論的領域から、この移り行く世界を見下ろしているのではない。したがって、われわれは、立ち会う世界に対して自分たち自身の方がともかくも勝っているとみなすことはできない。よって、世界の測りがたい部分は、忘れ去られてしまうのではなく、畏れと共に経験されることになる。そしてわれわれ自身の実存を取り囲む。われわれは、そうした部分を忘却する限りにおいて自己充足的であり、この自己充足状態は慎み深さの欠如を表わしている。それは自分自身の限度を認識し損なうことであり、世界における自らの位置を真に理解し損なうことなのである。慎み深さの欠如によって、われわれは自らの理解の様式に自信をもち、自分自身もしくはその代理人である科学技術者の視野に入らない問いを認めなかったり、真剣に扱わなかったりすることになる。

＊8　ウィトゲンシュタイン『論理哲学論考』野矢茂樹訳(岩波書店、二〇〇三年、一四七頁)参照。

私が述べてきたことは、論理的帰結をもたらすためのものではない。慎み深さが他者への気づきを必然的に伴い、美的鑑賞が他者への気づきを必然的に伴うという仮定から、人が他者を前提とするという帰結が導出されるわけではない。ここで美的経験は、他者への気づきを生き生きとしたものとなす方法として用いられている。私が行ったことは、ホワイトヘッドが「収集・組み立て」と呼ぶものにより近いと言えよう。つまり、関連したり重なったりする諸概念を並べ立てることである。概念的分析が（閉じた体系への傾向性と共に）明るみに出すことができるものには限界がある。これらの限界に達するところで、われわれは、例と類比によってもたらされる開示に対して受容的でなければならない(9)。

2・9　キリスト教的な慎み深さの概念

これまで行ってきた特徴づけは、どの程度キリスト教的理念に合致するのか、という問いが提起されるべきである。とはいえ、キリスト教的理念なるものを統一的な概念と考えることは間違いである。とりわけ、神性がいかに捉えられるかによって多様性が生じるであろう。しかしながら、キリストの生き様と教えの中に十全に実現される、その理念がもつ特徴を取り出すことは可能である。そこには二つの主たる傾向性が含まれている。すなわち、われわれの頭上にある卓越者へと向かう傾向性と、対等な者、劣った者へと向かう傾向性である。そこでは、正義との関わり、すなわち他者が相応の分を与えられることが必要不可欠となる。

したがって、被造物は第一に、どのようなものであれ自らの内にある善は創造者に源をもつことについての承諾を、創造者に対して与えなければならない(10)。これには、愛に満ちた神は被造物にとって理解不能であるということとの承諾が深く関わっている。こうして自己中心性は、神中心主義に道を譲る。そして神への敬愛を通じ視点を移動させることによって、神聖な真理の価値と美への洞察が与えられる。例えば「マタイによる福音書」の第一一章二五節では以下のように書かれている。「天地の主である父よ、あなたをほめたたえます。これらのことを知恵ある者や賢い者には隠して、幼子のような者にお示しになりました」[*9]。これは、知識の集積によって洞察が達成されるのではないということを含意している。

＊9　共同訳聖書実行委員会『新共同訳聖書』（日本聖書協会、一九九六年、二〇―二一頁）参照。

第二に、被造物は、同胞、対等な者、劣る者に対して、然るべき敬意を払わなければならない。この傾向性は、部分的に受肉に具現化されている。そこにおいて神は愛を通じて自らを引き下げ、人間、すなわち劣った者の間で謙虚に生活している。罪なきキリストでさえこのように自らを引き下げているのだとすれば、ましてや罪深き日常的な有限存在は、自らもまた謙虚であらねばならないという義務を、どれほど多く負っているのであろうか。そしてこの傾向性は、第一の傾向性に立ち戻ることになる。われわれの慎み深さを、キリストの慎み深さは無限に超えていく。それに見合う形で、キリストに対するわれわれの敬愛は増大する。

さらに、世界についての誤った観点を避けるために慎み深さが必要である、ということも重要である。真に見るために、われわれは、自己利益の誘惑に抵抗する助けを与えてくれる慎み深さを必要とする。それは「目の香油」と呼ばれてきた。

ここから三つの主特徴が立ち現れるように思われる。まず第一に、真理がとりわけ重要なことである。第二に、他者への敬意である。そして第三に、神に対する敬愛である。慎み深さについてのこの三重の分析とここに至るまで詳しく述べてきたことがらとの間には、重要な関連性があるように見えるだろう。私は、他者への敬意と同様に真理の重要性を一貫して強調しながら詳述してきた。とはいえ、キリスト教的な慎み深さの主たる力の源が、神に対する敬愛である以上、この対比は維持できないように思われるであろう。しかしながら、この敬愛のある特定の諸側面は、神秘と驚嘆について私が述べてきたこと、そしてハイデガーが用いる意味での存在への気づきに関連しているように思われる。ヘーリンクが述べるように、「慎み深さが神との邂逅に存しているように、敬愛はいつでも、存在全体の震えの中で神の栄光を感知するのである」(Häring, 1967, p. 555)。ここでの「存在全体の震え」という句は、世界からともかくも切り離されないような歓喜を明らかに示唆している。世界に対するこの受容性と応答性——それを真に見ることと価値づけること——は、ここまで記述してきた他者への気づきの諸側面に密接に関連している。とりわけ、同胞への敬意を超え、世界の見方と世界の存在への気づきへと向かうような側面に関連しているのである。

しかし、キリスト教的理念と私の詳述の間には、依然として大きな隔たりが残っている。これは神に関わるものである。もし「慎み深さは神との邂逅に存している」ということが、理解を超えるものへの気づきについて何らかのことを含意するなら、このことは私の説明の一部に組み込むことができる。しかしより重要なことは、神の愛がもたらす謙虚な状態である。それは、神自身が受肉を通じて慎み深さを体現するという事実によって、一層先鋭化され痛切なものとなるような気づきである。

私の説明が神の愛に相当するようなものをもっているとは思えない。神の愛という教義はキリスト教の説明において中枢的性質をもつのであるから、私自身の説明がそれに相当するものをもたないということは深刻な問題を提起するように思われる。マイケル・ボネットは、キリスト教的神の愛と、存在の開示としての真実に無神論的に身を託すことの間には、類似性があるかもしれないと示唆している[11]。こうした考えは魅力的なものではあるが、私がこれまで述べてきたことの範囲を超えている。たとえ類似性がないとしても、私の概念分析の試みが上首尾に進む限り、そのことは深刻な問題とはならない。しかし、慎み深さが徳として提示される場合には、まさにそのことが諸々の問題を提起することになる。すなわち、キリスト教の伝統においては、神との邂逅が慎み深さという徳を支えているのであるとすれば、これを取り除いた場合になおも慎み深さが望ましいものとされるのはなぜなのか、という問題である。

この難題からの出口は、キリスト教的理念の別の側面を見ることで示される。他の主要な徳とは異なり[12]、慎み深さは、徳の領域における自身の限られた分野にのみ関わるものではない。むしろ秩序全体を制御するものなのである。慎み深さは真なる判断と関連するため、有徳と記述することができる生活のいかなる側面にあっても完全に不在であるなどということはどうしても考えがたい。そしてこのことは、板挟み状態とも思われるが、ひょっとすると相互関係とみなされた方がよいのかもしれないものに通じる。慎み深さなくして人は神の愛に立ち会うことはできない。神の愛を通じて慎み深さは獲得されるのである[13]。今や、相互関係は確かに、私が言及してきた他者への気づきの一つの特徴であるように思われる。例えば人は、慎み深さなくして言語を絶する世界の神秘に立ち会うことはできない。他方で、この言語を絶するという感覚が慎み深さを生み出すのである。さらに、慎み深さの原初的性質、およびそれがキリスト教内部において果たす統制的役割は、慎み深さの他者志向的な要素が寛大さ、忍耐、親切、慈悲心の前提とされるということに、何らかの関係がある。そして、このことは全く、慎み深さを徳として正当化するのに必ずしも十分ではないが、真に見るということに支えられていなければ、いかなる道徳的規範も正当化されるなどとはどうしても考え難いことは確かである。真に見ることとは、ここではある人の能力の正しい評定に主として関わるものではなく、開示としての真理に対する受容性をもって、自分自身を超えるところに注意を向けることに関わっている。

しかしながら、自尊心に対する中世と近代の態度の違いは、慎み深さがもはやわれわれの生活において過去と同じような位置づけをもたないという事実を示唆する。これを明確に示すことは難しいが、その間に生じたいくつかの変化と、それがもたらしたと思われる効果を指し示すことによってその概略を示すことはできる。

2・10　近代的な見方の展開

慎み深さは、特に過去五〇〇年あまりの間、進歩の多様な諸側面によって覆い隠されてきたと言ってよかろう。人間に理解可能ではあるが、多くがその制御を超えて秩序づけられている世界についての感覚は、徐々に破壊されてきた。人間から独立した自然という考えは、劇的な規模で技術的進歩に道を譲った。種としての人間が享受していた特別な地位は、人間があらゆる種の生命を包括する進化論的サイクルに関係しているのだという気づきによって、重要性を奪われることになった。そして知識における確実性の思想は、より一層暫定的な認識論へと道を譲り、その中で確実性の想定はますます方向づけられ限定されるようになった。以上のことは大まかな変化であり、確かにここでの詳述も大まかすぎるだろう。しかし、以下の二つの特有なパターンは明らかになるように思われる。

第一のパターンとして、中世世界から啓蒙世界への変化は、宗教的影響力の低下を含むものであった。世界はもはや、人間の制御をはるかに超える力によって秩序づけられるものとはみなされなくなった。禁欲的な秩序における労働、節制、慎み深さという理念は、台頭してきた中流階級の商業的価値に置き換えられた。そしてそのような成功はやがて、科学の前進の副産物である技術的変化によって補強されるようになった。努力すれば人間は目を見張るような成果を上げうるという事実、人間は生活状態を根本的に変えることが可能であるという事実、そして、そのような物質的変化を通じて人間の存在の社会的知的条件をある程度変えることができるという事実――こうした事実によって、いかなる慎み深さの理念にも間違いなく敵対するであろう成功に価値が置かれるようになった。

第二のパターンとして生じているものは、少なくともこうした自信からある程度後退する可能性を示すものではあるが、革新への信頼によって宿命づけられている。ダーウィン的に人間を動物の世界に帰属させること、文明が成し遂げたものに対するロマン主義的反抗、技術によって生み出された諸問題についての社会改良主義者の気づき、これらすべては、文明の進歩が達成したものが一体何であったのかについて新しい問いかけをなすことに貢献してきた。しかしこれらの懸念はあるいくつかの点で、人間の状況への新たなアプローチに対する自信を伴うものであった。ロマン主義者にとって、人間の自然的善は未開発の可能性をもつものであった。社会的改良主義者にとって、新しい社会科学は自然科学の進歩に匹敵しうるような方法を示唆するものであった。つまり、新たな自信が再び生じたのである。こうして、一つの進歩の形式が認められるやいなや次にはそれに幻滅し、新たな形式への置き換えへと向かうといった趨勢が、今の時代を象徴するものとなったのかもしれない。「革新あるのみ」という格言は、こうした状況が不可避的なものとなったことを示唆しているのかもしれない。そのようにして新しい解決を熱狂的に模索することがわれわれの考え方に枠組みを課し、その結果、方法論それ自体が中心的関心となったように思われる。われわれは自然を極度に酷使することに満足するのみならず、自然を苦しめるための新しい道具を開発するのに懸命になっている。

しかしながら、おそらくその遺産の最も重要な部分は、確実性の探究に関わっているであろう。人間の知識は、その基盤の確実性ゆえに保証されるという信念が形成されたのである。科学の進歩を通して、この信念は一方では、人間の進歩と伸長可能性に対する過信へと、他方では、知る主体としての人間が客体としての世界を背景に浮き彫りにされて捉えられるような自己中心性へと結びつけられた。

人間の存在の――とりわけ言語に関する――本質的に社会的な性質の認識によって初めて、これらの想定に対する真の挑戦がなされることになった。こうして判断の合意の必要性が認識されることによって、感覚与件と私的思考双方の優位性が損なわれることになった。ある点に関して言えば、このことは独立した個人としての人間という意味を損なうものでもあった。少なくとも、知識の内容のみならず、ある人がまさに知る者であるということさえも、他者に依存しているのだということを認識するための根拠が与えられることとなったのである。

こうして知識は、情報の断片の寄せ集めというよりも、伝統への参与、あるいはまさに言語を学習することを意味するようになる。さらに、知識の確かな基盤という考えの拒絶によって、知られざるもの、すべてを包み込む神秘が承諾されることになる。真理とは諸命題の一貫性に関わることがらであるという考えが、筏の比喩で表現されることもある。その比喩は、暫定性と不安定さの感覚にどこかしら関わっている。他者への依存の承諾、知識の社会的性質の承諾、そしてすべてを包み込む神秘への気づきは、慎み深さの根拠であると同時に誘因でもあるように思われる。もちろん、慎み深さを保証するものではないのであるが。

以上のことが示唆しているのは、他の認識論的観点よりも優位であるように思われる（ただし、これはまだ議論していない点である）、ある特別な認識論的観点と慎み深さの間には相互関連性があり、そしてこうした理解の仕方が今度は美的経験の特定の側面と、驚嘆や神秘の感覚に関連する、ということである。ただし、もしある人がこの特別な認識論的観点をもつなら、その人は必然的に驚嘆を経験したり慎み深さをもったりするであろう、と言いたいわけではない。（いずれにせよ、哲学的論議の結果として到達される認識論と、ある人の世界観を特色づけ基礎づける認識論の間には溝があるように思われるだろう。しかし何らかのつながりがあるようにも思われるだろう。）ある特別な認識論と慎み深さが重なり合い、相互に支え合っている有様がまずは示されたのである。

慎み深さと驚嘆は相互に関係するように思われるが、後者の方が優先されることもあるかもしれない。これは、未知のもの――何であれ驚嘆を引き起こすもの――の経験が、日々を自己充足的に受け入れている状態からわれわれを揺さぶり起こす効果をもつ場合、そしておそらくは物事の心地よい秩序をかき乱す場合にあてはまるであろう。慎み深さは驚嘆の感覚とともに到来するように思われるが、驚嘆の対象がこの新しい見方の誘因であるのかもしれない。親になることで人が変化を被る場合があるということは、これを示すものであろう。しかしながら、恐怖の経験もこのように作用するかもしれない。例えば、戦争の経験によって人々が時に変化を被る場合である。いずれの経験においても、保証を与えるものは存在しない。注目すべき経験は、妄想がかき立てられ、促されることによって貧弱なものになるかもしれず、絶望に至るかもしれない。驚嘆の感覚とは儚いものなのである。

2・11　悲　劇

理解することと、以上のタイプの道徳的徳との関係についてここで言われているようなことは、ある特定の形の悲劇によって表わされているように思われる。一般的に主人公はある面で偽りの世界観から出発する。その主人公の自己認識は欠陥をもち、しばしば過信と虚栄心に染められている。彼は身を落とし、多くの考えを打ち砕かれることになろう。しかし、受難を通じて新しい（そしてより良い）自己認識と、物事の秩序における自分の位置づけについての認識をも得るであろう。そして究極的には、自分自身の人生という代価を支払うことになるのではあるが、人生がより広い展望によって高められているといった感覚をもつことになる。とりわけ、彼は自分自身の弱さと傷つきやすさを認識するであろう。そして他者を妥当な視点で捉え始め、他者に対して自分がなしてきたことを認識するであろう。またこの理解力の高まりによって、神秘と驚嘆の感覚が培われるであろう。

『リア王』（*King Lear*）について考察することが、この点をより明確にするのに役に立つであろう。劇の中で、当初、リアは自信と確信と虚栄心に満ちあふれており、そして判断を見誤っている。自分自身の愚行と他者の陰謀によって、彼は哀れを誘うみじめな人物に貶められ、嵐から身をかくまう場所を求めて荒野をさまよう。しかし、最低の状態にあって自らの思い込みが打ち砕かれる時、彼は巷の人間に連帯感を抱き、人類の苦境についての感覚を抱くようになる。これによって改心が生じていく。それまで不当な扱いをしてきた娘のコーディーリアとの和解に際して、彼はかつて経験できたいかなるものをも超える価値の感覚を経験する。そして、自らの理解を凌ぐものについての感覚や、周囲に充満する神秘の感覚をもつのである。

2・12 受容性（Receptiveness）

リアの改心を可能にする世界への受容性は、慎み深さがもつ他者志向的な側面と絡み合っている。こうした考えはある部分、マイケル・ボネットの論文「貧困の時代の教育」の中で使用されている例によってうまく捉えられている。その論文の中で彼は、近代的技術の時代における教育の問題に対して、ハイデガー的手法を用いいながら応えている（Bonnet, 1983）。彼は、対立する二つの思考方法を区分する。すなわち、合理的‐断定的ないしは「計算的」なものと、受容的‐応答的ないしは「思索的」なものである。これを例証するために、彼は帆船の航海と動力船の航海の違いについての例を、ハロルド・アルダーマンから引いている。

帆船の場合、人は——潮流、風力、方向などについて適切に判断するために——自然と一層調和する必要がある。他方、動力船の場合、こうした諸力はおおかたのところ無効にされ忘れ去られうる——ただ、スロットレバーを上げ窓を閉めさえすればよいのである。そしてこうした諸力について思い出す必要があるならば、それは調和の対象ではなく、むしろ壊されるべき障害であるとされる。本質的な見方をするなら、帆船で航海する時、人はいわば自然と共にそこに居るのであり、動力船で航海する場合には、そうではないのである（ibid., p. 28）。

そうであるなら、帆船での航海は他者志向的であるが、動力船での航海はそうではないということになる。受容的 - 応答的思考様式は世界を受け入れて認めるが、合理的 - 断定的思考様式は世界を踏みにじる。嵐の中でリアは服を脱ぎ去り、風と雨の力をより直接に感じられるようになる。思考が「計算的」で断定的である間、彼は愛する者、国、彼自身に対しておぞましいほどの受難を受み出した。だが受容的 - 応答的になるにつれ、彼は、他者への妥当な敬意を伴い道徳的な強さの基礎であるような、より明瞭な真理の展望を獲得する。

2・13　ニーチェ

さて、合理的 - 断定的思考形式は、いくつかの点でニーチェの「力への意志」に似ているように思われる。この意味での力は、本質的に政治的ないしは軍事的なものとは捉えられず、むしろ人間が知識を通じて世界を制覇することに関係する。デヴィッド・クーパーは以下のように述べている。

予測し、推論し、仮定するという因果的連鎖は、今や言語が受けて立つ挑戦なのである。トラへの恐怖から科学の洗練に至るまで、この因果的連鎖のすべてを通して、「世界を解釈するのはわれわれの欲求である。つまり、同意と反発への衝動である」ということになる。……より広い観点から見れば、概念が力の指令に応じる時、それぞれの段階で同じことが生じる。雑多な経験がひとまとめにされ、ある価値観のもとで先験的図式が適用される。すなわちこの図式が、環境と未来に対する権力をわれわれに賦与する際にもつ（と仮定される）価値である。あるいはニーチェがヘラクレイトス的調子で述べるように、「なりゆくこと（becoming）に在ること（being）の特質を押し付けること――それが最高の力への意志である」（Cooper, 1983, pp. 69–70）。

このようなニーチェの解釈は明らかに、彼の認識論をプラグマティズムに結びつけるものである。ゆえに、合理的‐断定的思考に対するいかなる裏付けも、ニーチェに関する限り、確実な基盤への信念には由来しえず、むしろ不動の価値があるという考えに対する彼の軽蔑に由来するはずである。他に何もない状態では、人間の欲求が世界に秩序を押し付けることになる。この道徳的真空地帯に秩序を押し付けることが英雄的な行為となる。

しかし、事態の様相はこれが含意する以上に一層複雑である。この力への意志と言語の間には微妙な相互関連性がある。「言語が受けて立つ挑戦」というクーパーの有効な言い回しによって、「言語」は能動形の動詞「立つ」の主語となり、言語の生成力のようなものを、場合によっては、言語の自律性を伝える。

それはただ人間が自由にできる道具であるだけではない。そのような言語の捉え方がニーチェに忠実であるという点で、クーパーの見解は合理的‐断定的なものから隔たっている。

ここで実際に重要性をもつ点は、「力への意志」に対する関わりによって、ニーチェが慎み深さに真っ向から対立するかのように思われるということである。このことがよく表わされているのは、例えば彼が著作の中で、理想——「神聖なる神」の理想——を打ち立てようとする際に自分自身が間違いなく無価値であると感じるような人間の意志を、狂気として非難する時である。

しかし、「最後の人間」は、彼が自分自身を軽蔑すらできないという意味で、最も卑しむべき者である。彼は、自らの表象的な思考様式を確信することで、広がりゆく荒れ地の住人となる。もし「神は死んだ」のなら、これはキリスト教の慎み深さの理念を損なうように思われるだろう。私が目指してきた種類の標準はどの程度このことに関連しているのだろうか。

マーティン・エスリンは、「不条理」を描く著者たちに共通して見られる精神的な自暴自棄の感覚について記述するが、これは二〇世紀に流行した見解を示すものである。

この姿勢を刻印づけるのは、かつては確固とした揺るがぬ基本的前提であったものが一掃され、試されて欠乏が見いだされ、安っぽく、いささか子どもっぽい幻影として信用されなくなったという意識である。[*10]

彼は続けてカミュの『シーシュポスの神話』から引用する。

どれほど不完全であろうと、理性で説明できる世界は親しみのもてる世界である。しかし、幻影や光を突然奪われた宇宙の中で、人間は自分を異邦人と感じる。彼の場合は自分が取り返しのつかぬ追放者であると感じている。きたるべき約束の土地の希望もなければ、失われた郷土の記憶も奪われているからだ。この人間と彼の生涯との、俳優と彼の舞台装置との分離が、「不条理性」の感情を真に構成するのである（Esslin, 1968, p. 23）[*11]。

これらのことばを貫いている喪失と自暴自棄の感覚は、ニーチェが言及する「死」が、私が独立した標準と呼んだものをもち去ってしまったということを示唆している。しかしここに表される感覚は、偽りの神への感傷的な思慕と言えよう。それは哲学内部における確実性への病的なとらわれに似ている。こうした感傷は、先述したような標準の可能性を見失っている状態である。

＊10　マーティン・エスリン『不条理の演劇』小田島雄志　他訳（晶文社、一九六八年、一五頁）参照。
＊11　カミュ『シーシュポスの神話』（マーティン・エスリン『不条理の演劇』、一五頁所収）参照。

2・14　彼方に在るもの

先にスポーツについて考察したのは、ここで詳述しているものに対して日常経験の根拠を与えるためであり、不当な美的焦点の当て方に抵抗するためである。スポーツの場合、参加者が献身すると言われるような類いの理想は、比較的理解しやすい。けれどもここですら、不可知的な要素がある。確かにわれわれは、いかにしてスポーツがよりうまく行われるか、そうできるようにコーチがいかに多くの時間を費やして人々に教えるかを理解することができる。しかしコーチ用のマニュアルは、見事な競技がなされたと言いたくなるようなスポーツにおける卓越の瞬間を説明することはできない。こうした瞬間は予測することができないのである。スポーツの限定的な性質ゆえに、ここでの不可知的な次元は強力なものではないが、そうしたものが確かに在るという信念をもって私は、曖昧さを避けるために、主眼とするところを再度述べておきたい。

芸術において、対象に備わる神秘の感覚は一層広く行き渡っている。実存のある次元としての、こうした神秘に対しわれわれの注意を向けさせることが、芸術の機能の一つである。それは彼方に在るものについての感覚を活気づける。このことは、神秘が美術品の一つの特徴としてだけではなく、生活全般にわたってより広く存在しているということを意味するであろう。われわれがこの神秘を見失うということは、言語と思考がもつ総括的性質の特性である。「彼方に在るもの」の感覚は、言語のこうした総括的な次元を超えることにおおいに関係している。よって神秘の感覚は、日常経験の中に在るものによって引き起こされうるのであって、別世界の話ではないのである。美術品の身近さは、こうした神秘の感覚の一部をわれわれに取り戻させてくれる。先に引用した『息子と恋人』からの抜粋の中で、父親と共に子どもがもつ経験は、日常世界がこの神秘の感覚に共鳴しうることを示している。このことは、美的であるというよりもむしろ形而上学的である[14]。

徳には、彼方に在るものに対するわれわれ自身のこの感覚が必要である。社会正義の言語は、共約可能なもの、すなわち先に言及した貸借対照表的な道徳に過度に加担するという状態に堕する可能性がある。慎み深さの価値は、他の徳に対する統制的意義をもつことにある。それは人間的な企てを取り巻いている不可解なものの感覚を取り戻すことでもあり、また、物事に対するわれわれの制御の暫定的で不安定な性質を強調することである。リアが改心するにあたって影響を与えたのは、この秩序の変化である。慎み深さは、決して障害に対する臆病さを裏書きするのではなく、状況のもつこの不確かさを認識するよう呼びかける。このことを認識することによって、時に自分が先頭に立つ——例えば、困難な仕事を買って出るなどの——必要があるということをわれわれは理解するかもしれない。ただし謙譲には、とりわけそれが当たり障りない生き方を覆い隠すものである場合、傲慢さがあるかもしれないのである。

2・15 慎み深さと教育

本節では先に、われわれの知る数多くの英雄がそれぞれ慎み深さを追い求めていたなら、英雄の数は著しく減っていたであろうか、という問いを立てた。この可能性は、これまでの詳述によって払いのけられた。慎み深さは自分自身と他者に関する真の評価を可能にし、ある人の功績の見込みを高めるに違いないということが示唆されたからである。これは便利なことであろうが、最大級の名をなした人々の多くにおおいに関係するかどうかは疑問である。むしろ、自己中心主義によって、自分の目論見の役に立たない要因に対して注意を払えなくなり、証拠に逆らってまで自信を強めることによって、こうした人々は功績へと駆り立てられるのであろう。そうした人々の功績が評価されたとしても、それは運が良かっただけなのだと考えるべきであろう。そして、彼らの自己中心主義が慎み深さによって緩和されていたなら、その功績から資するところはなかったかもしれない、ということを認識すべきである。

しかし、受難のもととなるような功績もある。こうしたものはない方が喜ばしいだろう。また自己中心主義ゆえに、成功しない、あるいは成功できない企てへと導かれる人々もいる。そうした人々を無視することはきわめて簡単であるが、彼らの生活は枯れ果ててしまうかもしれない。こうした失敗は、多少なりともわれわれの生活に含まれる要素である。彼らが慎み深さをもっていてくれたならと願うことは、彼らの目的が低く達成度がわずかであったなら、と願うことではない。むしろ、彼らが世界での身の置き方について真っ当な理解をし、他者に対して然るべき敬意を払っていてくれたなら、と願うことである。そして、もしそうしていたら彼らの生活は大切なものへと開かれていたかもしれない、と信じることである。

そうであるなら、われわれは慎み深さを奨励しつつも、恩恵をもたらしてくれる自己中心主義者に相対するところでは、それがうまくいかないことを密かに願おう、とでも言うのであろうか。そのような結論には魅力がある。しかし実際には、このこと以上に説得力のある立場が示唆された。すなわち、もし私の主張が正しいのであれば、慎み深さは他者とのやりとりを改善するからだけではなく、より豊かな生活の条件である受容性を育むからこそ培われるべきなのである。

以上の説明は、慎み深さと子どもの無垢さの間には緊張関係があるという結論を導くように思われるかもしれない。『リア王』の例は、慎み深さが傲慢さを克服した果てとして達成される、ということを示唆している。私が言おうとしてきたことは、これに類似したことが今日広く必要とされているということである。慎み深さは、人間の状況の不安定さの感覚と結びつけられる必要がある。さらに、慎み深さは神秘や驚嘆の感覚と相互に関連する。

以上の説明に基づくなら、子どもは慎み深さを達成するために必要な一段階としてまずは傲慢になる必要がある、と思われるかもしれない。しかしそうだとしたら、傲慢さを欠く子どもは慎み深くあることを妨げられるという、道徳的に好ましくない帰結を導いてしまうであろう。子どもは失敗を経験し、人間の制御力の限界についてなにがしか理解するようになるべきである、ということの方がもっともらしく思われる。こうしたことは人間の経験に必要な諸側面であり、その真実は世界について見誤ることによって、もっぱら見過ごされてしまう。したがって、子どもにそうした経験の諸側面に気づかせるべきだという提言には、何ら異を唱えるべき点はない。学校教育の競争的な性質と子どもの能力範囲の幅を考えるなら、こうした諸側面の経験にはばらつきがあるように思われるかもしれない。たいていのことに秀でて、ますます力をつける子どももいれば、次々と失敗をしてもたつく子どももいる。（一つの分野で弱い子どもは他の分野で傑出するだろうという、一九三〇年代の補完理論を支持する証拠はほとんどない。）よって、最初のグループは自分たちの能力がおおいに強調されていると考えるかもしれず、他方のグループは自分たち自身に対する失望感を強めるかもしれない。学校という閉ざされた世界は、こうした相対的な成功と失敗を誇張し歪曲するであろう。またこの閉ざされた世界は、人間の状況の不安定さを隠すものともなるであろう。

子どもは確かに神秘の感覚をもつ。これが、私の指摘してきた神秘の感覚とどのように異なるかについては、ここでの詳細な記述の射程を超えている。とはいえ、私の言う神秘の感覚が、概して他者への気づきの諸側面に相互関連性をもつということによって、何らかの違いは示唆されている。例えば子どもの場合、人間の展望の限界についての気づきに相応するものは存在しないように思われる。

価値の中心であると同時に世界を眺める立場にある自己が主要な参照点の役割を果たすような世界観から欠落しているものを示すために、これまで慎み深さに焦点を当ててきた。そうした利己的な徳から生じうる善が否定されるわけではない。そうした徳が広く行き渡っていること――そして、それらの理解のされ方――によって、人間の生活において最も大切なことの多くが抑えつけられているということ、さらには、そうした徳の増大が世界の有様についての間違った捉え方をますます助長しているということが主張されているのである。慎み深さの特色を記述することは、均衡を取り戻しうるような、ある種の他者への気づきを示す一つの方法なのである。

第3節　ハイデガーとウィトゲンシュタイン

前節の「予備的概略」では、ハイデガーとウィトゲンシュタインの思想に依拠しつつ、言語と人間主体に関する根本的な問いを提起した。本節では、意図的にこれまでの様式と決別することによって、必要とされる哲学的土台が準備される。彼らの思想の諸側面を詳説することは、後に続く諸章の主要な関心事であるので、ここではまず基礎的な見取図を描くこととしよう。

これら二人の著者は、専門用語に関わる特定の諸問題を提起する。いずれの場合もその思想を全体的に理解し、その上で各用語がそれぞれの語彙の内部で相互に関連することの意義を、正当に評価する必要がある。この段階でこれらの思想を提示しておくことで、以下に続くテクストを中断するような不必要な説明を回避できるだろう。ゆえに、両者の語彙から取った用語が後に続く諸章で用いられる際、それらはここで示される、より大きな枠組みとの関連で理解されることになろう。

もう一つの問題として、互いにかけ離れているとみなされる場合もある著者たちを関連づけることは、考えがたいということがあるかもしれない。彼らの関連性についての文献が相対的に不足していることが、この見解を裏付けている。私は、ハイデガーとウィトゲンシュタインの間には接点があり、これが十分に認識されてこなかったという信念のもとに論を進める。

本書は、二人の哲学者を系統的に比較しようとするものではなく、彼らの著書に現れている諸論点を指摘し、その思想をたぐり寄せるものである。ゆえに、彼らの思想が集束する有様を示す予備的な道しるべをいくつか提供することが妥当であろう。以下の小節3・2から3・6において、鍵となるいくつかの思想と用語に関する簡単な概略が五つの見出しのもとに提示される。これらは二人の哲学者の間の主たる類似点を示すために選ばれている。小節は、いずれの著者の思想についても詳細な分析を行うものではない。しかしながら3・1においては、ハイデガーをめぐる特異な状況と、彼の思想をウィトゲンシュタインに関連づける際にどのような問題が発生するかについて簡単に説明する。

3・1　ハイデガーと英米哲学

英米哲学の伝統に属する哲学者の間で、ハイデガーが真剣で共感的な注意を集めるようになったのは比較的最近のことにすぎないように思われる。また、従来は必ずしも主流とは呼べない人々から支持が寄せられる傾向もあった。こうして、例えばウィリアム・バレットやリチャード・ローティは共に、ハイデガーの著書をアメリカのプラグマティズムに関連づけようとした。おおかたの場合は、懐疑と敵意が無理解と混じり合っている。これが実情であり続けていることは、例えばポール・エドワーズの論文「ハイデガーによる存在の探求」におけるハイデガーの重要性についての〈最近の〉議論によって例証される（Edwards, 1989)。

しかしながら、この一般化には重要な例外がある。『存在と時間』の書評の中で、ライル（Ryle, 1929)は、同書が究極的に破滅的な方向に向かうかもしれないという疑念と、それが「重要で」あるという認識および著者に対する賞賛の表明を共に表わしている。

彼は、自分自身が本物の重要性をもつ思想家であることを、意識について吟味する際のとてつもない精妙さと洞察力によって、方法と結論のもつ大胆さと独創性によって、そして従来の哲学と心理学の範疇の蓄積を超えて彼が考えようとする際の衰えることのない活力によって、示している（in Murray, 1978, p. 64）。

ライルが『存在と時間』に向ける限定付きの共感は、分析の出発点として日常経験に焦点が当てられていることに部分的に関わっている。マイケル・マリが「ハイデガーとライル：現象学の二つの姿」（'Heidegger and Ryle: Two Versions of Phenomenology'）（Murray, 1978, pp. 271–290）の中で論じているように、ハイデガーもライルと同様に、日常言語の自明性に関心を抱き、流布している理論的言説とその二元論に敵意を抱き、断言的な言語の優位性に関して懐疑的で、他者の心の問題に対しどこか軽蔑的な態度を示す。ハイデガーによる「事物的存在性」（*Vorhandenheit*）と「道具的存在性」（*Zuhandenheit*）の間の区分と、ライルによる「内容を知ること」と「方法を知ること[*12]」についての説明の間には、十分な関連性が見いだされる。マリは、ハイデガーについての書評（Ryle, 1929）と、『心の概念』（Ryle, 1949）の間の期間にライルが辿ってきた距離を指摘する。この期間に出版されたハイデガーの主要な著作についてライルが熟知していたことは事実であり、それは、ライルがハイデガーに多くを負っていることを長いこと認めずにいた可能性を示唆している[15]。さらに、『心の概念』に対して与えた相対的な影響という点からすれば、ハイデガーはウィトゲンシュタインより重要であったようにも思われる。ウィトゲンシュタインにとって、同様の思想が出現したのは後期の著作においてにすぎず、それは一九四〇年代には未刊であった。

＊12　ギルバート・ライル『心の概念』坂本百大、井上治子、服部裕幸訳（みすず書房、一九八七年、二七頁）参照。

ハイデガーとウィトゲンシュタインについてのどのような比較にも、それぞれの著者の作品時期の間に何らかの区分けをすることが必要である。私の理解するところでは、ハイデガーの著書におけるいわゆる

「転回」は比較的漸進的な類いのものであり、その際、個人——現存在（*Dasein*）としての存在者[16]——から、言語に対して新たな注意を向けることによって世界をより一体的に理解することへと、焦点が移動している。他方でウィトゲンシュタインの著作は、よりはっきりと分断されている。例えば後期の著作では、『論理哲学論考』の意味の写像理論と形而上学的想定が根本的に拒絶されている。しかしながらこうした分断にもかかわらず、語りうるものの限界に対してウィトゲンシュタインがどのような関心をもっていたのかについては、何らかの継続性がある。

これらの区分けに関する不明瞭さあるいは誤解によって、ハイデガーとウィトゲンシュタインの間の接点を探ろうとする試みが妨げられる場合がある。ジェームズ・C・モリソンは、彼らが正反対であるという月並みな想定から始めるが、「哲学的方法、目的、関心、結論において見たところ世界がかけ離れているこれら二人の思想家の、哲学的「対話」を生み出」そうとする（Morrison, 1969, p. 551）。続けて彼は、英語圏の多くの哲学者がそのような対話の可能性に対し、真っ向から疑念を示すであろうと推測する。しかしモリソンは、あたかもウィトゲンシュタインの著作は『論理哲学論考』で終わったとでもいうかのように、軽率に論を進める。真理対応説に対するハイデガーの批判を彼が支持していること——これがこの論文の主旨である——を考慮するなら、この手抜かりは奇妙である。『論理哲学論考』に関しても、彼の分析は限定的である。モリソンの論じるところによれば、ウィトゲンシュタインは、存在論的問題を問い損ない、事実が在るということをたんに仮定するだけである。しかし、『論理哲学論考』の最後の部分はこの点に関する限度への気づきを示しており、それは語りうるものの限界に関係している。この気づきの性質は、以下の小節3・3において明らかにされる。さらにモリソンは、『論理哲学論考』の立場はそこで暗黙に示される存在論を言語相対的なものにするという反論をなし、このことを弱点であるとみなす。

この反論は、ハイデガーにおける言語と存在の複雑な関係と後期ウィトゲンシュタインにおける言語の重要性を認め損なうものである。

ロス・マンデルの論文「ハイデガーとウィトゲンシュタイン：もう一つのカント的革命」（in Murray, 1978, pp. 259–270）では、後期ウィトゲンシュタインに適切な力点が置かれている。マンデルは、知識の基盤や条件よりも、むしろ知識を獲得する手続きへの焦点化に諸々の関連性を見いだしている。二人の哲学者は共に、世界を日常的に経験されるのではないものに還元することを拒絶しており、ここには理論に対する共通の疑念がある。双方の著者にとって重要なのは、それが世界とみなされようと生活形式とみなされようと、前提とされる背景についての思想である。しかしながらマンデルは、主に二つの点で両者の間に相違を見いだす。ウィトゲンシュタインの焦点は言語とふるまいにあるが、ハイデガーは理解についての拡張的概念を提供しようとする。この点に関して、彼らは相容れないと言うのである。ウィトゲンシュタインにおける必然的に公的なものとしての文法の性質は、（『存在と時間』で提示されているように）超越論的構造の大半が個人の内に存している状態とはそぐわないという考察の方が、おそらくより重要であろう。もし前期ハイデガーに関する以上の指摘が正しいのであれば、その後期著作が考慮される場合、ウィトゲンシュタインとはさほど明瞭に対比できないということになる。つまり、もしマンデルの指摘が正しいのであれば、私が認めている以上にはっきりと、ハイデガーの後期著作と前期著作との差異が示されることになる。それは、私がとるつもりのアプローチとは対照的な『存在と時間』の読み方に力点が置かれることを示唆している。

私は、〔マンデルとは逆に〕ハイデガーの前期著作と後期著作との連続性を強調することによって、他の一部の著者たちがハイデガーとウィトゲンシュタインの類似性であると主張し探究してきたものに反意を唱えているのである。スティーブン・L・ビンドマン（Bindeman, 1981）は、ハイデガーとウィトゲンシュタインの関係を、とりわけ、ウィトゲンシュタインの前期著作の観点から研究している。印象に基づく彼の分析は、双方の著者の意図とはそぐわない形で、彼らの中の神秘的要素を強調するものである。

ハイデガーを前期ウィトゲンシュタインに関連づける者はビンドマンだけではない。G・F・セフラー（Sefler, 1974）は、両者の方法論的な統合を試みている。その著書には、ウィトゲンシュタインの前期著作と後期著作の間には連続性があるという考えが含まれている。セフラーの詳細な記述にとりわけ特徴的なのは、言語が世界に対してもつ関係について、ウィトゲンシュタインの思想にはかなりの連続性があるという考えである。これには二重の間違いが含まれているように思われる。第一に、後期ウィトゲンシュタインの誤読である。第二に、ハイデガーをこの誤読に関連づけることが、今度はハイデガーの誤読となる。セフラーは、ウィトゲンシュタインの前期の指示説の立場が、後期著作の中で維持されているとみなす。ただし、その立場が後期著作では言語の多くのタイプの一つにすぎないものとなる、という条件付きである。前期著作においては、こうした他のタイプの言語活動の重要性は否定されているが、後には居場所を認められると言うのである。他方、言語の世界に対する関係についての捉え方は、根源的には修正されない。あたかも、新しい多元主義が認められる一方で、古き正統主義が相変わらず残り続けているかのようである。

第二章で、私はなぜこれが誤りであるかを示すつもりである。現段階では、この種の誤読の危険性に留意することで十分である。こうした誤読は、ハイデガーとウィトゲンシュタインの著作に関わる区分を、十分に明確化しえなかった結果でもある。このことが今度は、それぞれの著者の文体のもつ難点や、魅惑的な点ともみなされるものに関連することになるかもしれない。そこで文体と方法についてのこうした問題を、著述の目的という観点から簡潔に考察することにしよう。

3・2　方法と目的

ハイデガーの散文体の一部について主張される過剰さは、彼の目論見全体の中のある側面から見ると、ある程度納得がいくものである。これは、われわれが世界についての誤った形而上学的概念にとらわれており、ここから抜け出すためには、言語のパターン——そしてとりわけ、哲学における言語のパターン——から決別する必要がある、という信念である。さらに、ハイデガーが明らかにしようとする構造は、多くの点で日常生活の背景を構成する多くの非明示的な諸側面である。こうした諸側面を日常的用語で表現するには、その用語を通常の文脈から切り離すことが必要である。しかしそこには、意味が歪曲され、間違った形而上学的想定からの脱出が失敗に終わる危険が伴っている。よって、見慣れない、そしてある意味で耳障りな語彙と文体を採用することが、この解放を有効にするための一つの方法となるのである。

その耳障りな感じが翻訳において一層際立つかもしれないということは、注目に値する。ハイデガーの語彙——「日々の「幼児向け」単語と語句からなる、多面的な複合語」とライルがかなり風変わりな形で表現しているもの（in Murray, 1978, p. 57）——は、英語では馴染みがないが、ドイツ語においてはさほど不思議ではないような語の組み立て方に依拠している。(17)したがってこの耳障りさは、英語の読者にとって、異なる力と異なる効果をもって感じられるかもしれない。

この言語をたんなる方策にすぎないものだとみなすことは誤りであろう。言語それ自体の重要性に、ハイデガーは次第に注意を向けるようになった。事実、彼の散文体の文体的な過剰さは一律ではなく、『存在と時間』の言語は、後のほとんど叙情詩的と言える論文のそれとは著しく異なっている。しかしすべての段階でその文体は際立っており、既成観念を停止することを要求する。このことが反映しているのは、言語への没入が、普通なら巧みに言い抜けられてしまうような深い関連性を認識する一つの方法である、という確信である。例えば、語源論的関連性の中でわれわれは、普通なら注意し損なってしまうような、思考の中の反響に耳を傾けることができる。

特殊で変わった文体を使用することの一つの問題は、それが修辞に堕してしまう可能性がある、ということである。こうした事態に陥ってしまった場合、それは批判から自らを隔離し、後継者と僭称する者を寄せ集めてしまう。このことに特に関連する、修辞の二つの特徴を挙げることができる。第一に、読者の支持を引きつけるような、言語の効果に依存する傾向性である。これは、『存在と時間』に浸透している特殊な専門用語から、後期著作の一部に見られる修辞的、叙事詩的、そして、ほとんど魔術的とも言いうる言語にまで及ぶ。このような特殊な語彙は、関心をもついかなる人に対しても、専門用語を理解し吸収するにあたって、まずは自らの判断を停止することを要求する。そして完全には共感していない読者に対しても、彼らの批判的弁護を無効化し、かなめとなる立場はやすやすと守られるという危険がある。第二に、修辞は議論を妨げる可能性がある。この第二の点は、ハイデガーの場合、特に微妙である。その微妙さは、以下のような問題に関わっている。すなわち、彼が決別することを目指す形而上学の範疇に頼ることなくして、ハイデガーの考えに異議を申し立てることがどの程度可能であるのか、という問題である。このようにして、彼の思想の主眼が見落とされてしまう場合があるように思われる(18)。他方、ハイデガーの思想に思う存分表現させたいという関心をもつ場合、そこにはいわばハイデガーに白紙委任状を受け渡す危険がある。彼の著書の解釈者が時に過ちを犯すのは、この第二の方向性においてであり、そうすることで彼らは対話の可能性をさらに減じることになるのである。

後期ウィトゲンシュタインの格言的な文体にも、似た状況が見られる。この文体もまた戦略的であり、彼の信奉者たちを惹きつけてもきた。しかしながらここで特殊な語彙は、より一層限定されている。様々な例が広く用いられていることと、個別なものに立ち戻るべきであるという主張が特徴的である。時にこれは、謎めいた言明や暗示的な批評の中に現れる。概して、哲学に通常見受けられる体系的議論は不在である。そのアプローチは、断片的なものであり、われわれの思考が惹きつけられてきた様々な問題に向けられ、ハエにハエ取り壺からの出口を示してやることが目指されている。哲学は一種の治癒であり、理解の結び目をほどくことを目的としており、時に、結び目を作った動きと同じく精妙な動きが必要とされる。包括的理論という考えは、その著書の主旨とはそぐわない。(後期に書かれた書物の大半は、ウィトゲンシュタインの代筆者や友人によって編纂された言明の集積であるということも考察に値する。したがってそれらは、ハイデガーに見いだされるような、より系統的な目的を欠いている。しかしながら、ウィトゲンシュタインが自らそれらを組み立てていたなら、もっと体系的であっただろう、と考えるべきではない。断片的な提示の仕方は彼の哲学的態度と調和しているのである。)

間違った応答の仕方――修辞的なものに屈する応答、批判的判断を妨げるような応答――に抵抗する一つの方法は、双方の著者の解釈を、日常的な人間の実践の中にしっかりとつなぎ留めることである。両者は共に、そうした実践について多くのことを言いうる。したがって、このことを念頭に置いた上で、以下の概念が明らかにされる。

ハイデガーと後期ウィトゲンシュタインは共に、自分たちの思想を発展させてきた伝統に反抗している。両者は共に、根底にある形而上学的想定に挑戦している。われわれがあらかじめもっている概念を攪乱するためにハイデガーが頼る広範な専門用語は、新しい体系を提示するものと捉えられる場合がある。そのようなものとしての外観上の確信は、傲慢さを示唆している。これらの要因——体系と見かけ上の傲慢さ——は共に、『論理哲学論考』の中にも認められてきたが、せいぜい広いカンバスの中のパッチワークを示すことしかできないのだという点に常に注意が向けられているウィトゲンシュタインの後期著作には認められない。たとえこのような解釈が『存在と時間』にあてはまるとしても、それはハイデガーの後期著作にはふさわしくない。しかしこの批判はおそらく判断を誤ったものであろう。体系的な一部の哲学とは異なり、『存在と時間』には、秘密という神秘についての感覚がつきまとっており、それが人間経験の中心的な記述を取り巻いている。ハイデガーの工夫された語彙は一貫して適用を求め、そこには体系らしきものが存在する。しかしながら、アリストテレスにおける探究の姿勢が、アリストテレス主義に至っては明快で信用のおけない回答へと変質してしまったことを嘆くところで、ハイデガーの著書における体系への反意は明らかになる。体系によって不確定なものへの道は閉ざされてしまうと言うのである。ハイデガーは、皮肉を込めて次のように評している。

疑わしいことは、次には不確実で、弱く、脆いこと、瓦解する恐れのあることとして示される。それゆえ、すべてのものをある見渡しの利く確実さの内に総括する保証が必要となる。このことを保証する組み合わせが、体系、すなわちシュステーマ（*systema*）なのである。諸概念を形成する際の体系的、体系形成的な仕方が、支配的なものになる（*What is Called Thinking?*, pp. 212–213）。*13

キルケゴールやニーチェでさえも体系から解放されていないのは、まさに彼らがそれに対抗して執筆しているからである、とハイデガーは示唆する。一方で、概念と体系からの解放は、初期のギリシャ古典思想にとって根本的なものであった。そうだとすれば、ウィトゲンシュタインの著書と同様に、ハイデガーの著書も記述的なものである。その断定的な文体は、慣習的な思考様式を覆すための戦略の一側面なのである。

＊13 ハイデッガー『思惟とは何の謂いか』［ハイデッガー全集 第八巻］四日谷敬子、ハルトムート・ブフナー訳（創文社、二〇〇六年、二三四頁）参照。

体系的な探究に身を投じるよりもむしろ、われわれは道を辿らなければならない。「明るみ」（*Lichtung*）[*14]とは、森の道がそこへと至る、森の中の間伐地である。森の光は開示としての真理を示唆するが、これは先に引用したホワイトヘッドの用語である。時に真理は、明るみに出すこと（revealing）、隠されていないこと（unconcealment）、覆いを取ること（unveiling）という観点から、アレーテイア（*aletheia*）としてみなされる。ここには、説明の限界についてのウィトゲンシュタインの言明との、何らかの関連性がある。説明したり議論したりすることができないようなあることがらが存在し、それらはただ示されうるのである。開示は、経験の対象と、むき出しの知性との間の原初的な対立を意味しているのではない。むしろそれは、言語の創出力を通じて実行される開示である。言語ゲームの規則は、それを実行するための方法を提供するが、言語ゲームの内部で生じうるすべての展開を含むものではない。

＊14 '*Lichtung*' は、「明るみ」と訳すが、「空け開け」、「間伐によって開かれた空き地」という含意をもつ。

森の中の間伐地の明るみという象徴的比喩は、理解が個々ばらばらに展開するのではないということにも関連している。「われわれが何かを信じるようになる時、信じるのは個々の命題ではなく、命題の全体系である。（理解の光は次第に全体に広がる。）」（*On Certainty*, 141）[*15]。明るみに出すことや開示といった語彙はハイデガーにおいて重要なものであり続けるが、見ることへの言及は、聴くことという考えにある程度置き換えられるようになる。この考えによって、存在への応答と問いがもたらされる。ただしこれは、尋問者の問いかけではなく、その中で依存が承諾されるような存在に対する開放性を意味している。人はことばを聴く。相手に目を凝らすよりもむしろ、私は、相手が言うかもしれないことを傾聴し、相手の呼びかけに応じる。これは、視覚の比喩の限度を超え出るものである。ここでの視覚は、世界についての情報を収集し、場合によってはそれを監視のもとに置く俯瞰的な観察者のイメージと結びつけられている。通常の発話において、「見る」ということは「理解する」ということを意味するのであるが、そこでは「見る」ことに伴う感覚が失われてしまっている。こうして、聴くことへの移行は傍観者的立場を排除するための一歩となる。

＊15 ウィトゲンシュタイン「確実性の問題」『確実性の問題・断片』〔ウィトゲンシュタイン全集 第九巻〕黒田亘、菅豊彦訳（大修館書店、一九七五年、四二頁）参照。

ウィトゲンシュタインは、人々が誤った道を進まないように、道しるべを差し出す意図について語る。ここでの象徴的比喩は、混乱の回避と誤解の解明を含意するという点で、否定的な力をもつ。その旅の目的を、肯定的な仕方で特徴づけることは容易ではない。ウィトゲンシュタインは、哲学を行う方法と、思考の方法を提示する。それは、正しい答えへの一直線の道であるというよりもむしろ、そこへと至るための実践である。合言葉は、理性や論理よりもむしろ、日常的実践に埋め込まれた文法である。ハイデガーは、道について、二つの場所をつなぐ通路以上の何かとして語っている。「道」（*Tao*）の概念に類似したその語の——目の前に永遠に広がる道としての——意味は、「今日支配的となっている方法」によって浸食されている（*On the Way to Language*, p. 92）。[＊16] われわれが発見しなければならない道は、測定されうるようなものではない。ある意味でそれは、きわめて近くにあるものに関わっている。近くにあるものの一つは、言語との隣人性である。ハイデガーの道とウィトゲンシュタインの道には、ことばを聴くことが深く関わっている。

＊16　ハイデッガー「言葉の本質」『言葉への途上』［ハイデッガー全集　第一二巻］亀山健吉、ヘルムート・グロス訳（創文社、一九九六年、二四〇頁）参照。

3・3　世界内存在

『存在と時間』は、主として存在（Being/*Sein*）と存在者（being/*seiend*）の区分に関わるものである。これについては、「予備的概略」で言及した。後者の用語は、世界の中でわれわれが出会う物に適用することができる。前者に込められる特別な意味は、在るという事実そのものに関わっている。すなわち、何が在るかということではなく、在るということそのものに関わっているのである。これは決して、伝統的な形而上学の境界を引き直すことではなく、その根本的な解体として意図されている。後期著作において、ハイデガーはこの用語から離れていく。最終的に、彼の初期の企てが十分な実現を見ることはなく、計画されていた『存在と時間』の続編が書かれることもなかった。しかし、たとえその専門用語が置き換えられたとしても、同書が明らかにしている諸概念のネットワークそのものは多少なりとも維持されている。つまり、存在への永続的関心が強調されるべきなのである。パスモアは、ジャン・ヴァールへの書簡からハイデガーのことばを引用する。「私の哲学的傾向性を、実存主義的なものとして分類することはできない。私にとって最大の問いは、人間の実存（*Existenz*）ではない。むしろ、その全体性における存在それ自体なのである」（Passmore, 1978, p. 483）。パスモアは、これが、『存在と時間』の冒頭でのハイデガーの言明と一貫するものであることに注意を呼びかける。

「予備的概略」ではすでに、存在と存在者の区分が、『論理哲学論考』におけるウィトゲンシュタインの言明に近いものであることが示唆された。[*17]「世界がいかにあるかが神秘なのではない。世界があるというそのことが神秘なのだ」（*Tractatus*, 6.44）。イングヴァル・ホーグビィは、この二重性への気づき（いかに在るか（how）／在るというそのこと（that）：存在者／存在）を以下のように特徴づけている。

> 気づきとは、日常的なまなざしでは不可視のものを見るために、恒常的なものの捉え方の低地から飛翔することである。すなわち、長らく知られていた何ものかに敏感になることである。こうして、人間であるとはどういうことかに「私は敏感になる」。「在るというそのこと」の意識においては、すべてが新しく見える。これに対して、自明性の意識の次元でなされる思考は、すべてを古くし、過去の中へとすべてを後戻りさせる（キルケゴールも同様に述べている）。すなわち、「陽の光のもとで、新しいものは何もない」ということになるのである（Horgby, 1959, p. 241）。

ホーグビィの高揚した気づきに対する関心は、驚嘆の感覚を示唆している。ウィトゲンシュタインは、自身の目的は治癒的なものであるといくぶん控えめに述べるのみであるが、その後期著作の底流には、この感覚が消えずに残り続けている。

＊17　ウィトゲンシュタイン『論理哲学論考』、一四七頁、参照。

「自明性の意識」もまた、背景の重要性を否定するという意味では有害である。背景は、（例えば、自然の光景がそうでありうるような）高揚した気づきの焦点ではありえないが、それを認めることは、成熟した驚嘆の感覚を育むために必要であろう。ウィトゲンシュタインの後期著作は、社会的世界という背景と、概念の公共性に繰り返し注意を促している。このことは、言語の説明においてとりわけ明白である。ある語は、文というコンテクストの中でのみ意味をなし、ある文は言語ゲームにおいて機能する。言語ゲームは人間の実践の一部として作用する。言ってみれば、われわれの目の前で現に仕事を行っているのである。理解は言語ゲームに依拠しているのであり、内的プロセスなのではない。他方で言語ゲームは生活形式を前提とする。生活形式とは、物事を共同で行う仕方のことであり、その中で様々な実践が現れる。またそれは、必然的に意識の領域を超え出て広がるものなのである。

これらの諸概念は、共存在（*Mitsein*）である人間の生活としてハイデガーが意味するものに関連している。すなわち、生活は必然的に他者と共に、物と共に生きられるものである。この背景は、根源的なものであり、人と世界との交渉をたえず前提としている。主体は、この関係の中にすでに在るものとしてしか捉えられない。こうして、双方の著者たちによって、世界の対象に対面する知る主体という考えに異議が申し立てられる。したがって他者の心についての問題は存在しないのである。

ウィトゲンシュタインにおいては、個別のものへの注意を取り戻すことにたえず関心が向けられる。ハイデガーによる環境（*Umwelt*）の強調――つまり、ある個別の場所における人間の必然的位置づけの強調――は、これと同様の信念と思われるものをより明示的に陳述したものである。存在するということは、どこかに存在するということである。人間の生活は、共存在であるのみならず、世界内存在（*In-der-Welt-Sein*）である。この「現に在ること」という意味合いは、鍵となる用語である「現存在」（'Dasein'）において際立っている。

世界の諸様相とは、以上のようなものである。われわれが生活する世界が今ある通りであるのは、言語ゲームを具現する諸実践を通じて、他者と共に、物と共に、われわれがその内に存在しているからである。

それは言語が世界を限界づける、言語‐世界である。

ウィトゲンシュタインにおける意味の使用説は、日々の実践における言語の使用を強調するような例と比喩によって例証されている。ハイデガーにおいては、職人芸の活動を含む、同様の実践が際立っている。ウィトゲンシュタインもハイデガーも、人間の経験における実践の中心性を含意している。そうした実践は、人間であるとはどういうことかを示す縮図であるように思われる。

ヒューバート・ドレイファスは、ウィトゲンシュタインとハイデガーに共通して見られる日々の活動の背景に対する焦点化に留意しつつも、二人がこれについてきわめて異なった理解をしていると述べる。ウィトゲンシュタインにとってそれを構成する実践は、「互いに入り組み合いながら群れをなしている」(*Remarks on the Philosophy of Psychology*, Volume 2, 629)[*18]——ドレイファスの表現によれば、「絶望的なほど錯綜している」[*19]。この点から見ると、世界内存在の原初的構造を提示しようとするハイデガーの試みは、あらかじめ除外されるように思われる。しかしながら、ハイデガーがこうした構造を明らかにする際の一般性に鑑みれば、それは必ずしもウィトゲンシュタインの立場を侵害するものではない。ウィトゲンシュタインの見解に従えば、人間の生活に本質的なものは何もないというわけではないが、最も根源的で重要なものは、時にあまりに近すぎて見ることができない場合がある。例えば、私的言語や痛みの私秘性の可能性に異を唱える彼の言明は、ハイデガーの言明に類似する次元で作用している。ウィトゲンシュタインは苦心して、本質的なものの明瞭な範囲を定めようとする過ちを徐々に浮き彫りにしようとするが、ハイデガーは、この空間を直接的に記述できると思い込んでいると言ってよいかもしれない。

*18　ウィトゲンシュタイン『心理学の哲学2』〔ウィトゲンシュタイン全集　補巻二〕野家啓一訳（大修館書店、一九八八年、二〇六頁）参照。

*19　ヒューバート・L・ドレイファス『世界内存在――『存在と時間』における日常性の解釈学』門脇俊介監訳（産業図書、二〇〇〇年、七頁）参照。

3・4　言　語：言うことと示すこと[*20]

二人の著者は共に、形式的論理学の主張を拒絶する。ハイデガーによるロゴス（*logos*）の使用は、『ヨハネによる福音書』の含意と共に、思考がまさに日常言語の内部で生じる有様に注意を喚起する。よって、言語が伝達するような、さらなる思考のプロセスは存在しない。これは後期ウィトゲンシュタインが熱心に唱える主張であり、彼もまた、論理学それ自体は日常言語の基礎ではありえず、むしろ日常言語を起点として構築されなければならない、ということを示している。

*20　ウィトゲンシュタインに関わる記述では、'say'を「語る」と訳す箇所もあるが、ハイデガーに関わる記述では、本書第七章および「語りえないもの」という文脈で使われる場合を除き、原則として「言う」と訳す。

これらの哲学者の著書に対してなおも伝統的なカテゴリーに基づきつつ異議を唱える傾向を抑えるために必要となるのが、言うことと示すことの区別である。ホーグビィは、この区分に対してラッセルが感じた「知的な居心地の悪さ」は、異なる意識の次元を認識し損なうことに関連している、と述べている（Horgby, 1959, p. 249）。ここには何らかのことが含意されているのかもしれないが、これが最良の表現方法であるのかどうかははっきりしない。われわれが言語を用いて行うことは多様であり、これらを通じて異なる意識の次元が達成されるのかもしれない、と言った方がよいであろう。この区分は、明晰さへの信奉を取り消すものではない。場合によっては、示すことを通じてのみ、明晰さは達成されるのかもしれない。

『論理哲学論考』では、有意味に語りうることに明瞭な限界が引かれ、同時にそこには、最も重要なことは手つかずにしておかなければならないという感覚がある。この重要性は、それが省略されることで示されうる。同時に、命題によって示されうるものは、それが語るものとは異なるのだということが主張される。したがって、命題は現実の論理形式を叙述することはできないが、それを示すことはできるのである（*Tractatus*, 4.121）。そしてこのことは、論理学は記述されえないものであるという、曖昧な言明にも反映されている（*On Certainty*, 501）。

示すことに対するウィトゲンシュタインの関心は、後期著作の別の箇所でもいくつかの方法で表明されている。第一に、われわれの生活の仕方は、信念について、われわれが合理的に語りうるもの以上にある意味で一層多くのことを示す、という点が挙げられる。信念のいかなる言語的表明もそれが誤りや歪曲である可能性を免れえないが、他方でその信念は関連する行動によって例証されるであろう。このことは、言語が意味をもつのは、人々が共に物事を行うゆえである、という事実に関連している。すなわち、言語の意味は公的な行動において示されるのである。第二に、個別例をたえず頼みにしていることからも、語りえぬものに対する関心が明らかに見てとれる。これはたんに、日常的経験の現実に注意を向け戻すという治癒的な戦略なのではない。それはむしろ、例によって示されうるものを理論的言語のカテゴリーを用いて語ることはできない、という事実に関わっているのである。

『存在と時間』におけるハイデガーの現象分析は、「それ自体において己を示す」ものと、「何かあるいは別のものに見える」ものを区分する（*Being and Time*, p. 51）[*21]。ハイデガーはそれぞれを、現象（*Phänomen*）、仮象（*Schein*）と呼ぶ。現象の物としての性格（*Dinglichkeit*）――それが在るということ、および、個別性――は、仮象についての命題的語りの中で覆い隠される。したがって、言語は現象を露わにすることができないのかもしれず、さらには現象を曖昧にし隠蔽するかもしれないのである。

ここでの比較は、言語と世界の間の関係に関連している。ハイデガーが熟慮する言語の限界は主として、ある特定のタイプの言語――おおまかに言えば、合理的‐断定的と特徴づけられてきたもの――の限度である。にもかかわらず、「陳述することはそれ自体、在る物自身へと向かう存在の一つの仕方なのである」(*Being and Time*, p. 260)。[*22] この言明は、たとえ物を露わにせずとも、その隠匿性を明るみに出すような仕方で、命題が物に関連する有様を説明しようとするものである。つまり、叙述がなされるためには、〔述語に対応する主語としての〕物がそこに在るのでなければならない。命題、すなわち合理的‐断定的言語は、このことの核心をなしている。しかし、言明が意味をなすのは、オースティンの見解を繰り返すなら、たんに内容だけでなく力という点においてである。[(19)] 別の箇所でハイデガーは、'Saga' ということばの中で、言うことと示すことを結びつけている。つまり、「「言う」とは、古期ノルド語 'saga' では、示すことを意味する。すなわち、現れさせること、われわれが世界と呼んでいるものを提示することとであり、開いて光を当てると同時に隠して開放することである」(*On the Way to Language*, p. 93)。[*23] 言うとは何かに属性を与えることであるが、存在は属性ではない。にもかかわらず、そのようにして言うことによって存在を示すことができる。つまり、叙述の構造と命題の使用は区別されるのである。ウィトゲンシュタインは前者に対して、とりわけ特徴を列挙することによって概念を説明する指標的定義に対して、抑えきれない不安を示している。例えば、ソクラテス的方法について説明する彼の口調には苛立ちの様子が感じられる。「彼の議論に関して言えば、あまりに形式的で、理路整然としすぎている。つまり、そこには模索が見られないのである。XであるかYであるかZである。それはXではなくYでもない。ゆえに、Zである。あなたが何かを探していて、もしそのDがある特定の場所にあると考えるなら、出かけていって念入りに探すものだ。そしてもしそこになければ、近くの別の場所を探すだろう」（Bouwsma, 1986, p. 60）。実体と属性の形而上学は、叙述の文法へと理路整然とまとめられる。しかしウィトゲンシュタインの世界では、諸々の実体は家族的類似性によって相互に連関し、様々な使用やコンテクストに応じて分断されているのである。

＊21　ハイデガー『存在と時間Ⅰ』原佑、渡邊二郎訳（中央公論新社、二〇〇三年、七二―七三頁）参照。
＊22　ハイデガー『存在と時間Ⅱ』原佑、渡邊二郎訳（中央公論新社、二〇〇三年、二〇九頁）参照。
＊23　ハイデッガー「言葉の本質」『言葉への途上』、二四一頁、参照。

ハイデガーは、命題が物について何かを語りうると同時に語りえない様子について詳述するが、これはウィトゲンシュタインが『論理哲学論考』で、命題が語るものと、その使用において示すものを区分していることに対応する。陳述は物の実在を示すが、それを語ることはできない、と言ってもよいかもしれない。しかし、この対応をあまりに拡張しすぎることは誤りであろう。ウィトゲンシュタインにとって示されるもの――まさに、問われているもの――は、論理形式である。ハイデガーにとって、それは（物であることに例示されているものとしての）存在である。

前期ウィトゲンシュタインにおいて、限界とは、有意味に語りうるものの限界である。しかし、ここでの意味に関する捉え方は、世界の性質についての形而上学的想定に対峙させられている。後期著作では、この概念を根本的に解体することによって、多様な人間の実践に照らしてその意味を与えられる、様々な話し方への道が開かれる。これらの言語ゲームは、語りうるものに限界を設けるが、これらは不動の境界といった厳格なものではない。前期の著作において、外側から言語に限界を設定するものは、世界の論理形式であった。後期の著作においては、言語の外側の論理形式といったものは存在しない。意味を授与するものは、生活形式の内部での言語ゲームの実践である。しかし、実践と生活形式は本質的に言語的なものであるため、言語を超えたところに、それが意味を獲得する根拠は存在しない。ただし、言語を超えたところには何も存在しないのだと言うことは、語ることは何でも通用するということを表明しているわけではない。むしろそれは、言語の条件のみによって言語ゲームを構成することはできないのだ、ということを意味する。このように、人間と世界がどのようなものであるかということが、実践を構成しうるものに限度を課す。しかし、こうした状況についてのわれわれの捉え方と、それに対してわれわれが行うことは、言語から切り離されることはないのである。

後期の著作でもまた、言語は有意味に語りうるものを限界づける。しかし、言語ゲームは均一のものではなく、その外側に論理があるわけでもない。よって、限界もまた均一なものではない。さらに、言語ゲームを支配する規則は、未来のあらゆる適用に対して法的規定を設けるものではない。このことによって言語ゲームの文法は進化し、ゆえにその限界は変化し拡張する。理想言語が究極的に対応するものとして捉えられるような、「事実の総体」は存在しないのである（*Tractatus*, 1.1）。

もし言語ゲームについての以上の詳述が正しいものであるなら、その進化し拡張する特質と、後期著作においてハイデガーがますます関心を抱くようになる言語の詩的特質を比較することができる。詩的なものは、純粋に文学的なものとしてではなく、開示する言語の力という観点から捉えられる。ここには、人間生活の諸条件を創造し維持する、人間にとって原初的なものとしての言語という意味合いがある。そしてウィトゲンシュタインは、読者の注意を、「原初的なもの」としての言語ゲームへと改めて向け戻すのである（*Philosophical Investigations*, 656）。

3・5　言語と社会的世界

ハイデガーと後期ウィトゲンシュタインの双方にとって、言語は本質的に社会的なものである。

このことはウィトゲンシュタインにとって、言語が公的な行動と共有される実践とに必然的に埋め込まれているということを意味する。その理由の一つは、言語に埋め込まれている規則と、規則に従うということの意味に関わっている。規則とは、人々が共にふるまう際のその仕方に関する一致を必然的に含むものである。これは誤りという観点から解明される。誤りという考えは、修正の可能性を前提とする。他者との判断における一致がなければ、誤りは気づかれぬままにやり過ごされてしまうだろう。よって言語は、共同体の構成員によって共有された、物事を行う仕方が存在するという事実に依拠した上で成立している。ある発語の意味は、そのような共同体を背景に行われる言語ゲーム内で、それがいかに使用されるかによって決まるのである。

ハイデガーは、社会的コンテクストを強調するような仕方で語りについて書いている。それは、世界に存在するという自明なことがらの意味が明瞭になるような仕方でもある。世界内存在という考えに本質的であるのは、「配慮に満ちた相互共存在」である。「この配慮に満ちた相互共存在とは、確約したり、拒絶したり、勧告したり、警告したりすることとして、討議や相談、代弁として、さらに、「供述する」こととして、また「演説する」という仕方で語ることとして、語るもののことである」(*Being and Time*, p. 204)。[(20)*24] この一覧と、われわれが言語を用いて行う一連のことを示すためにウィトゲンシュタインが提供するものの間には、ある種の類似性がある。

ここでの「言語ゲーム」という語は、ことばを話すということが人間の活動の、あるいは生活形式の一部分であるということを際立たせるためのものなのである。

言語ゲームの多様性を、以下の例やその他の例に即して、思い浮かべてほしい。

命令を与える、命令に従って行動する――

ある対象を観察あるいは測定して、記述する――

ある物を記述（設計図）に従って作る――

あるできごとを報告する――

あるできごとについて推測する――……

頼む、感謝する、罵る、挨拶する、祈る（*Philosophical Investigations*, 23）。[*25]

しかしながら、より重要なのは、共有される実践における語りの位置づけである。語りの公共性は、語りが内なる思考の伝達であるといったことに関わるものではない。むしろ、いかなる場合にも分かち合われているものを表立たせることに関わる。「共存在は語りにおいて「表立って」分かち合われる。言い換えれば、共存在はすでに存在しているのだが、摑み取られてはおらず、わが物にされてもいないものとして、分かち合われていないだけなのである」（*Being and Time*, p. 205）。[*26] 後の「ヘルダーリンと詩作の本性」において、ハイデガーは「われわれが一つの対話であって、互いに聴くことができるがゆえに」、というヘルダーリンのことばを探究している（*Existence and Being*, p. 301）。[*27] 対話は、たんにその内で言語が効力を発揮する一つの方法なのではなく、本来的なものなのである。「それについてわれわれが一致し、それに基づいてわれわれが一つになり、したがって本来的にわれわれ自身であるような、一つのそして同一のもの」が常に存在するに違いないという点で、われわれは一つの対話なのである（ibid.）。[*28] ここでの一つの対話とは、語りの一義性ではなく、人にとっての言語の唯一性と一致の中心的な重要性に関わるものである。判断における一致は、人間であることの基礎としての対話によってわれわれが一致することを可能にする。ここで公共世界と言語との不可分性および、それらが人を構成する上で果たす役割は、後期ウィトゲンシュタインの立場と完全に合致するように思われる。

*24 ハイデガー『存在と時間II』、七九頁、参照。

*25 ウィトゲンシュタイン『哲学探究』〔ウィトゲンシュタイン全集 第八巻〕藤本隆志訳（大修館書店、一九七六年、I部、二三節、三二—三三頁）／『「哲学的探求」読解』黒崎宏訳（産業図書、一九九七年、I部、二三節、一七頁）参照。

*26 ハイデガー『存在と時間II』、八〇頁、参照。

*27 ハイデッガー「ヘルダーリンと詩作の本性」『ヘルダーリンの詩作の解明』〔ハイデッガー全集 第四巻〕濱田恂子、イーリス・ブフハイム訳（創文社、一九九七年、五二頁）参照。

*28 同、五三頁、参照。

3・6 倫理学と沈黙

語りには、聴くことと沈黙の可能性も含まれている。すなわち、「現存在の開示性の実存論的機構としての語りは、現存在の実存にとって構成的である。語りつつ発言することには、聴くことと沈黙することが可能性として属している」（*Being and Time*, **p. 204**）[*29]。誰かが語ることを聴く際、人は音ではなく、ことばを聴く。ハイデガーが述べるように、人はすでに理解している。聴くことは、有意味な発話に必要である。

*29 ハイデガー『存在と時間II』、七九頁、参照。

沈黙することとは、（気質に関わることがらとしての）押し黙ることや、口数を減らすこととは異なる。沈黙することができるためには、発話ができなければならない。その結果としての沈黙は、何かを顕現させる。そうした沈黙は、何かを言わないままにしておき、それがまさにある人の行っていることなのだということを明らかにするような形式をとるかもしれない。また、それ以上語れば無駄になってしまうようなある地点を認めることであるかもしれない。こうしてハイデガーは、ある時にはわれわれが沈黙によって何かを言うために発語を限定することをいかにして選びうるのかに関心をもち、またある時には語りうるものの限界に関心を払っているように思われる。

ハイデガーには倫理学がないと言われることがある。ハイデガーは、標準的な倫理的諸問題を直接的に問いかけたりはしない。これはその通りだが、他方で人間生活についての彼の記述には明らかに、人間の精神的健全さがどのようなものでなければならないかについて、多くのことがらが含意されている。

例えば、頽落（*Verfallenheit*）という考えには、人が自らの思考を日々出会う実存への日常的な関心に埋没させることを許し、存在の感覚が失われてしまう場合、人間生活の価値は低下してしまう、という意味合いがある。日々の取り決めの中に没入することには、こうした特質が多少なりとも含まれている。これに密接に関わるのが、世人（*das Man*）についての考察である。あらゆる人が陥りがちなこの思考様式において、人々は自らが行うことによって測られる。人は他者との比較という観点から、一連の属性として自分自身を捉える。平均化された期待値が支配的となり、その中で存在のあらゆる可能性が同程度なものに引き下げられる。ハイデガーの言い方を借りれば、存在に対する盲目状態がこの均等化された状態をもたらすのである（*What is Called Thinking?*, p. 216）*[30]。この存在の仕方は、自分自身に対する責任を取り払うものであるがゆえに、われわれを惹きつける。

＊30　ハイデッガー『思惟とは何の謂いか』、一二七頁、参照。

これに対して、本来性（authenticity）[＊31]は、ある人の目論見の独自性という意味合いをもつ。これは、明瞭な計画の構築という観点からではなく、未来に対して企投することとして理解されるべきである。世界が与えられている状態――被投性（*Geworfenheit*）――と未来に対する企投についての鋭敏な感覚は、人間生活の時間的性質を例証している。時間の分析と共に、こうして企投することは根源的であると理解される。それは、可能性という観点から見た場合の、人間の自己理解の条件である。この点から見て、死に向かう存在（*Sein zum Tode*）は独自の重要性をもつ。私の究極の可能性としての――他のあらゆる可能性を消去する可能性として、私が一人向き合わねばならないものとしての――死の実現は、私の存在の感覚を問題の核心として回復する。この認識のもとで、私は、世人から自分自身を解放する。

＊31　原語 'authenticity' は、ハイデガーの文脈においては「本来性」、それ以外では「真正性」と訳し分ける。

ウィトゲンシュタインは、人間の概念が時間に埋め込まれていることを見失いがちな哲学者の傾向性に注意を促している。そして『文化と価値』の中で彼は次のように述べる。

> 「死後には時間のない状態が始まるだろう」とか、「死と共に、時間のない状態が始まる」などと言う哲学者がいる。だがその哲学者は、自分が「後」や「共に」や「始まる」といったことばを時間的な意味で発言したのだ、という点には気づいていない。[＊32] また彼は、時間というものが彼の文法に依存しているのだ、という点にも気づいていない（p. 22e）。

文法は、人であることから切り離せない。よって時間性は人間にとって本質的である。ハイデガーの用語では、未来への企投は現存在にとって本質的である。そして究極的に、現存在の存在とは、死に向かう存在なのである。

＊32　ウィトゲンシュタイン『反哲学的断章――文化と価値』丘沢静也訳（青土社、一九九九年、七三頁）参照。

同様に、意味の使用説という考えは、意味が本質的に時間に関連しているということを示す。時間的でない人間的使用というものを考えることなどできないからである。使用を超えたところに、意味を参照しうるような標準――基盤をなす論理――は存在しない。このことからも、われわれが在ることの本質的に時間的な性質が明らかになる。

ハイデガーによる時間性についての議論は、時間についての生きられた経験を、時計で測られる時間に対峙させるものであるが、それは、ウィトゲンシュタインの言明が志向する考え方をより体系的に分析するものでもある。しかし、『存在と時間』という表題が示すように、ハイデガーの関心は、より広範でより構造的である。そして彼の著書の方向性は、根源的なものとしての時間に向かう。これは、過去と未来の捉え方と、それらが現在に関連する有様に関わっており、現前の形而上学を漸進的に解体するものである。

ウィトゲンシュタインの『論理哲学論考』における死についての考察は、限定付きではあるがハイデガーの見解に関連する。究極的な可能性としての死は、以下の言明に反映されている。「同様に死によっても、世界は変化せず、終わるのである」(6.431)[*33]。私の世界が終わるということは、私の可能性の消去――可能性の不可能性――に等しい。有限性という時間的地平がわれわれへと回帰し、日常経験を貫くものとしての有限性となる。日常性への焦点化は、こうしたより大きな問題をおろそかにすることであってはならない。しかしながらここでより重要なことは、第一人称の視点の特異性であるかもしれない。これは、世界の捉え方という観点だけではなく、倫理的問題を考慮する仕方という観点からも言えることである。フリードリッヒ・ヴァイスマンとの対話における以下の論評が、このことを明らかにしている。「私は倫理学についての講演の最後の部分を、一人称で行った。私が思うに、これはきわめて本質的なことなのである。ここにおいては、もはや何も確言されえないのであり、私はただ個人として現れ、一人称で語ることができるのみなのである」('Lecture on Ethics', p. 16)[*34]。倫理学は究極的に議論の論証的展開に関わることではありえないという点で、ウィトゲンシュタインの倫理学についての論評は、多少なりともキルケゴール的な姿勢に貫かれている。むしろそれは、個別の像の内で、そしておそらくはある特定の光のもとで見られる行動に関わるものである。このことは『論理哲学論考』での、倫理的な種類の命題は世界に対応物をもたない、という主張によって暗示されている。命題は、世界で成立していることがらとの対応によって意味をもつので、そこに倫理的言語の余地はない。ゆえに、倫理学は世界の外側になければならない。倫理的なことがらについての最終的な沈黙は、無関心の反映ではない。むしろそれは、言語の限界を超えるものに対する畏敬の表明なのである。

＊33　ウィトゲンシュタイン『論理哲学論考』、一四六頁、参照。
＊34　ウィトゲンシュタイン「価値」『ウィトゲンシュタインとウィーン学団　他』［ウィトゲンシュタイン全集　第五巻］黒崎宏、杖下隆英訳（大修館書店、一九七六年、一六六頁）参照。

後期の著作では、意味の写像理論（指示説）が放棄され、多様な言語ゲームの認識によって、倫理的なものについて様々な仕方で語ることの承諾への道が開かれる。しかしながら、なおも語りうるものの限界についての感覚は残り続ける。言語ゲームの共約不可能性は、これらの異なる語り方を仲裁する裁判所といったものなど存在しない、ということを意味している。それゆえ、語り方の基礎にあるものは、その語り方を特徴づける像の受け入れ可能性でしかありえない。ここには、ウィトゲンシュタインの著書の別の箇所と同じく、神秘が渦巻いている。「私が言い表わすことのできたものに意味があるのは、言い表わすことのできないものが（つまり、私には秘密に満ちたものに思われ、私には言い表わすことのできないものが）背景にあるからなのかもしれない」（*Culture and Value*, p. 16 e）[*35]。これらの言明は、ある信念を共有しないことと、その反対の信念を抱くこととの間の無関係性に関する彼の論評によっても裏付けられている。

誰かが病気になった際に「罰が当たったのだ」と言い、私が「自分は病気になっても罰のことなど全然考えない」と言うとしよう。もし君が「あなたは彼と反対のことを信じているのか」と言うとすればどうだろうか。反対のことを信じているのだと言うことはできるが、しかしそれはわれわれが通常の場合に反対のことを信じているのだと言うものとは全く異なっている。

私は別様に、違った仕方で考えているのだ。私は違った物事を自分に言いきかせている。私は違った像をもっているのである（*Lectures and Conversations on Aesthetics, Psychology, and Religious Belief*, p. 55）[*36]。

イエスは神の御子であると信じることの反対とは何であろうか。ここでわれわれは、二項対立の限度に遭遇する。異なる背景があり、ある状況を見るための共約不可能な方法がある。よって、ある人が何らかの像を受け入れるべきかどうかを決定するために依拠するさらなる根拠など存在しない。とはいえ、ある像を別の像のために放棄する機会は決してないだろう、ということを意味しているわけではない。像は比較することができる。ある人は、自分をかつて捉えていた像がもはやそうではない、ということを発見するかもしれない。それは別の像に置き換えられる。しかし、一つの像を捨て、別のものを取り上げる理由は、究極的には存在しないだろう。ここまでくると、沈黙の方が時に説明よりも厳粛さをもち、実際に適切なものであるかのように思われる。

＊35　ウィトゲンシュタイン『反哲学的断章――文化と価値』、六八頁、参照。
＊36　ウィトゲンシュタイン「美学、心理学および宗教的信念についての講義と会話」『講義集』〔ウィトゲンシュタイン全集　第一〇巻〕藤本隆志訳（大修館書店、一九七七年、二二九頁）参照。

そうであるなら、個人が何らかの方法に身を投じなければならない時点がやってくるであろう。また究極的に、この決定には何の根拠もないであろう。これが真相であると個人が認識することは、意味を押し付けたり、典型的な枠組みの中に押し込めたりすることではなく、心機一転して現在の境遇に立ち向かう構えに接近することである。これはハイデガーが本来性と記述するものの特色でもある。

ハイデガーの後期著作において、本来性の問題はあまり目立たなくなる。現存在の思想を超え、存在への崇敬に注意が向けられる。これに対する二つの力点の置き方にここでは留意することができる。第一に、言語が、存在の家として敬愛されている。第二に、世界が、大地、天空、神々、死すべき者という四方域の観点から理解されている。

第一の点には、われわれは話し方を超えることはできず、むしろその話し方を通じて存在が保存される、という意味合いがある。人間は、言語に関して果たす独自の役割によって、言語の保護を委ねられる。これには、従属や制御ではなく、注意、気遣い、敬愛が必要であるとされる。

第二の考えは、共同生活という観点から表現される。よって人間の生活は、他者との共存在として（身の回りの）環境の中で捉えられ、そこには聖なるもの（the *heilig*）の感覚、すなわち完全なるもの（the hale)、神聖なるもの（the holy）の感覚がある。神聖なるものという思想は、共同体の精神的な健全さに関わり、そしてこの種の生活の内部で不可解なものとして保存され認められるものに関わっている。

後期ウィトゲンシュタインにおいて言語ゲームの多様さに向けられる注意もまた、われわれが世界の中で存在しうる有様の限界を、言語ゲームがいかにして構成するのかを示すものである。言語ゲームはその終わりのなさゆえに、様々に展開することができる。われわれが注意深くことばを用いることによって初めて、このことは可能になる。われわれは、覚悟を決めて諸々の言語ゲームを塗り替えるのである。

ウィトゲンシュタインの言う生活形式の概念には、そこまでの重要性は与えられない。ただし、人間の生活（そして言語の生活）が、何らかの類いの共同的実存の内に位置づけられるべきであるという要求には、言語ゲームとの類似性が見いだされる。このことは、一連の日常的実践を含み込む範囲にまで拡張されるのである。不可解なものについての永続的な感覚と、宗教的言語の性質についての言明には、ハイデガーの言う神の喚起と何らかの共通性があるように思われる。

3・7　注意事項

冒頭で、本節の目的は、ハイデガーとウィトゲンシュタインという二人の哲学者の思想の主たる類似性について、方向性を示すことであると述べた。ここでは、本書の議論の筋道を不当に中断するような形で彼らの見解を詳細に分析することはあえてせず、可能な接触点を考慮できるよう思想の比較を行った。ここまでの記述は、双方の著者の個別の思想を、以下に続く諸章の文脈に即して考えるための前置きである。

類似点も示されたが、それはいずれにしても暫定的なものである。このことは、両者の違いを曖昧にしてしまう危険性に注意を払う上で重要である。他方、本筋とも言える両者の類似点を認めなかったなら、さらなる理解の妨げになったかもしれない。思想の比較によって明らかにできる両者の違いを考慮することは、それらの思想についての理解を促進する上で効果的な方法でありうる。二人の哲学者の関わりは、当たり障りのない統合ではなく、接点と葛藤の探究へと至るべきである。以下に続く諸章で個別の論点をより詳しく分析することによって、これを実現していくことにしたい。

ハイデガーとウィトゲンシュタインについては、その思考のパターンがおのずと明らかになるように、ここでは批判を行うことなく両者の思想を提示している。思想を提示し、用語的・概念的枠組みを導入する上で簡潔な方法と思われる場合には、引用を用いた。同時に、引用を行うことでその文体に過度に影響されることのないよう、論評を行ってバランスを保つようにした。つまり、思想が自らのことばでもって提示されるよう細心の注意を払ったということである。著者たちの言語――とりわけハイデガーのもの――から距離をとることには、思想が中立化され、力をそがれる形で明らかにされるという危険が伴う。これが本節の限度である。後に続く諸章では、著者たちのもとの言語に一層の影響力が認められることになる。

第4節　話の行く先

冒頭で、現代の教育およびリベラルな立場に立つ批評家たちの思想は、言語の性質と人間主体についての不十分な考えのもとで機能しているのだと述べた。この問題についての私の考えは、「予備的概略」と大きく異なるものではない。

理解、直観、推論、開示についてのホワイトヘッドの主張には、言語の様々な機能の仕方に関する重要なことがらが含意されている。合理的‐断定的なものと受容的‐応答的なものの区分は、こうした対照的な思考様式に適した言語の性質についての問いを提起する。また、クーパーによるニーチェの力への意志についての解説は、「言語が受けて立つ挑戦」について語るものである。

第二章では、これらの思想が提起するいくつかの問いに関連させる形で、言語についての議論を行う。これには、記号の性質と、言語の社会的性質についての考察が含まれる。言語の指示的性質についての想定に異議が申し立てられ――「予備的概略」で触れたような――言語と様々な思考様式および存在様式との関係が探究される。

言語の分析は、言語の限界を示す。言語の限界の重要性と深く絡み合う「限界」（'limit'）という用語には、豊かさがある。ゆえに限界は、その向こうを見ることはできても、侵犯することはできないような障壁であるかもしれないし、悪くすれば、視界に目隠しをするような何かであるかもしれない。そのようなものとしての限界は、われわれが当然のことながら超えようとする、あるいは少なくとも超えたいと望むような類いの、否定的な制約である。他方、「限界」は、ある状況が差し出す到達可能性といった意味合いをもつかもしれない。これには、そこに向かって到達することができるという意味での限界が示す、より肯定的な意義があるように思われる。前者における、制約あるいは欠落という否定的な意味合いは、より明白に否定的な「限度」（'limitation'）という語によって伝えられるが、「限界」はより豊かな概念として用いられるであろう。[*37]

＊37　ここに示されるように、原語 'limitation' が制約という否定的な意味合いであるのに対し、'limit' は、現状を超えて人が届きうる地平を含意し、またそこを転換点としてさらに超える転換の足場、足がかりを含意するものとして、肯定的な意味合いがある。したがって本書では、'limit' を「限界」'limitation' を「限度」と訳し分ける。本書第六

章小節3・3を参照。

第三章では、第二章で展開された言語観が、教育の言語に対峙させられる。主としてこれは、カリキュラム立案の言語に焦点化して論じられる。特に標的となるのは、広く流布している、実証主義的な——より正確には、科学主義的な——傾向である。これは、合理的‐断定的思考に対する過剰な信頼の産物として捉えられる。これと受容的‐応答的なものの区分は、ロラン・バルトの論文でなされる同様の区分に関連している。彼のその他の著作は、教育の言語が過剰でいかがわしいものとなり、限界が侵犯される場合に何が生じるのかについて分析するために、その区分に関わる要素を発展的に解釈する契機を与えてくれるものである。

言語について詳述することにより、近代世界において支配的であった人間主体の思想を批判する手段が与えられる。（人間主体の理解は、言語理解と密接に関連するものとみなされる。）これが、第四章の主たる関心事である。この章では、主体性をめぐる様々な思想を解体しながら、ハイデガーの見解を解説し裏付ける方向へと進む。このことは、世界の俯瞰的な傍観者という自我像を拒絶することに、そしてまた「予備的概略」で描かれた他者志向の徳を強調することに直接的に関係する。

言語についての詳述と人間の主体性の分析から見えてくるのは、人間と社会との関係の構図であり、これが第五章の主な関心事である、自律性についてのリベラルな理想に対する批判の根拠となる。その批判によって、他者志向の徳が改めて肯定されることになる。

第六章では、それに先立つ諸章のより肯定的な含意がとりまとめられ、そこで探究された諸概念の相互関連性が示される。また受容的‐応答的なものの思想を提示し、この思想がもつ価値と、それが要求する理解の性質が示される。「予備的概略」では、他者志向の徳が神秘と驚嘆の経験への道を開くということが示唆された。同章では、こうした主張のさらなる意味づけを目指す。そして、ここで論じられているような応答性が、どの程度までより豊かな生活の基盤となりうるかを探る。しかしここで目指されているのは、こうした経験の次元を日常的な人間生活の様相に関連づけることでもある。以上のことを、先立つ諸章で扱った言語と人間主体に関する誤謬の暴露をもとに行う。

これらの諸章、とりわけ第三章と第五章では、教育実践と教育思想に対して直接的な批判がなされる。大半は断片的な批判であるが、その背後で、それらを一貫した参照枠の中に位置づけるような一つの像が浮かび上がる。しかしその像は多面的で、青写真は存在しない。実に、青写真という発想そのものが議論の核心にそぐわないのである。むしろここで奨励されるのは、教育を再び方向づけることである。そしてこれを裏付ける議論には、学校教育の範囲をはるかに超える示唆が含まれているのである。

（1）『哲学百科事典』には、以下のような概略が示されている。「実証主義の特色は、科学が唯一正当な知識であり、事実が唯一可能な知識の対象であるということ、哲学は科学と異なる方法をもたないということ、そして哲学の務めは、すべての科学に共通な一般原理を発見することであり、これらの原理を人間の行為の手本として、また社会組織の根拠として用いることにある。その結果、実証主義は、科学によって確証される事実および法則を超える諸力や実体の存在や理解可能性を否定する。そして、いかなる類いの形而上学にも異議を唱え、概して、科学的方法に還元されないようないかなる探究の手順にも異議を唱える」（Edwards, 1972, Vol. 6, p. 414）。実証主義の起源は、科学的方法を哲学に拡張することを提唱するサン＝シモンに特に関わっている。ベーコンの思想もまた重要である。コントは、科学的方法の社会的行動への応用可能性を金言として表明している。「科学は予測の源である。予測は行動の源である」。また、実証主義の台頭は技術的・産業的変化にも関係しており、三つの形式が特定される。社会的実証主義（とりわけベンサムとジェームズ・ミルに関連するもの）、進化論的実証主義（スペンサーとダーウィンに関連するもの）、批判的な新実証主義あるいは論理実証主義（マッハとウィーン学団に関連するもの）である。

(2) 道徳的推論と原理に基づく行為は、以下第五章で吟味される。

(3) この感覚は以下、第六章の関心事である。

(4) 上方に向かうまなざしという考えはニコライ・ハルトマンの著書に顕著なものとして表れているということに注意を促してくれた、フランシス・ダンロップに謝意を表する。

(5) ウィトゲンシュタインは、ここでの不可能性の性質が、例えばリンゴの木にナシが育つことの不可能性とは異なる秩序のもとにあるということを示そうとしている（Bouwsma, 1986, pp. 38–39）。われわれは徳に関わることがらにおいて何をなすべきかについて、たとえそれを不完全なやり方でしか達成できない場合にも、矛盾することなく語ることができる。このことを認め損なうことは、道徳的義務の性質について理解し損なうことを意味するかもしれない。この点に関してウィトゲンシュタインは、その義務が謙虚なものであると述べている。

(6) 「芸術作品の根源」の中で、ハイデガーはわれわれの日々の世界に対する――例えば、日常的な物の使用における――気づきが芸術を通じて暗黙のものから公然のものへと変形される有様を探っている。「芸術作品においては存在するものの真理がそれ自体を作品の内へと据える。芸術とは真理がそれ自体を‐作品の‐内へと‐据えることである」（*Poetry, Language, Thought*, p. 39）〔1〕。ハイデガーの用語では、道具の信頼性、大地の静かなる呼びかけが、前景に現れ、話す。一九三〇年のウィトゲンシュタインの言明はこうした思想に触れている。「ある人が、誰にも見られていないと思ってごくありきたりな日々の活動をしているのを見ることほど、注目すべきことはないのではないだろうか。劇場を想像してみよう。幕が上がると、誰かが一人で部屋を歩き回ったり、タバコに火をつけたり、腰を下ろしたりしている。するとわれわれは突然、普段なら決して見ることのない自分の姿を見るように、一人の人間を外から見ることになる。それはいわば伝記の一章を自分の目で見るようなもので、――それは不気味であると同時に、不思議でもあるに違いないであろう」（*Culture and Value*, p. 4e）〔2〕。ウィトゲンシュタインはここで、劇作家の作品について語っているのではなく、ある人の生活に密かに近づくと、日常的なものが驚くべきものになる様子について語っている。しかし彼は続けて、これに関連する指摘を行っている。それは芸術に際立った特色を示す指摘であるが、より一般的に生活におけるこのタイプの気づきの可能性を示し続ける指摘でもある。「芸術作品は、われわれに――いわば――適切なパースペクティヴを強制する。しかし芸術がなければ、対象は他のすべてのものと同じく、ひとかけらの自然にすぎない。われわれはひとかけらの自然を、熱狂のあまり、価値あるものとすることができるが、だからといってそれを衆目に曝す権利は誰にもないのである。（中略）ところで私には、芸術家の仕事の他にも、世界を永遠の相のもとに捉えるもう一つの仕事があるように思われる。それは——私が思うに——思想の方法である。思想は、いわば世界の上空を飛び、あるがままの世界には指一本触れない。飛びながら、上空から世界を眺めるのである」（ibid.）〔3〕。（次も参照。「芸術作品は永遠の相の下に見られた対象である」［*Notebooks 1914–1916*, p.86］〔4〕。）

（7）ウィトゲンシュタインは述べる。「いつでも「なぜ」を問題にする人というのは、ベーデカー〔旅行案内書〕をのぞきながらある建物の前に立ち、成立の事情などを読むのに忙しくて、建物を見るのを忘れてしまう旅行者に似ている」（*Culture and Value*, p. 40e）〔5〕。

（8）ウィリアム・バレットはこの文脈で、マスターズとジョンソンについて語ったことがあると思う。

（9）ハイデガーは、閉じた体系への傾向性を単線的思惟と呼んでいる。「このことによって一切が諸概念や諸表示の一義性にもたらされるが、これらの概念や表示の精確化は、技術的なやり方の精確化と呼応しているだけでなく、この技術的なやり方の精確化と同じ本質に由来するのである」（*What is Called Thinking?*, p. 34）〔6〕。ウィトゲンシュタインの後期著作も同様に、諸概念の単一性に異を唱えている。

（10）よってペラギウスの異教は避けられる。

（11）私信。

（12）熟慮、正義、節制、堅忍不屈。

（13）慎み深さと悔恨の間にも相互関係がある。神の愛の理解にとって必須であるものは、自分が無価値であることへの気づきである。無価値であることに対する悲しみは、慎み深さに本質的に関わっている。この点で、精神分析は、悲しみの除去や超克に向けて作用するなら、慎み深さを身につける上での妨げとなるかもしれない。さらに、罪からの脱却の道は、慎み深さを通じて何か別の状態に向けて達成されるのではなく、慎み深さから慎み深さに向けて達成される。

（14）チャールズ・テイラーは『自我の源泉』（*Sources of the Self*）（1989）において、近代のアイデンティティの形成について広範な研究を行っているが、これは日常生活に多々言及するものである。彼の詳細な記述によれば、見かけ倒しのものと推定されるより高次な善の要求に対抗して、日常生活が尊ばれ弁護されるということが近代の特色である。家庭と家族の価値は、自由の信奉および一般化された善意と結びつけられる。生活の有様を通じてこれらの価値を表現することは、近代のアイデンティティが形成される一つの方法である。これは、自己解釈の必要性を反映するものである。つまり、われわれのアイデンティティが、使用可能な類いの言説によって部分的に決定されているということである。

この詳細な記述には、私自身のものに似たところが多々ある。しかしながら、日常性についてのテイラーの捉え方は、私のものとは異なる力点をもち、異なる目的に仕えるものである。テイラーにとっての日常性は、近代の価値と行動パターンに典型的に表れる諸特徴によって特色づけられている。これらは、とりわけ教会の重要性の減少によって証明されるような、より高次なものの重要性を肯定する実践の衰退によって部分的に特徴づけられる。近代の価値は、ロマン主義の遺産を反映するものである。それによって、日常的な人々の自然の感情が関心の妥当な焦点とみなされる。共同体の絆は弱体化し、功利主義や普遍化可能性の原理に現れるような、手続き的な倫理学の信奉に置き換えられる。

広範に渡り歴史に重点を置くテイラーの詳細な記述とは対照的に、私は経験の個別性に対してわれわれがもつ関係の本質に一層焦点を当てている。この関係が形成される有様には明らかに歴史的次元が含まれるが、ここでの関心は、日常的な優先事の内容よりも、人間に共通のものとしての日常性の範疇に関わるものである。もちろん、この範疇の内部で多様なことがらが可能になる。

この注釈の主旨は、日常性への言及の目的――そして実にその用語の意味――がテイラーと私の記述において異なっているということを示唆することにある。

(15) マリへの書簡の中で、一九七三年にライルはマリの議論を全般的に是認し、ハイデガーに関しては「曖昧にしておきたかった借り」があったかもしれないということを認めている (Murray, 1978, p. 290)。

(16) 現存在 (*Dasein*) は、「現に在ること」(being-there)、「一過性」(transience)、「人間の実存」(Human Existence) など様々に翻訳されているが、マッコーリーとロビンソンによっては未訳出のままである。ハイデガーは、現存在が人間主体、個人、あるいは人物と同じではないということを断固主張する。そのような表現には、彼が避けることを目指しているような、形而上学的含意があるからである。このことは、ハイデガーについて執筆する人々にとって、とりわけ彼の思想を他の思想と対話させる場合に問題となる。私は、文脈に応じて専門用語の使い方を変えるつもりである。ただし、「現存在」という語がしばしば用いられることと、ハイデガーによる反論の事実は、人間主体、個人、人物など、代替的用語の解釈に影響を与え、少なくともそうした用語からいくぶんか形而上学的な重荷を取り除くはずだと考えられる。

(17) この点の重要性を私に強調してくれたことに対して、ティム・アームストロングに感謝する。英語の地中海的、北欧的出自と、そこから生じた語彙のもつ暗示的意味によって、英語の読者は、最近はやりの専門用語とみなされうるものに対して、ひどく敏感になるのかもしれない。（このことはまた、ハイデガーが突き付ける翻訳の特別な問題を際立たせるということは言うまでもない。）

(18) マリ（Murray, 1978）の中で引用されるカルナップ（Carnap, 1931）を参照せよ。エイヤーの応答も同様なものであった。

(19) しかしながら、この用語にあまりに重点が置かれすぎるという危険がある。ステーテン（Staten, 1985, p. 114）が指摘しているように、その意味は相対的に弱められるのかもしれない。例えば、「この言明の力は何であるか」といったような表現は、「これは何を意味しているか」と同じぐらいのことしか意味しないのかもしれない。にもかかわらずオースティンは、ここでハイデガーが述べていることに関連する思考の筋を追求しているように思われる。

(20) 以下と比較せよ。「われわれは何事かを言う時には必ず会話的に、機嫌をとるように、安心させるように、厳然として、楽しませるように、咎めるように、などのいずれかの調子で言うのである。駆け引きをするような調子で語ることは告白をするような調子で語ることとは異なっているのであり、また両者はいずれも逸話を話すように語ること……とは異なっている」[7]。マリは、このライルの『心の概念』からの引用と、『存在と時間』からのここでの抜粋との類似性に留意している（Murray, 1978, p. 281）。

〈章末注の訳注〉

［1］　ハイデッガー『芸術作品の根源』関口浩訳（平凡社、二〇〇八年、五三―五四頁）参照。

［2］　ウィトゲンシュタイン『反哲学的断章――文化と価値』丘沢静也訳（青土社、一九九九年、三一頁）参照。

［3］　同、三二頁、参照。

［4］　ウィトゲンシュタイン「草稿一九一四―一九一六」『論理哲学論考　他』［ウィトゲンシュタイン全集　第一巻］奥雅博訳（大修館書店、一九七五年、二七三頁）参照。

［5］　ウィトゲンシュタイン『反哲学的断章――文化と価値』、一一九頁、参照。

［6］　ハイデッガー『思惟とは何の謂いか』［ハイデッガー全集　第八巻］四日谷敬子、ハルトムート・ブフナー訳（創文社、二〇〇六年、四三頁）参照。

［7］　ギルバート・ライル『心の概念』坂本百大、井上治子、服部裕幸訳（みすず書房、一九八七年、四五六頁）参照。

第II部

第二章　言語のザラザラした大地

われわれはツルツルした氷の上におり、そこには摩擦がなく、したがって諸条件がある意味では理想的なのであるが、しかしわれわれはまさにそのために前に進むことができない。われわれは先へ進みたい。だから、摩擦が必要なのである。ザラザラした大地へ戻れ！[*1]

本章では、合理的‐断定的思考様式と、受容的‐応答的思考様式の区分を支える言語の性質に関する問いに注意を向ける。これまでになされてきた主張を裏付け擁護するために、この作業が必要となる。以下に続く分析を通して、これまでに概観してきたものよりも一層豊かな、受容性の思想に関連する言語観が展開されることになるであろう。

＊1　ウィトゲンシュタイン『哲学探究』［ウィトゲンシュタイン全集　第八巻］藤本隆志訳（大修館書店、一九七六年、I部、一〇七節、九八頁）／『「哲学的探求」読解』黒崎宏訳（産業図書、一九九七年、I部、一〇七節、八五頁）参照。

受容的‐応答的な思想は、現段階では精密さを欠く言語観を指し示している。さらに、受容的‐応答的という区分の仕方は様々な仕方で誤解されうるのだが、第一にそれは、例えば難解な手紙を書く際に諸々のことば遣いを選ぶといったような、たんなる文体の問題ではない。第二に、あたかも不均衡を正すかのように、生活における美的なものの重要性を認識しようとたんに訴えることでもない。第三に、受容的－応答的なものが、合理的－断定的なものの位置づけをそのままにしてその傍らに位置づけられる必要があると主張するものでもない。本章を展開する中で、こうした誤解を解体し、それに換えてより肯定的な記述を行っていくことになる。

私は、言語の捉え方と、個別的なものの捉え方との関連に関心がある。そして、この点に関して現在われわれが抱える数々の困難の背後にあるのは、世界についての実証主義的な前提であるという確信を抱いている。こうした問題を探究していくことは、言語の物理的な性質、個別的な言明と言語体系との関係、またコンテクストの重要性に関する問いかけを浮き彫りにすることに等しい。本章では、言語の自律的かつ生成的な側面を強調しつつ記述を進めていくことにする。

本章は、実証主義的な見方に対するある典型的な批判についての叙述から出発する。ただしこれは確認作業にすぎない。他の領域についても話を進める必要があるので、こうした批判を詳細に論じることはしない。こうした批判的見地から、私的言語論に照らした場合に浮かび上がる、自然言語の歴史性とその社会的性質に焦点を当てる。さらに意味の決定性を考察した後、テクスト性と反復可能性の思想について論じる。本章では、言語と論理の関係に関してはウィトゲンシュタインの議論に、言語の自律性に関してはハイデガーの議論に大きく依拠している。章の終わりでは、本章のタイトルであるザラザラした大地の肥沃さを示すことができればと願っている。

第1節　実証主義的見解

合理的‐断定的な思考と存在の様式は、実証主義的な言語観に関連すると考えられる。つまり言語は自然の鏡であるという言語観である。もし言語が秩序をもつなら、対象とイメージの間には直接的な呼応関係があることになる。その場合、言語が意味をもつのは、イメージの正確さを検証するために、われわれが世界を反芻することができるからである。言語の機能は指示的である。*2 すなわち単語は主としてある対象に付加されるラベルであり、文章の中心的な形式は、命題である。論理は言語を支え、意味の決定性という理想を提供する。言語の社会的性質は、偶発的なものである。このような見解は最悪の場合、言語は非の打ちどころがないという想定、少なくとも原則としては、完全な像を描くことができるという想定に立つ。そのような言語観は、言語使用の広大な領域に関してすぐさまあてはまるように思え、それに照らすと、受容的‐応答的思考という考え方の影は薄くなってしまう。この考えははたして、経験が差し出す困難な実践的課題に直面して何も決めることができない、ロマンティックな沈思黙考以上のものでありうるのだろうか。

＊2　原語 'designative' は、表象、唯名論、自然を映し出す鏡としての言語といった、言語が対象に対応して意味を指し示すという一連の考え方の総称として本書で用いられている。

そうであるなら、実証主義的見解の何が問題なのだろうか。第一に、言語を（理想的な）中立的媒体であるとみなす誤りである。あちらには世界、こちらには私の思考がある。そして言語は両者をつなぐことによって、私の思考を同胞と共有させる。この見解は、その最も粗野な形をとると、言語をコミュニケーションの多少なりとも洗練された手段であり、それ以上の何ものでもないと捉える。その結果、言語はたんに思考を伝達するものとみなされ、その思考の形成に際して言語が果たす役割を承認できなくなる。これに対して、本質的に共有される現象こそが私の主たる思考の源泉である。

第二に、第一の点に関連して、われわれが用いる自然言語は、論理学が構築（あるいは発見）を試みる理想言語のぎこちなく粗野な近似値である、という想定がある。言語の「不正確さ」は多くのものを歪ませる影のようなものである。自然言語が歴史的に発展し偶発性をもつものであるのに対して、洗練された言語の方は不変である。ゆえに、洗練された言語は時間によって損なわれることのない真実の領域を仮定する。これに対して自然言語に関わる経験は低い地位に置かれる。われわれは、この非歴史的現実を追い求めるあまり、日々直面する時間的現実の中で生じていることをうまく見極めることができなくなる。

第三に、こうした類いの言語がいかに発生しうるのかという問題がある。世界に対する言語の関係が対応関係であるなら、言語の使用者は、対応というものを認識しなければならない。しかしこのことを行う上で、使用者は完全に未経験の言語使用者ではありえない。ウィトゲンシュタインが『哲学探究』の冒頭で示しているように、直示による学習は、学習者がすでに指差しの実践に慣れ親しんでいなければ成立しえない。学習者は、さらなる直示的定義によってこの実践に慣れ親しむようになることはできない。彼がなさねばならないことは、その実践が広く行われている生活形式に参加することである。直示的定義は、その学習者がすでにそのような生活形式の参加者であることを前提とする。

第四に、意味の検証主義的概念に由来する悪名高き難題が挙げられる。これは倫理と宗教の言語に関わるものである。科学の命題に関連する検証主義のもっともらしさと、われわれの言語の多くがそうした命題に表面的には似ていることによって、その理論に対する嫌悪感が和らげられることが期待されていたのかもしれない。しかし、起こっていたに違いないこと——そしてほぼ間違いなく実際に起こっていたこと——は、検証主義の理論がこうした経験領域を実質上退けたことで、何かが欠落しているという考えが生じたということである。もしその理論が、不完全な意味の概念、日常経験に忠実であるとは思えない概念を提供したのなら、それは正しいものでありえたのだろうか。先に述べた他の三つの要因はこの理論の消滅に確実に寄与した。

こうした批判はいずれも、決定的な反証とはならないということを認めなければならない。もっともらしさの重みづけが変わったのである。言語の実証主義的見解は、今や現実から目を背けるものであるかのような様相を呈してきた。このことを念頭に置いて、言語により綿密な焦点を当てることで何が明らかになるのかを問いかけねばならない。

第2節 言語と社会

2・1 自然言語の歴史的性質

前述した批判に含まれる一つの要素は、自然言語の歴史的性質である。それらは、変化し、発展し、朽ちるという意味で歴史的である。私が使いこなせる言語が現在の状態にあるのは、何世紀にもわたる個別の文化の発展ゆえである。言語は私の人生がどのようなものであるかを部分的に決定づけていると言ってもよい。ゆえに、言語と文化は、深く重要な形で関連していることがわかる。それが個別の言語であるという事実によって、その言語の際立った特徴に注意が向けられることになる。それぞれの自然言語は、多くの点において異なっている。この差異が前提としているのは、いかなる言語記号も、ある記述の物理的同一性を必然的に備えているという事実である。ハイデガーのことばによれば、言語とは舌であり口の使い方（tongue）であるということになる（*On the Way to Language*, p. 96）[*3]。言語において生じる物理的記号は、明らかにその話し手の生活の仕方に関わっている。ゆえに、人々の歴史という観点からも説明可能な系譜をもつことになろう。この歴史に記号が埋め込まれているという事実が、異文化理解と翻訳の可能性についての重要な問いを喚起する。しかしながら、多少なりとも恣意的な記号の性質に注意が向けられることで、記号の存在そのものが偶発的であるという信念に至るなら、このことの十全な意味は消滅してしまうかもしれない。なぜなら、言語が存在するには、記号が存在しなければならないからである。

*3 ハイデッガー「言葉の本質」『言葉への途上』［ハイデッガー全集 第一二巻］亀山健吉、ヘルムート・グロス訳（創文社、一九九六年、二四五頁）参照。

さらに言語には、明らかであるよりも、全体に行き渡るという意味での歴史性がある。発語は特定の場所で特定の時になされる。そして、少なくとも人間生活においては、コンテクストから切り離すことはできない。必然的にコンテクストに関係しているのである。これに関係しているのが、発語はいつも物理的性質を備えていなければならないという事実である。その典型例は、音声や紙に記されたマークであろう。これに対し、もし「言語」というものがこうした仕方では公にされない思考を含むのであれば、以上のことはあてはまらないだろうという反論がすぐに出されるかもしれない。これに対する可能な答えは、こうした思考もまた、脳内で衝撃電流を通じて発生するという点で、物理的性質をもつというものであるかもしれない。しかしながらこれは、ここでの議論の目的には無関係な仕方で拡大解釈をなすものであろう。ここでの反論に関連するのは、すでに言及された言語の物理的な要素をあらかじめ何らかの形で目撃することなしには、こうした思考は生じえないという事実である。

2・2　言語の社会的性質

何らかの物理的マークが存在しなければならないという主張は、私的言語論に見られる一つの手法である。この主題に関しては、特に『哲学探究』におけるウィトゲンシュタインの痛みについての論議に関連する膨大な文献がある。私的言語論が提起する一連の問題を考慮するにあたり、ここでは問題を二つに限定する。すなわち私的経験に対して言語がもつ関係と、言語の発生の仕方である。ここにおいて私は、A・J・エイヤーとラッシュ・リースの「言語はロビンソン・クルーソーによって発明されうるか」（'Could language be invented by a Robinson Crusoe?'）（in Jones, 1971）と題された対談に依拠する。

私的言語論が掲げる一つの可能性は、私的感覚を表す言語の可能性である。そのような言語についての考えは、言語の使用者が、外的現象を観察し名づけるのとおおかた同じ方法で、感覚を内省し名づけるであろうというものである。こうした内的対象はおそらく私的なものであるがゆえに、言語の使用者は、他者には接近不可能な一連の感覚の命名法を発展させることになろう。このことによって、他者が使う用語を理解することは不可能になるだろう。

言語の一つの要件は、対象に関して用語が一貫して用いられるということ、すなわち用語が規則に準じて作用するということである。この要件により、間違いが生じる可能性が言語の中に組み込まれることになる。ここで私的言語を特徴づける上での難しさは、これがどのように機能するかを特定することにある。いかにして間違いが認められるのだろうか。一つの考え方としては、言語使用者はその記憶の中に特定の対象についてのイメージを保持しており、必要に応じてそのイメージを呼び起こし、対象の新たな観察結果と照合する、というものが挙げられる。しかしこの検証という方法には、対象の観察と同じように脆く傷つきやすいという問題がある。すなわち、使用者が間違いを犯すかもしれないという問題である。新しい観察、イメージの想起、そして観察とイメージの相互関係のすべてが誤っているかもしれない。エイヤーは、この反論が反証にはならないと主張する。観察の確証が手に入るどのような場合でも、これがあてにならないかもしれない可能性が残るからである。どれだけ多くの朝刊を点検しても、それらのいずれもが間違った記事を掲載しているかもしれない。[1] ゆえに、他者の証言がわれわれの判断の正確さの保証にならないのであれば、究極的には感覚の証拠に頼らなければならない。

私が言及しようとしている対象を思う存分公にし、この目的のために私が用いていることばをある共通言語に所属させるなら、私がそのことばを正しく使用し、「正しい」対象に言及するために用いているという確信は、最後には、私の感覚の証言に依拠しなければならない (ibid., p. 54)。

そして、ここで扱っている事態の趣旨に従うなら、この感覚の証言は先述した照合という内省的手続きを正当化すると考えられる。あることが事実であるということを確かめる上での岩盤は、感覚を通した直接観察であるということになる。

ちなみに、イメージの心的記録が、これらの経験の対象を表象するマークの集積としての何らかの文字体系によって代用される場合に、一見信頼性が向上したかのように思われる点は見逃せない。しかし実のところ、それは記号と私的経験を相互に関係づける使用者の能力に完全に依拠したものであることに変わりはなく、何の助けにもならない。(使用者以外の者は、その私的経験に接近することができないので、このような相互の関連づけはできないであろう。) この相互関係において、間違いが認識されることはなかろう。このためには、何かが事実であるという使用者の判断が、その判断は誤っているという認識と同時に生じることが必要とされるからである。

もちろん、われわれには感覚――言ってみれば、特有の痛み――があり、それは、日常言語において与えられる用語法には容易にあてはまらない。ここにこそ自分自身の用語法を発明しうるような事情があるのだ、と捉えられるかもしれない。けれどもこの発想は、私的ではない感覚についての語り方を前提にしている。いかなる新しい用語法も、感覚についての既存の（公的）語り方に関連するであろう。実際のところ、その新しい用語は標準的用語との差異によって定義を獲得することになろう。

しかしながらこのことは、感覚に及ぶこの公的言語がいかに作用しうるのかという、さらなる問いを惹起する。再び問題となるのは、用語と私的に経験された対象の間の相関関係である。苦しむ者は直接に内的に頭痛を経験するのであって、自らを鏡に映して観察するわけではない。痛みは他者には接近不可能である。ゆえに、用語が相互に関係しうるような公的対象は存在しない。そしてもしそうであるのなら、前述した私的言語の用語法の場合と同じく、用語使用の規則性を照合するものなど存在しない。

エイヤーの立場は、個人の直接観察（あるいは内省）を、何かが事実であるということを見極める上での岩盤とみなすものであり、ウィトゲンシュタインの見解に対峙するものである。ウィトゲンシュタインにとっては、痛みを表わすふるまいなくして、痛みの言語は――ゆえに、痛みについての判断も――存在しえない。ふるまいは、一般に知覚されうる経験の対象を提供し、このふるまいと痛みの概念の間には、内在的もしくは論理的関係がある。こうした類いの公共性は、前述のエイヤーの説明に欠如しているものである。人間というものは、相互交渉のために感覚に依拠する。しかし、言語の発生にはそれ以上のものが必要である。すなわち、判断における一致がなくてはならず、様々な人間の感覚は互いに似通った反応を生み出さなければならないのである。熱いものや冷たいものに対する本能的反応は、多様な反応域が発展していく際の初期的な徴候であると考えられよう。このようにして判断が一致するということは、判断が合致するということ、つまり人々が世界を発見する仕方を共有するということを意味する。痛みを表わすふるまいの公的特徴が、痛みに対する多様な反応域の生成を可能にするのであり、その反応域は言語と共に、言語を通じて育まれる。この反応域に照らして、私自身の痛みについての私の経験は理解され、実際にそれが痛みの表現となっていく。この意味で、私の痛みの経験は、人間に特有の経験なのである。

ウィトゲンシュタインにとって、未知の言語についての解釈を可能にするものは、この反応の幅である。「人類には共通の人間的行動様式があり、それがいわば座標系の体系なのであって、それに基づいてわれわれは未知の言語を解釈するのである」[*4]。もし未知の言語が共通の反応に照らして解釈可能なものでなければ、それを言語とみなすことはできない。感覚の私的言語はこの検査に合格しないであろう。この私的言語は安定した座標系の体系をもたないであろうからだ。

＊4　ウィトゲンシュタイン『哲学探究』、I部、二〇六節、一六四頁／『「哲学的探求」読解』、I部、二〇六節、一六〇頁、参照。

この反応の幅は、先述した命名法に関わる当初の問題以上に、一層幅広いものであることに注意する必要がある。痛み（および他の感覚）に関連する言語には、感嘆文、質問、共感表現、報告、診断、そして、処置の処方が含まれる。こうした言語的実践のすべてに、社会的コンテクストのうちにおける使用が組み込まれている。こうした人間生活の諸特徴は、言語なくしては生じえない。

善悪の概念そのものは、他者との語り方のうちにおいて生じる。エイヤーは、生まれてすぐ捨てられオオカミによって育てられたロビンソン・クルーソーの例を挙げるが、それは、議論をさらに押し進めて、社会との接触を全くもったことのない孤立した個人によって、はたして言語が発達させられうるか否かという問いを提起する。エイヤーは、そのような個人は自分自身の言語を構築しないという理由はないと考える。つまり、その個人は、自分の行動を孤島の諸々の特徴に適応させるという意味で、それらの特徴を確かに認識できるであろうし、そうした特徴に対する名づけを行うようになるということも考えられる、とみなすのである。

エイヤーに対する応答の中でリースは、クルーソーが自分の感覚を記述するための名前を持ち合わせているということを理解しうる可能性に疑問を投げかける。なぜなら彼は記述が行われる共同体の外に存在するからである。そのような「記述」の目的はどのようなものでありうるのか。彼は、クルーソーが、飛び去る一羽の鳥を別の鳥と取り違えるという間違いを犯しうると指摘する。

> エイヤーのクルーソーは、動物が犯すような類いの間違いを犯すかもしれない。そして、自分が食べたくない鳥を、食べたい鳥と取り違えるかもしれない。これは、表現の意味を理解する上での間違いや、言われたことに従う上での間違いとは異なる (Jones, 1971, p. 73)。

語の使用における正しさを決定するのは、人々がその使用において一致するということである。この一致は、個々の個人から独立している。そしてこのことから、言語によって記述されることがらは、他者が語る様式からは独立したものではないということになる。ゆえに、経験の対象や事実が言語外のものとして理解される場合、記述の正しさは、これらのものとの相関関係の問題ではありえない。正しい記述の実践は、他者から学ばれるものである。クルーソーの間違いは、動物が犯すかもしれないような類いの間違いであって、誤解ではない。このことを理解する上での問題は、擬人化の問題である。つまり、われわれが当然とみなしている人間経験の諸特徴をクルーソーにあてはめているという問題である。エイヤーの詳細な記述は、クルーソーの能力についての疑わしい想定に満ちている。つまり、クルーソーはことばを発明し、自分の記述を正当化し、忠僕フライデーに教えるであろう、という想定である。[*5] 言語は物に名前を付与するものであるという見方によって、こうした考え方が助長される。言語における間違いを構成するもの、誤解の性質を見ることとは、こうした考え方を払拭する助けとなる。

＊5　フライデーは、ロビンソン・クルーソーが出会う原住民の従僕。

記述の正しさが社会的集団の必要性を志向するように、前述したような痛みについての話し方に体現される意味の他の諸側面は、社会的実践に埋め込まれている。もちろん、エイヤーは言語が社会の外にいる個人によって生み出されることは到底ありえないと認めているが、これに対して論理的に異議を唱えることはできないのだということを示唆している。しかしもし前述の議論が正しければ、言語は本質的に社会的なものである。このことを理解しないと、意味についての誤った考え方が生まれることになる。

以上から、言語は、対象の公共性と、こうした対象について語るための記号の公共性の両方を必要とするということがわかる。この公的領域においてのみ、言語にとって必須のものとしての規則遵守が作用し始める。

2・3　そのことばによってのみ[*6]

以上のような諸要素、すなわち言語が必然的にもつ社会的性質と公的記号の必要性は、言語についての通常の（実証主義的）想定に抗うものであるということを認めなければならない。言語は一般に考えられるような、中立的で方向性を欠いた媒体ではない。ハイデガーはかなり居丈高な調子で、自分はそのような想定を拒絶するのだと力説する。

次のような意見が出てきては絶対にいけない。その意見というのは、音声による告知は一つの身体的な現象であり、言語における感性的なものでしかないとして軽んじ、語られたものの中に潜む意味内容や意義と呼ばれる精神的なもの、つまり言語の精神を高く評価するというものである（*On the Way to Language*, p. 98）。[*7]

ウィトゲンシュタインはより控えめに、「ザラザラした大地へ戻れ」と誘う。ここからどういうことがわかるのであろうか。

＊6　原語 'Only by these words' はことばがなすことの固有性、具体性を含意している。後に引用されるウィトゲンシュタイン『哲学探究』／『「哲学的探求」読解』（I部、五三一節）に出てくる表現。

＊7　ハイデッガー「言葉の本質」『言葉への途上』、二四七頁、参照。

ここでわかることの一つは、例えばエスキモーが、雪にあたる多くの語をもっているということである。アメリカン・インディアン、エスキモー、そして自分自身のものと顕著に異なる他の文化の調査を通じて、サピアおよびウォーフは、言語決定論と言語相対論という二つの考えを結びつけた仮説を導き出した。(2) 前者は、言語がわれわれの考えるものを決定づけると捉える。後者は、一つの言語においてコード化された特異性は他のいかなる言語においても見いだされないと述べる。これら二つの論を結びつけることによって、ウォーフは、他の文化を理解する可能性は言語における差異によって制限され、そうした差異によって思考の差異が構成されるのだと主張するに至った。差異を強調することで、ウォーフは、翻訳と文化間理解が現に成り立つという、まさにその事実を見落としがちであった。しかしながらここでは、とりわけ言語決定論の帰結から、より一般的な問題が生じる。言語決定論は、われわれの知覚が言語を変える有様、より一般的に言えば、言語が生活形式のうちに位置づけられ、その中で生理的欲求などの要因によってわれわれの行動様式の一部が形成される様子については説明しない、という問題である。それでもやはり、〔ウォーフらの理論が〕現段階において私の議論に関連する点は、異なる諸言語の中で語が包括しうるものの範囲に違いがあることを認めていることである。

語が包括しうるものの範囲を一つ取り上げてみるなら、そこには興味深い特徴がいくつか見られるであろう。例えば擬音語など、外在的な音の特性と呼べるものである。それによって世界の物理的性質は、記号の物理的性質の中に反映される。内的な音の特性は、頭韻や母音韻のような要素や、似た音をもちながら意味が異なる他の語との聴覚的なつながりに見いだされるかもしれない。いくつかの語の語源は、さらなる暗示的意味を明るみに出すであろう。また音の美学は、そこでの判断が文化相対主義的な傾向をもつものであるとはいえ、音の甘美さ／心地よさ、あるいは不愉快さ／心地悪さにおいて明らかになるであろう。かくして、記号の「喚起する」側面に加えて、熟知性が語の物理的形式に与えられる価値を決定する重要な要因となるであろう。ウィトゲンシュタインは、これに関連して次のように述べている。

語の馴染みの表情、それが自身の意味を自らのうちへと取り込んでおり、その意味の生き写しになっているという感覚――これらすべてに無縁な人が存在するかもしれない。(彼には、彼のことばに対する愛着がないであろう。)――では、それらの表情や感じは、われわれにはいかにして現れるのか？――われわれがことばを選び評価する仕方に現れるのである (*Philosophical Investigations*, p. 218)。[*8]

ウィトゲンシュタインは、自分には「水曜日」は太っているが「火曜日」は痩せているとみなす傾向がある、と述べている（ibid., p. 216）。[*9] 別の箇所では、「私には、あたかも「シューベルト」という名前はシューベルトの作品と彼の顔にぴったりであるかのように思われる」（ibid., p. 215）[*10] とも述べている。こうした例は、われわれが非合理的であるとして退けがちな表情への感受性を認めるものである。しかしウィトゲンシュタインは、意味は表情である、とまで言っている（ibid., 568）。[*11] 重要なことはおそらく、記号が恣意的であり、音の特質が純粋に偶発的なことがらとみなされるということだろう。それをふまえて言えば、詩人とはこうした偶発的な特徴を（他のことがらの中の一つとして）探究する人ということになろう。しかし私は、この次元が偶発的とはならない状態があると言いたい。人間の顔の表情との類比がこのことを例証する助けとなるかもしれない。私は自分が結婚する女性の顔がどのようなものであるかを事前に識別することはできない。しかし、その顔にはある形状がなければならず、私が熟知することになるのはその形状である。そのような熟知性は、われわれの結婚についての概念の一部であり、ゆえに表情はこの概念との内的な関連性をもつ。別の言い方をするなら、私が結婚する人物は、ある固有の顔をもつであろう。われわれがこのことを簡単に承認できないのはおそらく、ことばが身近すぎる――そしてあまりにたやすく伝達手段として信頼されてしまう――からであろう。実証主義の文化はその承認の妨げとなる。

おそらく、ことばの表情[*12]――ことばがそれ自体で意味を帯びているように思われる有様――が最も容易

＊8　ウィトゲンシュタイン『哲学探究』、II部、四三六頁／『「哲学的探求」読解』、II部、九六頁、参照。
＊9　同、II部、四三一頁／同、II部、九一頁、参照。
＊10　同、II部、四三〇頁／同、II部、九〇頁、参照。
＊11　同、I部、五六八節、三〇〇頁／同、I部、五六八節、三一三頁、参照。

に見受けられるのは擬音であろう。しかしながら、ここでの議論にとって最も重要な点は、音が擬音によって表わされるものにいかに関連しうるかではない。むしろ重要なのは、こうした類いのことばが個々の言語に関連する有様である。他の言語における擬音語が時にきわめて奇妙に感じられるということは、この表情の重要性を示唆するものである。そのことばが擬音としての価値をもつのは、その言語の他の音に対してである。外国語の用語が奇妙に聞こえるということは、われわれ自身の言語の熟知性に関わっている。われわれが固有名や価値を認める物や考えの名前に外国語の中で出会う時、この奇妙さの（抑えられた）感覚をも経験しているのかもしれない。

＊12　原語 'physiognomy of words' は「語表情」と訳される場合もある。

言語がそのような特性を物理的性質の諸側面としてもつなら、翻訳の可能性は遠のいてしまう。翻訳はまさにその性質によって、物理的記号に変更を加える。以上のことから、思考は通常、それによって思考が生み出される言語の物理的形式から独立した形では存在しない、という結論が導かれるだろう。その点を最も素朴な形で言うなら、フランス語とドイツ語で同じことを考えることはできないということになる。しかし、物理的形式は思考と不可分である一方で、多くの目的にとって、別の言語において対応する記号の十分な代替物ともなろう。つまり、物理的形式はわれわれの目的に役立つのである。（このことは、「同じもの」ということで意味されるものについての問題を提起する。）しかし、翻訳が意味を損なうことなく生じうるような場合ですら、意味が記号から切り離され独立して存在しているという誤った見方に屈してはならない。ある翻訳が通用するのは、言語ゲームでその翻訳が務めを果たすことができるからであって、その翻訳が第一言語の言語記号の背後にある別の意味領域と対応するからではない。ウィトゲンシュタインは同様の点を指摘している。

われわれがある命題の理解について語るのは、同じことを述べている別の命題にそれを置き換えることができるという意味においてである。しかしわれわれはまた、それが他のいかなる命題にも置き換えることができないという意味においても、ある命題の理解について語る。(ある音楽のテーマを他のいかなるテーマによっても置き換えることができないのと同様に。)

ある場合には、命題の思想は、他の多くの命題にも共有されているのであり、また別の場合には、そのことばによってのみこの配置の中で表現される何かなのである(詩の理解)(*Philosophical Investigations*, 531)[*13]。

「命題の思想」という概念そのものがコンテクストに依拠しているのは、ある現象の説明が、話したいと思う話題の内容にまさに依拠しているのときわめて似通っている。思考がそのことばによってのみ表現される事例についてのウィトゲンシュタインの指摘は、ここで特別な重要性をもつ。一方では、あたかもそのことばを超えた代替的言明は不可能だという点で、そのことばが終結点、あるいは限界を形成しているかのようである。もしそうであるなら、命題をその真理条件という観点から十分に説明しつくすことはできないということになるであろう。真理条件という観点からの説明がいかにためになるものであろうとも、人は置き換え不可能な文の性質に立ち戻らなければならないであろう。おそらく、ウィトゲンシュタインが、ことばというものは魂をもっているのであって、意味をもつだけではない(*Philosophical Grammar*, Part I, 32)[*14]と言う時にその正体を明らかにしようとしているものは、この性質であろう。

＊13　ウィトゲンシュタイン『哲学探究』、I部、五三一節、二八六―二八七頁/『「哲学的探求」読解』、I部、五三一節、二九六―二九七頁、参照。

＊14　ウィトゲンシュタイン『哲学的文法1』〔ウィトゲンシュタイン全集　第三巻〕山本信訳（大修館書店、一九七五年、八四頁）参照。

他方、もしことばに意味があるのであれば、それは真理条件以外のいかなる仕方で理解されるのだろうか。ここでの一つの答えは、記号をいわば意味それ自体として捉えることである。ウィトゲンシュタインはこれと関連する例を示している。

> 音楽がわれわれに伝えるものは、喜び、憂鬱、勝利、等々の感情であると時に言われてきた。この言い方に対してわれわれが反発する点は、音楽はわれわれの中に一連の感情を生じさせる道具だと言うように聞こえることにある。もしそうであるならば、そのような感情を生じさせる手段はすべてわれわれにとって音楽の代わりになりうると考える人もありえよう。――このような言い方に対してわれわれは、「音楽はわれわれにそれ自身を伝えるのだ！」と言いたくなる（*The Blue and Brown Books*, p. 178）[*15]。

（その前の引用において）ウィトゲンシュタインが括弧付きで示す詩の理解についての例は、有益な形でこれに結びつけることができる。音楽はわれわれにそれ自身を伝えるという考えは、助けになると同時に、誤解を招く可能性もある。そうした考えは、ある文が現に在ることにわれわれを導くという意味では助けになる。つまり、文がそこに在ることに対して注意が喚起されるのである。詩は、この世界において新しく構築される対象である。それは、新しい建物を構築することによってわれわれがその建物に入ることと、風景を修正することを共に認めるのと同様に、以前には存在していなかった経験の可能性を開く。詩の理解という際立った例によって、この特性を固有なものとしてもつ言語の形式が引き合いに出されるというよりも、むしろこうした特性がきわめて顕著であるような言語の形式が際立つことになる。その特性は、言語一般に属するものである。

＊15　ウィトゲンシュタイン『青色本・茶色本　他』〔ウィトゲンシュタイン全集　第六巻〕大森荘蔵、杖下隆英訳（大修館書店、一九七五年、二六八頁）参照。

しかしながらそうした考え方は、音楽と言語がわれわれの生活で果たす役割には根本的な違いがあるという点で、誤解を招きやすい。両者の対比は、より広い経験から切り離された意味という考えに過剰な力点を置くものである。音楽は、言語と同じようには日常生活の一部ではない。少なくとも絶対音楽と呼ばれるものは、世界における他の経験の対象と重要な側面で関連せず、明らかにそうした対象を象徴することはありえないような領域を開くように思われる。もちろん、このことをもって、音楽の領域は天上のものであると結論づけるならそれは間違いであろう。言語と同様、音楽も本質的には自身を構成する物理的要素に関わるものである。しかし、物理的なものがそこに在るということに注意を向けることでわれわれは、実際に文章の意味を問いそうした文章を世界の事象の状態に関連づけることができるという事実に対して盲目になり、道を誤るかもしれない。

こうした、言語の物理的特徴に着目することは、『論理哲学論考』に表現される言語観を崩壊させるための一つの戦略である。前期の著作においてウィトゲンシュタインは、ともかくも時間の外にあるような現実の領域、すなわち論理言語が描写すると一般に考えられているような理想領域が存在するという考えを維持していた。後に彼は、論理が理想的現実を描写することはありえず、理想言語がどのようなものでありうるかについて論理が示すことはありえない、と述べている。こうした理想についての概念を手に入れることはできないからである。せいぜい言いうることは、われわれが日常言語から——その力を借りて——理想言語を構築しているということ、そしてこれが日常言語とは対照をなすものであるということである。論理は、ある理想領域を映し出す鏡ではなく、その理想を構成するものである。ウィトゲンシュタインは、この理想という概念のもつ潜在力に留意する。

しかしここで、「理想」という語は誤解を招きやすい。なぜならそれは、あたかも「理想言語」がわれわれの日常言語に比べてより良く、より完全であるかのように思わせるからである。そして、この語によって、論理学者がついに正しい命題とはいかなるものであるのかを示すに至ったかのように思わせるからである（*Philosophical Investigations*, 81）。[*16]

この主張は二つの関連する過ちを示唆している。一方において理想は、一種のプラトン的本質主義へと徐々に変化していく。ここでは、経験の現実のできごとがつかの間の偶発性へと還元される危険がある。他方において理想は、表象の概念をはらんでいる。そこでは、言語から独立した世界についての事実という考えに意味が付与される。この過ちは、ウィトゲンシュタインの〔前期、後期〕著作における連続性への信念に基づいて解釈を行う、多くのウィトゲンシュタイン研究者の著書に現れている（例えば、Sefler, 1974; Binderman, 1981 を参照）。ウィトゲンシュタインが終始一貫して言語と世界との関係に関心をもっていると言うことは正しいが、すべては、「との関係」という表現がどのように解釈されるかにかかっている。この場合にとられる一つの戦略は、『論理哲学論考』で提示される表象理論はたんに一つの言語ゲームを詳述したものにすぎないが、『哲学探究』は他の言語ゲームの詳述を通じてこれを補完する、と述べることである。しかしこれは、ウィトゲンシュタインの前期著作と後期著作の間の形而上学的違いの度合いを致命的に誤解するものである。後者における言語ゲームの思想の創出は、意味の写像理論——すなわち、表象理論——を一気に拒絶することを意図したものである。この観点から、ここで表象理論のある特定の波及効果に目を向ける必要がある。

＊16　ウィトゲンシュタイン『哲学探究』、Ⅰ部、八一節、八二頁／『「哲学的探求」読解』、Ⅰ部、八一節、六九頁、参照。

2・4　意味の決定性

ウィトゲンシュタインの前期の著作が目指すものの一つは、意味の決定性である。ウィトゲンシュタインは、概念は領域として明瞭な境界をもつというフレーゲの思想を継承したが、これはある特定のタイプの概念を特別扱いするような言語の要件を設定するものであった。この規準を満たさない概念は曖昧なものとみなされ、ある特定のタイプの言説が他のものより重んじられるという結果をもたらした。より一般的には、この点で自然言語には、論理学と数学の理想言語と比べて欠陥があるとみなされた。前者の言語の曖昧さは、後者の決定性に対比される形で明らかにされた。こうして曖昧さは、自然言語がもつ嘆かわしい特徴だとされ、それを抹消しようとすることは理にかなっていると考えられるようになった。

この見方に対して、後期ウィトゲンシュタインは、世界についての様々な語り方の適切さを示そうとしている。言語はそれ自体で秩序を保っているという考え方は、言語の意味が言語に内在しているということを示唆する。すなわち言語が適合するような対応物は、言語を超えては存在しない。意味を与えるものは、言語ゲームにおける表現のネットワークである。もちろんこのことは、言語ゲームが世界から隔離されていると言っているわけではない。言語ゲームは、人間の活動というコンテクストの中で、つまり生活形式の内で営まれ、実際に存在するようになる。秩序を保っているということは、完全な状態を意味するのではない。修正や変更は、言語の内からのみなされる。つまり、意味の決定性を備えた言語の尺度に照らして言語を判断する試みは、常に間違いを犯しているということである。なぜならそうした言語は、偽りの言語像を取り込んでいるからである。意味の決定性という観点から明晰さを捉えることは、命題を事実と適合させるという想定に基づく。こうしたことはかなり明晰な形で行うことができるが、実際に起こっていることを認め損なうことになる。これに対して言語ゲームは、自身が可能にする諸々の区分を通じて、世界についてのある語り方を開いている。（事実という考えそのものが、言語ゲームに内在するものである。）こうした区分の範囲の内からこそ、ある命題の真実性を評価する可能性は生じるのである。これとは対象的に、偽りの言語像は、言語を超えるところに、それに照らして決定性が判断されるような何かをたえず前提とする。

言語にとって本質的なことは、それが予測されぬ形で展開する可能性である。しかしながら、この新しい展開を押し進める力について何らかの説明をなすことができるか否かについては疑問が残る。日常言語を評価するための尺度が存在しないからといって言語の作用はいかなる抵抗にも遭わないのだとする飛躍は避けられねばならない。要するに、ザラザラした大地という考え方を明らかにする必要があるのだ。

人間が抱く目的の幅によって、限界への一つの出会い方が決まる。とはいえ、言語の外で限界に遭遇するわけではない。限界は、言語の内において達成されていく。そして言語の内側から新しい諸目的は生じうるのである。さらに、人間の目的には失敗がつきものである。ここで受ける抵抗、すなわちザラザラした大地は、言語の作用の仕方を制限する。言語が限界づける地平は移動しうる。しかしながらこうしたものを超えて、地平を地平として捉える気づき、そして新しい定義がより大きな展望を開示する可能性についての気づきが生まれるかもしれない。そうだとすれば、現在の言語の内に、彼方にあるものを問う感覚が存在するということは矛盾ではない。そのような感覚は、言語の内から——言語それ自体の秩序の内から——のみ生じうるというのは正しいと言えるだろう。この感覚を受け入れることは、人間による理解の限界と言語の限界の双方に関連する、ある神秘の感覚を認めることである。（この位置づけを確認することは、予備的概略で提起した神秘についての考えを明らかにしていくための第一歩となる。）こうした限界は、尺度という意味での限界ではない。

『哲学探究』を解釈する際に主たる問題となるのは、この本がフレーゲと『論理哲学論考』の意味論を支える決定性理論をいかなる仕方で覆しているかということである。哲学者の中には、ウィトゲンシュタインの後期の著作を、曖昧さの思想を擁護するものであるとみなす者もいる。例えばヴァイスマンは、意味が曖昧なところで言語がいかに作用するかについての説明としてオープン・テキスチャー論（開かれた構造論）を展開している。こうした解釈に反対して、ベイカーとハッカーは曖昧さをもち出すこと自体が規範としての決定性を前提としており、ゆえにウィトゲンシュタインによる批判において最も根本的な点を理解し損なうものである、と主張する。重要なのは、ウィトゲンシュタインが、規則はあらゆる使用可能性についての記述を（原則的には）包括するという考え方を拒絶しているということである。自然言語においては、予測外の表現使用がいつでも見られるであろう。同様に、必要十分条件という観点から概念語を定義したとしても、それは究極的なものではありえない。なぜならそのような定義もまた、同じような反論に遭うからだ。その代わりに必要とされるのは人間の判断と目的におけるある規則性であり、しかもこうした判断や目的は変化しうるのである。フレーゲと『論理哲学論考』が、思考には決定性があるが言語はその正確さに適合しないと主張したのに対して、後期ウィトゲンシュタインは言語の表面に戻るようわれわれを導く。まさにそこが、思考の所在地なのであり、言語はそれ自体で秩序を保っている。そうなると、不正確さという非難は間違っているということになる。ある正確なグリッドの表示が望ましい位置として決定されている、内面的な思考領域の像を保つことができるのなら、「どこかその辺に立っていなさい」(*Philosophical Investigations*, 71)[*17] と言うことは、曖昧な語り方である。しかし、どの地点において、グリッドの表示は十分に正確であると考えられるのであろうか。(人はどの地点で、純然たる対象や、それ以上分割不可能な原子的事実に遭遇するのであろうか。) ここでの正確さの概念は、生活世界や人間の諸目的といったコンテクストに再び照らし出されることで初めて意味をなす。そのようなコンテクストの中で、つまりある特定の言語ゲームの中でこそ、「どこかその辺に」という表現は完全に機能する。「不正確さ」という軽蔑的な力が足がかりを得るのは、「おおよそその辺」ということで、誰かが間違った場所に立つことになるかもしれないような場合——つまり、生きられた経験のコンテクストの内——のみである。「私を東京に訪ねてきなさい」というのは、そのようなことはありそうもないが、さらなる特定なしに実際に会うことが期待されているならば、曖昧すぎる。ゆえに、表現の意味の規準がどのようなものであるかは、誤解が生じうるような状況によって示されるのである。

＊17　同、I部、七一節、七四頁/同、I部、七一節、六一頁、参照。

ベイカーとハッカーによれば、危険なのは、曖昧さが、多かれ少なかれ嘆かわしい日常言語の特徴であるとみなされることだけではない。決定性という超越的標準を支える諸条件が依然として受け入れられていながら、曖昧さが望ましい特徴のように思われることもまた危険なのである。その理由は、両者の見解は共に、意味の決定性が優位であるという想定に依拠しているからである。この優位性という考え方にこそ決別する必要があるのだ。意味の決定性の原理は、二つのことを主張する。(i)ある概念によってカバーされる決定的な領域があるはずであるという主張。(ii)すべての新しい使用は、使用の規則によってカバーされるはずであるという主張。後者は特に、論理学のような理想言語にあてはまる。前者は、基本的命題の還元理論のように、経験の与件を特定しようとする試みにおいて一層明白である。

ウィトゲンシュタインは、この二つの主張を批判する。それによれば、最初の主張は、先に論じた言語と事実の対応関係を前提としているということとは別に、厳格に定められた境目をもたずともわれわれにとって役立つ概念の活動範囲を排除してしまう。国境論争にある国は、依然として国である。二番目の主張に対して、ウィトゲンシュタインは、言語のもつ多様性と予測不可能性に注意を喚起する。論理言語が日常言語に先立つという仮定は間違いである。理想言語は、日常言語の背景に照らしてのみ構築されうるのであり、その背景は意味の決定性の原理によって裏打ちされるものではない。論理学や算数は、旧市街の新郊外にあって一様な家が建ち並ぶ整然とした地区である（*Philosophical Investigations*, 18）[*18]。

曲がりくねった通りや路地が密集する旧市街は、多様な形式をもち、非体系的で、進化的な性質を特徴とする。その街は、基本設計をもったことがないという点で非体系的である。また、それ自身の外にある体系に適合することもありえない。しかし街の通りが、他の通りとの関係によって定義されるという点では秩序をもつ。この内的一貫性によって、街の通りが同一性をもつ可能性が認められる。しかしこれ以上の、そしてより重要な要因として、通りは生活の場である。そこには人々が住んでいて、多様な活動に従事している。人々がある場所から別の場所に移動したいと思うことがなければ、通りが互いに連関しているという事実は、ほとんど意味をもたない。都市の生活は、こうした人間の諸目的のために存在している。

*18 同、I部、一八節、二五頁／同、I部、一八節、一〇頁、参照。

街に基本計画があるという想定の不適切さは、言語が論理と意味の決定性の原理によって裏打ちされるという誤った信念を類比的に表わすものである。言語ゲームの内的一貫性は、文法の自律性と呼ばれるものに匹敵する。自律性は主として、言語ゲームによって言語に意味が与えられる仕方に表れる。つまりこれによって、言語ゲームの内で構築される文章が制御されるのである。しかしながら、ウィトゲンシュタインの言語規則の捉え方にとって必須であるのは、言語ゲーム内でのすべてのできごとに対して、規則があらかじめ詳細な記述を与えることは不可能であるという事実である。この予測不可能性は、本議論において中心的な意味をもつ。とりわけ、新しい使用が生じる時に何が起こっているのかという問題については、本章の中で追い追い論じられるであろう。先に示唆したように、言語ゲームがある語り方、世界での存在の仕方を開き、その内に新たな展開が生じるたゆみなき可能性があるのだとも言える。表象に基づく意味論は、意味の発生が言語の内から生じるものであるということを認識し損なうものであるため、こうした生成的特質を捉えることはできない。

曖昧さという主題について遠回りして考えることで、意味の決定性の原理に対してウィトゲンシュタインが行う批判についての間違った解釈を排除することができる。さもなくば、ここで展開している議論が、表現の曖昧さに関する寛容さを訴えるものとして解釈される余地が生まれてしまうだろう。そのような訴えの根拠は、多くの生活領域において、科学によって例証されるような決定性の高度な標準に言語を適合させることはできないということにあると想定されるかもしれない。こうした誤解を批判することは、曖昧さに対するすべての言及を禁止することではない。「曖昧である」ということは、「不正確である」、「不明瞭である」、「厳密でない」、「不確定な」といった表現と並置することができるが、こうしたすべての表現はどれも特定の言語ゲームのコンテクストにおいて位置づけられるだろう。ことばが意味をもつためには、決定性という絶対的な概念ではなく、コンテクストに依拠した相対的概念が必要となる。

ここで、諸々の事例を差異化する必要がある。第一に私が同僚に、「来週そのことでお会いしましょう」と述べたとしよう。これは、非礼になることなく、彼に会わなければならない可能性を最小限にとどめるために、不正確さを使用したものかもしれない。第二に、別の策略としては、われわれが何かについて無知であることを隠すための不正確さの使用もありうる。第三に、聴き手の側に連想を生み、不確実で予測できない反応を引き起こしたいところで、意図的に不正確さを用いることもありうる。第四に、完全には把握することができないと感じるようなことがらについて語っている場合に、無限定性というものを利用することもできる。ここで、T・S・エリオットの「J・アルフレッド・プルーフロックの恋歌」(*The Love-Song of J. Alfred Prufrock*) は有効な例を提供してくれる (Eliot, 1961)。詩の語り手は、その詩の軸となる「圧倒されるような問い」について思索をめぐらせる。しかしながら、その問いが何であるかは決して明示されない。この無限定性の中で、その問いは数々の重大な問いの重みを背負っている。そうした用法は、完全には測りえないものを承諾することになろう。そして、さらなる解明が試みられるならそれが失われてしまうようなやり方で、この測りがたさを熟考させる。それはひょっとすると、聴き手の中に記憶と連想の深みを測るために、あるいは、新しい考えを根付かせるために工夫された、わからなさの表現かもしれない。その代わりに厳密な表現を求めるなら、ことばがいかにうまくその任務に適合していようとも、そこには扱いがたい要素が見いだされるだろう。つまり、ことばは予期していなかった連想を引き続き生み出すのである。詩では以下のような詩句が繰り返される。

「そうじゃないのよ、ないのよ、ないのよ、あたし、そんなつもりでいったんじゃないのよ」。[*19]

*19 T・S・エリオット「J・アルフレッド・プルーフロックの恋歌」『エリオット全集 第一巻』深瀬基寛 他訳(中央公論社、一九六〇年、一二頁)参照。

これは、意味したことを言いえていないという、どれほど的はずれなものであったとしても頻繁にわれわれが抱く感覚を捉えている。そのような場合に生じる連想は、われわれが目論んでいた制御を不能にするという不幸な結果をもたらす。重要性の比重は、ことばを話す人々よりも、むしろことばが意味する仕方に置かれることになる。例えば、家での口論の際に発したことばは、たとえ後悔したとしても、しばしば拭い去れずにいつまでも残るような性質をもつように思われる。そうした場合、言語はある意味で気まぐれであるように思われる――すなわち、言語はわれわれが完全に制御しようとする中立的な媒体であるという考えに固執するのであれば、気まぐれである。しかしこれがまさに、われわれが理解しようとしまいと、ある意味で服従せざるをえないような言語の自律性なのである。言語がもつこの特質はいたるところに広がっている。われわれがこの自律性に何らかの敬意を示すような言説の形式もあるように思われる。例えば、注意深くことばを選ぶ必要のあるあらゆる場面でこのことがあてはまりそうである。言語が形式化される状況においても、このことはあてはまるのかもしれない。言語は限界を設定し、そのことによって可能性を開く。合理的‐断定的様態と、受容的‐応答的様態の区分という観点から見ると、この言語の自律性は、後者の思考様式によって実現される世界が差し出す抵抗の一つの形である。

この自律性は、厳密には思考それ自体と切り離すことはできない。繰り返すが、われわれが操作する概念の起源は言語である。この言語は、公的な物理的形式をもたねばならない。個々の物理的形式の出現に遭遇することは、そうした概念使用の初期段階なのである。そこで今度は、そうした物理的形式の生じ方についての熟考へと注意を向けることにしよう。

第3節　言語学：体系と実践

以下の四つの小節では、個々の発語と体系、テクストという思想、読むことについての思想、そして公的記号の性質の間の関係を探究する。これによって、本質的に公的な言語の性質についての考察を提示し、発語の個別性についての理解をさらに深めることができる。そして言語記号がもつ不可解な独立性への注意が喚起される。

3・1　ソシュールの体系

言語学の分野は、言語の物理的形式の研究において中心的な役割を果たしてきた。これは、言語を思想の透明な媒体とみなし、科学の台頭と共に自明なものとなっていた指示的言語理論に対する反動を示唆するものでもある。言語研究は、ソシュールと共に、支配的な語源的・文献学的なアプローチからコンテクスト・アプローチへと移行したが、これによって、多様な学問領域において構造主義として展開することになるものの基礎が打ち立てられた。

ソシュールの理論において、言語は、諸記号からなる差異の体系によって特徴づけられる。ラング／パロールの区分によって、言語の総体は変形規則・体系（ラング）として同定され、これを背景に発話行為（パロール）が生じる。語ることにおいて、われわれはラングの知識に依拠せざるをえないが、その依拠しているラングを完全に記述することはできない。ラングは、その存在よりむしろ不在によって特徴づけられる。パロールはラングに従属的であると考えられる。その主たる理由は、ラングこそがいかなる発語をも可能にするということにある。またパロールは別の意味でも従属的である。つまり、パロールはどこまでもラングという全体の一部でしかない、という意味で従属的なのである。

ソシュールによる記号のシニフィアン／シニフィエの区分には、それに先立つ諸研究において優勢であった表象的言語観の拒絶という意味合いもある。ハイデガーの表現を借りるなら、それは「構造物の足場を支えている様々な支柱」（*On the Way to Language*, p. 97）[*20]を除去することである。シニフィアンは、記号の物理的形式を構成する音声やマークである一方で、シニフィエは対象そのものではなく、記号が言及する概念である。しかしながらシニフィアンは、たんに音やマークであるだけではない。シニフィアンは、記号をシニフィアンの体系の他の記号から構造的に区分する物理的形式の側面である。二人の発話者によって発せられた語、もしくは二つの異なる機会に発せられた語の物理的形式は、音声の高低や音量などにおいて異なるであろう。しかしそれにもかかわらず、その語は、体系内の他のシニフィアンから差異化されるゆえに認識可能であろう。したがって、これらの差異は、それに重要性を与える慣習によって意味を付与されることになる。言語の社会的慣習は中心的なものである。ソシュールは述べる。

言語の究極的法則は、あえて言えば、何ものも決して唯一の辞項のうちには存立しえないということである。これは、言語記号はそれが指示するものには無関係であって、したがってAはBの助けなしでは、またその逆でも、何ものも指示しえないという事実の帰路である。換言すれば、双方共に両者の間の差異によってのみ価値をもつ、もしくは、否定的なものであり続ける差異のこの同じネットワークを通して以外には、どちらもその構成要素のいずれについても価値をもちえない、という事実の帰結である（in Culler, 1976, p. 63）[*21]。

この一節はまた、記号のさらなる特色、すなわち記号の恣意性に注意を向けさせる。シニフィアンとシニフィエの関連性は、ある語の音をその概念に結びつける理由が慣習以外には存在しないという意味で、恣意的である。（ここで擬音は特殊な事例である。音が記号として機能するためには、それが体系内の他の音から区分される必要がある。）恣意性はシニフィエの概念領域の区分においても明白である。世界の中の対象は、われわれがそれらについて語る以前には分類されていない。それらが分類されうる方法はいくらでもある。あるシニフィエの境界を決定するものは、それが他のシニフィエといかに異なるかということである。

＊20　ハイデッガー「言葉の本質」『言葉への途上』、二四七頁、参照。
＊21　J・カラー『ソシュール』川本茂雄訳（岩波書店、一九九二年、七二―七三頁）参照。

「恣意的」という語は、ここでは多義的であると言い添えておく必要がある。この語には、ある選択や区分が根拠をもたないということが含意されている。少なくとも、シニフィアンの体系において用いられる音やマークを区分する根拠の欠如と、概念領域の諸区分を決する限界との間には、程度の差がある。後者における変動を理解することは重要であるが、その諸区分はたんに制約されているだけでなく、人間生活の諸状況に拘束されているように思われる。このことは、異なる言語の間では相対的に概念領域の変動が少ないが、これに対して、異なる言語におけるシニフィアンの諸体系の間には著しい差異があるということを見れば明らかであろう。この（常識的な）考察に然るべき重要性を認めないと、議論が体系重視の方向に向かうことになる。

さらに恣意性の概念は、とりわけ体系重視と結びつく際に、記号の物理的性質から注意を逸らす潜在的可能性をもつことが懸念される。これに対しては、いかなる音韻論的差異も特定の音声的配置を通じてのみ効力を発揮するという点が重要である。語の音は、異なる発語や異なる発話者の間の変動ゆえに一様であるということはなく、個々の発語や発話者に特有な個別の物理的特徴をもつであろう。物理的なものとの出会いは、言語使用における一つの特徴である。

ある記号が意味をもつのは、それが差異の体系の内で機能するからである。それが位置を与えられるのは、その垂直的(あるいは共時的)、および水平的(あるいは通時的)連関による。垂直的次元は、文の中のある語が、それに取って代わっていたかもしれない他の語の集まりに対峙されて理解される仕方に関係している。よって「彼女は父親のもとへとすばやく駆け寄った」という文において、「すばやく」という語は、他の副詞、とりわけ動きに関連する副詞に対峙されて理解される。水平的次元は、この語が同じ文の中の他の語に関連する仕方に関連している。

本節の冒頭で述べられた(語源学からの)方法論的転換は、通時的なものから共時的なものへの移行である。共時的なものは、現体系の他項目からの差異化に深く関わる。言語が明らかに歴史性をもつにもかかわらず、ソシュールは通時的なものを拒絶するが、このことは、意味が指示の歴史ではなく内在的な体系の諸関係によって決定されるという考え方を彼が信奉することを明らかにする。この体系は自己規制的であり、それ自身の変形構造をもっている。

発話の歴史的要素と現実的事象の双方を、ラングという非時間的総体へと従属させる点において、ソシュールの思想は後期ウィトゲンシュタインの思想と著しく反目する。しかしながら、その他の点では、明らかに類似性が見られる。ロイ・ハリス(Harris, 1988)は、言語=名称論の拒絶に見られる両者の類似性に着目している。すなわち、言語体系、言語共同体、意味の使用説という考え方、言語的ふるまいの強調、そして文法の自律性である。（ハリスは、両方の著者がゲーム、とりわけチェスとの類比にしばしば立ち戻っていることが重要であると指摘している。）ソシュール独自の焦点の当て方は、ウィトゲンシュタインの著書とは異なる探究の仕方の一面を示すものである、という異議を唱えることには一理あるかもしれない。つまり、ソシュールの出発点は言語の外観であるのに対して、ウィトゲンシュタインの方は、言語と思考についてより一般的な問いに関心を抱いているということである。これが事実であるかどうかにかかわらず、私自身の目的の一つは、物理的形式に関わる問題に注意を向けることの適切さを示すことである。ザラザラした大地の比喩は、そうした注意の向け方の重要性について何らかの含みをもつものである。

ここまでの主張の目的は、言語学におけるある特定の考え方が、言語の物理的性質の分析と関連性をもつことを認めることであった。次に体系についての議論を超えて、テクストとコンテクストについての諸々の問いに関係する発語の個別性を考察する必要がある。

3・2　テクストという思想

二〇世紀の文芸批評において中心的な論争のいくつかをたきつけたものは、特にローマン・ヤコブソンの著書を経由した、言語学と文学の関連性であった（Hawkes, 1977, pp. 76–87）。語それ自体の諸側面に注意を向けることによって、新テクスト主義は言語の透明性についての自己充足的な想定を揺るがせたが、それに続く論争は、教条主義的になり分極化していった。すなわち、一方において、テクストを自足的で自律的なものとみなす者たちがいた（例えば、ロシア・フォルマリズムや、I・A・リチャーズのニュー・クリティシズムである)。他方、文芸批評を、より大きな社会批判の一部とみなす者たちがいた(例えば、マルクス主義者やフェミニストの批判である)。しかし、いずれの極端な手法をも覆すことが重要である。ピーター・ウィンチが示しているように、人は、思考を条件づける背景――思想、テクスト――から切り離してある個別の経験を理解できないのと同様に、他の経験についても、そこから切り離してテクストを理解することはできない(Winch, 1982)。ポスト構造主義の思想は、より総括的な方法で、これらの論争につきまとう対立的な思考様式を弱体化させてきた。

この論争に含意されている問題は、テクストの「実在」に対する関係、すなわちテクストが反映しているように思われる世界に対する関係である。この関係についての問題は、小説に限定されるものではなく、書くということ全般の性質に関わる。これについてより直接的な研究を行うのは、リチャード・ローティの「一九世紀の観念論と二〇世紀のテクスト主義」(Rorty, 1982)である。題名が示すように、彼の目的はまず第一に、テクスト性についての現代の理論を歴史的コンテクストに置くことである。明らかに、観念論と、彼がテクスト主義と呼ぶものの間には類似性がある。しかしながらローティが強調するのは、観念論が新しい哲学的教義として台頭したのに対して、現代のテクスト主義は認識論の正体を暴き、世界の知識についての理論が存在しうることを否定する企てだということである。つまりテクスト性とは、われわれがもっているのは様々な語彙でしかなく、そのうちのある語彙が他の語彙に比べてわれわれにとってより有用だということが判明するという認識である。すなわち、真実の発見という概念を放棄することである。ローティは、テクスト主義(そしてそれに先立つ同様の教義)が、「われわれは概念なくして考えることができず、ことばなくして語ることはできない」ということから、「われわれは、思考と語りによって創られてきたもの以外については、思考したり語ったりすることはできない」ということへと、不当にすり替えられていく傾向性を指摘する。

ローティは、弱いテクスト主義者と強いテクスト主義者を区分する。M・H・エイブラムズのような弱いテクスト主義者にとって、批評は、テクストの内在的パターンを観察することによってテクストのコードを解読する試みである。彼は、すべてのテクストに適用しうるような包括的語彙や感情の枠組みが存在するという、ヒューマニスト的批評の仮説を拒絶する。そして代わりに、それぞれのテクストにはそれ自身の語彙があるという考え方を提唱する。テクストの構成体系はそのテクストに固有のものである。[*22] 文学の領域は、指示をなおも可能であるとみなす科学の領域から峻別される。

＊22 「強いテクスト主義者」と「弱いテクスト主義者」の区分について、ローティは以下のように述べている。「エイブラムズの言う「ヒューマニスト的」批評家の考えによれば、社会一般を広く覆う一つの語彙というものが存在していて、これを使えば多様な文学作品がどんな話題を扱かっていようとそれを記述することは可能だということになる。これに対して、第一の種類のテクスト主義者――弱いテクスト主義者――の考えでは、個々の作品はそれ固有の語彙と秘密のコードをもっていて、このコードは他のどんな作品のコードとも部分を共有しない。一方、第二のテクスト主義者――強いテクスト主義者――は彼自身の語彙をもっており、誰かがこの彼の語彙を共有しているかどうかは気にかけないというわけである。今私が示したこの説明によれば、強いテクスト主義者の方がニーチェとジェームズの真の継承者であり、したがって、カントとヘーゲルの真の継承者であることになる。これに対して弱いテクスト主義者――コード解読者――は実在論の、あるいは「現前の形而上学」のもう一人の犠牲者にすぎないのだ」〔リチャード・ローティ「一九世紀の観念論と二〇世紀のテクスト主義」『哲学の脱構築　プラグマティズムの帰結』室井尚、吉岡洋、加藤哲弘、浜日出夫、庁茂訳（御茶の水書房、一九八五年／一九九四年新装版、三四二頁）参照〕。

ハロルド・ブルームのような強いテクスト主義者にとって、批評とは、強い誤読に関わるものである。[*23] 詩人は現場に遅れて到着する。すなわち、先立つ執筆と読解によって条件づけられていないような主題に遭遇することはありえないのだ。かくして、シェリーのワーズワースに対する関係は、息子の父に対する関係のようなものである。息子は、所与のものに反抗しこれを拒絶することで、自らが書くための想像的空間を達成する。詩は単独では存在しない。新たな著者は、先立つ詩人の再読に従事する。その中で彼は、新たな著者となるために越境せねばならない。執筆と読解の間の境界を曖昧にするこの構図には、批評者が含み込まれる。批評者は、テクストに、グリッド——ある語彙——を持ち込み、テクストをそのグリッドに適合させうるやり方を探究する。弱いテクスト主義者は、テクストへの多様な応答の余地を残すかもしれないが、そこにはテクストの解読によってテクストが正確に理解されるかもしれないし、されないかもしれないという感覚があるだろう。他方、強いテクスト主義者にとって、これは誤った捉え方である。批評者が書くものは、文学と文学批評の実践への一つの貢献にすぎず、最初のものに加えられたり関連づけられたりしうるテクストにすぎない。批評の信憑性を照合することができるような書き物の様々な断片の存在以外に実在はない。弱いテクスト主義者が正しい読解という考えの中に表象の亡霊を維持するのであれば、強いテクスト主義者はこれを追い払おうとする。

＊23 「強い誤読」について、ローティは以下のように論じる。「しかし、テクスト主義者は、テクストを作者から全く独立して作動する一つの機械とみなすこの考え方を採用しないこともあり、その時には、ブルームが「強い誤読」と呼んでいるものを持ち出してくることになる」（同、三四〇頁、参照）。

ローティは、弱いテクスト主義者を、自分自身が伝えようとすることのもつ含意を十分に認め損なう者とみなす。弱いテクスト主義者の立場は、教義の中に沈下してしまう。そして、自らの方法論に固執する。これに対して、強いテクスト主義者はそうした満足などなしに生きていこうとする。彼はニーチェやジェームズが気づいていたこと、つまり方法論という観念は、特権的な語彙、すなわち対象の本質に直結している語彙、われわれが対象の中に読み込んでいく属性ではなく、対象がそれ自身の中にもっている属性を表明している語彙という観念を前提としているということに今気がついたのである。ニーチェとジェームズは、そういった語彙の観念は一つの神話だと語った。彼らによれば、哲学は言うまでもなく科学においても、われわれは、自分が望むものを手に入れさせてくれるそのような語彙を求めて、あたりを物色しているにすぎないのである（ibid., p. 152)[*24]。

弱いテクスト主義者は、科学における指示的言語の働きを認める。強いテクスト主義者にとっては、科学もまた相容れない語彙の一つであろう。最終的にローティは、強いテクスト主義者が具体例を超えては論争にほとんど貢献しないと考えている――そしてひょっとすると、具体例が示す事例における、個別なものの優位性というものが、このことの核心に近いのかもしれない。こうした批評者たちが言いたいことに最適な表現を与えるのが、プラグマティズムである。

＊24　同、三四三頁、参照。

ローティは、ジェームズとブルームのプラグマティズムを「苦闘する有限的な人間の証明[*25]」として擁護する。これは、相容れない語彙について語ることは道徳性を破壊するという、予期される非難への暫定的応答として提示される。しかしながら、この考えを擁護することは、ローティの論文を超える話である。彼が提唱するプラグマティズムについての不安の源は、強いテクスト主義者の作品の記述である。

批評家はここで、著者にもテクストにもその意図を問い尋ねることはせず、ただ、テクストをいわばたたき上げて、批評家本人の目的にかなうような姿に変えてしまう。彼は、テクスト内であるいは著者によって用いられるそれとは全く無関係の語彙――フーコーの用語で言えば、一つの「グリッド」――をテクストに押し付けて、そこで何が起こるかを見ようとする。こうした読み方のモデルとなっているのは、巧妙な機械仕掛けを好奇心から収集して、いったんそれを分解した後、それがどうやって動いているのかを調べたり、本質的な働きを念入りに排除するような人間ではない。モデルとなっているのはむしろ、例えば夢やジョークを殺人マニアの徴候として喜々として解釈する精神分析医なのである。[*26]

強調されるべきは、テクストと対面することの重要性、テクストが現に在るということであるが、このことに対して、ローティはこの論文の中でほとんど注意を払っていない。このことの痕跡は、テクストをたたき上げてその姿を変えるという彼の考え方に見られる。そこではテクストが、言ってみれば可鍛性のある金属のようなものとして考えられている。しかし、例えば、抵抗という考え方は前面に出ていない。おそらくは、人間生活の有限性についての言明の中にも、同様の思いが込められているのだろう。私が主張したい点は、こうした人間の有限性の暗示が言語の限界と関連しているということである。テクストという金属は可鍛性をもつが、にもかかわらずそれが金属であることに変わりはない。それがどこまで引き延ばされうるものかについては限界があり、そしてそのような限界が、われわれの実存を条件づけている。

＊25　同、三五四頁、参照。
＊26　同、三四〇―三四一頁、参照。

ここまでの議論において提起された諸問題がはらむ豊かさは、読解と理解の関連をいかに捉えるかによるものである。以下に続く諸節では、ある人の生活の諸状況を読み解くという考え方のもっともらしさを示していきたい。これに比べると本節で論じてきた比喩の力は、弱い類いのものであるように思われる。

3・3　テクストを読むこと

……人は、その人自身の言語で文を読むように、（多少なりとも）理解可能な状況を「読む」……ある人が日々生活している中で直面していることに気づく状況がその状況たりえているのは、その人の残りの生活部分を背景にその状況が占めている位置のおかげである。そして、自分なりの特色をもつやり方でこうした状況に直面し反応する主体は、直面する状況に対してその人の生活が提供する構造の中でこそ、その人らしさを表わす（Winch, 1982, p. 47）。

テクストの自律性についての議論は、意味がどの程度テクストの内に含まれ、どの程度それを超えるのかという問題に関わるゆえに重要である。このことは、個別なものとの出会いの性質をめぐる別の次元の問題として再び立ち現れる。その考えがはらむより深淵な洞察は、右記の引用においてウィンチが（シモーヌ・ヴェイユに言及して）挙げる事例の延長線上において触れられている。

ここで「読むこと」によって理解されるものは何であろうか。人は読む時、紙面上の語を意識していない。読むものが意味をなすために、人は不可避的に、ある特定の側面に関し、世界についての知識を持ち込まねばならない。このことは、意図的な過程を通じて遂行されるものではない。（ただし、ある状況においては、意図的に意識を広げることがあるかもしれない。）それは必然的にそこに在るものである。文の外に在るものを何も知らなければ、その文を読む（そして理解する）ことはできない。実際のところ、その文のみについての知識とはどのようなものでありうるのだろうか。このことは、文を読むことにおいて、私がその文を超えるものを意識しなければならないということを言っているのではない。しかし、区分をつけたり、関連性を作り出したりと、要するにパターンを形成しながら、私がこの文を別のものに結びつけることができなければ、私の理解はどうやって成立しうるのであろうか。したがって、私の生活の他の部分が背景として必要になる。人は読む際、この背景に依拠しているのである。

人が読む際に紙面上の語を意識しないのであれば、同様に、直接的な経験を理解する必要がある時、その経験のある特定の諸側面についても意識しないだろう。もし予期せずしてしばらく会っていなかった人にでくわすなら、私は驚きをもって反応する。他でもないあるやり方で反応することで——その人を認識することで——私はその状況における個別の意味を見いだしている。私が無視する物理的な状況の特徴は数知れない。多くの別様の記述が可能である。例えば、私は、彼が靴を履いているという事実については考えないが、それでも確かに彼が靴を履いているということはわかる。事実、状況について私が知るものすべてを述べることは不可能であろう。むしろ、私はそのできごとに反応する際、かつてその人と費やした時間の記憶、それ以前にその人が居なかった時の感じ、その人に挨拶するのにふさわしいふるまい方の規範などを頼りにするだろう。何が妥当であるかについて的確な限界を課すことはできないが、多くのものは妥当でないということは明らかである。さらに、必ずしもこうしたことのいずれかを私が行うことになるとは限らない。ただ驚いて反応するだけかもしれない。驚きは私の行動を見れば明らかであろう。しかし、まさにこうした表現こそが、どうして驚いたのか、どのように感じたのかと尋ねられた時に私が口にするであろう類いのものなのであり、自らの驚きに対して私がなしうる説明の一部となる必要があるものなのである。それらは織り合わさって私の経験の織地の中にこのできごとを位置づけるであろう。しかし、そのできごとについての知覚は、そのできごとが有意味であるという感覚に先立ってはありえない。意味は知覚の一部なのである。

世界が意味によって構成され、そこではことがらが記号として経験されるというこの見解には先例がある。テイラーは『ティマイオス』(*Timaeus*)をその原典とみなしているが、アウグスティヌス、そしてより一般的には中世とルネサンス期の思考では、世界が意味の配列として、いわば神の思考の物理的形式とも言えるものとして捉えられている。科学革命によってこの見解が取り除かれることで、言語についての指示説の見解、および客観的世界と主観的意識の二極化が誕生した。現代言語学は、こうした見方に対する反動の一つとして、かつて世界創造という点で神に創造的立場が与えられていたのと同様に、言語に関する創造的立場に人間を位置づけるものである。(この反動の性質については、本章の終わりの方でさらに探究する。) 啓蒙主義に先立つ記号学的世界は、指示的なものから創造的なものへのこの反動の中で部分的に回復されている。記号の遍在性が求める「読むこと」によって、〔指示説の見解を特徴づける、ことばを読むとは世界を読むことであるという〕比喩的な力の弱さが示される。つまり、この比喩のもつ力は、「読むこと」という語を、書かれたテクストに応用されるものから、より一般的な理解することへと転換するのに必要な力としては弱すぎるのである。

こうした性質をもつ「読むこと」が、人の遭遇する状況の理解にとって必須であるなら、われわれはいたるところでテクストに直面しているという一見常識はずれな言明は、一層筋の通ったものとなる。そうなれば、テクストはある意味で言語ゲームとの類似性をもち始める。「台板」や「板石」は孤立状態では意味をなさない。それらがある人の語彙の中の語となるのは、その人が言語ゲーム全体において言語に習熟する場合のみである。部分に意味を与えることができるためには、全体を理解しなければならない。言語ゲームは実践に埋め込まれている。この点から見るなら、言語ゲームを参照することなくして、人が遭遇する状況を理解することはできない。ある意味で、言語ゲームを離れて、状況が人に対峙することはない。われわれが考えうる限りにおいて、世界はテクストから成り立っている。

ここで再び、テクストの自律性という考えが同様の関心事となる。そこで、芸術作品の例を考えながらこのことを論じていきたい。さらに、その例から引き出される結論が、どこまで言語一般に敷衍されうるかについても問うていくこととする。この過程で、自律性は、テクストの内在的一貫性とその系譜の双方において明らかにされるであろう。

現代の聴衆が見るシェイクスピアの劇は、シェイクスピアの時代に見られたものと同じではありえない。現代の演技への反応は、以前の演技についての認識によって限定されるであろう。その場合、ある役者の演技は、別の役者の演技に対比されるであろうし、シェイクスピアの劇に直接的に言及する、より最近の他の作品に対比されることもあるかもしれない。より総体的には、およそ四世紀にわたる歴史に照らして見られるであろうし、現在の社会情勢を背景に見られるであろう。このようにして、劇のテクストは、孤立しておらず、他のテクストに織り込まれている。こうした意味の累積とは逆に意味が失われる場合もあるだろう。すなわち、劇のより主題的な要素に関する認識の欠如は、出典についての相対的な熟知性の欠如と結びつけて考えられるであろう。

こうした点から見ると、劇は、固定的なもの、あるいは不動のもの、最終的に決定されたものではなく、その重要性が進化する作品としてみなされなければならない。それは、著者の制御を超えて進化する。もちろん、劇の台本は、役者による実現に依拠しているという意味で、必然的に未完成である。しかしここでの主眼点は、他のタイプのテクストにも同様にあてはまる。『オリヴァー・ツイスト』（*Oliver Twist*）は今日、一九世紀に読まれていたのとは異なる仕方で読まれている。ヴィクトリア朝時代の工場と学校、そしてヴィクトリア朝時代の小説の地位を奪ったものを知ることによって、今日われわれがそのテクストを読む仕方が変更されることになる。テクストの重要性は、このようにして、意味の累積の獲得を通じて修正される。芸術作品は明らかに、ある意味において、それ自体の生命を引き受けている。

この議論の筋は、語全般へと容易に敷衍することができる。個別の語が、時間と共に意味を変え、異なる共同体において異なる仕方で活用されるということは明らかである。より微妙な点ではあるが、概念もまた、慣用を通じて累積する諸々の結びつきに従って変化するであろう。このようにして「革命」という語は今日、一七八九年とは異なる意義をもつであろう。そしてその意義は今日、明らかに画一的ではない。このことは驚くべきことではない。また、歴史的次元がわれわれの日常的に使用する言語の住処であるということも驚くべきことではない。

テクストを成立させる上での協力者としての読者の役割が認められるなら、ここまでの諸段落の主張の説得力は一層高まることになる。テクストは内容であり読者の務めはそれを発見することであるという考えは、揺さぶられる必要がある。第一に、文学のテクストが読者を待ち受けるという状態がある。読者は、例えば筋書きに従い、それに活気を与えるような反応を提供する。第二に、ニュー・クリティシズムにおいて多く論じられている、テクストの曖昧さというものがある。例えば、一つの用語に対して同時に二つのものを想起させる比喩能力のことである。より一般的には、その作品が、対立する考え方を緊張関係に置く可能性である。第三に、理想的読者というものは存在しないという事実がある。「理想的読者」というのは、テクストの「真実」に到達する読者のことではなく、時にテクストによって前提とされるように思われる、匿名の教養ある人間のことである。予期されるテクストの実現のためにそのような読者が前提とされる。もちろん、語りかけられる読者は、より多くの具体的な形式をとることができる。読者は個別の見地から出発するので、彼の読み方は、彼の物の見方や、彼が読んだことのある他のテクストに関連するであろう。ゆえに結論としては、読者の数と同じだけテクストの版が存在しなければならないということになるかもしれないが、これはどうも正しくないように思われる。それがなければ個々人の反応が生み出されえないような、共有された一致の領域があるはずである。それでいて、一致が存在するということは、画一性があるということを意味しない。つまり、一つのテクストに対する読み方の多様性という考え方は依然として成り立つのである。

3・4 公的記号

私的言語論は、記号が公共的に観察可能であらねばならないということを示す。そうであるためには、あるマークが繰り返し出現することを確認できるはずだということにもなる。そのことなくしてそのマークは記号として機能しえない。これに基づくなら、記号は、意図とは違って、作者から独立していると主張してもよいかもしれない。記号は作者が不在であっても、その死後でさえも、繰り返されうるものなのである。さらにこのことは、記号がコンテクストの外で反復可能であらねばならないということを含意する。例えば記号は、劇で引用されたり使用されたりしうる。その元来の住処ではないテクストへと合体させることもできる。

これは、デリダがサールとの悪名高き対決において述べていることのように思われる（Derrida and Searle, 1977）。サールは応答の初めで、デリダが述べていることの不可解さを宣言する。続いて、デリダが主張している点の多くが混乱を引き起こすがゆえに不要であるとみなす。つまり、デリダが根本的なタイプ（類的）－トークン（質料的）の区分を曖昧にするような記号の神秘化に耽溺しているというのである。テイラーが批評しているように、一見するとデリダの後期著作においては、「曖昧さ、見せかけ、芝居がかった誇張表現」によって、もっともな言い分が信憑性を失っているように思われるだろう（Taylor, 1985, p. 10)。デリダに見受けられる過剰さの一つの理由は、われわれの日常的思考を攪乱したいという欲求にあるのかもしれない。故意の曖昧さは確かに非難されるべきだが、サールがある意味で核心を見落としているという思いも残る。ここでは、本書の議論に関連性のあることのみに注意を向けたい。

デリダは、コンディヤックを単純素朴な言語観の提唱者として挙げている。コンディヤックにとって、行為は一種の理想「言語」として日常言語の背後にある。この考えは、「対象－観念－記号」というパターンを維持するものであり、言語は指示という観点から捉えられる。そうなると、書かれたものは発話記号の劣った代用物とみなされる。そして、通常、語りかける人と聞き手が共に存在していないところでかつぎ出されることになる。こうして、記号が発話において実現するような直接性の感覚、対象と観念の間の緊密な接触、意識に対する対象の現前は、書かれたものにおいて失われる。

こうした見解に対して、デリダは、書かれたものだけではなく、発話における記号の反覆可能性に注意を喚起する。発話が機能するためには、記号が繰り返し使用可能である必要がある――いかなる語も、唯一無二のできごととして存在するのではない。[*27] これが実情であるためには、記号がいかなる個別のできごとからも分離される可能性に開かれていなければならない。いかなる個別のコンテクストも、記号が生じるできごとを限界づけるものとはならないため、記号は使用される中で必然的に他なるものとなる。（この反覆可能性が含んでいる予測不可能性は、ウィトゲンシュタインが示すように、規則は言語ゲームの内のすべてのできごとを事前に記述することができないという事実と一体である。）記号は、それに伴って発生した意図とは異なり、反復可能である。指示説の見解は、このことをたやすく理解することを難しくする。こうしたことに基づけば、書かれたものに認められる不在の特質は、実のところ、言語のそれ以外の部分からの逸脱ではなく、言語を典型的に特徴づけるものである。指示という想定から決別することで、現前の形而上学――発話において、主体は客体を直接把握するという考え方、そして、このことでわれわれは真実の権威ある試金石に近づけるという考え方――が暴き出される。

＊27　デリダの用語については、以下のように統一する。'Non-presence'＝非 - 現前、'Non-present'＝非 - 現前的なもの、'The present'＝現前するもの、'Context'＝コンテクスト、'Repeatability'＝反復可能性、'Iterability'＝反覆可能性、'Differing'＝差異化すること、'Deferring'＝遅延すること。

デリダは、言語が、意図から分離されるマークの存在に依拠しているということを示そうとする。こうしたマークの本質的な特性は、反覆可能であることだ。それらが言語における記号として作用するのは、異なるコンテクストに挿入できるからである。記号として、それらのマークは、永続的かつ本質的に、他の何ものかと結合されることが可能である。コンテクストを完全に具体的に示すことは決してできない。記号およびコンテクストという概念は、境界が不明瞭であるか不飽和な状態にある。いかなる記号も、無限のコンテクストにおいて引用可能である。このことは、記号がコンテクストなしで作用しうるということを意味しているのではない。逆に、記号は根源的に不完全であり、いつでもコンテクストを必要とするということである。そこで他の何かとの結合が生じ、また反復可能性が必要とされることで、非 - 現前への開かれが生じる。これは、記号が機能することにとって不可欠である。逆説的に言えば、非 - 現前的なものの痕跡によって、記号が現に機能していることが可能になる。

言語について述べたことはより広く経験全般についてもあてはめることができる。このことの根本にあるのは、記憶において経験が定義上は反復可能な形式をもつという事実であろう――つまり、われわれは経験を思い起こしてそれを辿ることができ、また経験をコンテクストから切り離すことができるということである。経験が記憶となるのは、もともとのコンテクストから切断されることによってである。経験はそのコンテクストの不在の中で機能する。記憶が機能するには、もとのコンテクストからの選択と除外がなければならないということは明らかである。さもなくば、経験は記憶可能なものとはなりえないし、経験がどのようなものであるかを理解することも難しい。もしこれが正しければ、いかなる経験も、純粋な現前ではないということになろう。一つ一つの経験は、差異化されたマークの連鎖によって構成されている。言い換えるなら、いかなる経験にも多々のテクストが織り合わさっている。その筋道が、彼方にあるものの痕跡である。ヘンリー・ステーテンが表現するように、

> 痕跡の構造は経験一般の超越論的構造であり、いかなる「このここ」も、その同一性が「差延」によって、すなわち、非‐ここと非‐今への関連によって刻印されていなければ、経験においては与えられえないということである。「今」と記号の構造としての痕跡の構造は、経験と意味との可能性である（Staten, 1985, p. 53）。[*28]

デリダは、意味が作用する過程としての差異化することと遅延することとの組み合わせに対して、差延（*différance*）という用語を用いている。経験の中の現前する要素を孤立させようとする試みは、現前するものの真正性について、偽りの形而上学的な見方へとわれわれを導くゆえに、間違いである。

＊28　ヘンリー・ステーテン『ウィトゲンシュタインとデリダ』高橋哲哉訳（産業図書、一九八七年、一〇〇—一〇一頁）参照。

驚くべきは、記号の不従順な性質であろう。そしてこの点において、発話とは特有な仕方で抹消不可能な書きものである。デリダは以下のように書いている。

書くとは、一種の機械を構成するであろうマークの生産であり、今度はこの機械が生産するものとなるだろう。私が未来において消滅するとしても、この機械は原理上機能し続けるだろうし、読ませ再び書かせるように仕向け、読ませ再び書かせるべく自らを与え続けるだろう（Derrida and Searle, 1977, p. 181）。[＊29]

ここで言われているのは、思考が言語に深く関わる以前に秩序づけられているということではない。この一節は、不可思議にも創造的であったり生成的であったりする言語の特質と、この特質によってわれわれが語りうること、行いうることに限界が課されるということを言おうとしている。ここでの限界は、牢獄の格子が課すような限度——一七世紀の一部の哲学者たちによって恐れられていたような、言語が引き起こす一種の思考の圧迫——ではない。そこから足がかりを得て前進することができるような、ザラザラした大地という限界である。そして、創造性が力を発揮しうるような空間を確定する限界である。以上の特質は、本章の中心課題である言語の自律性という概念に馴染むものである。そこにはリスクを負うという意味合いもあるが、これについては追って論じていく。

＊29　ジャック・デリダ『有限責任会社』高橋哲哉、増田一夫、宮崎裕助訳（法政大学出版局、二〇〇二年、二三—二

四頁）参照。

日常的な発語の多くは、このような危険や創造性といった特質からは全く疎遠なものであるのかもしれない。それらは完全に明瞭で単刀直入であり、文学のテクストや政治家の講演から引き出されるような、際立って引用価値のある諸例からは隔たっている。しかしこれに対して二つの反論を述べておく必要がある。第一に、日常言語の側からの説明は、文学のテクストや政治的スローガンを無視するとまでいかなくとも、貶める傾向がある。第二に、こうした日常的使用の概念を形成するのはどのような見方であるのかということが問われる必要がある。ありふれた日々のできごとにしか注意を向けないなら、人間生活の中で生じている多くのことがらは覆い隠されてしまう。日常的なものという考えは、まさに非日常的なものという考えに依拠している。より深遠なレベルにおいて、日常的なものの日常性は、われわれが世界に関わる根源的な有様を隠すキメラであるということかもしれない。その中では、例えば未来についての不確かさ——少なくとも、そのより徹底した可能性——は、覆い隠される。しかしもしわれわれが、唯一無二の重要性をもつ死という究極的な現実において未来をもつことがなければ、その内で世俗的な計画や約束が意味をなしうるような有限性の地平も存在しないだろう。こうした要素が存在し、それが言語の原動力によって明らかにされるということは、あらゆる言語によってこの状態が明るみに出されるということを意味しているわけではない。言語についての慣習的な考え方は、言語的記号の得体の知れない独立性を言いつくろい、かくして日常性のキメラを維持する傾向がある。

この得体の知れない特質は、論理学という不変の形式のもとで与えられる意味や言語が映し出す世界についての事実といった安全地帯に逃げ込むことによっても、解消されることはない。このような捉え方において、物理的記号の偶発的で進化的な性質——われわれはそれに必然的に依拠している——は視界から遮られている。しかし、これこそが現実というものの本質なのである。この可変性によって、人間の生活がもつ傷つきやすさがさらに暴き出される。この傷つきやすさを認知することは、不安を煽り立てるものではない。むしろ、他の見解が時に追い求めたり想定したりするような、偽りの安全性に対する防御なのである。

日常的なものの重要さについては、すぐ後でさらに考えることとしたい。けれどもその前に、言語が物を顕在化させる有様に関わる諸見解の展開に目を転じる必要がある。こうした見解において、記号の物理的側面の重要性についての認識の高まりが見られるのである。

第4節　表現主義の伝統

本節では、指示への反動の高まりについての簡単な解説から始めることとしたい。そこでハイデガーの（後期）著作に照らして言語の自律性という考え方を展開し、シェイマス・ヒーニーの著作に言及しつつこの考えを詳述する。これに続き、意味の使用説についての考察を通じて「ザラザラした大地」という思想が明らかにされる。

4・1　指示への反動

先に、中世世界は意味の配列であったというチャールズ・テイラーの主張について述べた。テイラーの歴史的分析（Taylor, 1985, pp. 213–292）はどこに行き着くのであろうか。

テイラーは、言語が第一に、どういうわけか人間性に関する戦略的問いの側面をもち、第二に、それが

（とりわけ他の媒体を考慮するなら）きわめて謎めいたものであると述べる。彼は、以下の二つの問いを持ち出す。(i)われわれはいかにして言語を謎めいたものとしてみなすようになったのか。そして、(ii)意味の問題とは何であるのか。なぜそれは謎めいているのか。

彼は、合理的動物としての人間という考え方が、言語的動物としての人間という考え方に取って代わられている現状を指摘する——ただし、この変化にはまだ先があるということも含意されている。しかしながら彼は、アリストテレス的な合理性の概念においては、「ロゴス」(*logos*)という語が用いられているということに留意する。この用語は言語の重要性をうまく捉えるものであるのに対して、「合理性」という語はその重要性を減ずるものである。プラトンにおいて合理性は、あるものについて詳細な記述をなしうることがそれを知る上では不可欠であるという、言説モデルに基づく思考観を含意している。

テイラーは、意味の性質について二つの主要な理論のタイプが発展してきたと述べる。指示的なものと表現的なものである。私は前者の用語を、表象、唯名論、自然を映し出す鏡としての言語といった考え方を総括するものとして用いている。それは、芸術の模倣理論に相当するものである。表現的なものは、意味の配列としての中世的な世界像に含意されており、それに先立つのは、世界が神の思考の表現であるという考え方である。

テイラーは、表現主義の様々な特徴を明らかにしている。第一に、表現的意味は、その表現を媒介するものから完全に切り離すことはできない。つまり、表現されるものは、それが顕在化される過程で姿を与えられるのである。第二に、ある表現の意味は、別の表現によってのみ説明されうるのであり、表現以外の何かに言及することによっては説明されえない。第三に、芸術作品のような表現的意味の代表例は、全体として機能する。よって何かが失われることなくしてその全体を構成要素に分解することはできない。

第四に、慣習的な科学の理想とは逆に、表現的意味は、主体との関係から逃れられない。物は主体に対して姿を現わすのである。

過去においては言語に対する注意が相対的に欠如していたことから、言語が問題をはらむものとみなされるようになったのは比較的最近であることがわかる。この理由についてテイラーは、ロゴスが世界の中にあるという想定が、ロゴスは思考する主体に存するという想定に取って代わられたからであろうと述べる。科学の台頭と共に発達した指示的言語理論は、前述した中世期に関わる宇宙の意味論的見解に対して反旗を翻すものである。この理論と、例えば、バークリーの観念論の間の溝は、かつてはさほど目立つものではなかった。双方の理論は共に人間主体に新たな注意を向ける。指示説において主体は、世界の対象についての与件を受容する観察者である。観念論において主体は、自らの観念を内省する。

この文脈において、テイラーは、ヘルダーとフンボルトの著作をロマン主義的反動の最初の証拠とみなしている。フンボルトは、言語の全体論的な性質を示す効果的なイメージを提供する。言語は、どの部分を取ってもそれが全体と連関しているような織物である。むしろ、ノイラートの船や、一切れの布のように、それぞれの部分が緊張関係の中に保たれ、それ以外の部分から定義を得ている。ある部分を変えることは、それ以外の部分を前提とする。これについて、テイラーは以下のように表現する。

話すことは、織物の一糸に触れることであり、これによって全体が共鳴する。われわれが今使用していることばは、織物全体における位置づけを通してのみ意味をなすので、原則的には、ある瞬間にわれわれが言うことの含意について、明瞭な見通しを得ることはできない。言語はいつでも、われわれが包含しうる以上のものであり、ある意味で無尽蔵である。ホッブズやロックにとって、言語の囚人には決してなりたくないという希求はきわめて大切なものであったが、原則的には実現不可能なものである（ibid., p. 231）。

このイメージの利点の一つは、構造という考え方を言語の力動性という意味合いに結びつけていることである。織物は共鳴する。これは、言語が使用を通じて徐々に変容する仕方に関わるのみならず、言語が構造を実現するには使用が必要であるという、広く知られた事実を示している。ここでモデルとなっているのは、活動としての言語であり、実現された作品としての言語ではない。そのイメージはまた、依存関係を想起させるものとしても機能する。われわれは、話すというまさにその可能性こそが言語の織物の支え糸を必要とするという事実に依拠している。この織物は、われわれの知識の限界を超えるところにまで広がる。織物にはまた、ヘルダーとフンボルト双方の作品において重要な位置を占める、発話共同体という考えが含意されている。発話の活動の強調において含意されるものは、独白ではなく対話である。言語の織物が維持されるのは、個人よりもむしろ共同体の生活においてであるが、ただしその織物はたえずこれを超えていく。

さらに、言語は人間にとって構成的なものであろう。言語を通じて顕在化されることで新しい思考が姿を現わすように、新しい感情もまた表現されうる。つまり、思考と感情は、それらが表現される言語から切り離せない。テイラーは次のように述べる。

表現主義の革命的な考えは、表現の新しい様態の発展によって、われわれが一層力強く、より洗練され、確かに一層自己認識の高まった新しい感情をもてるようになったということであった。われわれは自分の感情を表現する能力をもつことで、感情の変容をもたらす反省的な次元を感情に与える。言語の使用者は、怒りのみならず、強い憤りをも感じ、愛だけではなく賞賛をも感じることができる(ibid., p. 233)。

表現することで、われわれの感情は人間的なものとなる。この洞察によってロマン主義者は特に感情言語を敬愛するようになった。人は表現を通じて、より完全に人間的になる。しかし言語の構成的な側面はまた、社会的関係性においても歴然としている。そこでは、親密なもの、形式的なもの、公的なもの、気軽なものの正体が、まさにそれらを構成する類いの言語によって明らかにされる。

テイラーは、指示説の見解の背後にある動機に注意を喚起する。それは、内容に対する制御を約束し、言語を透明で完璧なものにしようとする。そしてさらには神秘化を避けようとするのである。他方、表現主義的な見方においては、言語が理解を超えるものであるという感覚が根強く残っている。これに対する表現主義の態度は概して、当惑ではなく賞賛である。ここに込められているのは、言語の自律性の感覚、すなわち言語の限界と浸透性についての感覚、そして言語が人間を構成する役割についての感覚のようなものである。

4・2　言語が話す

テイラーがロマン主義の伝統の中に見いだす自律性についての思想は、後期ウィトゲンシュタインの文法の自律性の概念と関連する。テイラーはこの思考の系譜を、ヘルダー (Herder)、フンボルト (Humboldt)、ハイデガー (Heidegger) の著作に共通する「三人組の〝H〟理論」と名づけている。そして、ウィトゲンシュタインをこのグループの名誉会員であるとみなす（ibid., p. 256）。ハイデガー後期の著作では、この思想が際立った形で表現されている。一九五〇年の講演、「言葉」（*Poetry, Language, Thought*, pp. 187–210）においても、言語の構成的役割についての考えが力強く表明されている。ハイデガーは、当時支配的であった見解の三つの側面について述べている。第一に、話すことは表現である。（ここで「表現」は、「表現主義」と混同されるべきでない。）表現というものは、内在的なものを外在的なものにすることを伴う。内在－外在の区分は、知る主体を観察の対象から分離する人間生活の捉え方の遺産の一部である。それは、私的事象としての思考の捉え方、すなわち、頭の中で進行しており、言語という媒体を通じて公的形式に転換されうるものとしての思考の捉え方を自然なものとなす。この誤謬は、ウィトゲンシュタインとテイラーの批判の標的である。第二に、話すことは人の営為であり、人は他の諸能力とともに発話能力をもつ。言語はコミュニケーションであり、コミュニケーションは技能である。第三に、人間の表現はいつでも、実在的なもの、非実在的なものの提示と表象である。テイラーの用語を用いるなら、それは指示的であり、その主要な形式は命題である。

これに対してハイデガーは、言語の根源的問題を以下のように見定める。「言語を追いつつ思いめぐらすとは、言語の話し出す働きの中へ何らかの仕方でわれわれが入り込むことである。われわれはそこに、死すべき者としての人間の本質に対して、とどまり住みつく居場所を与えるものとして、言語の話す活動が生起してくる、といった仕方で入り込むのである」（ibid., p. 192）[*30]。人間の状況は、周囲のできごとに対する人間の理解に照らすことなくしては満足に説明することができない。生物学主義の隆盛によって、世界はわれわれが出会う何ものかであり、環境はわれわれが「もつ」何ものかであると考えることが奨励される（*Being and Time*, p. 84）。しかし、世界内存在は、現存在の根源的状態である。そして世界を、われわれの「文化」に対する「自然」として理解すべきではない。世界は言語によって形成され理解される。つまり、世界は建物と街がわれわれの観念の産物であるという文字通りの意味において形成される。しかし同様に、言語はわれわれの生活をとりたてて人間的なものとなさしめている組織のパターンを形成する。人間が身を置く世界は、意味に満ちあふれている。言語を剥奪された存在は、この世界に住まうことができないであろう。逆に、言語なくしてこの世界は構築されえないであろう。「住処」はまた、人にとっての故郷としての世界、すなわち、人のたゆまざる関心事であり焦点であるような場所としての世界という意味ももつ。それは、テイラーによれば、その内でその人自身の同一性が定義を得るような、記号学的なコンテクストである。これによって、住処は動物が生活する生息地とは異なる類いのものとなる。さらに、言語がこうした住処を与えることによって、言語使用者に焦点化する傾向が取り除かれる。人だけが自ら住む場所を建てる者であるわけではない。そして後にハイデガーは言語を「世界を動かし道をつけるもの」として、様々な関係の中の唯一の関係それ自体」として描いている（*On the Way to Language*, p. 107）[*31]。

＊30　ハイデッガー「言葉」『言葉への途上』、六頁、参照。
＊31　ハイデッガー「言葉の本質」『言葉への途上』、二六一頁、参照。

こうした引用語句の不可解な特質は、近代的な見方に対するハイデガーの批判がもつ否定的な力をまず明らかにすれば、ある程度はっきりするであろう。話すことは表現であるという考え方には、表層的なもっともらしさがあり、確かにわれわれが日常的に抱く想定に一致する。けれども、ここには思考と言語の分離が含意されている。つまり、まず最初に思考があって、それがことばとして表現されるということが含意されているのである。この想定が最初はもっともらしく思われるのは、ある特定の状況ではこれこそがわれわれの行いであるという事実による。例えば、微妙な、込み入った内容の手紙を書く際、われわれは慎重にことばを選ぶ。また、微妙な問題について誰かに語りかける時には、言いたいことについておよそわかっていても、使うべきことばについて熟考するであろう。しかし、そういうことがあるかもしれないにしても、それは通常の事態ではありえない。本章で論じている言語の構成的性質に関する議論は、この誤謬を崩そうとするものである。先に挙げた例では、表現されたことばはわれわれの心に浮かぶ観念の後にくると考えられる。つまり、最初に観念があり、その後に語が発せられるということである。しかし心に浮かぶ観念というものは、すでにことばとして存在しているのである。もしことばに先行して、それとはまた別の観念があるということなら、無限後退が生じてしまうだろう。さらに、そうした事態に特有の熟慮は、通常生じているものとは明らかに異なる。普通われわれは、慎重にことばを選んではおらず、ただ話すのみである。このようにあらかじめ計画せずして語ることができなければ、われわれは、そうした微妙な状況に適切な形で熟慮する――実質的には、ひとりごとを話す――手段をもてないということになる。

発話は活動であるということもまた同様に初めはもっともらしく聞こえる。それでは、これが実情ではないというのはどういうことなのであろうか。明らかに、ハイデガーによる「話す」という動詞の使用は、他の人々の目の前で文章を音声化することに限られない。この用語には、思考という声なき発話が含まれる。ここで特に発話ということではなく、言語という観点から考えるなら、この厄介な感覚は和らげられる。言語が活動でないということは、われわれがそれに従事するかを選択できないという事実によって最も強力に示されている。ここで選択という考え方には、言語が前提とされる。言語の外で、このようにして選択についての決定をすることはできない。ハイデガーは、フンボルトのことばに言及する。「……人が現にあるごとく人という生物であるのは、まさに発話のおかげである。話すものとして、人は人たりうる」（*Poetry, Language, Thought*, p. 189）[*32]。ゆえに言語は人の本質の一部である。ハイデガーによれば、流布している見解の誤謬は、言語は他のものと並んで、世界で出会われ分析されるべき一つの現象であるという想定にある。確かに言語は分析できるものであり、その分析はかなりの程度成功を収めうるものである。ハイデガーは、言語についての知識が、論理学、言語哲学、言語学によって、過去二五〇〇年以上にわたり前進し変化してきたということを認めている。しかし、この古代の伝統の遺産は、最も基本的な言語の諸特徴からわれわれの注意を逸らす。ハイデガーはそうした諸特徴が何であるかを示そうとする。

＊32　ハイデッガー「言葉」『言葉への途上』、三頁、参照。

われわれは、ハイデガーがこれみよがしに幅広く行う批判――論理学、言語哲学、言語学を包含するもの――に反発するかもしれない。しかしそうすることで、ハイデガーの主眼点を見逃してはならない。ハイデガーの主眼点は、世界内部的存在者と存在の違いについての彼の捉え方に関連する。言語学――少なくとも、言語学の多く――は、言語を諸現象の中の一つ（世界内部的存在者の一形式）とみなして、言語の諸側面を区分し分析する。言語は、事実存在として理解される。他の多くの諸点と同様、ここにおいても、人は世界内部的存在者であることを意識しているが、存在への気づきを欠如している。ハイデガーは、この状態を超えて言語の基本的特徴の理解に至る探究を要請する。

言語を活動とみなす誤謬の一例は今日、言語をコミュニケーションとみなす風潮に見いだされる。このことは、ある人が語の選択における制御力を改善し、文の構造を修正し、語彙を拡張し、文体のニュアンスを判断することを学ぶことができない、と言っているわけではない。しかしこうした強調の仕方は、言語が思考にとって本質的なものであるという認識を追いやってしまうものである。こうして理解される言語は、学習者が評価される行為遂行能力の一つ、すなわち隠された諸目的のために適用されうる一連の技能となってしまう。言語の外でそのような諸目的について考えることはできないということは無視される。ハイデガーは、以下のように言語の公共性を強調する。

コミュニケーションは、例えば見解とか願望とかという諸体験を、一方の主観の内面から他方の主観の内面へと運び込むといったようなことでは決してない。[*33] 共現存在は、共状況性と共了解との内で、本質上すでに露わになっている（*Being and Time*, p. 205）。

共状況性が含意するものによって、内面的な主観という捉え方は粉砕される。

語りつつ現存在は己を外へと表現するのである。というのは、現存在が差し当たって「内面」として外部に対して覆い包まれているからではなく、現存在が世界内存在として了解しつつすでに「外部に」存在しているからなのである（ibid.）。[*34]

表現されているものは、外にある存在であり、それによって、話者の心の状態が理解されることになる。その分析は、いたる点でわれわれを公的世界へと連れ戻す。

＊33　ハイデガー『存在と時間Ⅱ』原佑、渡邊二郎訳（中央公論新社、二〇〇三年、八〇頁）参照。
＊34　同、八一頁、参照。

ハイデガーの批判における第三の要素は、実在的なものと非実在的なものの表象に関わる。この第三の要素は、言語の最も重要な形式は直説法であり、その性質は指示的であるという通念と一致する。われわれが言語を用いて行うことはきわめて多様であるというウィトゲンシュタインの考察に異を唱え、エイヤーは、命題が最重要であることを強調している。(もちろん、われわれが言語を使って行う多様なことの大半は、命題に関わるものである。ここでの見解の対立は、言語の使用の中心性と統一性をめぐるものである。)この背後には、言語が実在の鏡としての役割を果たすという想定がある。確かに、直説法の文は、計り知れない重要性をもつ、ある部類を形成する。科学的知識の領域においてこのことは明らかであるが、日常言語の内でもこの言語の形式がいかに中心的なものであるかを見極めることはできる。しかしながら留意すべきことは、命題的なものの重要性を自明視することは、他の言語の重要性と、こうした他の諸形式がある意味において命題的なものに先立つという可能性からわれわれの注意を逸らしかねないことである。悪くすれば、言語の他の諸形式が、命題的なもののために構築された判定基準を満たさないという理由で、(相対的に)重要性が低いとみなされるようになってしまう。もし検証がある文の意味を理解する唯一の手段であるなら、こうした他の部類は実際に意味がないものかもしれない。それはあたかも、思考がわれわれ自身の作り出すものの網に捕らえられ、自由になろうともがけばもがくほど一層網が締め付けられるとでも言うかのようである。

流布している見方に反対し、ハイデガーは故意に耳障りな語句を使って以下のように主張する。「言語が話す」(*Poetry, Language, Thought*, p. 190)。この言明に込められた逆転は、認識論における主観主義的傾向を、後期ウィトゲンシュタインと同様のやり方で崩そうとする試みを示す。この中で、個人が外在的世界と接触するために言語を使用するという出発点は疑問に付される。言語において内在的 - 外在的という区分はすでに克服されている。「言語が話す」という語句には言語の自律性が含意されている。よって言語は思考の源泉とみなされる。言語においては差異のシステムが出現するが、この差異はたんに事後に生じる差異であるだけではない。言語と差異化することとは不可分である。もちろんそのモデルは、データを厳密に精査する科学者ではなく、作品の統合性の中で類似性と差異を解き明かしていく著者、あるいは芸術家（*Dichte*）――文化を前進に導く偉大なる精神――である。統合性とは、川と土手の統合性のようなものである。つまり差異は、統合性においてのみ出現しうる。しかし、このことについて、例えばソシュールのラングという観点からなされる構造主義者の解釈は、ハイデガーの言語観から歴史性についての感覚を奪い去っていく。言語の内には、創造的で構成的な展開と開示がある。言語はむしろ杣道（*Holzweg*）のようなもの、すなわち、われわれの予測できない形で森の中を曲がりくねって間伐地に向かう小道のようなものである。

4・3　ヒーニー：喚起と予見

以上の考え方は、アイルランドの詩人、シェイマス・ヒーニーが書くということの性質について語っていることと関連づけてみるなら、重要性を増すだろう。「火打ち石の火」と題するジェラード・マンリー・ホプキンズについての論文の中で、彼は述べる。

私は詩の執筆様式を二つに分け、一方を男性的、他方を女性的と呼んでいる――しかしホプキンズやイェイツのことば遣いに見られるヴィクトリア朝時代の性差別的な語調は抜きにしてである。男性的様式にあって、言語は言明、断定あるいは命令といった形で機能し、詩的な試みは素材を意識的に抑え、制御すること、つまり、形成という労働に関わる。ことばは何よりもまず音楽であるのでもなければ、無意識の眠りが紡ぐ不活発なものでもなく、運動選手のように筋骨たくましく敏腕で、意味という力を誇示する。一方、女性的様式においては、言語が言明ではなく喚起として機能し、詩的な試みは構想という労働ではなく、予見や顕現に向かう。女性的様式の場合、ことばは運動選手が技能を見せるようにではなく、恋人が相手を誘惑するようにふるまう。詩が一つの構造として認識される以前に、ことばは優雅な織りとしての詩を形成する(Heaney, 1980, p. 88)。[*35]

事実、シェイマス・ヒーニー自身の詩は、この区分を繊細に例証している。例えば彼は、ジャガイモ掘りについて、掘ることは書く過程の比喩として二重の意味をもつと書いている。土地は鍬に拓かれて明るみに出され、産物を生み出す。詩は、耕作／文化(the culture)から何ものかを発掘する。耕作／文化の堆積は、ことばの物理的形式においてその痕跡が辿られる。他にも、二つの特質が一体となって生じるであろう。つまり、彼の詩に出てくる人々が待ち受け沈黙しているということである。あたかも、そうした人々がもつ知識は、意図的で自意識的な断定の発話構造においては解放されることがないとでも言うかのように。

＊35 シェイマス・ヒーニー「火打ち石の火――ジェラード・マンリー・ホプキンズの詩」『プリオキュペイションズ――散文選集一九六八～一九七八』室井光広、佐藤亨訳(国文社、二〇〇〇年、一五三頁)参照。

受容的‐応答的思考様式との関連は、女性的様式のもう一つの側面を通じてさらに展開することができる。つまり、このタイプの書き物において著者は文化の受け手として特色づけられる。このことは明らかに、著者が自律的で自由な行為者であるというよりもむしろ、書かれるもの――そして文化――の自己表現の媒体であるという見解と何らかの類似性をもつ。文化を操作する著者ではなく、彼の作品の内に表現を見いだす文化がいくぶんか認められるなら、著者の方が文化に対して恩恵を被り、ゆえに著者が使用する言語に対して恩恵を被っていることがわかる。ヒーニーの詩「北」（Heaney, 1975, p. 20）において、彼のバイキングの祖先の声は、以下のように彼に告げる。

ことばの宝庫の中で横になれ*36

その時彼は、何世紀にもわたり人間社会の中で発展してきた言語に対して彼が恩恵を被っており、その内で経験が幾層にも堆積していることを認めている。そこに蓄積されてきた世界に対する人の応答を多少なりとも解き放つために、著者はある程度言語に身を任せなければならない。言語それ自体は層をなし、ある場所に固有なものである。そうであるとすれば、著者はその上で自由に回転できるような、理想言語のツルツルした表面上で力を発揮しているのではなく、ザラザラした大地に戻り、そこからより大きな足がかりを得ることができる。ザラザラした大地は、人間の言語が語られ使用されることによって提供され、人間の言語がもつ物理的特徴とそれが人間の実践の中で果たす役割を通じて提供される。

＊36　シェイマス・ヒーニー「北」『シェイマス・ヒーニー全詩集一九六六〜一九九一』村田辰夫、坂本完春、杉野徹、薬師川虹一訳（国文社、一九九五年、二二八頁）参照。

男性的様式には、言語の性質を誤解する危険性がある。ラッセルは、自らがかつて言語はどこか不透明なものではあるが、少なくとも潜在的には事実との直接的な呼応関係を形成し、その意味には信頼性があり、完璧で中立的な媒体だと思い込んでいた、と述べた。男性的様式において言語の性質を誤解する危険性とは、ラッセルがこう述べる時に自らが犯していたと認めたような種類の誤解である。これは、本章を通じて示唆されてきた指示説の見解がもつ危険性である。言語における、内包と外延という考え方は無効にされてしまうのである。

　他方で女性的様式は、内包と外延にある程度身を任せることを強いるものである。実のところこれは歪曲された言い方かもしれない。仮にも言語を使用する際、人はすでにこの意味の豊かさの中にあるからだ。このことは、自然言語におけることばの使用を、人工的なコードを用いた記号の使用と対比させることによって明らかになる。人工的なコードは、男性的様式において機能するだろうが、そのコードは自然言語からの抽象物として機能する。その構築に先立つものとして、自然言語の粗さが必要とされる。こうして女性的執筆様式は、言語のこの次元を認識するものである。これに対して男性的様式はそれを無意識に回避しようとする。前者において人は、完全には制御できない何ものかに身を任せなければならないということを認める。しかし同時に、この従順さによって、さもなくば抑えられていたであろうような何かが出現することに気づく。

　ヒーニーが述べる、女性的執筆様式と受容的‐応答的思考様式との関係は、彼の批評がどの程度書くことのみにあてはまるのかについて、根源的な問いを投げかける。ヒーニーは、著者が言語に服従することでことばがまどろみから呼び覚まされると言うが、そうしたまどろみの状態は、われわれが言語に身を曝し、ハイデガーの言うように、行き先の不確かな森林地帯の小道を辿ることによって、言語を通じて明るみに出されるような、世界の隠された部分に似ていると言ってよかろう(3)。われわれの攻撃的で断定的な探索が一時中止されている時、応答の心構えは拡大されている。さらに、ヒーニーによる女性的様式という考え方は、言語の中にはわれわれの制御を超える何ものかが、つまり、思考と人間性を構成する自律性が存在するという洞察を明瞭に述べるものである。

　この洞察に似たものは、シモーヌ・ヴェイユの著書の中に見いだされる。ヴェイユにおいてこの洞察は、それが触発する徳についての考えと連結している。受容的－応答的なものは、シモーヌ・ヴェイユによる注意の思想の探究において部分的に捉えられている。

注意とは、自分の思考を停止させ、突き放した状態にし、空しくして、対象によって入り込まれやすいようにし、利用すべき既習の様々な知識を心の中で思考のごく近くに、しかし思考よりは身近なところ、思考が直接触れることがないところで保持していることである。思考は、これまでに形成された個別の思考との関わりにおいて、いわば山の上にいる人間のようなものでなければならない。山の上にいる人間は、前方を見つめていながら、同時に自分の下方にも、自分では見つめていなくても、多くの森や平野が見えているのである。また特に、思考は自らを空しくし、待機状態にあって、何も求めないようでなければならない。しかも、思考の中へ入り込もうとする対象を、その赤裸な真実のままに迎え入れる準備ができていなければならない（Weil, 1983, p. 72）[*37]。

この一節の比喩的表現を詳細に読むことで、本章を織りなす数々の思考の糸に触れることができる。思考を停止させ、突き放した状態にし、これまでに形成された個々の特殊な思考を低い段階に置くといったことは、事実的理解の回避を含意している。それは、模索されている理解が浮世離れしたものであるということではなく、むしろ対象に入り込まれることに深く関わるものである。入り込まれるということは受動性を含意し、物事に証人として立ち会うことを意味する。われわれの思考は空しく、待機状態にあり、求めず、迎え入れる準備ができていなければならない。この状態は、対象によってもたらされる。対象への注意力によって、事実的理解についての命題的知識ではなく、むしろある種の直接知がもたらされる。知られるものは赤裸な真実として開示される。これは、対応関係に基づく真理ではなく、明るみに出すこと、すなわち、アレーテイア（*aletheia*）としての真理である。

＊37　シモーヌ・ヴェイユ『神を待ちのぞむ』田辺保、杉山毅訳（勁草書房、一九九一年、九四頁）参照。

4・4　予見、技、使用

本章で提示されている言語についての記述の一つの特徴は、それが体系的な表現を許さないということである。その結果、多様な著者の作品が使われる過程で、諸々のイメージの配列が蓄積される。この配列の中で、強調点は様々な輪郭をとる。シモーヌ・ヴェイユの言う天空の言語は、われわれを上方へ、精神的なものへと向かわせる。ヒーニーのより剛健で地に足を下ろした象徴的比喩は、その方向を肯定的に反転させ、ザラザラした大地へと向かわせる。彼が繰り返し敬意を表して職人に焦点化していることは、ハイデガーに見られる例に類似する。ハイデガーによる道具的存在性についての記述では、われわれの生活の物理的環境が、その意味のもとに理解される有様に力点が置かれる。アレントによる中世の市場についての記述では、発話共同体の真正性が、技への従事と相互に結びつけられている。（以下に続く第四章では、道具的存在性についてさらに論じられる。）

技との類比は別の箇所でも再び出てくる。ウィトゲンシュタインは、言語表現が道具箱の中の諸々の道具のようなものであるということについて、随所で書いている。例えば以下のものである。

語を、その用途によって特性づけられる道具として考えよ。そして、金鎚の用途、のみの用途、定規の用途、にかわ壺の、そしてにかわの用途について考えよ（*The Blue and Brown Books*, p. 67）。[*38]

道具箱の中の種々の道具について考えよ。そこには、ハンマー、ペンチ、鋸、ねじ回し、物差し、にかわ用の鍋、にかわ、釘、ねじ釘、等々がある。——そして、これらの物の機能が様々であるように、語の機能も様々なのである。(そして、両者の間には類似性がある。)(*Philosophical Investigations*, 11)*39。

それに続く、言語は機関車の運転台のようなものであるという示唆は、意味の使用説を拡張するものである。

それは、ちょうど機関車の運転席をのぞき込むようなものである。そこには様々な取っ手があるが、そのどれもが多かれ少なかれ同じように見える。(これは当然である。なぜなら、それらはすべて手で摑むものなのだから。)しかし、あるものはクランクの取っ手で、連続的に位置を変えることができるし(それは通風弁の開閉を制御する)、あるものはスイッチの取っ手で、二つしか作用する位置をもたず、スイッチが入っているか切れているかのいずれかである。また三つめのものはブレーキ・レバーの取っ手で、強く引けば引くほどブレーキが強くかかる。四つめのものはポンプの取っ手で、前後に動かされている間だけ作動する(*Philosophical Investigations*, 12)*40。

ここでは、ハイデガーとウィトゲンシュタインの類似性が論点となる。ハイデガーは、言語がわれわれの支配できる道具である、すなわち使うことを選択できるような目的達成のための手段であるという考えを拒絶する。彼は、ポイエーシス(*poiesis*)という概念を解明する際に、技と言語を関連づけている。そして『饗宴』(*Symposium*)(205 b)を引用する。「どのようなものであれ、あらぬものからあるものへと移行するようなものにとっては、その原因となるものがすべてポイエーシスである」（*Basic Writings*, p. 293）[*41]。同様に、テクネー（*techne*）における、職人の活動や技能と精神の創造物の結びつきは、技と言語の双方に生じうる創出の密接な関係を志向するものである。「詩」（'poetry'）という語がポイエーシスを語源としていることは、言語の重要性、とりわけ詩の言語の重要性についてのハイデガーの捉え方にとって必須であると言ってよかろう。先に指摘したように、詩はことばへの注意を引きつける。シニフィアンの物理的な動きは、職人が働きかける素材がもつ潜在的な物理的力のようなものである。同様に、ヒーニーは、仕事に従事するアイルランドの地方の熟練労働者——芋掘り人、バター職人、屋根ふき職人——を敬愛する。しかし、一層驚くことに、彼は同じく、水脈探知者についても書いている。ここにおいてヒーニーは、人が存在の呼びかけに応答しなければならないという後期ハイデガーの主題に近づく。これは、先に引用したウィトゲンシュタインの道具箱や機関車の運転台からはかけ離れているように思われる。

＊38　ウィトゲンシュタイン『青色本・茶色本 他』、一二二頁、参照。

＊39　ウィトゲンシュタイン『哲学探究』、I部、一二節、二二一―二三頁／『「哲学的探求」読解』、I部、一二節、八頁、参照。

＊40　同、I部、一二節、二三頁／同、I部、一二節、八頁、参照。

＊41　プラトン『響宴／パイドン』〔西洋古典叢書　第Ⅳ期第六回配本〕朴一功訳（京都大学学術出版会、二〇〇七年、一〇四頁）参照。

ハイデガー自身のプラトンのドイツ語訳の邦訳は以下の通り。

「現存していないものから現存するものへ移り《ユーバー》‐出て《フォル》‐来る《ゲーエン》ために、誘い出すことはすべて、ポイエーシスであり、出で《ヘル》‐来《フォル》‐たらす《ブリンゲン》ことである」（*Basic Writings*, p. 293）〔ハイデッガー「技術への問い」『技術論』〔ハイデッガー選集18〕小島威彦、アルムブルスター訳（理想社、一九六五年、二五頁）参照〕。

忘れてはならないのは、こうした類比がもつコンテクストの機能である。ウィトゲンシュタインの目的は、表象としての言語という考え方と、直示的定義論を打倒することである。別の箇所で彼が行う語と貨幣の比較（*Philosophical Grammar*, p. 63）は、言語の使用の多彩さを示すための工夫であるが、このことは再び効用性の響きをもつ。しかしながら、すでに暗に示唆したように、彼は、少なくともハイデガーとヒーニーにおける受容的‐応答的なものの強調に一層近づくような類比を受け入れている。

> われわれの言語は一つの旧市街として見ることができる。すなわち、路地と広場、古い家と新しい家、様々な時代に増築された家からなる一つの迷宮であり、そしてこれが、まっすぐで規則的な街路と一様な家からなる、多くの新市街によって取り囲まれているのである（*Philosophical Investigations*, 18）。[*42]

ここでの主眼点は、街で道を見つけるということが、道具箱から諸々の道具を選び出すようなものではないということである。人はすでに街の中にいる。何か別のもののために何かを使うということではないのだ。（たとえ人がある目的のために街に行くとしても、自分の目的を達成した時にその人は街にいることをやめるわけではない。）

＊42　ウィトゲンシュタイン『哲学探究』、I部、一八節、二五頁／『「哲学的探求」読解』、I部、一八節、一〇頁、参照。

水脈探知者に対するヒーニーの関心と、ハイデガーによる存在に対する崇敬の呼びかけには、ひょっとすると、ウィトゲンシュタインの道具箱からはかけ離れた神秘主義の傾向があるのかもしれない。ハイデガーは、パルメニデスの断片[4]についての解釈の中で、純粋思惟的な思考、つまり物事を真剣に受けとめることへと向かう。「この種の予見は、知の階段への前段階なのではない。このような予見は、すべての知られうるものを隠している、言い換えれば隠匿している広間である」(*What Is Called Thinking?*, p. 207)。[*43] そうすると、思考することは物を眠りの状態に保存するが、概念的思考による把握とは異なる仕方で明るみに出す余地を残す。

＊43 ハイデッガー『思惟とは何の謂いか』[ハイデッガー全集 第八巻] 四日谷敬子、ハルトムート・ブフナー訳(創文社、二〇〇六年、二二八頁) 参照。

ここで神秘主義という疑惑は、ハイデガーと後期ウィトゲンシュタインの著作において日常的経験が不断に強調されることによって否定される。ヒーニーは執拗にわれわれを日常的なものへと連れ戻し、技、すなわち、著者が同時にことばの創造者であり受け手であるような創作と形成への忍耐強い専心を特徴とする、詩へのアプローチを擁護する。ハイデガーは、人が世界に没頭しつつも世界を意識的に考察することなく、通常の務めに精を出す中で世界に対する観察的な態度が失われるような、本来的な日常性の可能性を強調する。

4・5 根拠なきロマン主義?

本章で行ってきた数々の区分(そしてある程度のところ、合理的‐断定的と受容的‐応答的という区分自体)に付いて回る問題は、こうした思想の表現が、不鮮明で根拠がないロマン主義に近いということである。こうした思想の裏付けとしてハイデガーの文体の特異性と詩人の物言いの放埒さが持ち出され、この特異な性質が頼みとされているということ自体が、その思想の脆さを示唆するものである、という反論がなされるかもしれない。この反論に込められる疑いに対して三つの対応の仕方が可能であろう。

第一に、科学の言語に目を向けることである。科学についての単純素朴な見解に立てば、言語は完璧なものであり、科学の発見を表象するための手段にすぎないとみなされるであろう。しかし一面においてアインシュタインの仕事は、科学の諸概念そのものが、科学のデータの一部となるという考え方を展開している。科学とは、たんに外に出て自然界を観察するだけのものではなく、研究は、学問分野で生み出されてきた概念なくしては成立しえない。この論点は、役立つ語彙の発展によって、他の学問領域や政治的・社会的生活全般において思考が促進される様子を考えてみた場合に、さらに拡張することができる。このことには、適切な比喩や類比の導入が関わるであろう。場合によっては、啓発的な像の創造が関わるかもしれない。だとすれば、言語は明らかに思考における動力である。つまり、言語がわれわれに対して何かを授けるという考えは、比喩や誇張のようには思われないということである。このことはまた、言語が自律的であるという考えを強化する。科学者が理論を展開する上で導入する言語が理論の展開に先立ってすでに入手可能であるとするなら、その科学者の理論はいかなる意味で新しいと言えるのであろうか。言語は、科学者が発見をなす際に使われるべく、そこに待ち受けているのではない。少なからず言語が発見を可能にするのである。そして経験のより完璧な説明の余地をも与える。

第二に、本章で行ってきた数々の区分について回るロマン主義という問題に、人は真正面から取り組むことができ、かつ、そうすべきである。このロマン主義が不鮮明で根拠がないと苦情を申し立てることには、ある種の明晰さと確実な基盤の必要性が前提とされている。本章の初めに行った曖昧さについての議論は、曖昧さを擁護するために仕組まれたものではなく、別の語り方の適切さを探るためのものである。ロマン主義に対する批判の中では、あるタイプの言語が他の言語についての理解を侵食することが認められており、その結果として不適切な規準が持ち込まれている。また、思想の基盤に固執することは、知識は何らかの確実な第一原理に依拠しなければならないという誤謬の徴候であるとも言える。

第三に、ロマン主義に対する非難の趣旨は受け入れつつも、ハイデガーの思想と、より議論の余地の少ない言語で表現されるウィトゲンシュタインの思想との類似点を示すことによって、この非難の実質的な内容については受け入れないということが可能である。これを目指して、ウィトゲンシュタインの思想に言及してきたのである。本章のタイトルである「言語のザラザラした大地」は彼の著書から引いたものであり、言語の多様性についての彼の言明に触れつつ本章は閉じられる。ただし、この方向に進んでいく中で、さらなる批判の方法の可能性が受け入れられることになろう。

第5節　ザラザラした大地

本章では、一連の区分を提案してきた。そのいくつかをここで一覧として列挙しておきたい。(5)

合理的－断定的	受容的－応答的
男性的	女性的
脱時間的	歴史的
偶発的問題性	必然的問題性
閉鎖性	開放性
論理の理想状態	理想形式の不在
実在の鏡	実在の創造者、道具、倉庫

対応	一貫性
表象的・指示的	表現主義的
観念あるいは抽象	個別性と具体性
反社会的	社会的
均質性	多様性
潜在可能的に確実	必然的に不確実
観察的	参与的
伝達の道具	思考の内容
現象的	前‐現象的（すでに生じたことの痕跡[*44]）
主として命題への関与	文の他の諸形式への関与

このように理路整然とことがらが二分化されるというのは、確かに粗雑すぎる考え方である。むしろこの区分は、批判を達成するための新しく、かつ重要な方法である。つまり、こうした形で区分を提示することが正当化されるのは、言語がその性質において多様でありうることを示し、二極化された概念を示すことによって、言語の様々な諸形式の広大な配列への扉が開かれるからなのである。ウィトゲンシュタインが様々な言語ゲームを例示していることもまたこの多様性を示すものであるが、彼も指摘しているように、通常の事態においてそうしたものはたやすく見落とされてしまう。「日々の言語ゲームが全体としてもつ想像を絶した多様性は、われわれの言語の衣装がすべてを同じようにしてしまうために、われわれの意識には上ってこない」（*Philosophical Investigations*, p. 224）[*45]。われわれは、機関車の運転台において、金属の取

っ手がすべて同じように見えるということを想起させられる。『哲学探究』は断片的な性質をもち、その内で理論的手法が常に避けられ、個別例を考慮することが好まれる。それによって、言語についての総括的言明の追求が崩されるのである。代わりに、異なる諸々の言語ゲームが、家族的類似性をもって相互に関連していると捉えられる。ただ一つの特徴が全部に共通するということはなく、あるものは他のものときわめて異なっている。さらに、一つの言語形式が根源的なものとして提示されることはない。

＊44 言語は何もないところから創ることはできず、すでに、以前生じたものに依拠している。それはあたかも足跡のようなもので、誰かがそこに居た跡、何かがすでに生じたということを示すが、すでに生じたものへと立ち戻ることはできない。

＊45 ウィトゲンシュタイン『哲学探究』、II部、四四八頁／『「哲学的探求」読解』、II部、一一〇頁、参照。

ザラザラした大地の比喩には、平坦でない状態、予測不可能性、抵抗力が含意される。言語には均質性はなく、その平坦でない性質を理解するには、終わることのない個別使用例の一覧を見ることが一番である。言語は、その実際の構造が既存の論理構造に収まらないという点で予測不可能である。むしろ、論理の理想的構造は、自然言語から構築される。それは、以下の四点において抵抗力をもつ。第一に、言語がたんなるコミュニケーションの手段ではないということである。第二に、その物理的性質が意味を形成するということである。第三に、言語はたんにわれわれが自由に使える道具ではないということである。第四に、ウィトゲンシュタインの議論におけるもう一つの重要な綱目——判断における一致がなければならないということ——を思い起こすことができよう。このことは逆に、人間生活の生物学的環境が言語には必須であるということを示す。あるものを食べることができ、水を飲むことができ、そしてある範囲の温度に耐えうるということによって、言語がそれを背景として形状を獲得するような一種の限界が提供される。こうしてわれわれは、二重の意味で物理的なものに対面する。つまり、われわれに共通する生物学的性質と記号が有する物理的次元は共に、言語の必要条件なのである。

ここで、以下に続く私の議論の方向性を先取りし、次の一覧を前述の一覧と関連づけておきたい。これはマーサ・ヌスバウムの『善の儚さ』(Nussbaum, 1986) に見いだされる。彼女は、合理性に関する二つの規範的概念について記述する中で展開される象徴的比喩に注意を喚起する (ibid., p. 20)。

A

罠を仕掛ける猟師、狩人、男性としての行為主体

純粋に能動的な行為主体

目的：中断されない活動、制御、外在的力の抹消

堅固で浸透不可能な魂

不動で完全に安定したものの中にのみ存する信頼

純粋な太陽の光としての知性

B

植物、子ども、女性（あるいは男女双方の要素をもつ）としての行為主体

能動的であると同時に、受動的／受容的である行為主体

目的：行為と受容性、危険によってバランスを保つ限定的制御、外在的なものが力をもつ世界の内で善く生きること

明確な構造をもちつつ柔軟で浸透性のある魂

動的で不安定なものの中に存する信頼

与えられ、また受け取られる、流れる水と

しての知性

一人きりの善き生　　友人、愛する人々、共同体とともにある善き生

この一覧は、人間主体と行為者性に関する問いについて本章で提示されてきた諸々の思想の重要性を指し示すものであり、議論を裏付ける象徴的比喩の諸形態をとりまとめるものである。

　現段階でもここに展開された立場の含意をもとに議論を進めることは可能であろうが、私が提起してきた様々な問いには、豊かな言語の姿を捉えさせてくれるような別の側面もある。そうした側面を通すことによって、その後に続く詳細な記述も、それがとりわけ教育内部の言語にもつ意義という点で一層充実したものになるであろう。したがって第三章ではこれらの別の諸面に目を向け、主たる議論の展開については第四章、第五章に先送ることにする。

（1）　エイヤーは、私的感覚を私的記録に照合することは、ある人の語ったことを立証するために、同じ朝刊を何部も買うようなものであろうというウィトゲンシュタインの言明について論じている〔1〕。ここでの記述はエイヤーがウィトゲンシュタインの持ち出す類比を修正したものである。

（2）　例えば、以下を参照。*The Cambridge Encyclopedia of Language*（Crystal, 1987, p. 15）。サピア（Sapir, 1921）とウォーフ（Whorf, 1956）も参照〔2〕。

（3）　『言葉への途上』においてハイデガーは、ヒーニーのように、言語の眠りに言及する（p. 69）〔3〕。他方で、アリストテレスのテクストを建築的な構造をもつものとして記述している（p. 115）〔4〕。彼はまた、雪の中に小道を開削する——道作り——を意味するアレマン－シュヴァーベン語の方言語である‘*wëgen*’の含意を探究している

(ibid., pp. 129–130)［5］。それより以前の彼の言明、「思考は、存在という耕地に畝を作る」は、「われわれの思考は、夏の夕べの麦畑のように、力強く香るべきだ」というニーチェの叙情詩調の提言と響き合うものである（ibid., p. 70）［6］。

（4） ハイデガーは、パルメニデス「断片6」に言及する。「存在が在るということを、言うことと思惟することが、必要である」［7］。彼は、これについての様々な解釈を探究し、その含意を明らかにする。'Legein' はあからさまにすること／集めて置くこととみなされる一方で、'noein' は予見、すなわち、物が隠匿されていることへの気づきに関連する。ジョナサン・バーンズによる断片の翻訳はかなり異なっている。「存在することと思考することのために在るものは、在らねばならない。それは在りうるからであり、無は在りえないからである」(Barnes, 1987)［8］。

（5） 上側の欄の特徴づけには、間違った言語の捉え方を示すものもあれば、言語の「周辺部」についての正しい記述もある。

〈章末注の訳注〉

［1］ ウィトゲンシュタイン『哲学探究』［ウィトゲンシュタイン全集　第八巻］／『「哲学的探求」読解』二六五節、参照。

［2］ Sapir, Edward（1921）*Language, An Introduction to the Study of Speech*, Harcourt, Brace and Company, New York); Whorf, Benjamin Lee（1956）*Language, Thought, and Reality: Selected Writings of Benjamin Lee Whorf*, ed. John B. Carroll, foreword by Stuart Chase, M.I.T. Press, Cambridge, MA.

［3］ 「ことばは、深い眠りの静けさのうちに憩う安らかな場所からのみ、湧き出してくるものでなくてはならないだろう」（ハイデッガー「言葉の本質」『言葉への途上』、二〇七頁、参照）。

［4］ 「言語はまず語ることである、という考え方がしっかりと守られている、あの古典的な考え方の仕組み」（ハイデッガー「言葉への道」『言葉への途上』、三〇一頁、参照）。

［5］ 同、三二三頁、参照。

［6］ ハイデッガー「言葉の本質」『言葉への途上』、二〇八頁、参照。

〔7〕　ハイデッガー『思惟とは何の謂いか』、一八六頁、参照。
〔8〕　パルメニデスの原文からの邦訳は以下の通り。「ことばにて　言表されえ／また思い　考えられうる／そのものは　有るべきことの／定めなり。　なぜならそれは／有りうるが、／　そも無きものは／ありえざる　ことのゆえなり」（井上忠著『パルメニデス』（青土社、一九九六年、二七頁）参照）。

第三章　意味と神話

報告という言語ゲームは、その報告が受け手に対象について通知するのではなく、報告を行っている人物について通知するよう、改変することができる（*Philosophical Investigations*, p. 190）。*1

前章の言語分析は、教育的言説のある側面についての批判に根拠を提供する。これはいかなる帰結をもたらすのであろうか。

*1　ウィトゲンシュタイン『哲学探究』〔ウィトゲンシュタイン全集　第八巻〕藤本隆志訳（大修館書店、一九七六年、II部、三七八頁）／『「哲学的探求」読解』黒崎宏訳（産業図書、一九九七年、II部、三五頁）参照。

第1節　科学主義とその批判者たち

1・1　科学主義の言語

ここでの関心事項は、現在一般に見られる教育についての、また教育内部での様々な語り方である。そこで、前章で批判された実証主義が科学主義へと堕す有様を示す諸例が選ばれることになる。しかしながら、ねらいはこれよりもっと広いところにある。これらの例の中に難なく見いだせるものは、教育全般の流れとしておぼろげながらも看取できるということを示すことが私の願いである。さらには、この潜在的な流れを、教育の方法論における一層自覚的な数々の要素につなげることができるかもしれない。そうであるなら、このことは明らかに教師教育と政策立案に重要な関わりをもつことになろう。

「科学主義」という用語は、通常理解される意味での科学の射程に入らない問題に対処する際、科学的原則と手順を適用しようとする試みを指すものと捉えられる。ただし、これらの原則と手順を特徴づけている科学観は混乱し歪曲されたものであることがしばしばである、という重要な添え書きを加えておく必要がある。科学的なアプローチを典型的に示すものは、数量化、観察可能な行動の成果、系統化、そして検証可能性、説明責任といったことへのとらわれや、こうしたものを明らかにふさわしくない領域に適用することへの専心といった要素である。

科学主義は、それ以外の探究の形式において、真正にかつ首尾よく使われている語り方の信頼性を利用する。よって科学的言明は、真理要求という観点のみならず、他の語り方との関係性という観点からも評価される必要がある。これについては後に再び論じることにする。

便宜上、「カリキュラム設計の言語」という表現は、こうしたタイプのアプローチに言及するものと捉えられる。もちろん、この領域には数多くの多様なアプローチがあることを認識する必要があり、この表現はあくまで便利な略記のようなものである。さらに、私が行う諸々の批判は、教育制度の多くの側面に関連性をもつことが示されるであろう。例えば、教育政策綱領に対する現行の関心との関連性が示唆されることになる。これから論じていく領域は、次のような諸概念のネットワークによって描き出されることになる。すなわち、カリキュラムは諸目標や達成しようとするねらいに向けられ、技能や能力を促進する。そして説明責任を要求することは評価と査定という機械的な制度に結びつく。また経営管理的な新しい語彙が支配的となる。

この言語の性質は、認識論的な問題と不可分である。さらには、自己についての考え方や個人の文化的背景との関係など、教育の諸目的に関わる深淵な問題に触れるものでもある。

1・2 科学主義に対する批判者たち

実証主義的なアプローチの限度は、一部のカリキュラム理論家自身によっても指摘されているということを知っておく必要がある。とはいえ、例えばプラットの立場は一貫していない。ある場面で彼はカリキュラム設計の科学的立場に喝采を送ることもある（Pratt, 1980, p. 199）。別の場面では「行動的」アプローチと「人間主義的」アプローチの区分を設けて、後者を支持しているようにも見られる。行動的アプローチの目標は行為遂行の指標に還元され、それらの指標はそれ自体観察可能な行動でなければならない。そして、検査の方法は内容決定という当初の意図にフィードバックされるという点が重要である。つまり、検査可能なもののみが教えられるということである。この類いのカリキュラム立案では道具主義がシステムに組み込まれている。すなわち、内容が行為遂行達成という目標に向けての手段となるのである。

人間主義の理論家たちの異議申し立ては、この行動主義に対して向けられる。プラットは、「古典的」行動主義者たちに対比させて、人間主義の理論家たちの考えを「非現実的」と呼ぶ。彼らは、少なくとも行動主義者たちの目には、非合理的で常軌を逸していると映るであろう。「古典主義」に対する合理主義的なとらわれは、増長する経営理論体系にも顕現しており、これもまた教育への科学主義的アプローチの別の形とみなしうるかもしれない。アラスデア・マッキンタイアは現代文化の手本として「管理者」を挙げているが、これは教育への科学主義的アプローチの重要性を示すものと言えよう。

教育において、科学主義の批判者たちは多種多様にわたる。まずは二つの陣営を特定することができよう。一方の陣営として、目標の特定にうんざりしている人々がいる。彼らは、教育を冒険と発見の過程とみなすことを好み、その最も重要な点として学習者が方向決定において必須の役割を果たすと考える。イヴァン・イリッチ、ハーバート・リード、A・S・ニールがこのグループに属すると考えられる。例えばイリッチについて見てみよう。

カリキュラムの生産過程から作り出されるものは、他のどのような近代的な重要商品とも似ている。それは計画された意味をひとまとめにしたものであり、商品として「ほどよくどんな人の購買心をもそそる」ことによって、生産コストを取り戻すに十分なほど多くの人々に売られる商品なのである。消費者である生徒は、自分の欲望を市場向きの価値に合わせるように教えられる。したがって彼らがある種の職に就くことを期待するように指導されてきたにもかかわらず、そのために必要な学年にまで到達しなかったり、それに必要な免状を得られなかったりしたことで、消費者研究の予測通りに行動しなかった場合には、彼らは何か悪いことをしたと感じさせられるのである (Illich, 1973, p. 46)。*2

もう一つの陣営として、リベラルの伝統から議論をなす者がいる。彼らは、科学主義の核心にある概念が混乱しており、教育の目的が窮乏している、という見方を強調する。例えばポール・ハーストは、目標特定の強力な提唱者であるが、標準理論の一部についてその欠陥を指摘する（Hirst, 1974a）。こうして、ブルームのタキソノミー[*3]は賞賛されるが、その由々しき限度も指摘される。事実を知ること、技能を所有すること、問題解決能力をもつことに関しては、もし混乱を避けようとするなら、入念な分析が必要とされる。より根源的には、行動主義者の立場は、行動と心の同一化をもたらす保証なき還元として暴かれる。

＊2　イヴァン・イリッチ『脱学校の社会』東洋、小澤周三訳（東京創元社、一九七七年、八四頁）参照。

＊3　アメリカの学者ブルーム（Benjamin S. Bloom）が提唱した教育における指導と評価の目標の体系的分類。

カリキュラム立案者の科学主義的傾向をうまく捉えているのは、ロビン・バロウである。

カリキュラム設計者とカリキュラムの教科書の多くは、人がカリキュラムの設計の仕方を、スケートのやり方、溶接のやり方、税金還付書の書き方と同じように学ぶことができると暗示的ないしは明示的に示唆している（Barrow, 1986, p. 73）。

彼によれば、この想定の誤りは以下の点にある。

カリキュラムは立案される必要があるが、適切な立案の仕方があるということは明らかでないということ。また、設計ということばが含意するものを十分に満たすような適切な設計の仕方についてはなおさら明らかではないということ。カリキュラムの必要にして十分なひと揃いの手順があるということは確定していないということ。いかなる計画の試みも、実際に行うべき十分な理由があるものは、容易に行ったり監視したりできるものから区分されうるという事実に向き合わねばならないということ。あらゆる比喩は、いかに異なっていようとも、物があるべき姿について限定的な見方を提供する傾向を共通にもつということ（ibid., p. 75）。

より最近では、タソス・カゼピデスが、教育の目的は特定の目標に還元される必要がある、というハーストによって支持される信念に反論している。カゼピデスは、目的が階層構造的に目標に関連するという仮定は誤謬であると主張する。目的というものはむしろ、それに照らして目標が判断されうる統制的原理ないしは卓越性の標準である。善き実践に必要とされるものは（こうした意味での）目的である。

教師教育において推定されるカリキュラム目標の主張の中では、教育的企ての性質についての研究や、われわれ自身と世界を理解するための思考と行為の秩序から力点が離れてきている。多くの教員養成者たちは、教育的に価値あるものについての明瞭で正当と認められる規準を教師のために生み出し、彼らの教育的判断を改良することに集中する代わりに、特定の規則やレシピや曖昧な目標を提供してきた。彼らは、知識の性質を誤解してたんなる情報に還元し、コンテクストを欠いた状態で様々な主題に固有の多様な標準を教えようとしている（Kazepides, 1989, p. 58）。

この種の批判はよく知られていると同時に魅力的なものでもあり、歓迎する理由は万全であるように思われる。しかしながらこうした批判もまた問題の核心に届き損なっているかもしれない。そうした批判に価値はあるが、相対的に見て実践が何ら変化を被ってはいないということは依然として疑問に付されねばならない。この種の批判はヒドラの頭に切り込まれる剣のように思われる。すなわち、行動目標が切り落とされても、技能、学習成果、能力一覧表などによって置き換えられてしまうのだ。表面的には望ましい改良がなされるかもしれないが、実のところ問題は一層手に負えないものにされている。

このことを説明するためには、リベラルな理論家の方法——そして合理性に対する彼らの信仰——が十分ではないということを認めなければならないであろう。より十全な説明を求めるなら、必ず政治的な動機づけが関わってくるということは間違いなかろうが、ここで再び、政治的説明の性質は複雑なことがらとなる。おそらく、以下の問いが問題を一番よく言い表わすであろう。道具主義的／行動主義的アプローチが行使する継続的な力は、いかにして説明されうるのか。あたかも目標の言語はそれ自身の生命を獲得しているかのようである。問題、問い、答えの言語は、無際限に継続しうる動きの中にある。そして私が示したように、このような何か——それ自身の生命をもつもの——が教育的言説の他の諸側面に浸透している。

1・3　正しい問いを発見すること

そのような現象を探究するために、われわれはどのようなアプローチをとることができるであろうか。役立つ可能性がある一つの手法は、手段－目的関係の再考であろう。ここから、教育にとって重要な力学の問題が生じる。カリキュラム設計の言語として適切であるとみなされる論拠は功利主義的なものである。手段－目的の図式内では、過程が段階に区分されることがア・プリオリな想定である。中間段階一つ一つの意味は最終的段階によって付与される。さらに、こうした主体中立的な言語は、カリキュラムの多様な諸側面に必要な構造を与える上で適切だとみなされる傾向がある。

第二に、カリキュラム立案者の動機づけを問うことが可能であろう。問題はリベラルな理論家の批判が暴くことができるものを超えているという考え方があるが、これに信憑性を与える一つの要素は、行動主義的目標の提唱者たちの熱狂ぶりである。このことは、明白な動機を超える何かがあるということを示唆している。そこで私は、この力動性には狡猾な力があり、何が進行しているかの正体を突き止めるためにはこの力を明らかにする必要がある、と述べたい。彼らの熱狂ぶりは、そこで直面する態度が根源的に倫理的な類いのものであるということを示唆している。このことは例えば、そこに含意される人格概念や教育の目的に関連する諸思想に見受けられる。こうしたものには、形而上学的な想定、科学の方法を崇拝したいという欲求、および説明責任と結果についての考え方などが含まれ、それらすべてが自律性と道具性の問題と連関し合っている。これが一因となって、概念的・認識論的な批判は問題の核心を捉えきれないのであろう。

第三に、そのような言語がある種の詐欺師的言語ゲームであるという考えを探ってみることができるであろう。ウィトゲンシュタインによるデカルト的な体系的懐疑に対する批判は、一つのモデルとなるかもしれない。この批判には、言語が「仕事を休んでいる」という考えが込められている（*Philosophical Investigations*, 38）[*4]。この表現は、言語を用いた文章が適切な使用を喪失し、無目的な役割を果たしているということを示唆している。すなわち言語は摩擦のない媒体の中で作用しているように思われる。ゆえに言語は足がかりを得るために、ザラザラした大地に連れ戻される必要がある（ibid., 107）[*5]。さらに付け加えるなら、言語は自立し、それ自身の法則となる。こうした批判の筋は、これまで述べてきたことの中核であり、以下に続く議論で私がとるアプローチの指針となるであろう。

＊4　ウィトゲンシュタイン『哲学探究』、I部、三八節、四六頁／『「哲学的探求」読解』、I部、三八節、二九頁、参照。
＊5　同、I部、一〇七節、九八頁／同、I部、一〇七節、八五頁、参照。

まずは二つの類比に着目することから始めることにしよう。真理要求によって学習目標を分析することの不十分さを示すことがその目的である。（リベラルな理論家の著書を特徴づけるものはそうした力点の置き方である。行動目標は学習についての正しく適切な記述を提供できないということが彼らの主たる懸念である。）むしろ、言語が認める類いの問いと答え、言語が登場するコンテクスト、そして人々の生活でいかに使われるかという観点から、〔学習目標の〕言語について考察する必要がある。

第一に、広告との類比を描き出すことができよう。かつて広告が真理要求についての言明に依拠する傾向にあったとすれば（例えば「オモ洗剤で洗うとより白くなる」といったキャッチ・フレーズ）、より最近の傾向は他のことがらに訴えるタイプ（ユーモア、恐怖など）であると言える。とりわけよく知られているものに、製品に関連するイメージの創出がある。そのようなイメージのもつ力を見るなら、真理要求の分析は広告の作用の仕方を理解する上での主たる重要性を失うことになる。ほぼ間違いなく、それは広告がもつ重要な力学を混乱させるものである。

第二の類比は、政治から取り上げることができる。いわゆるイランゲート事件に対するタワー・リポートの公刊の後、ロナルド・レーガンは記者会見に臨んだ。大方の時事問題解説者は、レーガンの語ったことを、内容と共に語り方によって判断した。それは十分立派な「演技」とみなされた。もちろん、テレビで彼の演技がどう見えるかということも、その演技が成功を収める上で同様に重要な要因であった。というのも、われわれの政治生活において、テレビのイメージが果たす役割が増していることは明らかであるからだ。

これらの例は、カリキュラム設計の言語に対して、どのような類比の役割を果たすのであろうか。カリキュラム設計の言語がリベラルな理論からの批判に動じないこと、また、立案者たちが自らの見解を提示する際に示す熱狂ぶりについては前述した通りであるが、このことは、カリキュラム設計理論の力が真理要求に還元されえない、ということを示唆する。そこには、広告のイメージ形成や記者会見でのレーガンの演技に匹敵するような、力や魅力がある。多くはスタイルの問題である。にもかかわらず真理要求は出されているのである。このことはおそらく、意味に二つの体系があると言うことによって表現しうるだろう。

第一次の意味体系（真理要求）がリベラルな批判者の方法によってどのように探究されうるかは明らかである。第二の体系は、より目立たない形で機能しており、そこでの最初の問題は、その正体を明らかにすることである。この問題を見極める方法を見いだすためにまず、表面的にはきわめて異なる類いのもの——つまり、カリキュラム設計の言語からはかけ離れているもの——ではあるが、意味に関する同様の問題を提起する教育の例に目を向けてみよう。この例は、通常の批判の焦点から注意を逸らすための、意図的な脱線である。それによって、ここで議論されている意味に関わる諸問題の全般的な性質に注意が向けられることになる。実例として小学校の教室の壁に書かれたことばを取り上げ説明することにしよう。

第2節　教育と神話

2・1　壁に書かれたことば

壁に書かれたことばは、子どもたちが行っているパン作りに関連するものであり、以下のように記載されている。

わたしたちはパンを作りました。
わたしたちは小麦粉を量り、イーストと水を加えました。
わたしたちは練り粉をこねました。
わたしたちは練り粉が膨らむのを待ちました。

などである。挿絵の付いた各文章の連なりが壁の展示物を形成している。他の展示物は、森の散歩、学校のペット動物などに関するものである。

右記の例について考えるなら、ほどなく言語の機能に関する問いが頭に浮かび始めるだろう。表面的にその文章は子どもたちが行ったことについての報告という形をとる。しかしその報告は誰のために何の目的で書かれているのだろうか。（おそらく教師たちはこのことを理解するために一歩距離をとり、これらの実践が安定した形で日常的に受け入れられている状態を超える必要があるだろう。）通常、報告は読み手に情報を与えるものである。だが、ここではそれがあてはまらないように思われる。皮肉屋は、その報告が学校の訪問者――政府視学者や地方行政官など――に情報を与えるものであると答えるかもしれないが、訪問者が発見するものはパンの作り方ではないということを含意するだろう。壁に書かれたことばはたんにパンを作る過程の報告である、という考え方は真っ当なものとは思えない。

さらに進んで、その文章を、子どもたちの備忘録、つまり、彼らがパン作りで学んだことを補強するものとして考えることができよう。同時にこれは、例えば「パン生地」（'knead'）や「練り粉」（'dough'）などの難解な単語の綴りに関して、子どもたちが書きことばを使いこなす能力を助けるものとなる。しかし、このことには疑念も残る。すなわち、すべての展示物がこうした特徴を備えるわけではないということである。ここで記述されている展示物は、商業的に生産された既成のウォールチャートとは著しく異なっているということに留意する必要がある。そのようなウォールチャートは、事実情報（パン作りの方法に関する情報）という点では似通っているかもしれないが、個人的／集団的次元を欠くであろう。つまり子どもたちの経験の記録ではないのである。個人的要素が優勢であるということは、自分たちの経験を反芻したいという生徒の欲求、そして多くの場合において、賛美したいという欲求を示唆するのかもしれない。この場合、言語によって伝えられる賛意の語調が重要な鍵となるであろう。

こうして経験を記録するということは、テクストを日誌のようなものにすることだと思われるかもしれない。確かに壁には個々の子どもによって書かれた諸々の作品が他にも並んでいるが、この壁に書かれたことばが集団経験に属するものであるというまさにその事実こそが、日誌などに書かれたことばとの違いである。さらに、正真正銘の日誌の記載には、ある人の経験の詳細やうまくいかなかったことへの言及が含まれてよいし、むしろ言及されるべきだろう。これとは対照的に、この壁に書かれたことばというテクストの中で差し出されているのは、理想化された説明である。

さらに、これに類似する事例を見てみることによって、自分たちの経験への賛美という特性について次の二点を明らかにすることができる。第一に、壁に書かれたことばは、家族の写真アルバムに付けられる見出しに似ている。このような見出しは、どの人が誰であるかとか、その人たちがどこにいたかを後から思い出すのに役立つであろうが、たいていの場合は不要なものとなるであろう。そうしたものは往々にして、自明の呼称や当意即妙な文句であろう。見出しはアルバム全体と同様、たんに記録であるのみならず、それなりの仕方で経験を賛美するものである。また、幸福で調和を保った家族の性質、構成員の役割などを肯定するものでもあろう。この自意識的な性質によって、見出しは家族の生活や世界におけるその位置づけに関する信念の網の目に結びつけられる。そして、たんなる記述を超えて、ある生活様式を宣言するものとなる。

第二に、手順の手引きであるという点で、パン作りの記述は庭造りの段階的な手引きに類似している。その手引きは、色彩豊かで潤沢な庭を生み出すのに必要とされる、すべての技術を網羅している。週ごとに新しい技術が追加され、その一つ一つが、絵や体系的な線画によって丹念に記述されている。その手引きは、熟練の庭師から徒弟に受け継がれる助言とは対照的に、手順についての理想化された説明を示す。それらの手順は本質的なものに還元され、（季節が絡むにもかかわらず）時間を超えている。そして、紙面の上では不動であり、偶発性をもたない。手引きは週ごとに収集され、バインダーに取り込まれ、壁の一画に収められる。庭は囲い込まれる。さらに、善き生活についての考えの網の目につながれる、と付け加えてもよかろう。手引きによって得られるものは——庭を掘ることよりもっと重要なことなのであるが——これらの価値の肯定であろう。

これらの例の主たる特徴は、どこまで教室の壁に書かれたことばにあてはまるのだろうか。大まか言えば、第一の類似例（家族写真）は、記号の使用に見られる自意識的な性質、および特定の諸価値がその記号を通じて肯定されていることを示す。第二のもの（庭造りの手引き）は、これに加えて、理想化と経験の囲い込みという考えを提示する。壁に書かれたことばによって活性化される価値の網の目は、やる気に満ちた学習者としての子ども、物作りの喜び、その企ての協同的な性質、手作りのパンの健康的な性質などに関わることになるであろう。理想化は、単純化された線画の中で、諸段階に還元された手順の表象を通じて、純粋な成功として生じるのである。

このことは、（パン作り、家族の休日、庭造りなどに関連する）表面上の記号の機能とは異なる意味体系の活性化を意味している。だからといって、この異なる意味の体系が必然的に悪いものである、と言っているわけではない。ここでの批判の対象は、「隠れたカリキュラム」ではない。価値は通常、様々な仕方で学校の中に編み込まれており、往々にして暗黙のままであるだろう。ここで問題となるのは、引用した諸例における言語の虚偽性である。多くの実践で価値が暗黙に保たれているからといって、それによって実践家が自分自身を欺いているということになるわけではない。逆にそのような価値は、明示的にされることによって歪曲されるかもしれない。暗黙の次元で価値が存在していることは、健全な実践の一つの特徴である。けれども、言語が一つの役割を果たしながら事実上別の何かを行うという形で仮装する場合、錯覚は危険なものになる。

ここで強調しておきたいのは、さらなる意味の体系の存在をこのように断言したからといって、私は自らの主張の正しさを証明したことにはならない、ということである。ここで何が証明とみなされるかを理解することは難しい。その代わりに、個別の分析の妥当性を考慮することによって洞察を得なければならない。そうした分析は、言語使用者を動機づけるものの性質や、言語が生活の仕方の中で果たす役割といった要因に関わるものであろう。

2・2　今日における神話

以上の観点から、ロラン・バルトが論文「今日における神話」（'Myth Today'）（Barthes, 1983）において挙げている例が役立つかもしれない。まずは、二つの例について述べることとしよう。

第一に、学校で用いていたラテン語の入門書に書かれていたという、ラテン語のテクストからの一行――*quia ego nominor leo*――が挙げられる。この一行の主旨、つまりそれが書かれている理由は、文法規則の一例として、ということである。子どもにとって、字義通りの意味（「なぜなら私の名前はライオンだからだ」）は目新しいものであるが、大人にとって、この意味の重要性は目減りする。この文の主たる機能は、字義通りの意味と同じではない。第二の例は、必ずしも言語的なものではない。これは、パリの郊外に建てられたバスク風山小屋の事例である。バスク地方では、山小屋は珍しいものではなかろう。その半木組みと赤い瓦は、その土地で手に入る材料や気候などに関連する歴史を担うであろう。しかしパリではこれらの要因はあてはまらない。山小屋は、自意識的な様式となる。つまり、それ自体に注意を喚起し、その「バスク性」を主張する。山小屋はバスク風の風情を装い、通行人に反応を呼びかける。このようにして木と瓦は、バスク地方ではもちえない意味をもつ。それらが入居者や隣人の生活の中で果たす役割は異なる。生まれ故郷において、家の様式は主として機能的なものとみなされるかもしれない。これに対してパリではそれが——財産家、自分の家に誇りをもつ人物、珍奇で田舎風の好みをもつ人物などとして——所有者の価値観について何事かを主張するものとなる。しかしそれは家であり続けているので、これらの価値観は馴化される[*6]。すなわち、家の機能的な諸側面と共に、暗黙のうちに受け入れられるのである。

＊6　ここで「馴化」（naturalization）は否定的な意味合いで用いられている〔ロラン・バルト「今日における神話」『神話作用』篠沢秀夫訳（現代思潮社、一九六七年、一六九頁）参照〕。「自然化」という訳語もあるが〔ロラン・バルト「今日における神話」『現代社会の神話　一九五七』［ロラン・バルト著作集3］下澤和義訳（みすず書房、二〇〇五年、三四五頁）参照〕、本書ではこの否定的な意味合いを出すために、前者の訳語を用いる。

バルトはこうした意味の体系を神話の現代的な顕現とみなす。そのようにみなすことがわれわれにとって困難であるということは、驚くことではないだろうし、むしろ、この用語に重みを与えさえする。（少なくともある種の）神話は、概してそれに束縛される人々にとっては明瞭でない。バルトはその機能をソシュール的用語で以下のように表象する。ちょうど神話が、第一次の意味の形式的体系から、ひと目盛りだけずれるように事が運ぶのである。この平行移動は神話の分析にとって最も重要なものであるから、表で示してみることにしよう。もちろん、表の中の間隔の配置は、ここでは比喩にすぎない。

〈表1〉

1 シニフィアン（Signifier）[*7]	2 シニフィエ（Signified）	
3 記号（シーニュ／Sign） I シニフィアン		II シニフィエ
III 記号（シーニュ）		

神話には二つの記号体系が存在し、そのうち一つの体系がもう一つの体系に対して箱から取り出された形になっていることがわかるであろう。一つは言語学が扱う体系、国語《ラング》であり（あるいは国語と同一視された表象の様式）、これを対象言語と呼んでおこう。なぜならそれは、神話がそれ自身の体系を構築するために奪い取る言語だからである。そして神話そのものについては、これをメタ言語と呼んでおこう。それは第二次の言語《ラング》であり、その中で人が第一次の言語について語るからである（Barthes 1983, p. 100）[*8]。

日常言語において、シニフィアン、すなわち記号における恣意的な外見上の形式は、シニフィエ、すなわち概念——より正確には記号の使用目的——に結びついている。しかし神話の言語において、シニフィアンは恣意的なものではなく、すでに言語によって「作用を及ぼされて」いる。ゆえに、神話は第二次の言語活動であり、それによって人は第一次の言語活動について語る。このことは——通常では——無意識に行われる。日常言語において、先のラテン語の文章はライオンに関連して意味をもち、バスク風山小屋は住まいに関連して意味をもつ。これに対して神話の言語においては、ラテン語は文法規則に関連し、山小屋は自意識的な生活様式を誇示することに関連する。その区分は以下のような形式をもつ。一方において意味は世界を志向し、日常的に使用される。他方において意味はさらなる意味、すなわち世界の解釈を志向し、第一次の記号の使用に寄生している。

＊7　'Signifier'＝意味するもの、'Signified'＝意味されるもの、'Sign'＝意味表象、のこと。
＊8　ロラン・バルト「今日における神話」『現代社会の神話　一九五七』、三二六—三二七頁、参照。

第一次の体系を素朴な対応関係としてではなく、使用の観点から捉えることが重要である。ここでは、第一次の体系を断定の言語に限定するようなはっきりとした事実／価値の区分が作用しているわけではない。この第一次の体系の内部で、われわれが言語を用いて行うことはきわめて多様である。ウィトゲンシュタインの挙げた一覧に依拠するなら、命令を与える、記述する、推測する、冗談を言う、罵る、挨拶する、などである。[*9] ここで主張されているのは、派生的、寄生的な特質を備えた何らかの言語ゲームが存在し、それらは第二次の体系の分析に従って理解されるということである。しかしこうした方法で特定されうる言語ゲームは、一様なものではない。第一次と第二次の体系の区分は大まかなもので、その区分は異なる仕方、異なる度合いで姿を現すのである。

＊9　ウィトゲンシュタイン『哲学探究』、I部、二三節、三二―三三頁／『「哲学的探求」読解』、I部、二三節、一七頁、参照。

このように、記号は通常、生活の中での使用という点で意味をもつ。神話において、記号は日常的な方法では行為し損なうが、他の記号の反射を受けて光彩を放つ。表向きどのように使用されようとも、テクストが利用する第一次の体系によって、意味は弱められたり、妥協されたり、さもなくば変えられたりする。メタ言語は、ラテン語の文章やバスク風山小屋を通じて作用している。同様に、壁に書かれたことばもメタ言語を取り入れている。それがもつ意味は、小麦粉やイーストとの関わりからではなく、学校という場における、ある特定の態度や行動の適切さについての考え方という観点から明るみに出されるのだ。このコンテクストにことばを置くことは、そうしたことばを用いて何かを語るというだけではなく、そのことば自体について何かを語ることである。

バルトの図式の適用性を明らかにするために、その図式に以下の事例の分析をあてはめてみよう。

(A)ラテン語の文
(B)バスク風山小屋
(C)壁に書かれたことば
(D)カリキュラム設計の言語

表の目的に照らし、各事例に見いだされる記号を端的に表わすようなキーワードを用いることにしよう。(以下の表2を参照。)「I　シニフィアン」の項目では、引用という考え方を示唆するために、引用符を用いる。シニフィアンは、無垢な状態で使われることはない。[*10] シニフィアンが第二次の体系――つまり神話の次元――の中で機能するためには、それが第一次の体系において馴染み深いものであることが必要である。これは、シニフィアンが通常のコンテクストから抽出されていることを意味する。つまりラテン語の文は、もともとライオンが話す世界に属しており、山小屋はバスク地方に属している。「わたしたちはパンを作りました」という文は、ある子どもが親に言うことかもしれないが、壁に書かれることはありえないだろう。カリキュラム設計の言語は、シニフィアンの複雑な合成物である。その最初の故郷は技術計画の領域だが、ビジネス経営の言語において、カリキュラム設計の言語はすでにある程度作り直されている。とりわけこの事例では、個別の専門用語だけがこのような仕方で用いられているのだと想定すべきではない。ここで述べているような効果は、文の構造のタイプやテクストの配置にも依拠している。ここでの神話化は、語り方全体にあてはまるのである。

*10 自意識的な問いをはらみ意図的に使用されるので無垢ではありえない、ということ。

もちろん、言語が作用している間は、いずれの事例もこのようには理解されない。むしろ、捉えどころなく移ろう意味の中心によって生み出される力動性が見受けられるのである。字義的なものに焦点化するなら、意味はメタ言語にずれ、逆もまた然りである。バルトは、回転扉のように[*11]意味がずれると述べる。意味の曖昧さは、その力動性にとって必須である。字義的な意味は、「向こうに押すと」引き下がり、代わりに価値の枠組みが現れる。今度は価値を向こうに押すと、それは引き下がり、字義的意味が再び現れる。ゲームの迷路に落とされた一滴の水銀のように、[*12]意味は閉じ込めたと思ったとたんにわれわれの手から離れてしまう。

〈表2〉

1　シニフィアン
(A)［ことば］
(B)［赤瓦］
(C)［ことば］
(D)［ことば］

2　シニフィエ
(A) ライオン
(B) 家／住まい
(C) パンを作る子どもたち
(D) 多様な能力

3　記号（sign）
(A) *quia ego*...
(B) 家の［外観］
(C) わたしたちはパンを作りました
(D) 能力、技能、目標

Ⅰ　シニフィアン
(A) '*quia ego*...'［教科書の中］
(B) 家［場違いなもの］
(C)「わたしたちは作りました……」［壁の上］
(D)「能力」、「技能」、「目標」

Ⅱ　シニフィエ
(A) 文法
(B) 様式
(C) 学校の価値
(D) 効率、効果

Ⅲ　記号（sign）
(A) *quia ego*...
(B) 家
(C) わたしたちはパンを作りました
(D) 能力、技能、目標

力動性をめぐる問題は、この分析がもつ価値にとって決定的に重要である。それは、たんに行間を読むことではなく、作品の中に隠された意味を特定することでもなく、それ以外の仕方で何とか表現しようとすることでもない。またその状況は、あからさまな象徴主義と同種のものでもない。ファシストの黒シャツも警官のヘルメットもこうした意味の揺れを引き起こすことはない。要するに、意味の諸体系の間の関係こそが、言語の力の本質なのである。もしこのことが正しければ、われわれが壁に書かれたことばに直面した時に感じるかもしれないある種の不穏さを明るみに出し、正当化する上で、おおいに役立つことになる。書かれたことばによって主張される価値の枠組みを識別し始める時、字義通りの意味がわれわれに押し寄せてくる。子どもたちはパンを実際に作ったのであり、彼らは実際にこのことを記録しているのであり、それが彼らの知識を補強しているのである。字義通りの意味は、「何を疑う必要があるのだ」と言っているようにも思われる。字義的解釈に屈すると、価値の枠組みの方がその力でわれわれを圧倒する。それは自然なふりをする。われわれは居心地の悪さを感じるが、それは簡単に見破ることができるような状況ではない。

＊11　回転扉のように、行きつ戻りつ回転する動きの比喩。
＊12　小さな箱の中に作られた迷路の一隅に水銀を落とし込む子ども用のゲーム。その一角に水銀を落としたかと思うと、水銀はそこにとどまらずに移動してしまうため、そこに落とし込むことが難しい。

ここでのバルトの戦略は、他と同様、テクストの中の緊張を暴き出すために対立項を立てることである。右記の図式は、厳密なものとみなされてはならない。というのも、引用される諸事例の違いは、いかなる画一的な適用をも阻むものであるからだ。われわれの言語が虚偽に染められる仕方やその度合いは多種多様である。図式の適用は、そうしたことの一部を明らかにする助けとなり、言語が作用しうる複雑な緊張関係に対して注意を喚起する。それは、解読するための公式としてではなく、吟味するための道具として価値をもつ。

2・3　能力一覧表

今や、バルトの分析が壁に書かれたことばの例に対してもつ関連性と価値が示された。次に問う必要があるのは、その分析がカリキュラム設計の言語における科学主義の問題に対して役立つかどうかである。私は、意図的にカリキュラム設計の言語とは異なる言語の例を教育から引いてきた。前述したようにこれは、カリキュラム設計の言語のもつ行動主義的力点などに向けられる通常の批判から注意を逸らすためである。そうした批判に代わり私が用いる手法は、この、〔パン作りの例とカリキュラム設計の言語との間の〕対応関係を維持できるという前提のもとに、カリキュラム設計の言語の根底にある力動性を明るみに出し説明するために工夫されたものである。

パン作りの記述は、二つの意味体系――字義通りの意味と価値の枠組み――という観点から解明された。字義通りの意味は、小麦粉を実際に量ること、練ることなどに関係していた。価値の枠組みは、熱心な学習者としての子ども、物作りの喜び、協同の成功といった考え方を動かしていた。それでは、カリキュラム設計の言語は、どの程度同じように特徴づけることができるのだろうか。ここである例が助けになるかもしれない。

以下は、予備的職業訓練教育証書に記載されている「必須能力一覧表」からの抜粋である（各一覧は達成度の向上を示している）。

12　キャリア開発

1　個人的なキャリア計画の必要性を認識できる。
2　個々の地域で職に就く機会に影響を与える要因を特定できる。
3　自分自身のキャリアの可能性について現実的な評価ができる。
4　個人的キャリア計画を作成することができる。

31　聞き取り

1　馴染み深い状況の中で提示された情報を聞き応答できる。
2　多様な状況で提示された情報を聞き応答できる。
3　個別の目的に関連する情報を選別し解釈し応答できる。

62　問題に対する科学と技術の応用

1　科学的ないしは技術的解決が可能な問題を特定できる。
2　科学的ないしは技術的解決が可能な問題を分析できる。
3　技術的ないしは科学的問題への適切な解決法を提案できる。

ここで書かれていることの字義通りの意味は、これらの記述の仕方を曖昧で空疎なものとして非難しようとするリベラルな批判者に十分な機会を提供する。しかしこの体系は、そのあらゆる混乱にもかかわらず、例えば個別のキャリアに入るのに必要な訓練の諸段階を生徒が列挙できる能力（12.4）、ラジオ番組に基づいて質問に答えることができる能力（31.2）、ヒューズの修理が必要であるということを確認できる能力（62.1）といった仕方で理解できる。他方、ここでの価値の枠組みはおそらく、明晰さ、数量化可能性、検証可能性、説明責任、合理的計画、明確な目標設定、制御などの要素を含むであろう。このように列挙された項目には、字義通りの意味としては明らかでなく、またそうした意味に還元できないような効力がある。字義通りの意味は（先に表明したような懸念は別として）十分無害なものに思われるし、われわれは良識によって、駆使される技能は役に立つのだという性急な結論に追い立てられるであろう。リベラルな理論家による批判のいくつかは、おそらくキャリア計画の立案者によって受け入れられるであろう。注意深く考慮することによって、一覧表の細目における虚偽が明らかにされ、それが根絶されるにつれて、体系は強化されるであろう。こうして妥当性が増すにつれ、価値の枠組みは馴化させられる。字義通りの意味、あるいは価値の枠組みに焦点化しようとする時、回転扉の原理が働き出すであろう。一覧表の一貫性を確信するにつれ、価値の枠組みは力を得るだろう。このことに直面しようとする時、われわれはその一覧表がもつ良識的な威信を容認せざるをえないと感じるであろう。

もちろん、価値の枠組みが公に述べられる場合には、われわれはそれについて真剣に考えることができる。そして、これを支持するかもしれないし、しないかもしれない。しかしここでの問題は、それらの価値が、公に述べられることなく、実践と能力一覧表の額面通りの意味との間の相互作用の中で作用している、ということである。価値がわれわれに対して気づかないうちに力を及ぼしているのは、こうした理由によるのである。

2・4 二重の意味と二重性

この力は、神話の創造者たるカリキュラム設計者にも力を及ぼすかもしれない、ということを付け加えておきたい。ここで批判されているような、科学的言語を使用して熱心に仕事を進めるカリキュラム設計者を想像してもよいし、そうした人物に出会うことも可能である。

政治的領域において、神話の創造者は、記号の使われ方を十分に認識しているかもしれない。バルトが挙げるもう一つの例がこれを例証するだろう。それは、黒人の兵士がフランス国旗に敬礼している様子を見せる『パリ・マッチ』誌の表紙の例である。ここで示唆される価値の枠組みは、フランス植民地主義の合法性と、それに対する黒人の自発的で謝意を込めた服従に関わる。多くの政治的象徴主義がもつ露骨さは、これに近いものである。しかし、無垢な読者にとって、そのような解釈は一瞬脳裏をよぎるだけである。バスク風山小屋、パン作りの記述、カリキュラム設計の諸例においては、同じく意味が不安定である。これらの事例において、記号の意図的搾取の可能性は一層低い。言語の創造者自身がこの二重性に束縛されていると言う方が妥当である。彼らはおそらくこれらの価値を信奉しているのであろうし、個別に価値が提示される際、それらを支持するかもしれない。しかし彼らは、自分たちの価値への信奉がこの二重性のもつ力動性から密かに得ている支えに気づいていない。これによっておそらく、カリキュラム設計の言語の力とその提唱者の熱狂が説明され始めるであろう。彼らが信奉しているものは事実上、能力一覧表それ自体ではなく、明晰さ、検証可能性、合理的計画という理念であるように思われるだろう。明晰であることではなく、明晰さに関わっているように見られるということが重要なのだ。学校案内を作成する際には、情報提供のみならず、情報を提供しているという姿勢が大切である。そこにはメタ言語が作動している。教育の言語は、多様な方法で、そうしたメタ言語の成長のための特別に肥沃な土壌を提供する。このことについては以下で再び論じることにする。

もしこのことが正しいのであれば、当事者たちは何が起こっているかを理解していない、ということになる。ここでウィトゲンシュタイン的要素を強調すべきである。ウィトゲンシュタインは対応説の観点からなされる意味の説明を批判する。哲学者が目の前にある対象を、あたかもそれに呼びかけているかのように「これ」と名づけることによって自らの理論を例証しようとする時、言語は「仕事を休んでいる」と言うのである。その哲学者が述べていることは真実ではない、という言い方は妥当ではないだろう。というのも、彼は実際にこの対象を指差しているからである。このようにして真理要求に基づく批判を論駁することは可能かもしれない。しかしながらここで問題とされていることは、ことばが本来の故郷ではなく、人工的なコンテクストの中で使われているということなのである。対応説の理論家がこのことを理解し損なうがゆえに、混乱はとどまることを知らないものとなる。例を挙げることで彼の確信は強まるが、皮肉なことに事態は一層悪化する。この補強力は、彼が理論を振りかざす熱意に関連する。

ここでウィトゲンシュタインが述べていることは、対応説に対する批判ではなく、例証の際に用いられる言語の人工的使用を摘発することに関係している。対応説の理論家は、哲学のどこか別のところにある健全な例証の実践に基づいて、人工的事例の使用が信用できるものであるとする。しかしながらそれは、誰も通常こうした仕方で話すことはないという意味で、健全な事例とは異なっている。健全な例証においては、引用される事例が哲学の外に故郷をもつが、人工的事例ではそうではない。

さらにウィトゲンシュタインは、われわれが言語を用いて行うことは多様であるということを苦心しつつ強調する。このウィトゲンシュタインの主張をカリキュラム立案者が支持することはめったにない。実際のところ、月並みで、往々にして画一的な目標の言語は、ウィトゲンシュタインの主張を積極的に阻止しているように思われる。ここでの誤りは、たんに文それ自体の字義通りの意味を見るだけでは十分に理解することができない。例えばパン作りに関する文の機能は、他の境遇では、単刀直入に記述的であったかもしれない。部屋にある事物について「これ」と言うことは、他の場合だったら全く健全なことであるかもしれない。しかしウィトゲンシュタインが記述する哲学者のコンテクストでは、このことがあてはまらないように思われる。立案者の言語もまた、奇妙なコンテクストの中で作用している。

カリキュラム設計の言語は、カリキュラムを作り上げている様々な実践について画一的に語るための手段として作用する。ある教科に見いだされる言語——それを構成する言語——は、その教科についてカリキュラム立案者がなす原理的説明に見いだされるものと同じではない。様々な教科に見いだされる言語の多様性は、カリキュラム立案の言語の多様性に反映されていない。しかし教科を構成する言語から方法論的言語への推移は問題とはみなされないのである。こうして、教科の性質そのもの、および教科間の本質的な違いは曖昧となり、誤解されることになる。このことは、言語を中立的で問題のない媒体とみなす間違いに似ている。それは、カリキュラム設計の共通言語はありうるのかという問いを提起する。言語がもたらす形式化への要求は、ウィトゲンシュタインが「一般的なものへの渇望」（*The Blue and Brown Books*, p. 18）*13 と呼ぶものの徴候を示す。しかし明記された目標は正確なものとして装われているにすぎないのかもしれず、実際のところ、学習されるものがもつ個別的で特有の特徴を見えなくしてしまうのである。

＊13　ウィトゲンシュタイン『青色本・茶色本　他』〔ウィトゲンシュタイン全集　第六巻〕大森荘蔵、杖下隆英訳（大修館書店、一九七五年、四六頁）参照。

先に引用した事例において、ウィトゲンシュタインが懸念する例証の形式は、バルトのラテン語の文と照らし合わせてみることができる。生徒を刺激するために、教科書の執筆者がライオンについての物語がもつ奇抜さを利用しようとする意図は明白である。これによって混乱が生じることはほとんどないだろう。

文法規則の一例として用いられる文は、他の事例ではわれわれの意識をちらりとよぎるにすぎない二重の意味を、包み隠さず表に出す。[*14] 同様に、文法の例は混乱の起源や触媒ではありえないが、これに対してウィトゲンシュタインが例に挙げる対応説の理論家の場合は、まさに混乱の起源や触媒となる。後者により類似したものは、壁に書かれたことばとカリキュラム設計の言語の事例に見いだされる。いずれの事例でも、私が価値の枠組みと呼んできたものがあらかじめ前提とされている。そして使用される記号は、無垢の状態で——言い換えれば、記号のコンテクストから——生じるという誤った思い込みがなされているのである。しかしパリのバスク風山小屋のように、記号は生まれ故郷の外にあるものとしてみなすこともできる。理念の枠組みが表現されるなら、記号はこの枠組みの証拠として提示されるのである。例えば、教室の壁に書かれたパン作りについての記述をもとに、子どもたちは熱心な学習者である等々とみなされる。また、明快に番号を付けられた能力一覧表は、科学的手法の正当性を示している。あるいは哲学のクラスでの直示的定義は、対応説の正当性を示す。しかしこうした記号の使用は、当の信念や理論があらかじめ前提とされていなければ、どれも生じえないだろう。[*15] これらの具体的な使用の仕方——ここでの具体的なコンテクストにおける使用——は、信念や理論の枠組みがなければ、わけのわからないものなのである。ゆえに、記号の使用によって枠組みに与えられているように思われる正当性は保証されたものでない。（同様の置き違えの感覚は、小説『町人貴族』（*Le Bourgeois Gentilhomme*）の中で主人公が学習を通じて取るに足らない洗練を求め、驚きと誇りをもって自分がこれまでずっと話してきたものは散文であったのだと発見する時に感じられる。これは滑稽なことである。なぜなら、詩‐散文の区分は、日常的な発話との関連においては馴染みのないものだからである。）

＊14　本節において、「二重の意味」（double meaning）は、意味の曖昧さ（例えば、'bank' という単語に、「土手」とい

う意味と「銀行」という二つの意味があること）を指し、これに対して「二重性」（duplicity）は、人を惑わし混乱させるずるさ、不実さを含意する。

＊15　ここで挙げられているいずれの例においても、意味表象が現実に生じていることや本物の価値に取って代わり、ラベル付けや呼称の方が重視されるようになるという事態が生じている。これは、先に挙げた「二重性」の作用が働く事例である。

文法の例を他から区分するもう一つの要因は、文の真実性――私の名前がライオンであるかどうか――が文の文法的正しさとは全く無関係であるということだ。その真実性は、われわれにとってはどうでもよいことである。しかし他の事例では、〔文の真実性と、文法規則としての真実性という〕真実に関わる意味の二つの階層の間に連関がある。その区分は、文法の例においてはきわめてはっきりとしているので、混乱が生じる余地はない。その例がもつ価値は、われわれが文の機能を取り違いかねない様子を包み隠さず表に出し、ゆえに混乱が生じるかもしれない箇所を表に出していることにある。

そうであるとすれば、第二次の意味体系の作用は必ずしも不健全な状態を意味するわけではない。例えば、宗教に関するウィトゲンシュタインの言明をめぐるW・D・ハドソンの記述によれば、異なる語り方の間の緊張関係は、言説の意味と価値に内在的なものとして理解される（Hudson, 1975）。この焦点の当て方を示すものは、天国だと考えられていたものを初めて撮影した宇宙探査用ロケットについての特ダネを報じる、日曜版大衆紙の最近の見出しであるかもしれない。巨大な写真に写る星と雲の最中に、列柱を備えた入り口が確かに認められた、というものである。これに対するわれわれの反応は、どのようなものになるのだろうか。それは、天国についての概念は空間の中や人間が設計する道具によって発見できたりするような、場所についての概念ではないというものであろう。こうして、科学的探究の言語は宗教の言語と混同されていることがわかる。

同様に、ウィトゲンシュタインの議論によれば、子羊はライオンと和解し平和が訪れるであろうとか、処女降誕はあったとか、最後の審判が下るであろうといった命題の厳然たる証拠を求める人は、肝心なことを見落としている。これらの言明は宗教的実践や態度においては馴染み深いものである。それを経験的に実証可能な真理要求という観点から分析することは、言語ゲームを理解し損なうことである。これは、宗教的言語では何でもありだと言っているわけではなく、宗教的な信念に同意することはある特定の連関を受け入れることだと言っているのである。宗教的言語は事実確認的であるというよりも、むしろ行為拘束的なのである。

にもかかわらずこの宗教的言語は、報告や予測に関わるより日常的な命題的言語と実際に類似性をもつ。宗教的言語についてのこの誤解は、テレビの連続ドラマに出てくる登場人物が実在の人物であると信じる場合の間違いとは異なる。事実、ウィトゲンシュタインの詳細な記述がもつ力は、真理要求の観点から——新聞の見出しに関わるような仕方で——その問いかけをたんに笑い飛ばしてしまうなら、理解できないであろう。宗教的言語は、報告や予測の言語に似ている場合もあれば似ていない場合もある。類似性の限界は必ずしも明瞭ではないかもしれない。しかしながら重要な点は、二つの言説の形式には部分的な重なりがある——例えば、戦闘地での攻撃や防御に関する言語と、そうした言語の（派生であると一般的に認められる）チェスでの使用には部分的な重なりがある——ということ以上のものである。宗教的言語の説明の力は、二つの意味体系の間の緊張に関わっている。こうした場の中にこそ、宗教における言語の典型的な誤用は見いだされるのである（'Lecture on Ethics', p. 9）[*16]。このタイプの言説の背後にある動機づけと緊張関係の探究は、語りうることの限界と、宗教においてこうした限界に対抗し語りつくせぬものを語ろうとする傾向——ゆえに、そのようにして語を発することには逆説が満ちているということ——に結びついている。宗教的言語についてのウィトゲンシュタインの記述は、この傾向を公然と非難してはいない——それどころか誤解に抗してそれを擁護するのである。

＊16 ウィトゲンシュタイン「倫理学講話」『ウィトゲンシュタインとウィーン学団 他』［ウィトゲンシュタイン全集第五巻］黒崎宏、杖下隆英訳（大修館書店、一九七六年、三九〇頁）参照。

以上のことは、二つの意味体系の間にある緊張関係の重要性という点で、本節の議論に関連性をもつ。とりわけ第二次の体系——宗教の言語、カリキュラム設計の言語、バルトの「今日の神話」の例——が、ある意味において第一次の体系に依存したり寄生している場合はそうである。

これまで考察してきた語法の背後にある動機づけは、ある場合には明白であるし、そうでない場合もあるる。また、ある場合は善意に満ちたものであり、そうでない場合もある。私は、教育における科学主義的使用法の内にある動機づけと、そこで神聖視されている実践の健全さに疑問を投げかけている。ウィトゲンシュタインにとっては、気まぐれな言語の使用こそが哲学における混乱の主たる原因である。私が挙げた例——壁に書かれたことばとカリキュラム設計の言語——は、教育の理論と実践におけるそのような気まぐれな使用の帰結を示すためのものである。

学校は特別な場所であり、それゆえに特別な形式の言説を育むのに何の不都合もないということに注意する必要がある。例えば、学校の報告書や学業の採点の限定された言語は特に専門化されたものである。しかしながら、特有の語り方がなされるのは、概して校庭や職員室であるということは明らかであるように思われる。そこには制度の階層的関係にふさわしい独特の語り方というものがあるだろうし、ある態度の表明も期待されるであろう。また、ある特定の話題はタブーであろう。もちろん他の生活領域でもこれに匹敵する制約が生じるかもしれない。ここまで述べてきたことは、こうした特有の語り方に必ずしも異議を唱えるものではない。しかしながら、とりわけある実践が特定の目的をもった教育ビジネスの中で決定されている場合は、そのような言語がその実践にとってどれほど必要で望ましいものであるのか、そしてどれほど十分に理解されているのかと問うことはできよう。答えが否である場合には、ここでの説明に基づいて、そうした〔特有の語り方で用いられる〕言語について問う必要がある。

多くの点で、われわれの理解のもつれは、とりわけ教育において生じるということは驚くには値しない。このことを論証するために、これまで論じてこなかったもつれの一側面を擁護するバルトの議論に戻ることにしたい。これまで焦点を当ててきた分析は、言語の常軌を逸した使用と思われるもの、すなわち神話的な次元についてであった。ここからは、真正な（非神話的）言語によって理解されるべきものについて問うていく必要がある。これによって教育に特有の問題が明るみに出されることになろう。

第3節　行動する言語

3・1　行動する言語

バルトの詳細な記述によれば、真正な言語とは行動する言語である。こうして農夫と木こりは、彼らが用い、作用を及ぼしている対象について語るのであり、彼らの言語は製作の秩序に組み入れられる。農夫が「いい天気だ」と言う時、彼の発言は家畜の世話をするという行動に組み込まれている。それによって彼は、例えばどこに家畜を放牧するかについての決定を下す。他方で、都市の通勤者が朝、電車の中で隣人に同じ発言をする時、文は神話へと引き込まれる。その発言はおそらく世界における彼らの行動に何ら直接的関わりをもたないであろう。それはメタ言語なのである――そしてこの場合、社交的言語使用の形式をとる。この例は、真正な言語が古びて退廃していく可能性を示している。こうした事態が生じる時、真正な言語は世界を固定する手段となるかもしれない。行動領域から切り離されて、言語は過剰になり、現実を既存の概念に括り付けようとする傾向をもつようになり、たえず本質に向かって動く。そうした言語は、世界を顕現させる言語の動きを制限してしまう。農夫の発する語は、天候や家畜の世話について彼が抱いている不安感というコンテクストにおいて意味をもつ。通勤者の発する語は、考えを位置づけたり配置したりするコンテクストで意味をもつ。すなわちそれは、便利な雑談のためにあらかじめ梱包されたことばの使用なのである。通勤者の言語はそれ自体で、前章（第二章小節4・4）で触れた真正性の思想からかけ離れており、農夫の言語はそれに近い。アレントによる中世の市場の記述は、発話共同体の真正性を技への従事に結びつける。同様にハイデガーは、本来的な日常性の可能性というものが、世界を意識的に眺望せず世界に没頭することに深く関わるのだと示唆している。世界に対する観察的立場は、通常の作業に従事している時には失われる。（人間生活の真正性に関するこうした主張の含意は、以下に続く二つの章で探究される。）

真正な言語と労働、技、作業の間の連関は明らかであるが、この連関が何を生み出すことになるかについてはさらに問う必要がある。また、どうやってこれを行うべきかについてもよくわからないところがある。したがって、これらを一層明らかにするためには、バルトを超える必要がある。ここでの一つの戦略は、日常的言説の複雑さを単純化し、真正な言語の最低限の本質を明るみに出すことである。そこで今度は、その内において労働が必須であるような架空の原始的言語の一例を探究することにしよう。

3・2　ウィトゲンシュタインの建築者

そのような言語の範例は、ウィトゲンシュタインの建築者に見られるであろう。ここでは、教示を与えたり材料を注文したりする時だけ最低限の語彙を用いて語が発せられる。バルトがそのような限定的な言語を念頭に置いていないことは明らかであり、私がどのように彼の考えを理解するかについては以下で詳述していくことにしよう。まずは、建築者の言語の可能性を考慮することによって問題を明らかにする必要がある。その目的は、真正な言語が含まねばならないものを決定する手がかりを与えることである。

ウィトゲンシュタインは、〔『哲学探究』の〕初めの段階でアウグスティヌス的な直示的定義の説明を批判し、建築者の言語を導入した。それは、用語の意味とは言語におけるそれらの使用であるということを論証する一つの試みである。直示的定義が可能な場合は限られており、意味と使用のより根源的な連関によって初めて可能になる。よって直示的定義に最初から依拠した言語はありえない。（言語を用いることなしに）直示的定義に依拠することによって言語を（誰かに）教えることはできないのである。

ウィトゲンシュタインの批判は、直示的定義論を十分に断罪するものであるが、建築者の言語の立場については疑問が残る。そのような言語は独立して存在しうるのであろうか。

別の箇所でウィトゲンシュタインは、言語を生活形式に関連づけて、言語は判断における一致を前提にすると述べている。生活形式という概念は複雑なものである。そこには根源的に社会が絡んでいる。生活形式は社会生活全体と同一の広がりをもつものではないだろう。むしろ構成員が共に生活している一つの、ないしはいくつかの仕方を構成するものであろう。その概念の真髄に一層近いものは、例えば、より洗練された文化的実践や文明の産物であるよりも、むしろ共有された生理的な欲求であるように思われる。よって建築者の言語は建築の慣習に関連しており、今度はそれが家に住むことの実践に関わることになる。

これらが生活形式の様相なのである。さらに建築の実践はある標準——例えば、建物が風雨に耐える能力など——を前提としている。要するに実践は、人間の住まいに関連するある特定の価値への言及なしには意味をなさないのであり、これらの価値は生活形式に埋め込まれ、部分的にそれを構成している。

実に、価値は判断における一致を前提とし、これなくして建築の公的制度は存在しえないのである。しかしながら、このことは一致を表明するための言語の必要性を示してはいない、と主張されるかもしれない。実際のところ、一致は言語の前提条件であるため、言語が作用し始める以前に、何らかの仕方で社会の構成員によって知覚されていなければならない。（ここで「以前に」の意味が論理的であると同時に時間的なものであるかどうかは、おそらくその通りなのであろうが、明らかではない。）こうした理由で建築者の言語は価値の明瞭化を迂回し——いかに限定的な意味であろうとも——道具的な語彙のみを採用しているように思われる。そこでは価値の共有は見られない。

直示的定義論の誤謬と、建築者の言語のありえなさは、共に類似例によって例証できるだろう。「板石」、「梁石」、「台石」、「柱石」の代わりに、マイクロコンピューターのキーボードの「コマンド」上にある単語からなる言語を想像してみよう。明らかにこれらの技術的単語は、それらが言及する操作の観点から使われ理解されることになる。板石を持ち上げる労働者のように、コンピューターは与えられた命令に応答し、適切な操作を実行するであろう。しかし、コンピューターの操作が人間の存在に関わる（他の）諸々の次元への言及なしには理解不可能であることは、建築者の操作の場合よりも一層はっきりとしている。建築者のことばがコンピューターのコマンドと同じように機能していることは容易にわかる。建築者はロボットと同じであるということになる。

コンピューターのきわめて複雑な実践は、命令の言語よりずっと複雑な言語を前提としていることは明らかである。建築の実践についても同様の指摘が可能なのだろうか。もし可能なら、このより包括的な言語はどのようなものでなければならないのか。

第一の問いは、コンピューターに関する同様の問いほど簡単に対処することはできない。まず初めに、より包括的な言語は不必要であると仮定してみよう。これによって、指示的／事実的言明のみならず、賛否を示す発言も除外される。前者を抜きにして、相対的に高度な計画を必要とする建築のように複雑なできごとがいかに生じるのかを理解することは難しい。そして後者を抜きにして、このように共同して建築を行う動因の出所を見極めることは難しい。要するに、住まいについての何らかの概念なしに、建物を計画することはできないのである。また風雨に対する嫌悪を共有させてくれる言語なしに、住まいの概念をもつことはできない。

もちろん鳥、ミツバチ、ビーバーは、すべて建築活動に従事しており、時には高度なレベルの協力作業を行っている、という異議が申し立てられるかもしれない。こうした活動がウィトゲンシュタインの建築者の活動に匹敵するものであるとみなされるなら、これらの動物は建築者の言語に匹敵する言語をもっていると言わねばならないか、さもなければ、動物も建築者も現実の言語をもっていないと言わなければならないだろう。後者の可能性——ロボットとしての建築者という考えの一種の延長——が一層もっともらしいのは、動物の建築手段がその複雑さにもかかわらず、人間の慣習としての建築の本質的特徴である計画というものを持ち合わせていないように思われるからだ。この計画という要素はまさに、ウィトゲンシュタインが彼の最低限の言語に付与する用語そのものの日常的意味に含意されている。「台石」、「板石」、「柱石」、「梁石」は、ある建物の中での互いの関係という観点から理解される。そうであるなら、ウィトゲンシュタインの例は、あたかも以下のことを同時に求めているかのようである。一方で彼は最低限の語彙しか求めず、そこではことばがその使用においてのみ示される。他方で彼は、その複雑さゆえに、動物が用いる道具としての音とは区分されるようなことばを使用することを求める。しかし言語はあまりに貧弱な状態にあるので、これらのことばの機能は、その馴染み深い役割の一端でしかない。確かに、建築者が物を摑んだり運んだり命令を出したり応答したりする様子が記述されている。しかし彼らは、例えば、先週運んだ板石に言及したりはしないし、注文された柱石が仕事に十分な強度をもっているかどうかを問うたりもしない。こうしたより大きな役割をもたないため、建築者の言語の「板石」は、われわれ自身の言語の「板石」と同じものではないのである。

しかし、これではなおも寛容すぎるかもしれない。そもそも建築者は命令を出し応答している、と言いうるのだろうか。通常ある人が命令される時には、多様な方法で応答することができる。例えば、協力しないと決めることができるし、命令を繰り返すよう求めることができるし、命令を伝え、覚え、行うように頼まれたことを記述することができる。このことは、命令が語り方のネットワークの内に位置づけられている有様を示している。これとは対照的に、建築者が使用する「命令」は、コンピューターのコマンドの単語と同様に、われわれの日常的命令とは異なっている。建築者がロボット以上の何かであると考えるには、ウィトゲンシュタインが認めている以上に多くの言語を彼らに与える必要がある。

このことは、言語ゲームの概念と建築者の例が、意図されない限界を突きつけられているかもしれない危険があることを示している。特に、ウィトゲンシュタインが言語ゲームを自己充足的なものとして捉えていると考えることは間違いであろう。このことは数学——自己充足的という肩書きには最良の候補——に関する彼の立場に一番はっきりと示されている。そこでは数学もまた生活形式から生じるものとして捉えられている。しかし真正な言語の本質的特徴を明るみに出すために、こうした限界を探ってみる価値はある。

さらにラッシュ・リースも、「ウィトゲンシュタインの建築者」の中で同様に批判している（Rhees, 1970）。ある意味で彼の論文は、ゲームとの類似性を価値あるものとみなしつつも、その限度を示すことに関わるものである。リチャード・ザッカーは、リースが建築者の例になお多くを期待しすぎていると論じている（Zucker, 1988）。ザッカーは、その部族は時に認められる以上に想定可能なものであり、その記述に真実味があるような社会を描写するものであると主張する。彼は、ある種の住まいを建てる必要があるという特例付きではあるが、協力的な努力を必要とせずにあらゆる部族の要求が満たされるような、多かれ少なかれ理想的な場所を構想する。建築に必要な資材はすでに準備され、手元にあると想定される。ゆえに、労働が相互に調整される必要があるところでは、最低限の言語が作動する。これは建築資材の類型名を示す言語記号からなる。このコミュニケーション言語は、建築実践の外では見受けられない。建築に従事する人々は、建築以外の生活の他の側面において、反応や欲求を、語るというよりもむしろ示している。こうした理由から、建築言語はコミュニケーションの全体系とみなすことができる、と彼は主張する。

ザッカーの主張とは逆に、以上のことは、ここで行っている説明の観点から見ると妥当ではないように思われる。ザッカーの目的の一つは、建築者の例を比較対象として――われわれが日常言語をより良く理解できるための物差しとして――みなすよう促すことにある。この例が提起する興味深い問いは、その全体像からどれほど多くのものが抜け落ちているかということである。このようにみなすことは、本論での諸批判の性質と合致する。

ダグラス・バーシュとジョン・ドーボロは、以上のような〔サッカーによる〕建築者の捉え方が、建築者の例を人類学的な思考実験とみなす間違いを犯しているとして批判する（Birsh and Dorbolo, 1990）。こうした間違いによって「原始的」なもの[*17]は、通常思考を覆い隠す「心的な霧」が消散し、明晰で透明な行動や反応を明るみに出す言語を指すものとして理解されてしまう（*The Blue and Brown Books*, p. 17）[*18]。建築者の言語を「完全な原始的言語」と捉えようというウィトゲンシュタインの要求に耳を傾け損なうと、われわれは問題に突き当たることになる（*Philosophical Investigations*, 2）[*19]。ウィトゲンシュタインはアウグスティヌスの説明の意味を掘り下げるためにその例を挙げており、その例がアウグスティヌスの説明にあてはまるものであることは誰も否定しない、と言うわけである。

＊17　バーシュとドーボロは、原始的なものはより単純なものを示すという考え方は間違いであり、ウィトゲンシュタインが、建築者の言語は完全言語の骨格にすぎないのではなく、それ自体で完結したものだと強調すると捉える。

＊18　ウィトゲンシュタイン『青色本・茶色本　他』、四五頁、参照。

＊19　ウィトゲンシュタイン『哲学探究』、I部、二節、一七頁／『「哲学的探求」読解』、I部、二節、三頁、参照。

しかしながらこうしたバーシュとドーボロの見解は疑問に付されるべきである[*20]。アウグスティヌスの言語像は、個別の語が対象を名づけるということを示す。このことを明らかにする活動が直示的定義である。適切な相関関係はこれを辿ることによって学べるだろう。しかし指差しと学習以上に、こうしたことばが別の方法でどのように使用されるかについては何ら示されていない。これに対して建築者のことばは実践に巻き込まれ、それによって何かを取ってきたり運んだりする命令となる。そうでなければ建築はなされないだろう。そうしたことばが命令である限り、ここで差し出される像はアウグスティヌスからの抜粋によって示されるものとは全く異なっている[1]。

＊20　著者は、ウィトゲンシュタインの建築者の例はアウグスティヌスの説明に合致しないという立場をとる。

リースはウィトゲンシュタインが用語法において一貫しておらず、言語ゲームを意味する場合に「言語」ということばを用いることがあると指摘する。このことは、ゲームとの類比における弱点に関わるものである。一連のゲームは多かれ少なかれ互いに密接に関係しており、他とはずいぶん異なるものもある。同様に、きわめて多くの言語ゲームが存在している。しかし一つの言語ゲームは一連の言語ゲームを背景として存在する。ゲームの場合は対応する背景がない。確かに別の種類の背景――人間の生活というコンテクスト――はあるだろう。このことは実際には、人間の生活というコンテクストが言語ゲームの場合に見いだされたものと同じ言語という背景であるということを意味している。この〔ゲームと言語ゲームの〕非対称性は、言語ゲームと言語との関係に特有の性質を示している。

言語がもつ一般的な特色の一つは、デリダが引用可能性（Derrida and Searl, 1977）と呼ぶものである。それは、どのようなものであろうとも語られるものは引用可能であるという特質である。引用可能性についての主張がもつ力は、ある発語が個別の語や句の例として認知されうる、という事実にいくぶんか関わっている。これは、建築者およびコンピューター双方の場合にあてはまると思われるような、ある個別の反応の引き金としての発語の機能とは異なっている。ゆえに、引用可能性によって私は自分に対して言われたことを思い出すことができ、それについて相手に語ることができるのである。

リースの説明によれば、こうして語ることは言語の主たる特徴である。それは、多くの言語ゲームは語ることを全く含まないが、語ることが本質的であるような言語という背景を前提としているという意味で、主たる特徴となる。問題となるのは、建築者の語彙の数に限りがあることではなく、作業で直接使用する以外はこれらのことばを使用しないという事実である。彼らは〝家に戻ると仕事についての話はしない。ウィトゲンシュタインは、彼らがことばを教えている様子を思い描く。ここで使われている言語がいかに限られたものであるかを考えるなら、これは妥当なことに思えるであろうか。教えること、そして教えられることには――ネリーのそばで座学することでさえも[21]――以下のものと同種の、またそのように翻訳可能な発話が深く関わっているように思われる。

　私が「板石」と言ったら、これを持ってこなければならない。（指差しを行う。）

　私が板石を持ち上げるのを見て、それから同じことを行いなさい。

（本質的なことを摑むために、比較的単純な発話のもつ相対的な複雑さは無視することにする。）通常、徒弟は首尾よくなされる行為を記述（そうでなければ特定）し、それ自体として認知することができなければならない。このように理解することには引用の次元が関わっている。何かをコンテクストの中にあるものとしてみなすことは、コンテクストから引き離されたものとして見ることができる能力を含意する。建築者の限られた言語は、この最低限の次元においてすら――もしこの可能性が認められるとするなら――現実の言語[22]とも言えるものに徐々に移行していくように思われる。もし徒弟が必要な行動に関する応答をただ身につけるだけではなく、むしろことばを学ぼうとするなら、彼らは、語が実際に発せられている時の直接的使用以外で、発せられる語の意味を理解しなければならない。ある表現を理解するということは、とりわけ原初的コンテクストからそれが引き離される可能性を理解することである。ウィトゲンシュタインが述べるように、もし徒弟が音に反応するよう条件づけられるのではなく、ことばを学ぶのだとすれば、彼らは、ここで含意されている熟練の建築者の像以上の何かを備えているように思われる。最初に示されている〔建築者の〕像がいかに限られたものであるかを考えるなら、彼らが教えられているという考えは妥当なものとは思えない。建築者はどんどん人間らしさをなくしているように見えてしまう。[*23]

＊21　すでに熟練した者の隣に座って模倣しながら労働技術を学ぶ、昔ながらの学習方法。
＊22　原語 'language proper' は、日常的な状況の中でわれわれが使用するような現実味を帯びた日常言語という意味のため、ここでは「現実の言語」と訳す。
＊23　建築者が、四つの単語だけでやりとりをしている様子は、彼らの世界の限度を示しているように思われる。

ことばを理解することには最初のコンテクストからの分離の可能性を理解することが深く関わっているという考え方は、表現と道具の有用な対比を拒絶するものではない。しかしながらその考え方は、そうした対比をどのように捉えるべきかを示してくれる。ハンマーとハンマーで打つことの関係は、「板石」と板石を持ってくること（建築現場での板石を用いた他の手続き）の関係と同じではない。「板石」の意味の一部は、この段落の中で私が板石という語をどのように使用できるかということにある。より一般的に言えば、そのことばは、未来形、過去形、否定表現、物語などの多様なコンテクストの中に見いだされるであろう。これらのコンテクストには、発語によって引き起こされるような、取ってくる（などといった）行為は存在しない。そしてこのことよって、現前の形而上学の誤謬が暴き出される。ゆえに、ハンマーを打つという行為は、もし表現と道具の類似性を見いだすことが可能なら、使用の幅に対応するものとみなされねばならない。ハンマーを使いうる仕事は多様である。しかしこの多様性がことばの応用範囲が包括する語法の複雑さに匹敵するとみなすことは難しい。事実ハンマーの使用の幅を理解することは、この範囲内で言語が果たす役割に言及することなしにはほとんど考えがたい。こうして道具という考えは、そもそも表現との類比を通して明晰にしようとした物を前提としている。ゆえにその類比は、われわれが言語を用いて行うことの多様性に注意を向けるためには価値があるが、誤って捉えられると言語の特徴的要素を曖昧にすることになるかもしれない。すなわち、ことばはコンテクストから切り離しうるという特徴的要素である。先にデリダとの関連で議論したのは、このことがもつ意味の深遠さである（第二章第3節・第4節）。そこでは、発話が機能するためには使用される記号が反復可能である必要性がある、ということが述べられた。いかなる個別のできごとからも切断される可能性が開かれていなければならない。記号は反復されるが、記号と共に生じた意図はそうではない。ハンマーは梃子として使用できるかもしれないし壁に掛かっている装飾品として使用できるかもしれないが、それはこうした反覆可能性に匹敵するものではない。つまり、ことばの柔軟性は万能道具の柔軟性と同様であるわけではなく、異なる秩序の話なのである。ことばと異なりハンマーはいつでも特定の位置をもつ。ことばの物理的性質ですら、純粋に物理的ではなく音声学的に特定可能である。

この論理は最終的な結論ではなかろう。建築者によって前提とされる概念構造が言語の明瞭化なしに存在することは、なおも可能だと思われるかもしれない。例えばザッカーの共同体のように、概念が実践の非言語的記憶に存在するような場合にこれがあてはまるだろう。あるいは、暗黙知の一部として概念は存在するのかもしれない。しかしいずれの可能性についての主張も、現在行っているのと同じ問いの形式に曝される。すなわち、こうした形式のうちのいずれかが、より包括的な言語とは独立して存在しうるのか、という問いである。もしここでの論理が最終的な結論でなければ、独立して存在する可能性は、かなり妥当性を欠くことになる。

ここから導き出されるのは、（ウィトゲンシュタインがそれを不確かだと思うかどうかにかかわらず）建築者の言語を包括するより大きな言語が前提とされるということである。そうであるなら、建築者の言語が可能になるために、このより包括的な言語は何を備えていなければならないのであろうか。この問いは、真正な言語についてのいかなる考えにも取り入れられなければならないある種の複雑さについての理解へと、われわれを導いてくれる。前述したように、建築という人間的慣習とそれが計画に依存していることに関わる相対的な複雑さを考えるなら、命令的であると同時に直説法的な発語が必要となるだろう。もちろん、われわれが直説法を用いて行うことはきわめて多様である。世界については、指示的／事実的言明と同時に、価値判断を表現し共有する何らかの方法が存在するだろう。前者は計画の過程において一層明白であろうし、後者は目的（例えば、住まい）の表現と形成において明白であろう。（これに加えてさらに願望や恐怖を表現する必要があるということは、これらの動詞の叙法がまだ十分なものではないことを意味するのかもしれない。）

この観点から見るなら、真正な言語とは「行動する」ものであるという考えは、再吟味する必要がある。もし建築者の言語が、明らかに専門的でない別の言語を前提とするものとして示されるなら、真正なものと専門的なものを同一視することはできなくなる。今や建築者の言語がもつこの専門的な装いは、明らかに派生的な特質をもつものとして考えられることになる。ゆえに、建築者の言語を「行動する」言語にとっての十分なパラダイムとしてみなすことは拒絶しなければならない。そうすることによって、「行動する」言語についての理論は、表層的で破壊的な解釈から救出されるであろう。代わりに、より狭隘な専門的言語によって前提とされる指示的／事実的言語と表現的／価値的／意欲的言語は、「行動する」言語の一部とみなされなければならないのである。使用の概念は幅広いものである。

もちろん、これらの言語のうちで——論理的かつ時間的意味において——優位であると通常考えられるものは、前者である。しかしここで行っている議論は、それが逆であるという見解へと向かう。先に、建築者はほとんどロボットと変わらないということを述べた。彼らの言語は、叙法として命令的であり、それ自体「行動する」言語の有望な一例として理解される。しかし、そうした建築者の像は説得力を欠くものであることが示された。もし彼らに一連の事実的言明の能力を与えるなら複雑さはおおいに増すが、彼らを人間だとみなすには、依然として何かが著しく欠如しているように思われる。板石が重すぎる時の罵詈雑言や、台石が皆うまくはまって作業が完了した時の満足感の表現などが欠けているのである。そしてこうしたものは、言語の実生活にとっての瑣末なお飾りなのではない。そのような感情表現は、共有される判断が公に承認される原点である。より強硬に言うなら、感情はそのように明瞭化されることで発見される。感情は、言語による指示を待ち受けてすでにそこにあるのではなく、表現を通じて到来するのである（第二章小節4・1参照）。確かにそのような表現の多くは、何かに対する反応を示すという意味で生来受け身的なものであるが、「行動する」言語の源泉なのである。言語は今や、世界において作用するものであるというよりむしろ、世界を構成するものとなる。そのようにして立ち現れる概念なくして、指示的／事実的言語と命令的言語の多くは意味をなさないだろう。建築の企てに必須な目的の共有は、ここに起源をもつ。仮にも独立して作用しうる言語があるとすれば、それはこうした表現から構成されることになる。

ウィトゲンシュタインの建築者を離れる前に、通常は提起されることがない一つの問いを投げかけねばならない。なぜウィトゲンシュタインは原始的言語の可能性を例証するものとして、とりわけ建築を使用するのであろうか。

3・3　建てること、住むこと

ウィトゲンシュタインは、アウグスティヌスの想定を試すための手段として原始的言語を発案している。

建築の言語ゲームは、特別な理由のために選ばれているようには思われない。ひょっとして彼は、すでに挙げている「五つの赤いリンゴ」の買い物の例を敷衍しているのかもしれない。しかしながら選びうる実践には限界がある。高度の自律性——他の実践への必要な言及なしに想像できるもの——を備えた実践が必要である。ゆえに、その実践は単純な社会に起源をもつ必要があるだろう。妥当性を保つために、それは人間の実践として容易に認知されるようなものであり、よって様々な社会に共通のものである必要があるだろう。この点でリンゴの買い物はあまりに洗練されすぎているように思われる。考えうる他の実践——例えば狩猟——は、人間に独自のものである程度が低い。これに対して建築は、より人間に特有の活動なのである。(2)

私は、建築者の言語の不可能性を示そうとしてきた。そこで今度は、ウィトゲンシュタインがテストケースとみなすものが建築であるという事実から何かが導き出されるのか、そして、言語と建築の間に何か深いつながりがあるのかを問う必要がある。重要なのはウィトゲンシュタインの意図ではなく、なぜ建築がふさわしい例であるように思われるかの理由である。これは、「行動する」言語という考えについてさらに理解しようとする試みである。

『知恵、情報、驚嘆』の中でメアリー・ミッジリーは、デカルト以来、哲学において建築の比喩が力を振るってきたことを指摘する (Midgley, 1989)。(この点を詳述しながら、彼女は、建築、スラム街一掃、計画すること、住むことについて述べている。) 概して彼女は、その比喩を自らが反対しようとする知識観および言語観に結びつける。そうした考え方は、近代主義の都市計画者に見られる破壊的熱狂という観点から捉えられている。そして建築家としてのウィトゲンシュタインの作品の近代主義的厳格さに言及し、*24 これを『論理哲学論考』における彼の思想に関連づける。しかし別の箇所では、旧市街としての言語のイメージを擁護し引用している。

＊24　小学校教員退職後、ウィトゲンシュタインは実姉マルガレーテ・ストンボロウ＝ウィトゲンシュタインの依頼を受け、建築家パウル・エンゲルマンと共に彼女の住居の建築に着手する。この建築は一九二八年十一月十日に完成し、ウィーンのクントマンガッセ一九番地に現存するが、現在はブルガリア大使館文化局の建物として使用されており、内装については大幅な改造が施されている〔バーナード・レイトナー『ウィトゲンシュタインの建築』磯崎新訳（青土社、一九九六年）参照〕。

ハイデガーの著書でも、建築という概念は特に言語との関係で際立つものである。これについてミッジリーが何も述べていないのは驚くべきことと言えよう。この中で建築の比喩は、建てることと思考することに共通の起源という意味によって、少なくともそれらが人間の実存にとって根源的であるという意味によって、置き換えられている。このことがもつ説得力と効力は、ハイデガーがドイツ語の *'bauen'*（建てる／耕す／造る）に見いだす豊かさと幅が英語の用語に欠けているために、容易に覆い隠されてしまう。他方でステーテンは、*'wohnen'*（住む）と *'gewohnlichen'*（慣れ親しむ）の間の連関についても指摘している（Staten, 1985, pp. 76–77）。こうして、『哲学探究』一三二節に出てくる後者の単語にエリザベス・アンスコムがあてた「日常的」（'ordinary'）という訳語は、住むという考えに結びつけられることになる。

論文「建てる　住む　思考する」（'Building Dwelling Thinking'）においてハイデガーは、表題の最初の二つの単語の語源をかなり重視しており、二つの概念には必然的な連関があると主張している。そういうわけで、「「言語が建てる／耕す／造る（*bauen*）」という語において語るものに耳を傾けるなら、われわれは以下の三つのことを聴き取ることになる。一、建てることは本来、住むことである。二、住むこととは、死すべき者たちが地上にあるその仕方である。三、住むこととしての建てることは、自ら展開して、育む、すなわち世話をすることとしての建てることと、および建物を築き上げることとしての建てることとなる」（*Basic Writings*, p. 326）＊25。第三の点から、農場と庭の手入れをすることが、ここでの建てることという捉え方に組み込まれていることに留意すべきである。ハイデガーは、彼が念頭に置いているのはある特定の種類の建てることである、ということを明らかにしている。つまり、彼は技術革新の時代に特徴的なタイプの建築について語っているのではない。例えば丘の斜面がとりたてて特徴のない家屋で覆われていたり、市街が無名のグリッド図に従って企画されていたりするような――近代主義の遺産としての破壊的熱狂を象徴するような――建築についてではなく、場所の感覚を表現し家屋が故郷とみなされるような別のタイプの建築について語っているのである。この区分には明らかに難しさもあるが、生き生きとした区分であり続けている。それは、われわれが建築について議論する際に言及する区分である。

＊25　ハイデガー「建てる　住む　思考する」『ハイデガー　生誕一二〇年　危機の時代の思索者』［KAWADE道の手帖］大宮勘一郎訳（河出書房新社、二〇〇九年、一三二頁）参照。

建てることとは、ある位置がもつ諸々の可能性を実現することである。ハイデガーの例では、橋が構築されると、それは両脇の土手を画定し、川の地点を特定し、川と土地と空をまとめる。建てることが実現することのとりまとめによって、その場所で住むことが可能になる。建てることの内には、住むことが存している。

これだけでは、ハイデガーが探っている連関の一端にしか触れたことにならないが、それについては次章で取り上げることにする。今このことを提起しているのは、この建てることの内に、創出すること、すなわち可能性の実現が存することを指摘するためである。ギリシャ語の‘*techne*’は、‘*tikto*’と結びついて、創出という概念を含み込んでいる。ハイデガーによればこのことは、近代技術の中で覆い隠されている意味を示すものである。またポイエーシス（*poiesis*）にも見いだされるように、この創出は言語による創造性の真髄でもある。前章（第二章小節４・４）では、テクネー（*techne*）における、職人の活動や技能と精神の創造物の結びつきが、技と言語の双方に見いだされる創出の密接な関係を指し示すものであると述べた。技による創出は、言語による創出と重なっている。

技としての建築は、人間の生活において特別な――実に本質的な――位置を占めているということを付け加えておく必要がある。このことは二つの点においてあてはまる。第一に、住まいの根本的な必要性である。第二に、ある場所を故郷とみなす必要性である。このことは再び次章で展開されることになる。もしこの認識が、建てることにおいて言語が果たす必然的な役割と結合されるなら、「行動する」言語という考え方は一層はっきりする。ここに現れる像は、人間の根源的な世界内存在に浸透している言語像であり、そこで言語は、観察と熟視という観点からではなく、活動的な関与として捉えられる。建てることは、ハイデガーの解説する住むことという考えに関わる場合、その全き重要性において「行動する」言語を要約するものである。

以上のことがらについての重要な付記であるが、建てることと言語の関係を比喩の関係として考えることは間違いである。建てることは、「行動する」言語の一例である。われわれの（建築に関わらない）言語もまた、世界を建てるのである。建てるという実践は、本質的に言語に関わる。人間生活において根本的な重要性をもつという点で、建てることはこの種の言語の好例となる。

3・4　発話の領域

真正な言語という概念には、さらに二つの次元がある。第一のものは再びハイデガーに関連し、第二のものはマルクスの方により密接に関わる。

バルトは「対象を語る」ことができる言語について書くが、ハイデガーは言語が「世界を語る」と述べる。トラークルによる詩は、例えば、夕暮れ、家、敷居を呼び出す。神話的言語は、バルトによって発話の過剰に結びつけられる。逆に、もしハイデガーが正しいのであれば、これらのことばは過剰から出現するのではない。むしろことばは、感情が明瞭にされ、公にされ、共有されるような原初的な点に触れるのである。おそらく著者が真正であるのは、書くことを通じて世界に働きかけ、それについての理解を進め広げ、それ自体を明るみに出すことによってであろう。そのような著者は、アレントが発話の領域と呼ぶものに参与している。この領域の条件たる必然性からの自由は、過剰ではなく、その内で人間が人間として在り、世界が世界として在りうるような状況そのものである。そのような発話は、公的な場所に存在し、人間の共同体に依拠する。それはたんなる思想の交換ではなく、思想が育ちうる土壌であろう。成長を強調することで、ハイデガー、アレント、バルトの言語理論は、論理を言語の理想的構造とみなす言語観に真っ向から対立する。真正な言語は、論理に特有な同語反復的性質をもたない。それは説明しつくすことができないようなものなのである。

農夫の言語の真正性をめぐってこれらの思想家たちの間に差異があるとしても、彼らは、真正ではない著述家に対する非難という点では歩み寄るだろう。真正ではない著述家は——政治的な意味でと言ってよいかもしれないが、より重要な点としては、われわれの世界の見方を混乱させないという意味で——現状を受け入れる。真正ではない著述家の言語は、思想が配列し直され交換される発話の過剰の中で機能するのであり、そこで語られるものは同語反復的な特質を帯びる。

このようなことはおそらく、ハムレットが直面する行動の問題から捉えることができる。彼は独白の中できわめてはっきりと、自分自身が同じ問題を繰り返し反芻しながら何も行わないことに気づく。第二幕第二場で、彼がポロニウスになす謎めいた返答、「ことばだ、ことば、ことば」[*26]は、彼が自分の状況を過度に言語化しているという認識の高まりを示唆している。そこから抜け出ることは、必ずしも物理的行動をとることではない。それは王を咎めることであり、真正な仕方で言語を使用することである。

＊26 シェイクスピア『ハムレット』福田恆存訳（新潮社、一九六七年、六三頁）／野島秀勝訳（岩波書店、二〇〇二年、一〇八頁）参照。

われわれは、トラークルの詩の例がもつ、あからさまに美的な性質に不当に惑わされるべきでない。先に挙げた農夫と木こりの例は、バルトの著作の中で、近代的飛行機の機械工、操縦士、乗客の例によって補完される。同様に、新しくかつ説明的な理論を提示することによって自らの主題の前進を遂げる科学者は、トラークルのように根本的なやり方で世界に働きかけているとみなされねばならない。そして農夫の場合を見ればわかるように、成功はさほど劇的なものである必要はない。職人は一般にこうしたやり方で、言語と共に力を発揮するのであろう。

アレントもまた、同様の主張をしている。それは、職人が働き製品を売る中世の市場を、真正な発話が繁栄しうる広場として引き合いに出す場合である。もちろんこの例は、関与しているという感覚もなく、おそらくほとんど技能も使わないような作業に従事している工場労働者の無駄話と対比されることになる。仕事と言語の調和は、言語の過剰と好対照をなす。工場労働者の言語の貧困さは、マルクスの疎外理論に明らかに関連している。

しかしながら、バルトの説明に含まれるより政治的な次元は、アレントの場合とはかなり異なった仕方でマルクスに関わるものである。ここでは、マルクスの著作それ自体が好例とみなされなければならない。

マルクスの著作が、変化せよという命令を出すものであることは多少なりとも明らかである。（ここにおいてそれらは、例えばトラークルの詩と対照されうる。）しかし、その著作の革命的な重要性が「左翼」として馴化される時、真正性は失われ、政治的目的は特定の思想の植えつけを通じて抑圧される。ここでは、（カール・マルクスやチェ・ゲバラの顔をのせたTシャツがわかりやすく表わしているように）書かれるものそれ自体が神話化されるのである。政治的次元は狭義の党派政治的意味では解釈できないということを理解する必要がある。ここで問題となっているのは、概して世界を変えることに関わり、特に権力の配分を修正することに関わる言語の次元であろう。

3・5　他動詞性

こうしてバルトは、木こりの言語を政治的なものとみなす。この言語は木に対して他動詞的に働き、木こりは「対象に働きかける」。これとは対照的に、漫然と話す人は、いわば木に関して話す。木は、使用可能な状態にあるイメージとなる。

木こりの現実的な言語活動に対して、私が創り出すのは第二次の言語活動、メタ言語である。その中で私が働きかけるのは、事物ではなくその名称であるが、これは第一次の言語活動において、行為にとっての身振りにあたるものである。この第二次の言語活動は、完全に神話的ではないが、神話が開設される場所そのものである。なぜなら、神話が作用を及ぼすことができるのは、第一次の言語活動の媒介を受けた事物だけだからである（Bartes, 1983, p. 135）。*27

マルクスの著作は、緻密かつ冗長、また高度に理論的なものでありながら、それでいて「行動する」言語の明らかな例とみなされる。政治的なものであることによって、神話的なものであることから逃れているのである。それが現実と他動詞的な関係をもっているという考えはおそらく、その著書が二〇世紀の生活にもたらした多大な効果によって実証されるであろう。[3] しかしながら、ハイデガーの見解について論じてきたことと折り合いをつけようとする場合、真正な言語という考えはマルクスに見られるような広範かつ明らかに政治的な含意から引き離されなければならない。ここで生じるのが、バルトはトラークルの詩をどのように理解するのだろうか、という疑問である。

＊27 バルト「今日における神話」『現代社会の神話 一九五七』、三六五頁、参照。

別の著作を見た場合に明らかになるのは、バルトが幾人かの詩人や小説家について言語を真正に用いているとみなしていることである。作者（*écrivains*）と著述家（*écrivants*）という区分――ヒーニーによる女性的執筆様式と男性的執筆様式の間の区分と何らかの点で共通するもの――がここで関連性をもつ。[4] これについて簡潔に探究してみることで、彼が提示する言語観を詳細に論じるための手がかりを得ることができるであろう。

'*écrivain*' すなわち作者にとって、書かれたものはそれ自体目的である。

作者は文学を目的とみなし、世界はそれを手段として彼に返す。そして、まさにこの際限なき結論のなさのうちに作者は世界を再発見するのであるが、とはいえそれは奇妙な世界に違いない。というのも文学は世界を一つの問いとして表象するからであり、決定的な形で、一つの返答として世界を表象することは決してないからである（ibid., p. 187）。[＊28]

他方、*'écrivant'* すなわち著述家にとって、「言語活動は、コミュニケーションの道具、「思考」の伝達手段という性質を取り戻す」(ibid., p. 189)[*29]。「彼は自分の作品の曖昧さに終止符を打ち、ある取り消し不可能な説明（自分が平凡な一教師たることを望んだとしても）を確立しているとみなす」(ibid., p. 190)[*30]。作者にとって言語は行動（action）であり、著述家にとっては活動（activity）である。とりわけこの点で、トラークルの詩が真正な言語を構成する可能性が明らかにされる。文学では——例えば政治的声明とは異なって——われわれは世界を変えるようには設計されていない言語をもつように思われる。バルトはこのパラドクスに気づいている。

作者とは、世界に関するなぜを、いかに書くかのうちに完全に吸収してしまう人のことである。そして奇跡的なのは、もしこう言ってよければ、この自己愛的な活動が、たえず世界への問いかけを引き起こすということである。作者はいかに書くかのうちに閉じこもりながら、最後には、ことさらに解決不能な問いを再発見する。すなわち、何のための世界なのか、物の意味とは何かという問いである(ibid., p. 187)[*31]。

文学は、一見すると自動詞的で、根底のところでは同語反復的活動ですらあるが、世界に問いかけることができる。そして曖昧さを導入することができ、沈黙を生み出すことすらできる。それは自己言及的で閉ざされているように思われるかもしれないが、真の閉鎖状態とは、著述家の言語が曖昧さを解消し、説明を取り消し不可能なものにすることなのである。

＊28　ロラン・バルト『批評をめぐる試み　一九六四』［ロラン・バルト著作集5］吉村和明訳（みすず書房、二〇〇

五年、二二二頁）参照。

＊29　同、二二四頁、参照。

＊30　同、二二四―二二五頁、参照。

＊31　同、二二二頁、参照。

この区分は、前章で提示した、指示としての言語と表現としての言語の間の区分に関係している。ここで強調されるべきことは、作者が「世界についての問いかけ」を挑発すると言いうるような様子である。バルトがここで念頭に置いていることが正確に何であるかは、完全に明らかではない。その考えの肥沃さは、可能性が開かれていることに関わっている。これには創造的な部分もあろう。なぜなら、世界をそれについてのわれわれの語り方から切り離すことはできないからである。そうでない場合を想定することは、論理的に不可能であるとさえ言っても差し支えないかもしれない。純粋に表象的な言語はそれ自体、自らが記述することを意図した世界の一部であろう。行為の拒絶としての自殺がすでに行為であるように、世界と切り離されたものとしての言語という主張は、少なくとも一歩出遅れているのである。[*32] 空回りしている――宙を空転している――言語は、世界に悪影響を与える。しかしこの弱体化の効果に抗して、バルトの表現に含意される他動詞性は、何か新しいものの発動を示唆している。さらに、われわれの語り方とその世界への関係には何か非決定的なものがあることをも示唆している。それは、その適切さを定めるさらなる標準に関連づけられないという意味で、非決定的なのである。その価値は、使用を通じて見極められねばならない。そして、使用はある意味で自らのコンテクストを創造するであろう。

＊32　言語はすでに世界の一部であるということを意味する。

第4節　言語と真正性

本章では、今日、ある特定のタイプの神話が作動する仕方を暴き出し、それが主にいかなる仕方で教育の言語を悩ませているのかに焦点を当ててきた。私はこの問題を際立たせるために、神話特有の現れ方に注意を傾けてきた。カリキュラム立案の言語に対する非難は、教育の内外において——例えば、経営理論と訓練などにおいて——別の形をとって現れる過剰な言語と戦うための方策を示唆する。ここで分析される神話の構造は、科学主義的なものに限定されず、例えば広告に見られるような、自意識的で誠実さに欠けた詩的言語にも見いだされるかもしれない。この連関は、われわれがいたるところで自らの状況を映し出すイメージに直面させられるという事態に関係している。以上のような理由で、ここで分析されたように神話の力はおおいに高められてきたのである。

終節では、このような類いの神話の支配に対抗する真正な言語の位置づけについて考察していく。その考察に基づき、こうしたことがらへの気づきを通じて善を志向する教育を可能にするような方法について、何らかの示唆を与えたいと思う。

4・1　神話の支配

まずは神話的言語が支配的な文化の内で、真正な言語に何が生じているのかを問う必要がある。バルトはおそらく、それが風変わりなものとして扱われると答えるであろう。こうして二つの言語は共に馴化されて、生活の周縁部へと追いやられる。ここにおいて、さもなくば真正な言語が突き付けたはずの挑戦を防ぐためのワクチンが接種される。このことは、本章で先に指摘した点に関連している。そこでは、リベラルな批判はヒドラの頭に剣を突き付けるようなものであると述べた。これに対して洗練されたカリキュラム設計の言語は、あからさまな対立を示すことはなく、むしろ批判には十分耳を傾けているということをほのめかす。私の考えるところ、この〔洗練の過程に見られる〕変化は表面的なものであり、実のところ問題を一層手に負えないものにしている。哲学はどこかしら恩着せがましく、奇妙で不可解な（風変わりな）営みとみなされ、それが行うごくわずかな批判のみが受け入れられる。こうして、全面攻撃に備えて体系にワクチンが接種される。[*33] 下働きをする者は完全雇用の職員である必要はないが、折に触れてその奉仕を「買い付ける」ことは得策だとみなされるのである。[*34]

＊33　脅威や他者が突き付ける挑戦が行使する力を骨抜きなものにしてしまう作業の比喩である。
＊34　「下働きをする者」とは哲学を、「完全雇用の職員」は科学や社会学の比喩である。

この批判は特に、現在（教育で、さらに付け加えるなら生活一般で）きわめて影響力をもつ芸術の見方に関連がある。この見方に従えば、芸術は装飾的で周縁的なものとみなされることになる。実際のところ芸術には、喜びや娯楽を超えるより深いレベルに注意を向ける力があり、きわめて生き生きと個人的・社会的関心の問題を提起することもある。しかしこのことさえもが軽視されることになる。物理学や数学、あるいは、限定的な職業的意義をもつ「硬派の」科目に比べて、芸術は「軟派」であるとみなされる。アラン・シンプソンは、こうした見方の比較的洗練された姿を捉え、教育科学省による行為遂行評価に関する議事録の中の「美的発達」（同文書の三頁、3・2段落）を引用する。

芸術経験は何も学ぶところがないたんなる快楽や娯楽に関わることがらではない。このことは美的なものと芸術的なものの間の決定的な違いを示しており、主として芸術に専念するという本グループの決定にとって最も重要な理由のうちの一つである。（芸術の社会全般に対する貢献の過少評価は、広範に渡り深刻なものであるが、しばしばその根底にはきわめてありふれた誤解がある。）芸術に関わることによって、自己自身について学ぶ能力を広げ深めることができ、生活のほぼあらゆる側面とわれわれを取り巻く世界についての感受性や洞察を増すことができるのである（Simpson, 1985, p. 276）。

ここには、教育において芸術を支持しようという意図があるにもかかわらず、その価値についての限定的な捉え方が差し出されている。つまりそれは、快楽に関わることがらであるか、そうでなければ、芸術に無関係なものに関わるかのどちらかでしかないのである。芸術をこのようにみなす傾向があるため、芸術品とそこで取り入れられた批判的手法は共に、しばしば骨抜きにされる。こうして、風変わりな捉え方は自己完結する。ワクチンが功を奏したのである。

しかしながら、真正な言語が概して風変わりなものとして追いやられるという考えは、バルトが真正であるとみなすものに関して新たな問いを提起する。真正なものを風変わりなものとして扱うことがもっともらしく思えるのは、これが（形式的な意味での）芸術やマルクス主義の教義といった比較的明確に定義された領域で適用され、とりわけそれらが例外的なものとして表象される場合である。けれども、明らかに木こりの例の主旨は、日常的な人間の実践の中で真正性の概念を確保することにある。このことは、アレントが繰り返し工作人に言及することによってもたらされる機能の一つでもあるように思われる。木こりや飛行機の操縦士が行うことは、日常的な状況では珍しいものではない。また、彼らが行っているのは、政治的急進者の言語のように、変化せよという命令を出すことでもない。これらの例の背後には、言語がその内で日常的に真正でありうるような生活観があるように思われる。風変わりなものへと追放されることによって、芸術と日常生活に潜在する真正性との間の連続性は分断される。そのような可能性に抗する形で、「今日における神話」、『人間の条件』、そしてハイデガーの後期の論文における現代文化に対する批判はなされている。

しかしながら、ここには重要性をもつと考えられる別の要因がある。つまり、強調点がとりわけ創造的次元に置かれるかもしれないということである。このことは余剰生産が人間に特有のものであるという考えに結びつくであろう。余剰生産は、職人にとって技の中で発揮される創造性を通じて実現されるものであろう。他者によって定義される作業を実行する工場労働者は、自らの創造性が否定され、組み立てラインの生産品において自分自身のものではない余剰生産が実現されることに気づくであろう。そのような見方をするなら、真正性に関して主張してきた点は、特に言語に関連するというよりも、むしろ社会組織の方に関連するとみなされることになる。こうして、言語に特有な批判力は失われることになる。このような見方とは対照的に、本論では真正なものが例外的な状況と同様に日常的な状況でも生じるものとして捉えられる。したがって真正なものと神話的なものの区分は、自ら行うことを見誤る傾向性ということだけを見ても、われわれの思考がどこで誤ってしまうのかを明らかにするための方法となるのである。

こうして真正な言語の思想は、芸術が風変わりなものに還元される仕方を示す例が示唆しうる以上に、教育に対して一層幅広い関連性をもつ。神話的言語が影響力を増すための足がかりを得る五つの仕方を示すことによって、このことを説明してみよう。

第一に、使用の問題がある。もし真正な言語が使用される言語であるなら、教育制度はその出発点からして不利な立場にある。多くの点で教育は、生徒には手の届かない現実に関わらなければならない。このことは例えば、地理、歴史、社会科などにあてはまるが、科学もその例外ではない。化学の授業では、実験でさえもあくまで「教室内の実験」であり、ゆえに研究所での（真正な）実験からはかけ離れたものであるとみなされるかもしれない。

第二の要因は、第一の問題に応答しようとする試みから生じる。直接経験により一層の重要性が認められることによって、模擬実験の実習や役割演習の促進が奨励される。そのような実習は学習者をより活動的にするかもしれないが、ここでの活動はそもそも模倣される現実からかけ離れたものでしかないであろう。

第三に、英語の作文は文章を書くという豊富な実践のうちの一つを行うことにすぎず、さらにそれは人為的環境の中で行われる。想像的なストーリーや論証的なエッセイを書くといった課題は、制度的枠組みによって外界から遮断された人工的活動となるであろう。

第四に、コミュニケーションの技能に現在置かれている力点は、誤った言語観および神話的なものに支配された言語観を動かしがたいものにする。生徒は、あらかじめ決められた言語の諸形式の中から、自分の目的に合うものを選択するよう教えられる。しかしこのことは、表層的には理にかなっているとはいえ、言語の諸形式そのものから根本的に選び取ることにはならない。むしろ、言語の諸形式そのものが入手可能であることで、われわれはともかくも選択する存在となるのである。そこで支配的なモデルは、作者の言語ではなく著述家の言語である。われわれは物事を取り繕う言語を探すように奨励される。それによって、使用可能な状態にあるイメージをかき混ぜ、再配置することができるようになる。それは、外面的には明晰さをもつ。しかしながら、そうした言語の語彙を拡大したとしても、それはより詳細な分類法であるにすぎないのである。

第五の点もまた、真正な言語が馴化され、かつ生活の周縁に追いやられる仕方を示すものである。これは、少なくとも一部の学校に見られる社会的相互作用の諸側面において明白である。例えば、教室で質問をしたり、教師に問いかけたりといった慣習が挙げられよう。要するに、学校に特有の言語が存在するということである。この言語の内では、ある特定の権威関係――学校の秩序の維持――が暗黙に受け入れられ、発語の表立った機能によって馴化されるであろう。こうして神話が動きだす。これらの慣行に合致しない言語――特に、真正な言語――は風変わりなものとなるだろう。例えば、新参者が学校で流通していない用語を用いる場合などのように、嘲笑的な形態をとることもあるだろう。この嘲笑を通じて、別の物事の進め方を通じてなされていたかもしれない挑戦に対してワクチンが接種される。

この最後の点は、私の議論を権威と言語の使用域についての比較的お馴染みの議論に還元するものである、と思われてしまうかもしれない。そうしたことがないように、同様の趣旨をもつ対照的な例を挙げておきたい。そのためには、壁に書かれたことばの例に立ち戻ることが妥当である。壁の展示の作成は、学校で行われる慣習的な実践であると言ってもよかろう。この実践は、学校の建物の魅力や生徒の学業達成の重視、そして後で挙げる例に見られるように、社会的良心をもつことにとりわけ関心を抱くものとしての学校の性質について、何かを物語るであろう。パン作りについての展示に関連して、第一に、記号の使用に見られる自意識的な様子と記号を用いた特定の価値の肯定について、第二に、経験の理想化と囲い込みについて注意が促された。壁に書かれたことばによって活性化される価値の網の目は、やる気に満ちた学習者としての子ども、物作りの喜び、その企ての協同的な性質、手作りのパンの健康的な性質などに関わることになるであろう、ということが論じられた。理想化は、単純化された線画の中で、諸段階に還元された手順の表象を通じて、純粋な成功として生じるのである。そこでこのことを、無害とは言えない例に関連づけてみようと思う。

ベトナム戦争の間、教師たちがカラー印刷の雑誌に掲載された常軌を逸した戦争写真を利用するのは珍しいことではなかった。ただ意識を向上させるためだけの時もあり、戦争についての議論や創作的な作文のための刺激的な題材として用いられる時もあった。上記の諸点――第一に、記号の使用に見られる自意識的な様子と記号を用いた特定の価値の肯定に関連する点、第二に、経験の理想化と囲い込みに関連する点――がもしこの状況にあてはめられるのなら、どのような帰結が生じるのであろうか。活性化された価値は、苦しむ人々への懸念、戦争への嘆き、場合によっては、不正義の感覚に関わるものであろう。教師と生徒がこうした意味で連帯感を抱く場合もあろう。理想化は、戦争を線画の中で表象される諸段階へと還元することによって生じるのではない。一見したところ、写真は恐ろしいほど現実的である。しかし写真を見ることは現実のできごとを見ることではない。写真は、枠づけられ編集された静止画である。それは、写真やニュース記事を見るという慣習の内部で見られるものである。また、光沢のあるカラーの付録ページや、これに向けられる期待に関連することすらありうる。そして、教室の壁の上で写真は、その日に生徒が習う様々な学科の背景となるであろう。こうして、もともとの状況に対する恐怖心は抑制されることになる。写真が風変わりなものに対する好奇心という特質をもち、生徒の日常的経験に影響を及ぼさないものになる危険が生じるのである。

こうした種類の写真を教室の壁の展示というコンテクストに置くことは、それを骨抜きなものにする危険を冒すことである。もちろんこの要点については、話を一段階前に戻しても説明がつく。つまり、カラー雑誌に掲載される戦争の話も、同様に〔戦争そのものでなく〕当の雑誌自体に言及しているということである。[*35] これによって、要点はまさに強固なものとなる。どちらの場合も――教室でも雑誌でも――写真は、われわれの感覚を麻痺させかねない。どちらの場合も、真正性が欠如しているのである。

＊35　ここで原語'self-referencial'には、教室の壁に展示された戦争の写真も戦争の様子を掲載する雑誌の写真も、戦争そのものを報じるというのではなく、いかにして素晴らしい雑誌や展示を作るかということに注意が向けられているという意味で、自己言及的であるという含意がある。

使用されてきた多様な例――能力一覧表、学校案内、パン作り、教室での相互作用の言語、戦争の写真――は真正性の欠如という点で総括される。そうした多様性は、教育において流布している神話の性質を強調するために用いられている。

だが、この説明にも危険があるかもしれない。「真正性」という用語にはどの程度の意味合いが付加されているのであろうか。

4・2　真正性と現前の形而上学

前節で展開した言語の真正性に関する説明には、数々の反論をなすことができる。例えば、真正性ということばが修辞的装置として用いられている危険がある。真正性の例として持ち出されるものがいずれも賛美されている。しかし、例は多様なので、何がまさに真正であるとみなされるべきかを選別することは難しい。それらをつなぐ唯一のものは、真正性という用語が醸し出す是認の雰囲気のみとなる危険がある。もしこれが実情であるなら、その問題は、本章の主たる標的として特定された諸問題に類似したものとなる。「真正性」という語は、他の様々なコンテクストの中でも重宝がられることばであろう。例の多様性は言語の多様性という考え方を裏付けるが、このことの代価は真正性の概念の弱体化であるかもしれない。これに対しては、真正性にとってとんでもないことになる、という反応がなされるに違いない。ここで避けなければならないのは、より詳細な説明を抜きにして、真正性という概念が言語から過剰を一掃する手段であり、われわれが希求すべき標準であるという考え方を頼みとする誤謬である。さらなる説明がなければ、治療は病と似たようなものになってしまうかもしれない。

ここで行っている説明を支えている信条は、われわれが言語を用いて行うことはきわめて多様であるということである。一つの帰結として考えられるのは、真正性に過度に力点を置くことによってこのことが見落とされてしまうということである。真正性は重要性と真剣さをもつものであると考えられるが、言語の多様性はそうした考えが不当な制約を課すものであることを示す。扱った諸例の中には、ここで問題とされていることが真偽の選別といったものに帰着するという前提を助長するものも含まれており、真正性の概念をあまりに性急に応用するとそうした前提を一層強めてしまうことになる。そうなれば、真正性は、その内で真偽の二項論理が前提とされるような一種のリトマス試験紙の役割を果たすことになるだろう。これに対する反証は、本章の最初の方で行った。そこでの議論によって意味の二つの次元に注意が喚起された。第一は真理要求という観点から評価が可能なものであり、第二は本質的に一層捉えがたいものである。本章では、主として第二のものに関心を向けてきた。真理の規準を頼みとすることは、言語が多様な仕方でわれわれの生活に入り込むということを再び考慮し損なうという意味でも破綻する。いずれにせよ、こうした真理の考え方には論争の余地がある。

こうした類いの見方に対して、私は前章で出した反論を繰り返すつもりはない。しかしながら、申し立てられている誤謬の性質と、それが、われわれが言語を用いて行うことはきわめて多様であるという主張に対してもつ関連性について、ここでもう少し述べておくべきであろう。真正性が誤謬となる場合、そこには「本物」を伝達するか、そうでなければ「本物」に触れるものとしての言語に対するある信仰が生まれる。真正な言語は現前の形而上学に覆い包まれた特有の感情を伴うであろうという期待のもとで、こうした信仰が生じるのかもしれない。この現前の形而上学とは、発話の中で主体は直接的に対象を捉え、これによってわれわれは真理の権威ある規準に接近できる、という考えである。このような考え方がなされるゆえに、前章の議論はこれが形而上学的誤りであるという立場に立つ。そこ（第二章小節3・4）では、指示の想定が破壊されることによって、同時に現前の形而上学の正体も暴かれるのだと述べられた。

しかしながら、他動詞性は、現前の形而上学を超える何ものかを含意する。他動詞性という概念がもつ力は、未来へと向けられ、生きられた経験に何らかの効果をもたらす。それは必ずしも物理的効果というわけでなく、理解されるものとしての世界にもたらされる効果である。したがって、その焦点は真理よりも、むしろ使用にあてられる。これに基づくなら、木こりや他の職人の例が説得力をもつことは明白である。これらは、先に論じたような神話的傾向をもたない言語の例である。しかしこうした例に見られる考え方もまた、何ら保証されていない説明の正確さと引き換えに、日常的な言説のきわめて多くの部分を除外するように思われる。

技の例は、そもそも作者についてのある特定の捉え方と一緒に用いられた、ということを思い出してほしい。このことを通して、真正なものとして崇められているものの内に創作的なものの余地が与えられる有様が重視されるべきである。バルトによる作者の特徴づけの仕方には、作者と読者によって創作が目的それ自体とみなされる一方で、これを通じて世界が新しく見直されるという意味合いが込められている。すなわち文学は世界を問いとして――決して、究極的な答えではないものとして――表象するということである。この「永久の未決性」を通じて、創作は経験を再び活性化することができる。

創作なき世界は人間が住む世界ではなかろう。ジョージ・スタイナーは人間を言語動物と呼んでいるが、

「創作的動物」という表現を用いることもできたかもしれない。事実、言語のいかなる十全な理解も、創作を生み出すこの傾向性をいくぶんか持ち合わせるであろう。創作が現実世界の一部ではない、と信じることは誤謬であろう(5)。

創作は拡散する中で、言語によって生み出される慣習への言及なくしては人間経験の性質が理解不能であるような多様な有様と織り混ざる。一つの例を挙げれば、物語や伝説の中で共有される宮廷的な愛の理想は、西洋社会の人々の実践に明らかに見てとることのできる想定や期待という形で受け継がれている。こうした類いの想定や期待はわれわれの行為の仕方を形成する。ゆえに、これを現実世界から排除する見方は、不当に無菌化されたものとなるであろう。現実という神話が力を発揮することになるのだ。

しかしながら、事実と創作の関係それ自体こそが、まさに誤解される可能性をはらむのである。事実と創作の区分は、それ自体が表象概念に整然と収まっているように思われる。しかしながら第二章の議論は、この区分が生じるもととなるような、より創始的な言語があるということを示した。つまり、表象するよりもむしろ製作する詩的言語である。

4・3　真正性の様々な可能性

慣習的な学校教育は、とりわけ肥沃な神話の土壌を提供する現代社会の一側面である。いかにしてこの成長を阻止し、真正な言語を奨励できるのかをここで問わねばならない。

第一に、より明確な形をとる神話に対する批判的立場を奨励することができる。例えば、ヘップバーンが感情表現が関わるような「挨拶状のステレオタイプ」と呼ぶものに対して批判を向けることができるだろう。それは社会科においては、容認されている意見を問い直すこと、(例えば社会階級についての考えにおける）物象化に対して用心深くあること、安易な解決に屈しないことなどを含むであろう。他の教科でもステレオタイプ化された期待――科学の活動がどのようなものであるか、何のためにあるのかなどについての期待――を崩すことが必要であろう。これらの神話に対して警戒することにより、別の局面でも批判的反応――誤謬に対するより幅広い感受性と巧妙な操作への用心――を浸透させることができるかもしれない。

第二に批判的反応を奨励することで、生徒に対し探究の真髄にある不確実さと曖昧さを説き明かすことになるだろう。当然ながらこのことは、教師はすべての答えをもつよう期待されるのではないということ、そして、彼が授けるものは「事実」に関することがらだけではないということを意味するであろう。しかしそれはまた、教師が用いる言語と生徒に期待する言語を疑問に付すことでもあろう。教師は自信をもって語彙を使いこなす能力を超える何かを求めることになるだろうし、明晰さだけでは十分ではなくなるかもしれない。リチャード・スミスは、少年が教育実習中の教師に対して海で過ごした一日についてのわくわくした思いを記述する際に、ことばに詰まる例を挙げている。

少年：この海辺と、この海があって……それで波が大きくて……それで……

教師：それでこの海辺はどこにあったの。海の色は何色だったの。波はどれぐらい大きかったの。

ここで教師の言語は無味乾燥であるが、少年の海辺への反応は真正なものであるように感じられる。

第三に、ある特定のタイプの不確実性が生じ、問題が理解されるためには、生徒の理論把握能力が必要とされるであろう。このことは、その分野で研究する他の人々がどのように事を進め、どのような仮説を提示しているかについて学ばなければならない、ということを意味するであろう。その教科の発展に関するある考え方が教えられる必要が出てくるかもしれない。そしてそのような理論体系が手に入らない領域では、教師が仮にも何かを教えることができるのかどうかについて、きわめて注意深く問いかける必要があろう。

第四に、直接経験に重要性が認められることになるであろう。このことは、カリキュラムで美術品や遠足などが重んじられることを意味する。こうしたものは、何か別の活動をするための手段ではなかろう。言語を用いた応答や何らかの議論が経験に不可欠であることは確かであるが、例えば、美術品や遠足などが主として生徒の作文に対する刺激であるというわけではない。とりわけ美術品は、疑問文を含んだ応答が盛んに行われる機会を提供すると考えられる。ここでわれわれは、バルトが描くような、世界の謎をいくばくか暴き出す作者たちに最も近づくことになる。こうした経験に神秘を見ることで、人は美術品について余すところなく説明しようとする解釈の形式を超え出る。

しかしながら注意すべきは、直接経験の重要性は教科書の間接的経験の代わりにロールプレイの「直接経験」を用いることを望む人々に対して何ら正当な保証を与えるものでない、ということである。ロールプレイが直接的なものの装いをなすところでは、神話の土壌が新たに形成される。

第五に、教師が言語の多様な機能に注意を向ける必要が出てくるであろう。現状では科学的言語が他の言語の作り出すべき空間を乗っ取っているので、生徒をこうした他の諸言語へと導き入れることが教師の務めとなるであろう。今日の西洋文化である特定のタイプの言語が優位であることを考えるなら、これは容易に達成できるものではない。問題を摘発するには、おそらくここで行っている分析の方向に即した何かが必要とされるであろう。しかし、もしシラバスやカリキュラムに影響力と制御力をもつ人々に向けて圧力がかけられるなら、この方向へと前進することができる。つまり、シラバスやカリキュラムは、教師が科学的応答以外の仕方で対応するなら不安になるような形で設計されるべきではない、ということである。評価、認定、説明責任といった表面的な概念に関わらせようとする外在的圧力は克服する必要が生じるであろう。しかしカリキュラム立案者は、ある程度率先して事を行うことができなければならない。プラットの「人間主義者」にこれが可能かどうかは、まだこれから見極めねばならない。

カリキュラム設計の言語の力と魅力をその下部構造において吟味してきたのは、リベラルな理論家による紋切り型の批判が問題の根源に達していないからである。今やカリキュラム設計の言語は、教育の語り口の典型的な特徴となっている。それは、手早く明晰な結果を提供するという表面的な魅力をもっている。その男性的な特殊用語――目標とは、生徒が「達成する」「標的」である――は、征服と制御への欲求を示している。また、学ぶべきものに不確かな部分を残さないことによって、不確実性への恐れを隠蔽する。そして、結果を数量化し生徒を機械的なプロフィールへと還元することで、説明責任を要求する人々の悪事に加担する。知識より学習成果を、理解より能力一覧表を、そして理論より技能を重んじることで、カリキュラム設計の言語はピクウィック的な有様を具体化するよう奨励する。[*36] ある巨大な機械のピストンとシリンダーとしてピクウィックがおぼろげに思い描く株式の上がり下がりの代わりに、現代の学習者は、分断された一連の標的としての教育の見方へと誘惑される。そこにおいて、一人一人の学習者は、的の中心を射抜いてから次の段階に進むよう要求されるのである。

バルトは今日の世界における神話が生み出す疑似のピュシスと彼が呼ぶものの七つの特徴を列挙してい

*36 ピクウィックは、ディケンズの小説『ピクウィック・クラブ』に登場する人物。

る。以下、短い注釈をそれぞれにつけたものを挙げる。[*37]

（1）「ワクチン」――芸術はカリキュラムの装飾的飾りとして許容される。

（2）「歴史の剝奪」――職業に関連する新しい教科は技能を強調し、教科の内容と系譜は否定される。(6)

（3）「同一化」――知識は通約可能なものとなる。同じ尺度ですべてが測られる。馴染みないものは風変わりなものとして管理される。神秘は説明からはずされる。すべてがカリキュラム目標の共通言語に凝縮される。

（4）「同語反復」――落ち度のない包括的な説明が試みられる。探究は骨抜きにされる。事実についての究極的な記述の可能性がある。

（5）「ないない主義」（Neither-Norism）――対立項は、緊張関係でなく均衡関係に置かれる。――リベラルの立場からの妥協。

（6）「質の量化」――知性の経済。「現実的なもの」を安価で手に入れる。学校の教科の達成は「到達すればそれで十分」という考えに服従させられる。(7)

（7）「事実確認」――教育は良識的な格言に還元される。理論の単純化と大衆化を通じて、思想はスローガンになる（Barthes, 1983, pp. 140–145）。

この一覧は本章で間接的に言及してきたものであり、ここでは本章の追記として提示している。それは私が言いたかったことを超えるものであるが、本章で出された多くの例は、右記のような特徴がわれわれの思考を歪め、教育を堕落させる有様を示すものである。こうした分析は、問題の根源を明かす一助となる。

真正な言語の概念は、問題の根絶を目指すものである。

＊37　ロラン・バルト「今日における神話」『現代社会の神話　一九五七』、三七一―三七六頁、参照。

本章では、特に教育における言語の気まぐれな使用の正体を暴き出すことを試み、これを〔暫定的ではあるが〕より肯定的な真正な言語の説明に対比させることを試みてきた。これによって、第二章で行った批判がさらに押し進められ、肯定的説明が加えられた。ゆえに、第四章での人間主体の考察の基盤は固められたと言える。

本章では、〔教育に関わる〕様々な具体例を綿密に分析することによって、事態を明るみに出してきた。それによって、教育現場の一時的な特徴であらざるをえないものが前景に置かれた。こうして前章までのものとは相容れない語り方が認められることになったのである。この綿密な焦点の当て方を実行するにあたって、ある種の不快感が生じないわけにはいかない。ここにおいて、〔哲学を語る〕様式の正当さに亀裂が入れられている。[＊38] しかしながら、こうして様式の秩序を乱すことは、健康的なことであろうし、〔これまで通りにはいかないという〕断絶性を認めることは、実践的含意を分析し明らかにしていく上で払うべきわずかな代償と言えるであろう。こうした断絶の経験は、より深い次元において、テクストが必然的に応じざるをえないような他者性に開かれた状態を思い起こさせることになるかもしれない。このような認識がなければ、精巧に作り上げられた立場は化石化し神話化してしまうかもしれないが、この認識をもつことで、そうした傾向に抗することができるのである。[＊39]

＊38　慣習的な哲学の様式、ウィトゲンシュタインやハイデガー研究の学問における正当な語り方がもつとされる行儀のよさ、正当さなどが、「壁に書かれたことば」や流布する教育目標の技術的な言語など、具体的な教育実践の言語に曝されることによってかき乱されてきたことを述べている。正当さに亀裂を与えられることによって生じる不

快感は、哲学一般のみならず、著者自身にもあてはまることである。

*39　このようにして他者性に開かれることは、第七章でも論じられるように、テクストの読解がたゆみなき解釈に開かれるという、本質化に異を唱える本書の立場をも含意するものである。

（1）　アウグスティヌス的な直示的定義観により近い例は、トリュフォーの映画、『野性の少年』（*L'Enfant Sauvage*）に出てくる。棄てられた子どもが狼に育てられ、発見されて、養護施設で見世物になる。そして、彼を文明化し教育しようとする啓蒙的な医者に助けられる。言語学習の初期段階でその子どもは家の中の様々な対象をその名前に関連づけるように要求される。相関関係という考えは、黒板に吊るされた対象が名前を示し、そこで一つ一つの対象をチョークで描かれたその輪郭に合致させることができるという事実によって一層明示的になる。人類学的な見方を完璧にするには、子どもがミルクにつられて合致のゲームに協力している、ということを付け加えればよかろう。こうしてゲームは、それによって子どもが食べ物にありつけるように家政婦と協力するような、より大きくより根源的な実践の中にひと括りにされる。これらの前言語的協力の実践は言語ゲームの原型である。直示的定義はそうではない。

（2）　この点については、先に特定の動物の活動を認めたわけであるが、それでもやはり主張しておかねばならない。狩人としての人間という考えは、キツネの狩猟や原始的種族に見られる食べ物の捕獲のような実践のいずれをも含意する。前者の自意識的で冒険的な性質と、後者に見られる現代人の生活からかけ離れた性質は、狩人としての人間という概念と建築の概念の差異を示している。

（3）　しかしながらこの点は注意深く条件づける必要があるだろう。言語上明らかに神話的である広告や政治的スローガンは、しばしばめざましい効果を上げる。だが、他動詞性の概念が含意するものは明らかにこのタイプの効果ではない。扇動や広告は、他動詞的なものとは異なる仕方で応答を方向づけ制限する傾向にある。

（4）　ブレイク・モリソンがこの類似性について評している。

（5）　ステーテンの『ウィトゲンシュタインとデリダ』はデリダの『有限責任会社』の題辞で始まる。「文学、演劇、嘘、不誠実、偽善、不適切、寄生、実人生のシミュレーションといったものが、まるで実人生の一部ではないかのように!」(Staten, 1985)〔1〕。

(6) この点は様々な場面で見受けられるが、特に歴史を教えることに関する今日の議論との関連性ははっきりしている。すなわち、カリキュラムにおける歴史の位置づけと、その教科について技能中心のアプローチの流布に見受けられるのである。この場面では、第一次資料への反応や、共感が重んじられることによって、内容が削減される。

(7) ジョン・アンダーソンは同様の点を指摘している(Anderson, 1980, p. 47)。教育についての道具主義的な捉え方の流布によってまさにこのことが奨励され、彼方にあるものの重要性が否定される。

〈章末注の訳注〉

〔1〕 ジャック・デリダ『有限責任会社』高橋哲哉、増田一夫、宮崎裕助訳(法政大学出版局、二〇〇二年、題辞)/ヘンリー・ステーテン『ウィトゲンシュタインとデリダ』高橋哲哉訳(産業図書、一九八七年、題辞)。

第四章　自己を超えて

第1節　言語から言語使用者へ

言語について説明を行うことは、言語使用者——人間主体、個人、自己——について何かを述べることに等しい。本章の目的は、人間主体についての考察に焦点を移すことにある。この考察が必要なのは、言語についての説明に含まれる人間主体についての示唆が付随的なものではなく、その考え方の核心に触れるものだからである。言語についての説明が含意するものを認めることなしに、主体を正確に捉えることはできない。それを認め損なうことは、たんなる手抜かりでは済まされず、形而上学的な歪曲とも言えるものへと至ることになるのである。

言語をめぐる私の記述の中で人間主体に関する考えにとって最も明白な含意をもついくつかの特徴を、再度とりまとめておくことにする。

私の記述の主要部分は、表現主義の伝統についてのチャールズ・テイラーの分析と弁護に依拠したものであった。テイラーによれば、言語は、独特の謎を秘めるものとみなされるようになり、それは何らかの方法において戦略的重要性をもつものである。言語についての問いが生じたことは、合理性についての捉え方の変化に関連している。論理学についての近代思想は、古代ギリシャのロゴスが含意するものに比べてずっと希薄で、より硬直した概念に基づいている。そういうわけで、プラトンの語法においては、ロゴスが対話型の思考概念に関連している。ここで言語が中心的な位置を占めることは、それが啓蒙主義の合理性の中で衰退することと好対照をなす。近代においては、意味の性質について典型的な二つの理論が発展した。テイラーはこれらを、指示的なものと表現主義的なものと名づける。前者の用語は、表象、唯名論、自然の鏡としての言語といった諸思想を総括するために、本書で一貫して用いられているものであり、それによく似たものは芸術の模倣理論に見いだされる。表現主義的なものは意味の配列としての中世の世界像に含意されており、それに先立ち、世界は神の思考の表現であるという考え方があった。一般通念となったのは指示的なものである。

指示的言語理論は科学の台頭と共に発展し、中世期の記号論的見解に反旗を翻した。指示的言語理論と、例えばバークリーの観念論との間には対立が生じ、これによって新しい形而上学的な物の見方が促されることになった。双方の理論は共に、人間主体に新たな注意を向ける。指示的なものにおいて、主体は世界の対象についての与件を受容する観察者である。観念論の方では、主体は自らの観念を内省する。

この文脈でテイラーは、ヘルダーとヴィルヘルム・フォン・フンボルトの著作をロマン主義的反動の最初の証拠とみなしている。フンボルトによる織物としての言語のイメージは、全体論的な性質を示す。さらに発語の相互連関性は、われわれがある瞬間に語ることの含意を明晰に展望することは原則的には決してできない、ということを意味している。言語はいつでもわれわれが抱え込める以上のものであり、ある意味で無尽蔵である。そのイメージは、われわれの依存性を思い起こさせる。つまり、われわれが語るという可能性はまさに言語の織物を必要とするものであり、知識の限界を超えて広がるものであるということである。言語は、個人というよりもむしろ共同体の生活の中で維持されるが、織物はそれ以上のものである。ある意味で、人間はこの織物の中から構成される。新しい感じ方は表現を通じて育まれ、これによって人間は一層洗練され、力強く自覚的になっていく。感情は、表現を通じて人間的なものとなる。

テイラーは、表現主義の多様な特徴が何であるかを明らかにする。第一に、表現的な意味は、その媒体から完全に分断することができない。第二に、ある表現の意味は別の表現によってしか解明できない。第三に、こうした言語について説明する上で鍵となる芸術作品などの例は、全体として機能する。意味は原子論的であるよりも、むしろ有機的なのである。第四に、意味は不可避的に主体に関連し、物は主体に対して顕在化する。

主体とのこうした関係性は、ハイデガーの著書において中心的な意義をもつものとみなされるであろう。テイラーは、「三人組の〝H〟」（表現主義）理論において、ハイデガー（Heidegger）を、フンボルト（Humboldt）およびヘルダー（Herder）と結びつけ、さらには後期ウィトゲンシュタインとも結びつけている。ロマン主義的伝統では、言語の自律性の思想が文法の自律性についてのウィトゲンシュタインの言明と結びつけられる。後期ハイデガーの著作では、言語の自律性の思想および、人間にとっての言語の構成的な役割についての思想が特有の形で表現されている。あまねく支配的な指示説の見解では、観察対象について知る主体の内的思考を真偽命題という形で公にする能力として言語が提示されるが、ハイデガーはこれを批判する。指示説の見解によれば、思考は私的事象である。言語は、主体がそれに関わることを選択できたりできなかったりするような表現媒体であり、その機能は世界のできごとの状態を表象することである。こうした見解に対し、ハイデガーは、言語が自律的なもの――それ自体で語るもの――であり、人間に住処を授けるものであると考える。このことは、言語が人間にとって本質的であるという主張に等しい。したがって、言語による人間主体の定義は、近代の形而上学における主体性への挑戦という形をとる。

バルトの説明によれば、行動する言語としての真正な言語の思想は、人間の実践における言語に力点を置く。そういうわけで、農夫と木こりは彼らが道具として用い、作用を及ぼす対象について語るのであり、彼らの言語は製作秩序の一部である。また、関連する例において、真正な言語は明らかに政治的なものである。行動の領域の外において、言語は過剰なものになる。そうなると言語は、既存の概念の中に現実を固定しようとする傾向をもち、たえず本質へと向かって動く。この傾向によって、指示的言語理論の内実である決定性と安全性が約束される。それは、バルトの言う作者が認識しているような、依存性と神秘の否定を意味し、また世界を顕在化させる言語の働きの否定を意味している。木こりの真正な言語は、木に対して他動詞的に作用し、「対象に働きかける」。これとは対照的に、漫然と話す人にとって、木は使用可能な状態にあるイメージとなる。彼は「事物に働きかける」のではなく「事物の名称に働きかける」ようなメタ言語を使用するが、これは行為というよりも、むしろ身振りである。このメタ言語は神話の側面をもつ。この神話の分析によって、それに端を発する近代という時代の諸問題の性質が示された。これらの諸問題は、人間主体にとって潜在的な脅威である。

技と関わるアレントの発話共同体がもつ真正性は、ここでは行動する言語の記述によって描き出されている。ハイデガーの本来的な日常性の捉え方には、世界を意識的に眺望することなく世界に没頭することが深く関わる。世界に対する観察的立場は、通常の作業に従事している時には失われる。ウィトゲンシュタインによる意味の使用説の記述も、多くの実際的な活動の事例によって同様に例証されている。

ハイデガーにおいては、言語と住むことの間に特別なつながりがある。人は言語を通じて住むのである。

このことは、言語の分析が人間であるということの捉え方に影響を与えることを再び示し、住む場所、住処の意義についての問題を提起する。

テイラーは表現主義の理論における主体関係の重要性について考察しているが、この考察は、主体を考慮する必要があるという本章の議論の含意を明瞭に表わすものである。このことについては、多様な解釈方法がありうる。さらに、指示説の見解において主体関係が暗黙に想定されているということも、同様に説得力をもつ。そこで、言語に関連し近代に支配的であり続けてきた形而上学的な想定について、その像を描く必要がある。最近ではこうした類いの試みが、ロバート・C・ソロモンの『一七五〇年以降の大陸哲学——自己の台頭と失墜』(Solomon, 1988) の中でなされている。同著の前半では主としてルソー、カント、ヘーゲルについて論じられており、これについては本書でもほどなく論じることにする。しかし、まずは近代における自己の捉え方の背後にある主要人物としてのデカルトについて考察する必要があろう。

第2節　人間主体の台頭

2・1　基礎としての自己

ソロモンは、その著書において主たる出発点をルソーに据えているが、自らが探究する自己の思想の系譜がデカルト(そしてアウグスティヌス)にまで遡ることを示している。本章の議論にとってデカルトが重要なのは、彼が自己を知識の審判として同定しているからである。

これには三つの特徴がある。第一に、体系的な懐疑という戦略である。第二に、特有な領域としての心という捉え方である。これは個人の心にしか認識されえないものとして存在する状態として現れる。第三に、第一人称の立場が当然のものとみなされるようになるという、手続き上の要因がある。

ソロモンの分析に関する議論を続ける前に、以上の三点について簡潔に説明しておきたい。アレクサンドル・コイレの主張によれば、デカルトの先達であるモンテーニュも徹底した懐疑主義を追求していたが、彼の懐疑に対する関係はデカルトのものとは異なっていた。モンテーニュは懐疑の虜になっていたのである。これに対しデカルトにとって、懐疑は確実な知識の確かな基礎を確立するための道具であった。デカルトは最終的に懐疑に対して勝利を収め、この勝利の結果、人間主観を導き出す。さらにコギトを通じて表明される確実性は数学的推論の確実性と結びつき、心の合理的な因果的連鎖に対する確信を形成する。経験的な証拠は、こうした連鎖との関係の中でのみ評価されるのであり、理論はこの心の一次性質に立ち戻ることによって繰り返し立証されるであろう。このことは、必然的に懐疑に開かれた文化的伝統の差し出す証拠と、ひいては社会的世界からたびたび離れ、文化的・社会的意見を個人の心の確実性を通じて保証しようとすることを含意する。そしてこの自己が、より大きな認識論的企てにとっての基礎となる。心の一次性質に対する信仰と、カントによる心の範疇の超越論的性質についての捉え方との間にある緊密な関係については、以下で触れる。

デカルトの自己は、身体とは異なり、それ以上何ものにも分割不可能で完全な実体である。身体は分断され、物質の他の諸部分と結合される。デカルトは、自己の分割不可能性と完全性の中に、魂の不滅の証拠があると信じた。神によって終結させられない限り、自己は死後も継続するであろう。このような信念が近代という時代を通じて生き残っていようがいまいが、分割不可能性と完全性という思想は影響力をもち続けているように思われる。通俗心理学は、「自分探し」や「本当の私」、自分自身を偽らないこと、統合性といった考えに満ちあふれている。そこには、真実の自己は不可侵であるという感覚がある。こうして、私が「本当に」考えていることは、世界についての私の判断を保証するものとなるであろう。そして心身二元論がこの遺産のもう一つの特徴となる。心が属する身体という人間像は、ライルらによる破壊の試みにもかかわらず、日常的な西洋的思考の中では強力な地位を確保し続けている。

コギトによって、問題の形成と議論における第一人称の立場が強められる。もちろんここでの「私」の役割は疑問に付されてきた。（実のところ、この「私」の役割に異議が唱えられる時にのみ、デカルトの記述には、そうでない時には不要な「自我」が現れる。）ラッセルらは、デカルトには「思考は存在する」と述べる資格は与えられていても、「私」を挿入する資格は与えられていないと主張する（Kenny, 1968, chapter 3）。ピーター・ギーチは、ここで「私」がいかに奇妙な使われ方をしているかを指摘している。というのも、「私」の通常の役割は、「あなた」などと対比されるものであり、話者の身体的な容貌や世界における行為者性と関連するものであるからだ（ibid.）。こうしてデカルトは、この用語の意味にとって中心的なものを次第に変化させる。

最近ではメアリー・ミッジリーが、デカルトの基礎づけ主義の遺産は、知性に関わることがらのみならずスラム街の一掃といった精神的態度にも見られると主張し、これを近代世界の一特徴として同定している。彼女によればデカルト的モデルは、

情動的、想像的、道徳的、実際的な、多くのより幅広い個人的態度から生まれたものであり、これらを補強した。それは世界像に関わるものであった。この示唆が不正なものであるという考えや、そのような理論的問いは完全に非人格的なものであるという考えによって、こうした関連は排除されるであろう。しかしそうした考えそれ自体が、今や綿密に吟味されているデカルト的パラダイムの一部で

あり、身体および一連の感情とは偶発的な関わりしかもたない、孤立した知性としての自己という概念に関わるものである（Midgley, 1989, p. 137）。

これは、区分化の傾向が、先述した二元論とまったく同じであることを指摘するものである。ミッジリーは続けて、それが教育に及ぼす効果、例えば、ラッセルが行動主義的な教育理論に魅惑され、その影響を受けた事例などについて批評する。（そのような基盤に立って彼は、小さな子どもが一人ぼっちで怖がっても親の助けを求めないような訓練を提唱する。子どもは、身体的におかしなことでもない限り、助けを求める十分な理由をもちえないからである。ミッジリーは、こうした考え方について、赤ん坊が生まれながらに孤立した存在である場合にのみ意味をなす概念であると主張する。）

アンソニー・ケニー（Kenny, 1968）は、コギトによって典型的な二つの解釈が生み出されたと主張する。ヨーロッパの哲学者の間ではコギトを意識経験の直接与件とみなす傾向がある。英米系の伝統では、コギトは発語の自己生成的な特性であり、これが鍵とみなされる。二つの伝統においてこの思想がもつ力については、ハイデガーに至るまでは十分に取り組まれていなかった。（事実、彼は自らの標的がプラトン以来の形而上学を網羅するものであると主張することがある。）

デカルト的思考の二元論的特徴への抵抗は、ハイデガーの見解でも同様に明らかである。けれども彼の著書について考慮する前に、主観的立場をさらに発展させた何人かの主要人物について考察しておこう。まずはソロモンの分析から始めることにする。

2・2　ソロモンによる自己の分析

ソロモンの著書に対する妥当な批判は、彼が「自己」、「個人」、「主体」、「魂」といった用語を不明瞭に用いていることに向けられる。それらの諸概念の間の境界を定義しようとする試みはなく、個別の用語の意味は様々な著者についての分析の中で変動する。ある意味でこれは驚くことではない。これらの用語は文献の中で多様な形で用いられており、これらの概念がまさに論議の的となっているからである。だが理論の壮大さゆえに、様相は一層複雑なものとなる。著書の冒頭で彼は述べる。

したがってこの議論の主題は、常軌を逸した自己概念の台頭と失墜である。問題となる自己は日常的な自己ではなく、個人的な人格でもなく、一九世紀初期の多くの英雄的な、あるいは英雄気取りの登場人物の一人ですらない。近代ヨーロッパ哲学の花形となる自己は、超越論的自己、あるいは超越論的自我であり、その性質と野心は前例がないほどに傲慢で、横柄なほどに宇宙論的で、そしてその結果、神秘的である。超越論的自己は非時間的で普遍的な自己であった。そして、地球を取り巻き歴史を横断する形で、一人一人の中に存在した。これは、個別の特性からは区分される、共有された自己であった。控えめで日常的な用語を用いるなら、それは「人間性」と呼ばれた。大げさな非日常的な学術用語を用いるなら、超越論的自己は「神」、「絶対的自己」、「世界精神」に匹敵するものであった。一八〇五年頃までに、自己はもはや敵対する世界に他者と共に対峙する個別の人間ではなく、包括的なものとなっていた。世界の地位、そして神の地位ですらも、問題をはらむものではあったが、たんに人間の実存の様相にすぎないものとなった（Solomon, 1988, p. 4）。

ソロモンの主張はとっぴなものかもしれないが、提唱されている形而上学的な想定を展開する上で、彼が一種の分析を提示していることは明らかである。

ソロモンの議論の中で際立つものは、近代の世紀におけるヨーロッパの自己中心性の感覚である。この感覚は、文化的な植民地化が正しいものであるという推定に表れている。また人間中心主義的な見解によっても特色づけられている。

この見解の中心にある自己の捉え方は、ソロモンによって、「超越論的仮面」として特徴づけられている。この捉え方は、人間性についてある特定の捉え方が当然視され、いかなる文化的偏差や環境の偶発性をも超えるものとみなされるという点で超越論的である。また、無垢さと分別の雰囲気を漂わせているという意味では仮面である。それは、問いを超える存在として仮面をかぶり、所与として暗黙のうちに受け入れられる。そして、自己の正当性を取り込み、理解を制約し、人間の多様性を否定するものとなっている。

ソロモンの議論は、啓蒙主義における若返り、批判、実験の精神に言及しつつ展開する。ソロモンはとりわけ、合理性と人間主義への信仰に注意を向ける。こうして世界は、同じものであり続ける人間性に根ざした人間の向上心によって決定され形成される。人間性は、固有の合理性によって特色づけられる自然の一部であるとみなされる。当然のことながら、その向上心を支配するものは幸福の追求であり、幸福の追求は信仰のみならず計画を通じて実現可能なものとなる。

ソロモンは、こうした背景のもとで、とりわけ一七五〇年から一八〇〇年までの間に、人間であるとはどういうことかについて、彼が言うところの非日常的な捉え方が発展したことを明らかにする。ここでの主要人物は、ルソーとカントである。（さらに、ヒュームの懐疑主義と、彼が情念の奴隷としての理性という思想において感情の重要性を認めていることに対しても、ひと通り言及がなされている。実のところ、ソロモンの記述はイギリスの哲学者にも簡単にあてはめることができるので、自己について彼が論じる総括的主題に対して〔『一七五〇年以降の大陸哲学』という〕書名で的を絞る必要はない。後述するように、ミルについての私自身の批評はこのことを証明する。）

ソロモンは超越論的仮面の二つの特徴を強調する。第一に、自己には内なる豊かさがある。これは、ルソーの内省に由来する主要な貢献である。しかしながらルソーが彼自身の内に発見したものは、個人の魂としての精神ではなく、むしろ人類の本質的精神のようなものであった。

第二に、人の心の主観的構造から生み出される権利についての前提がある。この考えはカントによって最も強力に展開される。カントによる悟性の捉え方においては、こうした構造が中心的であるゆえに、（このように超越論的方法で捉えられるものとしての）自己が哲学の全主題となるように思われることもしばしばである。もはや、この自己を世界の中の一存在にすぎないとみなすことはできない。ある意味で、それは世界の創造者である。神と世界は人間の存在の諸相となる。

しかし、こうした捉え方は誇張の危険を犯すものである。よく使われる二つの類比によって、バランスのとれた見方をすることができる。第一は、漁師と網についての考えである。網には一インチの穴がいくつかあり、漁師は海をのぞくこともできないし、網の構造を見ることもできない。そして、海には一インチより小さい魚は存在しないという結論を下す。漁師の網は、それを通してわれわれが世界を経験する範疇（知性の構造）のようなものである。例えば、直観によってわれわれは時間と空間の形式を与えられる。悟性によって実体と因果性の形式が与えられる。海の生命の本性、そして全体像は、永遠に漁師から隠されている。「物自体としての世界」（ヌーメノン的世界）は、われわれから隠されている。われわれが知りうるもの、語りうるものは、「知性によって知られるものとしての世界」（フェノメノン的世界）である。

言い換えるなら、フェノメノン的世界は、われわれが差し出される何ものかの産物であり、知性のア・プリオリな条件の産物である。もう一つの類比は、与えうる答えの種類は決定するが、内容については決定しないような広大な空欄の書式である。内容は、われわれから独立した何かから生じる。

このようによりバランスのとれた見方をしてもなお、とてつもない重要性を帯びた自己の捉え方が生じることになる。すなわち、普遍的な自己である。自分自身の心をのぞき込んで自分が反省する有様を見ることによって、人はありとあらゆる可能な自己の構造を発見する。誰でもどこでも同じであり、これからもずっとそうであろう。この普遍主義が合理性への信仰と結合することで、個人の自律性を重んじる強力なテーゼへと至る。すなわち、自由を与えられれば個人は正しい結論を導き出すことができる、というテーゼである。

ソロモンは、フィヒテの作品の中で自己がさらに拡大すると主張する。そこでは、物自体という悪名高き問題が、たんに否定されることによって超克される。人間の知覚世界を超えてはいかなる世界も存在しないし、心が知りえないものは存在しない。自己の包括的性質はシラーにおいても感じ取ることができる。そこでは、カントの分断された自己に対抗し、有機的統合の潜在的可能性が強調される。

ソロモンによれば、これらの思想の遺産は、シェリングの「世界精神」の理念を経由して、ヘーゲルの著書で完全に結実するに至る。この中心にあるのは、人間が自由となるべく運命づけられていることに関する目的論的見解である。この運命は、個人のものではなく、人類全体のものである。歴史を通じた弁証法的過程の成就は、この自己についての拡大された捉え方によって部分的に定義される。自己——心あるいは精神——は、ある程度この変化の産物であるが、自己の未来の発展を生じさせる作用因でもある。ほとんど隷属状態にあった古代ペルシャの個人に続いて、古代ギリシャの個人が登場する。その個人にとって都市国家に対する忠誠は疑いの余地がないが、都市国家への参加は自由の保証を伴うものである。すなわち、理性に依拠した国家への経路には、それに先行する段階が取り入れられ、理解され、取り替えられながら、自己が漸進的に実現されていくことが深く関わっている。こうして達成される自由は、たんに好き勝手にする自由ではない。ヘーゲルもそのような自由には目もくれなかった。絶対的な自由意志は、共同体の生活に有機的に関わる個人としての全人という理念を神聖なものとして保存するであろう。それによって、自然的充足と自由な良心の双方が調和されることになる。

個人と人類（あるいは「世界精神」）の関係が曖昧であることは明らかである。ピーター・シンガーは、教訓的とも言えるF・H・ブラッドリーの一節を引用している。

子どもは生活世界の中へと生まれてくる。子どもは自分の自己が分離するなどとは考えもしない。子どもの身体は世界と共に成長し、子どもの心はおのずと満たされ、秩序づけられる。そして、子どもが自分をこの世界から分離するようになる時、自分自身が世界から離れていることを知る時、自らの自己意識の対象である子どもの自己は、他者の存在によって影響され、感化され、特徴づけられるようになっている。その内容はあらゆる性質の中に共同体の関係を含む。……子どもの中の魂は、普遍的生活に浸され、満たされ、資格を与えられ……それと同一のものになる。そして、もし子どもがこれに反抗しようというのならば、子どもは自分自身に反抗することになる（Singer, 1983, p. 34）。[*1]

他者の存在の浸透と感化は、ヘーゲルの主人と奴隷の寓話に関係する。（これについては、次章で簡単に論じる。）ここでの主旨は、承認の必要性は人間性の中枢を占めるものである、ということである。

＊1　ピーター・シンガー『ヘーゲル入門――精神の冒険』島崎隆訳（青木書店、一九九五年、七七―七八頁）参照。

承認の必要性を根拠として依存を受け入れることは、西洋思想の大半において支配的であった原子論的な自己の捉え方――デカルトとミルに見られるもの――からの重要な離反である。他方で、もしソロモンが正しいのであれば、この拡大された自己概念――フィヒテ、ヘーゲル、ブラッドリーのもの――の主張はきわめて広範囲に及ぶものであるので、その形而上学的帰結は一層深淵なものとなる。ソロモンが述べていることに関しては、彼の専門用語の散漫さゆえに、明晰さをめぐる問題が残る。ソロモンが記述する自己は様々に変化し、そのいくつかにおいて自己という用語は日常的な使用から乖離していく。個性概念から人間の存在が共通にもつ共同的特徴へと、重大な変移が生じる。「自己意識」などの複合表現でその用語が使用されることは、ここで意味されるものの非人格的性質を示す。しかしその用法は、これが'Geist'（精神／心／霊）という語の様々な翻訳と結びつけられ同一視すらされる場合には、技巧的なものとなる。著書の後半で、ソロモンはこうした諸思想の展開と、それらに対する反応の展開を、哲学者の著書の中に幅広く探っている。この試みは諸思想の広範囲にわたる帰結を示すことには成功しているが、帰結が拡散していることで、ソロモンが告げようとする話の統合性と正確さは損なわれている。

ソロモンが論じていないヘーゲルの『精神現象学』の中の重要な思想は、観察と呼ばれる理性の発展段階である（Hegel, 1910, Chapter 5）。観察は経験与件の集積によって特徴づけられ、それによって世界の事物が同定され範疇化される。この与件に基づき、普遍的言明が形成される。しかし、事物はそれに特徴を与えるマークによって同定される。すなわち、その事物を他の諸々のタイプの事物から分離し、その結果、経験されるものが事物全体であるよりもむしろそのマークとなるような、そうした特徴によってである。そして特徴を与えるマークに焦点化する結果、事物の大半の部分は隠されたままとなる。事物は類型の一例として同定される。これには、後ほど言及するように、合理的－断定的なものの思想とどこか共通する部分がある。

ソロモンの著書に照らして、近代思想の他の諸側面を考察し、その中で自己について特徴的な捉え方の正体を明らかにする必要があろう。最初に、原子論的な自己の思想について考えてみよう。

2・3　J・S・ミルにおける自己

分子の場合とは異なり、原子の本質的特色は、多様で異なる実体に組み込まれているにもかかわらず保存される。化学では原子が根本単位である。こうしたことは、少なくとも〔原子という〕専門用語を本章での議論の目的にとって役に立つものにする要因である。このようにして捉えられる自己は、人格の本質的核のようなものであり、社会的状況から切り離して根源的な修正を加えずに再配置することができる。このような思考様式は、個人としての人格という考え方が最も重視されることや、自立に付与される価値において明らかである。この思考様式は、有機的に社会に関連する人格の思想とは相容れない。また、前章までの言語の記述から明らかになった主体の捉え方とも相容れない。私は、この捉え方が近代西洋社会に支配的であったと主張しているのだが、ただしこのことを経験的証拠によって裏付けるつもりはない。

ソロモンの総括的主題は、イギリスの伝統における哲学者たちにも同様にあてはまる。『自由論』（Mill, 1972）の中で、ミルは特に個性について論じている。彼の目的は、個人を、個人に課されている社会的制約の合法性と望ましさに関連づけて考えることである。彼は、人間主体の概念について直接に取り組みはしないが、彼の言明には、ある特定の仮説が明白に見受けられる。これらの仮説は、〔同書の〕中心的で表立った関心事である諸思想に内在的に関連している。以下の抜粋は、その好例である。

自分の生活の計画を〔自ら選ばず〕、世間や自分の属する世間の人たちに選んでもらう者は、猿のような物真似の能力以外に、いかなる能力をも必要としない。自分の計画を自ら選択する者こそ、彼のすべての能力を活用するのである。彼は、見るためには観察力を、予知するためには推理力と判断力を、決断を下すに必要な材料を集めるためには活動力を、決断を下すためには識別力を使用し、またひとたび決断を下した場合には、その考え抜いた決断を固守するために毅然たる性格と自制心とを用いなくてはならない。そして、彼が彼自身の判断と感情とに従って決定する行為の部分が大きくなればなるほど、彼はこれらの能力を必要とし、またそれを実際に働かせるようになるのである。彼がこれらの能力のいずれかを欠いていても、正しい道に導かれ、有害な道に踏みこまずにすむということはありうる。しかし、他と比べられる人間として彼の価値はいかなるものであろうか。人が何をなすかということのみでなく、それをなす人がいかなる種類の人間であるかということもまた、実に重要である。(ibid., p. 117)[*2]。

ここでの最初の文章には、もしある人が自らの生活の計画を選ばなければ、その人は猿のような状態にある、ということが含意されている。つまりその人は、人間主体にとって本質的なものを欠いているのである。崇められている精神の特質の中には、ヘーゲルが観察する理性として記述する様相にあてはまるものもあるが、他方で、賞賛される徳には、理由づけられた原則を断固として遵守することが深く関わっている。これらの特質は実践の中で育まれ、その実践は個人に認められる社会的制約からの自由に依拠している。自由が削減されるのは、個人的偏向の行使によって他者の自由が侵害される場合のみである。そうでなければ、個人は木が生長するように成長することを認められ、この成長は社会の豊かさに貢献するとみなされる。

＊2　J・S・ミル『自由論』塩尻公明、木村健康訳（岩波書店、一九七一年、一一九―一二〇頁）／山岡洋一訳（光文社、二〇〇六年、一三二―一三三頁）参照。

こうした見方は、数々の問いを投げかける――判断と合理的原則の性質について、人間の成長と木の生長の関係について、そして社会の善についてである。本章での議論に最も関連性があるのは、個人は孤立した行為者であり、社会の中でのその位置づけがあたかも偶発的なことがらであるかのように動く者であるという想定である。ミルは諸個人の間の社会契約に基づくホッブズの社会像をはっきりと拒絶するが、にもかかわらず、彼が「慣習」に対して概ね否定的な役割しか認めていないということは、個人がほぼその社会から独立しているということを示唆する。それはあたかも、個人が自分自身を社会と対決するものとみなしているかのようである。もし幸運であれば、個人は社会が自らを大きく制約しないということ、自分自身の目的を自由に追求できるということを発見するであろう。そしてこうした目的は、その社会から独立して生み出されたのかもしれないということである。

そのような見方が、これまでの章で見えてきた個人と社会の関係についての記述と相容れないということは明らかである。例えばそれは、人間の主体性を決定する上での言語の重要性や、言語にとっての社会の重要性を見落としている。ここでその見方を引き合いに出したのは、おおかたリベラリズムと同定されるような、現在流布している思考の有力な出所の所在を突き止めるためである。（このことについての重要な留保条件は、以下に続く章で明らかにする。）

こうして近代主義において人間主体についての想定が台頭したわけであるが、同時代の思考がもつ背景には別の側面がある。これに基づき、サルトルにおける自己を考察することにしよう。

第3節　孤立した人間主体

3・1　近代主義の見解

近代主義の主たる特徴は、伝統からの逸脱、非歴史性、非人格性、そして個人の無根拠な孤立性という捉え方であると言われている。『近代主義のイデオロギー』(*The Ideology of Modernism*)の中で、ルカーチはハイデガーの哲学をその動きの中心付近に位置づける。

私は、「現存在への被投性」(*Geworfenheit ins Dasein*)という、ハイデガーによる人間の実存についての記述に読者の注意を引きつけざるをえない。個人の存在論的孤立性を、これ以上生々しく喚起するものは想像しがたいだろう。人は「現存在に投げ出されて」いる。このことは、人がその性質上、自分自身の外部の物や人物との関係を確立することができないということのみならず、人間の実存の起源と目標を理論的に決定することは不可能であるということも含意する。

このように捉えられるなら、人は非歴史的存在である……この歴史の否定は、近代主義文学において二つの形式をとる。第一に、英雄は、彼自身の経験の限界の内に厳密に制限される。彼にとって――そして明らかに彼の創造者にとって――彼自身の自己を超えるところに、彼に働きかけ、彼によって働きかけられるようなあらかじめ現存する実在はない。第二に、英雄自身は個人史をもたないわけではない。彼は「世界に投げ出されて」いる。無意味に、不可解に。彼は世界との接触を通じて発達するのではない。それを形成したりそれによって形成されるのでもない。この文学における唯一の「発達」は、人間の条件を漸進的に明るみに出すことである。今ある人は、これまでずっとそうであったものであり、これからもずっとそうあり続けるであろうものだ。吟味する主体としての語り手は、動きの中にある。吟味される実在は、静止している（in Lodge, 1972, pp. 476–477）。

このハイデガー解釈は、深刻な欠点をもつものであり、このことはハイデガーの思想について本書の別の箇所で探究する過程で明らかにされることになる。その解釈がここでの議論の目的にとって価値をもつのは、二〇世紀においてきわめて影響力をもつ思潮の正体を明らかにしていることにある。人間の状況についてのそのような見解の提示がサルトルの『嘔吐』（*Nausea*）やカミュの『異邦人』（*The Outsider*）などの小説に広く影響を与え、コリン・ウィルソンの『アウトサイダー』（*The Outsider*）のような作品で探究され、またビート世代の自由奔放な英雄たちに見られることは、その影響力を証言するものである。

3・2　現象学

人間主体の分析のための、より系統的で洗練された手法は、現象学的伝統に身を置く著者たちの主たる関心事である。世界についての知識はいつでも根源的に人間の主観性という観点を中心に捉えられる知識である——テイラーの第四の主眼点、すなわち、意味は不可避的に主体に関連するという点（第二章第4節）——という認識と共に、重要な一歩は踏み出される。ヘーゲルが観察する理性と呼ぶものの影響力の急速な展開と、科学と技術の重要性の増加——両者は共に人間の主観性という根本的要素を無視している——を認識することによって、現象学的伝統に身を置く著者たちは、この主観性の本質に関連する問いに直接焦点を当てるようになった。そのような問いは、さらなる探究にとって必要であると感じられた。これらの著者たち、あるいは彼らの作品が大衆化したことは、今世紀に広く影響力をもつようになっている。ここでの説明の見地に立つなら、世界についての知識がいつでも根源的に人間の主観性という観点から捉えられる知識であるという考えは、観察する理性の是認からの決定的な離反を表明するものである。

しかしながら、別の点で、現象学的伝統もまた方向性を見失う。その主たる徳は最大の欠点に転じてしまうのである。すなわち、主観本位の知識の捉え方に向かい、社会的世界の根源的重要性を否定するようになってしまうのである。主観－客観関係の分析において、主観の極へと力点が移動することによって、関係性が一つの多様性（manifold）であるという現実が見失われる。ある意味において、現象学は、デカルトに端を発する主観本位のアプローチの頂点とみなすことができる。また、人間主体の捉え方を新しい関心の段階へともっていく側面もある。確かに現象学はフランス実存主義を介して、先述したビート世代の運動のような、二〇世紀のいくつかのより大衆的な運動における主体性にとって、重要な基盤を提供している。しかしながら、これらの運動が広く影響力を及ぼす一方で、これまでの章で示してきたように、現象学が前進するための基礎作業は、二〇世紀初めにハイデガーとウィトゲンシュタインの研究によってなされていたのである。これを基礎にして、より建設的な説明を今提供することも可能であろう。しかしその問題を詳細に論じる上で、まずサルトルの見解を吟味しておくことが助けとなるだろう。

3・3　サルトル

実存主義の著者たちの間では、人間主体が未来に対してもつ関係に多大な注意が払われてきた。サルトルにとってこの関係を特色づけるものは、個人の「対自」（*Pour-soi*）という実存である。人間主体は、自らの本質を確定するために、永遠に自分自身を創造しつつ、死に至るまで未来に依拠し、ある意味ではそれに運命づけられている。選択は誠実に生きられた人生の中心となる。そして行動が最高の重要性を帯びる。人間は行動によって定義され、人間が行動する自由は主体性に根ざしている。選択と行動の双方に連関し、よって主体性に連関する概念は可能性である。『存在と無』の中でサルトルは、ユダヤ民族のディアスポラは、「対自」がその未来の可能性の中で分散することを表わす手頃なイメージである、と主張する（Sartre, 1958, p. 136）[*3]。分散は、自己が投げ出されている境遇の事実性からの逃避である。世界の事実性は、その最中で自己が己自身を発見するような諸対象の現存性において明らかである。これらの対象は「即自」（*En-soi*）として、「対自」としての自己と対比される。しかし事実性は、その現存性の中に人間の事実的性質をも含んでいる。人間が自らの可能性に対面することは、この事実性を否定することである。他方で、未来は新しい「即自」を提供しない。未来は現存しないのである。それは、ロバの眼前で竿から吊り下げられている人参のように、手招きし導くものである（ibid., p. 202）[*4]。可能性は、人間が行動する自由と決定的に連関している。

＊3　ジャン＝ポール・サルトル『存在と無――現象学的存在論の試み〈I〉』松浪信三郎訳（筑摩書房、二〇〇七年、三八一―三八二頁）参照。
＊4　同、五四二頁、参照。

人間という実在は、後に続く行動の前提としてあるのではない。というのも、存在することは行動することであり、行動をやめることは存在することをやめることだからである。行動はその意図が所与によって説明しえないという点で自律的である。意識は根源的に、所与の否定である。所与から離脱することで、意識はその企投された目的に関与する。われわれが存在することとは、たんにあれやこれやの個別の目的に関するのみならず、世界の中に存在することに関連する企投である。よって、自由は所与の一部ではなく、所有物として解釈されるべきものでもない。むしろそれは無条件的であり、ゆえに、われわれの選択の不条理な性質である。選択を通じてわれわれは偶発性から自分自身を解放するのである。自分自身について知ろうとするなら、このことを理解せねばならない。

逆に、意図をその目的という観点から説明することによって、目的は魔術的なタイプの即自存在として、誤った形で捉えられることになるかもしれない。こうした過ちを犯すことは、可能性の根源的な重要性を評価し損なうことである。同様に、現前する世界は、意図の構造への言及を欠いた形で理解されるべきでない。世界はわれわれのふるまいを通じて明るみに出される。目的の仮定が逆向きに現在を支配し、われわれの世界の捉え方を形成し、それによって所与の真価が認められるようになる。

以上の記述における諸用語の相関性が明らかにされる必要があるが、ハイデガーの場合のように、専門的な語彙というものは潜在的な問題をはらんでいる。専門用語を推測するのに必要な努力と、結果として議論の正当性に向けられる注意の間には、たえず疑わしい関係が存在する。一層ひどい場合には、このような性質をもつ言語がスローガンに取り入れられる傾向性がある。「存在することは行動することである」、「アンガジェ」(*engagé*)——こうした文句が、サルトルの元来の目的を超えたところで、権力と影響力を行使することになる。そうした文句の重要性の一部は、サルトルの元来の論点を歪曲するものであったとしても、まさにこの大衆的な訴えの力にある。

しかしながら、サルトルがここで述べていることに対して、一層直接的になしうる批判がある。第一に、サルトルの主張には、意図が所与によっては決して説明されえないという、説明についての考え方が含まれている。だが、ここでどのような説明の捉え方が提出されているのかを見極めることは難しい。説明という概念には、説明項（*explanans*）が被説明項（*explanandum*）とは異なることが要求される。ある説明を超えて、何らかのより根源的な説明に行き着くことが可能であるかもしれないし、あるいは、それが説明の終わりであらねばならない地点なのかもしれない。いずれにせよ、説明概念は通常の意味で所与である。ゆえに、この言明においてサルトルは、一見したところ意図についてのいかなる説明の可能性をも遮断している。さらに、意図の説明は多様な種類のものでありうる。一人の人がXを行おうとする意図の説明は、それに先立つ出来事の説明、その人の感情の状態についての記述、ある状況に照らしたXそれ自体についてのより十全な記述などの形式をとりうる。当然のことながらサルトルが抵抗するものは、選択という概念を無効にすることになるような完全に因果的な限定的説明である。彼は、因果的説明の拒絶を説明全体の拒絶にまで広げる必要はない。そのようなことをすれば、意図の性質と選択の根本的「自由」について大げさな主張をなすことになる。

サルトルによる行動概念については、もう一つ同様の問題が生じる。行動することをやめることが存在することをやめることになるなら、何もしないこと（ないしは受動性）についてサルトルがいかなる記述をなしうるかということが問われねばならない。おそらく彼はこれを、瀕死の状態、あるいは人間以下の状態の類いとみなすであろう。彼の記述に従えば、行動概念に含むことができないものは、手をこまねいて待ち受けること、他人に意思決定をさせること、無抵抗主義による支配体制への厳格な服従などに特徴づけられるような行動である。こうしたものはすべて、サルトルが明らかに適用したいと願う、選択についての広範囲にわたる記述に組み込まれるだろう。選択しないという選択はないのである。この結果として、行動という用語は、きわめて広義に用いられるために、空疎なものになる。そしてこの空疎さの一面として、もし「選択」ということばを通常果たすべき役割のために取っておかないのであれば、あらゆる瞬間に選択がなされると言わざるをえなくなり（そう言わないのであれば個人が選択者でない瞬間を容認するという危険を冒すことになってしまうからである）、どの時点で選択がなされるのかを述べることは不可能となるであろう。選択についての一種の原子論は、こうした見解の帰結である。[1] これとは逆に真相は、われわれが行動として理解するもの、および選択することとして理解するものは、選択しないこと、何もしないことという背景に照らして決定されるということであろう。そしてこれらのこともまた、人間のふるまいという観点から見られなければならない。ある選択を特定するには、それを取り巻く物語が前提とされる。いかなる状況に関しても多様な物語が可能であり、よって多様な特定の仕方が可能である。[2] 原子論的見解は、このことを阻止しようとする空虚な試みであるように思われる。

第三の問題は、完全に自由な選択という概念に関わる。サルトルは、そのような選択が根源的、必然的に正当化の必要がないことを示すために、不条理という思想を導入する。これには二重の動機があると言えよう。一方には、先に概略した筋道でサルトルが考えるように、選択に根源的理由があると認めることは選択概念そのものを脅かすことになるという信念がある。つまり、そう認めることで選択を因果性の厳しい束縛のもとに置くことになるという信念である。他方には、根源的な理由づけを見いだせないことに対する欲求不満の感覚もある。これは、おそらくデカルト的懐疑主義が後世にもたらした帰結と言ってよかろう。根源的な理由づけを見いだすことができないということから、サルトルは、すべての選択は根拠や基礎づけを欠いているに違いないという間違った結論を引き出す。ここでの不条理の感覚は、ある意味で問題設定の仕方がもたらした帰結である。

これに対して、選択という概念は果たして何らかの所与に言及することなしにもちこたえることができるのかどうか、ということが疑問に付されねばならない。選択という概念は、少なくとも様々な可能性の間のある種の構造的関係であろう。これを抜きにして、様々な可能性がそもそもどうやって生じることができるのかを見極めることは難しい。おそらくサルトルは、根源的選択には評価をするためのいかなる原則も存在しない、と言いたいのだろう。人はただ、否が応でも選択する運命にある。しかし、意図がいかなる所与をも免れるということについて彼が述べているなら、その帰結は、ありとあらゆる選択が空虚さの中でなされるということになるだろう。これに基づく限り、一体いかにして、諸々の選択が孤立するのではなく企投の中でひと連なりになるのか、ということははっきりしない。選択の正体を明らかにできるのは、行為者の生活についてわれわれが語ることができるような物語というコンテクストにおいてである。この中で、選択には、諸々の選択を連結すると同時に、断絶の正体を明らかにするための構造が必要とされ、個々の選択の定義が生じることを可能にするような、選択でないものという背景が必要とされる。

以上の批判は、サルトルの立場をどちらかと言えば非共感的に捉えるものである。これは、専門的語彙に内在するある種の弱点を探るためでもある。というのもそうした語彙は、もっぱら誤解される傾向にあるからである。しかしここには別の趣旨もある。たとえ私がサルトルに対して不当な扱いをしているとしても、その思想がきわめて影響力をもってきた人物であるところの「サルトル」に対する扱いとしては不当ではなかろう。思想を吟味することは重要であるが、スローガンの含意を考慮することも、まさにそれが人気を得ているがゆえに重要なのである。そこで今度は、その理論に含まれる、より価値ある洞察について考察することにしよう。

サルトルは、意図が所与によって説明しうるものであることを否定し、むしろ、意図はどのようなものであろうと、所与との断絶を実現することが必要であると述べる。彼は、著書の別の箇所でこの考えを詳細に論じ、過去は未来に方向づけられていることを通じてのみ知りうる、ということを示唆している。ここに伝記的な特徴とでも呼びうるものがある。過去の諸々のできごとの意義は、展開する伝記の中に統合される仕方に応じて変化するであろう。ある日、私は軍隊に参加する。次の日、私は足を骨折する。それに続いて私は、足を骨折する前の日に軍隊に参加したことを思い出す。そしてより重要なのは、私が後に——意図の宣言として——平和主義者となる時には軍隊に参加したことが私にとってもつ意義は変化する、ということである。サルトルの言い回しを用いるなら、所与についての私の「評価」がもたらされる。しかしながら、ここでは論理的な特徴も問題となっている。われわれがある事態を知ることができるようになる唯一の方法は、他のものと対比させることによってである。いかなる意図にも、別の事態についての捉え方が深く関わる。こうした捉え方には、意図された事態が含まれると同時に、広く行き渡っている事態の評価も含まれる。すべての意図が行動に現れるわけではないが、意図という考えは、行動があることに依拠している。このように、差異が照らし出されるのは、根源的に行動を通じてである。この理論は、デリダの新造語である差延（*differance*）の原則にきわめて近いものである（これについては第二章で論じた）。すなわち、意味の差異と意味を遅延することの結合が言語の中で実現されることである。サルトルの理論にとって、このこと——遅延すること——は必ずや行動の中で生じなければならない。もちろん、行動はしばしば発話という形式をとるかもしれないが、サルトルの力点は、発話（最も政治的志向の強い形式以外の発話）に対峙するものとしての行動に置かれることがきわめて多い。確かに、彼の力点は、後期ハイデガーにおいて見られるように、言語を明るみに出すことが最も重視されるような力点の置き方とはおおいに異なっている。

意図についての説明において、サルトルは因果性を示唆するいかなるものにも抵抗するが、これは人間性の源としての自由への信仰の表明である。行動は、世界を顕現させ、それを存在たらしめる力のようなものである。よって、行動する自由はたんに人間にとって定義上の意味をもつだけではなく、目的を備えた重要性をもつことになる。この言明の深遠さを強調しておかなければならない。それは、俯瞰的な観察者によって特色づけられる科学の伝統や、合理的‐断定的言語の内ではなされえないような言明である。ここで主張されているのは、目的をシステムの構成要素に（あるいはより大きなシステム内のシステムに）帰することではない。それは目的性についての根源的主張であり、世界についてのいかなる記述にも先立つものである。目的は、第一原則とみなされる。そこには、宗教的主張がもつ性質のようなものが感じられる(3)。

ここで立ち現れる自己像は、私が記述している展開の行き着く頂点である。行動する自由の基盤なき性質と、それが人間に対してもつ決定的な重要性は、自己創造する存在としての人間に注意を投げかける。ある意味でこれは、〔文脈から切り離された自由な自己創造という点で〕自己の形式化に等しい。古く安定した人格は、永遠に再吟味され続ける自己に置き換えられる。自己は根源的に自由な行為者である。

私は、この自己像が行為者性を強調することに注意を向けたい。サルトルは、行動の中にのみ現実が存するると主張する。人の行動はその人の実存の中心となり、その結果、生活の他の諸側面が遮られることになる。これに対してハイデガーの目的の一部は、隠匿されたものを問伐地の明るみに出すことにある。このことが生じるためには、先に記述された誤謬を暴き出し、回避する必要がある。

第4節　人間主体を超えて

4・1　被造性の地平

『存在と時間』の注の中でハイデガーは、自己の性質を理解しようとする試みが「根本から」歪められてきたと主張する。すなわち、理論理性が実践理性に組み込まれた場合ですら、自己に関する実存論的－存在論的問題は取り上げられてこなかった、と言うのである（*Being and Time*, p. 497）。[*5] それでは、ハイデガーの分析はどこへ向かうのであろうか。

＊5　ハイデガー『存在と時間III』原佑、渡邊二郎訳（中央公論新社、二〇〇三年、五〇頁）参照。

ハイデガーは、デカルト主義の反響としてサルトルに見いだされ、より広くは現象学に見いだされる、主体本位性を拒絶する。両者は、人間と世界の性質を理解し損ねている。

ただし、そうは言っても、人間の本質の高さは、次の点に存するのではない。すなわち、人間は、存在者の「主体」（the 'Subject'）として存在者の実体をなしており、その結果、存在を意のままにする独裁者として、存在者の存在しているあり方を、あまりにも大声で賞賛されすぎている「客観性」[*6]なるものの内に解体させるものである、という点に存するのではないのである（*Basic Writings*, p. 210）。

しかしながら、ここでの主体（the subject）という言い回しには曖昧さがあり、ハイデガーが求めるような明瞭化にとって完全に役立つわけではない。この語の日常的用法は、学科を意味するものであり、権威と統制という思想を含意する。権威という考えは、客体が主体の意識によって形成されるという現象学的伝統の中の洞察にも関連する。しかしながら他の例では、その用語の語法は、統制者から統制される者へと抜本的に推移するように思われる。政治的領域において、主体は圧制者ではなく犠牲者であり、支配者であるよりもむしろ支配される者である。主体－客体の区分は、その意義の範囲を視野に入れておくなら役に立つ。しかしながら、慣習的な意味でこの区別を用いてしまうと、間違った形而上学的立場が強化されることになる。ハイデガーは、これに異議を唱えることを目指している。この異議申し立ての一面が、人間主体本位の考え方の拒絶である。

＊6　ハイデッガー『「ヒューマニズム」について――パリのジャン・ボーフレに宛てた書簡』渡邊二郎訳（筑摩書房、一九九七年、五六頁）参照。

この形而上学的過ちの一因は、思考するもの（*res cogitans*）と延長するもの（*res extensa*）の区分に起源をもつ。この区分を立てることによって、われわれは、世界から断ち切られる／異なる／分離するものとしての主観という見方へと駆り立てられる。しかしながら、この区分はあくまで、被造性という地平の内部で捉えられたものである。それゆえ、人間主体が存在することの特別な性質は、それが現実存在のみにあてはまるような存在することについての捉え方の内で把握されるなら、見落とされることになる。

被造性の形而上学――主体を被造物とみなすもの――は、安定性の思想を促す(4)。この素朴な形は、自己を、世界との日々の交流の中で多かれ少なかれ顕現するような固定された本質をもつものとみなすであろう。これは、「本物の私」が私の経験の偶発的できごとを通じて残り続ける、という信念の中にしばしば見いだされる。被造性の内では理念が存在者に先立つ。すなわち、存在者には作者がいるのである。ここから、カントによって予示されヘーゲルによって展開された、人間の主観性と自己意識の連結が導かれる。

人は、自らの作者であるし、そうあるべきなのだ。（ここでの自己意識はもちろん、臆病さではなく自制のようなものに関わる。）自己創造する存在者としての人間という捉え方の中で現れるこの論理は、サルトルの実存主義において極みに達するのである。

本書の前半で行った様々な議論は、人間の条件を理解するための軸としての人間主体の置き換えへと向かった。これは、われわれが自己を超えうる一つの方法であるが、そこには逆説がある。つまり、Xを理解したいのなら、Xを見るべきではない、ということである。その主旨は、もしXを見ることによって始めるなら、それは誤った立脚点から出発することになり、それゆえすでに誤った方向に向かっているということにある。人間の条件は社会への関与の中でのみ理解される、ということが一貫して強調されてきた。言語の必然的に社会的な性質と、判断における一致に基づいて共有された実践を伴う生活形式と言語との関係が、ここでの議論の基盤である。ある程度自律的な言語の性質、世界のある個別の状況に人間主体が必然的に編み込まれていること、過去と未来への関係における人間主体の構造——こうしたものはすべて、人間主体という出発点が棚上げされて初めて十全に現れうるのである。

もちろん、こうした形而上学的過ちについて論じることは、哲学者のみの領分ではない。本章の一つの目的は、ここに見られるような日常的な想定のいくつかを覆すことである。この類いの共通感覚に基づく信念は、より系統立った哲学的問いの探究の背景として機能するが、これによってそうした問いは一層手に負えないものとなる。心身問題や知覚といったことがらへの問いかけは、「心」と「身体」が主要範疇であるという想定のもとでなされることがしばしばである。そのような想定は、問題を解決するために持ち込まれるのであるが、実際には問題を増やすことになる。ここでの目的は、心と身体を記述的な範疇として明らかにすることであるが、それは心と身体などの用語が多様性から抽出されて相互依存関係にある状態を受け入れて初めてうまく活用できる。以上が、人間主体という考えの発展との関わりでなされる言語の分析が向かう先である。しかし、主体‐客体関係についての誤った考えが支配するところでは、こうしたことがら――言語と人間主体――についての誤った考えが続いて生じる危険がある。

第二章での言語分析は、サルトルの議論に類似した議論を展開しているが、間違った形で行動を焦点化することは避けられている。当然のことながら通常の場合、語るということは行為することであり、先の第二章での言語についての議論は、サルトルが提唱する行動観とは明らかに隔たるものとして、言語がいかに作用するかについての見方を提示するものである。ここでサルトルの言語は、他の場合と同じく、デカルト的な人間主観の捉え方と払拭しがたく結びついており、これが彼の説明の過剰さの一因となっている。

人間が世界内に実存するということは、すでに世界の中で現に在る一つの存在者によってのみ理解され、より正確に言えば、すでに「中間」にある一つの存在者によってのみ理解されうる。人間を超えるものとして――言ってみれば人間の知覚の対象として――理解される世界は、人間の実存の内側から立ち現れる。人間の実存は根源的に、そこから主体と客体の軸が抽象されるところの多様性である。しかしこの抽象においては根源的なものは、たいてい誤解される。

コンテクストから分離された主体という考えは、拒絶されることになる。コンテクスト、すなわち、ハイデガーが「世界内存在」と呼ぶ主体と客体の多様性は、主体を特定することに先立つものである。こうして、社会や文化とのつながりの表面的な偶発性は根本から崩される。本章の初めで概略を示した見解においてそうであったように、コンテクストから引き離されているものとして主体を想像する場合に間違いのもととなっているのは、形而上学的な錯覚状態である。われわれは必然的に個別の人々、場所、時代と関連している。世界に対峙して孤立する個人という考えは、形而上学的な間違いなのである。

ハイデガーは、主観性の強調が、近代哲学、より一般的には現代思想における諸問題の源泉として普及しているとみなす。以下の『現象学の根本諸問題』からの引用がそれを示している。

(i) 差し当たって大切なのは、どのような仕方で近代哲学が主観と客観のこの区別を把握しているか、より正確には、主観性がどのように性格づけられているかを、一般的に見てとることである。主観と客観のこのような区別は、近代哲学全体の問題構制に徹頭徹尾入り込んでおり、そして今日の現象学の発展の内にさえ達しているのである。フッサールは、彼の『純粋現象学および現象学的哲学のための諸構想』において、「範疇論は何としても、すべての存在者の区別の中でも最も徹底的なこのような区別——意識としての存在者〈思考するもの〈res cogitans〉〉と、意識において自らを「表明する」「超越的な」存在者〈延長するもの〈res extensa〉〉——から出発しなければならない」、「意識〈思考するもの〈res cogitans〉〉とレアリテート〈延長するもの〈res extensa〉〉との間で、意味の真の深淵が口を開いている」と述べている（*The Basic Problems of Phenomenology*, pp. 124–125)[*7]。

(ii) 確かに、思考するもの〈res cogitans〉と延長するもの〈res extensa〉との峻別は、このような様式でまさに主観の特性が適切に捉えられることを保証するように見える。しかしながら、先の熟考に基づいて、……現存在の諸々の関わる態度が志向的性格をもつということ、そして、主観自身がそれではないところのものとの関連の内に立っている、ということをわれわれは知っているのである（ibid., p. 155）。[*8]

ハイデガーは、「歪曲された客観化、歪曲された主観化」の危険に警戒するよう注意を促している（ibid., p. 313）。[*9] 主観の強調は、観察する理性と表裏一体なのである。

＊7　ハイデッガー『現象学の根本諸問題』［ハイデッガー全集　第二四巻］溝口兢一、杉野祥一、松本長彦、セヴェリン・ミュラー訳（創文社、二〇〇一年、一八〇―一八一頁）参照。
＊8　同、二二五頁、参照。
＊9　同、四五二頁、参照。

これらの対になった危険を回避することが今や格別に難しいということは、われわれの言語が抱える一つの問題である。ハイデガーはその問題の根源を、デカルト的コギトや、神でなく人間を宇宙の中心に据えること、そして科学とテクノロジーの成長に見いだしている。この一覧に、功利主義、論理実証主義の台頭、そしてより全般的には、本書を通じた批判の対象である科学的見地を加えることができよう。ここで強調されていることは、以上の運動の進展が、人間の条件に関する捉え方の変化と結託しているということである。さらに前章までで、そのような変化は、われわれが使用する言語とその言語についての捉え方の変化に補完的に関連している、ということが示唆されてきた。論理実証主義者による言語の捉え方において、意味についてのある特定の考え方が中心を占めているが、このことは、そうした考え方が科学の領域において中心的なものと考えられていることに関連している。カリキュラム立案の言語の科学的性質（第三章で論じられたように）は、ある意味、科学における言語の様式のみならず、言語についての考え方から生じたことの遺産でもある。したがって、世界内に存在することについてハイデガーが提供する説明に通底している言語像は、これとはきわめて異なったものである。

4・2 世界内存在

サルトルによる「のために」(in-order-to) に匹敵するものは、ハイデガーの「のために」(for-the-sake-of-which) である。目的をもつことは、世界内存在の日常的な有様の一部であるが、このことについての認識なしに世界を理解することはできない。科学を特色づけるものを含め、他のすべての世界理解はこのことに由来する。これは、ウィトゲンシュタインのイメージの中での旧市街のようなものである。例えば、この椅子は座るためにあり、その素材である木材は建具にふさわしいものであり、そのもとである木は風雨をしのぐ場所にふさわしいものであった。このようにして人は世界を発見する。ハイデガーが同定するような道具性 (*Zeug*) というコンテクストの中でのみ、客観化する科学の言語は定着しうる。そしてたいていの場合、道具についての認識は暗黙的なものであるが、そこでわれわれがとる態度は無関心ではなく、配慮 (*Besorgen*) である。部屋に入る時、私はドアの取っ手に手を伸ばすのであり、それは道具的に存在している。私はドアを開ける。通常は、それについて考えることなくこのことを行う。しかしドアに対する私の関係にはこの目的的要素が含まれており、このことの中でそれはまず理解される。ドアは道具的に存在している。(5)

存在物をこのように道具的に理解しうるということは、それらが公のものであることを示す。ハンマーは私にとっての道具であるだけではない。それには通常の使い方があり、この観点から私はそれをハンマーとして知るようになる。そして今度は、その通常のやり方がハンマーが役立つ実践を前提条件として必要とするのであり、このことがさらに、住まいを建てる必要といった共通の目的を志向することになる。

こうしたことが日常生活にとっていかに根源的であるかは、容易に見逃されてしまう。例外的な状況を除けば、われわれはこのようにして物の最中にある。それはあまりに明白であり、いかなる重要性もないように思われるかもしれない。ある程度のところまでは、つまり重要なものについての特定の見方の内では、このことは真実であろう。しかし、それでは主眼点を見落とすことになる。物が事物的に存在しているという理解は置き換えられる必要がある。地理学者の研究において、自然が眼前に立ちはだかる有様は隠されたままである。地理学者のように物を理解するためには、われわれが気づいていた何かがすでに除かれていなければならない。論理学の基盤は事物的存在性である（*Being and Time*, p. 167）[*10]。回復されるべきものは、より根源的な道具性である。われわれが日常において自己の位置づけを獲得するのは、こうした物によってであると言えるだろう。しかしながらここで言おうとしていることはむしろ、人間が今や諸物の間に消散しているように見えるということであろう。独立した自己という考えは再び根本から崩される。こうした状況の外部で人間を捉えることができるとすれば、それは抽象化によってのみなのである。道具を用いてお決まりの作業に従事する熟練労働者の行動は、われわれの注意を引きつけるような形で、何らかの道具的存在性を具体的に示している。まるで人と道具と素材が融合しているかのようですらある。しかしこうした見方は、あくまで生活の日常的な状況を示す手がかりとして喚起されるにすぎない。生活の日常的な状況の中では、より暗黙のレベルではあるが、この見方が幅を利かせて通用している。例えば、われわれがドアの取っ手、電気のスイッチ、電話などに手を伸ばす、あるいは、表通りからわが家の入り口に入る、といったことに表れているのである。

＊10　ハイデガー『存在と時間Ｉ』、三三三頁、参照。

熟練労働者を注視することは、行動は心的過程を伴うものであるという考えの誤謬をさまざまと認識する助けとなる。これによって得られる洞察は、行動が運動を伴う過程であってそれ以上ではないということではなく、人間が栄光を授かった機械として捉えられなければならないということでもない。行動の結果は、すでに世界の内に現に在る。この多様性から抽出されることによって、働く職人、彼が用いる道具、働きかける素材の正体が明らかになる。

世界内存在は、他者との共存在である。これは、二つの意識の間の対立に基づくものとして理解すべきではない。あるいは、森の木々や草原の牛が互いに共存するというようには理解することもできない。むしろ、理解を巻き込む他者との共存在は、常に前提とされるものなのである。われわれが非社交的であったり、無配慮であったり、共感に向けて努力するところでは、共存在が前提とされている。このように多かれ少なかれ意図的な他者志向の姿勢は、他者の存在が目立たずとも明白であるような共存在の、一種の崩壊として生じる。他者への日常的な顧慮（*Fursorge*）は、われわれの世界への対応の一部である。他者は世界の構造の一部なのである。他者との共存在は、道具的存在者との共存在とは異なる。他者は常に、現存在としてもすでに理解されている。彼らの存在は、理解の構造、ありきたりの実践——そして、おそらくは判断における一致——にとって必要であり、理解が通用するための規範を提供する。この見方の核心にあるものは、複数の人々が一緒に共通の目的に向けて共に働く実践に関与することである。現存在を孤立させることの不可能性は、ロビンソン・クルーソーの私的言語の不可能性のようなものである。[*11] これらがある意味で同類であるのは、語り（*Rede*）が理解可能性の表現であるためなのだ（ibid., p. 203）。

＊11　ハイデガー『存在と時間Ⅱ』、七八頁、参照。

そのように共有された実践に身を投じることとは、現存在の目的をその根源的な共存在と調和させることであり、これによって現存在を解放することができる。他者におかまいなしに自分が欲することなら何でもなしうるという意味での孤立は、根源的な状態を不当にも無効化し、他者は存在しないと主張するに等しいものであろう。そのような派生的状況においてのみ、他者の心の問題は生じうるのであり、明らかにこれは疑似問題であろう。共存在の深遠さゆえに、他者は現存在の存在にとって必要不可欠となる。この必要不可欠な次元において、われわれ自身と他者とを分け隔てる距離についての気遣いが——その多少の大小にかかわらず——力を発揮する。世人としての自己（*das Man-selbst*）は他者への順応を特徴づけるものであるが、これはわれわれにとって、日常的に目にする存在の様式である。本来的な自己は、それ自身のやり方で物事を把握する。世人としての自己と本来的な自己はいずれも、他者との根源的な共存在なしに把握することはできないのである。

他者への順応の中で、われわれは、好奇心によって事物的存在者へと制約されるような空談へと頽落する。この結果われわれは、いたるところに居るが、同時にどこにも居ないということになる。それによってわれわれは、共存在の堕落した可能性として、環境（*Umwelt*）から切断される。環境は思弁的に知られることはないが、われわれが行うこと、使用するもの、生み出すものの背景を提供する。いずれの場合も、それは身近で慣れ親しんだものである。また、われわれの生活の物語から切り離すことはできない。そして、「……という場所」という観点から記述されるべきものであり、現存在はたえずどこかに存在しなければならない。環境の全体性は、その環境の内でわれわれが取り出して特定しうるようないかなる項目にも先立っている。（光は次第に全体に広がる。）

4・3　被投性と事実性

環境の中に到来することは、被投性（*Geworfenheit*）として理解されることになる。これは、投げ出された世界内存在であり、相互共存在である。投げ出される際、われわれは空間内で転落したり深淵に落ち込むのではない。生活の事実的な状況の中に投げ出されるのである。焼物師のろくろに投げ出される粘土のように、われわれは被投性によって形を与えられる。これは選択しうるものではない。

われわれは、世人が手招くところへ頽落するようそそのかされる。頽落とは、サルトル的な意味では、行動する自由を実現し損なうことでもある。しかしより深い次元では、自然主義的立場へと陥ることである。そこにおいて存在の感覚は薄れ、自分自身についての考えは、存在的なもの[*12]、すなわち世界内部の存在物についての考えとなる。自然主義的立場にある時、われわれは、先に詳述したような本質的構造を覆い隠すという意味で安定した様態の内に生活している。また、生活の必然的に個別的な環境性が見失われるところでは、思考が一般的なものを志向するようになるかもしれない。思考は、経験の偶発的できごとの背後にある理想形式の想定によって支配されるようになるかもしれない。それぞれの陥落は、見かけ上の安全によってわれわれを誘惑するが、その一つ一つが存在の否定なのである。

＊12　原語 'ontical' および 'ontic' は「存在的」と訳すが、これはハイデガーの用法では、存在者の属性や関係に関わることがらに使われ、存在者の存在に関わる「存在論的」（ontological）と対比される。

われわれは、実存がどこまで根源的に過去を保持し、未来を期待するものであるかを認識し損なう。しかし「保持する」、「期待する」といった語は、ここで言われていることがもつ力を捉えるものではない。「脱自的企投」とは、「被投的企投」に等しい（*Basic Writings*, p. 217）[*13]。「脱自的な」（ecstatic）や「実存」（existence）の接頭辞 'ex-' は、われわれの存在が外に出ている仕方を強調するものである。すなわちそれは、われわれの存在が過去と未来を包含する度合いを強調する。接頭辞がもつ力に注意を向けることは、純粋に存在的準拠枠の内での孤立した主体、という執拗なイメージを無効にする上で役立つ。この考えを被投性および企投と連結することで、さらこの点が強調されることになる。繰り返すなら、被投性は、拒絶や放棄を意味するのではなく、状況の決定性を含意する。つまり、われわれがそこから立ち現れるところの過去、そして気遣うことへと駆り立てられる有様を意味するのである。焼物師のろくろの粘土のイメージによって、世界内存在としての人間の実存という考え方が構図に加えられる。このことをより十全に物語るのは、接頭辞が強調される以下の一節である。

> 「世界」とは、存在の開けた明るみであり、その存在の開けた明るみの中へと、人間は自らの投げ出された本質[14]に基づき、出で立つのである。「世界内存在」とは、存在へと身を開き‐そこへと出で立つ（**ek-sistence**）あり方の本質を名指しており、そのことは、存在へと身を開き‐そこへと出で立つ（**ek-sistence**）あり方のその「存在へと身を開く‐」（‘ek’）ということが、開かれて明るくされた次元から本質的に姿を現わす、ということに関わっている。存在へと身を開き‐そこへと出で立つあり方の方から考えるならば、「世界」というものは、まさしく存在へと身を開き‐そこへと出で立つあり方の内部で、またそれに対して、「超え出る彼方」にある。だが人間は、まず最初に世界のこちら側にいて、「私」であれ「われわれ」であれ、どのように捉えられようとも、ともかく何らかの「主観」として、人間であるのでは決してない。人間は実際、たんなる主観として同時に常に客観へも関係するのではまったくない。したがって、人間の本質は、主観‐客観‐関係の内に存するのではない。むしろ、何よりもまず人間は、自らの本質において存在の開けへと入るべく、すなわちその内にあって主観の客観への関係が「存在し」うるような「間」を開き明るくするものとしての開けた局面へと入るべく、存在へと身を開き‐そこへと出で立ちつつあるのである（ibid., p. 229）[15]。

繰り返し専門用語に注意が向けられることによって、日常的語法によってうまくごまかされている意味が、諸々の用語から苦心して取り出される。これは、ハイデガーが異議を申し立てる形而上学の支配する範疇を打倒するためである。しかし、ここで言われていることはさほど奇妙なものではない。世界は、科学的探究で理解されるような宇宙として理解されるのではなく、日常生活の中に見いだされる世界として理解されるのである。

＊13 ハイデッガー『「ヒューマニズム」について』、七四―七五頁、参照。
＊14 原著の英語は'existence'であるが、ここではドイツ語からの邦訳に準拠して「本質」と訳出する。
＊15 ハイデッガー『「ヒューマニズム」について』、一〇六―一〇七頁、参照。

4・4 気遣い

配慮（*Besorgen*）と顧慮（*Fursorge*）は、気遣い（*Sorge*）を根本的に構成する諸側面である。気遣いは、われわれの実存がそこでたえず問題となるような、未来に対する必然的関係性から生じる。本来性は、このことを認識するよう要求する。本来性という語は、二重の意味を響かせる。まず、現存在はすべてのものが重要であるように気遣う。しかし気遣いはまた、何かに向けて気遣うこと、世話をすることでもある。

ハイデガーの見解では、時間性を理解することは、人間の生活を理解することにとって必須である。逆に、今の連続として時間を受け入れることは客観化の傾向を生み、これについての理解を曖昧にする。さらに、時間性の理解を取り入れない世界理解の試みもまた、間違った形而上学的基礎ゆえに、方向性を見失う可能性がある。

時間についての日常的経験と、われわれが時間について直接語るよう求められる際にありがちな考え方との間には違いがある。後者では、時間が今の連続として、原子論的に理解される。

時間をたんに不可逆的な今の継起として知る通俗的な時間理解は、いかにして生じるのであろうか。すなわち、通俗的時間理解には、今の継起における本質的諸性格——有意味性と日付け可能性——が隠匿されており、また、通俗的時間理解にとって展張性と公開性という構造諸契機は結局のところ理解されないままであり、したがって通俗的時間理解は時間を、それ以上の構造をもたず、常にたんに今であり、一つの今が他の今に、将来から過去の内へと続く無限の連続において継起するような、諸々の裸の今の多様性と捉える結果となっている。このような事態がどうして生じたのかが問われなければならない。世界時間の特有な構造諸契機の覆蔽、時間性から発する世界時間の根源の覆蔽、時間性それ自身の覆蔽は、その根拠を、われわれが頽落と名づけている現存在の在り方の内にもっている（*The Basic Problems of Phenomenology*, p. 271）[*16]。

例えば石とは異なり、現存在は本質的に時間的である。実際われわれは、自分自身をただ現存しているとみなす時、ある意味で、石のような世界内部的存在者として自分自身を捉えている。そのようなみなし方は、存在の根拠としての時間的なものへの気づきを、決定的に欠いているであろう。もちろんわれわれは、石のように現存している存在物として、時間の中に実在をもつものとして理解されうる。われわれは、生まれ、年を重ね、死ぬ——つまりは、一連のできごとなのである。われわれは頽落の中で、自分自身を現存している存在物とみなすことへと向かう。

＊16　ハイデッガー『現象学の根本諸問題』［ハイデッガー全集　第二四巻］、三九三頁、参照。

有意味性ということで、ハイデガーは、時計の時間が何かにとってふさわしい、あるいはふさわしくない時間として把捉される有様を意味している。目的についての考えがこの中に組み込まれている。日付け可能性ということで彼はどのような今も、孤立状態ではなく、いつの時かということとの関係性の中で理解される有様を意味している。ある歴史的できごと、物語の中の一つの段階——そのようなものが、関係的側面をもつ日付け可能性にとって必須である。これらの諸関係は、時間の日常経験の中で馴染み深いものであり、その一方で、連続する諸々の今としての時間理論は、抽象的な観照の中でのみわれわれが行き着くものである。展張性ということでハイデガーは、未来に言及するすべてのその時にとって、その時にまだないものが理解されるということを意味している。もし私が未来の何かに言及するなら、自分が見過ごしたりもちこたえたりすることになる当座の時間も念頭に置くであろう。こうして当然のこととしてみなされる時間の広がりや拡張は、諸々の今の集積ではない。そして特定の今は、時間の一単位としてではなく、「その時にないもの」として理解される。彼が公開性と言う時、優先順位のつけ方や物の見方、あるいは気まぐれに応じて、今というものが物語の数だけ年月日を与えられ、それゆえにあらゆる者がこうして身元を明らかにされるという事実が念頭に置かれている。異なる関係的複合体が同じ今に収束する。ハイデガーはこのことを以下のように表現している。

「最も身近な」相互共存在においては、若干の人々が「一緒に」、「今」と言うことがあるのだが、その際、各人はその言われた「今」に異なった日付を打っている。すなわち、「今と言っても、それは、あれこれのことが起こっている今なのである……」(*Being and Time*, p. 463)。[*17]

私の今は、孤立させることができない。ここで、公のものの強調を通じた主体本位性の回避に留意することが重要である。時間性の性質はまた、われわれが常に、他者と共にすでに在ることをも示している。自立についての考えは、再び根本から崩される。

＊17　ハイデガー『存在と時間III』、二四九頁、参照。

4・5　不 安

未来の不確実性に直面した際に、われわれは恐れを経験することがある。そして特定の結末を恐れる。恐れは、世界において可能な存在物へと向けられる。他方で、不安（*Angust*）は、そのようには方向づけられていない。不安には、状況の中で変化するもの——自らの死は除く——がもたらしうる、いかなるものをも超える何かがある。不安は、われわれ自身が在ることの潜在的可能性を認識する心の状態である。つまり、現存在それ自体に直面する際の不安である。

サルトルを経由してもたらされる大衆的な形において、不安は、自分自身の行動する自由を受け入れて自らの生活の責任を負うことの拒絶に結びつく。しかしながら、ハイデガーにおけるこの心の状態は、一層包括的なものである。われわれは不安を逃れて、先述したような特色をもつ頽落状態へと向かい、世人としての自己へと陥ることになる。（サルトルが掲げる像における）自己欺瞞のもとにある者の位置が（サルトルが用いるような類いの）議論によって無効にされる一方で、世人としての自己は、さほど知性的でないような再方向づけを必要とする。われわれは、世人としての自己の固定性と、それに伴う存在的準拠枠から自分自身を解放し、存在への潜在的可能性の不確実性へと向かう必要がある。このように、不安という心の状態は、この不確実性へとわれわれを向かわせる肯定的な方法として役立ちうる。

ここで最も重要なのは、われわれが死に向かう存在であるということである。現存在が在る限り、依然として未解決のものが残り続ける。この意味で、私の死は私の生の中の一つのできごとではない、と言った方がよかろう。それは、恐れの対象として現れうるようないかなる存在物とも異なる秩序に属している。死は、私の諸々の可能性を抹消することによって、そうした可能性の性質を最も十全に焦点化する。死への先駆は、安全という幻影的形式の強靭な支配を打ち壊す。有限性への確固たる気づきによって、われわれは前代未聞の斬新な仕方で解放される。

同時に、私は単独で死に直面する。私に代わり死ぬことができる人は誰もいない。ひょっとしたら他の人が私の苦痛に共感しうるかもしれないが、私の死の性質は永遠にその人を超えるところにある、という感覚がある。こうして、予期することによって存在への潜在的可能性としての私の独自性についての理解がもたらされ、私の可能性を私自身が所有している状態がもたらされる。

存在への潜在的可能性を実現するのは並大抵のことではありえない。人は予期する中で、運命論的に諦念するようになるのではなく、受け入れるのである。存在への潜在的可能性によって存在的準拠枠は置き換えられ、安定した日々の存在の仕方に対して不気味さ（*unheimlich*）の感覚が生じる。存在への潜在的可能性に開かれるようになることで、自らの存在への気づきはよみがえる。これは世界の開示の根源的な様式であり、頽落の中では覆い隠されている。

この意味で、死は現存在に独自のものである。以下のイェイツの短い詩は、この感覚を部分的に捉えている（Yeats, 1965, p. 142）。

恐怖も希望も

死にかけた動物にはかしずかない。
人はすべてを恐れ、望みながら
己の最後を待つ。
人は幾度も死に、
幾度もよみがえった。
誇り高い偉人は
殺人者と向かい合っても
呼吸の廃棄を
あざける。
彼は死を深く知っている——
死は人間が生み出してきたのだ。*18

この詩は、人間生活の一要因としての死が、人による死の捉え方に言及することなしには理解されえないという事実を指摘している。例えば、動物の死を理解するのと同じような仕方で、それを生物学的現象として理解することはできない。逆に、人間の生活は、死への先駆に言及することなしには理解されえない。不安なき存在者は、十全たる人間ではないだろう。イェイツの詩の中で「偉人」によって示される嘲笑は、おそらくこのことを暗に認めるものであろう。

*18 W・B・イェイツ「死」『イェイツ詩集』中林孝雄、中林良雄訳（松柏社、一九九〇年、三一一頁）参照。

ハイデガーはイェイツに似たことばを用いているが、彼が探っているのは言語との関連である。「死すべき者とは、死を死として経験しうる者のことを言う。動物にはそのようなことはできない。また動物は話すこともできない。ここで、死と言語の間に存する本質的な関係が突如として稲妻のごとく閃くことはあっても、この問題はまだよく考えられてはいない」(*On the Way to Language*, p. 107)[*19]。これは再び、時間性を軸とした死と言語の深いつながりを明るみに出す、限界の思想に触れるものである。有限性は、世界の意味づけの仕方にとって必須である。しかし言語は、われわれをなだめて、このことの有意味性が曖昧にされるような思考様式へと導くのである。

*19 ハイデッガー「言葉の本質」『言葉への途上』[ハイデッガー全集 第一二巻]亀山健吉、ヘルムート・グロス訳(創文社、一九九六年、二六一—二六二頁)参照。

4・6 言語と時間性

もし今日の一つの問題が、われわれの用いる言語によってわれわれが歪曲された客観化と主観化へと導かれる傾向性をもつことであるなら、この言語がいかなる欠陥をもち、どのような代替的言語が可能なのかを再び問いかけなければならない。どのような類いの言語が、こうした一対の危険を回避させてくれるのであろうか。

宗教の言語においては、人間主体の置き換えが達成されることになるのかもしれない。明らかにここには計り知れない複雑さがあり、それを論じることは本書の枠を超えるものである。しかしながら、この問題への別のアプローチについては、これまでの章で考慮されてきた。ハイデガーがトラクールの作品の中に見定める詩的なものの特質、バルトが木こりの言語に見いだす真正なもの、ヒーニーが著者を言語の建築者というよりもむしろ受け手とみなす場合の女性的執筆様式などである。デリダの差延という概念は、言語の時間的諸側面の分析を進めるために導入されたが、これはここに列挙した著者たちが共通して力点を置くものである。これらの様々な手法を包括するものは、受容的‐応答的というより広い範疇であり、これは一貫して本書を統合してきた思想である。

こうした分析の試みは、その大半が正確であるというよりも示唆的であり、その性質と位置づけについては、諸々の問題が根強く残っている。そうした分析の試みは記述的なものであるのか規範的なものであるのか、と問うことは妥当であろう。ここで試みている分析の観点から見れば、そうした区分は成り立たないし、あるいは少なくとも、普通考えられているような利点はもたないということが重要な点であるのかもしれない。受容的‐応答的という範疇を確立することは、記述的‐規範的といった区分に先立つのである。価値づけは記述なしにはありえないが、記述は価値づけというコンテクストの中で確立される。

こうした考えを明瞭にするために、時間性と言語に関して第二章で指摘したいくつかの点を繰り返しておくべきであろう。

これまでの説明では、時間を経て発展するものとしての言語の分析において、何よりもまず時間性が強調されている。ここで論理学は、言語が理想的な本質的構造をもつ、もしくはそうした構造を希求するものとして捉えられるという間違った方向にわれわれを導く要因とみなされる。したがってザラザラした縁をもったまま言語が実際に出現する有様は偶発的なことがらであり、多かれ少なかれこの理想形式からの逸脱であるとされる。これに対して私が（第二章で）論じたことは、記号の物理的次元が生活と言語それ自体にとって必要な要素であるということである。論理学とは異なり、言語には、物理的次元が本質的に深く関わっている。この物理的次元について、時間に関する三つの点を挙げることができる。第一に、言語の内には変化がある。一方では、語源的発展がある。他方では、それ自体変化する人間の諸目的に応じた言語使用がある。第二に、言語は時間を経て（そして時間を経てのみ）使用される。始まりの後に、人は、文章の終わりを語り／書き／耳にし／読む。この事実は明白であるが、自然言語のこの特徴が論理学といかに対照的であるかを思い起こしてみる価値はある。論理学は諸関係に関わることがらであり、言語もまた諸関係を組み入れるものである。しかし、言語における諸関係は命題のみならず言明の中でも明らかであり、時間的なものである。論理学は、言明ではなく命題の形式をとる。この差に留意し損なうと、言語の時間性から注意を逸らすことになる。第三に、文化の内での言語の位置づけは、歴史を顕現する。

言語の時間性はまた、未来の次元にも深く関わる。言語の内には、とりわけ世界への志向的状態に関連する時間意識がある。これは、志向的言明を明らかに超えるものである。言語のいかなる分析も、人物の性質についての何らかの考えを前提としている。人であることの一つの規準は、行為者である自分自身に気づくことである。そして行為者とは、必然的に世界に働きかける力を備え、将来的に世界に影響を与える力を備えた者である。こうして行為する能力は、自分自身の企投を含む形で、世界への気づきを組み込んでいる。さらにそのような企投の形成には、言語が必要とされる。言語は、企投を促進するために利用される道具であるだけではなく、企投それ自体に、まさにその捉え方に内在的なものである。諸々の志向は、事象の未来の潜在的状態に言及する記述を組み込んでいる。この志向的状態こそが、まさに言語の主動力源であるのかもしれない。われわれが言語を用い言語を通じて目的を遂行するという想定に依拠している点で、意味の使用説はこの考え方をある意味で裏付ける。

デヴィット・ハムリンは、言語がいかにして機能を果たすかという問いを投げかける際（Hamlyn, 1978）、人間の根本的な要求という点からこれに答えようとする。この問題に関連し、用いられている語の使い方は、それ自体が問題をはらむものである。というのも、意図を言語の外部で捉えることはほとんどありえないにもかかわらず、意図は言語の主動力源であるかもしれないなどと示唆することに、人は落ち着きのなさを覚えるはずだからである。とはいえ、その居心地の悪さに耐えることは、言語の起源に向かうために支払わねばならない代価なのかもしれない。このような不可解さがあるにもかかわらず、ハムリンは以下のように主張する。すなわち、われわれは精緻で、明らかに言語的な意図を後に形成するが、その萌芽は、存在しないもの——つまり、欠如しているもの——を捉える能力の中に探し求められるべきであり、そして、何であろうともこれを獲得したいという欲求の中に探し求められるべきであるのである。この欠如に対する原初的な気づきを人が記述するという目的にとって、言語は使いものにならないということかもしれない。

第二章では、言語の未来の次元がもつもう一つの重要な側面が論じられたが、これは意味が最終的に固定されない、ということに関わっている。同章では、言語ゲームの生成的特質が論じられ、言語の強情で手に負えない傾向性、すなわち、ある語を発することがわれわれの制御を超える生命をもつ有様について述べられた。これらの要素は再び、人間主体と言語についての考えをとりまとめるものである。語ることや書くことの中で、われわれは、問題なく参照できるような固定的コードを使用しているわけではない。むしろある程度、運に身を任せている。ことばは無限の解釈、反復、再配置に開かれている。解釈の理解可能性と一貫性には限界があり、そうした限界に直面するところでは、間違った解釈について語ることが妥当であろう。だからといって逆に、何らかの本質的で真実の意味がなければならない、ということにはならない。そうではなく、われわれはただ一連の解釈や効果をくぐり抜けるのみであり、それらは共に、語ったり書いたりしている人物の制御を超えるところにある。発せられた語の意味を求めることはもちろん正当なことであるが、その答えは実用的説明の秩序のもとになければならない。このことは、われわれが正確な解釈をしたり、自分の意味することを説明したりすることに残念ながらあまり長けていない、ということを示唆するものではない。そこで言われていることは、言語に関する本質的な点である。つまり、「実用的説明」という表現がもつプラグマティズム的な響きが重要なのである。その本質が語の外観を超え、手の届かないところにあるような、真実の意味や本当の意味といったものは存在しない。(6) さらなる解釈は可能であり続けるので、「実用的説明」という表現を説明しつくすことはできない。それはあたかも、意味が無限に先延ばしにされるかのようである。話者の意味が重要性をもつのは、こうして推移する状況の中である。

同様の理由から第二章では、『哲学探究』における言語論のうち、曖昧さに関する部分についての誤った解釈に対する批判も行った。そこでは、ヴァイスマンが後期ウィトゲンシュタインを解釈するように、言語がある点では曖昧であり別の点では正確であるとみなすことは誤読である、ということが論じられた。この見解は、決定性の概念が潜んでいるという点で誤っている。これに従えば、曖昧さはこの決定性の概念を背景に示されることになってしまう。これに対して、「曖昧」という用語やこれと類似した用語は、言語ゲームの限界内に位置づけられて初めて足がかりを得るということが述べられた。つまり、外部からみた曖昧さによってゲームが裁決される、といったことにはならないのである。一体そのような判断がどのような見地からなされうると言うのか。むしろ使用される規準は、ゲーム内でのわれわれの語り方に基づくものである。さらに、言語上の規則はその性質からして、事前にあらゆる可能な適用を網羅することはできない。これによって、発話者は予測できない仕方で自由に言語を使えるようになり、聞き手は自由に新しい解釈をなし、新たな仕方で応答できるようになる。ただし、この自由は当然ながら言語使用者にとっての自由であると言えるのであるが、それを言語それ自体に見いだすこともまた妥当性をもつのである。言語はたんに使用者の手中にある受動的道具にすぎないのではない。つまり言語は、使用者の自律性に深く関係するものとしての自律性をもつのである。(7)

ある意味、言語の自律性は見かけ上の不安定さと不確実さを残すが、人はこうした要素が健全なものであるにもかかわらず、そこから目を背ける傾向にある。人は自らの自由を実現するために、言語使用者であるのみならず、言語に耳を傾けなければならない。このことは、他者が語ることに耳を傾けなければならないという瑣末な意味(「言語ゲーム」という用語のもとに包摂されているもの)において真実であるばかりでない。言語それ自体とそれが展開する有様に耳を傾けなければならないという、一層理解しにくい意味においても真実なのである。もっと月並みな言い方をするなら、このことは、より偉大で洗練された語彙を獲得することによって、われわれは一層微妙で深遠な方法で思考することができるかもしれない、という事実に関連している。(第二章と第三章でなされた説明は、いかなる表層的な解釈をも排除しつつ、このことの意味をより十全に探究するものである。)言語には、われわれの経験の深みを測りうる可能性が含まれている。この時、われわれはヒーニーの女性的様式の中で動いている。それは経験の沈殿と共に何千年にもわたって人間社会において発達してきた言語を尊重する様式である。そうすることによってわれわれは、ある程度の制御――男性的様式が約束してくれるような類いのもの――を認めはするが、ウィトゲンシュタインの語句を用いるなら、ザラザラした大地との接触によって力を与えられる。このようにして言語に注意を向けることで、われわれは知識を増大させているわけでも、情報を貪欲に収集しているわけでもない。むしろ――シモーヌ・ヴェイユが述べるように――それ自身の赤裸な真実の姿で立ち現れる対象を受容し、それによって入り込まれることを迎え入れる構えにある。こうした表現はすべて、主体が世界の物理的内容物の中に現に在るという感覚を伝え、観察的姿勢を覆すものである。

このような言い方をすると問題を神秘化するように思われるかもしれないので、以上の主張を突き放して見てみたい。日常言語には、ここで言われるような複雑さがあり、話者の意味が重要性をもつと本当に言いうるのだろうか。言うなれば、意味は現に日々の個別状況の中で十全に機能している。意味はわれわれがそれに対して要求するすべてのことを行う、と言ってもよかろう。そうでないことなどありうるだろうか。この見方は、われわれが本当の意味や真実の意味を求め始めるまで、もしくは言語が対応するような実在を吟味し始めるまで、(正当なものとして)通用するであろう。そして日々の状況の中では通常、そのような要求や吟味がなされることはなく、そこで投げかけられるようなきわめて奇妙な問いかけが生じることもない。語法の所在地は、記述してきたような諸特徴をもつ背景のもとで発生する。不安定で不確実な状態を作り出すように思えるこの言語観は、(偽りの)基礎づけ的な言語観が差し出そうとする確実さに対してわれわれが希望をつなぐ場合にのみ、抑圧的なものとなる。(8)

ここで、意味の遅延と人間性の潜在的可能性の間に類似性を見いだすべきである。生きている人間は、人間として、この諸々の潜在的可能性の幅をもたねばならない。言語による表現は、この可能な解釈の領域の中に存在しなければならない。これが、人間と言語の——ロボットと固定的コードとは異なる——様相である。人間やある表現の意味について限定的な記述を与えようとすることは、誤った捉え方である。これに対し、われわれは実用的な記述をすることができさえすればよいのである。言語と人間主体双方についての非時間的な説明はうまくいかず、失敗の諸々の理由は互いに依存し合っている。人間の潜在的可能性の幅は、この可能な解釈や新しい使用の領域の内にのみ存在しうる。ここには、ウィトゲンシュタインの著作に見られる神秘の感覚めいたものがあると言えよう。(これについては、第六章で再び論じることになる。)

言語を通じて、人間は存在を見守る者となる。前章で議論したバルトによる他動詞的言語の説明にはこれに類似したところがある。そこでは木こりの言語が、世界に直接的な関係をもつものと理解された。にもかかわらず、そこには力点の違いが存在する。ハイデガーの捉え方は、著者を言語の受容者とみなすヒーニーの捉え方に一層近い。著者の役割は見守ることにあるという考えは、支配よりもむしろ関心に満ちた顧慮を示唆する。バルトの象徴的比喩で言語を通じた人間の力が強調されるとするなら、ハイデガーの力点は人間を通じた言語の力の方にある。

4・7　ハイデガーとサルトル

サルトルによって提示される人間主体についての説明は、正しい方向へと移行しつつも、深刻な欠陥をもつものであることが示された。ハイデガーの説明は、サルトルの説明が陥った罠を回避する。それは、複雑で全体論的な特色をもつという点では問題を示すが、サルトルの理論の弱点の代わりに、日常経験に焦点化した豊かな洞察を提供する。それでもやはり、これら二つの分析からどれほどのことが得られたのかを問う必要がある。

人間主体についてのハイデガーやサルトルの記述は、一般によく知られている順で提示され、少なくとも英語圏で広く読まれている順で提示された。そうは言っても、ハイデガーの最も重要な著作の大半は、『存在と無』に二〇年近くも先立っている。サルトルは、特に『存在と時間』に深く関心をもち、著書のいたるところでこの本について言及しているが、ハイデガーの方ではその後、サルトルの哲学を無視した。(9) ハイデガーの著作においてはこうした思想が早い時期に姿を現わしており、それは後期ウィトゲンシュタインにおいていくらか類似性をもつ思想が表明されるよりも前のことである、ということも指摘しておきたい。

先のサルトルとハイデガーの見解の対比は、ハイデガーの解釈を洗練し明瞭にするために用いられてきた。これによって、人間主体に関わるものとして時間を考察するに至った。サルトルとハイデガーは共に、ある人物がどのような者であるかを確定する上での、未来の重要性を強調する。サルトルによる意図と行動の強調は、身体の重要性を的確に示す。彼の記述の多くは、気遣いの態度において未来の重要性が示される場合にハイデガーのものと共通している。サルトルが道を誤るのは、行動の中のある特定の側面を強調しすぎ、混乱した記述をなす時である。にもかかわらず、世界創造という行動の側面は重要な洞察である。それは、ハイデガーの後期の著作において一層十全に論じられる言語の特質と関係をもち、またデリダの著書における特徴（差延）やバルトにおける特徴（真正な言語）にも関連する。

先にデカルトを論じた際、私はケニーによる考察に留意した。それによれば、ヨーロッパの哲学者の間では、知識を意識経験の直接与件としてのコギトに内包されているものとしてみなす傾向があり、他方英米圏の伝統では、こうした知識が発語の自己生成的特性によって説明される。ハイデガーの現存在の概念は、両方の伝統に取って代わるものである。

人間は存在の明るみという間伐によって開けた場所にすでに実存しているものとして説明され、存在の明るみは、主体‐客体関係についていかなる考えを生み出すためにも必要とされる。この説明において、意識経験の直接与件という思想は解体される。経験という概念ですら、主体が一人きりで世界の現象に遭遇するという雰囲気をもっているため、ここでは誤解を生むかもしれない。その概念は、現行の発話にかなり流布し徹底的に馴化されており、問題のないものと考えられている。あるところでハイデガーは、ギリシャ人は「経験」というものをもたなかったと示唆している（Solomon, 1988, p. 5）。[20]

＊20　原語 'lighting' は、ドイツ語の原語 'Lichtung' において「空け開け」、「間伐によって開かれた空き地」という含意をもつ。七九頁参照。

第二章の最後の部分は、言語の自律性が、この存在の明るみにとって根源的であるということを例証しようとするものであった。これによって、それが人間の世界内存在に深く埋め込まれたものであることが示され、言語と現存在の概念の相互関連が示された。コギトの自己生成的特色という思想は、同語反復という罪名をもつ。ここに含意される不毛さは、同語反復と実証可能な命題との対比を主軸とする、実証主義的な言語分類のコンテクストにおいて最も鮮明に理解されることになる。こうしたペテン師たちの存在は、第二章でウィトゲンシュタインとハイデガーの観点から提示された言語の説明によって暴き出されている。ウィトゲンシュタインの観点から見ると、言語はコギトの中で「仕事を休んでいる」のである。ハイデガーについてここで論じられている観点から見ると、コギトを口にする存在者は、現存在の青白く怪しげな影である。コギトの自己生成的特色を——あたかもこれによって問題が解決するとでも言うかのように——語ることは、こうした批判が暴き出す、より大きな過ちに対してわれわれの心を閉ざさせることであるかもしれない。このような過ちに対する盲目性が、近代における人間主体の思想の台頭に影響を及ぼすこととなった。われわれは同語反復の中に見いだされるような自己生成の不毛さを超えて、言語の自律性における、一層豊かな生成概念へと向かう必要がある。言語と人間主体の非時間的説明が相互に関連しつつ破綻したおかげで、言語と現存在の概念の相互関連性の肯定的側面が明らかになったのである。

私が「主体」という用語から逃れようとしてきたのは、とりわけこの主体という用語が、いかに限定的に用いられようとも、ハイデガーの著作が異議を唱える人間主体という概念の残滓をもつかもしれない、という信念をもっているからである。もしこのことが正しく、その用語を回避することが必要であるなら、ハイデガーが作り出す学術用語を部分的に正当化することになるのかもしれない。この回避が必要であるかどうかは、私には確信できない。明らかなことは、以上の議論に基づくなら、主体は不可解な実在から救済され、世界に連れ戻されるということである。

ウィトゲンシュタインの哲学がもつ教育との関連性について語る中で、ハムリンは以下のように書いている。

> ゆえに、ウィトゲンシュタインの哲学についての重要な点は、デカルト的人間像、デカルト的知識の捉え方とその根拠に対する反論である。それはおよそ三世紀にわたって西洋哲学を支配した物の見方と捉え方であり、例えばヘーゲルのように、それから逃れようとする数々の試みがなされた。私には、ウィトゲンシュタインがデカルトについて何らかの深い研究をなしたことがあるのかどうかはわからず、それについて疑いをもっている。しかしそれはたいした問題ではない。彼は、その問題についての深遠な感覚をもっていたのであり、かなり初期にショーペンハウアーを読んでいた。バートランド・ラッセルの思想の中に引き継がれ生きながらえた遺産を除けば、それで十分であっただろう。しかし伝統の打倒は、真の革命であった。ただし、数多くの革命と同様、その精神は字面だけのものとして容易に見過ごされてしまうのである（Hamlyn, 1989, p. 216）。

本章での説明は、ウィトゲンシュタインの二つの攻撃対象——デカルト的人間像とデカルト的知識の捉え方——がいかに相互関連するものであるかを示すことによって、この革命の精神を超えるものを辿ってきた。知識についての捉え方を、言語についての捉え方から分かつことは、およそ不可能である。第二章、

第三章で提示した言語に関するテーゼに基づくなら、このデカルト的人間像は崩壊する。

ハイデガーとその弟子たちは、時に仰々しく、デカルトのみならずソクラテス以来の西洋の形而上学全体を打倒するのだと主張する。(それを言うなら、ソクラテス的推論についてのウィトゲンシュタインの疑念も、ここでは想起されねばならない。)これに対して私の関心は、言語と人間主体についての近代の捉え方により焦点を絞ることにあった。『存在と時間』は、そうした批評のために多くの内容を提供するものであるが、言語に焦点化する後期〔ハイデガー〕の著作がもつ革命的な意義は、書かれている文字に対しまさに字義通りに注意を向けることにある。これを通じて私は、言語と人間主体の思想の相互関連性を示そうとしてきた。この批評は、自己を超える道を示すものである。

第5節　自己の限界

自己について私が論じたいことがらの核心部分については、それに関するハイデガーの考え方について解説した際に述べた。だがその主題を離れる前に、さらにいくつかの視点を考慮に入れるべきであろう。まず、デレク・パーフィットが『理由と人格』(Parfit, 1984)で表明し、ジョナサン・グラバー(Glover, 1989)が繰り返している見解から始めよう。[*21]

＊21　デレク・パーフィット『理由と人格――非人格性の倫理へ』森村進訳(勁草書房、一九九八年)、ジョナサン・グラバー『未来世界の倫理――遺伝子工学とブレインコントロール』加藤尚武、飯田隆監訳(産業図書、一九九六年)参照。

5・1 連合と物語

パーフィットの中心的思想は、吟味に堪えないような人格の同一性の捉え方に、われわれが不当に、そして間違ってとらわれているということである。われわれは、分断できない完全なものとしての自己という考えに固執している。例えば、生涯あるいは来世ですら個々の人間に生じうる変化にもかかわらず、自己は持続するという想定である。ここにおいてグラバーによる半脳移植の小説は、こうした統合性の捉え方が根本から崩されかねない様子を物語る。パーフィットの「遠隔輸送機」――「電送される人」を破壊するが、別の場所や後世に瓜二つの複製を生産する機械――は、どのような類いの継続性が必要とされるのかという問題を強調する。これらが日常的な人間の実存にとっても関連性をもつのは、実のところ個々の人間が一連の変化をくぐり抜けるからである。そうした変化によって、自己として同定されるべき継続性の核を分離することは難しくなる。（しかしその仮説に従えば、遠隔輸送機で電送された人は変化しないということを銘記する必要がある。）例えば、今ある私は、五歳の時の私と同一人格であろうか。私の同一性は、ロボトミー手術や精神的衰弱を経て、さらには深刻な社会的大変動を経てすら持続するものであろうか。もし何らかの安定性が必要であるなら、どこで線引きをすることになるのだろうか。

ヒュームは、自己を所有者なき経験の束とみなしている。束はその内に何ももつことはできないので、これによって継続性の問題は避けられることになる。これとは対照的に、もしリード[*22]が述べるように、どのような経験にもその経験をする者がいなければならないとすれば、諸経験がきわめてばらばらである時にその人の正体を明らかにするという問題は再び生じることになる。その結果、所有者は性格を抜き取られ、こうした多様な状態の間の形式的なつなぎ手となる。

＊22 スコットランドの哲学者、Thomas Reid（1710–1796）。

これらいずれの見解も、本章で概略した自己についてのありきたりな捉え方に完全に対応するものではない。すなわち、自己は状況の偶発的できごとを経て持続する「実在」と実体をもつ、という前提に立つ捉え方である。

さらに難題を突き付けるものは、われわれは統合体としての自己にとらわれすぎているというパーフィットの示唆である。それによれば、自己はむしろ、多かれ少なかれ連関した諸状態の連合に近いものである。これらの状態は、共存している他者から孤立させることはできない。そういうわけで、われわれ自身の一部は、ある意味で死後も継続するということになる。

グラバーは、この見解を部分的にのみ受け入れ、自己が一つの物語、あるいは多数の物語とも言える特質をもつ点に注意を向ける。時に、物語という形式で語りえないような人物の実存はありえないことが人間生活の特色である、と言われる場合がある。これに対する反論として、こうしたことはどのような動物の生にもあてはまるし、それを言うならペーパークリップの生にすらあてはまりうるではないか、という申し立てがなされるかもしれない。しかしながら、蟻やペーパークリップの生の物語という考えそれ自体が、まさに擬人的な発想だということを認めるべきである。つまり物語るということは、主として人間の生活についてのものなのである。

さらに言うなら、その物語の正しさについての感覚に関わる倫理的次元が存在する。明らかに、いかなる伝記もある人物の生涯の諸々のできごとの中からの選択を必然的に伴い、さらにはこれらのできごとの正体が順次明らかにされる多様な有様の中からの選択を必然的に伴う。しかしこの示唆については、正しさという考えが語るべき何らかの真実の物語の存在を含意することにも留意する必要がある。言い換えるなら、それはたんに諸々の作り話の間の選択ではない。グラバーの主張は、われわれが通常このようにして真実の物語を語る経験をするということである。バルトには失礼ながら、われわれは伝記を、正体を明らかにしようとしない小説であるとは考えない、と言うのである（in Culler, 1990, p. 17）。

ここで、ある人物の人生についての物語を際立たせるさらなる要因は、過去のできごとの意義がきたるべきできごとに照らして常に改訂に付されるであろう、ということである。これを例証するものは、私が先に挙げた、軍にある日入隊し、翌日には足を骨折する人の話である。しかしもちろんのこと、生涯を通じて熟慮がなされるのは、より重大な意味をもつ変化についてであろう。われわれが自らの動機や過去の勘違いの能力について次第に気づいていくことも、ここで関連性をもつであろう。同様にそこには、自分自身についての新たな幻想や新たな盲目性も含まれるかもしれない。

潜在的に可能な物語という観点から自己を理解することについての警告には、十分な根拠がある。こうした理解の仕方に対する第一の反論は、ある単独の生涯について語りうる多数の物語には限りがない、ということである。これは、選別についての問題である。よって、本当に起こったできごとをどのように組み合わせて記述を行ったとしても、その説明が必然的に真実であると判断されるのには十分でないだろう。この点で、ある人物の生涯についての真実の物語という考え方には、人間の生活で注目すべきものという観点から、自己が前提とされている。しかしながら、ここでもなお、注目すべきものの規準という問題は未解決のままである。第二の反論は、物語を語ることに関連し、類比を通じて明るみに出される問いに関連する。ナラティヴの技術については、通常以下のように問われることはない。語り手は権威をもち全知であるのだろうか。もし語り手が第一人称であるなら、権威のある語り手とは、今生きている人物であるのか、それとも、自己の実存の中の多様な地点で自己に付随する人物であるのか。（このようにして子ども時代を取り扱う物語は、ジョイスの『若い芸術家の肖像』（*Artist as a Young Man*）のように、部分的に子どもの言語で語られるであろう。）このような指摘をするのは、こうした物語の語り手に付随する見せかけの権威に対して注意を喚起するためである。そこには、語るべき真実の物語が現にあるという思い込みだけではなく、権威のある語り手が存在しうるという思い込みもある。これによって、物語によって表現される自己の統合性と一貫性に関する諸々の問題の厄介な重荷は語り手へと移され、不確実性は隠されることになる。

もしヴィクトリア時代の小説がわれわれが自分自身について語りたいと望むような類いの物語の模範とみなされるなら、そこにはこの物語の中に実存の地盤を見いだしたいという欲求があるように思われる。このタイプの物語にあっては、語り手が全知であり、他の形式の語りに欠けているような確実性、もしくは見せかけの確実性がある。この（馴染み深い）タイプのナラティヴが模範とみなされる限り、このような人生の物語の捉え方は、比較的偏狭な性質をもつものとなる。

ここで言われる確実性の欲求は、第二章で論じられたような、知識の基盤としての確実性の欲求に類似しているのかもしれない。この確実性は、本章で問われている、不可分で完結した自己という考えと何らかの共通性をもっている。この名残は、死に際しての人間の生の完結性というサルトルの思想に明らかに見られる。そこでは、「ある人の行為の総計」によって、その人が何者であるかが最終的に決定される。そのような目録を編纂することについては、経験的であると同時に概念的であるような問題があるかもしれない。これは行動という考えがそれについてなしうる様々な記述と結びついていることに関係する。なされうる記述の幅は無限であり、完結性は決して達成されえない。

なされうる記述の幅がもつ無限の可能性について思索をめぐらすなら、人は一種のめまいを覚えることになるであろう。これに類似したことは、ボルヘスの短編小説「記憶の人・フネス」に生き生きと描かれている。馬から投げ出されて以来、すでに類い稀なる記憶力をもっていたフネスは、もはや何事も忘れることができないという次元にまでその記憶力を広げてきた。

一七世紀に、ジョン・ロックは、個々の物体、個々の石、個々の鳥や枝が個々の名前をもつという不可能な語法を仮定し（そして廃棄し）た。フネスも一度は類似の語法を考案したが、それではあまりに概括的で漠然としているというのでやめてしまった。実際、フネスは、どのような森のどのような木のどのような葉も覚えているばかりか、それを見たり想像したりした折々の一つ一つをも覚えていた。彼はすべての過去の経験を七万ばかりの記憶にまとめ、それを後から数によって定義づけようと決めていた。二つの考えが彼を思い止まらせた。その仕事はきりがないという考えとそれは役に立たないという考えである。彼の死の時にも、幼年時代の全記憶さえ分類し終えてはいないだろうということがわかっていた。……「犬」という属名が、様々な大きさと異なる形の、それほど多くの一様でない実例を包含するということを理解するのは、彼にとって難しかったというだけではない。三時一四分の（横から見た）犬が三時一五分の（前から見た）その犬と同じ名前をもつという事実に悩まされたのである（Borges, 1981, pp. 93–94）*[23]。

フネスの苦境は――不可能なものであるにせよ――この記述が示しうるものよりもさらに目に余るものである。自ら考案したロック的言語に対する彼の不満足は、いかなる状態も、それを分離して取り出す（そして名づける）ことは不可能である、ということに関連している。このことに直面する時、三時一四分の時点での犬の記述は消え去ってしまう。この例がもつ力は、こうして理解される人生の完結した記述の試みはいかなるものであろうと不毛である、ということを際立たせる点にある。なぜなら、記述という概念は選別を前提としているからである。

＊23　ボルヘス「記憶の人・フネス」『伝奇集』篠田一士訳（集英社、一九七八年、八四—八五頁）参照。

選別には識別が関連し、それには重要性の規準が必要となる。『知恵、情報、驚嘆』の中で、ミッジリーは、「人類の宇宙論的証明原理」の「最終地点」として究極的に予見される、情報の蓄積について思索する。すなわち、「生命は……無限量の情報の中に蓄積されるであろう。それには、論理的に知ることが可能な、あらゆる知識の断片が含まれる」という原則である（Midgley, 1989, p. 10）。これに反対して彼女は述べる。

……砂粒を数えるといった瑣末な目的をいかにして避けうるのかを知ることは、生命の全般的理解の中でもとりわけ重要な部分である。（こうした類いの識別が一見すると不在であることは、確かに今ここで考察した「最終地点」の概念がもつ奇妙な点の一つである。）この選別力、重要であることについての知識は、知恵の一側面であり、強迫観念に対する防波堤である（ibid., p. 45）。

私が示そうとしているように、「知識のあらゆる断片」という考えは、個々の知識が既成の状態で手に入るという想定に依拠するものであり、間違ったものである。事実、どのような知識の項目にとっても、選別はすでに生じている。同様に物語の場合、いかなる記述にも何らかの排斥がすでに生じているはずである。ミッジリーの関心は、識別の価値評価的な性質にある。これなしには、たんなる情報の蓄積は抑圧的なものとなる。記述可能性の幅が無限であるという展望が一種のめまいを生じさせるものであるとするなら、ここで言われている情報の無限の蓄積という展望は息苦しさを生じさせるものであるように思われる。事実、ボルヘスの物語の最後で、フネスは肺の鬱血により死んでしまうのである。

ナラティヴ的な見方の転換が深く関わる小説の実験——例えば、競合する声や、「あてにならない」語り手を伴うもの——は、ヴィクトリア時代のナラティヴの主張に対する抵抗運動であった。それは特に、見方の完結性に対する野望に関わっていた。（前述の第4節への注記〔原注（4）〕で、一九世紀の小説における古く安定した自我を超えようとするヴァージニア・ウルフの欲求について述べた。）そうした実験は、ヴィクトリア時代のナラティヴが前提とする人間主体の理念を根本から崩すことにも関連していると言える。

自己の確実な基盤の欲求には、倫理的次元がある。しかしながら、自らの人生の真実の物語を発見しようとする試みには、自己への不適切な注意の向け方が深く関わっているかもしれない。少なくとも、そのような内省に費やされる時間は、もっとうまく活用しうる時間であったと捉えることができるかもしれない。しかし、批判の主眼はより深遠なものである。つまり、こうした類いの内省には、ある人の他の諸々の思考を歪曲することが深く関わっているのである。もしそのような内省が、形而上学的過ちに基礎づけられているなら——おそらくその通りであろうと私は本章で主張しているのであるが——内省の効力は人の思考のこうした局面に限定されずに全面的に広がるであろう。

これに基づくなら、物語は語らない方がよいということになるかもしれない。もちろん、こうした語り方は、人々が自分自身について考えようとする際に行うようなことがらの近似値にすぎない。日常的用語では、物語はライフプラン、より控えめに言うならキャリアプランという考えにまで拡大されるかもしれない。それはまた、より深遠ではあるが同じように自己中心的な、過去についての内省や反省であるかもしれない[10]。カウンセリングや他の「告白的」談話様式の流行は、このタイプの物語を促していると言えよう。こうした物語は、前者についてはマッキンタイアの言う「セラピスト」のために、後者については「仮説的な「自伝」の読者」のために、それぞれ捏造される（Updike, 1989, p. 221）。

以上のことは、使用されている比喩——束、連合、物語——の不適切さを示しているように思われる。自己が自己以外の何ものでもありえないがゆえに、われわれは適切な比喩をもちえない、と言ってもよいかもしれない。われわれが使用する比喩は、われわれ自身と行動についての捉え方を歪める力をもつのかもしれない。

他方、われわれはここで、あまりに制限されすぎた物語の考え方を扱っていると言えるかもしれない。物語の根源的条件は、時間の軌跡がなくてはならないということである。これは、ハイデガーの存在と時間についての思想が示すように、少なくとも自己にはあてはまるように思われる。軌跡とは、たんにできごとの連続ではなく、過去と未来が現在に関わりうるような次元のことである。

こうした次元から生み出されうる力の感覚や緊迫感は、存続についての語りによって麻痺させられる。キルケゴールは個々人が道徳的決心に直面する際の唯一無二の有様を強調しているが、もし個々人の実存がグラバーの推奨するような存続についての懸念の内に括られるのであれば、そのような有様は力を失う。けれども、グラバーの見解は道徳的行為者としての人間という捉え方を弱体化させる——すなわち安心感を得るために賭金を引き下げる——という指摘は十分ではない。ハイデガーが正しいとすれば、グラバーの見解は、形而上学的な類いの間違いを犯しているのである。ジョン・アップダイクは以下のように考察している。

あらゆる神秘は、近代主義者によって解消された。神は一般的な知性のもとで心理学と人類学へと徹底的に解消されてきたが、自己それ自体、すなわち、われわれの内でかくも結晶のごとく透明で絶対的であると想像されるような「私」という核もまた、人間社会が授ける構築物として、非難され分析されうる。母親は最初にわれわれに手を伸ばし、食物を与え、語りかけ、そして自らの内容物によってわれわれの空洞を埋め始めるが、自己はその母親を起点として外へと輪を広げる (ibid., p. 207)。

グラバーによる自己の説明には、アップダイクが記述するような解消に類似した還元主義が見受けられる。ある面でハイデガーの思想は、この種の解消に貢献したように思われるかもしれない。「私」という核がデカルト的主体である限り、確かに解消こそが目指されるものだからである。本書を通じて浮き彫りにされてきたものは、人間に必要な社会的背景の強調であった。言語の本質的役割に注意を向けることは、この「人間社会が授ける構築物」のもう一つの根拠であると考えられるかもしれない。

しかし、このような主張をなすことは、必ずしも自己の思想を単純化することにはならない。むしろ、人間であるとはどういうことかの複雑さを主張し例証することである。その複雑さは、自己に単一の焦点を当てることによっては見いだしえない。ゆえに、そうした単純化の発想はハイデガーの著書の誤読であり、その誤読が例えば一部の脱構築主義の理論に見いだされるような類いの還元主義に貢献したと言うこともできるであろう。

5・2 目と視界

アップダイクは続けて、ミシェル・トゥルニエの『フライデー』(*Friday*) という小説から一節を引用する。

> 他者と関わらない自己を描写しようと努める際に注意しなければならない第一の点は、その自己が断続的にしか、つまりかなり稀にしか存在しないということである。そして、この他者の現前は、二次的でいわば内省的な認識方法に対応する。実際、原初的で直接的な方法では、どのようなことが起こるのであろうか。その場合、対象はすべて、陽射しを受けて輝くか、影の中に隠れているか、ざらざらしているか、柔らかであるか、重いか、軽いかしながら、そこにある。対象は知られ、試され、触れられ、そして調理され刻まれ、折り曲げられさえもする。他方で、まさに知り、触れ、調理する私は、私なるものを出現させる反省行為を行う場合――これは実際には稀にしか起こらないのであるが――を除けば、この私とは別のもう一人の存在をもつことはない。この認識の原初状態にあるものはその対象自体であり、その対象物は、知り、知覚する人間がいなくとも、知られ、知覚されている。ここでは、対象物に光を投げかける蠟燭のイメージを持ち出すことはできない。このイメージを他のイメージ、つまりそれを照らす外部からの光を少しももたずに、それ自体で光を発する対象のイメージと入れ替えねばならない。……そして、突然、かちっという歯止めがはずれる音が生じる。対象からその色と中身の一部を剝ぎ取りながら、主体は対象から分離する。物の体系に亀裂が生じ、あらゆる対象が粉々に砕けて私となる……（ibid., p. 208）[*24]。

この記述で描かれている、主体の出現が物への非反省的な関与という背景を前提とする様子は、本章で私が行ってきた説明と調和するものである。さらに、この一節は、存在の明るみが生じる様子を詳細に描き出すものでもある。存在の明るみとは、（意識の）蠟燭の光ではなく、またポパーの言うサーチライトの光でもなく、対象それ自体から出る光である。それは、森の中の間伐地としての明るみ（*Lichtung*）と共通性をもつ。

＊24 M・トゥルニエ『フライデーあるいは太平洋の冥界』榊原晃三訳（岩波書店、一九八二年、一一〇—一一一頁）参照。

知覚の対象に光を照らす蠟燭としての自己をイメージすることの拒絶は、『論理哲学論考』（5.6）でウィトゲンシュタインが表明する見解に近い。ここでは、自己が視野の限界に喩えられる。この類比は、視野に関連する目のような存在としての自己という考えからの離脱を可能にするという点で価値をもつ。この誤った考えは、主体と客体という観点に立つ従来の思考によって促されるように思われる。（意識に関連するものとしての）自己を、（視野に関連するものとしての）目という観点から考えることによって、意識の背後にある不可解な存在という捉え方が促される。ウィトゲンシュタインの言明からは、目は視覚を可能にする仕組みではあるが視野の特徴ではない、という結論が導き出されるだろう。ウィトゲンシュタインが述べるように、彼が見いだす世界について書こうとする場合、自らが制御できる身体の諸部分や制御できない諸部分については語ることができるであろうが、自己の正体を明らかにし記述することは決してできないであろう。同時に、そのようにして記述されることになる世界は、彼の世界でしかないであろう。私が思うに、このことは、ある個人にとっての自己は彼の世界が限界づけられる仕方に関わるであろうということを意味する。そして少なくとも『論理哲学論考』の見解に基づくなら、その人の言語の限界に直接的に関わるであろう。

自己についての哲学的議論は、自己という用語の文法に対して耳を傾けようとしない奇妙な傾向をもつ。

「自己」について語ることはすでに、その語を日常的コンテクストから引き離すことである。よってわれわれは、この物象化された新たな語法における表層的文法によって欺かれる。そしてこのことによって、自己がいかなる日常的な意味においても決して物ではないという理解が妨げられる。これを克服するためにわれわれは、不可解な存在という考えへの耽溺を思いとどまる訓練を必要とする。目から視野へ、器官から感覚へと力点を移すことは、この訓練を遵守することである。

身体が通常提供するであろうような一種の感覚的視点なしに、世界の内に脱身体化された存在を想像することは、困難――おそらくは不可能で――ある。私自身が脱身体化された存在としてこの部屋に現れる様子を想像してみても、私は依然として、その部屋をある特定の見地から見ているのであり、これを取り除くことはできないように思われる。身体は通常の仕組みであるが、世界が世界であることにとって必須であるような視点でもある。この時点で、身体的能力としての「センス」か、意味としての「センス」かという曖昧さは、ほぼ解決されることになる。諸々の視点の所在地と、それらが必要とする限界は、世界の環境性を示すものであり、そうでなければ世界は実現されえない。同様に、視点は小説にとっても必須である。実験的小説での推移する観点は、物語の統合性を崩壊させ、異なる視点の関係的性質を前面に出すために用いられる。自己に関して言えば、様々な言語ゲームの内で実現され、また様々な言語ゲームにとって必要不可欠なものとしての多様な視点が存在することになる。

5・3　像としての身体

魂に関するウィトゲンシュタインのある言明は、以上のことに関連性をもつ。『哲学探究』の中で彼は、宗教的教えに見いだされるような脱身体化された存在に関連する概念を手短に探っている。ここで理解すべき最も重要な点は、ことばが果たしうる役目である。

頭の中で思想の像がわれわれに迫ってくることがあるなら、なぜその時、魂の中で思想の像がそれ以上に迫ってはこないのか。

人間の身体は、人間の魂の最良の像である（*Philosophical Investigations*, p. 178e）。[*25]

写像の論理には、ある像としてみなされるものが、何か別のものについての像でなければならないということが含意されている。身体というものは、ある身体の一つの像ではありえない。ある像は像であるために有意味でなければならず、読解される必要がある。よって、ウィトゲンシュタインの例において解釈される身体は生きた身体であり、その記号は共有される行動上の諸反応によって構成される。精神生活が前提とされていることを意味するような〔精神と身体の〕概念的連関があるという理由から、こうした身体反応を精神生活が存在する証拠として解釈すべきではない。われわれが反応を読解するということは、判断における一致であり、われわれが仮にも概念をもつということと本質的に関連しているのである。

＊25　ウィトゲンシュタイン『哲学探究』〔ウィトゲンシュタイン全集　第八巻〕藤本隆志訳（大修館書店、一九七六年、II部、三五六頁）／『「哲学的探求」読解』黒崎宏訳（産業図書、一九九七年、II部、一二頁）参照。

諸反応が記号とみなされうる限り、その実現のためには読解が必須であるということを銘記すべきである。そのように解釈されるなら、自己は必然的に読解の多様性に差し出されるものとして理解される必要がある。ここで言う多様性とは、必ずしも未来の諸々の可能性の中にあるサルトル的なディアスポラのことではなく、諸々の意味の散種のことである。この多様性の感覚が強まるのは、記号と（読者としての）

自己との間に補完関係があることが認識され、自己は順次さらなる読解に差し出されるということが認識される時である。これは、他者の見解の産物として自己を卑小化することではない。むしろ、内在的本質としての自己という考えを、形而上学的なキメラとしてさらに暴き出すことである。これとは対照的に、相互に織り合わされるテクストという思想の妥当性と豊かさ——言語ゲームの多様性——を見てとることができる。

像とは、ある特定の仕方で注意を向けることがふさわしいものである。われわれの注意の向け方は、生活の中でその像がもつ用途に関わるものである。この点で、像としての身体は、見ること、聞くこと、動くこと……痛みを感じること、などといった観点から理解される。身体は、諸々の感覚器官の組み合わせとしてではなく、諸々の視点の中心という観点から理解されるであろう。われわれはこうした観点から像を読解する。ウィトゲンシュタインが言明を行う際の口調からは、像が差し出すものがわれわれの態度において担う何らかの役割への示唆がうかがえる。実証主義はこうした読解の仕方をしないよう促すのであるが、それは道徳的盲目状態に陥ることであろう。像としての人間の身体は、人間の傷つきやすさを悟るための力強い契機となりうる(11)。

世界と人間生活の遠近法的な性質に注意を向けることは、自己が整然と統合された物であるという支配的な想定に対抗するための一歩である。同様に、自己の本質的に言語的な性質は、それが言語ゲームの多様性という観点から理解されるべきである、ということを意味している。ウィトゲンシュタインの言明における像の思想は、自己に接近する仕方について何らかのことを示している。これらの要因は、その内で自己が適切に捉えられるような限界を示すものである。

しかしながらこのことは、トゥルニエから引用された結びのことばが示唆するように、特定のコンテクストの内から主体が単独性をもって立ち現れうる方法がある、ということを否定するものではない。道徳的選択の機会は、人間に突き付けられるこの単独性という意味で、時に厳粛な瞬間である。この種の単独性は、幻想ではない——少なくともそうである必要はない。このことはキルケゴールの著作の中に明白な形で表わされており、同様のことは倫理学に対するウィトゲンシュタインの姿勢の変わらぬ特徴であるように思われる。それはまた、ハイデガーの現存在という概念の一部でもある。これが最も明瞭に見られるのは、死に向かう存在においてであり、そこでは、先に述べたように、個々人がその人自身の死に独自に向き合っている。

　自己という語彙が最も適切に用いられるのは、この倫理的重要性を伴う場面においてであろう。このことは、自己が断続的にしか存在しえないと認めることであるかもしれない。一方で、もう少しメロドラマ性を弱めた表現も可能かもしれない。つまり、われわれが自己について語る時、必ずしも一貫した方法でその語を使用するとは限らない、ということである。しかし、われわれが扱っている掴みがたい概念の性質は、こうした認識を妨げるものである。哲学的言説の中で自己の研究が形式化される時、そこには常にこの問題がつきまとっている。

　次章では、人間経験のとりわけ個別的な側面を明瞭にすることを試みる。議論の焦点は自律性とその限界にあてられるが、私は真正性についてのある特定の捉え方にも関心がある。本章では繰り返し、行為者性についての問題が提起されてきた。これに関連して、受容性の概念を何らかの仕方で定義づける必要がある。以上に基づいて、ここまで論じてきた一連の考察がさらに展開されることになる。

　本章では、行動と本来性に関するハイデガーの思考の諸側面にはほとんど注意が払われなかった。近代的な自己観の誤謬を示すことが目的だったのであり、これを行うために、私は人間が世界内存在である状態に集中的に取り組んできた。この行程を辿るさらなる理由は、本来性に関するハイデガーの思想が、他の人々の著作によって大衆化されつつも歪曲化されてきた、ということにある。その歪曲の中で、ハイデガーによる本来性の思想は私が反対する人間主体観に結びつけられてきた。したがって、ハイデガーによる本来性の思想は以上の説明に基づいて考慮されるべきなのである。

(1) 世界の諸状態についてのサルトルの言及の中にもまた、潜在的な原子論が存在している可能性がある。彼は、あたかもそうした状態が孤立し非時間的であり、後に選択を通じて連関するようになるとでもいうかのように語る場合がある。あるいは、そうした状態は変化の知覚に抗う分離状態としてのみ理解されると示唆するように思われる場合もある。そうだとすれば、この理解の仕方は、ますます生きられた経験からの抽象とみなされることになる。後者の場合の示唆の方が、一層受け入れやすいものである。同様の指摘は、後述するハイデガーによる時間の捉え方についての概略の中でも取り上げられる。

(2) 「状況」という用語もまた、それを取り巻く物語を前提としているので、ここでは曖昧である。

(3) 自由の叫びは、人間が世界に放棄されているという感覚と響き合うものである。

(4) ヴァージニア・ウルフは、一九世紀の小説の「古く安定した自我」を超えようとする意図を表現している。

(5) この目的性の概念は、立案に関わる諸々の思想の中で普及している、手段‐目的関係についてのある特定の捉え方とは区分されるべきである。そこでは意図と結果が別々のものとして捉えられ、計算された行動の中間的段階によって静止した諸段階が連結される。私が記述しているものは、世界についてのわれわれの理解の背後に広く行き渡っている背景として理解されるべきである。

(6) もちろんここで、身振りや表現はこうした語の外観に貢献する。意味はコンテクストに拘束されるだろう。曖昧さが生じる場合、それが曖昧さとして留意されるのは、まさに、それが通常のものではないからであろう。

(7) 解釈の差異は無制限ではなく、言語ゲームの内部で作動するものによって限界づけられるであろう。ウィトゲンシュタインは、発語が一つの言語ゲームから別の言語ゲームへと——時に奇妙な効果をもたらしつつ——移行しうることを認めているが、それはコンテクストから自由ではありえない。バルトの神話についての説明には、この考え方の延長を認めることができる。デリダの反覆性と遅延の概念もまたこれに関連している。

（8）メアリー・ミッジリーが指摘しているように、われわれは、現にそうできているように、確実性なしに生活することができ、そして実際のところ絶対的な安全なしに生きているのである（Midgley, 1989）。この指摘が言語に関連性をもつ点として、人間生活の絶対的な安全という考えがほとんど意味をなさないということに留意すべきである。

（9）デヴィッド・クーパーは、ハイデガーが所持していた『存在と無』の大半の頁はペーパーナイフで切開されないままであったことに着目している（Cooper, 1990, p. 7）。ハイデガーによるサルトルの無視は早計であったのかもしれない。

（10）アイリス・マードックは、善には、こうした類いの自己への注意を回避することが深く関わると述べている。

（11）ピエル・パオロ・パゾリーニは以下のように述べる。「私が視覚のように、視野のように頭に描いているものは、マサッチョやジョットのフレスコ画である。……そして、一四世紀絵画は人間をあらゆる視点の中心に据えるが、これに対して私は最初に抱いた情熱によってしか、イメージ、風景、いかなる形状の構成物をも視覚化することができない」（「神聖さと冒瀆：ピエル・パオロ・パゾリーニの映画」（'Sacred and Profane: The Films of Pier Paolo Pasolini'）のプログラムの注釈。英国映画協会出版、現代美術協会（ロンドン、コーネルハウス、マンチェスター）協賛。引用は、「ピエル・パオロ・パゾリーニ」協会（Associazione 'Fondo Pier Paolo Pasolini'）出版、『ピエル・パオロ・パゾリーニ、未来の生活』（*Pier Paolo Pasolini A Future Life*）より）。パゾリーニの映画、『奇跡の丘』（*The Gospel according to Saint Matthew*）で描かれる人間の身体は、ウィトゲンシュタインが指摘している点を生き生きと示唆するような像とみなすことができる。その映画はおそらく、（いわゆる）字義通りに解釈されるキリストの生涯のできごとはキリストの生涯の重要性についてわれわれが抱きうる最良の像でありうる、ということを示しているのだろう。

第五章　自律性を超えて

言語と自己についての章はそれぞれ、自律性概念の中の「法」(*nomos*)と「自己」(*autos*)という構成要素に関連している。本章では、自律性の理想を特徴づけるものが、ある特定の自己概念であり、ある特定の思考(そして言語)概念であるということを示していきたい。

自律性が教育における主要問題であることにはいくつかの理由がある。第一に、自律性は善きものであり、最優先されるものであろうという暗黙の想定がある。そしてそれは、議論を提起するためではなく解決するためにしばしば引き合いに出される。第二に、自律性の理想は教育にとって中心的なものであるという考え方は、数々の主要な教育哲学者たちによって強硬に弁護されてきた。自律性が正確に何を意味するのかについては意見の不一致があるが、それが望ましいものであるという点では広く合意がなされている。教育哲学の分野でこうした見解が優勢であることによって、自律性を善きものとして暗黙のうちに受け入れるという第一の点が維持され強化されていることは疑いない。第三に、自律性はしばしば、他の教育的善の必須要件としてみなされ、そして実際のところ、より広い意味で道徳的善の必須要件としてみなされるという意味で、教育の諸理想の中でも特別な位置を占めている。したがって、リベラル・エデュケーションの概念は、いかに広義に解釈されようとも、自律性が体現する自己統治の理念に本質的に関連するものである。
私は、自律性について包括的な批評を試みるつもりはないが、これまでの章で出されてきた結論に基づく見地から、この論題を考察しようと思う。しかしながら、以下に続く諸批判は、自律性という主題について執筆されてきたものの多くと重なり相互に関連するので、自律性の概念および理想を概略しつつ、そうした諸批判を紹介することにする。

第1節　自律性の概略

1・1　自律性の主張

以下では、例えば制度的な自律性や学問的主題としての自律性ではなく、個々の人間にあてはまる自律性に関心が向けられる。この意味で、自律性に関し、ロバート・ディアデンを初めとする、その領域の多数の人々による著作の主題に焦点が絞られる。個人の自律性は、リベラル・エデュケーションで表明される諸目的の中の主要な構成要素であった。

まず、自律性という用語の弱い意味での使い方と強い意味での使い方を区分することができる。弱い意味での自律性とは、自分が行うつもりのことを自分自身で決定することである。これは、他者を傷つけることがないという条件のもとで、望ましいものであると考えられる。ある人がこのようにして自律性を享受するためには、他者による非介入が必要とされる。介入の適切な限界について議論される際に想定される一つの価値が自律性である。強い意味での自律性はなおも形式的概念であるが、弱い場合に見いだされる自由の行使は、ここでは合理的原理に従って行為することへの信奉と結びつく。したがって、強い意味での自律性は、主として合理性に関わる。合理的原理に従って行為することへの信奉によって、自律性は、勇気、決心、高潔さなどの徳に結びつけられ、それによって自律性の実行に関わる構成要素が効果を発揮することになる。確立された原理への信奉によって安定性――そして実行する上での応答性――は高まる。より根源的には、自己の安定性が想定されることになる。

教育において特に重要なのは、自律性の理想である。これは、より抑えられた（弱い）形の概念から区分すべきものである。ホワースは、通常の自律性が人物においてどのように前提とされているかを示している（Haworth, 1986）。彼は、その用語の記述的使用と規範的使用を区別し、後者は、例えば社会的権利の主張において引き合いに出されることがあると言う。人物に帰すことができる自律性の段階は、最小限の自律性、すなわち、いかなる活動にとっても根源的な能力に関わることから始まり、通常の自律性へと高まっていく。通常の自律性の状態とは、立案過程やそれが実施されるための標準についての批判的反省によって、二次欲求や効果的な立案能力が補われる場合である。こうして、デカルト的な主体についての考え方は、行為と批判的反省を融合させるデューイ的な捉え方によって置き換えられる。さらに二次欲求があるところでは、気まぐれ者の最低限に自律的な生活は無効になると主張される[1]。これらの欲求がより十全に個人的な裏付けを得るにつれ、責任の大きさも一層増す。ホワースは、この責任がたんに自律性に付随するだけでなく、不可欠であると強調する。このことは、自律性が教育的な善の中で特別な位置を占めると信じられている状況を例証するものである。

自律性が教育の中で占める特別な位置は、ディアデンによって支持されている。ディアデンが論文「自律性と教育」（Dearden, 1972）で以下のように論じていることは、ここでの争点を示す上での助けとなる。

〔自律性という〕語の哲学的な流布……は、疑うことなく、カントがそれを採用したことによる。カントの見解によれば、人間は行為に際し、自分自身の傾向性によって統治されるのではなく、自分自身の理性によって定められる道徳法則によって自分自身を拘束する場合に、自律的なものとなるのであった。……現代の教育においては、この思想をめぐる一群の用語がある。中でも目立つのは、「自己主導」、「自己活動」、「独立」、「選択者であること」などである（ibid., p. 58）。

その思想が優勢であることは、教育実践における変化（例えば個別学習など）や、成人が生活の様々な領域で選択者となるよう一層促されている状況に見られる。ディアデンは、その概念を以下のように端的に表現する。

ある人物が自律的であるのは……生活の重要な諸領域でその人物が考え行うことが、その人自身の精神の活動に準拠することなしには説明できない場合である。……つまり、こうした領域でその人がなぜそのように考え行為するかについての説明には、その人自身の選択、熟慮、決定、反省、判断、計画、推論に準拠することが含まれねばならない（ibid., p. 63）。

そして、その概念の範囲と関連性が強調される。

ここで定義される個人の自律性は、理論的主題について自分自身の意見を形成することに関心のある知識人のためだけのものではない。それは、日々の実践的活動の全範囲に現れうるものである。すなわち、物を買うこと、仕事の選択、ある仕事についての理解の仕方、ある特殊な形態の家庭内の取り決め、余暇の使い道などである (ibid., p. 64)。

ここでは、われわれが何を行いたいかを決定し、これを首尾よく実行することがかなりの満足を得る根拠となり、それが個人的な価値の感覚や尊厳の感覚に決定的に結びつくであろう、と考えられている。これは、道徳の世界で可能になるだけではなく、

ある人物が理性を行使しうるところならいかなる分野でも可能である——政治的判断、消費者の出費、休日の計画、仕事の選択や構成、他者が投げかける助言や期待を評価すること、美的ないしは科学的意見の形成、神を信じるかどうかを決めること、様々な種類の権威に基づく行為に関して自らの立場を決定することなどである。個人の自律性は、たんに道徳性の一部であるだけではないし、ただ道徳的な「真正性」の条件であるだけでもない。それは、より一層説得力をもつ個人的な理想である (ibid., pp. 72–73)。

ディアデンは、たんに「自分自身のことを行うこと」という考え方を拒絶し、合理性の標準に対する忠実さの必要を強調する。しかしながら、これが外面的なものに役立つ上での足枷となるものが、内面化という考えであると言うのである。

時にディアデンは、自律性とは物事を判断するための標準であるという説明をなし、自律性の価値をどの程度合理的に疑いうるかについては疑問を投げかける。確かにわれわれ自身にとっての自律性の価値を

疑うことには問題があるかもしれないが、まさにこうした疑問は教育にとって現実的な問いかけなのである。この点に関して、ディアデンの議論は最大の影響力をもつ。

1・2　何が問題か

なぜ、自律性に対して反論する必要があるのだろうか。なぜ、こうした種類の理想に懸念を感じるのか。ディアデンも指摘するように、それについて問題提起をすることすら、自律性を暗黙の必須要件とする自由な探究の価値づけを信奉することを意味している。他の人々にとって自律性は可能でないとか、望ましくないと決定することはできるかもしれないが、われわれ自身にとってこの結論は、自律性について問題提起をした段階であらかじめ否定されるように思われる。「なぜ自律性に価値を与えるのか」という問いかけは、「なぜ道徳的であるべきか」という問いと何らかの共通性をもつ。これらの問いを提起することは、いずれの場合もある人の自律性と道徳的行為者性を前提としている。

われわれはまた、自律性の価値を疑問に付すことが道徳的問題に関連する場合には、そうして疑問を投げかけること自体に愕然とするかもしれない。道徳的葛藤は、人間生活のきわめて不可避的で重要な特徴であり、賞賛や非難を持ち出すということは、こうした葛藤に直面する人々に対処する際によく見られる特徴である。賞罰や非難を持ち出すことは、自律性を前提とする。自律性の価値を根本から崩すなら、どのような類いの道徳的生活を思い描くことになるのか、と問うてみてもよかろう。

さらに、もしわれわれが自分自身の人生の諸目的を合理的に選択しようとするのであれば、自律性はたんに必要であるだけではない。それらの諸目的の多くに本質的に関連するとみなすことは理にかなっているであろう。例えば、数学や音楽に身を捧げる場合を想定してみよう。いずれに関わるにしても、ある程度の自律性が行使されることになる。そうでなければわれわれはきわめて受動的な傍観者となるであろうし、まず間違いなく、全く関与していないということになるであろう。これは聞き慣れない「自律性」の使い方であると思われるかもしれない。数学者や音楽家はある学問分野に従うが、その分野の性質が彼らの行為の自由を制約することになる、という議論がなされるかもしれない。彼らが行うことは、自由で独立した行為であるというよりもむしろ、所与の手順に従うことによって特徴づけられるかもしれないと言うのである。もちろん、彼らはロボットではなかろう。所与の手順の範囲内で、彼らの方でも行為の必要条件を定めるであろう。しかしこの行為が、道徳的熟慮のなされる状況、つまり自律性の主領域からはきわめてかけ離れたものであるという点は変わらないであろう。

いずれにせよ、こうした自律性の語法を妥当なものとする二つの要因があるように思われる。第一に、数学や音楽の実践家たちは、その実践の理想に照らして仕事をするであろう。双方の学問分野の核心には、問いを発し、他でもないある仕方で行為することを選択するという可能性の余地があり、この可能性に依拠する部分がある。ポール・ハーストが提唱する知識の諸形式においては学問分野に価値が置かれるが、そこでは学問分野が差し出す自律性の潜在的可能性の真価を認めることが不可欠である (Hirst, 1974a)。知識の諸形式は、熟慮と行為の余地を与えるという意味でリベラルかつ解放的であり、それなくしてはある人の自由が制限されてしまうようなものである。第二に、一見すると逆説的な点であるが、これらの諸活動に見られるような自律的行為が生じるためには、ある種の規則によって与えられる定義が必要とされる。判断の行使のためには、何らかの枠組みが必要なのである。

そうであれば、ある学問分野の実践の範囲内で個人が獲得し発展させる自由な行為の可能性は、自律性の機会とみなしても問題なさそうである。しかし、この例はすでに、自律性に関して掲げうる重要な区分を明らかにしている。すなわち、ある実践に内在する自律性と、実践や目的の選択に際して作用し、それらに従事する以前に作用すると考えられる自律性の間の区分である。この区分は興味深い問いを提起する。それは以下のように説明できる。ある人物が、Xという活動に支配される生活を何の疑問もなく受け入れ育てられているとする。Xに不可欠な特徴、それに価値を与える理由は、Xが体現している自律性の行使にある。これは、自律性が人生の選択の一構成要素としても価値づけられるべきであったということを意味するのであろうか。ここで重要な点は、自律性がこの過程の最初の段階で作用すべきであるかどうか、ということである。

この第一段階には二つの問題が明らかに見受けられる。第一に、選択を行う際、われわれはどこに位置しているか、という問題である。あたかもそれは、ある非実体的なアルキメデスの点が必要とされ、第四章の観点からは擁護できないような自己の捉え方が必要とされているとでもいうかのような問題の立て方である。第二に、事実としてわれわれの多くの選択肢は、ある程度の参与なくしては理解不能であろう。これは、テニスをするという選択をするためにはすでにテニスをやったことがなければならない、と言っているわけではない。しかしながら、実践への関与に先立つ自律性の擁護論は、場合によっては実践に内在する自律性の擁護論のもっともらしさに依拠して初めて成立しているのではないか、という疑いにはそれなりの根拠がある。

したがって、もし自律性の理想について人が懸念を感じてもそれは驚くべきことではなく、慎重さには正当な理由がある。諸々の批判は、自律性の理想の支配や強調に向けられるべきである。自律性の望ましさを完全否定することには明らかに異論の余地があるように思われる。この考え方に基づき、R・T・アレンが論文「合理的自律性：自由の崩壊」(Allen, 1982) の中で行っている批判にまずは目を向けてみたい。この批判は、自律性の理想に対するきわめて一貫した批判と考えられる。

第2節　自由と忠実さ

2・1　R・T・アレンによる批判

アレンの主たる関心は自律性と自由の関係にあり、選択と自己決定の限界、絶対的自由、非合理的自律性、および、共同体と自由の破壊という主要項目のもとで批判がなされる。そして、その批判と絡み合う生活観と教育観に関する批評で締め括られる。

アレンによれば、合理的自律性にはサルトル的な無を中心に据えた自己の捉え方が含意される。（ディアデンは、彼がサルトルに結びつける規準なき選択という考えをはっきりと拒絶していることに留意してほしい。私の見解では、ディアデンの説明は、非実体的自己に関するアレンの指摘の趣旨を免れるものではない。）ある人の道徳的、形而上学的、政治的、美的、情動的信念の意図的で熟慮された選択と、それらについての批判的評価は、サルトルが明示的に説明しているものを前提とする。すなわち、人間は自己決定的な無であり、独立して存在する諸価値（通常であればその人間に権威的に教えられるような諸価値）を突き付けられるのではなく、それらを選択することによって創造するという説明である。人は完全な自己意識なくして、すなわち根源的自由の受け入れなくして、自らの信念や態度を選択することはできないであろうし、自らの判断やその根拠としての原理を批判的に吟味することもできないであろう。

これに対してアレンは、二つの異議を唱える。第一に、選択はあるコンテクストの中で行われる。そのコンテクストは、客体の軸——一連の選択肢——と、主体の軸——価値についての願望、嗜好、希求、信念――をもつであろう。自律性の理想は、万事を客体の軸へと追いやる。第二に、人間の意識には暗黙的で不明瞭な次元がある。人は判断の根拠である原理を選択することはできない。そのような原理は、そこに向けて注意を払うものではなく、注意が発生する源のようなものである。一組の原理を疑問に付すためには別の原理が必要とされ、その結果無限後退が生じる。そのような原理の学習は、合理的熟慮よりもむしろ、徒弟制による批判的かつ暗黙の受け入れを通じて達成される。われわれはただ、今ある自分をおおかた受け入れねばならず、自分自身の置かれた境遇を受け入れねばならない。選択は、選択であるために、主観的にも客観的にも限定されねばならない。

自律性の理想は、生徒たちに根源的に自由でありたいという欲求をもつよう促す。しかし、絶対的自由への欲求が足がかりを得るのは、障害と限界が認識された場合のみである。アレンはチャールズ・テイラーを引用する。

> 望まれる完全な自由は、その内では何も行う価値がなく、何も重要性をもつに値しないような虚無であろう。あらゆる外在的な侵害や障害を脇にのけることによって自由に到達する自己は、特徴を欠いており、よって確たる目的をもたないのであるが、こうしたことの多くは、「合理性」や「創造性」といった一見すると肯定的な用語によって隠されている。それらは結局のところ、人間の行為や生活様式の規準としてはきわめて不確定なものである (ibid., p. 202)。

根源的自由への欲求は、人間生活が状況づけられていることからの解放の欲求である。それには、人間生活がどのようなものであるのかを認識し損なうことが深く関わっている。他方、真の自由は、それが行使される範囲としての限界によって定義される。あらゆる障害を破壊する根源的自由の効力は、行為者の状況に意味を与えるその〔自由の〕定義を破壊することとである。

「非合理的自律性」という表現において強調される挑発的な形容詞は、自律性と教化の対立の中にアレンが見いだすような、ある結論へと注意を喚起する。理性が終焉し教化が始まるところで、自律性は優勢となる。こうした見方は明らかに、ディアデンがカント的な理性の価値づけによって提供する類いの説明と対立する。アレンの批判の主眼点は、おそらく以下のようなことであろう。もし理性が決定に関わることがらへの答えを提供するなら、このことは、その答えが客観的根拠をもち、少なくとも原理的には公に論証可能である、ということを必然的に伴う。こうした仮定に立つなら、学習者に対して事実的情報を阻む根拠がないのと同様に、理性を阻む根拠はないであろう。もちろん、学習者に推論の実践をさせることには何らかの意味があるだろうが、その人が理性の導き出したものとして正しい答えに至ったかどうかという疑問は残るであろう。この見解に基づくなら、自律性が及ぶ範囲というものは、理性の力が及ばないような決定の部分に制約され、自律性は非合理的なものに関わらねばならないということになるであろう。自律性は内容なき形式であるという帰結と共に、価値についての深遠な懐疑主義が前提とされることになる。そして改めて、このことの帰結は否定的で破壊的である。

以上の議論は、理性が演繹と帰納という観点で捉えられることに依拠している。もし理性が作用しうるなら、正しい答えがあるはずである。この議論からは抜け落ちているがディアデンの見解に広く認められるのは、以下の点である。すなわち、自らの価値が何であるかについて説明しようとする姿勢、そして、なぜそうであると言えるのか、という問いを少なくとも潜在的には回答可能なものとみなそうとする姿勢である。ディアデンにとって、自律性とは説明不可能な個人的嗜好という剰余的な要素ではなく、説明することそれ自体でもあるだろう。この見解は、自律性の創造的要素を認めるものである。そこでは、未知への飛躍が構造的に扱われ、この構造を適用することが世界に意味づけをなす一つの方法となる。

逆説的ではあるが、批判的徒弟制が役割を果たすのは、事実的情報の学習ではなく、まさに技術、規則、原理の学習においてである。アレンの見解では、こうしたものが習得されるのは、意識的な熟慮よりも、むしろ実践を通じてである。われわれが明示的に知るものの暗黙的次元がある世代から次世代へと継承されるのは、実践を通じてである。そのような実践は共同体を前提とする。

もし自律性の課す熟慮が共同体の生活形式を破壊するものであるなら、それはその内容の破壊を伴うものでもある。すなわち、学習者はいかなる明示的な役割に対しても準備できなくなる。むしろ彼らは、自分たち自身で選択することになる。ある役割の選択は、選択されていない他の役割を背景にした場合にのみ意味をもつ。そして、その帰結としての役割なき無定形の社会は、決して社会とは言えない。社会の伝統と実践から生徒を解放することによって——価値の教化と教え込みを避けることによって——この教育の体系は、生徒を、歴史的、文化的、社会的コンテクストから引き離す。

自由で明示的な契約に依拠する社会は、暗黙の情動的絆を前提としている。そのような背景に照らしてのみ、契約を結ぶことができる。さらに、あらゆる決定は個人の是認と受け入れに服すべきであるという原理がある場合、どのような決定も個人に対する拘束力をもたず、忠誠の絆は消失するであろう。個人の解放を保証するよりもむしろ、自由の条件が失われることになるであろう。またおそらく、ここでの主眼は次の点にある。すなわち、もしその原理に徹底的に従うなら、決定はそのつど個人によって新たに問いに付されることになり、混沌が生じるであろう、ということである。

愛国的市民性の維持は、自由の獲得にとって根源的なものである。ある人にとっての脅威は、万人にとっての脅威とみなされなければならない。アレンは、ハイエクによる、イギリスとアメリカにおける「経験主義的」自由の思想と、ヨーロッパ大陸に特徴的な「合理主義的」思想の区分を引用する。前者は伝統に訴え、後者はこれに反意を唱える。ハイエクによれば、深く植えつけられた道徳的信念があり、個人がある特定の原理を遵守することが規則として期待されうるところでのみ、自由は通用してきた。自由の維持のために自律的な人物に依拠することはできない。その人物はすべてを判断に委ねなければならない。必要とされるのは、自由の基礎を選択の問題ではなく第二の本性となすような伝統的教育なのである。

アレンの論文は、前述した諸問題と絡み合う四つの見地を簡潔に素描することによって締め括られる。第一に、われわれは意味なき宇宙の中にいるという、今日に典型的な形而上学的想定、および、その結果生じる、自己決定的存在としての人についての人間学である。第二に、個人主義的な自律性の思想から、集団的自律性（アレンがルソーと結びつけるもの）およびそれに関連する民主主義と参加の思想への発展がある。第三に、自己表現、すなわち一種の個人的繁栄というロマン主義的理想がある。これは、人間がその一部に組み込まれる全体としての世界という捉え方――例えば、ワーズワースの著作に見られるようなもの――と共に始まったが、二〇世紀には、個人の自己表現に焦点化されるようになった。自分自身を植物のように外に向かって成長させれば、それで十分なのである。最後に、アレンが提唱する見解、すなわち、われわれは歴史的、文化的コンテクストを受け入れ、伝統的教育の中で遺産を継承していくことが必要である、という見解が挙げられる(2)。

2・2　アレンによる批評の限度

アレンの関心の焦点は、自律性と自由の理想との関係にある。しかしながら彼は論文の初めに、その理想に反意を唱えうる理由について他にもいくつかのことがらを挙げている。これらについては、本章の後半で広範な批判の根拠を示す中でその一部を取り上げることになるので、今は列挙しないでおく。ここでは、アレンの論文でなされている批判の主要項目に対する私の支持を表明しておきたい。

アレンは、自律性の理想について提示するいくつかの想定に関して大雑把すぎると言えるかもしれない。もし彼の標的に、自律性という主題についてきわめて注意深く限定を付けた用語を使って執筆しているディアデンのような著者が含まれるのであれば、それはなおさらのことである。例えばディアデンは、自律性がどこまでも相対的な意味でしか達成されないということを、苦心しつつ強調している。さらに、自律性が最重要の価値ではないということを述べる中で、競合する要因として道徳性を挙げている。「自律性が台頭し教育において際立つようになったことが、道徳性や真理のような他の価値の失墜を示すものではないことは確かである」(Dearden, 1972, p. 71)。事実、これはとても奇妙な話である。自律性と道徳性の分離は、ディアデンが論文の最初の方で述べていたことの大半に反するからである。そこでは、自律性が道徳的領域の内でこそ決定的な役割を果たすことが含意されているのである。そうは言っても、ディアデンの主張は、彼の立場をアレンの反論の標的からはほど遠いところに位置づけていることは明らかである。

アレンは、自分自身の批判に最大限の効果をもたせるために、サルトル的な根源的自由の信奉者——いずれにしてもディアデンの批判の矛先の一人である者——が誠心誠意身を投じることを必要とする。しかしながら、自律性の理想はディアデンらによって限定的かつ相対的な用語で提示される一方、彼らの著作は、より大衆的に捉えられている自律性概念に対して哲学的承認を与えるという効果を上げていると言えるかもしれない。それが実際のところ、アレンの標的に近いものなのかもしれない。したがって、アレンは哲学者を不当に攻撃するところがある一方で、彼の批判の根拠となるような有力な意見の潮流があることも確かである。

アレンの批判全体を通じて最も目立つ特徴は、人間が状況づけられていること――人間の社会的、文化的コンテクスト、歴史的状況、そして位置づけ――の強調である。自律性をこうした状況全般を超えたものにし、そこから距離を置かせようとする教育の傾向性についてのアレンの指摘は、チャールズ・ベイリーの著書（リベラル・エデュケーションの伝統を受け継ぐもの）の表題、『現前するものと個別のものを超えて：リベラル・エデュケーションの理論』（Bailey, 1984）に酷似している。

アレンの批判に見られる混乱のうちの一つは、ハイエクによるイギリスとアメリカの「経験主義的」自由概念と、ヨーロッパ大陸に見られる「合理主義的」思想の間の区分に関係している。（自由はヨーロッパ大陸よりも本国とアメリカ合衆国の方でより良く「機能している」というハイエクの経験的判断を疑問に付すことは、本書の範囲を超えている。）アメリカにおける自由と英国における自由をひと括りにするというのは、驚くべきことである。一見したところでは、アメリカ合衆国における社会組織は、英国に見いだされるものと多くの点で異なっている。ここで私が念頭に置いているものは、憲法の差異である。トマス・ペインは、自律性についての彼の先駆的思想が原因で英国から追い出されることになったが、アメリカでは憲法の起草に貢献することになるほど称揚された。しかしまた、これら二つの国に関しては、伝統という考えにきわめて異なる内容が与えられていることも確かである。要するにアレンは、両国でそれぞれ通用すると考えられる自由の性質を適切に認めておらず、それが各々の伝統との間にもつ関連性を説明し損なっているのである。

アレンの説明におけるより重大な弱点はおそらく、「文化」、「伝統」、「忠誠」などの頻出用語の曖昧な使用であろう。これらの用語に基づき、疑わしい関連づけがなされている場合がある。例えば、ある文化的コンテクストの重要性を受け入れることは、祖国に対する「忠誠」の受け入れを信奉することにはならない。それは、階級への「忠誠」、地域への「忠誠」、あるいは党派への「忠誠」に結びつけられる方がより説得力がある。例えば、「ボイン川の戦い」を祝うアルスターのプロテスタント[*1]は、ここで記されるような伝統への「忠誠」を例証するように思われる。そして、より政治色の薄い状況では、共有された仕事、共有された隣人性、共有されたフットボールのチームのような要因によって定義されるものとしての共同体の方に一層の忠誠が感じられる、ということがあるかもしれない。さらに、複合的で多元的な社会では、われわれが、忠実さを求めるただ一つの共同体の構成員であるということはありえないであろう。むしろ、われわれは、仕事、家族、興味といった、一組のつながりから別のものへと移動し、これらのつながりは、互いに重複し、葛藤し、織り合わさり、重なり合う。そして、こうした諸々の社会組織を通じて自らの位置づけを見いだすには、ある程度の自律性が必要なのかもしれない。しかしこのことによって、以下の決定的な点を見逃してはならない。すなわち、われわれはたんに様々な関わり合いの間で選択を行う俯瞰的な観察者では決してない、ということである。いかなる選択も、選択に関わる中でなされるのである。また、そのような複雑さが多元的社会に特殊なものである、ということが示唆されているわけでもない。一枚岩的な文化や共同体という考えは不健全なものである。文化とは緩やかにつながれた一組の実践や価値のようなものであり、人はその内に様々な立場で参加しようとし、しかも何らかの形で参加しなければならない。それを、例えばある国の地理的な条件と同じような不動性をもつものとみなすことは、あるタイプの物象化に陥ることを意味する。

*1　アルスター（Ulster）は、アイルランド島北東部の旧地方で、今は北アイルランドとアイルランド共和国の一部に分離している（新英和大辞典）。「ボイン川の戦い」（一六九〇年、ウィリアム三世がジェームズ二世を破った戦

い）での敗北後、アルスターのカトリック教徒は完全なる抑圧下に置かれることになった。

この論文のもう一つの心配の種は、学習者に自らの遺産を熟知させるためには伝統的教育が必要とされるという想定に関わっている。伝統という考えが疑わしいものであることについては、先に簡潔に記した。しかし、なぜ伝統的教育がここでそれほど重要であるべきなのか。まず最初に、この問いかけは、伝統的教育が何によって成り立つのかという避けがたい問いを惹起する。もし伝統が遺産という観点からのみ理解されるなら、伝統的教育とは学習者をその遺産について熟知させることであるという考えは、無意味な同語反復である。アレンが念頭に置いているものはそれ以上のものである。それはまず間違いなく、ハーストらが提唱するリベラル・エデュケーション――かつてのグラマースクールのカリキュラムと言われるもの――のようなものであろう。しかしこれはアレンにとって役に立たないであろう。このカリキュラムの提唱者は、現前するもの、個別のものを超えるところに向かう何かを探しているように思われるからである。そのような教育が共同体に対する忠実さを通して生徒を一層安心させるような効果を決してもちえないことは、あまりに明白であるように思われる。ここで貧しい都会の共同体に思いを馳せてみるならなおさらそうである。共同体に対する忠実さという方向に話をもっていくなら、そうした状況は労働階級を賛美しようとする試みの中に一層見いだされるであろうし、身近な地域文化はどこかのより進歩主義的な運動の中に見いだされるであろう。（これは、進歩主義的運動が学習者の直接経験を強調し、これに価値を置くことに関連している。）しかし、アレンの目指すものをまともに受けとめるなら、むしろ義務教育の企てはすべて、近年見られる押し付け教育の様相を呈し始めるのではなかろうか。義務教育の時代以前に、例えば単純な農業共同体によって提供された教育――そしてそれを言うなら、世界の多くの地域でなおも通常行われている教育――は、ここで提唱されているような実践の伝達や伝統の共有をもたらしていたのかもしれない。しかもこのことを、制度化されたいかなる学校教育がこれまでなしえたよりも一層効果的に行っていたのかもしれない。要するに、忠誠と伝統の要求は、アレンが称揚するように思われる伝統的教育からはかけ離れたものであるように思われるのである。

こうして、アレンによる自律性の批判には魅力的な部分がたくさんあるが、彼の結論は曖昧で、ある点では不安をかき立てるものに思われる。とはいえ、彼は自ら出した結論が論文の範囲を超える方向に向かうものであると暗に示していることにも留意せねばならない。

第3節　自律性の言語

3・1　D・I・ロイドによる批判

「自律性の限界」(Lloyd, 1990) の中で、ロイドは前置きとして自律性の理想に対する様々な異議を提起する。第一に、自律性の理想は比較的抽象的な人間観に依拠している。これに伴い人間性の複雑さを無視する傾向が生じる。第二に、合理性は議論の余地なきものであり、文化横断的であるとの想定がある。第三に、道徳理論は科学のようなものであり、そこでは過去二〇〇年にわたり医学の台頭によってもたらされた秩序を前進させることが可能であるという信仰がある。

抽象的な人間観は、ある特定の推論の様式に反映されている。これはとりわけ道徳哲学に見いだされるが、そこで提示される例は、ある種瑣末で人工的なものになる傾向がある。その企てはしばしば、総じて一種の知的訓練以上の何ものでもないとみなされる。人為的な例は、哲学者に求められる理路整然とした議論の精緻さに貢献するゆえに選ばれる場合もある。

カント的な感情の抑制は、愛と希望なき道徳性を生み出す。それは実質を欠いた道徳性でもある。この点で、義務という考えは、自らの義務が何であるかを見いだす以前にこれに身を投じねばならないという意味で問題をはらんでいる。自律性の実行に関わる次元は、アドルフ・アイヒマンの合理的ふるまいにおいて示されている。ここで現代によりあてはまる例は、実行上の効率性を、管理されるものすべてに対する無関心さに結びつける典型的な管理者である。管理者の事例に欠如しているものは、その企てに特有の価値に対して身を投じることである。しかし、これに関連してもっと大きな問題がある。すなわち、自律性は目的を選択する方法を何ら提供せず、いかなる推論も究極的にはこれを提供しえない、ということである。むしろ、価値の方がわれわれを捉えると言ってもよかろう。この点から見ると、価値の選択について語ることは、推論的であるよりもむしろ、比喩的なものである。

自律性は、他の理想と同じく、ある標準を提供する。これに注意を向ける中で、日々の生活の偶発的できごとから引き離され、そして再び人間経験の多様性からも引き離される危険が生じる。われわれが行う多くのことは、何かに対する反応である。圧倒され、魅了され、感動し、めまいを覚え、心を奪われ、扇動されるのである。(3) これらの場合に、あるできごとから距離をとって結果を評価する人物像は通用しないであろう。教育には——とりわけ理論と立案には——あたかも生活が理想的なものであるかのように、自らの思想を発展させる傾向がある。この中でわれわれは、人間経験が価値を発揮しうる多様な有様を見失う。

合理性が普遍的であるという想定、経験の内実に向けられる注意の欠如、および抽象化された人間の捉え方のもとで、自律性の理想には道徳的発達に対する独我論的な見解が深く関わっている。

3・2　道徳的推論の論理

この批評の大筋は、R・M・ヘアが提示する道徳的推論の説明と関連づけつつ、有益な形で拡張することができる。『道徳の言語』(Hare, 1961)の中でヘアは、自律性の主題を詳細には扱っていないが、そこには、先述した〔自律性に対する〕批判の潜在的な標的となるような彼の立場の主たる特徴が見受けられる。

ヘアは、道徳教育と運転の学習との類比を論じる。その類比が目指すのは、行為の諸原理のもとで教えることが生じなければならない、ということを例証することでもある。路上で遭遇することになるあらゆる状況に固有の技術を教えることは、到底実行不可能であろう。ただしこれらの諸原理が不動のものであるということが示唆されているわけではない。知的な学習者は、個別の状況でなされる決定という観点から学習した諸原理を修正するであろう。(しかしながらこのことは、次のような無限後退の可能性を生み出すものではない。つまり、これらの諸原理がいつ修正を必要とするかを決定する別の諸原理はあるのか、という問いである。)原理と決定は厳密に区分されないが、活動の全領域を通じて相互に作用する。誰かに運転を教える際に、背景原理に力点を置いたり、経験則に力点を置いたりすることは可能であるが、運転技術の目的は過程によってのみ把握される。

この類比は、ヘア自身その限度を認めてはいるものの、それでもなお不自然なものに思われる。あるところで彼は、運転技術が仮言命法の地位をもつであろう、と述べている。このことは否定しがたいように思われるが、ただその類比の無意味さを際立たせるだけである。運転の目的は教授過程で学習されるようなものではない。衝突を回避せよ、などと命じられる者はいない。学習の目的は旅を容易にすることである、などと命じられる者もいない。こうした非対称性は、その類比が的はずれなものであることを意味する。

第二に、その類比は、原理と意思決定に焦点を当てるものである。車の運転に関わる多くの行為は熟慮なくして生じるものであろうし、原理という形で継承されてきた技術の行使を必要とするであろう。ここで言われている原理は仮言命法という形をとるため、道徳の言語が技術の言語という観点からのみ考慮される傾向が増長する。

第三に、運転は、きわめて専門化された活動であるという点で、道徳的推論と性質を著しく異にしている。実のところ、運転には道徳性が前提とされる。つまり、少なくとも善き生活についての何らかの捉え方なくして、車による旅行の個別の目的を想像することは難しいということである。これには例えば安全などのことがらが含まれよう。しかし、道徳性を欠いた人間の共同体を思い描くことは難しいという意味でも以上のことは事実である。

ヘアが論じるもう一つの類比は、化学の学習に関するものである。この中でわれわれは、時には実験によって検証することができるような様々な原理を教えられる。実験の結果と与えられる原理の間には、後者に対する信頼を維持するために、合理的な相関関係が求められる。両者の間に相関関係が見られない場合、われわれは然るべく原理を修正することになろう。

化学は、ある特定の推論の様式を典型的に示す科目である。それはここでの目的に照らすなら、自律性の提唱者たちによって賞賛される合理性と等しいものとみなすことができる。ここで再び、学習が生じる背景について問いが提起される。化学という学問の目的について何らかの最低限の定義をすることなしに、化学にとりかかることができるかどうかは疑問である。この目的は生活形式というコンテクストの中に存在しており、そこでは道徳性が前提とされる。さらに化学という学問の目的はその生活の洗練された一側面であるが、道徳性はそういったものではありえない。

　特に問題があると思われるのは、実験による検証という考え方である。すなわち、化学の研究において実験が占める位置と、道徳性の内で特有な行為が占める位置の間には非対称性が見られるということである。このことは、化学の実験は回避することができるが道徳的行為はそうはいかない、という事実に関係している。行為は道徳性の核心にあり、避けがたいものである。また、何をもって検証とみなすかという点でも違いがある。これは、化学の実験では成功の規準そのものが問題となることはないということを考えればわかることである。参照されるのはあくまで、予測と結果の間の相関関係（あるいはその欠如）である。これに対して、「嘘をつくなかれ」という格言に固執することが必ずしも報われない――あるいは、〔行為の結果との〕相関関係をもたらさない――ということがわかった場合、嘘をつくべきか否かという問いは未決のまま残されることになる。このことは、個別の行為の結果が無関係であるということではなく、道徳性における実験には化学における実験に匹敵するような役目がない、ということを意味する。また、ある行為の性質そのものは、その行為の基礎をなす原理の遵守によって部分的に支配されているということも確かであるが、それは化学にはあてはまらない。おそらくは報われるであろうという信念のもとで真実を語ること（しかしもしうまくいかなければふるまいを修正する用意があること）は、真実性を信奉しつつそのことばを口にすることと同一ではない。

　もし学校の科目との類比を論じるのであるなら、絵を描く学習の方が道徳性に一層近いであろう。これには、色を重ねたり、フィンガーペイントを行ったりといった、初歩的な段階が取り入れられるであろう。そして、いかなる類いの形式的芸術の発展も漸次的なものであろう。この類比は道徳性の性質をうまく例証するものではないが、発達の複雑さ、道徳性の初期の起源、そして、感情が顕著な役割を果たすような幅広い仕方で道徳性が人間に関わるものであることに注意を向けるという意味で、利点をもつものではある。これとは対照的に、化学との類比は、道徳の言語の性質をあらかじめ歪曲してしまう。

3・3　原理の決定

化学における原理と実験の役割に関連するのは、ヘアによる道徳共同体の諸相についての捉え方である。最初の世代では、それが第二の本性となるほど原理はきわめて安定している。この結果として、意思決定の力は衰退する。世界の状態は、この世代の間は多かれ少なかれ安定したままであり、ゆえに、その世代の人々はうまくやっていける。変わりゆく世界に直面する次世代にとって、教育は親の原理に従って行われてきたが、もはやそうした原理は通用しなくなる。次世代の人々は自分自身で意思決定をなすよう教育されてはいないので、うまくやっていくことができない。しかしながら、それに続く世代と、古い原理に対する信仰の弱まりによって、反逆者が台頭し始め、新しく拮抗する体系を提示する。これによって人々は、諸原理の一次的選択をなすよう奨励され、やがてはそのような意思決定の能力が再活性化される。ヘアは述べる。「道徳が再び活力を回復するのは、一般の人々がどのような原理に従って生きたらよいか、また特にどのような原理を子どもたちに教えたらよいのかを自分で決定することを、新たに学び終えた時である」(ibid., p. 73)。[*2] ヘアは、教えることが可能であるのは原理のみである、と主張する。この観点から見てみると、親の中には模範や教訓によって子どもに原理を教えるものもいれば、考えるべきことについてさほど確信がもてず、継承するものについてより用心深い親もいる。ヘアは、最初の世代の親の子どもは手すりに摑まっていることに長けており、次世代の親の子どもは手すりの角を曲がる術により長けているであろう、と指摘する。そして、以下のような主張がなされる。

原理は最終的には原理の決定に基づいているけれども、そうした原理の形成は数世代にわたる仕事であって、最初から作り始めなければならない人間は、哀れむべきである。彼は、天才なら別だが、重要な多くの結論に到達できそうにもない。ちょうどそれは平均的な少年が離れ小島に何の教えもなく放任されたり、あるいは実験室の中に放って置かれたりした場合でさえも、大きな科学的発見をしそうにないのと同様である（ibid., p. 76）。[*3]

これは道徳的遺産を認めるものではあるが、提示されている像はまずありえないものであろう。人間が一から始めなければならないような道徳的砂漠をいかにして思い描くことができるのであろうか。彼の世界は科学が存在しない世界なのだと想像することはできるかもしれないが、もし道徳性を欠くものであるなら、彼の存在は人間的なものとは言いがたい。何らかの決定が明らかにされるためには、それに先立って共有された目的を備えた生活形式の背景が必要とされる。道徳性は推論の言語で言い表わされなければならないという想定から出発することは、以上のことを理解する妨げとなる。

＊2　R・M・ヘア『道徳の言語』小泉仰、大久保正健訳（勁草書房、一九八二年、九九頁）参照。
＊3　同、一〇二―一〇三頁、参照。

3・4　道徳性の論理学と心理学

この主張に対する返答はおそらく以下のようなものであろう。すなわち、心理学的観点から見れば、私が指摘したような種類の社会的背景がなければならないし、道徳の系譜はおそらく、この像が示唆する以上に一層複雑であろうが、そのせいで道徳性の論理学については何も語られていない、ということである。

この心理学と論理学の乖離は、科学的推論の一側面との比較においても明らかである。因果の原理は、科学を行う人々によって受け入れられている。おそらくは、考慮されることも疑問に付されることもなかろう。これは心理学的事実であって、科学の論理学における原理の最重要性を決して根本から覆すものではない。重要な点は、心理学的証拠を考慮することによって道徳性の論理学を明らかにしようとすることは不適切であるということだ。そしてこのことは、論理学が道徳的推論の核心にあるという〔不適切な〕前提に基づいている。

第二章の議論の一つの帰結は、このような仕方で論理学の正体を明らかにすることによって達成されるものを疑ってみることであった。論理学の最重要性を提唱する者は、論理学の構造は人々が科学を行う時の語り方とは無関係な存在論的位置づけをもつ、ということを主張しているのかもしれない。これに対して、ウィトゲンシュタインに依拠しつつ私が主張したのは、論理学は日常言語から構築されていると言えるのがせいぜいのところであろう、ということであった。よって、ある構造の正体は明らかにされるかもしれないが、それは事後的に抽象化された構造であり、文法の影のようなものである(4)。第一次的なものはいかに物事が生じているかである。もし論理学の最重要性を提起する議論が科学との関連で破綻するなら、それは道徳性との関連でも破綻する。

おそらく、道徳性から道徳的推論の論理学への移行を、科学から科学的推論の論理学への移行と同じような仕方でなすことはできない、と言ってよいかもしれない。後者の動きは、本質と権威に向かうものとして理解される。道徳性の中に見いだされる論理学のようなものは、諸々の行為から引き出されるものである。しかし、道徳実践について一様な総括を行うことは、こじつけと質の低下へと至りうる。道徳性の性質は、重要なことがらが差し迫った場合にのみ実感される。ウィトゲンシュタインとの会話に基づく

O・K・ブースマの言明は、こうしたことを見損なうことに関わる滑稽さを暗示する。

今夜ふと思い浮かんだことなのだが、首をこんな風に横に振らせるための倫理学を教えるというのは、どのようなことでありうるのだろうか。倫理学における深刻な問題は、とてつもなく重要なある決定をしなければならない人によって次のように問われる。私はどうしたらよいのか。ひょっとすると、そのできごとは、問いかけや決定が深刻で重要なものであると感じられる時点で、やっと倫理的になるのかもしれない。このように深刻で重要なものとは何であろうか（Bouwsma, 1986, pp. 50–51）。

科学において、これに匹敵するような実存的経験が切迫してくることはない。もし科学的実践から科学的推論の論理学への移行が正当なものであるとするなら、それは科学が抽象化と同時に始まるからであろう。つまり科学の実践は、ザラザラした大地から生じ、先行する生活形式から生じ、よって、何らかの道徳性から生じるということである。こうして、科学は道徳性と同等の立場に立つことはできないということがさらに明らかになるであろう。

3・5　成果の予見

ヘアは、原理に従ってある行為がとられるとはどういうことかを明らかにしようとする。原理の一つの機能は、ありえそうな成果を予測することにある。よって、運転の学習と化学の学習の場合において、原理は、上出来の結果もしくは正しい結果へ導くという点で価値を有していた。ヘアは原理の必然性を検証するために、自らの可能な行為のすべての成果をすぐさま見通せるような、千里眼をもつ人物を想像する。

（これがもつ常軌を逸した含意はしばらく脇によけておく。）この事例においてヘアは、人がある葛藤に直面した時に実際にとる行為が恣意的なものとみなされるべきかどうか、ということに関心を抱く。彼は、その人がとるいかなる行為をも恣意的であると言うことはある意味で不適切であるように思われる、と述べる。その人は、仮説に従って自らが行うことの帰結を知ることになるからである。しかしヘアは、千里眼をもった人物が以下の問いに直面する際にとりうる二つの可能な態度を比較する。「なぜあなたは、あの一組の結果ではなく、この一組の結果を選んだのか。あなたがしたような仕方に決めさせたのは、多くの結果のうちのどれだったのか」。一つの回答は、以下のようなものであるかもしれない。「私は理由を挙げることはできない。私はただそのように決心したかっただけなのだ。もう一度、同じ選択に直面したら、違った決定をするかもしれない」。他方で彼は、以下のように述べるかもしれない。「これこれのことのゆえに私は決定した。私は意図的にこれこれの結果を避け、こうした結果を求めた」。*4 これら二つの回答のうち、ヘアは最初のものが恣意的であると考えられるであろうと述べる。ただしここですら、千里眼氏がそのように決定を下そうとした以上、何らかの理由が与えられるはずであると言う。しかしながら第二の回答は、その人物が原理を形成し始めたということを示している。これは以下のような理由による。

結果がこれこれであるという理由で結果を選ぶのは、これこれの結果を選ぶべきだという原理に基づいて行為し始めることである。この例からわかることは、原理に基づいて行為するためには、ある意味で行為に先立ってあらかじめ原理をもつ必要はないということである。そのように行為する結果についての何事かを理由として、ある仕方で行為するという決定は、ある行為の原理に同意することであるかもしれない。もっともそれは、その原理を必ずしも永続的な意味で採用することではない

(Hare, 1961, p. 59)[*5]。

この説明には様々な問題がある。前述〔三六三頁〕の第一の回答、すなわち恣意性を示唆するものは、二つの部分に分けることができる。〔一つ目の部分として、第一の回答の〕最初の二つの文章〔「私は理由を挙げることはできない。」「私はただそのように決心したかっただけなのだ。」〕は、それ以上いかなる説明も与えないような、状況への応答を示唆するものかもしれない。このことは、質問者も帰結に気づいていると想像するなら、説得力をもつ。この場合、質問者に対しても同じ千里眼の力を認めなければならないであろう。もし質問者が帰結に気づいているなら、回答者はこれらの帰結を予見していたのだと言うこと以外に、質問者に対して自らの行為を説明する術をもたないということになるだろう。

＊4　同、八〇―八一頁、参照。
＊5　同、八一頁、参照。

〔二つ目の部分として〕第一の回答の三つ目の文章〔「もう一度、同じ選択に直面したら、違った決定をするかもしれない。」〕は、この〔一つ目の部分の二つの文章が示す〕態度とは相容れないものである。もしこの三つ目の文章が、気まぐれに関わることがらであるとみなされるなら、その文章がもつ重要性は、千里眼氏が理由をもつかどうかに関わるものではない。それ以外に何もないゆえに、気まぐれがある種の理由となっているのである。気まぐれというものは重要性をもちえないので、〔三番目の文章が示唆する〕こうした状態は、〔一つ目の部分が示す〕前述の態度とは相容れないものである。

同様に、より極端な場合、行為者が可能な成果に対して完全に無関心であると感じることがありえよう。その場合、気まぐれでさえも彼を何らかの仕方で行為するよう動機づけることはなかろう。これは恣意性に最も近いと言えるかもしれない。しかし、この事例を具体的に考えることはとりわけ困難である。例えば世俗的な気遣いに対し俯瞰的な態度に身を投じている人物の生活は、理由があって他ならぬある特定の進路（回避の進路）に身を投じることを体現する事例なので、これに該当しない。

第二の回答に関連して、ヘアは、ある仕方で行為するという決定は、そのように行為することによってもたらされる何らかの結果を理由とする場合、ある行為の原理に同意することであるかもしれないと述べる。これは、ある特定の結果がしかじかの理由でより好まれる、ということに関係している。もしこのことがある特定のタイプに結果が合致することを意味するのであれば、そこには個別のものを必然的に付随的となすような形而上学的な意味合いがあるように思われる。もし「しかじかである」ことが、成果の個別的側面への注意を引くものであるとすれば、事情は異なる。というのも、千里眼氏はあらゆる成果をばらばらに見ることができるので、個別のものを超えて判断を下す理由はないからである。もし彼の行為の理由が、ある個別の結果を探し求め、なおかつ回避することにあるのなら、これはヘアが原理に関して引き出したいと願う結論を正当化するようには思えない。

この時点で、千里眼氏の常軌を逸した性質が一層明らかになる。そこには、彼と、第四章第5節で論じたボルヘスの小説の登場人物、「記憶の人・フネス」との間の奇妙な対称性がある。フネスは生じたことすべてを記憶している。千里眼氏は、両立しがたい無数の未来像のうちに世界の未来を予見しなければならず、ゆえに神の知性のようなものをもたなければならない。よって予測の原理は余計なものであるが、予見される異なる成果の間でなされる価値判断という観点から見れば、ある役目を果たしているように思われるであろう。彼は、なぜある結末が別のものより好まれるかを決定しなければならないであろう。しかしながら、このことに原理が必要とされるのかは明らかではない。

フネスの苦境は、以上のことを示すものであろう。彼が生き生きと伝えるロック的な言語に対する不満は、いかなる状態をも孤立させる（そして、名づける）ことの不可能さに関わっている。三時一四分における犬の記述は、すでに一般化されすぎている。ここで重要な点は、記述という概念は選別を前提としているため、人間生活を余すところなく記述しようとするいかなる試みも不毛なものに終わる、ということである。未来の成果に関しては、いかなる記述も限定的なものとなるであろうから、正当化されないであろう。よって、もし千里眼氏がすべての可能な成果を予見するのであれば、以上のような理解の仕方を保持しつつ、数々の行為の経路の詳細な記述に向けて「前進すること」は不可能であろう。これらの成果の記述でさえ、全貌を捉えきれないように思われる。

これに関連して、第一の回答で述べられた同一の選択という考え方には一貫性がないということがわかるであろう。もしその結果について万事が理解されるべきであると言うなら、いかなる二つの選択に関してもどちらかが最初になければならない、という事実が想定されることになろう。他のものがあろうとなかろうと、ある選択は前例として理解されることになり、ゆえに、選択が同一であるということはありえない。

われわれが千里眼氏をもっと人間的な用語で描写し直し、多様な可能性をもつ行為の未来の成果についての記述を彼が提供できる――本物の千里眼氏がある運命を提示するはずのところで様々な代替案を提示できる――としよう。そうすれば、ヘアの意図に一層近づくことになるかもしれない（ただし、これは必ずしもヘアが記述するものではない）。この千里眼氏は、迷路を見下ろし、道がどこに至るかをはっきりと見通せる立場にある。千里眼氏が予見する行為の経路に限界があるのと同じように、そこには限られた数の道しかない。この類比は、ある道を選択しても迷路の形状自体は影響を被らないという点で絶望的なまでに単純化されている。こうして世界は、われわれの行為とは無関係に、安定した状態でそこにあるように思われる。しかしここで、ヘアの立場全体の深刻な限度を指摘するような、より深遠な類いの批判を投げかけることができる。

もし迷路が異なる「中心」をもち、それぞれが異なる善を代表していると考えるなら、千里眼氏はなおも自分がどちらに向かうべきかを決定しなければならない立場に置かれることになる。彼の千里眼が、彼に代わって答えを出すことはないであろう。そうであるとすれば、彼は原理についての決定を下さなければならない立場にあると言えよう。

このもっともらしい筋書きは、なおも人間経験を根本的に歪曲するものである。ヘアは、日常生活を営む人々は、千里眼氏ほど幸運ではないと述べる。しかし、実のところそうした人々は、千里眼氏とは似ても似つかない。このことを見損なうことは、道徳的生活がどのようなものであるかを見損なうことである。その見方には不確実性が欠けている。そこでは善が諸々の選択の羅列として提示されており、それぞれの善が固定され、安定した状態にあり、それに対してはっきりと特定可能な手段によって接近可能である。これらの要因は、日常的経験には通常あてはまらない。最終的に到達できる状態という考えは、道徳的生活が決して解決されないということと食い違っている。さらに、善き生活と考えられるものは、不確実性の条件のもとでのふるまい方に関わるものでもある。この点でヘアの説明は、ハイデガーが示すような、人間性にとって根源的な企投的配慮の感覚を見失うものである。

3・6　三段論法

ここでしばし前節までで表明された懸念を忘れ、道徳性における原理の決定の最重要性を認めてみるなら、ヘアの分析を普遍化可能性という観点から追求することができる。これは、道徳的推論にはしばしば三段論法の大前提が暗に含まれているという主張に認められるものでもある。三段論法を十分に説明する際には——普遍化可能性ゆえに——いかなる価値のことばも大前提の内に包含されるということが重要である。このことを、様々な例に関連させて考えてみたい。固有名は（これらが変異しない場合）大前提から除かれるべきである、という普遍化可能性の一般的要件を念頭に置くことが助けとなるかもしれない。

これらの要件と相容れない極端な例は、使徒たちが、キリストの足に香油を塗ったマグダラのマリアに激怒した時のことである。[*6] ここでは、香油が売られるべきであったのか、そして貧しき者にお金を施すべきであったかどうか、ということが争点なのではない。問題は、マリアの行為が仮にも道徳的であるとみなされるかどうか、ということである。ヘアの説明によれば、これは第一に、大前提が形成されうるかどうかにかかっている。もしこの道徳的推論の規準が満たされなければ、この事例は道徳的なものとみなしえないように思われる。

＊6　「ルカによる福音書」第七章に、このエピソードが出てくる。使徒たちは高価な香油を惜しげもなく使うマリアに対して、それを換金すれば、貧しい者に施しができると非難した。男性の合理主義と、女性の態度とが対比されているところである。

もし固有名をめぐる問題を無視するなら、「誰であれ香油を持つ者はそれをキリストの足に塗るべきである」という趣旨に即して何らかの大前提を形成することができるかもしれない。困惑した使徒たちは、自分たちがこうした類いの原理に抗議しているのだと考えるかもしれない。しかし、そのようなことがこの事例に含意されているとはとても思えない。むしろ、この事例を善となしているものは、そこでの身振りのもつ特異性である。普遍化可能性はこれを排除する。

身振りの自発性を認めることはそれを貶めることである必要は全くない、ということを付け加えておかなければならない。自発性は、瞬時の瑣末な衝動に対する反応である必要はない。それは、人が余儀なくされるような強烈な専心を示すものであるかもしれないし、実際のところ、つかの間の瞬間以上のものを巻き込むかもしれない。（マリアは香油を買いに行かねばならなかった。）

もちろんのこと、キリストの独自性もここでの主要因である。このことと、一層日常的な経験との間には関連性を見いだすことができる。ある人の子どもに対する愛は、その子どもだけがこの特別な歴史を生きてきたという意味で唯一無二のものであり、その子どもがそうして愛されていることは、その子どもの生きてきた歴史（そして生きる未来）に負うところもある。「人は自らの子どもを愛すべきである」という殊勝な大前提は、「彼女は私の子どもである」という小前提と連携し、「私は彼女を愛すべきである」という規範が結果として生じる。しかしこれは、唯一無二性の産物としての愛に備わる特殊な善を捉えてはいない。

さらに、個人的関係に関わる事例もある。ある女性が、自分の妹が癌で死に瀕しているが、臓器移植によって救われるかもしれないということを発見するとしよう。さらに、この手術が臓器提供者の側に深刻な危険をもたらすとしよう。その女性は、妹に対する愛から臓器を提供したいと決意する。もしその行為が完全に普遍化可能であるなら、女性は妹の謝意に答えて以下のように述べるかもしれない。「私にどのような妹がいたとしても同じことをしていたでしょう」。これが道徳的応答であろうということは疑いえない。重要な点は、それが個別の善についての何かを見失う、つまり、その女性の妹に対する愛の中に存在すると想像できるようなものを見失うように思われるということである。愛は、取り外し可能な部品──異なる車両に適合しうるエンジン──ではなく、特定のコンテクストと本質的に結びついている。

これと同様のことは、悲嘆にも明らかに見られる。孫の死に対するヘカベの反応について書く中で、ヌスバウムは以下のように所見を述べる。

ヘカベの熟考は、前提となる捉え方を出発点とする。しかし、あらかじめ設定された一般的体系を、融通の利かない形でこの新しい事例に応用することを示すものではない。……第一に、ヘカベがその状況を前にして、受動的、ないしは受容的である様子が印象的である。彼女は、自分が目にするものに対して、すなわちずたずたにされた体と汗ばんだ楯に対して反応し、ただ圧倒されるだけである。彼女の際立った活動は、いわば、彼女の反応に先立って生じるものではない。彼女の反応の中にあり、その反応によって構成されるものである。……そして、彼女の熟考における最高の価値のいくつかは、この従順な応答性の中に見いだせると言えよう (Nussbaum, 1986, p. 315)。

これは、倫理的真理を求める上で、具体的で個別のものの知覚が一般規則に優先する権威をもつ、というアリストテレスの指摘に関連する (ibid., p. 378)。

これらの例は――原理の決定と普遍化可能性という点で捉えられるものとして――道徳的推論の論理学が道徳性にとって根源的なものでありうるかどうか、という問いを喚起する。そして、こうして人工的に定義される道徳的推論の言語が、道徳的なものとして認めうるものを事前に限定するということを示す。

ここで引き合いに出された善は、合理的 - 断定的様式の言語によっては近づきえないものである。事実、どのような記述によっても、それらの善を十全に特定することはできないであろう。しかし、それらを示すことは可能である。ウィトゲンシュタインは述べる。「彼に対する私の態度は、魂に対する態度である。

私は彼に魂があるという意見をもっているのではない」(*Philosophical Investigations*, p. 178)[*7]。意見が強調されることによって、態度は道徳的推論の言語に先立つということが示されている。これはたんに心理学的な主張ではない。ウィトゲンシュタインの言明はまた、ここにおける言語の限界をも示している。その態度の正体を明らかにするために、ウィトゲンシュタインは、何らかの意見を表す合理的‐断定的言語を超えて、不完全な矛盾へと向かわざるをえない。合理的‐断定的なものに頼るなら、こうしたことをなすことも、ひいては私が出した諸例の道徳的価値を見極めることも一層困難になる。

＊7　ウィトゲンシュタイン『哲学探究』、II部、三五五—三五六頁／『「哲学探求」読解』、II部、一二頁、参照。

以上に基づき、道徳的推論の根底には論理学があるという誤謬がさらに暴き出されることになる。諸々の例に込められた力は、そうした抽象概念の基盤には生きられた経験があるということを鮮明にするために用いられている。

3・7　人物への愛

ロイドの説明がもつ強みの一つは、生きられた経験という状況へのこだわりである。彼は、われわれが経験によって圧倒され、魅惑され、感動する有様に言及するが、これは道徳性の議論における力点の均衡を修正する試みである。こうした感情は、先の諸例で人々がある特定の仕方で行為するよう呼びかけられていることに気づく有様と密接に関係している。私はここで、恋に落ちること(落ちていること)という点から、このことをさらに考えてみたい。

そうした感情を、愛される人の特性の一覧に限定して説明しても、本質を捉え損なうばかりであろう。「特性」ということで私が念頭に置いているのは、原則的に、少なくとも他人と共有しうるような個人的属性である。もし感情がこれらの特性の総計にしか結びつかないのであれば、瓜二つの双子が同様の役目を果たすことになろう。しかし、特性一覧が触れ損なっているものは、個人がもつ唯一無二性である。これは、その人物をその人たらしめている特性の特別な混合として解釈されるべきではなく、本来、決して特性に関わるものではないのである。唯一無二性は、その人の個別性に関わっている。

車や洗濯機のような物の特性と人物の特性との間には、由々しき違いがある。後者は前者とは異なり、それ自体を超えるものを志向する。このことは、一方では、人間の特性と人間の行為や発達との間の関連性に関わり、他方では、機械の特性とその機能および耐久性との間の関連性に関わっている。人間の特性の性質は、ハイデガーが明らかにする未来への企投という観点から理解されるべきである。このことによって、人間の特性が可能性と傷つきやすさに本質的に関わるものであり、他の特性の場合とは違って、分離することができず、安定したものとして捉えることもできないということが示される。言語の表層的文法は、この違いを隠す傾向にある。

愛される者の個別性は、これらの特性をもつあらゆる人々の中で、彼女こそが愛する者の出会った人物であり、その時間にその場所に居て、その場面で彼に話しかけた人物である、という事実に関わっている。要するに、人はこの個別性が明らかになるような物語を語る必要がある。よって、彼がこの個別性をもつ過去を共有するのは、彼女とであり、彼女とのみである。彼女とのみ、彼はこの個別性をもつ未来について熟考できる。ヌスバウムは、アリストテレスの「友愛」(*philia*) の概念について、愛される者が意識と行動のもう一つの中心であり、その運命に人は結びつけられているという認識に目を留めている。また、愛される者によって同様のものが返されるような相互性があることにも目を留めている (Nussbaum, 1986, pp. 354-355)。この概念において、能動的‐受動的区分は部分的に超越される。したがって、この点に関しては少なくとも、主体が様々な特性をもつ対象に遭遇しこれらに対処している、という捉え方は通用しない。

このように考えるなら、双子がその男性の人生において同じ役割をもつことは不可能であろう。特性についての語りの抽象的性質とは異なり、個別性への言及は、人間生活の中に過去と未来が本質的に存しているることに注意を向ける。それはまた、人が常にすでに、個別の場所の中に（*in*）、個別の人々と共に（*with*）、個別の時間において（*at*）ある、その有様を強調するものでもある。[5] もちろんわれわれは、事態が別の状態でありえた様子について憶測することができるが、それらはいつでも、何らかの形で個別の性質であらねばならないであろうし、個別の性質をもたねばならないであろう。

ここで、憎悪についても同様の話があてはまるということを付け加えておく必要があろう。憎まれた人物は、瓜二つの双子の片割れによって置き換えられることはない。双子の片割れは、憎悪の感情に特有な焦点の一つである歴史というものをもっていない。しかし、ここにも〔愛と憎悪の間に〕差異がある。第一に、実のところわれわれは、憎む人々から距離をとることによって、運がよければ、彼らがわれわれの個人史をほとんど共有しないということを発見しうる場合がある。第二に、必然的にそうである必要はないにしても、憎悪は明記可能な属性とより一層中心的に結びつけることが可能である。おそらく、「私は、私の（残酷な）体育の先生を憎んだ」ということと、「私は、子どもに対してサディスティックな教師を憎む」ということの間には連続性があるだろう。

人物への愛との類比として役立つのは、場所への愛着である。例えば、ある人が育った場所に対する感情は、（この見解に基づくなら）その場所の属性という観点から説明することはできない。それは、その人の子ども時代がそこで、そこでのみ費やされたという事実に関わっている。同様に、人は自分が育った場所を忌み嫌うということがあるかもしれない。そしてこの理由は、その場所の特性に関連するかもしれない。しかし、嫌悪がこれらの特性の観点から記述される限り、それはその場所に対するその人の感情（拒絶の感情と言ってよいのだろうか）の核心に触れることはない。(6)

3・8　受動性の形式

生の偶発性への反応についてロイドが抱く関心は、受動的経験の性質と価値についての問いへと向かう。これについてさらに取り上げてみたい。情熱（passion）と忍耐（patience）には語源的つながりがあり、各々が受難（suffering）と受容性（receptiveness）と結びつく。これらの語は（一般には）ほぼ否定的な含意をもつにもかかわらず、ロイドが指摘するように、人々が被る最も深遠で重要ないくつかの経験に関する記述においては、受動態（passive voice）が優勢であることに留意する必要がある。極端なケースとして、神秘的であからさまに宗教的な性質をもつ経験が挙げられる。しかしながら、芸術家の閃きや、心を奪われて虜になり魅せられている科学者の献身についての記述は、論ずるまでもないものである。ありふれた経験を見れば、われわれが何かにとらわれたり、没頭したり、魅せられたり、あるいは、ひたすら夢中になっていることがわかる。このことは、高揚した経験が例外的な行為として特徴づけられるのと同じぐらいに、受動性（passivity）によっても特徴づけられるかもしれないということを示している。

まず最初に、世界についての俯瞰的で半ば神秘的な反省が提唱されているという考えを除外することが助けになるだろう。そのような状態では俯瞰的な状態が目的となり、現世についての気遣いからの解放が約束され、場合によっては日常経験の無常さからの逃避が約束されるかもしれない。このことを考慮するために、高揚した経験とは別の事例を考えてみたい。私の関心により近い例は、音楽を聴くことに深く関わる受動性である。(この場合ですら、批判的能力を行使する中に自律性の可能性があると論駁されるかもしれない。この点については、小節1・1を参照されたい。こうした論駁にもかかわらず、音楽を聴くという考えには、受動性の様相が十分現れている。) こうして、受動性は、ある人の自律的判断が一次的に停止されるような、ある特定の活動に結びつけられることになろう。

今日、人々は実際に、かつてなかったほどに一層受動的に——例えばテレビを見ながら——時を過ごしているのかもしれない。それにもかかわらず、能動的であることは善いことだという前提があり、いかなるものであれ、受動性の賞賛はいくぶんか疑惑の目で見られる可能性がある。このことを正面から取り上げるために、あまり馴染みがなく、一見すると一層不愉快なものに思われる、以下の受動性の諸例を見てみよう。ここで、身体的な非活動状態は問題の核心ではない。もしこのコンテクストの中で「受動性」という用語が無理やり用いられるなら、それは自律的活動とは対照的なタイプのふるまいを突き止めるためである。こうした観点から興味深いものとみなされる受動性は、身体的な不活性状態ではなく、何らかの身体的拘束や自律的判断の行使の類いの一切の不在によって特徴づけられるものである。これらの特質は、修道院の生活のある特定の側面に——とりわけ、禁欲的な労働と崇拝に——明瞭な形で見られる。

修道士に要求される労働は、身体的活動を要する雑用的な家事を含むであろう。修道士は、自分がなぜそうしたことを行うべきであるかの理由を問うこともなく、また単調で退屈な性質に文句を言うこともなく、これらの勤めに従事することを期待されると考えてみよう。彼は、日中のある一定時間勤めに従事し、これらの職務の遂行に然るべく従事していると理解される。彼が自分の行っていることについて熱心に考えている様子はないし、それが興味深い仕事であるという自負も見られない。その仕事を行うに際して献身の表れとして誇りを抱くなら、それは傲慢である。そうであるなら、いかにしてこの受動的経験に何らかの価値を見いだすことができるのであろうか。

これに対する答えは、きわめて単刀直入なものだろう。彼が行っていることに本質的な価値はないが、修道院が清潔に保たれるなどの必要がある以上、それは有用である。よって、労働節約の工夫がなされる時代にあっては、修道院でなされる手仕事が最低限に抑えられるかもしれない。これに対して私が求めているのは、労働の本質的な価値に一層近いものである。

修道士の自律的判断は、一次的に停止されている。一日一日のある一定時間、彼は仕事の要求に服するが、これには身体的抑制と思考内容の部分的制限が必要とされる。ここに含意されるものは、緊張をほぐすために庭を掘り起こすといった慣習的な意味合いでその仕事が治癒的であるということではない。修道士の仕事は、彼が「緊張している」と感じている時に行うようなものではない。この種の労働には、抽象的観照が無効にされてしまうような、物の抵抗との出会いが深く関わっている。すなわち、限界を承諾することが深く関わっているのである。この点に、職人の作業との関連性がある。つまり、ここでの労働には熟練を要するが日常的繰り返しでもありうるような仕方で素材を忍耐強く扱うことが含まれるのである。技には、素材によって課される限界を認識することが要求されるであろう。職人の技能は、こうした限界を無効にすることよりも、むしろ限界に従うことによって磨かれるであろう。技の獲得と行使には、ことばで表現できるものを超えるような素材に注意を向けることが必要とされるであろう。熟練職人にとって、意識的な注意は最小限であるかもしれないが、彼のふるまいはなおも私が記述したようなやり方に支配されるであろう。言い換えるなら、職人の活動の大半には、自律性を特徴づけるようなタイプの意思決定は関わらないであろう。もちろん、技術革新の時代には、これらの限界が修道士と職人にとって異なる形で課されうるであろう。そうだとすれば、限界の必要性を認識しながら生活することは一層困難となろう。

礼拝や同様の儀式への参加にも、これと関連する類いの受動性が含まれるかもしれない。そのような実践に従事することには、歌うこと、跪くこと、十字を切ること、お辞儀をすること、沈黙して立つことなどが必要とされるかもしれない。実践は通常、ある適切な心の状態——言ってみれば注意の状態——を伴うものであろうが、これは必要なことである。われわれは礼拝の行為に服するのである。つまり、その前にあってわれわれがある意味で受動的となるような、儀式を課す余地を残すことが必要となる。礼拝は儀式の遵守によって成立しうるので、心の状態を含意する必要はない。人はある心の状態を伴わずに何事かを誠実に行うことができるが、ただしそこには信念が埋め込まれたコンテクストがなくてはならない。しかし、いくつかの信念の存在は除外されるであろう。これをオースティン流に言うなら、慣習的行為は不適切さを被ることになる。

われわれは行為者性にとらわれているがゆえに、そのような〔礼拝の〕ふるまいに、ある心の状態の存在が必要であると想定しがちであるのかもしれない。礼拝について述べているのは——期待に反してと言ってもよかろうが——そのような必要はないということを示すためであり、また、われわれにとって重要性をもつかもしれない受動的経験の一形態の正体をここで明らかにするためである。

この主張をさらに展開するなら、修道士の労働は勤行の例を提供するものである。彼は、自分の勤めを実行する上で、気高い思考を行う必要はない。(実際のところ、もしそうであるなら、これにはどこかいかがわしいところがあると言えよう。) 彼は、自分がその仕事を行うべきかどうかについて問うべきではないが、従順ではあるべきなのだ。看護、教育、社会福祉の仕事などのより馴染み深い仕事との関連でも、同様の態度がふさわしいであろう。少なくとも、これらの仕事に従事している人々が、すべてに優先されおおかた疑問に付されることのないある特定のふるまいの規則に従順であると考えることは、つじつまが合っている。実際には、とりわけ複雑で多元的な社会の中では、これらの規則は多様でたえず疑問に付されるものである。しかしこの（きわめて納得のいく）厳格さの欠如は、ここでの主張を損なうものではない。つまり、ある規則に従順であることはある人の生活を豊かにすることかもしれない、という主張である。私の挙げた諸例は、この要素が、修道士の労働の事例が示しうる以上に一層広く行き渡っているかもしれないということを示すためのものである。

論文「建てる　住む　思考する」の中で、ハイデガーは、これに関連すると思われる点を指摘している（*Basic Writings*, pp. 323–329）。彼は、日々の経験の中の習慣的なものについて語り、これがわれわれの世界への住み込み方であるということを示唆している。こうして言語は、それがなければ見逃してしまうようなある連関を明るみに出すものである、と主張される。ここで重要な点は、住み込むことはいつでも、論証的思考を通じて把握しうるものを超えなければならない、ということである。住むこと（*wohnen*）は、語源的に、滞在すること、故郷にあること、慣れ親しんでいること、満足していることと関連している。住むこととは、「死すべき者たちが地上にあるその仕方である」（ibid., p. 326）[*8]。われわれが住む一つの有様は、前述したようなふるまいの型に見られる。諸例における受動性や従順さという要素は、このようにして住むことを認め入れるものであり、自律性の行使によって無効にされてしまうようなものである。

＊8　ハイデガー「建てる　住む　思考する」『ハイデガー　生誕一二〇年　危機の時代の思索者』〔KAWADE道の手帖〕大宮勘一郎訳（河出書房新社、二〇〇九年、一三二頁）参照。

礼拝、勤行、手仕事の例に見られる従順さは、言語の限界に関連している。これは、ふるまいへの従事が、語りうるものや論証的に思考しうるものを超えるという意味においてである。そのふるまいはまた、語りえぬものの承諾でもある。

3・9　自律性概念の一貫性

自律性概念は、個人よりもむしろ国家とのつながりに起源をもつという事実は、その意味と重要な関わりをもつ。強力な形の個人の自律性概念の内には、少なくとも緊張があり、場合によっては非一貫性があるかもしれない。もし個人が、ただ選択するだけではなく、合理的に選択するために「法」（*nomos*）の思想を要求されるのであれば、彼の判断の根拠は、いつでも彼自身の外部に（合理的人間全般の判断の中に）位置づけられねばならない。さらに、強力な自律性概念は、選択に関わることがらには客観的に正しい答えがあり、よって個人は彼の選択が正しい場合にのみ完全に自律的でありうる、ということを必然的に伴うように思われるであろう。こうして、強力な自律性は一つの答えしか認めず、ゆえに、ある意味で選択を否定する。少なくとも、それは「自己」（*autos*）の力を中立化する。（これは本章の第2節で探究した、いわゆる非合理的自律性に関するアレンの主張に似ている。）

問題は、国家の政治的自律性から、一個人の個人的自律性へとその概念が推移することに関わっている。国家に関わる合理的熟慮は、その国家が合理的熟慮を維持しうる生活形式を含むゆえに意味をなす。実際のところ国家は、市民の間主観性によって部分的に定義される。選択は、その国家に内在的な標準に照らして合理的でありうる。他方で個人は、自己にとって外在的であるような、より大きな社会への参与を通じてのみ合理的でありうる。（ここで「私的言語論」が関連性をもつ。）抽象化された自己概念は、この点を見落としてしまう。個人的自律性と政治的自律性の非対称性は、近代個人主義の主たる弱点を暴き出すものである。

第4節　批判のさらに詳しい根拠

今や、自律性の理想が誤解される、より根源的な有様について詳細に述べる時がきた。その底流をなすものは、以下のような相互に関連する異議であろう。

(i) 自律性の理想は、自己の性質について根拠不十分な想定をはらむ。
(ii) 自律性の理想は、言語の性質について根拠不十分な想定をはらむ。

4・1　自律性を達成し損なうこと

われわれは、自律性を達成し損なう諸局面に不意に遭遇することが頻繁にあるだろう。この失敗は多くの形をとるが、私が念頭に置いているのは、主として二つの領域に関わるものである。

第一に、自律性は知的要求に関連しており、これによって、ハーストが認めているように、自律性は多くの人々にとって手が届かないものとなる。そうした人々は、数々の決定の複雑さに対処するための知性をたんに欠いているだけかもしれない。あるいは[7]は、必要とされる論証的方法で自分たちの知性を応用する適性を欠いているのかもしれない(Hirst, 1974b)。決定に対処するという考え方は、自律性と決定の有効性との間の関係について避けては通れない問いを惹起する。例えば、ある人物が悲惨な帰結をもたらす決定をなしたとしても、だからといってこの人物をわずかでも自律性の度合いが低い者とみなすべきなのか、といった問いである。

ここではある程度、悲惨さの性質が重要であるように思われる。もし悲惨さが、秩序立った意思決定という背景に照らして見た場合の間違い——悲劇的な間違いなど——と同程度のものであるなら、自律性に関して何ら問題とはならないであろう。これは混沌とした生活を反映するかもしれないような悲惨さとは大きく異なっているのである。とはいえ、混沌とした生活においても、行為者が合理的熟慮を用いてたえず決定を迫られる場合があるだろう。しかしどうしたものか、彼は自分が下す決定において十分な統合性を達成し損ない、人生の修羅場を迎える。彼が下す決定の中には、意図する帰結をもたらさないものがある。あるいは、予見通りに実行されても、生活の他の諸側面とそぐわないものもある。

しかしながら、この例に対しては以下のような反論がなされるかもしれない。合理的熟慮とはそのような混乱が実際に生じないようにするためのものであるので、ここに記述されているような行為は合理的熟慮ではありえない、という反論である。この反論は合理性概念の中に（修羅場を避ける上での）有効性を組み入れようとするものである。有効性というこの反対要求の妥当性は、吟味する必要がある。

4・2　効果的な意思決定

第一に、意思決定を論理的推論として考えることに関わる誤謬に留意する必要がある。誤謬なき論理的議論が真実の結論に到達するのは、真の前提がその出発点にある場合のみであろう。よって、もしある人の最初の想定が根拠薄弱である場合、彼の合理的熟慮の結果は不満足なものであるかもしれない。さらに、純粋推論と実践的推論の間には区分がある。後者の場合、問題の核心となるものは、結果の真実ではなく善である。この善は、少なくともある人自身の人生の送り方に関わる限り、個人的嗜好によって決定される部分を含むであろう。論理的推論は、これらの嗜好が調和的で安定したものであることを決して要求しない。これに基づき、その人の変動する嗜好や気まぐれは所与のものとみなされ、これに論理的推論が依拠することになる。指にちくちくと感じる痛みよりも宇宙の破壊の方を好むことは、決して非論理的ではない。その人の決定は論理的であるかもしれないが、生活の方は実際には混乱したものとなるかもしれない。通常の意味で理解されるものとしての意思決定には、論理的推論よりはるかに多くのものが深く関わっているということは、少なくとも明らかである。

ディアデンによって提示される説明は、確かにこれ以上の自律的意思決定を要求するものである。中心に据えられているのは、カントによる（自らの）傾向性に基づく行為と、理性に基づく行為との間の区分である。ここでの原理は、自らの傾向性に従って行為する場合、その人は傾向性のなすがままになり、ゆえに自由ではないというものである。これを回避することの論理的帰結は、普遍化可能性の原理に見いだされる。こうして、その原理の徹底した応用によって、自律性の領域から個人的な傾向性が除外されるであろう。とはいえ、ディアデンがそこまで言うつもりがないことは明らかである。彼は、自律性が「知的な人々にとってのものだけではなく」、日常的な実践活動の全範囲に及ぶものであることを強調しているのである（Dearden, 1972, p. 64）。例えば、非理性的なものであれ、行為者に何らかの傾向性が見られる場合、そこにこうした決定に際しての主体の軸を見いだすことはできるように思われる。

にもかかわらず、混沌とした生活を送る行為者の場合、推論は合理的熟慮とみなされうるとしても、自律的とみなされることはありえないであろう。そのような人物を自律性をもつ者とみなすことの問題は、「法」という要素に関わる。これは、個人的決定が規則に照らしてなされることを要求するのみならず、これらの規則を調和させる規則があるということを要求する。このことは自律性の理想において明白である。そこでは、自分自身の人生の創造者としての自律的人物に力点が置かれる。これを達成するためには、諸々の嗜好を統合することが必要である。幸福な状況では嗜好が調和状態にあるかもしれないが、そうでない場合、嗜好は普遍化可能性の原理に服従しなければならない。(しかしながら、ついでに言えば、統合性という形式的な徳の価値が強調されすぎてしまう可能性がある。例えば、人が犯罪組織の創造者であることも可能である。)

とはいえ、ここに提示される合理性の見方はあまりに寛容すぎるであろう。合理性を論理的議論という観点から見ることによって、ある画一的体系が提示される。この画一性という考えはおそらく、合理性が引き合いに出される際にしばしば姿を現わすものであろう。(もちろんこのことは、知識の諸形式というテーゼにはあてはまらないが、そこでも、諸形式は調和し、相互に葛藤する関係よりもむしろ補完し合う関係を特色とすることが含意されている。)この合理性概念が、日々行われる意思決定を正面から扱いうるものであるかどうかは疑わしい。論理的議論は重要なものではあるが、それ自体、人間生活の選択に際しての限界をもった一つの要因であるにすぎない。その上、合理性を支える画一的体系という考えには、第二章で暴き出された誤謬がある。さらに付け加えるなら、決定を論理的要素と付随的要素に分離し、世界についての事実と個人的な嗜好を組み込むというのは、あまりに粗雑なやり方である。いかに分離しようとも、非合理的要素がどのようにして特定されたかという問題が突き付けられる。本書で先に論じたように、いかなる傾向性や嗜好の特色も、すでに行為者の世界理解と絡み合っているであろう。しかしこのことは、主体の軸を合理性の法廷へと滑り込ませることではない。むしろそれは、人間の決定がなされる状況が生じる有様の複雑さに注意を喚起することである。こうした状況を解明するに際して、テクストという概念は、ジレンマの選択肢として差し出される概念よりも一層啓発的であることが判明するだろう。言い換えるなら、傾向性という孤立した非合理的要素という考えも、抽象的で普遍化可能な合理性という考えも、共に誤解を招くものなのである。

そのような人物の決定の一つ一つは、自ら行おうとすることを決定するという点で、ある規則の適用という特質をもつかもしれない。しかし、統合的規則の欠如によって、そのような事例は自律的人物の事例からはかけ離れたものとなる。ゆえに、自律的であるということと、効果的な決定を下すことの間には、最小限ではあれ、何らかの関連性があるように思われる。これに気づくことは、〔個々の決定の規則の適用ではなく〕決定の内容を認めることに向けてのささやかな一歩となる。

4・3 意見操作

しかしながら、複雑さについての指摘にとってより根源的であるのは、決定が下される状況は関与している人物の理解を超えるものかもしれない、ということである。そのような場合には、マス・メディアによる意見と好みの操作が問題をきわめて複雑にし、多くの領域において決定が一層手の届かないものになるように思われる。こうしたコンテクストに基づくことで、ある決定に関わる主体の軸と客体の軸についてのアレンの考え方をうまい具合に問いただすことができる。個々の人間には多かれ少なかれ、議論するまでもなく動かしがたいいくつかの特徴——例えば、背の高さ、体重、肌の色など——があるという意味で、アレンの考え方には少なくとも真実がある。実際のところこうした特徴は、いかなる選択がなされようとも、それに関連する主体の固定的な要素であろう。これに対して心理学的特徴に関しては、主体の軸の特性を明らかにすることは一層疑わしくなる。このことは、原理的に可能であるにすぎない。これらの特徴は世界への言及なくしては存在せず、洗濯機の特色などとは違って、われわれは永遠にわれわれ自身を超える状態に関わっている。逆から見れば、客体的な軸は心理学的特性への言及なしには理解されない。

われわれは経験の中で選択をなし、その経験は多様性である。そしてそこからわれわれは、主体性と客体性の両軸を時に抽出する。しかし独立した実在としての属性をこれらに帰することは誤謬である。第四章で論じたように、それらの存在論的地位は、われわれが想定しがちなものとは異なっているのである。

これによって、先述したような意見操作のもつ重要性が一層深まることになる。また、その影響を被らざるをえないような類似の事例もある。ここで思い浮かぶのは、イギリスのグラマースクールで見られる類いの人々――リベラル・エデュケーションとも言えるものの典型的かつ知的な産物といって差し支えない人々――である。これらの人々は、どこまで自律的であるのだろうか。自律性の理想についての弱い解釈に基づくなら、彼らは自律的であると言えるだろう。生活の重要な領域における彼らの選択は、彼ら自身の心の働きに言及することなしには説明できない。しかし、人間の行為を行為者の心の何らかの働きに言及せずして説明することが決してありえないのだとすれば、ここでの規準は無益なものとなる。そうだとするなら、ここで問題になっていることは、たんに心の働きの有無ではなく、いかなる心の働きかということである。自己主導という概念によって、このことを明らかにすることができるかもしれない。ここで私が言いたいことは、こうした集団に属する多くの人々は、自律的決定と同じぐらい、仲間集団の圧力やメディアによって操作された成功概念、すなわちハイデガーが「世人」と呼ぶものによって方向決定される生活を送っているということである。

ここに挙げた両方の集団にとって、自律性の理想と意思決定能力の欠如が混在していることは、我慢のならないことであるかもしれない。いずれの集団においても、人々は自分たちの意思決定の自由を重んじるであろう。しかしこの選択への欲求は、どこか操作的なものとなる。このことがきわめて明らかになるのは、物を買う場面であろう。ここで選択が強調されることは、物流の主たる特徴であり、そのような選択に注意を向けることが、人々の生活において支配的な要因となるであろう。(8) カタログや消費者ガイドに強迫的に注意を向ける人々がいることは、選択それ自体が、外在的な方向づけの源、つまり、われわれを制覇する権力となりうることを示唆している。店に配列された商品にうろたえ、買い物を重荷と感じる人々もいる。これは、自分の責任を認知し引き受け損なうことについてサルトルが論じているものが凡庸な形で風刺された状態である。

4・4 対象化と選択の重要性

先に引用した論文の中でディアデンは、自律性を行使する一つの領域として、物を買うことに言及している。別のところでは、人が自分自身に関わる決定を下す重要さの問題を強調している。自分の靴ひもをどうやって結ぶかについての熟考は適切な自律性の行使ではない、と彼は述べる。ここで指摘されていることは、われわれが気づきうる以上に、選択のかなりの多くの部分がこうして重要性を欠如しているということである。それはあたかも、選択することが重要性の規準となるとでも言うかのようである。これは、そうした選択に価値がないと言っているわけではない。例えば、ある人が自分自身の選択をなしているという感覚をもっているとしよう。この感覚を育めるように、わざと子どもにちょっとした選択をさせてみる場合がある。そうした選択によって、例えば生活に何らかの豊かさが加えられることにもなろう。イギリスのバーミンガムという街で買い物をすることはおそらく、ルーマニアのブカレストという街で買い物をするより刺激的であろう。しかしこれは、生活の重要性に関わることがらについての自律性の行使であるというよりも、刺激に関わるものである。こうした刺激の力や、このタイプの選択がもつ誘惑的な性質によって、われわれは生活の中のより大切な領域から注意を逸らされるかもしれない。

繰り返して言うなら、選択は、諸々の選択の配列がややこしくなる場合には、重荷として経験されることもあるかもしれない。消費者ガイドを片手にこうした経験をすることで、われわれはハイデガーが以下のように述べて指摘する点について、何らかの暗示を得るかもしれない。「それゆえに、言語は、いろいろな交通路の便を促進することに奉仕するだけの存在になり下がり、その交通路の上では、あらゆることがらを、あらゆる人々に対して一様に接近可能にすることとしての対象化という働きが、いかなる限界をも無視して広がっていくのである」(*Basic Writings*, p. 197)[*9]。一様に接近可能にすることは、狂気じみた忙しさや『荒地』に見られるような倦怠へと至る。

これから、どうしたらいいでしょう。どうしたら。
私はこのままで飛び出します、髪を
さげたままで街を歩くのです。明日はどう
しましょう。一体どうしましょう
(Eliot, 1961, pp. 55–56)[*10]

第四章で論じたように、ハイデガーは、勢いを増す人間の主体性についての間違った概念と相互関係にあるものとして、対象化を非難している。この対象化の一つの帰結は、それがもたらす平準化の効果である。そこではあらゆる選択が、標準的距離と中立的視点から考慮される。この平準化は、ある種の客観性という理想に近いものである。こうした手法は、ある特定の状況のもとでは価値をもつのかもしれないが、あるものは身近であり、あるものは疎遠であるという事実が人間の置かれる状況にとっての基本であるということを認め損なう。これを無視することは、人間の経験を歪めることになる。この間違いは、自律性についてなされるいくつかの過度な主張の背後に見られるものである。

＊9　ハイデッガー『「ヒューマニズム」について――パリのジャン・ボーフレに宛てた書簡』渡邊二郎訳、筑摩書房、一九九七年、二六頁）参照。

＊10　T・S・エリオット「将棋」『荒地』西脇順三郎訳（創元社、一九五二年、一六頁）参照。

こうして、買い物は頻繁な選択の行使の機会を与えるかもしれないが、これを自律性の適切な指標としてみなすことは難しい。（ここで買い物について語ることは、問題を卑小化するためではない。多くの人々にとって、それは重大な仕事である。）ここで誤解を招く危険があるもう一つの要因は、選択の頻度である。買い物は、思慮深い選択を行うための有望な機会と思えるものを提供する。なぜなら、個人は随時、自分自身の嗜好を反芻し、お金があればそうした嗜好に従って行為する機会をもつからである。こうした選択の結果はさらに顕著なものとなるであろう。人間としての価値の尺度として自律性の理想が突き付けられる時、この選択の頻度――あるいはその物質的効果すら――が自律的であることの十分な証拠であると容易に誤解されてしまう。言い換えるなら、人々はしばしば、家を装飾したり車を選んだりする際になす選択という観点で、自分たちの同一性を主張する。メディアが作り出すイメージが人々に絶え間なく突き付ける自画像は、自分自身の願望の正体を明らかにすることを妨げると同時に、同一性の尺度としての選択の行使を理想として掲げる。こうした方向で捉えられる選択の頻度は、偽の自律性であるにすぎない。

仮にこれが自律性の標準であるとするなら、以下のことに留意する必要がある。すなわち、投獄に至る政治的離反者の素振りは、そこで彼がきわめて限られた選択を行使する自由しかもたないゆえに、期待されるほど感銘を与えるものではなくなるということである。

4・5　内容の重要性

ここでの議論の流れが正しいならば、重要性の問題は、それと深く関係する熟慮という観点からではなく、熟慮が関わっている判断や行為の内容という観点から解決されることになる。どの車を買うかはさして重要ではないが、戦争で闘うことに合意するか否かは重要である。ここで、論理的推論による理解がもつ価値についてジョン・マクペックが投げかける疑問は、きわめて適切なものである。正当な議論を構築する能力は、生活においてさほど助けとならないかもしれない。重要なことは真の前提をもつか否かということになろう。自律性の理想は、個別の実践についての実質的な諸概念を伴わなければ、限定的価値しかもたない形式概念である。これらの諸概念は、善きものについての一次的判断という形をとるかもしれないし、どの問題が重要であるかを明らかにするという、より一般的な形をとるかもしれない。こうした実質的なことがらとはかけ離れた理想を提示することによって、それ自体を自己目的化するような、見せかけの選択の価値づけが奨励されることになる。

もちろん、生活の状況性についてアレンが述べることは、このことと密接に関係している。チェス・プレーヤーの自律性の例もまた、合理性の行使の典型的事例として、きわめて適切なものである(9)。チェス・プレーヤーがどのように行為を計画しようとも、彼の合理性は、ゲームの原理を受け入れることによって規定されている。例えば、彼は（通常）勝ちたいと願うはずである。こうした願望やゲームの規則の受け入れなくして、実践に関与することはできない。このことは、意思決定における合理性の行使を、意味の網の目に不可避的に埋め込まれているものとして提示する。意味の網の目という考えと、言語とテクストにおける規則の重要性という考えについて先に第二章で行った議論は、この点を裏書きするものである。ここで言いたいのは、チェス・プレーヤーには駒の動きを選択する自由がない、ということではない。むしろ、駒の動きと彼が駒を動かす自由は、ゲームの是認された原理と規則というコンテクストにおいてのみ存在するということである。逆に、規則それ自体が意味をなすのは、自由な行為の可能性に照らした場合のみである。よって、行為の自由と制約的規則の存在の間には決して葛藤があるのではなく、行為の自由と規則は相互に依存している。規則がなければ、行為に意味を与えるものは消え失せ、自由な行為の可能性は見失われるであろう。

ここで助けとなるかもしれない別の類比は、言語学習に関わるものである。（第一）言語の学習についてのいくつかの捉え方――例えば、直示的定義論での捉え方――の背後には、その理論の根拠を第二言語が学習される時に生じることに置くという間違いがある。もちろんその誤りは、第二言語の学習には第一言語の理解が前提とされ、よって文法などの理解が前提とされるという事実に関わっている。しかし、こうしたものが不在であるということが、第一言語の学習をめぐる謎の核心である。実際のところ、思考の性質は、この第一言語の所有と密接に結びついている。自律性の理想は、類比的に見れば人間の経験――少なくとも、行為者性――を第二言語、すなわち一連の選択として表象するものであり、第二言語が理解されるために必要不可欠な背景としての本質的な第一言語、すなわち実践に埋め込まれた状態を見落としている。

これらの例のもつ力は、一連の選択としての人生像を拒絶する方向に向かう。ディアデンの巧みな比喩を用いるなら、われわれは、生活というバイキング料理を目の前にした自由な行為者ではない。われわれの生活に意味を与える多くのものは、チェスの是認された規則と暗黙の原理の次元にある。（チェスを学ぶ者で、ゲームの目標は勝つことであるなどと教えられる者がいるだろうか。）暗黙のものは選択されるものに先立つ。第一言語は選択が意味をなすために必要であり、その内でこそ選択は立ち現れるのである。

しかしながら、われわれがこのように自由な行為者でないとすれば、どの程度身動きを封じられることになるのだろうか。言っておくが、ここで問題としているのは自由それ自体でなく、俯瞰的な立場からわれわれが評価する選択の配列としての自由である。こうした自由の捉え方に対する反論として、主として二つの点が挙げられる。第一に、選択は言語の内で生じる。第二に、その言語は画一的ではない。これらの要因がわれわれの動きを制限するものであるという考えは、選択に定義を与えるために——すなわち、仮にも選択であるために——必要とされるものはまさにこれらの要因であるということを悟る時、成り立たなくなる。自由選択という慣習的な像のもとで捉えられる自由という考えは、ある特定のタイプの言語ゲームがもつ限定的視点の内から見た時には説得力をもつように思われる。その範囲を超えて行使される場合、自由という考えは、ある形而上学的な類いの世界についての幻影なくしては成り立たなくなる。ここにおいて、自由という考えそれ自体は、われわれの動きを制限する原因となっていく(10)。

4・6　「イージー・ライダー」の自由

この背景のもとで台頭する自由の積極的概念は、ひょっとすると直観に反するものかもしれない。それは、自由と受け入れの概念が絡み合うような捉え方である。受け入れられねばならない限定的秩序は、画一的なシステムではなく、人間が関与する多様な実践によって構成される。

この見方は、自律性を英雄的行為に関連させて考えることによって広げることができる。自己主導という理想——自分自身で物事を行うこと——は、合理的自律性の理想ではないにしても、カミュのムルソーや、一九六〇年代、一九七〇年代の数々の映画に出てくる自由奔放な「イージー・ライダー」的な英雄といった登場人物に暗示されている。そのような英雄は自己充足的でルーツをもたない。愛着はつかの間のものであり、他人への依存は避けられる。重要な点は、英雄の行為が彼自身だけのものである、ということにある。もし彼が法律や慣習的道徳の外にあるなら、このことはおそらく、自分自身によって決定されるのではない標準から彼が自由であることを示すものであろう。身軽に旅をし永住の地をもたない、ということが彼にとっての原理である。そのスローガンは「わが道を進んできた」ということであろう。この極端なイメージにおいて、他人にとっての善き帰結という観点からの行為の賞賛は最小限のものとなる。これが忠誠や忠実さの徴候とみなされる場合にはなおさらそうである。ムルソーという登場人物は信じがたい、と言われることもしばしばある。これがあてはまるかどうかは、ここではたいした問題ではない。むしろ重要なのは、この理想がかなりの影響力を行使しているということである。それは、アレンが論じている根源的自由への欲求と関連している。

ここでの英雄的行為の規準は何であろうか。そのような登場人物の自律性の注目すべき特徴は、それが自己言及的であるということである。このようにして捉えられる自己の空虚な性質については、前述した通りである。そのような自己への専心が主観主義と絡み合っていることは、ひと目で明らかである。その立場は根源的に一貫したものではなく、さらなる吟味を必要とする。ここで吟味される必要があるのは、自律性という見地がもつ肯定的な要素ではなく、その内で自律性が生じ、それに照らして自律性の範囲が設定されるような状況の諸特徴である。その結果として、自律性は公認の意見や確立された秩序に対する反抗として理解することができるであろう。

そうした反抗は、個人的なものと捉えられ、集団的なものとは捉えられない。その場合、反抗の理由の一つとして、合理的に弁護することができないような公認の意見の拒絶が挙げられることになる。いかなる第一原理も容認されないであろうから、こうした公認の意見に対するいかなる弁護も破綻せざるをえないのである。したがって、こうした捉え方をする立場は、弁護のために与えられる説明が必ずやどこかで底をつくものであるという事実を突き止めている点では正しいが、これが必然的にそうならざるをえないという点は見落としているのである。自己への専心は、ある意味で、公認の意見が吟味に耐えないものである時に感じられる幻滅を表明する素振りを示している。（カント的な）自律性の理想が発展したことによって、そのような吟味が要求されるようになったとも考えることができるであろう。

4・7　行為と英雄

ディアデンの立場には重要な留保条件がある。すなわち、自律的人物は他人によって制定された原理に従って行為するかもしれないが、それはその人物がこれらの原理を受け入れようと自由に合理的に決定する場合のみである、というものである。これは前の例で示唆された根源的自由への歩みを一歩進めるものである。しかしそれによって、本来であれば価値あるものとみなされるであろうような、ある特定の種類の生活が排斥されることになる。これを例証するために、英雄的行為の諸側面をさらに考察することが役に立つであろう。

アラスデア・マッキンタイアは、その著書『美徳なき時代』（MacIntyre, 1981）の中で古代ギリシャにおける徳の性質におおいに注目している。ホメロス、アテネのペリクレス、プラトンにおける徳の差異にもかかわらず、彼は終始一貫してポリスの重要性を強調している。これに対する忠実さは当然のこととみなされる。

これがもつ力を示すために、アキレスの場合を取り上げてみるとよいだろう。アキレスの勇敢さと力強さは、トロイア戦争の勝利における主要因である。アキレスの英雄的行為は、共同体での彼の役割と密接に結びついている。それは、武力闘争に従事することが正しいことであるという事前の判断や、この特別の機会にギリシャ人を援護するという彼の意思決定に依拠するものではない。そのような決定は、最初から勝つことや駒の動きの統制規則を受け入れることを目的にしてゲームを行おうと決心するチェス・プレーヤーの場合と同様に、考えがたいものであろう。逆に、アキレスの行為が英雄的とみなされうるのは、その決定の状況や特質ゆえではなく、行為の中身ゆえである。例えば、そこには彼自身のいとおしい命を懸けようという意欲――困難に耐え、痛みを受けようという意欲や、よからぬ結果が出た場合に不面目を被ろうという意欲――がある。そうした場合、あたかもその行為が自動人形のものであるかのようだなどと言うことはできない。ここには、行為者が自らの役割を引き受ける中で行為を自分自身のものとなす余地がある。しかしこの自律性の領域は、次のような想定によって制限されるであろう。すなわち、彼はギリシャのために戦うつもりであるという想定、祖国のために命を懸けることは高貴なことであるという想定、敵を殺すことは正しいことであるという想定などである。

重要なのは、彼の英雄的行為がこれら背景となる想定に照らして初めて理解されるということである。もしディアデンが述べるように、自律的な人物にとって、他人に制定された原理を受け入れることとそれ自体が熟慮された決定でなければならないのなら、私が今しがた記述したようなアキレスの行為は自律的なものとはみなしえない。もし自律性が道徳的な行為者性の必須条件としてみなされるなら、彼の行為は英雄的なものとはみなしえない。

別の英雄的行為の例――チェルノブイリの放射線を食い止める作業の結果として死を予測するヘリコプ

ターのパイロットや、ベトナムにおけるアメリカの軍事行動に抗議して焼身自殺を図った仏教僧――を考えることもできるが、これらもまたおそらく自律性の試練に耐ええないであろう。また自己犠牲についての別の事例――例えばジハードの戦いで死ぬ人々――も考えられるが、その場合、自律性は欠如しており、「英雄的」という用語を用いることに人は躊躇するであろう。[11] ここには様々な事例の分布領域があり、一方の末端には自動人形が、他方の末端には自律的人物がいると捉えられるかもしれない。しかしながら、これについては二つの点で問題がある。第一に、一方の末端に位置づく自律的人物の行為が、例えばアキレスのそれより必然的に好まれるのかどうかは明らかでない。ただしこう言ったからといって、自動人形の行為が相対的に価値を担う可能性を認めることになるわけではない。第二に、この末端に位置づく〔自律的〕人物がどれほど人間として見分けがつくのかについては疑問の余地がある。以上の理由から自律性の原理に由来する連続体の規準そのものは、拒絶すべきであるように思われる。ここには連続体ではなく、広大な範囲にわたる様々な事例があるのみである。

われわれがこの一連の事例の中で、どこまでを英雄的行為とみなすことができるのかは、明らかではない。さらに、この問題に対する答えをどこに求めたらよいのかすら明らかではない。いくつかの事例においては、いたって粗野な自己利益の形式――例えば、保証された来世など――があるかもしれない。またわれわれは、行為に先立って行為者がどの程度反省していたかということや、彼の行為が依拠していた原理についてどの程度熟慮していたかということを見極めようとするかもしれない。しかし、もしこうしたことを真剣に問いつめすぎると、異常な結果が生じることになろう。ヘリコプターのパイロットの行為は、彼が意欲的に疑問を発することなく必要性に応じているという理由で、賞賛に値する程度が弱まるのだろうか。もし彼が注意深く第一原理を考慮していたなら、われわれはもっと彼を賞賛するのだろうか。そのような考え方にはどこか非常に不快なところがある。というのも、もしそうであるとすれば、注意深い熟慮を伴わない場合、親切で寛大な行為はいかなるものであれ、その重要性を減ずるということになってしまうからである。さらに、熟慮に要した時間のひとえに実際的な帰結として、行為が現実になされた時にはすでに、当の行為は効力を失っているかもしれない。

こう言ったからといって、これらの事例が英雄的であるかどうかを考える際に、糸口が何もないということを意味しているわけではない。われわれが目を向けるべきなのは、行為のコンテクストを構成する実践と信念という母体である。英雄が自分自身の身を投じて守ろうとする生活の特質についての何らかの考えをもつなら、それは行為の特質のより良き指標となるであろう。われわれの規準そのものが、英雄的な行いの考慮によって影響されている場合もあるかもしれない。義務以上の仕事に関わる行為は、道徳性において可能なものについてわれわれの考え方を広げてくれる。もしそうであるなら、自律性の理想の提唱者は英雄的行為を適切に捉えることができないということになる。マッキンタイアが正しいとすれば、行為が英雄的でありうるのは、ある枠組み内のコンテクストにおいてのみである。なぜなら、その枠組みが英雄的行為の規準を提供するからである。

以上のように英雄的行為へと話題を移したのは、自律性を強調することによって道徳的生活についての理解がどの程度歪められるのかを示すためであった。これは、より大きな誤謬の一部であると言えるかもしれない。すなわち、自律性の理想は行為の性質についての理解を歪める傾向にあるということである。それによってわれわれは、行為がある体系に統合されたものであるよりもむしろ、孤立したものであると考えるようになる。ホワースは、「二次的意志は、一次的欲求の評価を生み、その帰結として、これらの一次的欲求の中のある特定のもの——ある人が是認するもの——が背景を与えられる」と述べる（Haworth, 1986, p. 52)。この場合、「背景を与えられる」ということの含蓄は、選択肢の配列を示唆する。言ってみれば、その中で人は賭をするのである。(たとえこの用語が、サルトルの言う「アンガジェ」(*engagé*)という語がもつある種の力を伝えるために用いられているのだとしても、その含意は十分明瞭ではない。)自律性の強調によってあるタイプの論争が生み出される。そこでは、時に模範事例の形式を用いて、決定を強調し周囲の状況を覆い隠すような問いが提起される。それによって、周囲を取り巻いているものがわれわれの実存の内実であるような有様が無視されることになる。この例は教育において、学校評議会による道徳教育への取り組みや、アメリカにおける批判的思考の運動の内部で展開されている最近の試みに見いだされる(12)。重要な点は、そのような模範的問いが、個別的な状況からある程度抽象化された問いの提起に関わる、哲学的論争のありふれた捉え方に合わせて特別に仕立てられているということである。その通りであるとすれば、哲学には自律性を好む傾向があるように思われる。

4・8　自由の思想

以上のような思潮の中で、自由の捉え方そのものが、こうした推論の様式に従って形成されているのだと言うこともできるであろう。このことは、先に第四章小節4・4で論じた選択の対象化に関連している。まずは標準的な分析がどういうものかを考察してみよう。

積極的自由と消極的自由の違いは、何かに向けての自由と、何かからの自由の違いに相当する。消極的自由は制約の不在という観点から捉えられる。積極的自由は、選択肢の利用可能性と遂行を特徴とする。消極的自由の内で、人はきわめて限定された実存しかもたないように思われる。消極的自由は、E・M・フォスターの小説『機械が止まる』(*The Machine Stops*)において風刺されている。それは、テレビ・スクリーンを通す以外、事実上人々が世界との接触から閉ざされているような世界を描いている。そして、このようにして保証された生活の「安全」のお粗末さが暴き出されている。

これに対して、積極的自由を伴う生活における限界の欠如は、万華鏡のように幅のある様々な経験の余地を生じさせる。本章では、選択の自由が最高のものとみなされるような生活の空しさを示そうとしている。そのような生活は、選択の中身に価値が見いだされるというよりも、むしろ選択が形式的に選択として価値づけられるような、熱狂的で落ち着きのないものになるであろう。

何かに身を投じるとは、定義の上では行為者をある特定の行為の行程に拘束することであるので、積極的自由はそれを容易に受け入れることができない。最大限の積極的自由を享受する人物が何らかの隷属形式へと参入することを選択し、そこに自ら拘束されるということも可能である。そのような人物は、自らの自由を放棄することを選択したと言えるかもしれない。他方、選択の結果によっては、その選択がより根源的な自由の表現になると考えられる場合もあろう。多くは行為と選択がどのように記述されるかという問題にかかっている。その状況を記述する正しい方法は存在しないように思われるが、このことはひょっとすると、積極的自由の概念を適用することの難しさに関わっているのかもしれない。(これは、選択を拒絶することの不可能性についての、サルトル的な主張のもつもう一つの側面である。)さほど極端でない状況のもとにあっては、ある人の生活の中で行為のある主要行程を遂行することは、他の選択肢を徐々に排斥していくことになる。あるものを選ぶことは必然的に別のものを排斥することであるということは、瑣末な点ではない。より多くの選択をすればするほど人生の道筋が一層多岐に分かれることは、よくある経験である。

そうであるならば、積極的自由の思想は、それが選択の実行を促し、足枷となる要因を回避することを促すように思われる限り、問題をはらむことになる。その概念の適用は一筋縄にいくものではない。自由選択の形式的価値に固執することによって、その内では人間の生活がほとんど継続しえないような空洞が生み出される。

要するに、双方のタイプの自由はどちらも人々の現状にそぐわないし、彼らがそうなろうと合理的に目指すような状態ともそぐわない。標準的な分析は、自由の概念の不毛さを引き出すものである。それによって、本章の初めに強調したいくつかの事例はあらかじめ排除されることになる。

自由についてなされるこのタイプの分析の正当性にさらに異議を申し立てる上で、分析を枠づける言語を疑問に付すことも可能である。このことは特に、これまでの章で行った言語についての議論に関して可能である。標準的な分析の性質は、思考の合理的‐断定的様式に基づいている。したがって、受容的‐応答的な様式を通じて問題に取り組むことによって、どのように見方を豊かにすることができるのか、という問いを立てることができる。その主題についてのハイデガーの著作は模範的なものであるが、ガブリエル・マルセルもまた重要な洞察を与えてくれる。

マルセルは、自律性が以下のような定則を基礎にしていると論じる。「私は、自分自身の人生に責任をもちたい」。このように捉えられる場合、ある人の人生は管理されるべきものとみなされている。管理には、主体と統御されるものの間の距離が前提とされており、後者は言ってみれば、富やその他の所有物と同様のものである。主体と客体の間の溝を超越する可能性を否定するという意味で、自律性は、解放的であるというよりもむしろ制限的なものである。他方、自由というものは、「自己に届かない、あるいは自己を超えるところで」達成されるべきものである。そこでは物との創造的な関係や、場合によっては観照や崇拝の中でこの距離が喪失する。そこには所有することから存在することへと向かう運動があり、この中で「自由は十全な光を発してきらめく」(Marcel, 1949, p. 174)[*11]。

＊11　ガブリエル・マルセル「存在と所有」『存在と所有・現存と不滅』［マルセル著作集２］信太正三　他訳（春秋社、一九七一年、一八七—一八八頁）参照。

「真性の本質について」の中で、ハイデガーは[*12]、自由は通常、人間に固有の性質であると捉えられると述べている(*Basic Writings*, pp. 117–141)。積極的および消極的なタイプという観点からなされる慣習的な分析において、これは当然のこととみなされる。これに対してハイデガーは、真理の本質である非隠匿性、または明るみに出すことの可能性（ハイデガーはこれをアレーテイア（*aletheia*）と結びつけている）の根本条件として自由を肯定している。正しさの可能性の根拠——世界を正しく捉える可能性——は開放性にある。これは、知る主体が経験世界へと方向づけられていることとしてではなく、現存在の世界内存在に備わる多様性として理解すべきである。隠匿性と非隠匿性の可能性、そして不確実性は、この多様性の中に組み込まれている。隠匿性と非隠匿性の作用はいかなる理解にとっても根源的なものであり、この作用の中に自由がある。これに基づきハイデガーは、物を在らしめることの中に自由が見いだされ保護されていると示唆する。

＊12　ハイデッガー「真性の本質について」『道標』［ハイデッガー全集　第九巻］辻村公一、ハルトムート・ブフナー訳（創文社、一九八五年、二二九頁）参照。

ハイデガーが「自由」という用語を規定的に用いていないことは明らかである。すなわち彼は、通常捉えられている自由の概念について問いかけ、それが人間の条件に根源的な自由の模倣であり、真実よりもむしろ行為者性が強調されることから生じるような模倣であることを示そうとする。物を在らしめるという考えを人の日々の行為という観点から詳細に示すことは困難であるかもしれないが、ある処方が出されていることは明らかである。こうした批判と提言はどれほど説得力のあるものなのであろうか。

自由を人間に固有の性質とみなす誤謬の一側面は、それによって自由の居場所が従属的な立場へと追いやられることにある。これに対してハイデガーは、自由は、人間という「世界内存在」に浸透していると主張する。つまり、例えば投獄などによって、いかにある個人から自由を奪おうとも、これによってその個人が実存し続けることになる可能性の領域が取り去られることはないだろう。このことは、馴染み深い（社会的）自由の概念を別の概念に置き換えているだけのように思われるかもしれない。そうなれば、自由という用語を規定的に用いることになってしまうだろう。しかしながらそのような異議の出し方は、お馴染みの見方との関連でハイデガーの概念の位置づけが理解される時、破綻することになる。お馴染みの見方はハイデガーの概念を前提条件として必要とするのである。これを見失うことによって自由の概念の歪曲がもたらされたのであり、ハイデガーはこのことに対して異議申し立てを行っているのである。

受容的‐応答的な手法は、とりわけ後期ハイデガーの著作において際立っているものであるが、その一つの側面として、ことばそれ自体への注目が挙げられる。論文「建てる　住む　思考する」の中で、ハイデガーは自由ということばの語源について、以下のように述べている。


平和を意味するFriedeという語は、自由であること、das Fryeを意味し、fryとは損害と脅威から護られていること、何ものからか護られていること、保護されていることを意味する。自由にするとは、本来赦し免じることである。赦し免じることとそれ自身は、たんにわれわれが赦し免じる者に損害を与えないことのみに存するのではない。赦し免じることの本義は、積極的な何事かであり、これが生起するのは、われわれが何かを前もってすでにその本質のままになす場合、それをとりたててその本質へと戻す場合、そしてその何かを「自由」という語にふさわしく平和の護りの中で自由にする場合である。住むこと、すなわち平和へともたらされてあるとは、自由なものの内で平和であり続けること、すなわち、護りの内で各々の物をその本質のもとで保護する自由な領域の内で平和であり続けることである（*Basic Writings*, p. 327）。[*13]

ここでの言語が、自由についての標準的な分析の言語とは異なる機能を果たすことは明らかである。自由の積極的側面と消極的側面が考慮されているという限りでは類似性があるが、ここでは人物の自由に主たる焦点があるのではないように思われる。静止的で、時に非実質的な形容詞よりも、むしろ他動詞の方に焦点が置かれているのである。さらに標準的な分析の形式的な性質に比して、ここでの自由は、実質的なことがらに関係する。何かをその本質のもとで保護するということは、実質的なことがらでなければならない。

*13　ハイデガー「建てる　住む　思考する」『ハイデガー　生誕一二〇年　危機の時代の思索者』、一三二―一三三頁、参照。

標準的な分析では、積極的概念における実質の不在は、力点がたえず利用可能な一連の選択肢に戻されることを意味している。よって、これらの選択肢のいずれのもとにとどまることも自由の減少であるように見える。選択肢の増加は、選択肢を対象化することによって達成される場合もある。その過程は、この自由が扱う物の制限である。選択肢の増加は、課される「グリッド」もしくは網のようなものである。対象化における主体の軸は、対象化がなされる時点ですでに、行為者性という観点から捉えられるものである。よって、何であろうともこうして対象化されるものは、主体の軸に応じて抑制される。主体の軸における自由は限定され、これによってわれわれの視野は制限される。

第四章第4節の議論は、こうした主体 - 客体の軸の対立がもつ限度を示している。われわれは常にすでに世界の中に居るので、この対象化は、喪失を通じてのみ達成しうる。すなわち、主体は世界に埋め込まれている状態を剥奪されることによって捉えられるのである。客体は、それを個別のコンテクストの中の個別の物として認識することを阻むような概念の「グリッド」の上で孤立させられる。

この抽出作用は、人物の自由にとって、さらにどのような含意をもつのであろうか。住むことという考えはある面で、自由にされる物とそれを自由にする人物との間の関係を示そうとするものである。ハイデガーはここで、人間の本質という考えに実質を与えている。

> 住むことの基本輪郭は、この赦し免じることである。このことは、住むということのあらゆる広がりに及んでいる。人間存在が住むことに、しかも死すべき者どもの地上における逗留という意味において住むことに立脚しているのであることをわれわれが想起するならば、住むことのこの広がりはただちにわれわれに示される（ibid., p. 327）。[*14]

小節3・8ですでに示したように、住むことは、半ば神秘的な気づきとして捉えられるべきではなく、人が耕し建てるという意味で、物たちのもとに日々滞在することとして捉えられるべきである。[*15] 耕作によって含意される大地の世話は、この像とすんなりと調和するものである。第三章小節3・3で展開された記述を敷衍するなら、建てることには、ある場所が実現されるという意味がある。川には橋が架かっている。

橋が流れを横断することで初めて、両岸は両岸として出現する。橋が両岸をことさらに、彼方と此方に相対して横たわらしめるのである。……橋は両岸と共に、一方また他方へとその背後に広がる沿岸の陸を流れのもとにもたらす。橋は、流れと両岸と陸地を、交互的な近隣同士へともたらすのである。橋は陸としての大地を、流れの周囲へと集める。……橋は流れが進行するに任せ、同時に死すべき者どもに、彼らが陸から陸へと往来する道を保証する。橋は様々な仕方で道を開く（ibid., p. 330）。[*16]

ここから、コミュニティ・アーキテクチャーや生態学において流行している関心事の裏付けを引き出すことは簡単である。ハイデガーはおそらくこれらのことに対しておおむね共感的であろうが、ここで提示されている像の目的はより深遠なものである。その像は、野蛮な所与としての世界という考え方、およびこれに対面する外在的行為者としての人間という考え方を排除する。むしろ、世界は人間がそれを世話することのうちで成り行くものである。そのようにして成り行くことの一部が、人間の実存である。

*14 同、一三三頁、参照。
*15 同、一三五頁、参照。
*16 同、一三六―一三七頁、参照。

こうした像をロマン主義的に捉えることは、疑問に付す必要がある。ハイデガーの根源的な目的は、何よりもまずシュヴァルツヴァルトの村に見いだされるような類いの生活の称揚にあるわけではないということを理解すべきである。そうした生活の例は確かに際立っている。だが彼の趣旨は、人間と個別の場所の本質的なつながりを示すことにある。この類いの近しさは、測ることができないようなものである。場所の定義は、その内に住むこと、互いの近さが計り知れないような隣人たちの間に住むことによってもまたらされるのであり、そうした場所の定義の中で人間の生活の定義は立ち現れる。

ハイデガーが描くそうした風景の調和状態は、人間が受け入れることができるような実在を示したいという欲求に関わっている。優勢な形而上学的想定を追放するために、この展望が力強く押し出されることが必要なのである。その展望はまた、われわれが不完全な世界と日常的にやりとりをしている状態を告げ知らせるものでもある。それは本章の初めで提示した自律性の像とはかけ離れたものである。

ここから私は、善きものとみなされうるが自律性という点では目に留められないような、他の種類の生活を考えていくことにしたい。これらの例も、優勢な想定を追放するためのものである。それらが例証する善は、ある意味で自律性の範囲を超えており、その限度を明るみに出す助けとなる。

第5節　自律性を超えて

5・1　理由づけをしないこと

まず最初に、多かれ少なかれ絶えず他者への気遣いに注意が払われているような大家族の母親たちの状況について考えてみよう。こうした類いの役割に必要とされる徳を想像することは難しくはない。膨大な家事労働に立ち向かう堅忍不屈さ、家族の構成員の相反する要求に応じる感受性、理不尽な要求に対する断固たる姿勢、家の諸々の制約に立ち向かう忍耐力と家を維持する勤勉さ、来客に対する歓待などが必要とされるであろう。

もちろん次のような反論がなされるかもしれない。そのような母親たちは、自律性の適切な行使によってこそ、自分たちの自由選択の結果として大家族をもったのであろうし、状況に対して知的に対処するなら家事の義務の一層公正な分担がなされるはずである、と。こうした類いの批判は、現代のリベラルな文化の見解に基づくものであり、その主張の限りでは十分筋の通ったものと思われる一方で、ここでの話の核心を曖昧にするところがある。問題となっている女性たちを、そうした役割が当然のものとみなされるかもしれない別の文化（あるいは別の時代でもよかろう）の中で思い描いてみるなら、話の核心は鮮明になる。その場合、われわれに突き付けられる自律性の主張はもはやさほどの強制力はもたず、徳の正体をよりたやすく見極めることができる。

ここで示されている諸々の徳は、他者への気遣いを通じた自己の超越を示すものである。この例において、意図的に引き受けられているものと、状況の緊急性によって課されているものとの間に線引きをすることは容易でない。合理的反省の役割は微々たるものに思われる。そのふるまいには注意深い思考が必要とされるかもしれないし、他方で多少なりとも直観的なところがあるかもしれない。前述の例は、その内で自律性が目立つことがないような善き生の姿、自律性の提唱者が拒絶しがちな善き生の姿を見極めようとするものである。

ウィトゲンシュタインについての回想の中で、ノーマン・マルコムは、ウィトゲンシュタインが、新しい下宿先であるウェールズの牧師の家に初めて行った時のことを思い起こしている（Malcolm, 1984, p. 54）。牧師の妻が、お茶と何か食べ物はいかがですか、と彼に尋ねると、牧師が割って入った。「何も聞かなくてもいい。ただ差し上げるのだ！」[*17] ウィトゲンシュタインはそのことばに深く感銘を受けたという。

*17　ノーマン・マルコム『ウィトゲンシュタイン――天才哲学者の思い出』板坂元訳（平凡社、一九九八年、八二頁）参照。

しかし、なぜこのことばは印象深いものなのだろうか。そのできごとは、何かについて熟慮することと、ただ実際にそれを行うことの違いを照らし出す。そこには、問いかけの後に与えるという行為がなされていたなら、与えるということが違う様相を帯びていたであろうという意味合いがある。例えば、それは大げさな素振りには見えなかったかもしれないし、驚くべきことでもなくなっていたであろう。行為者のみによって駆り立てられる自発的な供与であるよりもむしろ、ある要求に対する応答となっていたであろうし、その結果として歓迎の表現の度合いは薄れていたであろう。そして、ウィトゲンシュタインが空腹であったかどうかということが問題になり、歓待の慣習の問題ではなくなっていたであろう。ただし「慣習」と言ったからといって、決して歓待を貶めているわけではない。このことは、ふるまいは行為について熟慮する言語に先立つという事実を示している。

以上のことは、ウィトゲンシュタインが「倫理学講話」において、神と善の関係についての二つの捉え方を対比させる際に指摘している点に関連する。一つは、神が善を意志するのはそれが善であるゆえであるという捉え方である。もう一つは、神が望むゆえに善は善であるという捉え方である。ウィトゲンシュタインは、それ以上のいかなる説明の可能性をも遮断するという理由で、後者の見方をより深遠なものとみなす。こうして理由づけをしないことこそが、道徳的なふるまいにとって、また、われわれの生活全般にとって根源的なものであり、合理的熟慮に力点を置く自律性の理想が認めることのできないものであると私は主張しているのである。まさにそれこそが、善良な妻と「何も聞かなくてもいい。ただ差し上げるのだ！」という牧師の発言の例が示すものなのである。

ここで浮かび上がる様相がもっともらしく見えるのは、次のような考え方に依拠しているからでもある。すなわち、もし行為者がそのようなふるまいを全くできないとするなら——もし事前に何らかの合理的正当化をすることなく、寛大に、また親切に行為するということが決してないとするなら——その人は人間としてほとんど認められないであろうという考え方である。そのような人は、宇宙船エンタープライズ号に搭乗しているミスター・スポックのごとき人物となるであろう。こうした見方は、悲しいことに人間が意志薄弱で非合理的でスポック流の厳格さを維持できないということがたとえ真実であったとしても、そうした真実について論じているわけではない。むしろ、スポック流のやり方は人間的な状況においてのみ意味をなすということを言っているのである。合理的自律性は、不合理な応答の基盤の上にこそ構築できるものである。このことは、こうした反応が純粋に本能的反応であって、火から手を引っ込めるようなものであるということを意味するわけではない。反応は信念と価値を具体的なものにするということを意味しているのである。

自律性が制限されていても善き生活とみなしうるような生活についてのもう一つの例は、リベラル・エデュケーションを受けた者の世界を超えるものである。これはロイドによる批判によって示される。彼は、ベイリーの著書『現前するものと個別のものを超えて』をめぐるシンポジウムにおいてチャールズ・ベイリーとジョン・ホワイトによって提示されたリベラル・エデュケーションの説明に対して、批判を行った。[13] ロイドは、成功したリベラル・エデュケーションが生み出しうる社会を想像する時、自分がその一部でありたいかどうかは疑問であると言う。彼はそれを、大学のキャンパスと「エジンバラ祭」の雑種のようなものとして描き出す。これと対照的なものとしてロイドは、近隣のフォース川の漁業共同体に住む人々の生活を考える。そのような生活は何世代にもわたって比較的変化しないままであったろう。人々は根を下ろしていたであろうし、きわめて意図的に組織されているということは決してないにせよ、そこには伝統があるであろう。若い漁師は、他になすことなど何も真剣に考えることなく、父親の商売を継いだのかもしれない。このような生活は、その自律性の度合いによって特徴づけられるものではない。逆に、その限界の内には経験の豊かさの可能性があり、こうした生活は幅よりも深みによって特色づけられると言えるかもしれない。その深みは、生活の有様に内在する規準によって定義される。この例についての思索はここで止めておくが、それは明らかに他の状況や別の類いの生活に転用することが可能であるということだけは述べておきたい。日常経験は、風刺的に描かれるリベラル・エデュケーションの世界よりも、このような共同体とより多くの共通性をもつものかもしれない。だが、これはあまりに楽観主義的すぎるであろうか。フォース川の漁業共同体に見られるような不変的要素は今では一層稀になっており、ここで論じられている例がどの程度そうした不変的要素に依拠しているのかはさらに問うべきである。その例は、昔の記憶を呼び起こすものであり、無駄のない質素なものであるが、技術革新の時代にあっては郷愁を帯びたものであるように思われる。にもかかわらず、それは自律性の理想に依拠しない善き生活について別の捉え方を象徴しているという意味で、ここでは妥当性をもつ。もしそのような善き生活が漁業共同体のような環境の喪失によって脅かされるのであれば、それはロイドによる批判が及ぶ範囲を例証することになるであろう。

ここでは自律性と道徳的な行為者性との必然的つながりに対抗するような善き生活の諸例を考察してきた。これらの例は、自律性の多大な影響力を被ることのない善き生活の可能性を示している。それでは、自律性をもつことが、実のところ善き生活の妨げとなる可能性についてはどうであろうか。そこで『リア王』（*King Lear*）に再び立ち戻り、力とその喪失について考察してみよう。

5・2　障害としての自律性

リアは、王がもてるあらゆる権能から出発し、すべてを失うことになる。彼は自らの決定について自由に思案し、これを実行に移すことができる。年老いたリアは、王国の統治を三人の娘とその夫に分け与える決心をする。同時に彼は、娘たちが自分を扶養し続けてくれ、一〇〇人ばかりの自分の騎士の支配権を維持できると思い込む。しかしながら、彼が保持しようと決心した自律性を行使する自由は、邪心ある二人の娘たちによって次第に奪い取られ、やがて彼の抗議に反して騎士たちは彼のもとを去ることを余儀なくされる。ついにリアは城を追われ、荒野を放浪する身に追い込まれる。

ここで、リアは権力の座にあったが、自らの権力を愚かに行使したがゆえに、合理的な自律状態にはなかったのだという異議を唱えることはできる。(彼は先走って王国を放棄し、娘たちについての判断を誤った。) しかし合理的熟慮を必要とするということは、間違いを犯す可能性の余地を残すことである。自律性とは熟慮することであって、正しい選択をなすことではない。(もしそうではなく客観的に正しい答えがあるとするなら、アレンが述べたように、客観的に正しい答えを教えるべきであるということになる。) リアは間違いを犯すことでおぞましい受難を被ることになり、その過程で自律性を失う。しかし、受難を通じて彼は世界の見方を変え、身に生じたことの意味を理解するようになる。この過程で彼は道徳的に前進する。そして知恵と共感と慎み深さをいくぶんか包括する世界の展望を手に入れるのであるが、もし彼が自律的なままであったならそうしたものは永遠に発見されることはなかったであろう。

この例は、人々にとって重要であること、彼らを特別にするものが、自ら選んで行うことよりも、その身にもたらされるできごとに関わっているのかもしれない、ということを示している。こうしたものに、はっきりとした境界があると言うつもりはない。理想的な自律性の状態が存在しないのと同様に、例えば精神的に打撃を受けた何らかの事件の後などに事態と折り合いをつけていくためには、熟慮のようなものが明らかに必要とされるだろう。リアの例は自律性の限度を示し、自律性が、より善き生活に貢献する受難などの経験領域を排除する可能性を示す。

この主題は、V・S・ナイポールの小説『ビスワス氏の家』(Naipaul, 1969) における自己救済の限度に関連している。(14) この小説は、重要な仕方で『リア王』を想起させるものである。いささか滑稽な英雄は、サミュエル・スマイルズの著作を読むことで勇気づけられて自己を啓発し、自己改善計画を永遠に構築している。*18 より深刻な段階で、彼の生活の大半は、自らの実存を制覇し、それによって世界に居場所を見いだしたいという欲求によって支配されている。

*18 サミュエル・スマイルズ (Samuel Smiles) (1812–1904)。英国の著述家。『自助論』(*Self-Help*) (1859) の著者。

しかし彼の人生は、シーシュポス的な期待と失敗のパターンに則って進行する。彼がある程度の充足を現実に達成する時、それは自らが計画したものに由来せず、また自らの精力を傾けた領域に由来するのでもない。予期せざるところからやってくるのである。そして往々にして彼がこれを享受する心持ちになるのは、受難を通じてのみであり、そこには達成は与えられるものであるという感覚がある。受難なくしては、彼がそれに気づくことはなかったかもしれない。受難を通じて達成される脱中心化には、どこか慎み深さに似たところがある。(15)

この小説はまた、自分自身を解放しようとする強迫観念的な努力が破壊的なものとなる様子を明るみに出す、という点でも啓発的である。同時に、関係性においてある程度依存状態にあることによって、さもなくば個人がもちえないような経験能力が解放され、経験の豊かさが生み出されるということをも明るみに出している。ビスワス氏は、彼の家族、妻、子どもたちを、彼自身の活動に課される不運な制約とみなしており、何とかして彼らから身を遠ざけようとする。彼は、最年長の息子にはある程度の関心を抱いており、自ら大切にしている野望を身代わりとなって実現してくれることをこの息子に求めるようになる。

彼らの関係が破綻するのは、まさにその関係がもつこうした道具的性格に帰因する部分がある。これと対照的なのは、妻と年長の娘との関係である。彼らの愛と忠誠は、時遅くしてやっと明らかとなる。この話の中で彼の幸運は、彼自身の模索や企てに由来するのではなく、恩寵とも言えるものに由来する。

人々に対する依存の必要性は、個人的財産や住まうべき場所に付加される重要性によって小説の中で予示されている。ビスワス氏は財産を貯め込みこれに頻繁に思いを馳せるのであるが、これらを列挙した愚かでとりとめのない一覧表は、その質ではなく歴史ゆえに重要となる。この歴史は彼自身のものと絡み合っており、事物から彼の過去のできごとを「読み取る」ことができる。それだけではなく、そうした事物がただそこにあるということで、文字通り彼の生活の調度品が提供されている。これらの事物は、（サルトルの『嘔吐』（*Nausea*）の）ロカンタンの部屋の事物のように重苦しい場合もあれば、むしろビスワス氏の住み方を象徴するように見える場合もある。つまり、この調度品のもつ脆さが強調されているのである。ここに、人間が生活に対して行使しうる類いの支配力とこれに伴う儚さがもつ悲哀を認める可能性がある。

以上のような事物の中にはマルクス・アウレリウスやエピクテトスの作品もある。これらの作品は、人生に対する一種の応答を示唆するものとして存在しているのかもしれない。そうした応答は、ビスワス氏のように、運命の苛酷な盛衰に直面する人物にふさわしいものなのであろう。ビスワス氏の個人的経験は、外部者の視点から見れば目立たないものであるが、瑣末なものではない。小説の主題には、植民地経験や奴隷経験が含まれる。この点で、これら二つのテクストの存在は、ヘーゲルの『精神現象学』における「主人」と「奴隷」を示唆している。カウフマンは、ヘーゲルの寓話において、これらのストア派の哲学者が控えめに言及されていることに着目している（Kaufmann, 1978, p. 136）。その寓話は、禁欲主義と懐疑主義が優勢となる道筋の段階を記述しており、ヘーゲルはこれについて議論し続けている。

その寓話は、以下の前提で始まる。「自己意識は……他の自己意識に対している時、またそのことによって……存在する。すなわち、自己意識は〔他の自己意識から〕「承認された」ものとしてのみ存在する」(Hegel, 1910, p. 175)[*19]。二つの意識が互いに対面し、それぞれが相手を敵視する。目的は相手を克服することである。この葛藤にあって、一方は他方によって隷属状態に置かれる。この服従の結果、もはや「奴隷」が己の権利ゆえに実在するものとして考えられるのではなく、支配的な「主人」をたんに反映する者として考えられるようになる。「奴隷」の立場は引き下げられ、彼が払う敬意は「主人」にとって重要性をもたなくなる。こうして承認の不平等が生じ、それは究極的に「主人」にとっての損害となる。さらに「奴隷」は、今や「主人」と彼が享受しようとする物との間の媒介となり、「主人」は「ひたすら」物を享受できるようになる(ibid., p. 183)[*20]。「奴隷」は奉仕する中で物に取り組み、自らの労働の産物を目にする。「労働は……制約され妨げられた欲求であり、遅延され引き延ばされた消失である。言い換えれば、労働は物を形成する」(ibid., p. 186)[*21]。こうして、形成的な活動と一体になった奉仕は、自己の実存の実現にとって必要であると考えられる。しかし、もし絶対的恐怖に立ち向かうのでなければ、自己意識は、頑固な「それ自身の心」をもつ決定的な存在であり続けるだろう。これによって堕落した合理的自律性が生み出されるが、そこにおいて自由は束縛を解かれることはない。

＊19　G・W・F・ヘーゲル『精神現象学（上）』樫山欽四郎訳（平凡社、一九九七年、二一八―二一九頁）参照。
＊20　同、二二八頁、参照。
＊21　同、二三一頁、参照。

このことが私の提示している説明にどの程度関連するかは明らかでない。孤立した個人の自己充足は確かに拒絶されている。また、労働における奉仕と形成的活動という考えが繰り返し出てくるが、これは職人と僧侶との関連で考察されたものである。より一般的に言えば、「奴隷」は限界に直面する一方で、「主人」は権力とおぼしきものによってこうした限界を無効にできる、という意味合いがある。それは、完全な制御の不十分さと、(逆説的ではあるが)他者を無効にすることの無力さを暴き出す。このことは、関係性が操作に還元され、人々が機能に還元されるような管理主義と関連しうるのかもしれない。(これが技術者的で技術革新的な社会の全般的特徴であるということには、議論の余地がある。)ロイドは、自分が管理しているものに関心をもたない管理者(前出の小節3・1)について記述しているが、これに似た人物がヘーゲルの寓話には登場する。その人物にとっては、すべてが娯楽の中で均質化されるが、大切なものが究極的には剝奪される。

「奴隷」が直面する限界の重要性は、言語の限界のもつ意義にきわめて近いものである。物に関わって労働する中で、「奴隷」は状況のザラザラした表面をバネに育てられる。その一方で、この経験から遮断されていることによって「主人」はそれを無視し無効にする。また、「奴隷」が被る絶対的恐怖と、ハイデガーにおける死への先駆という考えの間にも、ひょっとしたら関係があるかもしれない(ただしカウフマンは、この種の連想には関心がない[Kaufmann, 1978, p. 203])。しかしながら、この寓話がいわゆる発達段階なるものを捉えるために提示されている、ということは覚えておく必要がある。本書で扱う関連思想は、このような意味での進歩を想定していない。

以上のような関連性はいとも簡単に過大視されてしまうだろうが、この寓話が、論じられていることに何らかの光を当てる場合は、その影響力を認めることが妥当である。寓話の中で最も際立っているのは、依存と独立の複雑な関係、および他者の承認の必要性が強調されていることである。(愚かで堕落した承認への欲求をもつビスワス氏は、顔を歪め引きつらせて、顧客の衝撃に満ちた注意を引きつける。)

これに照らして見るなら、以上のことがらが教育との関連で最近議論されていることは妥当性をもつ。

5・3 独立、依存、受容性

モルヴェナ・グリフィスとリチャード・スミスは、論文「孤立すること：教育実践における依存、独立、相互依存」(Griffiths and Smith, 1989) の中で、同様の思想を探究している。

スミスは、マーサ・ヌスバウムの『善の儚さ』(Nusbaum, 1986) をもとに、個人的関係における依存について書いている。ギリシャの神々が死すべき者に対して愛着を抱く傾向をもち、しかもそうした関係が運命の盛衰に対して不可避的に傷つきやすいものであるという事実が着目される。スミスは、他者への愛にはその他者の傷つきやすさに従順であることが深く関わっていると述べる。これは、他者が承認される一つの方法である。そこにはしばしば、他者が与えることのできる承認に対する依存が見受けられる。気遣いをもって愛する人に自分自身の運命を結びつけることには、人間の状況の不安定さを承諾し、これに没入することが伴う。

同様に、物への愛着に関しては、物の傷つきやすさ（それに対する従順さ）が重視される。これは、個別の物に対する愛着である。つまり、類似したものにも見いだされる特性に対する好みではなく、また物それ自体の傷つきやすさからうまく切り離された特質に対して総括的に真価を認めることでもない。物に対する依存は、世俗的な存在の性質を認知することであると同時に、その存在を構成する側面もある。スミスは、今や企業文化が「養成と職業教育の主導」といった学校開発計画を通じて助長され、個別性をもつ物から商品へと焦点が移される状態を嘆く。そのような商品はさらに、生活様式を象徴するものへと堕落し、われわれが幻想の中で生活する傾向性を煽り立てる。

グリフィスは、「依存」と「独立」という用語の複雑な関係について論じ、また、「独立」という用語の多様で往々にして不明瞭な使い方について論じている。問題の一部は、敵対的な思考様式に対する信頼にあることが指摘されている。そこでは二項対立の体系が支配的である。例として鬱状態にある人々が取り上げられるが、彼らの抱える問題は、依存関係に入ることの拒絶に関わっている。概して依存関係というものが傷つきやすいものであることが、そうした拒絶の理由である。ところが、依存が受け入れられる場合に鬱状態は克服される。このように考えるなら、依存は自由に関係し、ゆえに独立に関係しうる。ゆえにスミスは、独立を、人が自律性への途上でくぐり抜ける一段階とみなすべきではないと強調する。つまり、依存を認めなければ、可能性として開かれている相対的な自律性を手に入れることはできない、ということである。そのような依存がなければ、われわれは、浅はかで自己陶酔的な自律性に向かうことになる。それは、精神分析者が求めるふるまいを察知してすぐさま応答するような患者の自律性に類似している。スミスは、依存と自律性の関係を明瞭にすることの難しさを認識している。

ここで、以下の二つの緊張関係を詳しく説明することが重要である。一つは、哲学、特に教育哲学で広く行き渡っている自律性の解釈である。それは、自律性を原理に基づいて行為することに密接に関連づけることによって、暗に感情の位置づけを軽視するものである。もう一つは、「真の自己」とその感情への洞察なくして意義ある自律性はありえないという、精神分析の伝統における主張である（Griffiths and Smith, 1989, p. 291）。

グリフィスは、フェミニストの伝統が独立についての批評に重要な貢献をなしていると指摘する。関係における依存から得られる充足を表象することによって、こうした批評がなされる場合もある。この充足は、配列された諸々の選択の中の一つの選択肢としてはみなされないということが重要であり、むしろ、自己自身の根源的な部分を実現する可能性に関わるものである。

グリフィスとスミスは、行為者が男性であるという想定によって生み出される、自律性の説明がもたらす歪曲的効果を強調する。これは、男性の生活が相対的に独立したものであることと、成功を収める男性という固定観念にうまく合致する。それによって、もし行為者が女性であったならどれだけその説明がもっともらしさを失うかという問いが提起される。

この指摘は、対立的推論についての彼らの考察と関わっており、ヒーニーを典拠とした男性的思考様式と女性的思考様式の区分に関連性をもつ（第二章小節4・3）。論証的言語の性質は、依存の望ましさを示すことの難しさが正真正銘のものであることを意味している。スミスは、依存の重要性を示す必要があるだろうと述べる。この意味で、芸術、とりわけ文学には、特別な価値がある。特にD・H・ロレンスの『虹』（Lawrence, 1957）から引用される例は、独立によって支配される生活の貧弱さを提示する上で、多くを物語る。アーシュラについて、ロレンスは以下のように書いている。「完全な独立、完全な社会的独立、どのような人物の権威からも完全に独立であること、そのためには……どのようなことも忍ぼうという意志だけが、いやいやながら、とにかく彼女に勉強を続けさせていたのだった」[*22]。彼女は、教師であるウィニフレッド・インガーに惹きつけられる。インガーは「二十八歳、かなりの美人と言ってよかった。一切物怖じを知らないような、ひどくはっきりした、いわゆる近代型女性の一人であったが、実はその自立心そのものが、そのまま隠れた彼女の悲哀の表れだったとも言える」（Griffiths and Smith, 1989, p. 293）[*23]。

独立の貧困さは、大聖堂のアーチによって象徴され、アーシュラの両親の生活に実現されているような依存の達成と対照をなす。

*22　D・H・ローレンス『虹』〔現代世界文学全集8〕中野好夫訳（新潮社、一九五四年、三八九頁）参照。

*23　同、三九一頁、参照。

ここで含意されているのは、アーシュラのような人々が、自律性の理想によって支配されているがゆえに、恩寵を受け入れられないでいるということである。受動性はいかなる仕方でこのことに関わっているのであろうか。

先に第3節で論じられた受動性は、受難と受容性に関連する。それは高揚した経験の特徴でありうるが、物に対するわれわれの日々の注意の一部でもある。文化とは、何よりもまず修道会規約のようなものであるというウィトゲンシュタインの言明（*Culture and Value*, p. 83e）[*24]もまた、注意を通じて自己が超越され、行為よりも受動性により近いような何かが明白な場合に自己が超越される有様をどこかしら示唆している。このように考えるなら、自己自身を統制する人間というカント的理想とは逆に、自らの制御を超え、場合によっては完全な理解を超えるような秩序に従順であることによって、究極的な依存への気づきが確かなものとなるのかもしれない。それはあたかも、修道会規約の実践の中で成し遂げられるこうした依存と不可解さのおかげで人は地に足をつけていられる、とでも言うかのようである。自律性は、大地との接触を必要とする。自律性の理想が犯す誤謬は、そうである必要はないと考えることにある。この帰結として、個人は虚空を蹴っているような状態になる。この状態で言語のザラザラした大地を見いだすことは難しい。

*24　ウィトゲンシュタイン『反哲学的断章――文化と価値』丘沢静也訳（青土社、一九九九年、二一三頁）参照。

自律性の理想で崇められる自己主導とは対照的に、成り行きを受け入れる能力は、善き生活に貢献する上で一層重要な役割を果たすかもしれない。（これは、以下の第六章で追求される。）物事を従順に受け入れるというこの見解には危険が伴う。すなわち、抑圧に直面した時の臆病さや無関心、権威への盲従などである。こうした危険の深刻さは否定しがたいものであり、これらの問題への単純な答えは存在しない。しかし、人間生活の有様を歪曲するような理想がいつまでも存続していることが、われわれを抑圧する妄想の一因となっているのである。諸々の選択に満ちた一種の狂乱的な実存へとわれわれが陥っていくのは、一種の無関心によってなのかもしれない。これは臆病さの一形式——「世人」の前での臆病さ——であろう。われわれは、このことに気づく前に、より明瞭な展望を得る必要があるのかもしれない。

本書の主題である受容性の一つの特徴は、以上のような方向性で受動性と修道会規約〔としての文化〕が位置づけられるということにある。繰り返して述べるなら、物に直面した際の臆病さではなく、開放性が提唱されているのである。これは、芸術家や科学者が触発される場合のように、高揚した気づきを生み出すものかもしれない。あるいは、例えば受難への応答として、一層深遠で一層洞察に富む事態に対する応答を生み出すものかもしれない。しかしそれはまた、住むという生活様式の場である、真正な日常性に貢献するものでもあるかもしれない。

そこで今度は、真正性の主張に目を向けてみたい。

第6節　真正性（authenticity）：その可能性と限界

自律性の理想には欠点があることが示された。ある程度の自律性は、成熟した人間の生活に典型的な特徴であるが、その理想には形而上学的な種類の誤謬が隠されている。これは、自律性の理想における言語および道徳的推論の性質についての想定と、人間主体についての想定の双方の観点から暴き出された。その中心的信条には空虚さがあり、その帰結は、自律性の理想を標準として生活する多くの人々が抱く欲求不満に反映されている。明らかに自律性は、自由の多くの側面や個性に関わる概念と根源的に結びついている。自由と個性という近代の概念は共に、本章までの章で課題を突き付けられてきた。

本章の終節では、自律性という概念を、真正性という一見類似した概念に関連づけて探究してみたい。これは、第三章で論じた真正な言語についてのバルトの思想に示されるような真正性の概念に結びつくことになろう。また、この主題についてハイデガーの思想の関連する諸側面を統合することにもなろう。ここでの目的は、真正性という概念がどの程度、自律性の理想がもたらす間違いを逃れる道筋を示し、同時に、その理想の価値ある諸側面により確実な根拠を与えるかを見極めることである。

6・1　ポローニアスとダダを超えて

デヴィッド・クーパーは、『真正性と学習』(Cooper, 1983) の中で、ニーチェ的な真正性の概念を力強く表明している。クーパーは、自律性の理想に表面的に類似したものに見られる限度、とりわけ、それが合理的批判を過度に強調する際に見られる限度を暴き出す。第一に、奨励すべき努力や心の姿勢があるが、それは論拠を示すこととはほとんど関係ない。自分自身の動機を理解するようになることや、新しい可能性に開かれていることは、限られた意味においてのみ理性に依拠しうる。第二に、信念に抗う理由があるにもかかわらず、人々は信念を放棄することを拒絶する場合がある。こうした場合、証拠以上の何かが重要性をもつ。もしその人物が確信に抗って進むなら、自分自身を裏切っていることになろう。(この点は、証拠だけでは足りず、何かに身を投じねばならない時点がいずれにせよ到来するであろうという事実に関係している。）第三に、合理的正当化を行える範囲には限りがあり――その理由の一部は、時間とエネルギーの不足であり――もしそれを行うことができたとしても、それは合理的探究の中のある特定の規範が当然視されているからである。そこで人々がなしうることは、自らの信念の系譜を考察し、それによって自己認識を一層増すようになることである。この結果、信念をその起源に照らして価値づけし直すことになるかもしれない。

クーパーは、真正性を二つの形で風刺し、これを超越することを目指す。ポローニアスと結びつけられた真正性は、「汝、己自身に真実であれ」という格言に凝縮されるような、人の生活の仕方とその人の真なる自己の一致に関わるものである。ここでの一つの問題は、固定された自己があり、それを発見することがわれわれの目的であるという、形而上学的な含意である。さらなる難点は、それによって内省が奨励され、真正性の模索が誤った方向へと導かれることにある。しかしながら、そのモデルの最大の弱点は、自らの現状についての想定が何ら疑問に付されない点にあり、それが一種の「自己欺瞞」を構成する。

これとは対照的に、ダダ風のモデルでは、生成の観点から真正性が理解される。ある人物の行為や何かに身を投じることとは、「慣習、意見、あるいはその人自身の過去によって制約されない自発的選択」を伴い、そうした自発的選択を構成している限りにおいて真正である（ibid., p. 10）。このモデルの主たる難点は、それが言語的・社会的コンテクストを無視しようとすることにある。このコンテクストなしには、多くの行為は全く意味をなさないであろう。さらに、自らの個人的背景を、背負うか否かを選択できるようなどうでもよい歴史の断片として扱うことは、自分自身を放棄することに等しい。

クーパーは、これらのモデルを「手直し」し、「状況的」で「企投的」な自己関心という観点からニーチェの立場を理解することに向かう。そして「力への意志」は、真理の模索と絡み合う価値づけという点から解釈される。「芸術家と理論家は対極をなすどころか、共に力への意志がとりうる最高の形態を代表する。というのも、彼らは共に、ネルソン・グッドマンの用語を用いるなら、「世界制作の方法」[*25]に従事しているからである」(ibid., p. 88)。この見方と、先に提示した詩的に建てることという思想の間には関連性がある。より一般的に言えば、テクネー（*techne*）という古典的概念は、芸術と理論の役割をとりまとめるものである。しかしながら、ここで意志に注意が焦点化されていることは、言語の自律性の重要性を覆い隠すかもしれないように思われる。

＊25　ネルソン・グッドマン『世界制作の方法』菅野盾樹、中村雅之訳（みすず書房、一九八七年）／菅野盾樹訳（筑摩書房、二〇〇八年）参照。

近著においてクーパーは、大文字の「実存主義者」の立場、すなわち、現存する実存主義の著者から得られる中でも最高の知恵を体現する、「理想的」な実存主義者の捉え方について詳説している（Cooper, 1990, p. 10）。クーパーは、ハイデガーにおいては不明瞭なものにとどまっていた思想を表現することに成功しているとも言え、そのことは彼の説明の中でなされるサルトルへの共感的な扱い方に時に見てとれる。ハイデガーのサルトルに対する不当に――ハイデガーが『存在と無』のごくわずかのページしか読まなかったように思われる、という意味で不当に――軽蔑的な態度に対して注意が向けられている（ibid, p. 7）。

クーパーの言う大文字の「実存主義者」は、後期著作の著者としてのハイデガーと袂を分かつ。『存在と時間』の読解は、サルトル的に解釈しうる要素を強調するもので、その過程で何かがかき消される。代わりに際立って見えてくるものは行動である。真正であることとは、「自分自身のことを行うこと」、あるいは、「自分自身であること」（ibid., p. 109）といったことであるが、こうした言い回しに時に含意される合理的熟慮には力点が置かれない。現存在の本来性についてのハイデガーの説明において、個別化が主たる要因であることは疑いない。クーパーは、孤立した人間主体が大文字の「実存主義者」の立場にはあてはまらないことを強調し、同書のかなりの部分が「他者との共存在」としての「世界内存在」の性質を明瞭にすることに費やされている。同時に、自由についてのクーパーの記述は、実存主義者についてのあまりに性急な読解に見られる限度を効果的な形で暴き出している。現象学が提供する生の様相の中で、大文字の「実存主義者」による自由の思想がその姿を現わす。私は初めから自分自身の外におり、そこでは志向的なあり方で存在している。私はこの中で一歩引き下がり、私の企投に含意される解釈や価値を拒絶することができる。しかしこの自由は「過剰に知性化される」べきものではない（ibid., p. 157）。自由は俯瞰的に分析的に行使されるものではなく、何かに関与する中で——例えば、自らの経歴の方向づけ方、新しい個人的な関係に置く価値、そして、同僚と直面する際の私の応答などの中で——行使される。（人生の転換点や転機が引用されることで、行動の強調が著しく強化される。）そのような実践は、私の過去との継続性という観点から理解されることになるのであって、自由は、衝動的な行動、すなわち、公共世界における自己の具体化を無為に否定することとの中では具体化されない。

われわれは自由であるよう「宣告されて」いることによって、自分の人生に責任をとるよう要求される。この点において失敗することは、「何か人間に特有のものを大部分放棄することである」(ibid., p. 159)。責任と共に身を投じるという問題が生じる。クーパーは、彼の言う大文字の「実存主義者」を、サルトルの小説の英雄にかなり自意識的な形で突き付けられる問いを超えるところに連れていき、求めに応じうる状態というマルセルの思想を享受させる。そして、求めに応じえない人物の「自己中心的な構造」[*26]は、異邦人からの呼びかけを聞くことができるような、求めに応じうる状態と対比される（ibid., p. 175）。こうして私は、自ら身を投じることを選択するのではない。身を投じる行為の方が私を捉えるのである。（ここには、本章の初めの方で概略を示したR・T・アレンの立場から表明されたこととの関連性が見られる。）

＊26　原語‘availability’，‘unavailable’に該当する箇所については、それぞれ「随意性」（disponiblité）、「不随意（性）」（indisponibilité）とも訳されているが〔マルセル『存在と所有・現存と不滅』［マルセル著作集2］、六七―六八頁参照〕、本書の趣旨により近い訳語として、ここでは「求めに応じうる状態」、「求めに応じえない」という表現を用いている。

求めに応じうる状態が示唆するかもしれない過剰な透過性に抵抗し、クーパーは、自らをサルトルと分かつ距離を縮めるために、マルセルの忠実性の思想を追求する。ここでの忠実さには、他者とのコミュニケーションに身を託すことが深く関わっており、その中では互恵的な自由が保存される。他者とのこうした関係の求めに応じうる状態は、一種の開放状態である。しかしそれは、本章の最終節（以下の小節6・5）が志向する開放状態には及ばない。

大文字の「実存主義者」について心に留めておくべきもう一つの点は、その立場が誰にでもあてはまるものではない、ということである。ローティのアイロニスト（Rorty, 1989）[*27]のように、大文字の「実存主義者」は必然的に、主流に対する反動として定義される。彼は、己の状況を自ら明瞭化したものがそれに照らして浮き彫りになりうるような、日常的語彙の背景を必要とする。ある意味、このことによって彼は明らかに日常生活から隔離され、彼自身の日常経験への関与の可能性は何らかの形で制限されるかもしれない。この要因は、彼が自分の立場について自意識的であるということを意味するのかもしれない。それによって彼は、己の状況を神話化する傾向をもつかもしれないということである。しかし、こうした退廃傾向は、クーパーによる洒落た実存主義の風刺の中で、はっきりと糾弾されている。

＊27 リチャード・ローティ『偶然性・アイロニー・連帯――リベラル・ユートピアの可能性』齋藤純一、山岡龍一、大川正彦訳（岩波書店、二〇〇〇年）参照。

これらの本に著わされるクーパーの立場を詳細に解説し批評することは、本章での議論を過度に広げてしまうことになろう。そこで代わりに、ハイデガー的な考え方に即した本来性（authenticity）についてのもう一つの解釈を用いて、私が確立することを望む全体像に向かうこととしよう。

6・2 二元論の超越

教育という観点から本来性についてのハイデガー的な説明を提示しているのは、ボネットの論文、「個人的な本来性と公共的標準：二元論の超越に向けて」（in Cooper, 1986）である。これは、教育への「伝統的」な取り組み方と「進歩主義的」な取り組み方の二元論を超越するような「聖地」を確立しようとする、ピーターズの試みに対する批評としての側面をもつものでもある。この「聖地」は、「伝統主義者が強調する内容本体の源泉であると同時に、精神の発達を構成し、ゆえに進歩主義者が強調する個人の潜在能力の可能性を構成するような、経験の多様な公的様式」からなるものと言えよう（ibid., p. 112）。

ボネットは、ここでのピーターズの解決策では個人の関心が超越されており、個人が個別的なものに巻き込まれていることが見過ごされていると考える。ピーターズの見解には、「合理的な人間」の姿勢、および、「一般化された他者」の非人格的な視点が想定されており、主体的見地と「私のものであること」という本来性の主要な特徴には全く重要性が認められていない。ボネットは、ピーターズの著書において、主体的（内在的）秩序と客体的（外在的）秩序という二元論内部での葛藤が、後者の優位を容認することによってのみ解決されていると主張する。これは、ピーターズが合理性の公的形式に中心的な位置づけを与えているからである。これに対して、二つの問いが提起される。

(i) そのような精神の発達はいかに進行しうるのか。

(ii) この見解によって想定される、「公共性」、意味、そして実在の間の関係はどのようなものなのか。

第一の問いに関して、ボネットは、ピーターズが論じる「未分化の気づき」を超えて、世界との原初的な対面が何らかの形で存在しなければならないと主張する。意識には明確な前社会的構造が存在すると言うのである。ボネットは以下のように問いかける。「子どもが「特異な」概念を、すなわち、年長者による模範的な事物と指差しの結果としてではなく、子ども自身の意識の中に発生するような概念を形成することもあるのではないだろうか」(ibid., p. 117)。

こうした概念を運用する際に適用される規則は、原理的には公的なものであろう。しかし、実際には、修正のための公開討論といったものがなくても、こうした規則は有効に機能するとボネットは考える。もしそうでなければ、子どもは公的な思考様式の提示に対して応答することがそもそもできないであろう。最低でも、意識の前主観的ベクトル構造というフッサールの概念は認めねばならない。言い換えるならこのことは、公的標準が受け入れられる以前に、何らかの形であらかじめ物と共に住む状態がなくてはならないということを意味している。こうした理由から、あらゆる精神の構造は公的概念の獲得に依拠しているという考え、そしてこれらの概念が公に創出されるという考えは、首尾一貫していないとみなされる。さらにそうした説明は、一人の個人をいかに捉えるべきかという点で問題を提起する。特に、意識の中心としての人物が合理的標準によって構成されているために、人物に対する尊敬は合理的標準それ自体への尊敬に還元されているように思われる、というわけである。

ボネットは、ピーターズによる「自分自身のことを行うこと」という本来性の特徴づけ方は主張の限りにおいては正しいが、あまりに多くのことが語られないままであると指摘する。特にそれは、責任という中心的要因について言及し損なっている。自ら選択し身を投じることとは、それらに対する責任の受け入れによって自分自身のものとなる。この点で責任に付加される重要性の比重ゆえに、実存主義の著者の中には、人間が自己欺瞞によって回避するよう誘惑されるような重荷や不安の源として自由を語る者もいる。この種の身の投じ方は本来性の核心と捉えられ、それなくして個人的に意味をもつ経験それ自体というものは存在しえない。ゆえに身を投じることは、人が学ぶものを自分自身のものとなすために必要である。

公的標準は、一般化された「万人」の心の中に維持することが不可能なものであり、個人の本来的な関心によって生気を与えられなければならない。合理的標準それ自体は、主体を非人格化し、客体を均質化し、よって思考の過程を機械化する。そのような標準への配慮は、標準化されえないものへの感受性を取り入れて、標準を超えるところにあるものに対する気遣いと一体になる必要がある。

否定に対する感受性はどのような思考や行為にも含意されるが、それは物それ自体への開放性であり、物それ自体からの指令への受容性である。こうして、本来性は存在との直接的な関係を希求する。この関係は、一般化する標準それ自体の手の届く範囲を超えている。合理的標準と本来性が相互に所有し合うことが必要とされる。

物の支配を約束するものとしての合理的標準に没頭することの危険性は、それが自己への没頭に等しいものとなってしまう点にある。これによって、他の思考様式の必要に対する感受性が鎮められてしまうかもしれない。そのような思考は存在を忘却し、物が「現に在ること」から思考を切断するような「自己供給的な自律性」を獲得する。この還元主義的な好奇心に対抗して、ボネットは、詩的に建てること、というハイデガーのことばを引用する。それは、物に対する感情移入的な応答であり、パルメニデスの言う「目前に在らしめること」、「心に留めること」において表現されるようなものと言ってよいかもしれない。ここで重要なのは、物の所与性に対する受容性である。

さらに、知的徳を批判性や創造性として捉えることも、それが合理的思考の範疇によってあらかじめ制約されているという意味で、危険性をもつ。ここにおいて、「確実で居心地のよい秩序づけ」によって、われわれは物の神秘に対して無感覚となる。他方で、本来的な批判と創造性は、このように安定した思考方法に対するある種の暴力を巻き込むものであり、神秘が姿を現わすことができるような空間を解放するものであろう。

ボネットは、主体が自らの欲求や関心に無制約に耽溺することを提唱しているのではない。むしろ主体は、元来の二元論を超越するような、ある種の存在に対する責任をもつ。「なぜなら、この視点から見るなら、個人の本来性と標準の本来性は、同一物の補完的両面であるからだ」(ibid., p. 131)。このことの教育に対する含意は、子どもは自分自身の生活に対する責任を引き受けることを要求する感情移入的な試練に向き合うべきである、ということである。これには、同意だけではなく、「物が在ることへの気遣い」から差し出される要請を受け入れることも必要とされるだろう。

6・3　世界との対面

以上の説明には、多くの支持すべき点がある。特に、存在に対する受容性の必要についての記述は、ボネットの論文後半の主な関心事であり、本書の議論の核心でもある。「予備的概略」では、これに関するボネットの初期の議論のもつ価値が認められた。しかしながら、提起したい様々な疑問点もある。「主体的」な内在的秩序と「客体的」な外在的秩序の二元論の超越について語ることは、どの程度正しいのであろうか。ボネットは、ピーターズがその問題について論じる際に用いた用語を援用しているが、それがかえって自身の批判を不徹底なものにしてしまっているように思われる。結局のところ彼は、存在に対する責任という視点によって賦与される統合によって、個人の本来性と公的標準の本来性を同一物の補完的両面としてとりまとめることができると言うのである。これは、二元論を超越するというより、むしろ否定することに等しい。二元論の超越は、ピーターズの思考の枠組みではあるが、ハイデガーなら否定するであろうような形而上学的視点への異議申し立てであり、その意味で、この〔ボネットに対する〕批判は意味をもつ。現存在が「世界内存在」であり「他者との共存在」であるということは、主体‐客体の対立図式の使用が、ピーターズが用いるものとは異なる用語によって理解されなければならないということを意味している。一般に理解されているように、この専門用語は不幸にも誤った区分を助長するものであり、その誤りを暴き出す必要がある。ボネットはこのことを明確化しないままに議論を始めているため、論文の過程で首尾よく持論を展開してはいるものの、あまりに多くのことを譲歩してしまっている。

人間主体という考えに関連し、「私のものであること」という特性の描写にも同様の疑問が生じる。これについての問題は、個の実存の社会的次元に言及することなしに、「私のものであること」という概念にどの程度内実を与えうるのかということである。ボネットの言う主体は原初的に世界と対面しており、これは明確な前社会的構造をもつ。この構造の中で、規則は、原理的には公に接近可能であるが実際にはそうでない概念の使用を通じて機能する。この特性の描写は、本書の議論において明らかにしてきた人間主体像とどの程度折り合いをつけることができるのであろうか。

本書の議論の基礎にあるのは、言語の必然的に社会的な性質と、それが判断における一致に依拠した共有実践を伴う生活形式ともつ関係である。言語はある人を人たらしめているものにとって中心的なものであり、また同時に、その言語は必然的に公的なものである。この公共性の一つの次元は規則に関わっている。「私的言語論」に関するウィトゲンシュタインの見解は、規則が言語にとって本質的なものであり、規則の存在は共同体の存在を前提とするという意味で、支持された（第二章第2節）。ボネットはこの点を容認しないが、それは共同体への参加が世界との何らかの（構造化された）前社会的出会いを前提とすると考えるためである。（これについては以下で再度論じる。）

ボネットは、ピーターズによって提示される合理的思考の公的な性質を、標準化および範疇化と関連づけている。これは、ピーターズが提唱する合理性概念に対する正当な非難と言えるかもしれない。しかしながら、公共性の要求がピーターズのような思考のタイプにおいてのみ生じうるという想定は誤りである。この間違いは、ハーストやピーターズのような公共性の弁護者たちが、言語とはどのようなものであるかについて限られた見解しかもっていない、という事実に関わっている。特に彼らにとっての最大の関心事は命題的なものであり、ボネットが示すように、科学の総括的言語を模範とみなしている。他方、第二章、第三章で提示した言語についての説明は、この類いの関心の持ち方をはっきりと拒絶している。われわれが言語を用いて行うことはきわめて多様であり、科学の言語だけに特別な優位性が与えられることはない。にもかかわらず、その説明の中心にあるものは公共性の要件である。呪うこと、祈ること、詩を書くことはすべて、根源的に公的な起源をもつ。そして、居心地のよい思考のパターンをかき乱すために時折必要とされる「暴力」も同様である。よって、公共性と、ボネットが遺憾とする範疇化の間には、何ら必然的な連関はない。

この点を認めても、個人を社会的構成物へと還元することにはならない。先に第二章、第三章で詳細に示された言語についての考えがもつ豊かさは、これ以上のものであり、人間の実践という観点のみならず、言語がそこから足がかりを得なければならないザラザラした大地という観点においても、言語の限界を認めるものである。言語は、ボネットが述べるような「現に在ること」について何かを示すことができる。実際、後期ハイデガーによれば、こうした言語の性質は本質的なものである。人間による存在の見守りは、言語が話す有様を通じて達成される。しかし、いかにして原初的な世界との対面を捉えるべきかについては疑問が残る。特に、「前社会的起源をもつ意識の明確な構造」という考えにどのような意味づけをなしうるのであろうか (ibid., pp. 116–117)。

意識経験の直接与件という考えは、存在の明るみの開けた場所にすでに存在しているものとしての人間という説明（第四章第4節）の中で破棄されている。これは、前社会的構造という考えを損なうものではなく、ある意味でそれを前提とするものである。存在の明るみにおける実存は、ここでは、石の実在ではなく、人間の現実存在として解釈される。にもかかわらず、幼児の場合に見られるような構造化を、無理なく概念的なものであると呼ぶことはできない。ここでの難しさを認識した上で、ボネットはそれが「特異な」概念であると述べる。（ここで「概念」という用語が使用されていることは、ボネットがウィトゲンシュタインの言う原始的な反応以上の何かを考えていることを示す。しかし、彼は規則遵守に関するウィトゲンシュタイン的な主張のもつ効力を受け入れてはおらず、その事実はここで注意を引くために使われている「特異な」という語句につけられた」かぎ括弧が必要な効力を発揮していないということを示唆している。）この語句は比喩にすぎず、それ自体として、子どもの精神と前言語的認知の発達について、擬人化せずに語ることの難しさを認めるものである。

しかしながら、この点に関して原初的経験を疑問視することは、一般化された言語の範疇が把握することのない、物との対面という考え、および「現に在ること」という考えに対して疑惑を投げかけることではない。また、人間の経験を社会的構築物として提示することでもない。

6・4 「私のものであること」という考え

人間主体、共同体、言語が絡み合う様相の複雑さが明らかになったが、それによって、「私のものであること」という考えの位置づけは一層難しくなる。

慣習的な自己概念が非難された理由の一つは、「本当の私」という素朴な考えにあった。「本当の私」とは、私の経験の偶発的できごとを通じて残り続けるような本質である。この誤謬は、観念が存在に先立つことを可能にする被造性という地平に関連するものであった。前に述べたように、これによって人間の主体性が自己意識と結びつけられるようになった。つまり、ある人物は自分自身の作り手であり、作り手であるべきなのである。この被造性という考えは、行為者性に賦与される重要性に関連する。人は、自分自身を行為者として認識することよって、最良の形で自分自身の作り手となる。

責任と身を投じることの強調は、人の行動が関心の的となるという側面から解釈されるかもしれない。ここでの身を投じることとは、他でもないある一つの行動の行程を決定する行為者という観点からたやすく見てとれる[*28]かもしれない。このようにして生じうることの一例として、サルトルの『自由への道』の中で、ブリュネ[*29]の助言に従って共産党に加盟すべきか否かについて思い悩むマチウの熟慮が挙げられるかもしれない。ここで言おうとしているのは、それが必然的に合理的熟慮に関わることがらである必要があるということではないが、だとしても、彼はいずれかの道を決定しなければならないのである。

＊28　主人公マチウの友人で、共産党員。〔ジャン＝ポール・サルトル『自由への道(1)』海老坂武、澤田直訳（岩波書店、二〇〇九年）参照〕。

＊29　サルトル『自由への道』の主人公。パリのある高等学校の哲学教授。

人の選択と身を投じることは、それらに対する責任を受け入れることによってその人自身のものとなる。ボネットは、こうした意味で身を投じることが本来性の核心であると考える。それなくして個人的に意味ある経験そのものは成立しえず、ゆえに、身を投じることは人が学ぶものをその人自身のものとなすために必要である。しかしながら、感情移入的な試練という考えは、これ以上のことを意味する。つまり、個人の本来性と、人が存在に対する責任に従って行為する時に実現される標準のもつ本来性を統合するということである。これは、提示される像をおおいに豊かにするものではあるが、ボネットの論文全体における責任ある選択という考えについては、なおも憂慮すべき点が残る。

本章の最初に示したように、私は、先にサルトルから引用されたタイプの例が中心的に扱われることに対して懸念を抱いている。人間の生活が一連の選択とみなされるようになることは危険である。これが生じる時、多くのことが見落とされ、人間であるとはどのようなことであるかについての歪曲された像が出現する。

さらに言えば、選択を孤立させることにはある危険性が伴う。行動する能力には、いかに少なく見積もろうとも、ある人自身の企投を巻き込む世界についての認識が含まれる。そのような企投の形成には言語が必要である。言語はたんに企投を促進するために利用される道具ではなく、企投の捉え方そのものにとって本質的である。典型的な哲学者の例がお粗末なのは、このコンテクストのもつ複雑さを見失っているからでもある。以上のような理由で、行動は言語の性質という観点から理解される必要がある。

先に述べたように、語ること、あるいは書くことにおいて、われわれは、疑問の余地なく参照される固定されたコードを使用しているのではない。語は、無限の解釈、反復、再配置に開かれている。このことは、思考の性質に影響を与える。第四章で強調したのは、生きている人間がもって然るべき潜在的可能性の幅が、言語における解釈可能性の範囲に関連するということであった。さらに、言語と人間主体についての非時間的説明は共に破綻するということ、そして、その破綻の理由は両者の相互依存関係にあるということを主張した。こうしたことはすべて、行動を孤立させることに伴う難しさと共に、哲学における例の使用に特別な注意を払うべきであることを例証している。

決定の瞬間に主たる関心を寄せることに反対して、私は、われわれが世界との日々の交渉の中で手にする身近なものへの暗黙の気づきに注意を喚起した。このことは、ハイデガーの道具性と道具的存在性という概念に関連して表明された。そしてこの類いの気づきの極みを体現するものとして、職人が自らの仕事に没頭している様子を例として取り上げた。これとは対照的に、身を投じることという考えに焦点が当てられる場合、人間生活のこうした側面に十分な注意が払われてはいない。「企投」という用語は、ある意味でこのことを悪化させる。ハイデガーは、われわれの存在が永遠に必然的に手の届かないものであるという思想をもつが、この意味合いは、企投が明瞭な計画となる場合に硬直化してしまう可能性がある。そして行動の性質とその中心性についてのサルトル的な誇張が助長されることになる。バランスのとれた見方をすることがここでは重要である。

ただし、個性の強調の正しさを主張することには一理ある。現存在の気遣いの構造は、死への先駆に際して最も先鋭に提示される。このことがもつ単独性――私のみが直面しうる、第三者の死ではなく私の死

──は、個々の人間生活の独自性の感覚を回復する。（第一章第3節では、これがハイデガーとウィトゲンシュタインの合流点であることが明らかにされた。）個人が困難な倫理的決定に直面し、それに身を曝している有様は、まさにここでボネットが論じるような責任と身を投じることをめぐる諸問題に関係する。実に、人がそのようなことがらに対面する有様の中にこそ、真正性の可能性がある。われわれは自らの人生に対する責任とこれに身を投じることから逃れようとするかもしれず、その有様が子どもたちを教育する際になすべきことについて何かを示唆しているのである。私の懸念は、真正性のもう一つの可能性が軽視されることに関わっている。すなわち、自意識的ではない仕方で物と他者と共に在ることであり、私はこれが真正な生活の一部であると理解する。

6・5　決意性と開放性

ハイデガーの文体のある側面には奇妙さがあるにもかかわらず、彼の著書をサルトル的に読解し続けることがもっともらしさをもつ理由の一つは、その思想を表明するいくつかの主要な用語が普及し、魅力的なものと映ったことにある。この点で「決意性」（*Entschlossenheit, Ent-schlossenheit*）という用語はとりわけ攻撃に曝されやすい。これは、責任や身を投じることの思想と結びつき、〔サルトル的〕読解における行動の重要性を強化することになる。しかし、もし決意性が、軍隊に演説をする司令官や試合中のスポーツマンに見られるような、決然としてひるむことのない身の投じ方ではないとすれば、それはどのように捉えられるだろうか。

〔ハイデガーの言う〕決意性は、〔サルトル的な〕行動する自由を決然と摑み取ることにはほとんど関係がなく、状況の変転に直面する際の堅忍不屈さに一層近いものである。こうした不確実性を本質的なものとして認識することは、死への先駆としての決意性の内に含まれている。行動に対する無条件の呼びかけとはかけ離れたものとして、決意性は不安に向き合えるような控えめさを取り入れる。不安を受け入れることは熱狂的な状態に至ることではなく、平静さと冷静な開放性（*Gelassenheit*）の基礎である。これは、存在に対する解放的な開放性である。それはある意味で、運命としての不確実性と、われわれの本質的な不完全さを進んで受け入れることである。

ドレイファスは、ハイデガーが、決意性を意図的な行動として捉えるような、いかなる志向主義的な解釈をも明確に拒絶していることに注意を喚起している。サルトル的な選択と身の投じ方についての見方とは異なり、

> 現存在の唯一の選択は、よって呼び声を聴くよう沈黙を守るか、日々の激しい生存競争の騒音に埋もれることでその呼びかけを沈めようとするかのいずれかである。その選択は、現存在が己をそう呼ばしめているように、故意のものであるよりもむしろ受容的なものである（Dreyfus, 1991, p. 318）。

繰り返すが、これを過度に知性化したり、ここで主張されていることとはそぐわないような、認知的要素の強い観点から捉えたりしないことが重要である。人は、共産党に参加することを決定するような仕方で、開かれていることを決断するのではない。こうした類いの開放性は、倫理的問題が執拗にせわしなく突き付けられる中で封鎖されてしまう。その代わりにここで提唱されているのは、決して日常的な選択などではなく、むしろ、人が自らの人生の指針として迎え入れるような指南、あるいは精神的態度のようなものである。それは、存在への潜在的可能性にわれわれを向き合わせる「醒めきった不安」と、この可能性の

中の「身構えのできた歓び」を通じて近づくことができるものである（*Being and Time*, p. 358）[*30]。この種の本来性は、世界の存在的理解に閉じ込められた好奇心の限度からわれわれを解放する。これが、行動への焦点化からいかにかけ離れたものであるかは明らかである。

＊30　ハイデガー『存在と時間III』原佑、渡邊二郎訳（中央公論新社、二〇〇三年、二一一頁）参照。

クーパーとボネットによって提示される本来性の説明は、自律性に対する批評を支持するものであることが示された。本来性は、合理性の強調の限度と企投的配慮の受け入れの限度を超えるものであり、第四章で提示された人間主体像に一層調和するものである。けれどもそれは、依然として自己への焦点化をかなりの程度維持している。第六章では、自己を超えるところに目を向ける可能性と重要性についてさらに論じていきたい。

（1）　気まぐれ者とは、論文「意志の自由と人格概念」の中でH・フランクフルトが特定する一つのタイプである（Frankfurt, 1971）。

（2）　自律性への異議はさらに四つ列挙できる。アレンもこれらを支持すると考えられるが、彼の論文では考察の対象外である。(i)自律性は完全に知的なものであり、人のそれ以外の部分は軽視されるということ、(ii)それは、大半の生徒に過度の分析と論証的推論を要求するということ、(iii)推論の原理は、その運用や実質的判断の信奉から切り離せないということ、(iv)それは若者に対して、他人の助言や、彼ら自身の中でさほど論証的でない側面の重要性を無視することを奨励するということ、である。

（3）　同じく、ハイデガーもその点を次のように表現している。「何かについて経験するということは、それが何らかの物であろうと、人物であろうと、神であろうと、それがわれわれの方に向かってくること、すなわち、それがわれわれに突き当たり、われわれに迫り、われわれを投げ倒し、われわれをすっかり変えてしまうことを指すのである」（*On the Way to Language*, p. 57）〔1〕。

（4）　ベイカー&ハッカーを参照（Baker and Hacker, 1985, p. 37)。

（5）　ここで前置詞が際立っていることは、それが人間の状況を理解する上でもつ重要性を示唆している。ハイデガーが現存在の世界を共世界（*Mitwelt*）として特徴づけていることは（*Being and Time*, p. 155)、彼が前置詞の重要性を強調していることを示す一例にすぎない。

（6）　フィリップ・ラーキンは、「忘れもしない」（*I Remember, I Remember*）の中で、名もない生まれ故郷を想像の中で回顧するが、それをよく思い出すことができない。その意味でこの詩は、感傷への適切な解毒剤の役割を果たしている。すなわち、紋切り型で脚色された子ども時代と青春の捉え方を揶揄しているのである。「此処」（*Here*）、「家とはあまりに淋しいもの」（*Home is so Sad*）のような他の詩は、場所と帰属について、より真正な感覚を捉えている（Larkin, 1971）〔2〕。

（7）　この点に関し、個人の自律性は「知的主題について自分自身の意見を形成することに関心をもつ知識人だけのものではない」というディアデンの言明は曖昧さを残すものである（Dearden, 1972, p. 64)。これについては後に再び取り上げる。

（8）　小説家のスーザン・ヒルは、いくぶん皮肉を込めて、ニューヨークに出かけるのが好きな理由を述べている。ニューヨークは、彼女が知る限り、朝の三時に起きてホテルの廊下にある販売機に行き、一五種類もの異なる種類のチーズケーキを選ぶことができる唯一の場所であるからだ。（おそらく唯一の場所というわけではないだろう。）

（9）　この例については、スタンリー・カベルも論じている（Cavell, 1979)。

（10）　もちろん、ある文化は他のものより人の動きを制限するものであるということは真実であるが、これは、ここでの関心の焦点ではない。

（11）　明らかにそれは、ここでどのような類いのより大きな物語を語るかということ次第である。ジハードにおいて英雄的行為が示されるような状況もあるかもしれない。

（12）　カリフォルニアでは、一九八八年七月までにすべての学校に批判的思考のコースを導入するという予定が立てられた（出典：概要報告書（Dr. Will Robinson, 'Leverhulme Trust Fellow at the University of Warwick 1987–8')。

(13) これは、一九八五年のイギリス教育哲学会の全国大会で執り行われた。

(14) リアと同様、ビスワス氏は、自分自身が「望むものを与えられていない」ことに気づく（Naipaul, 1969, p. 14; *King Lear*, Act III, scene iv, 1.113）。両者は共に、嵐に曝される中で理解へと導かれる。そして共に、慎み深さをある程度達成し、不相応な愛を享受する。

(15) ここで、例として小説に目を向けなければならないということが重要なのかもしれない。これはおそらく、通常では名声が達成という考えに基づいているからであろう。ここで言われているような〔受難を通じた〕道徳的前進をなすのは、往々にして「押し黙った無名のミルトン」であるかもしれない。

〈章末注の訳注〉

［1］ハイデッガー「言葉の本質」『言葉への途上』［ハイデッガー全集　第一二巻］亀山健吉、ヘルムート・グロス訳（創文社、一九九六年、一八九頁）参照。

［2］フィリップ・ラーキン『フィリップ・ラーキン詩集』児玉実用、村田辰夫、薬師川虹一、坂本完春、杉野徹訳（国文社、一九八八年）参照。

第六章　受容性と言語の限界

第一章では「予備的概略」を置いて方向性を示した。そこでは、第二章、第三章、第四章、第五章のより詳細な議論を導入するためのコンテクストを用意することが意図されていた。これらの章では「予備的概略」で多少なりとも明示的に提起された諸問題が論じられたが、どの問題をとってみても、各章の議論は「予備的概略」で表明しえたものを超えて展開されてきた。

これらの章の重要性は、徐々に積み上げられてきた。諸章の基礎として、第二章では、言語とその限界の分析がなされた。これは、予備的概略の最後に表面化した言語についての根本的な想定に基づくものであった。そうした想定は、合理的‐断定的思考様式と、受容的‐応答的思考様式の区分においてとりわけ際立っていた。第三章ではこの説明を発展させて、第一に言語に注意を向け損なうことの帰結を示し、第二に言語についての間違った想定に依拠することの帰結を示した。第四章では、人間主体についての一般に流布する想定に異議を唱え、言語の性質に言及することなしに人間主体を理解することの不可能性を示した。この点に関して同章では、自己を超えるところに注意を向けようとした。それは、予備的概略の中で探究した、真に見ることと受容性の第一義的要件である。第五章はこの問題を続けて追求し、行為者性を中心に人間主体を捉えようとする、一般的に流布した想定に異議を唱え、自律性の理想への現下のとらわれを批判した。それに先立つ議論は、この理想を解体するために用いられたのであり、人間主体を行為者性に結びつける考え方を見直す上での根拠を提供するものであった。繰り返すが、このことには、自己の制約を超えるところへと目を転じることが深く関わっていたのである。

しかし「概略」は、おぼろげで混沌としていながらも、何かこれ以上のことを述べている。本章の目的は、簡潔ではあるが、ここまでの諸章のいくつかの含意をとりまとめ、その彼方に広がる可能性を探究することである。これは受容性についてのより精緻な説明につながり、神秘と驚嘆の思想が再び扱われることになる。

第1節　安全性の限度

1・1　四つの限度

ここまでの議論では、教育に潜在的な脅威を与える四つの間違った見解の相互関連性が突き止められ、提示された。すなわち、実証主義、科学主義、人間主体について一般に流布する考え方、そして自律性の理想へのとらわれである。これらの脅威が行使しうる影響力を理解するために、それぞれがどのような点で人の注意を引きつけるかを簡潔にまとめておこう。

実証主義の魅力は、明晰さ、安全性、制御を提供するという主張にある。

科学主義は、一般に流布している科学的モデルとは本来合致しないような思考領域に対して秩序と地位を与えるゆえに、人の注意を引きつける。再び科学主義が明晰さ、安全性、制御を提供するように思われるのは、とりわけこれを達成することが著しく困難な領域においてである。概して科学主義の言語の使い方には、威信が――そして時には見せかけの専門知識が――つきものである。

人間主体について一般に流布する考え方は、世界との出会いにおいてそれ以上還元不可能な要素として、また善き生活の展望と一体となる一群の徳の中の中心的な要素として、人の注意を引きつける。これらの徳には、自由、独立、個性、勇気、誠実さが含まれ、自律性の理想の中にはこうしたものが十全な形で表れている。このようにして捉えられる自己は、一種の純粋さを保ち、世界の雑然としたできごとに巻き込まれることによってたまたま傷つくにすぎない。そのような自己は、万物の判断の拠点でありうるような、世界に対する安全な眺望地点を提供する。

自律性の理想は、このような自己の像に依拠しており、その内で行為者としての自己が理解され、十全に評価されうるような枠組みを提供する。それは、自らの人生に対する支配と己の本性の実現を約束する。以上四つの限度は、人間であるとはどういうことかについての捉え方をゆがめるものであることが示された。これらの限度は、とりわけ教育に脅威を与えるものである。というのも教育においては、理論の中でそうした限度が温存される傾向があるからである。実に教育理論は、これらの限度が培われるのにうってつけの肥沃な土壌である。同じぐらい重要なのは、そうした限度が広範に受け入れられることによって、教育政策と実践を通じて制度化されるということである。

このように人の注意を引きつけるものの本性については、さらに解説を加える必要がある。

1・2　知識の安全な基礎

以上のことに共通して見受けられるものは、確かな基礎への欲求である。これは、ある人の存在の礎であり、行動の最終的審判者としての自己という考えや、科学主義がもつとされる権威、あるいは言語による世界の指示がもつ安定性に見いだされるかもしれない。

ミッジリーは、確実性なしに生活することは、安全なしに生活するようなものである、と述べている(Midgley, 1989, pp. 130–133)。われわれは、危険から完全にわが身を守ることはできない。だからといってそれは、わが身を守るためになしうることは何もないということにはならない。われわれにできることは、個別の危険に目を配り、それに対してわが身をいかに保護できるのかを見極めるといったことである。このアプローチは、思考における確実性への欲求に対処するための方法についても、一つの類比を提供するものである。

この点についてミッジリーは、ウィトゲンシュタインの立場を踏襲している。このことは、『確実性の問題』の中で、懐疑がコンテクストをもつ必要性と、このコンテクストのいくつかの特徴が確実なものとして理解される必要性という観点から、詳細に述べられている。この著作の中でウィトゲンシュタインは、議論や内省を通じて自分たちの認識論を築くことができるような礎を発見しようとする人々を非難している。

同様に、倫理的信念を根拠づけたいという欲求に関して、ウィトゲンシュタインは、唯一の基礎がありうるという考えに抵抗している。

人々は倫理学的理論の概念——善さや義務の真なる本性を発見するという考え——を抱いてきた。プラトンはこれを行うこと——善さの真なる本性の発見に向けて倫理学的探究を行うこと——を欲し、客観性を達成し相対性を回避しようとした。彼は、相対性が道徳性の中の命令的なものを破壊するだろうという理由で、なんとしても相対性を回避せねばならないと考えた（ラッシュ・リースによる覚え書き――ウィトゲンシュタインの「倫理学講話」（'Lectures on Ethics', p. 23）を参照）。

ウィトゲンシュタインは、発見すべき正しい体系があるという考えを拒絶するのみならず、倫理学の規則を慣習の問題へと還元する相対主義的な社会学的アプローチをも拒絶しようとする。例えば、キリスト教的倫理学を受け入れることは、物理学のある特定の理論を受け入れることと同じではない。それは、キリスト教の倫理学を身につけることである。（そしてヘアの主張とは逆に、道徳の学習は化学の学習とは異なる。）ここで重要な点の一つは、人はひとえに実践に入り込まねばならないということである。倫理学は、論証的なレベルで皮相的にしか扱えないようなものではない。これに対して、倫理学を合理的原理に根拠づけようとする欲求は、きわめて論証的なものである。

ミッジリーは、ある種の根本的体系と安全性への欲求が、マルクスやフロイトの体系の背後にある欲動の一部である、と述べている。これは、永遠の生命の模索に似ている。彼女は、これらの思想それ自体を弁護したいわけではなく、彼らの思想が人々の中にある何か深遠なものに触れているという事実を真剣に受けとめるべきである、と示唆している。このことは、マルクスやフロイトの体系が及ぼしてきた多大な影響力や、信奉者を集める傾向を見れば明らかである。その魅力は、人々の弱さのみならず強さの指標でもある。彼女は以下のように述べる。

このような思想は、永遠の生命の模索の象徴的意味を字義通りに扱うという点で厄介である。他方で、聖アウグスティヌスが人間の不安と不満足を説明して、「汝は、汝自身のためにわれわれを創り、われわれの心情は汝の内に安らぐまでは不穏である」と述べる時、あるいは、ノリッジのジュリアンが、

「万事、首尾よく運ぶであろう」と述べる時、彼らは、その象徴的意味を正しい方向で最後まで全うしているという印象を受ける。いかに物事が神秘的なままであろうとも、また、どれほどキリスト教的宗教についての他の多くのことがらによって当惑しようとも、最後まで全うしているのである。私は、永遠の生命という考えを取り除こうとすることにはあまり意味がないと考える。だが、永遠の生命についてわれわれが形づくる個別の考えは愚かなものではないという主張にはおおいに意味がある。このことは、われわれ自身の理想と動機を理解することに関わっている。この点で、マルクスとフロイトの還元主義的解釈は限度に達する。そして私の考えるところ、ユングのような、より深遠で肯定的な解釈が必要とされ始める (Midgley, 1989, pp. 132–133)。

このような主張は、いかに多くのことが語られずにいるか、そしていかに多くの問いが棚上げされているか、という点で問題をはらんでいる。にもかかわらず、ここでは人々について何か重要なことが見極められているように思われる。安全性への欲求は、宗教的欲動のようなものである。フロイトとマルクスの体系や、私が非難してきた信念の安全性において、この欲求は行き止まりへと導かれる。

1・3　敬愛の喪失

しかしながら、おそらく事態はこうして示唆される以上に厳しいものであろう——そして実際のところ、ミッジリーの本は、確実性の探究がもたらす有害な影響の例に満ちている。この欲動の流れは、行き止まりへと導かれ、もはや生活の他の領域において人々の反応に生気を与えることはない。この結果、清教徒的な献身を包み込む精神の無味乾燥状態のようなものが生じる。これらの限度は、特定のタイプの宗教的原理主義に特有なものであるわけではない。リベラルな伝統内部の限度もまた、合理性への信奉の結果として同様の状態にある。ミッジリーは、「ブルームズベリーグループ」[*1]のメンバーによるムーアの倫理学への反応と関連づけて、ウィトゲンシュタインについてのJ・M・ケインズの言明に言及している。ケインズは以下のように書いている。

われわれには、伝統的な知恵や慣習の制約を大事にする気持ちなど全くなかった。ロレンスが気づき、ルートヴィヒがよく言っていたように[*2]、われわれは、敬愛を、物に対しても人に対しても全くもっていなかった（Keynes, 1949, pp. 99–100）。

敬愛という特質は、ウィトゲンシュタインの著書を通じて目につくものである。ただしこれは、一昔前の〔一九三〇年代から一九五〇年代の〕ウィトゲンシュタインの支持者たちの一部の著書においては明らかに欠如しているものである。それはまたハイデガーの著書、とりわけ存在に対する崇敬という形をとる後期の著作で明白である。ここで論じているような限度は、こうした敬愛の態度を妨害するものである。倫理学の根拠を合理的原理に見いだすことは、なおさら倫理的応答の性質を制限することになる。

＊1　一九〇七年から一九三〇年にかけて、イギリスのブルームズベリーに集まっていた文学者、知識人のグループ。
＊2　ケインズ「若き日の信条」『貨幣改革論――若き日の信条』宮崎義一、中内恒夫訳（中央公論新社、二〇〇五年、三四頁）参照。

ショーペンハウアーの、ガーユスとティトゥスの逸話は、以上のことを巧みに例証している。彼は、似通った状況にある二人の男が、ある少女に対する愛を、好意をもたれている方の競争相手によって挫かれる状態を想像する。二人とも、自分たちの競争相手を取り除きたいという欲望をもち、見破られることなく殺人を犯すことが可能であるような状況に置かれている。しかしながら両者は共に、内的な葛藤の後に思いとどまる。ガーユスが思いとどまる理由は（今日向けに述べるなら）、読者の選択に委ねられる。それは、自分の行為を普遍化することができないということかもしれないし、自分の行為が同意を呼び起こさないであろうと気づいているからかもしれないし、あるいは悪が善に勝るであろうことを悟っているからかもしれない。他方、ティトゥスは述べる。「私の恋の情熱ではなく、恋敵のことを考えてみて、その時初めて、今の彼の身の上に一体何が起ころうとしているのかが、本当にはっきりとわかった。すると、同情と憐憫とが私を捉え、彼のことがかわいそうになって、あえて実行する気持ちにはなれなくなってしまった。だから、実行できなかったのだ」。これに対して、ショーペンハウアーは修辞的に問いかける。「二人のうちどちらがより善良な人間であるだろうか。読者は、自分の運命を委ねるとすれば、どちらを選ぶだろうか。どちらがより純粋な動機によって抑制されたのか。したがって、道徳の基礎はどちらにあるのか」（Schopenhauer, 1985, p. 169）[*3]。

＊3　ショーペンハウアー「道徳の基礎について」『ショーペンハウアー全集9』前田敬作、芦津丈夫、今村孝訳（白水社、一九九六年、三五六頁）参照。

ティトゥスは、彼自身を（そして彼が自分自身で制定するかもしれない体系を）超えて、自分の競争相手に注意を向ける時に変化する。競争相手を見る中で、物事は異なって見えてくる。この視界の変化の特質は、本章の後半で論じられることになる。目下のところ、ティトゥスの反応は同情の一例であるが、これは倫理学に関することがらが合理的熟慮のみによって解決できると信じ込んでいる人には生じないようなものである。すなわち、他者に対する敬愛の形式なのである。

第四章第4節では、被造性の地平が自己創造という思想の周りを取り囲んでいることが論じられた。これは、サルトルの実存主義者の英雄という形をとる場合もあれば、合理的に自律した人物という形をとる場合もある。地平という概念は、その人物の視界の限度を例証する助けとなる。この地平は、世界の捉え方によって確定される。倫理学の安全な基礎への欲求と合理性の信仰は、こうした捉え方のもつ限度である。

1・4　理解の見せかけ

科学主義は言語についての言語である。これが機能する仕方を説明するために、バルトによる今日の神話についての分析が用いられた。カリキュラム立案の言語がもつ信用できない性質は、教育における言語の不自然さの一側面でもある。教育以外でもまたわれわれは、そのような言語がはびこる世界に住んでいる。

こうした種類の言語は「仕事を休んでいる」。そして科学主義の限定的な専門用語と同様に、うつろな名声と手に負えない問題の制御という幻想を作り出す。それは、見慣れぬもの、困難なものを支配するふりをする。そして模倣を生み出す。より広く見れば、神話的言語は、まがいものの語彙を助長する。挨拶状的な決まり文句や劣悪な詩には誤った感傷がある。政治のレトリックも然り、神秘主義者の自己陶酔もまた然りである。これらは心地よさと慰めを与え、人間生活の境遇からの逃避という幻想を差し出す。

こうした語彙によって生み出される世界についての理解はごまかしであり、あるがままに世界を見る能力に限度を課す。そして、物事を秩序のもとに治めているという自己満足的な自信に陥ることを促す。真正な言語についての説明は、多様な語り方の中でいかにして言語の健全さを保護しうるかを示そうとする試みであった。

本書を通じて示唆されているのは、言語の健全さが危険に曝されているということである。ある意味で、技術革新と管理主義の時代にあって、言語の窮状はとりわけ深刻である。こうして、支配の限度という側面から言語を考察することによって、言語の堕落の起源に見られる主特徴を引き出すことができる。

第2節　支配の限度

2・1　経験の封じ込め

合理的-断定的言語は、それが指示する対象の支配を要求する。支配という考えは、不確実性からの逃げ場となる。そして、制御の感覚を補強するという意味で、自己に回帰するものである。

バルトの論文「『百科全書』の図版」('The Plates of *Encyclopedia*')では、このことの含意がうまく捉えられている。『百科全書』(*Encyclopedia*)は、啓蒙主義的思考の縮図のようなものであり、多かれ少なかれ見慣れた世俗的対象のアンソロジーを提供する。それぞれの図版には二つの挿絵がある。頁の下には、様々な位相のもとに分けられた、ある対象の様式化された表象がある——例えば、菓子パン作りの諸段階などである。この上にある縁飾りの版画(ヴィニエット)の中には、細目が挿入されている——例えば、菓子パン作りの料理人の台所の風景などである。アンソロジーとなることで、対象の本質が範疇化され挿絵化される。そして、物語のパターンを構成する縁飾りの版画(ヴィニエット)の中では、対象が実践・(*praxis*)として示される。さらにこれが様式化されると、誕生の状態として示される。これら三つの状態の中で、優先的に扱われるものはたいてい誕生の状態である。こうして人間による支配が謳歌される。バルトは述べる。

> いかにすれば事物を非存在状態そのものから出現させうるかを示し、こうして人間に前代未聞の創造力を貸し与えることができるのは善いことである。例えば、ここに野原がある。自然の充実（小牧場、丘、木々）が一種の人間的空虚を構成していて、ここから何が出てくるものかわからない。だが、絵図が変わると、人類の先触れとなる対象が生まれる。つまり、地面に線が引かれ、杭が打ち込まれ、穴が掘られる。一つの断面図が、人気のない自然の地下にある坑道と鉱脈との濃密な網目を示す。鉱山が誕生したのである。この例は一種の象徴である。百科全書的な人間は、人間の記号を用いてあらゆる自然を採掘するのである。百科全書的風景の中で、われわれは決して孤独ではない。自然力がいかに強力なものであろうとも、人間の兄弟のような生産物が常に存在する。対象は世界に対してなされる人間の署名なのである（Bartes, 1983, pp. 219–220）[*4]。

ジャイアント＝コーズウェイ[*5]を示す図版においてさえも、風景には人がいる――女性が眺め、男性が釣りをしている。風景は、分断された世界であるゆえに、縮小され、飼い馴らされ、馴染み深いものとなっている。

＊4　ロラン・バルト『新＝批評的エッセー』花輪光訳（みすず書房、一九九九年、三一頁）参照。

＊5　英国北アイルランド独立自治体モイルの北岸（Antrim Coast）の景勝地である「巨人の土手道」。岬に玄武岩の柱がある。

バルトは、『百科全書』が所有権の膨大な決算報告のようなものだと述べる。

> ベルンハルト・グレトゥイゼンは冒険的認識の精神に鼓舞されたルネサンス時代の描かれた世界（*orbis pictus*）と、占有化の知識に基づく一八世紀の百科全書主義との対立について述べていた。形式的には（図版からよく感じ取れるように）、所有権は事物のある種の細分化に依存する。占有化するということは、世界を断片化し、有限な対象に分割し、対象の不連続性そのものに応じて対象を人間に服従させることである。というのも、切り離せば、最終的に命名し分類しないわけにはいかず、この時から所有権が生じるからである（ibid., p. 222）[*6]。

バルトは、ノアの箱舟が、この占有の本質を表わすのにうってつけの神話であると述べる。それは、浮遊する巨大な箱の窓の一つ一つが異なる動物の頭を縁取りし、整然とした生命の窓割りを象徴するものである[(1)]。

＊6　バルト『新＝批評的エッセー』、三四頁、参照。

職人芸の理想化には簡略化の傾向と社会的不幸の完全な忌避が見られる。技術的力量に対する賞賛は、縁飾りの版画（ヴィニエット）の中で叙事詩的形式をとる。

> 縁飾りの版画（ヴィニエット）はある偉大な行程の輝かしい最後を描く役目を負う。それは素材が一連の挿話や宿駅を経て、人間の手で変形され、昇華されていく行程である。風車の断面図が完全に象徴しているのはこのことであって、そこでは穀粒が階を追って進みながら粉に挽かれていく様子が見てとれる（ibid., p. 227）[*7]。

叙事詩のスケールは、生産の過程でもたらされる変容の度合いによって決められる場合もある。

＊7　同、四一頁、参照。

対象は情報の構造によって還元される。すなわちアンソロジーの中の他の細目から区分されることによって理解され、それらが実際に生起すると主張される状況との統合関係において理解される。しかし、第三章で行われた神話の議論を通じた分析は、何かより深遠なものを生み出す。縁飾りの版画（ヴィニエット）の理想化——その中に人間の手はいつも出現している——は、世界のある特殊な理解の仕方を賞賛することに向かう。対象や過程だけが評価されるのではない。このような仕方での対象や過程の分類や提示そのものが評価されるのである。

ウィトゲンシュタインは、機械についての通常の考え方がわれわれの哲学の仕方に影響を与えうる、ということを示唆している（*Philosophical Investigations*, 193-194）。[＊8] この場合われわれは、機械のある特殊な動きを象徴するために機械や機械の図面を用いる。いわば、静止した図面をもとにして、ある特殊なプロセスの諸部分の動きを読み取ることができると想定されるのである（一、四、九、一六……といった数列の継続のように）。例えば、われわれがまさに購入しようとしている実際の機械の動きについて考えるなら、その機能不全について思考をめぐらすことができるかもしれない。そうでなければ、理想化された「象徴としての機械」[＊9]が、諸部分の運動を「何らかの神秘的な仕方で——現在すでにそれ自体がもっている」（ibid., 194）、といったことになるであろう。ここでわれわれを惑わせるものは、可能性という考えである。理想化によって世界の論理的な土台を想定しようとする傾向は強化され、規則がその適用のあらゆる状況を事前に決定することはないという事実を潜在的に受け入れる可能性は除外されてしまう。それによってわれわれは、記号の反覆可能性と引用可能性を容易に理解することからも妨げられる。

＊8　ウィトゲンシュタイン『哲学探究』［ウィトゲンシュタイン全集　第八巻］藤本隆志訳（I部、一九三―一九四節、一五六―一五九頁）／『「哲学的探求」読解』黒崎宏訳（産業図書、一九九七年、I部、一九三―一九四節、一五一―一五二頁）参照。

＊9　同、I部、一九四節、一五七頁／同、I部、一九四節、一五二頁、参照。

バルトの論文は、こうして還元された世界についての理解の仕方がもつ魔力を手際よく提示する。この魔力の背後には、支配という想定がある。また、理解を通じた制御という含意もある。このような世界観において、安全性への欲求は十分に満たされる。

けれども、『百科全書』に含まれた合理的‐断定的言語は、皮肉なことに自らの境界を破って出る。論文の終わりの方でバルトは、今日『百科全書』を読むことは、先にまとめられた段階にはとどまらないであろう、と指摘する。われわれは、一八世紀の日常的な対象のイメージを、さらなる暗示的意味抜きに見ることはできない。例えば、伝説の中での役割、過ぎ去りし時代の絵空事などである。こうして、作者の意図を超えて、イメージの「意味の震え」が生じる。ある意味でイメージに備わるこうした詩的特質は、それがもつ他者性の中心をなしている。バルトは、これこそがあらゆる神秘の記号であると述べる。

2・2　在庫品[＊10]

経験の封じ込めは、科学と技術の違いにおいても例証できる。アルダーマンは、山に対する科学的アプローチと技術的アプローチを対比することによって、このことを例証している。

地質学という科学にとって、山は科学的に記述できる内容と歴史的過程の組み合わせとみなされる。

山は、科学的自然の中で「そこに」あり、客観的な研究において要求されるように、非人格的に傍観者的に研究できる。山で鉱石を発見する炭鉱の技術者の観点からその山を見るなら、この客観性のあらゆる形跡は消失する。山は、たんに鉱石の宝庫としてみなされるようになる。それは、何よりもまず必要な資源としての一存在者であるため、山それ自体がその資源と同一化されるようになる。こうしたことすべては、採鉱会社アナコンダの最近の広告と自己描写において腹蔵なく表わされている。

自然は鉱石の倉庫を創造する。アナコンダは炭鉱を創造する。

さらに読んでいくと、アナコンダの「地質科学者」は、「潜在的な炭鉱を発見し開発するための」技術を創案し、炭鉱の技術者と冶金学者は、鉱石と山を漸進的に見つけていき、それ以外のすべてのものは、「廃棄物質」とみなされることが明らかにされる。さらに広告は、鉱石が誰かによって使われるまではさして役に立たないと述べている。このようにして鉱石は自然資源となっていく。こうしてわれわれは、現代技術の内側からそれ自体の本性を垣間見ることになる（in Murray, 1978, pp.46–47)。

ハイデガーは、技術的支配を、主観性の形而上学の不可避な結末であり、近代の決定的特徴であるとみなしている。これに続くのは、科学技術者の挑戦的な取り組みによって山脈のもつ他者性が失われるという結末である。技術的な取り組みを特徴づける枠付け（*Ge-stell*）[*11]は、明るみに出すことの一様式として、対象を在庫品（*Bestand*）へと還元する。[(2)]この視点の内で、炭鉱は、科学技術者の秩序化への追従という観点からのみ理解されることになる。こうして、その秩序化によって、山の中の鉱石が明るみに出されるかもしれない他の方法は無効にされる。

＊10 英語の原語'Standing reserve'にあたるドイツ語の原語、'Bestand'は、「用象」、「立て置き」などの訳語も可能であるが、本書の文脈で用いられる英語のニュアンスを生かし「在庫品」と訳す。

＊11 ドイツ語の原語、'Gestell'は、「集立」、「立て組み」などを含意するが、本書では英語'enframing'のニュアンスを生かし、また限界（limit）と区分される限度（limitation）との関わりから、「枠付け」という訳語を使用する。

管理に対する今日の技術者的な取り組みは、ここで言われていることが教育的管理に対して、一般的には、巨大な官僚制度の運営に対してもつ関連性を示唆する。数量化可能で交換可能な資源という観点でものを考える傾向性は、この管理様式の特徴である。こうした思考は、その注意が向けられる対象を、あらかじめ秩序づけの範疇という観点から単純化する。これには一見すると、通常であればきわめて多くの人間の実践を特徴づけている雑然さを制し、場合によっては根絶するような徳がある。しかしそれは、その提唱者の視覚を狭める――枠をはめる――傾向をもつ。

ハイデガーは、いかなるできあいの「「緑の」運動の」マニフェストも、技術の塹壕に囲われた現状への代替案を提供するとは考えない。しかし彼は、危機が最も大きくなる場合に「救い」が育つであろうと述べる。われわれはただ背を向けるべきではない。技術の本質を理解するために、そこから距離をとらねばならない。技術の本質について省察することは、技術一辺倒になることではない。もし芸術が、道具性が取り除かれた状態にある日々の世界の信頼性と馴染み深さを意識にもたらす力をもつなら、今日の技術革新の時代における堕落した形式にも同様にうまく対処できるかもしれない。ヴァン・ゴッホの絵の「椅子」は、道具性においてではなく、意識の高まった状態で対象を見えるようにする。フェルナンド・レジエ[*12]の絵画は、工場の機械について、同様の役割を果たすように思われる。だとすれば芸術は、技術的説明の限界とその制覇に伴う不毛さをわれわれに示す。おそらくレジェは、技術のより良き理解のために神秘の感覚に近づく道を芸術がこのようにして回復してくれると示唆しているのであろう。しかし、ここで示唆されているものは、芸術が文化活動の周縁部分にある場合の「美的態度」ではない、ということを強調しておく必要がある。むしろギリシャ文化における芸術——ポイエーシス（*poiesis*）という観点から理解される芸術——の全般的な重要性が強調されねばならない。技術はポイエーシスを阻止するゆえに、今日こうした見方をすることはとりわけ困難である。

＊12　フランスの画家 Fernand Léger（1881–1955）。

言語のもつ限度は技術の力と結びつく。こうした限度は、言語のもつ適切な限界に注意を向けることによって回避される。この違いをどのようにして明らかにすればよいだろうか。

第３節　言語の限界

３・１　限界と限度

第一章第４節では、限界（limits）と限度（limitations）の区分がなされた。これは、「私の言語の限界が、私の世界の限界を意味する」（*Tractatus*, 5. 6）[＊13]といった仕方で用いられる場合の限界という概念の豊かさを、限定的で否定的な限度という概念と区分するためであった。この意味での「限界」という用語は、より日常的な使用にもあてはまる。例えば、あることばの意味の限界が、その効果的活用の条件として受け入れられる場合などである。限界は定義のために必要である。この種の限界は、ゲームの規則のようなものであり、その境界の内でゲームは意味をなす。限界は、ある状況の外側の範囲の秩序を形成すると言ってもよいだろう。それに向けてわれわれは視界や抱負を広げることができる。他方、「限度」は、ある障壁を課すという観点から理解できる。人はそれを超えることをある程度は試みるかもしれないし、少なくとも超えることを望むかもしれない。またそれは視界を制限するものであるかもしれない。

＊13 ウィトゲンシュタイン『論理哲学論考』野矢茂樹訳（岩波書店、二〇〇三年、一一四頁）参照。

これに基づくなら、批判されてきた諸々の見解は、言語の限度を構成するか、もしくはそれに依拠するとみなすことができる。最もわかりやすいレベルでは、教育の根源的な課題は語彙のもつ限度を超えることである。これは、子どもが教えられている時、普通に生じていることである。本書で批判の矛先を向けている見解の提唱者たちも疑問の余地なくこのことを受け入れるだろう。しかしながら私は、言語の限度が、批判されている諸々の見解の結果となるような他の三つの場合を挙げてみたい。

第一は、公的標準が安全性と想定されるものへの避難に変質する場合に見られる言語の限度である。そこではもはや、学習者が自分自身の経験に向き合うよう強いられていると感じることはない。（これは、第五章で論じられた、ボネットの感情移入的な試練という概念に関わる。）凡庸な話しことばが衰退しうる有様は、これに関連する。こうしたことが生じると、標準的実践からのいかなる逸脱も、標準の侵犯とまでは言わずとも、「軽薄な気まぐれ」とみなされるようになる。(3)

第二は、言語の性質が誤って捉えられる場合に見られる言語の限度である。これによって、ある（指示的）タイプの言語の地位が持ち上げられ、当然のこととして他のタイプの言語の信用が損なわれることになろう。さらにそれは、探究の性質について捉え違えることにも深く関わってくるであろう。そしてそうした限度は、論理学に対する見当違いの信仰へと至り、前進することが困難なツルツルした氷の上へとわれわれを導くことになろう（第二章の題辞を参照）。こうしたものは思考に対する制約として働くのである。

第三に、言語の科学的使用という限度がある。これによって、世界からの注意は逸らされ、幻影的な思考法が培養される。

論文「主観性と標準」（'Subjectivity and Standards'）の中で、R・S・ピーターズは、「ある種の慎み深さと敬愛」と共に用いられる理性に訴えている[4]。これらの特性は、前述した限度に伴う自信の中に思考がかくまわれる時、特に摑みがたいものとなる。

以上のような限度に対比させる形で、次に言語の限界がもちうる肯定的な意味を概括していくこととしよう。

3・2　名づけること

「ヘルダーリンと詩作の本性」の中で、ハイデガーは以下のように書いている。

> 詩人は神々に名前をつけ、すべての事物に、それらが何であるのかに応じて名前をつける。この命名は、前もってすでに知られているものがたんに名前を賦与される、ということで成り立つのではなく、詩人が本質的なことばを語りながらこの名を挙げることを通して、存在者は初めて、それであるところのものへと任命されるのである。そのようにしてそれは存在者として知られる。詩作はことばによる存在の創設である。……存在は一度たりとも一つの存在者ではない。しかし物の存在と本質は決して算出されえず、現前からは導出されえないので、それらは自由に創造され、措定され、贈呈されなければならない。そのような自由な贈呈こそ、創設なのである（*Existence and Being*, pp. 304–305）[*14]。

ハイデガーは詩そのものに関心を向けるだけではなく、詩的に建てることの特性を体現するものとして詩を解釈する。詩的に建てることは言語にとって根源的なものである。ローティが表現するように、詩人は、「ことがらを一新する人」である（Rorty, 1989, p. 13）。[*15] 詩は、叙述によって支配される度合いが比較的少ないという点で、より論証的な言語の形式から区分される。それは、世界との最初の出会いに一層近いものである。（このことは誤解を受けやすい点であるので、後に再び論じる。）こういう理由で、名づけることに焦点を当てることは適切である。叙述がなされるためには、何かがすでに名づけられていなければならない。

＊14　ハイデッガー「ヘルダーリンと詩作の本性」『ヘルダーリンの詩作の解明』［ハイデッガー全集　第四巻］濱田恂子、イーリス・ブフハイム訳（創文社、一九九七年、五五頁）参照。

＊15　リチャード・ローティ『偶然性・アイロニー・連帯――リベラル・ユートピアの可能性』齋藤純一、山岡龍一、大川正彦訳（岩波書店、二〇〇〇年、三一頁）参照。

この一節についての解釈をさらに進めていく前に、潜在的な過ちを取り除いておく必要がある。名づけることについてのアウグスティヌス的な見方は、退けられねばならない。私は先に、子どもが名づけることというコンテクストの中で、名づけることについて論じたが、この例は、アウグスティヌス的な見方における名づけることの捉え方がもつ限度を超える道を示し始めている。物は決して現前するものからは予測されえず導出されえないという事実が示しているように、名づけることは、あらかじめ知られる物にレッテルを貼ることではない。物は、名づけることの過程で物として捉えられるようになる。そして、名づけることの過程で物として存在へと呼び出される。こうして私の世界は、私が使用する言語によって形成される。これによって、私がなすのと同じように他者が物を発見するための会話が必要となる。このことは、言語が世界を構成する上での役割を示している。

重要なことは、この名づけることの構造が世界の既存の論理構造によって与えられるのではないということである。したがって、ここでハイデガーの見解を前期ウィトゲンシュタインの観点に関連づけることは誤りである。しかしながら、以下のベイカーとハッカーの言明は、この点に関し、後期ウィトゲンシュタインの著作との関連性をいくぶんか示している。

われわれがまだ形式化できずにいるが、暗黙的に知っており、従っているような、発見されることを待ち受けている隠れた規則といったものは存在しえない。ゆえに、「分析」は将来の発見を待つことはできない。ある表現がいかに使用されるべきかを決定する規則と独立して、意味は存在しない。ゆえに、名前が意味を与えられるのは、形式の意味として現実にある対象に形式を関連づけることによってではなく、その表現の正確な使用の規則によってである。しかしながら、そのような規則は、語を現実に相関させる(それは、「定義できないもの」についての直示的定義という誤った捉え方である)ための規則ではない。いかなるものも、規則として使用される(あるいは約定される)ことから独立しては、規則として、すなわち、正確さの標準として意味をもちえない。諸々の名前の結合規則は、現実の論理形式を映し出すものではない。むしろ、世界の中の対象の「論理形式」は、文法が投げかける影である。「思考と現実との調和は、言語の文法の中に見いだされるべきことがらである」(*Philosophical Grammar*, 162)。[*16] というのも、文法は自律的であり、現実には応答できないような浮動的構造であるからだ (Baker and Hacker, 1985, p. 37)。

ハイデガーの説明において、名づけることは既存の対象にばらばらにレッテルを貼ることではない。それは規則に支配されている。ある仕方で用いられる用語が後に同じ仕方で用いられることになるであろうという理解に依拠してのみ、名づけることは意味をなす。この仕方には、名前の反復可能性と、使用規則の将来的な発展可能性が組み込まれている。よって用語の文法とは、諸存在者を確立する上で適用されるものである。ウィトゲンシュタインのことばを用いるなら、「本質は文法の中で表現される」(*Philosophical Investigations*, 371)[*17] のであり、「あるものがいかなる種類の対象であるかは、文法が語っている」(ibid., 373)[*18]。諸概念のパターンの必然的な相互連関性、すなわち、「語 - 反復可能性 - 文法 - 規則」を強調しておく必要がある。これは、きわめて身近で、われわれの思考全般に広がっているものなので、さらなる説明を寄せつけないように思われる。

＊16　ウィトゲンシュタイン『哲学的文法1』〔ウィトゲンシュタイン全集　第三巻〕山本信訳（大修館書店、一九七五年、二四頁）参照。
＊17　ウィトゲンシュタイン『哲学探究』、I部、三七一節、二三一頁／『「哲学的探求」読解』、I部、三七一節、二三三頁、参照。
＊18　同、I部、三七三節、二三一頁／I部、三七三節、二三三頁、参照。

以上のハイデガーについての解釈に基づくなら、世界は言語的に構成されたものとして理解されることになる。この点についてはは繰り返し述べておく必要がある。これは、世界が言語以外の何ものでもない、ということを言っているわけではない。むしろ、われわれ（人間）は言語を媒介にしてのみ世界に近づくのであり、そうすることによって手に入るものは、本質的に言語的であるということである。

原初的で前言語的な世界との対面があるに違いない、と主張される場合もある。これはベルクソンの見解であり、彼にとって、分析と直観の区分は世界の認識における根源的差異を捉えるものである。分析は言語的であることを特徴とする。知る者は、傍観者として世界の外部に位置づけられる。観察されるものについての知識は、必然的に、断片的で部分的であり、形態としては象徴的である。他方、直観には、ある対象の個別性についての直接的な把握が深く関わっている。それは言語によって媒介されない。

原初的な出会いという考え——ここでベルクソンの直観によって示唆されているようなもの——は、擬人化に侵されている。この出会いは、われわれ自身が言語的存在者であるという背景なくして思い描くことはできない。もし、このようにして言語的でない存在者に対するそうした出会いの存在を前提とするなら、われわれは人々について全く考えていないことになる。ウィトゲンシュタインとハイデガーは共に、このような言語の排斥を拒絶している。

この排斥が不可能であることを受け入れることで、名づけることという概念は一層重要となる。ハイデガーは、「名づけること」の受動態と能動態に注意を向ける。同様の戦略は、『思惟とは何の謂いか』[19]でも、「呼ぶ」という語に関してとられている。いくぶん語源的な探究を通じて、ハイデガーは、日々の使用で無視される傾向にある語の意味を露わにする。

「何が思惟と呼ばれるのか——何が思惟を呼び求めるのか……われわれがこの問いを聴く時に、「呼ぶ」という語の意義、つまりこの語は、指図する、要求する、到達せしめる、道へもたらす、伝える[20]、道を準備する、ということを意味するのであるが、この意義を無造作に思いつくわけでない。……呼ぶことは、切に勧めつつ呼びかけること、指示しつつ到達せしめることである（*Basic Writings*, pp. 363–364）[21]。

この概念の拡張は、「求める」(call upon)、「誰かの求めに応じる」(to be at someone's call)、「思い浮かべる」(call to mind) といった使用に関連している。これらの使用がいかに豊かな含意をもつものであるかは明らかである。それは、レッテルを貼るという考えからはほど遠い含意である——そして、われわれは慣習的な語法を通じて、このレッテル貼りという堕落した用語理解へと簡単に導かれてしまう。(しかしここでの'call'に関わる使用は、非慣習的であるというわけではない。したがって、日常的語法についてのわれわれの捉え方を歪曲するものは、言語についてのある特殊な見方であると言えるかもしれない。) ハイデガーは、われわれが、名前とそれが言及する対象との間に何らかの調整をしながらその用語を用いようとすることを認めている。しかし、これは名づけることに特有な特徴を露わにするものではない。

何かを名づけること、——それは、名称で呼ぶことである。より一層根源的には、何ものかを名づけることは、それをそのことばへ呼び出すことである。するとそのように呼ばれたものは、そのことばの呼び声の内に立っている。呼ばれたものは、現前するものとして姿を現わし、その現前において呼んでいることばの内へかくまわれ、命ぜられ、呼び出されている。するとそのように名称で呼ばれたもの、一つの現前へ呼び出されたものが、それ自身呼びかける。それは名づけられており、名称をもっている。名づけることによって、われわれは現前するものに、到来するように求める。どこへ到来するように求めるのか。それは熟思されるべきことであり続ける。名づけること自身がその本性に従って、本来的な呼ぶことに、つまり来るように呼びかけることに、一つの切に勧めることに、命じることにおいて成り立っているからこそ[*22]、すべての名づけることと命名されてあることは、いかなる場合にも、馴染み深い「呼ぶこと」なのである (ibid., p. 366)[*23]。

何かがそのことばへと呼び出されるという考えは、先に指摘したように、物に近づくことが言語的であり、そのようにして捉えられる物が（部分的に）言語的に構成されているという二重の意味をもつ。ここで、現前という考えは、ハイデガーによる現前の形而上学の批判と矛盾するように聞こえる。しかしその意図は、思考が名づけられるやいなや頭に浮かぶ様子を示すことにある。物は呼ばれるやいなやことばの呼び声の内に立っているという考えは、物は名づけられるやいなや思考に近づきうる、ということを示唆している。

＊19　スタンリー・カベル『センス・オブ・ウォールデン』齋藤直子訳（法政大学出版局、二〇〇五年、一五六頁）では『思考とは何か』として訳出。

＊20　この語にあたる邦訳は、「道を歩んで - 開く」（be-wegen）である。

＊21　ハイデッガー『思惟とは何の謂いか』［ハイデッガー全集　第八巻］四日谷敬子、ハルトムート・ブフナー訳（創文社、二〇〇六年、一二七―一二八頁）参照。

＊22　「一つの切に勧めることに、命じることに」に該当する英語原文は、'in a commending and a command' であるが、ドイツ語からの邦訳では「呼ぶことに、一つの切に勧めることにおいて」となっている。このずれは、ドイツ語から英語への訳の過程で生じたものと思われるため、ここでは英訳に即した邦訳をあてている。

＊23　ハイデッガー『思惟とは何の謂いか』、一三二頁、参照。

名づけることについての以上の説明は、ヒーニーによる女性的様式の特徴づけに酷似している。そこでは、言語が言明よりもむしろ喚起として機能する。ここにも観念／物を呼び起こすという意味合いがある。その場合、著者の技を表わすにふさわしい比喩は、予見である。

3・3　言語の限界

以上に基づき、言語の限界という考えに関して、前置きとして三つの点で肯定的意味が与えられるということを述べておきたい。ここでの限界は、それなくしては言語がありえないような、範囲を限定する限界のことである。これは、われわれが理解するように物が在りうる仕方に限界を定めるものである。

第一に、物が名づけられるということは、物が思考の中でともかくも取り扱われるための条件である。名前とは、マーク、すなわち記号がもつべき物理的で公的な形式である。

第二に、差異が立ち現れ、同一化の限界が定められる。何かを呼ぶということは、それがいかに思考されうるかという観点から、そのように呼ばれるものに限界を設定することである。これはアーカイブの垂直軸——意味論と音韻論（あるいは書記論など）——であり、その内で差異が立ち現れうるようなものである。

第三に、あるものの外延を、それが及びうる精一杯の範囲に広げることには限界がある。ある表現の文法がこの範囲を決定する。この範囲を測る上で参照枠となるような既存の論理構造はない。これは、われわれが使用すべく手を差し伸べてくるような何かである。われわれは、その内で変化が必須となるような、この文法の軌道に従わなければならない。その軌道が達する限界が、世界の外延を定めるのである。

以上の点は決して、それぞれの場合において言語の限界が機能しうる方法はたった一つしかないということを意味するものではない。『論理哲学論考』における言語の限界についての思想は、ウィトゲンシュタインの後期著作に見いだされるものと同じではない。言語はきわめて多様な仕方で機能するというウィトゲンシュタイン後期著作に見られる洞察は、限界が定められる方法は言語ゲームごとにそれぞれ固有のものであることを意味している。語りうるものに限界を定めるものは、世界の論理構造ではない。そのような論理構造は存在しないからである。限界は、様々な言語ゲームにそれぞれ適用される規則という観点から定められるのである。

しかしながら、第四の意味での言語の限界は、一層深遠で一層浸透力をもつものであると言ってよかろう。この限界の認識こそが、われわれの思考の習慣的な鋳型に最も深く切り込むように思われる。『論理哲学論考』において、あらゆる真相を究極的に記述するものは完全な言語ということになるであろうが、それは、この言語が世界に対してもつ関係については決して語りえないという事実によって限定される。したがってウィトゲンシュタインは、同著で述べていることが意味をなさないと断言する。そして倫理学についても、何も語りえないであろう。後期著作において、この記述についての考えは放棄されるが、物によっては語りえない場合もあるという感覚は残り続ける。多様な言語ゲームは、世界の異なる切片を記述するものではなく、特定の実践を可能にし、その実践がわれわれの住む世界を構成する。『論理哲学論考』における、言語自身を十分説明するという意味での言語についての包括的な記述の不可能性は、再帰性の限界でもある。慎み深さについては後の説明において明らかになるが、そこでは全体的な説明をしようという希求はことごとく挫かれる。再帰性の限界は、言語の外にあるいかなる見地をも排除し、したがって、いかなる全体像をも排除する。それによって、いかなる説明の終結も阻まれ、限界の起源と言語の創出的性質についての神秘が保存されることになる。

再帰性の限界は、以下のハイデガーの言明によって表現されている。「ことば――それは物ではなく、存在者でもない。ところが、様々な物に対してことばが自由に使えるならば、われわれはそういう物について、一致した理解を得ることになる」(*On the Way to Language*, p. 87)。*24 しかしながら、ハイデガーがこの限界に伴う秘密という神秘の感覚をおよそ明らかにするようになるのは、シュテファン・ゲオルゲによる「語《ことば》」という詩の解説においてである。(5)*25 その詩は、未知の驚嘆を抱えて外国から戻る旅人について語るものである。帰還すると彼は、国境で運命の女神ノルヌに迎え入れられる。*26 彼女は、彼が持ってきたものを吟味し、それに名を与える。これが済むと、そのものは「かたく、つよく」捉えられる。しかしながら、ある時、彼はあまりに奇妙なものをもって戻ってきたため、それに見合うどのようなことばもノルヌの手持ちの中に見いだすことができない。ここにおいて、そのものは旅人の手から滑り落ちてしまう。彼はそれを要求することを諦め、「語《ことば》の欠けるところ　ものあるべくもなし」ということを認めざるをえなくなる。*27 ハイデガーは述べる。「こうした秘密にとっては、ことばは欠けている、すなわち、言語の本質を言語へともたらすことのできるかもしれないあの言うことの働きは欠けている。詩人の国が決して手に入れることのない宝とは、言語の本質を言い表わすことばである」(*On the Way to Language*, p. 154)*28。

＊24　ハイデッガー「言葉の本質」『言葉への途上』〔ハイデッガー全集　第一二巻〕亀山健吉、ヘルムート・グロス訳（創文社、一九九六年、二三一頁）参照。

＊25　ハイデガー邦訳では、この詩は、「語《ことば》」と訳され、また英語の 'language' にあたる語は、「言葉」と訳されているが、ここでは他の箇所との統一を図るため、word は「ことば」、language は「言語」として訳出する。

＊26　ノルヌは北欧神話の運命の女神。

＊27　ハイデッガー「語《ことば》」『言葉への途上』、二六七―二六八頁、参照。

＊28　ハイデッガー「語《ことば》」『言葉への途上』、二九一頁、参照。

こうして再帰性の限界を示すことによって、言語と存在の関係について何かが語られている。物の存在、物が物として現れることは、われわれがそれらについて話すことと切り離すことができない。名づけることの強調によって、話すことにおいて物を生じさせるものは発話の命題的機能であるという含意は回避されることになる。このようにして、言語と存在の間の根源的連環が表現される。「存在者を示しながら

「それ在り」（*es ist*）という形で存在者を現象させるような言うこと……言うことと存在、ことばと物とは、相互に密接に関わり合ってはいるのであるが、その関わり方は覆い隠されており、十分に考えられたとも言えず、また、いくら考えても考えつくすことのできないものなのである」(ibid., p. 155)[29]（傍点筆者）。

＊29　ハイデッガー「語《ことば》」『言葉への途上』、二九三頁、参照。

それを考えつくすことができないということは、故意の盲目性や神秘化を意味するわけではない。言語の起源的性質を説明することの不可能性は、再帰性の限界の一面である。旅人が理解するに至る諦めの必要性は、この限界を示すものでもある。完全な説明への欲求は、言語の秘密という神秘とその存在に対する関係を理解する上での障害となる。支配に対する要求を諦めることによって、神秘への道が開かれる。先のゲオルゲの詩は、そのような諦めへと向かう。こうする中でその詩は、言語と存在の神秘へのあるべき姿勢を呼び起こす。このような詩は、たんに啓蒙状態という目的に至るための手段ではなく、われわれの注意が向けられるべき一種の対象であり、われわれの存在を然るべく祝福する対象である。ここではハイデガーがこうした神秘に敬愛を示して書いているとみなすことが最も適切であろう。それは、宗教的言語が神の神秘に敬愛を示して語りうるようなやり方である。もしその通りであるなら、それはハイデガーのたわむれではなく、これこそが書くべき最良のものであるという立場を示すものである。

それでは、倫理学については何も語りえないのであろうか。倫理学において言語が到達する限界は、先述した四つの限界とは異なる秩序に属する。それらの諸々の限界が提供する背景から立ち現れるような一つの限界と言ってもよい。ウィトゲンシュタインは、意志が中心を占めるような倫理学の捉え方を主張する。倫理的問題は、問題が生じる個別の状況を探究することによって取り組むことができ、この取り組みは言語ゲームの内でなされるであろう。しかし、キルケゴールの場合のように、それ以上何も語りえないという時が到来する。ここでさらなる言語の限界に達することになる。この時点は、決定の瞬間としてある種の純粋性を備えているように思われるかもしれないが、それが決定の状況を構成する言語ゲームの外部では到達しえないものであり、実際のところ存在しないであろうと悟ることが重要である。したがってこの限界は、先に明らかにした諸限界とは異なる秩序に属する。この種の限界――そのような決定の状況――が立ち現れうるのは、先の諸々の限界が提供する背景的条件に照らしてである。倫理学における言語の限界と他の諸々の限界との関係は、こうした限界が人間生活の必然的な状況であるという意味で、偶発的なものとみなされるべきではない。指示としての言語という考えを拒絶することは、倫理的なものを有意義な語り方から排除するような境界がもはや存在しないことを意味している。しかしなお、語りうるものには限界がある。

前期ウィトゲンシュタインについての解釈は多岐にわたるように思われる。こうした見解の相違は、『論理哲学論考』の終わりの数頁の解釈の仕方におおいに関連している。ここでの主たる主張は、以下のようなものである。

六・四二　それゆえ倫理学の命題も存在しえない。
命題はより高い次元を全く表現できない。[*30]

七　語りえぬものについては、沈黙しなければならない。[*31]

ある解釈に基づくなら、このウィトゲンシュタインの論評は、倫理的なものを従属的で、実のところきわめて疑問の多い立場に引き下げる力をもつ。別の解釈に基づくなら、倫理的なものはまさにわれわれの生活の現実的な一側面ではあるが、世界に関する諸事実には含まれないものである、ということになる。

＊30　ウィトゲンシュタイン『論理哲学論考』、一四四頁、参照。
＊31　同、一四九頁、参照。

ある解釈によれば、倫理学の命題の存在不可能性（*Tractatus*, 6. 42）は、倫理的なものの地位の追放へと至る。われわれが語りえぬもの、沈黙に道を譲らねばならないようなものがあるということ（*Tractatus*, 7）は、語りえぬものを考慮することは不毛であるゆえに、これを放棄せよという命令であると解釈される。哲学の仕事は分析であり、一層徹底的で一層決定的な説明に向けて前進することであると言うのである。

しかしながら別の解釈によれば、『論理哲学論考』の引用した諸節には、特別な重要性がある。すなわち、言い表わしえないものについての問題が中心的な重要性をもつと解釈される。『論理哲学論考』は、この重要性が一層はっきりと見えるように、言語をめぐる混乱を一掃していると言うのである。『論理哲学論考』が原理的には約束していた世界の把捉は、言い表わしえないものへの気づきによって揺るがされていく。当然のこととして、支配の要求は軽減される。後期著作に見られる風刺の中で、こうした要求の正体は徹底的に暴露されている。しかしそれに代わって、われわれの存在への気づきの条件としての世界への受容性が開かれる。以下の節では、ハイデガーとウィトゲンシュタインの著書におけることの気づきの性質を明らかにしていくことになる。

第4節　存在と無意味さ

4・1　無、および、物に非ざること（no-thing）

「形而上学とは何であるか」の中で、ハイデガーは、形而上学の中の、馴染み深くも曖昧な教訓を引用している。すなわち、「無からは何ものも生じない」（*Basic Writings*, p. 109）[*32]、というものである。『リア王』の第一幕第一場で、リアは、ほぼ同じことばを発している。彼は三人の娘に、自分への愛を公に表明するよう求める。このことは、彼が王国の三分の一を授けるのにふさわしい人物であることを各人が示すために必要とされる。コーディーリアの姉たちは、自分たちの愛を雄弁な（しかし偽善的な）語り口で表明する。コーディーリアは、自分の愛が口にできるより「もっと重い」として、協力することを拒む。

リア：どうして引き出すつもりだな、二人の姉より実りの多い最後の三分の一を？　言ってみるがよい。
コーディーリア：申し上げる事は何も。
リア：何も無い？
コーディーリア：はい、何も。
リア：無から生じる物は無だけだぞ、もう一度言ってみろ。[*33]

これに続く悲劇は、この発言に対するリアの応答から生じる。無の感覚についての語りは、劇のいたるところで、とりわけ道化がリアに発するあざけりや皮肉の中で繰り返し出てくる。リアは、自らの改心を可能にするためにコーディーリアの返答の意味を学ばなければならないとも言えよう。

＊32　ハイデッガー「形而上学とは何であるか」『道標』［ハイデッガー全集　第九巻］辻村公一、ハルトムート・ブフナー訳（創文社、一九八五年、一四六頁）参照。
＊33　シェイクスピア『リア王』福田恆存訳（新潮社、一九六七年、一三頁）／野島秀勝訳（岩波書店、二〇〇〇年、二〇頁）参照。

ここでコーディーリアの発言は、四つの段階を経て徐々にその重要性を増していく。第一に、彼女の愛は数え上げられるべきものではない。その価値を、見返りに与えられるような財産に照らし合わすことはできない。よって、数量化可能でもなければ物質的なものでもない。第二に、彼女の愛は諸々の特性に還元できない。それは、理路整然とした指標的定義に抵抗する。彼女の献身についてのいかなる表現も、その真なる性質に到達することはできない。そこには、総括的記述の言明に収まりきらない個別性がある。実際、ゴネリルとリーガンの語りは、命題的言語の隠蔽的特性を劇的に示すものである。第三に、そこにはいかなる記述も最初から不適切であるような、不可解なものがある。それは、語りえないが、示すことはできるようなものである。第四に、無の思想には、彼女の死によって十全たる重みが与えられる。リアは、彼女の死に直面する時、すでにひどく苦しんでいる。しかし、死は受難とは別の秩序のもとにある。彼は今や、彼女が無であることに対面する。

リア：もう駄目だ、駄目だ、助かるものか！　なぜ犬が、馬が、鼠《ねずみ》が生きているのに、お前だけ息をしないのか？　お前はもう帰って来ない、もう、もう、もう、決して！

（第五幕、第三場）[*34]

それぞれの段階で、「無」は、物に非ざること（no-thing）として理解されることによって豊かになる。リアは、虚栄心を引き剝がされるにつれ、徐々にこの洞察を得ていく。

＊34　同、一七八頁／同、二八八頁、参照。

コーディーリアが死ぬと、リアは彼女を讃える。

これの声はいつも優しく柔かく物静かで、いかにも女らしい美しい声であった
（第五幕、第三場）[*35]。

皮肉にもリアは、コーディーリアの姉たちの話しぶりの豊満さに比して、彼女の当初の返答がより真っ当なものであることに気づく。（字義通りにとれば、彼はここでコーディーリアが沈黙していることよりもむしろ、その静かな声を讃えているのであるが、私はこれ以上の意味が込められていると解釈する。）姉たちの話しぶりは、断定的で計算的である。その言語は男性的である。劇の初めにおいて、リアはこの話しぶりしか理解できない。コーディーリアは決して冗長ではないが、そのことばにはたえず抑制感がある。しかし、彼女が父の怒りと拒絶に対する受容性において示す強さは、彼女が一貫して維持し、リアを道徳的改心へと向かわせる善さの一部である。劇の終わりで、リアは別の語り方に耳を傾けることを学ぶ。もしこれが正しければ、優しい話しぶりが「いかにも女らしい美しい声」であるという考えは、これこそ女性のあるべき姿であるというような、表層的で横柄な考察ではない。それは、女性がその内で卓越性を示

しうるような徳の認識である。これこそが劇中の女性的言語の重要性を支えるものである、と私は考える。

*35　同、一七六頁／同、二八五頁、参照。

ここで『リア王』に立ち戻るのは、無の思想をめぐる様々な解釈を通じて、語りえぬものの本性と重要性を説明するためである。ここでは、コーディーリアの愛は物に非ざることであるという考えが中心的なものとなる。第一の解釈は、すべての財を数量化可能で通約可能なものとみなす理解の仕方の不適切さを示している。第二の解釈は、ある人物を、諸々の特性の複合体として理解することの不適切さを示している。第三の解釈は、予測の言語の不適切さを示している。こうした解釈はどれも、存在ではなく存在者に気づくような世界観に由来する。そして、存在への驚嘆は、無であることとの関係において理解されるべきである。第四の解釈は、死の独自の重要性と、人間生活を理解する上でそれが果たす本質的な役割を示す。これは、日々の理解がないがしろにするような有限性の境界への気づきである。

ハイデガーとウィトゲンシュタインにおける無の思想は、どのように理解できるのであろうか。

4・2　無と無意味さ

『論理哲学論考』においてウィトゲンシュタインは語りうるものについて限界を設定するが、その際、彼が著書の中の諸命題のいくつかの意味を故意に揺るがしていく有様に、再帰性の限界が示される。特に、論理学と世界の関係についてのいかなる説明も、これを命題的形式で言おうとするなら、失敗せざるをえない。その関係を説明するためには、人は言語の外に出る必要があり、これによって言語の使用を手放すという代償を払うことになるであろう。

「形而上学とは何であるか」の中でハイデガーは、科学が「人間の実存全体の内で、ある独自なしかし限界づけられた指導的地位」[*36]を行使することを認めているが、この見通しのもつ限度に注意を促している。

世界への関係がそこへと向かっていくものは、存在者それ自身であり――その他の何ものでもない。すべての態度がその指導をそれについて引き受けるものは、存在者それ自身であり――それ以上の何ものでもない。

それとの科学的な対決が炸裂のうちで生起するものは、存在者それ自身であり――それを超えた何ものでもない（*Basic Writings*, p. 97）[*37]。

科学の記述的性質についてのこの公式化は、こうして退けられるものについての問いを導入するために用いられる。ハイデガーは、無の思想の曖昧な性質に取り組むことを望む。ウィトゲンシュタインは、なぜ無ではなく何かが在るのかについて熟考する。双方において、無の思想は、科学の記述的言語からの排斥によってもたらされる。この排斥の力は、二人の思想家に共通のものである。『論理哲学論考』の六・三七一において、ウィトゲンシュタインは、いわゆる自然法則が自然現象を説明するという近代世界の幻想について論評している[*38]。六・三七二では、この確信を古代の神や運命に対する信仰に対比させている[*39]。彼は、これらの思想が、少なくとも探究の限界を承諾するという長所をもつのに対して、近代的見解は、すべてのものが説明されるのだという想定に立つことを示唆している。（ウィトゲンシュタインとハイデガーの双方において、「無」が何か秘密めいた実体の名前であることを示唆するものは全くない、ということを強調しておきたい。ただし、ハイデガーについては、彼がその用語のもつ曖昧さを弄ぶことによって、こうした類いの解釈がなされてきた(6)。）

＊36　ハイデッガー「形而上学とは何であるか」『道標』、一二三―一二四頁、参照。
＊37　同、一二四―一二五頁、参照。
＊38　ウィトゲンシュタイン『論理哲学論考』、一四二頁、参照。
＊39　同、一四二―一四三頁、参照。

キルケゴールは、双方の思想家に、とりわけハイデガーによる不安（*Angst*）についての思想の展開に関連して、重要な影響を及ぼしている。ここでウィトゲンシュタインの論評は、啓発的である。

私はハイデガーが存在と不安によって意味していることを、十分考えることができる。人間は、言語の限界に対して突進する衝動を有している。例えば、あるものが存在するという驚きについて考えてみよ。この驚きは、問いの形では表現されえない。そして、答えは全く存在しないのである。われわれがたとえ何を言ったとしても、それはすべてア・プリオリにただ無意味でありうるだけなのである。それにもかかわらず、われわれは言語の限界に対して突進するのである。キルケゴールもまたこの突進を見ていた。そして彼はそれを全く同様に（パラドクスに対する突進として）言い表わしている。言語の限界に対するこの突進が倫理学なのである。私が思うに、倫理学に対する無駄口――論理的認識は存在するか、価値は存在するか、善は定義されるであろうか、等々――のすべてを終わらせるのは、本当に重要なことである。倫理学においては、人は常に、ことがらの本質に関係しないもの、そして決して関係できないものを語ろうと試みる。人が善の定義として何を与えようと、その表現が人が実際に思っているものに本当に対応していると考えることは、常に誤解である。このことはア・プリオリに確かである（ムーア）。しかし、この突進という傾向はあるものを暗示している。それは聖アウグスティヌスが、「なんだと、この不潔な奴め、お前は無意味なことは語ろうとしないというのか。お前のような奴は無意味なことだけを語れ。そうすれば害はないのだから！」と言った時に、すでに知っていたものであった（in Murray, 1978, pp. 80–81）[(7)][*40]。

私は、問いの不可能性と無駄口の空虚さに、次の小節で再び戻るつもりである。まずは、この言語の限界に対して突進する傾向性の背後にあるものに注意を向けてみたい。

＊40　ウィトゲンシュタイン「ハイデッガーについて」『ウィトゲンシュタインとウィーン学団 他』［ウィトゲンシュタイン全集 第五巻］黒崎宏、杖下隆英訳（大修館書店、一九七六年、九七―九八頁）参照。

第四章第4節で、死への先駆は、個々のできごとに対する限定された恐れとは異なる秩序にあるような不安の空間を創る、ということが述べられた。不安は、未来に向かう存在の構成的様式である。この存在の様式は、他の仕方でも現れうる。不安にあっては、有意味性が枯渇し、ある人の世界の価値づけられた対象が空虚なものとみなされる。これは、有限性の地平について折に触れて気づくことに関係する。ある人自身の有限性はおそらく、このようにして世界に投げかけられる影と言えよう。この気づきの重要な部分は、われわれを捉えうる物事が全く偶発的なものであるという感覚である。この点でその気づきは、特に『論理哲学論考』(6. 44) に近いように思われる。ハイデガーが、この種の気づきに潜在的に近づきうるような、ある特定の気分に認める重要性は、ウィトゲンシュタインが「倫理学講話」の中でなしている論評に酷似している。彼は、ある夏の晴れた日に散歩をする時の気分について、個人的な例を挙げている。ここで生じうる至福の念の正体を明らかにしつつ、彼は、世界が実在していることに対する驚嘆の念を口にする。そしてこれを、人が絶対的な安心感を抱く類例に関連づけ、さらに——不安についてのここでの議論により関連性をもつ形で——罪悪感に（漠然とした形で）関連づける。こうした経験に共通するものは、おそらく、存在と無の関係に対する応答であろう。

無は、世界における実体の名前ではないが、存在でもない。ある意味で、無は存在の裏面である。このように見るなら、それが存在に対してもつ本質的な関係が明らかになる。存在するということは、無であることではない。この点からも、その意義の豊かさが見え始める。「予備的概略」では、驚嘆のような極端な経験に関しては、注意の対象が特に強烈な形で立ち現れる、ということが述べられた。人は、いかなる自己満足感をも取り払われ、物事を当然のものとして受けとめることができない。そして、対象の現前と重要性に気づき、その純然たる実在に気づく。物へのこの高揚した気づきを、私は存在への気づきに関連づけたが、それは、物が存在しない可能性、すなわち無が存在する可能性に抗う感覚を伴う。「形而上学とは何であるか」の終わりの方で、ハイデガーはこのことについて以下のように述べている。

> ただ無が現存在の根底において開示されているがゆえにのみ、存在者の全き不思議さがわれわれを襲いうるのである。ただ、存在者の不思議さがわれわれを圧迫する場合にのみ、それは、驚嘆を呼び覚まし、喚起するのである。ただ、驚嘆——すなわち、無を明るみに出すこと——に基づいてのみ、「なぜ」ということが姿を現わす。ただ、「なぜ」がなぜとして可能であるがゆえにのみ、われわれは一定の仕方で、諸々の根拠を問いうるのであり、根拠づけをなしうるのである。ただ、われわれが問うことと根拠づけることとをなしうるがゆえにのみ、われわれの実存の運命は研究者の手に委ねられたのである（*Basic Writings*, p. 111）[*41]。

この引用の終わり方に込められる力によって、科学は新郊外に位置づけられる。それは、古きものの優先順位を示すためである。こうして科学は、物事の不思議さに対する最初の感覚が探究の動機であるということを承諾する中で機能する。驚嘆は、人間存在としてのわれわれの本性にとって、さして重要性をもたないような美的興奮として解釈すべきものではない。ヘップバーンが語る沈黙した尋問的態度は、世界理解の適切な背景をなすのである (Hepburn, 1980)。

＊41　ハイデッガー「形而上学とは何であるか」『道標』、一四八頁、参照。

このことの重要性は、ハイデガーとウィトゲンシュタインの双方によって表わされている。「形而上学とは何であるか」の一九四三年版補遺の中で、ハイデガーは書いている。「すべての存在者の中でただ人間だけが、存在の声によって呼び出されて、一切の驚異中の驚異を、すなわち、存在するものが存在するということを、経験する……本質的な不安に対する透明な勇気は、存在を経験することを可能にする最も秘密に満ちた可能性を、保証する」(Murray, 1978, p. 83)。[＊42]

＊42　ハイデッガー「『形而上学とは何であるか』への後記」『道標』、三八八頁、参照。

自らが無意味な言語とみなすものに対する同様の感情を言い表わそうとする際に、ウィトゲンシュタインが自身の表現に満足していないことは言うまでもない。しかし、言語の檻の壁に突進するというこの傾向性は、彼がおおいに敬意を払うものである。

4・3　存在への応答

指示的言語を認めるなら、存在に直面する中で様々な応答がなされるであろう。

ウィトゲンシュタインとハイデガーは共に、「無駄口」の空しさについて語っている。ウィトゲンシュタインにとって、これは例えば倫理学的理論の系統化に見られる。ハイデガーにとって、その表現にはより技巧的な意味がある。「無駄口」は、雑談や伝言といったものに特徴的なコミュニケーションの一形態であると言われる。その中で、物はその土壌から引き離され、理解の可能性は覆い隠される。それには、意味を開示するよりもむしろ閉ざす傾向があり、語る対象を均質化する傾向がある。双方の思想家にとって、「無駄口」は、その内で存在の感覚がないがしろにされる様態である。『論理哲学論考』は無意味と分類されるものすべてを拒絶するという解釈をなす者は、存在への気づきに関して同じように盲目である。彼らの視界は檻の限界に制約されており、それを超えたいという意向を彼らは全くもっていない。

前期ウィトゲンシュタインにとって適切な応答は沈黙である。(倫理的なものに敬意を払うコーディーリアの応答は、この態度を示唆するものである。彼女の沈黙はおそらく、彼女の愛のいかなる表明も不適切であるということのみならず、生じていることについての恐ろしいまでの虚無化についての認識をも劇的に表わすものであろう。)仮にも無の感覚が理解されると言うのであれば、ウィトゲンシュタインにとってそれは語りえぬものの一部として示されねばならない。一般にこれは、あらゆる倫理的、宗教的表現全般に見られる言語の典型的な誤用の中で生じる(‘Lecture on Ethics’, p. 9)。「というのも、そうした表現を用いて私がしたいことはただ、世界を超えていくこと、つまり、有意義な言語を超えていくことであるからだ」(ibid., p. 11)[*43]。

＊43　ウィトゲンシュタイン「倫理学講話」『ウィトゲンシュタインとウィーン学団　他』、三九四頁、参照。

しかしウィトゲンシュタインは、有意義な言語と世界が等価であるという見解を放棄する。有意義でない発語の禁止は、後期著作では維持されない。しかし、だからと言って、これらのことがらについて長々と論じられるわけではない。語りうるものには限界があり、倫理学に関してこの限界は格別に頑強であるという感覚が残っている。限界は、異なる言語ゲームの内部で識別することができる。特に倫理的なことがらにおいては、話すことがもはや適切でない時点が到来する。

ウィトゲンシュタインの禁欲的な文体は、ハイデガーにおける同様の思想の探究とは似ても似つかない。存在についてのハイデガーの膨大な著作は、言語の探究を通じてこの問題に対する取り組み方を示す一つの応答である。これは、彼自身の文体という点と、言語についての彼の考え方という点の双方にあてはまることである。こうして、科学の言語からより詩的な発話様式への転換が企てられている。私はこのことを、男性的な発話様式から女性的な発話様式への転換に関連づけてきた。

ハイデガーとウィトゲンシュタインの関係についての多くの論評は、〔ウィトゲンシュタインの〕後期著作よりもむしろ『論理哲学論考』に集中している。この強調の仕方について、本書では一貫して反対してきた。『論理哲学論考』の見解に基づくなら、ハイデガーによる存在の探究は無意味とみなされなければならない。これは、カルナップによるハイデガーの試みの拒絶を容認するということではなく、ウィトゲンシュタインが『論理哲学論考』でなしたような仕方で、ハイデガー的な存在の語り方の問題を認めることである。そのように認めるなら、冗長な執筆よりもむしろ禁欲的な抑制の方が、実際のところ適切であるように思われる。他方、『哲学探究』の見解に基づくなら抑制された表現に対する禁止は解かれる。ウィトゲンシュタインは、論理学の優位を拒絶する言語観へと移行する。同様の拒絶は、ハイデガーの探究の核心にもたえず見られるものであった(8)。

これまでのところ存在への応答は、概して哲学的立場のとり方という観点から考察されてきた。このことと、存在を志向する姿勢との間に厳格な区分はない。言語の分析によって、存在の承諾へと道は開かれる。以上のことを表わすのにふさわしいものは、受容性の性質であり、最終節ではこれを中心に論ずる。

第5節　受容性

5・1　沈黙を守ること、聴くこと

コーディーリアが示す沈黙は、話すことができる者の沈黙である。彼女は沈黙を守る。ハイデガーによれば、ここで沈黙は発話の一面として解釈されるべきである。これは、無口な人物や、気質的に寡黙な者の沈黙ではない。彼女は沈黙を通じて何かが差し控えられているということを明らかにする。空談の中に沈黙は姿を現わさない。

沈黙を守ることは、聴くことにも関わっている。自分一人で引きこもるのではなく、自分自身を超えるものを受容するのである。それは、空談に押し流されている時には失われている状態である。こうして聴いていない状態にあって、人は世人に支配される。そして聴く能力をないがしろにする世人によって、人は自己を与えられる(9)。

聴かれるものには、良心の呼び声が含まれる。これは——とりわけ、倫理的なものに関して——本来的な応答であり、すべてが有意味な言語によって均質化されている場合には失われているようなものである。ハイデガーは以下のように書いている。

「厳密に事実に依拠する」常識をわきまえた良心の解釈は、良心が沈黙しつつ語るということを利用して、良心は総じて確認できないし事物的にも存在していないのであると、言い触らす。「世人」は、ただ騒々しい空談しか聴かずまた了解しないからこそ、呼び声を「告知する」ことができないのであ

るが、このことが良心のせいにされて、良心は「物言わぬ」から、明らかに事物的に存在してはいないのであるという言い抜けがなされることになる。このように解釈することによって「世人」は、己に固有の呼び声の聴き落としと、己の「聴くこと」が及びうる範囲の狭さとを、隠蔽するだけなのである（*Being and Time*, p. 343）[*44]。

本来性には、世人の喧噪に対峙して沈黙を守り、良心の呼び声を聴く決意が求められる。こうして沈黙を守る中で、ある人の思考を支配するものは「私」ではない。むしろ、人は自分の不安を承諾する心づもりをし、存在に対して受容的である。

＊44　ハイデガー『存在と時間Ⅱ』原佑、渡邊二郎訳（中央公論新社、二〇〇三年、四〇一頁）参照。

人は聴く際、最初に音のデータを聞き取り、これを語に転換するのではない。すでにそうした語を理解しているのである。このことが含意する世界内存在の必然性について、ハイデガーは「聴従すること」として記述している（ibid., p. 206）。これは、われわれが、それに照らして存在をもつような世界の諸条件に究極的に依拠しているということを含意する。同時にそこには、空談が聴く能力をないがしろにするところでは忘却されているような、帰属の感覚がある。こうした意味で聴従することは、われわれの生活の日常的な境遇の一部である。

　こうした状態は、われわれがより奇異な経験の虜になりうる有様に関連づけることができる。ここで再び、見ることに対峙するものとしての聴くこと、という思想に注意が促される。われわれが聴く範囲を制御しない様子と、視野を制御する様子は対照的である。さらに言うなら、われわれが騒音を立てることによって聴こえないようにしても、聴く範囲が狭められるだけである。視界は物の絵画的な捉え方と傍観者の立場を生み出す。像としての世界がわれわれを拘束し、思考を制約する。聴くことにおいては、時間的要素が必要であり、何がわれわれの注意を引きつけることになるかは前もってわからない。これは、どこかわれわれの制御を超えるものなのである。さらに、ことばを聴く際、われわれは呼びかけられる可能性をもつ。聴くことには受容性と応答する心構えが求められるが、これに対して、像を見ることはわれわれの態度に影響を及ぼさないままでありうる。

もちろん、物の新たな像によって、われわれが決定的に動機づけられるということもありうる。ここで問題となるのは、二つの感覚をめぐる比喩的描写が、異なる理解のモデルを提供するということである。ここで聴くことは、われわれが自分たち自身の外へと引き寄せられる根源的な有様を示している。とりわけそれは、われわれの注意が引きつけられる有様を示す。そこで今度は、受容性の思想という観点から、注意についてさらに考察を進めることにしたい。

5・2　愛着と注意

人間は本来、愛着をもつものである。このことは、第二章で考察した言語の発達にとっての社会の必要性に関する説明からも明らかである。愛着は、その大半が初めに選択されるものではなく、世界への被投性の一部である。われわれは通常、親への愛着、わが家への愛着の中で育つが、それは選択の結果ではない。共同体の絆はいつでも、われわれが今ある状態の背景にある。

われわれの思考は、暗黙のレベルで受け入れられているある特定の原理や手順に対する愛着を特色とする。このことは、人が判断のよりどころとなる原理を選択することはできないという意味で、思考の起源という観点のみならず、論理的レベルにおいてもあてはまることである。第五章で引用したアレンの議論は、人間の意識が暗黙で不明瞭な次元をもつ様子を示す。愛着は、暗黙のものであるかもしれず、注意の焦点を絞るものであるかもしれない。われわれが物事を判断するよりどころとしての原理は、そこに向けて（*to*）注意が払われるようなものではなく、そこから（*from*）注意が向けられるような起点である。この前置詞の転換は、原理が注意の対象であるだけではなく、ある意味でその源であるということを示すためのものである。

チャールズ・テイラーは、愛着の重要性を認識し損なうことが、近代のアイデンティティの一つの特徴であると述べている。超然とした理性が個人的実現の倫理への信仰と結託し、提携関係は取り消し可能なものとみなされる。したがって、提携関係はその初めから選択できるものとなり、もはや主体の個人的課題の役に立たないとなればたちまち放免される。しかしながら、こうした生き方によって守られるかのように思われる自律性すらも、「治癒的なものの勝利」によって危険に曝される。伝統的な標準への愛着の衰退は、自己実現の手段としての専門家の技術への信念と手を携える（Taylor, 1989, p. 508）。愛着の喪失は、われわれが環境に対する共感を失うようになることを意味している。われわれは「時間と専心の深まりとも言えるものとの」提携関係を剝奪される（ibid., p. 513）。注意を引き止めるものはほとんどなくなる。さらに付け加えるなら、これに代わり、科学主義による堕落によって、エコー室の制約された空間の中のように人為的な共振がもたらされる。

「「神」と「善」について」（'On "God" and "Good"'）（Murdoch, 1970）[*45] の中で、アイリス・マードックは、注意の対象がエネルギーの源となりうるということを指摘している。これは、対象が神である場合に顕著に見られるものであるが、マードックが挙げる恋愛の例においても見受けられる。そのような愛は、望ましいかもしれないしそうではないかもしれないような仕方で注意の焦点を絞るであろう。この愛着のスイッチを切り替えることは、簡単に選択できるようなものではなかろう。ここでは、何かの虜になっているという概念が意味をもつ。注意についてのこの分析は、自由な行為者としての主体という考え、すなわち第四章で批判されたような意味での自由に並行させる形では、容易に維持できないものである。そうした物の見方を断念することこそが、注意に関する洞察を得ることの当然の帰結なのである。

＊45　I・マードック『善の至高性——プラトニズムの視点から』菅豊彦、小林信行訳（九州大学出版会、一九九二年、七三—一一八頁）参照。

もし夢中になっている恋愛からたんに注意のスイッチを切り替えることが可能でない場合は、愛着が別の場所に置き換えられ、そこでは注意が別の対象に逸らされることもあるかもしれない。このことが功を奏するかどうかは、人が注意を向けるに値する対象の状態にどこまで自分自身を入れ込むことができるか、そして、どこまでそれらに向けてまなざしを注げるか、ということにある程度依拠することになろう。注意の価値は、その対象の真価に関連している。マードックは、人間が慰めを与えてくれる夢想によって常に気を散らされていると述べる。注意という考えは、本物（the real）という考えと深く絡み合っている。よって、偽物（the unreal）は、注意の特性を減ずる侵入物として提示される。とりわけ注意は、自己を凌駕することに深く関わる。

われわれは、何か自分以外のものの実在、例えば自然的事物や助けを必要とする人間に注意を向けるために、自己の存在をやめるのである。平凡な芸術の中には幻想の侵入や自己主張が含まれており、また本物の世界の反映を曇らせる要因を見ることができる。それは平凡な行為における場合よりもおそらくずっとはっきりしている（ibid., p. 59）。[＊46]

優れた芸術は、「目を見誤らせるベール」を貫通し、本物について熟視するようわれわれを導く能力ゆえに、特別な教育的重要性をあてがわれている。優れた芸術は、普通なら語りえぬ何かを示すことができるが、これを見るためにわれわれはその芸術がもつ権威、すなわち、その他者性と価値に身を委ねなければならない。まさにこの委ねこそが、自己の宙吊り状態を伴うものなのである。宙吊り状態は不必要な重荷を除去するだけではなく、真に見ることに本質的に関わっている。真なるものは、ひとたび捉えられるなら、どこか不可侵なところをもつ。この意味で、それは近づきえないものであり、このことはおそらく、どのような記述の試みも不十分であろうという事実に関わると言えよう。真なるものは、真の命題であるだけではない。ある面で、われわれを捉えるものは、不可侵性と近づきえなさがもつ神秘である。

＊46　同、九二頁、参照。

この最後の点は、マードックが、世界の際限なき個別性に見いだす重要性と密接に関わっている。われわれの注意は、個別のものに焦点化される。この焦点化には汲みつくすことのできない要素がある。すなわち、いかなる記述も、それが一般化する性質をもち、またそこで適用される一連の述部が限定する性質をもつゆえに不十分である。しかしながら、優れた芸術が引き出しうるものは、「無作為な細部と限定的な統合の双方を二重に明るみに出すこと」である（ibid., p. 96）[＊47]。芸術作品がもつ限定的な統合という感覚には、おそらく、過度に細部にとらわれる中で注意が拡散されていくことを阻止する力があると言えよう。逆に、細部への注意は、対象の中に住むことを持続させる。

＊47　同、一四九頁、参照。

第二章第4節では、注意を重んじることと、言語にはわれわれの制御を超えるものがあるという洞察とが関連づけられた。すなわち、思考と人間性を構成する自律性である。シモーヌ・ヴェイユによる注意の説明は、われわれを思考の停止状態へと導いた。われわれの意識が対象によって入り込まれることは、注意の対象がもつ活性力についてのマードックの思想に合致する。思考の停止状態は、すでに形成された思想を個別の経験に照らして修正しようとする意欲と関わっている。しかしこれは、ヘアが化学や道徳の学習の一部として思い描くような微調整ではない。むしろ、個別的なものの経験は、本質的に真理の経験である。R・K・エリオットの用語を用いるなら、それは、直接知である。ハイデガーの用語では、アレーテイア（*aletheia*）である。

5・3 受け入れ

マードックは、人間生活における偶然の重要性を強調し、それが適切な死の表徴であると述べる。存在することの不確実性に対する応答とはいかなるものであろうか。制御への欲求と合理的‐断定的言語の主張は、偶然を隠す傾向をもつ。こうした思考方法によって自らの人生の境遇を受け入れることは、諦観することとして、嘆くべきものとなる。これに対して、受容的‐応答的思考様式の中で示唆される受け入れの感覚は、このように否定的に特色づけられ考慮されることはない。受け入れは、強さの表明であり、同時に強さの源であろう。慰めの妄想を避けうる一つの方法は、物事をあるがままに受け入れることである。ただし、これがどういうものかを突き止めることは難しく、応答の性質とその価値はきわめて多岐にわたるものである。

ここで偶然が死の表徴として機能すると理解される有様は、ハイデガーの説明に込められた影響力の方向を逆転させるように思われる。そこでは、死に向かう存在の中で生じる不安の状態が、われわれ自身の存在への潜在的可能性の承認の源として肯定的に作用する。未来の不確実性は、永遠にわれわれから隠されており、身に降りかかるかもしれないできごとの不確実性としてではなく、将来的なものとしてのわれわれにとって必要な不確実性の特性として向き合われる。一時的に行動に忙殺されている状態に対し、本来性は、まさに受け入れに対して卓越した地位を与える。この道筋は、第五章において、決意性を通して辿られ、また存在への解放的で冷静な開放性に向けて辿られた。開放性の中に現れる「現存在」の本質的な非閉鎖性は、説明への要求を諦める中で表現され承認される言語の本質的な非閉鎖性と結びついている。こうしたことについての理解は、いかにしてさらに深められるのであろうか。

開放性とは、浮世離れした離脱でも、禁欲的な無関心でもない。それは、平静さではあるが、深く感動することを伴わない心の平衡状態として理解されるべきではない(10)。むしろ、生活の仕方に表明される沈黙の肯定のようなものであろう。さらに、開放性は事態の別の可能性について憤りつつ悶々と考えることではなく、むしろ今の生活をそのまま必要とすることかもしれない。疑問を投げかける姿勢は、質問を提起することではなく——それほど不自然でない表現を用いるなら——永続的な問いの内に生きることによって現れる(11)。

次のような生活の例を思い描いてみてもよかろう。第三世界の被抑圧者の一員として働く女性は、害悪と受難に立ち向かいこれに対処しようとする確固たる意欲をもって、沈黙の肯定を表明するかもしれない。これは、俯瞰的な態度を通じてではなく、ひたすら仕事に夢中になる中でなされるだろう。この類いの沈黙は、人々の生活への没頭や、ある種の生の喜びを妨げるものではなかろう。そのようなふるまいは、目を背けることの拒絶を表明し、ある意味では、物事を真に見る心構えを表明するものであろう。その女性は苦しみを軽減しようと努力するであろうが、物事がただ解決すべき問題としてのみ捉えられることは決してなかろう。彼女は、落ち着きなく説明を求めることからは解放されているであろう。期待の感覚はあるだろうが、期待によって抑圧的に支配された状態にあるわけではない。

このような例は、宗教的なものと捉えられるかもしれないが、もしその通りであるとすれば、それを浮世離れした関心事や宇宙論的な説明によって特色づけないことが重要である。そうであるなら、最初に示される信奉は、問題の決定的な解決（党への加盟など）としてみなされるのではなく、問いを、すなわち避けがたく周りを取り巻く神秘を、後に続く生活で維持されるよう根本的に受け入れることとしてみなされるべきである。ゆえに信奉とは説明に対する要求を諦めることであり、それによって女性は神秘を承諾して生活することへと解放される。これは、宗教的信念とはある特定の仕方で生活することに関わるものであるという見方である。

この例における最初の選択と信奉は除外することが可能である。より質素な生活によって同種の受け入れに近づくことができるかもしれない。またこのことは、より質素な共同体と、より質素な人々の双方にあてはまるかもしれない。村の生活を称揚することによって、このような見方を補完する必要はない。物なしで済ますこうした類いの生活がどのようなものでありうるかを再び確認することによって、ここで言おうとすることは明らかになる。これはとりわけ、そうした生活が、われわれの教育と文化に見られる認識論的で形而上学的な傾向性が奨励する心理学化と隔絶性から比較的自由であるためである。物事の受け入れは、より近代的な感性を挑発するような社会的不正にまで至る場合もあるかもしれないが、受け入れを通じて一層価値ある理解の仕組みとも言えるものが解放されるかもしれない。

しかし、まさに本当の意味では、これらいずれの見方も役立たないであろう。私は先に、そのような例が感傷化に向かう傾向性をほのめかした。（この意味でハイデガーの後期著作は明らかに無防備である。）これらの例はある目的を果たすために取り入れられたのであるが、その目的を損なう形で模範的なイメージとなっていく可能性がある。ウィトゲンシュタインの類比を用いるなら、こうした例は、われわれが超然とした理性の上部構造から降り、愛着への開放性の必要性を新たに認識するのに使うはしごのような役割を果たしうるのであり、はしごはその後で取り外せばよいのかもしれない。しかし、こうした見方がもつ力は、必要とされている姿勢とは根源的にそぐわない仕方でわれわれの立場を神話化するかもしれない。そのような傾向性を寄せつけないためには、ある種の控えめさが必要とされる。

さらに、受け入れのある特定の形式は排除される必要がある。人は「自己欺瞞」のもとで、すなわち自らの行動の範囲についての認識を拒絶した上で、自分の状況を受け入れているかのように思い込むことも可能である。ニーチェを詳説する中で、クーパーは、受け入れの形式としてのニヒリズムのある特定の現れ方を考察している。仏教の場合、「世界とその価値の静かな拒絶があり、自己同一性が解消する、肉体を離れた状態が好まれる」(Cooper, 1983, pp. 1–2)。しかし、伝統の心地よい受け入れ、「価値をめぐる問いに対する、実際的な人間の、同じく心地よい無関心」もまた、より広く認められる(ibid., p. 2)。こうした受け入れの形は、平和と安全性の探求——年金プランによって一般に約束されているもの——の中に見受けられるが、「現実世界」として思い描かれるものに落ち着きなく忙殺されている状態にも見受けられる。ニーチェにとって、こうしたニヒリズムの諸形態は、根底にある絶望の徴候であり、物理的、知的な偶像破壊の侵略より一層破壊的である。そうしたニヒリズムは、価値あるものなど何もないのだという受け入れ状態を覆い隠し、問題に対処することを停止する中で人間性とも言えるものを否定する。そうした状態は、幻想の諸形態であり、私が描写しようとしている類いの受け入れとは対立するものである。

しかし、これらの空虚な形式を超えるために、避けることのできない受難と死に関係する受け入れの問題に立ち戻ることが重要である。ソフィー・ボトロス(Botros, 1983)は、ドストエフスキーやスタンダールの小説を例に挙げての考察や、『鍛えられた心』[*48]におけるブルーノ・ベッテルハイムの所見を通じて、痛み、困難、死を受け入れることを分析している。諦念――ほぼ無気力とも言えるもの――の例として、彼女は、ブーヘンバルトとダッハウの犠牲者たちの事例を引用している。彼らは、茫然自失としたゾンビのような状態に抑えられており、いかなる道徳的訴えにも応じないように思われた。これは、例えば、ラスコーリニコフが目前に迫った判決の執行を受け入れる状態と対比される。そこでは、罰が贖罪として喜び迎えられている。これは、道徳的再生に必要なものとして受難を受け入れる場合とは区分される。

*48 ブルーノ・ベッテルハイム『鍛えられた心――強制収容所における心理と行動』丸山修吉訳（法政大学出版局、一九七五年）参照。

マードックは、受難によって悪を帳消しにするという考えが、物事を真に見る能力を損なうという意味で、慰めの別の形であると述べている。よって、もし『リア王』の説明が、受難のみを通じた慎み深さのようなものの達成にとどまるなら、その徳の一面として私が捉えてきたような真に見ることには至らないかもしれない(12)。ここにおいて、受難と死との距離は際立ったものとなる。

ボトロスは、死の受け入れが、罰についてのいかなる考えとも無関係であるような他の事例について考察している。これについては、受け入れが説明を求めないことに関わるかもしれない事例の考察によって、さらに深めることができよう。あるいは、「どうして私がこんな目に遭うのか」ではなく、「私でよかったではないか」ということばを発する癌病棟の患者によって捉えることができるかもしれない。この動きによって、死について思いをめぐらすことは、解決すべき問題という観点から、（おそらく）ある人が存在することの地平へと、あるいは（おそらく）それに照らされて人が世界を見るような、ある光へと移行する。受け入れに際しては、神秘が承諾されており、ここにおいて、合理的‐断定的言語は敗走し始める。

ある人が何かを自分の運命として受け入れる、と言われることがある。この言い回しはおそらく、事前決定にまつわるあらゆる含意を取り除くなら、ここで記述されている態度を捉えるものであろう。このようにして何かを見るということは、それ以上いかなる問いかけもしないということである。それは何かを解決するということではない。

本書では先に、ある人のルーツに対する愛着という、より馴染みのある根拠について議論したが、受け入れという考えは、これを発展させたものである。ルーツという考えは、生活形式と言語ゲームという概念に認められる重要性に関連している。受難と死へと注意を向けたのは、愛着という概念の限界を探究するためであった。受け入れは、ある対処方法としてだけではなく、制御の欲求が課す限度からの解放として明るみに出される。

制御の欲求の空虚さは、われわれが間違いを犯し、失敗に直面する必然性を受け入れる中で、部分的に克服される。失敗は、自分自身の欠点の結果という側面ももつが、われわれの努力に対する世界の抵抗の帰結であり、事の成り行きでもある。物事の偶発性をある程度受け入れることは、幻想の回避に直接関係している。

ここで道徳的進歩の可能性は、もちろん時に受難を通じて達成しうるような道徳的成長に関連する部分がある。教科学習には、これに類似するところがある。そこでは、受難（困難に出会い、間違いを犯すこと）に肯定的な価値が見いだされ、行為者（学習者）は結果として、より確固とした道徳的展望（その教科の理解）を得るようになる。しかしこれは、ここで主張されている点についての「治療的」な見方である。すなわち、受難（間違い）に道具主義的な価値が与えられ、それによってわれわれは、人間の失敗と偶発性がもつ本質的性質を見ることができなくなるのである。

偶発性について明晰な知覚を得ることとは、人が困難に出会い失敗を甘受する有様に関わる。やすやすと人生を航海する人物の視界は狭められる。ここで、(第五章小節5・2で論じられた、ビスワス氏という人物によって部分的に示唆されている)シーシュポスという人物と、巨大な力士でありポセイドンとガイアの息子であるアンタイオスとを比較することができる。ただしアンタイオスからは、彼の攻撃的側面の一部が取り除かれるべきであろう。

アンタイオスは、大地との接触から力を得るので、倒れ落ちても回復する。大地をバネにして立ち上がりそこから力を得ること、それに頼らなければならないということ、このことは、われわれが世界の個別の状況と関わり、それに向けてたえず立ち戻り注意を向けなければならないことを表わす適切な比喩である。アンタイオスは、ザラザラした大地との接触によって力を回復する。

愛着、注意、受け入れは、ここで提唱されている受容性に収束するような諸概念のネットワークとして立ち現れる。それらは、慎み深さという徳に連結する意識の特質の中に姿を現わす。

5・4 慎み深さ

『善の至高性』の終わりにある、特に含蓄に富む一節において、マードックは、慎み深さをもって死を受け入れることとの重要な位置づけについて指摘している。

善は、本物の死や本物の偶然や本物の儚さを受け入れることと結びついており、この受け入れを背景とすることによってのみ、それは心理的には非常に困難なことであるが、われわれは徳が何であるかを完全に理解することができるのである。死の受け入れとは、われわれ自身が無であることを受け入れることであり、それはわれわれ自身ではないものに対する関わりに自動的に拍車をかけることである。善き人とは謙虚な人である。彼は尊大な新カント学派的ルシファとは全く異なっており、むしろキルケゴールの徴税人の方にはるかに近い人物である。謙虚の徳が善き意味で輝いている人に出会うことはきわめて稀であるが、そのような人物には自己の物欲しげで貪欲な触手が全くないことに驚かされる。実際のところ、善に他の名前があるにしても、それは部分的な名前に違いない。しかし、諸々の徳の名前は思考が向かう方向を示唆しており、この方向は、自由や勇気といった一般受けする概念によって示唆されるものよりも善い方向であると私には思われる。謙虚な人は、自己を無とみなすがゆえに、他の事物をあるがままに見ることができるのである。その人は、徳における目的の不在とその独特の価値、そしてその要求の限りない広がりを見るのである。シモーヌ・ヴェイユはわれわれにこう告げている。魂を神に曝すことは、魂の利己的部分の受難ではなくてその死刑宣告である、と。謙虚な人は受難と死との距離に気づく。そして、その人は定義による善き人ではないが、おそらく最も善き人となりうる人間なのである (Murdoch, 1970, pp. 103–104)[*49]。

この見解は、近代の思考様式にとってどこか憤慨に耐えないものである。R・K・エリオットは、まさにこの憤慨に耐えない慎み深さの特質こそが、明らかにされるべきだと主張する[(13)]。もしその通りであるなら、この見解を明らかにすることには、いかなる妥協も拒絶しつつ、表層的な解釈を方向転換することが必要とされる。

＊49　マードック『善の至高性』、一六〇—一六一頁、参照。

死の受け入れは自分自身の無の受け入れであり、これこそが自分自身の捉え方であるという提案によって、表層的な解釈は破綻することになろう。（これは「予備的概略」の中で予示された点である。そこでは、ある人が目を向ける標準が、無限の彼方や上方にある何かであるかもしれない、ということが述べられた。私は同胞に照らして自分自身を測定することはできるが、神に照らして測定するという考えはまさに、われわれを分け隔てている無限の溝を理解し損なうという冒瀆である。神に向き合う時、私は無である。）

ここで対応の仕方を誤ると、もしわれわれが無であるなら、そもそも自分自身についてなぜ思い悩むのか、という問いが生じることになるであろう。例えば、われわれはなぜ医者のところに行ったり、子どもをもったり、教育を受けることを求めるべきであるのか、といった問いである。これらの問いは、回答不能ではないが、ここでさらに議論しても教訓を与えてはくれないであろう。そのような誤った対応の仕方は、問題とされている言明の真髄を曖昧にするものである。

私が無であるという感覚は、死の受け入れに関わっている。だとすれば、これが虚無化とみなされる場合、それは何ものかの虚無化でなければならない、と考えられるかもしれない。死の絶対的な性質は、この何ものかを無に帰する。それは、私が究極的には取るに足らないものであることの証明である。しかしながら、これに対する応答は、虚無主義ではなく「善」を承認する能力である。けれども、もしこの応答を導いたものが人間の生の非永続性と偶発性であるなら、その同じ非永続性は「善」を熟視する際にも見いだされるはずではなかろうか。そうであるならば、「善」もまた、つかの間のものとみなされることになるであろう。この疑問に対する答えは、「善」は理想であり、したがって、栄枯盛衰の生にもかかわらず、たえず到達可能なものであるということのように思われる。

この対応の仕方も、私が考えるところでは不十分である。なぜならそれは、人間の生活がもつ躍動性がその内で失われてしまうような、形而上学的な状況理解に向かうからである。ここで述べられているようなことが最大限の意味を帯びるのは、この躍動性というコンテクストの中においてである。

そうであるなら私は、無としての私自身という考えが、自己へ言及することなく私の世界像が描かれうる有様に関わっている、と提案したい。この点で、「自己の物欲しげで貪欲な触手が全くないこと」は有効な言い回しである。自己本位的な不安は、世界についての日々の煩いを典型的に示すものである。「触手」は経験を封じ込め、物事を制御しようと手を伸ばす。支配への希求は、貪欲さの一形式であり、安全性への不毛な憧れであるかもしれない。合理的－断定的（男性的）思考様式は、こうした目的に仕えるよう仕向けられ、その様式を落ち度なく適用することによって、目的が正当なものに見えるようにされる。受容的－応答的（女性的）思考様式は別の存在の仕方の可能性を示すものであり、それを通じて支配の要求が諦められることによって、自由は達成される。こうした存在の仕方に、自己は含まれていない。

こうして、私自身を無と考えることはむしろ、自分自身を決して判断しないことに関わるものであるということになる。なぜなら、自己から注意が遠ざけられるからである。これによって、自分自身を判断することに関わる語彙全体が適切ではなくなる、と言ってもよかろう。自分自身を――少なくとも、その合理的－断定的形式において――判断するという考えによって、われわれは、諸々の属性の複合体としての自己という捉え方に駆り立てられる。まさにそうした思考様式そのものが、慎み深さへの障壁となるのかもしれない。慎み深さが自己に対してもつ関係は、物に非ざることに対する関係である。肯定的に記述するなら、その関係は――自己という観点では――その人物が築く世界像の境界において実現されるものに一層近い。

マードックは、謙虚な人物は受難と死との距離を知覚すると述べる。私の死が私の人生のできごとではないとするなら、そこには、私の受難は自分自身に帰すことのできる他の属性と同等であるが、私の死は記述から除外されているという感覚がある。こうした認識によって、自分自身を判断することについての根源的な限度が示されることになる。

5・5　神　秘

「予備的概略」においては、受容的‐応答的思考様式と航海の類比が用いられた。『アンティゴネー』(*Antigone*) について論じる中で、ヌスバウムは、同様のイメージを用いている。

精一杯努力して船を操縦し、真っ向から風に向かう舵手は転覆するであろう。これに対して風と潮流に調子を合わせる者は安全に操縦する。そういうわけでハイモンとティレシアスは共に、学習することと服すること、実践知としなやかな柔軟性との関連性を力説する (Nussbaum, 1986, p. 80)。

これは、一方では支配への希求を超え、他方では無力状態を超える代替案を示す。それは妥協ではなく、進歩するための唯一の方法である。風に真っ向から立ち向かい操縦することも、帆と舵を完全に手放すこと（という無力状態）も、同様に災難をもたらす。私は、人間の努力の不安定さに対する感覚が必要であることに注意を喚起したが、ここには、制御と脆弱さとの間の微妙な均衡がある。（この相互関係性は――象徴的に――『アンティゴネー』においてアポロの司祭である盲目の老人が、目の見える子どもに伴われて姿を現わす様子に明らかに示される。相互依存性によって彼らは力を発揮できる。）

前進する舵手が示さなければならない外的状態への注意は、以上のような思考様式が、合理的‐断定的なものの限界を超えて進みうる有様を示唆する。「ハイモンの助言が意味しているのは、人間的に洗練された真の有様には外的なものの神秘と特別さを保存することが必要とされる、ということである。すなわち、人をこのような神秘へと連れ出す情熱を自分自身の内に保存することである」（ibid., p. 81）。ここで神秘の感覚は世界の豊かさと一体となっている。その世界では、最も尊重されるものを部分的に構成するものとして、葛藤が承諾される。これが生じるための条件は、人間が被る敗北である。マードックのことばを用いるなら、謙虚な人物は、本物の死と本物の偶然を受け入れる者である。そこには「不完全なものの最終的な受け入れ」がある（in Byatt, 1976, p. 16）。

外的なものの神秘と特殊性の保存には、個別のものへの注意が必要とされる。「文学の教育は可能か」（'The Teaching of Literature'）という論文の中で、フラナリー・オコナーは書いている。

習俗を通して神秘を具体的に表わすのが小説の務めである。この神秘というのは、現代人をひどくまごつかせるものである。世紀の変わり目頃に、ヘンリー・ジェームズは、未来の若い女性は飛行機で散歩に誘われたりするであろうが、神秘や習俗については何も知らないであろうと書いた。ジェームズは、何のいわれがあってこの予言を女性に限定したのであろうか。もし両性を含めて言ったのであれば、彼のことばに反対できる者はまずいないであろう。ジェームズの言う神秘とは、この世にわれわれが在る状態についての神秘であり、習俗とは、芸術家の手を経てそのわれわれの存在の中心的神秘を明らかにするような、しきたりのことである（O'Conner, 1984, p. 124）。[*50]

神秘は、経験の具体的世界に存しており、醜悪に背を向けることのない注意によって近づくことができる。

「作家は、おそらく読者よりも早く、現実をなすものの前で謙虚であることを学ぶのである。現に在るものが、作家の関わるすべてであり、具体的なものが、彼の表現手段である。そして最終的に、小説は限界の中にとどまってこそ、その限界を超えることができるということを作家は悟るのである」('The Church and the Fiction Writer', ibid., p. 146)[14]*51。私は、存在への気づきという考えを詳説する中で、限界の内にとどまるという考えの内容を示そうとしてきた。この背景にあるものは言語の限界についての説明である。オコナーが記述する態度は明らかに作家だけの領分ではない。記述されているものは、高尚な精神の状態ではなく、世界の細部への忍耐強い注意である。

*50 フラナリー・オコナー「文学の教育は可能か」『秘義と習俗』上杉明訳（春秋社、一九八二年、一一七―一一八頁）参照。

*51 オコナー「教会と作家」『秘義と習俗』、一三七頁、参照。

このことがさらに含意するのは、神秘が日常世界の中に姿を現わすということである。「予備的概略」では、このことと、稀な経験が与えうる驚嘆の感覚との連続性が指摘された。ハイデガーとヌスバウムは共に、アリストテレスが語る物語に言及している。ヌスバウム版は以下のようなものである。

> 幾人かの訪問者が……かつて、ヘラクレイトスと知り合いになりたいと願った。彼らがその家に着くと、台所に大男が座っていて、ストーブで身を暖めていた。彼らはとまどった。（おそらく彼らは、彼がそこで天国について瞑想し、省察に没頭している様子——このきわめて日常的活動とはほど遠いもの——にでくわすと期待していたのであろう。）彼は語りかけた。[15]「どうぞお入りください。怖がらないでください。ここにも神はいます」（Nussbaum, 1986, p. 262）。

ハイデガーは、存在について思考することは、エートス（*ethos*）あるいは、住処へと立ち戻ることであると主張する。見慣れたものは、見慣れないものへの「開けた局面」である。

こうした主張は、現前するものと個別なものを超えるところに到達することへのとらわれについて終始表明されてきた懐疑を再び表明する力をもつ。それによって、稀有な経験に限定される神秘という表層的な考えもまた不要にされる。ここには、神秘という考えを明瞭にすることに伴う――その正体を明らかにすることを超えることに伴う――難題がある。というのも、われわれは語りうるものの限界の近くにいるからである。神秘についてあまりに声高に語ることは、その動きを見損なうことになるかもしれない(16)。比喩、逆説、そしてある特定の宗教的表現に立ち戻ることは、われわれが前進するための一つの方法である。存在について語ることはもう一つの方法である。ある意味で、われわれには語る必要は一切ない。ある特定の仕方で生活する必要があるのだ。慣習的な分析だけでは十分ではなく、理解にまつわる苦しみを取り除き、より体系的にではなく、よりはっきりと物事を見えるようにしてくれるような治療のみが助けとなりうる。これが、ウィトゲンシュタインとハイデガーが共に目指すものの一部である。

5・6　なおも受容されるべき思想

マードックの書いたものをつき離して読むなら、ここで問題とされているものを見抜くことは阻まれてしまうであろう。そのような限度を克服することを目指し、本書では諸々の思想が提示されてきた。『理性の主張』の序文で、スタンリー・カベルは以下のように述べる。

この出版物の根本にあるのは、ウィトゲンシュタインがまだこれからも受容されねばならないということである、と私が述べるとしよう。それは、彼の著書が、もちろん彼のものだけではないのだが、本質的にたえず受容されるべきものであり、専門化を拒絶しようとする思考が受容されねばならない、ということを意味している (Cavell, 1979, p. xiv)。

これは、ここで表明されているような思想を読み解く上で、継続的に受容することを呼びかけるものである。それは特に、受容されることが久しく待ち望まれている著者に関わる痛切な呼びかけである。

これを、特殊な弁論の一類型として等閑に付すべきではない。そのような嫌疑は、別の様式の正当性を仮定するところからも生じる。その様式とは、読者が通常共鳴するような様式、すなわち専門化された様式である。

ここでの受容性には、語られているものへの開放性が深く関わっている。不信仰という宙吊り状態のようなものによって、諸々の思想のパターンが立ち現れるようになる。読者は、テクストの特異な様式に注意を向け、その行く手を辿る。これは、理解にとって必要な序奏である。

カベルの言明は、読むことが決して完結しない有様にも触れている。これは、テクストの並はずれた豊かさに関わるだけでなく、そのテクストが語るものは要約されて封じ込めることができない性質をもっている、という事実に関係しているのである。その一因は、取り扱われている諸問題が手に負えないものであることにある。しかしながら、より深遠なレベルでは、それはテクストにおいて具体化される言語の捉え方に関わり、そして言語の限界を承認することに関わっている。こうして、言語は、多かれ少なかれ適切な世界（の一部）の記述であるとは捉えられない。テクストの中には何か新しいものがあり、これが解釈の基盤である。正当に受容されるテクストは、教義のように硬直化することはない。

ここにおいて、模範となる姿や権威としてのテクストに依拠すること——すなわち、ハイデガーやウィトゲンシュタインの読解が時に陥りがちな危険——は自己満足を生むことがわかる。そして究極的にはこれは、一種の傲慢となりうる。そうした類いの読解は、受容性が含意するものとは対照をなす。

以上のように、私は受容される必要がある著者たちを吟味してきたわけであるが、それは彼らが、「予備的概略」が輪郭を示し前提とした見解に内容を与え、これを支える最良の可能性を提供してくれるからである。そして様々な声が競い合うことが認められてきた。これらの著者たちの文体の困難さ——読者に課される要求——と、彼らによって表現される思想との間には連続性がある。また、こうした難解な読解と、私がより全般的に提唱してきた受容性の間にも連続性がある。これらの哲学者たちのある特定の諸思想と、その実践への応用に対する受容性を高めることを目指し、本書は執筆されたのである。

（1）「言葉についての対話より」の中では、黒澤の映画『羅生門』が論じられており、そこで日本人の話者は述べる。「われわれの世界が映画という形で作品化されたという事実そのものが、この世界を、あなたが対象的なものと呼んでいる領域の中に押し込んでしまっている。映画によって対象化するということ自身すでに、不断に進行を続けつつあるヨーロッパ化運動の結果である」（*On the Way to Language*, p. 17）［1］。対話の冒頭でその日本人は、彼の母語が「対象が誤解の余地がないほどはっきりと関係づけられ、対象が相互に上位、下位に位置づけられるように、表象するための限定する力」が欠けていると主張する（ibid., p. 2）［2］。枠付けは、ハイデガーによって、典型的であるが限定的な思考の特徴であると主張される。つまりそれは限度をもたらすということである。

（2）「技術への問い」参照（*The Question Concerning Technology and Other Essays*, pp. 3-35）［3］。

（3）ハイデガーの「思惟とは何の謂いか」参照（*Basic Writings*, 1978, p. 365）［4］。

（4）マイケル・ボネットが「個人的な本来性と公共的標準：二元論の超越に向けて」の中で引用している（in Cooper, 1986）。

(5) シュテファン・ゲオルゲの詩は一九一九年に初めて出版されたが、以下のように訳されている（*On the Way to Language*, p. 140）。

語《ことば》

遠くはろやかな秘跡や　夢にのみ見るものを
くにの際まで　私はもたらしてきた

そしてじっと待ち続けた　霜いただく運命の女神が
おのが泉の中にものの名を見出してくれるまで——

そこで　私は　そのものを抱きしめることができた　かたく　つよく
いま　それは　このさいはてのくにに　花と開き　光り輝いている……

ただ一度だけ　私は快い旅路を了え　戻り着いたことがある
ゆたかで可憐な一顆の宝珠をたずさえて

女神は泉で長らく捜し　やがて私にこう告げた：
「それで　この深い水底には　何も眠っておりませぬ」

すると　この珠は我が掌中より滑り落ち
私のくには　二度とこの宝を得ることとてなかった……

そこで　私は悲しくも諦めを学び取った：

（6）　とりわけ、カルナップを参照（in Murray, 1978, pp. 22–34）。

（7）　Wittgenstein, 'On Heidegger on Being and Dread'（in Murray, 1978, pp. 80–81）。この原典は、ウィトゲンシュタインとの会話の中でフリードリッヒ・ヴァイスマンが記し、マイケル・マリが翻訳した覚え書きから引用されている。マリは、この原典が、『哲学雑誌』（*Philosophical Review*）（January 1965, pp. 3–27）の中の「倫理学講話」の続編として、短縮された形で出版されたと指摘している。

（8）　『存在と時間』（p. 209）を考えてみよ。「文法学を論理学から解放する課題は、語り一般のア・プリオリな根本構造が実存範疇として積極的に了解されていることを先行的に必要とする」［6］。私は、その「語りの構造」――そして、その重要性の感覚――が、いかにしてウィトゲンシュタインの言語ゲームと生活形式の説明になぞらえることができるかを示そうとしている。

（9）　同様に「言うことは、普通の陳述の仕方で捉えることはできない。言うことがわれわれに求めるのは、言語の本質の中で生起しつつある道を開いていく運動については、沈黙を話題にすることなどせずに、ひたすら沈黙を守ることなのである」（*On the Way to Language*, pp. 134–135）［7］。

（10）　これに類することは、『リア王』の中で、「万事、木実の熟して落ちるが如し」というエドガーの弁（第五幕、第二場、第一一行）［8］に見られるであろう。ただし、時に彼は、ケントと同様に、あまりに禁欲的すぎる。当然ながらコーディーリアの方が一層ここで言われていることに近い。「いいえ、いわれなどございませぬ、そのような事は何も」（第四幕、第七場、第七五行）［9］ということばによって、彼女は、自分に対する父親の仕打ちについての説明を要求することを諦めていることを示している。

（11）　もしこの表現を抑え気味にする必要があるなら、より馴染み深く、よりたやすく明瞭化される経験の諸側面に注意を向けることが適切であろう。その表現は実に、より日常的な状況に対してうまく当てはまる部分がある。例えば、多くのスポーツには、どちらのプレーヤーがより上手かという問いに対する回答を人為的に停止することが深く関わっていると言える。回答が出るのを待つことによって、ある意味スポーツは成り立っている。同様に、作り話は話の解決の延期に依拠している。したがって、ゲームを見守ることなく類別された結果に直行する人物や、小説の結末を最初に読む人物は、まともに参加しているようには感じられない。もちろん、これらの日常的な例は、ここで論じている点と比べれば凡庸なものである。さらに、記述されている開放性の中には、ある特定の時間が経った後に問いへの回答がなされるであろうというような期待はない。これらすべての場合において、問いを理解することは、非論証的な類いのものであるということに留意することが重要である。それは、生活する中で理解することであり、ハイデガーの用語を用いるなら、実存論的（existential）であるよりもむしろ、実存的（*existentiell*）である。

「疑問を投げかける姿勢は……永続的な問いの内に生きることによって現れる」という表現の文法的なぎこちなさは、第二章で展開された言語の説明に照らしてみるなら緩和される。

(12) もし受難が十分であるなら、劇は第四幕で終わってもよいだろう。

(13) R・K・エリオットとの私信より（一九八五）。

(14) 同じくハイデガーは、道は「われわれがすでに居るところのみ」を目指して連れていくと書いている。「この「のみ」という表現は、決して制限ではなく、この道が純粋に単一無雑であることを言おうとしている」（*On the Way to Language*, p. 93）[10]。

(15) ハイデガー版については、『「ヒューマニズム」について――パリのジャン・ボーフレに宛てた書簡』（'Letter on Humanism'）を参照（*Basic Writings*, 1978, p. 233）。ハイデガーはアリストテレスの『動物部分論』（*De Parte Animalium*, I, 5, 645a 17）を出典として引用している。彼は、ヘラクレイトスのことばに言及するコンテクストの中で、その物語を紹介している。それは、'*ethos anthropoi daimon*'（Fra 119）というもので、通常以下のように訳される。「人間の特性は、ダイモーンである」[11]。ハイデガーは、この訳が、住処、あるいは住む場所としてのエートス（*ethos*）というギリシャ語の意味を失っていると述べる。

(16) 「言葉についての対話より」の中でハイデガーは述べる。「日本人：秘密というものは、秘密が支配しているという事態が明るみに出ない時にのみ、初めて秘密たりうるのである。／問いかける人：表面的なものさえわかれば良しとする短慮な人々にとってはもちろんのこと、よく物を考え慎重に事を処する人々にとっても、秘密などはもうどこにもありはしないかのように思われているに違いない／日本人：われわれは秘密について声高にしゃべりすぎるだけではなく、秘密が支配していることを見損なうという危険のまっただ中にいる」（*On the Way to Language*, p. 50）[12]。

〈章末注の訳注〉

［1］ハイデッガー「言葉についての対話より――ある日本の人と問いかけるある人との間で交わされた」『言葉への途上』、一二二頁、参照。

［2］同、九八頁、参照。

［3］ハイデッガー「技術への問い」『技術論』［ハイデッガー選集18］小島威彦、アルムブルスター訳（理想社、一九六五年）参照。

［4］ハイデッガー『思惟とは何の謂いか』、一二九―一三〇頁、参照。

［5］ハイデッガー「語《ことば》」『言葉への途上』、二六七―二六八頁、参照。

［6］ハイデガー『存在と時間II』原佑、渡邊二郎訳（中央公論新社、二〇〇三年、八八頁）参照。

［7］ハイデッガー「言葉への道」『言葉への途上』、三三一頁、参照。

［8］シェイクスピア『リア王』福田恆存訳、一六二頁／野島秀勝訳、二五九頁、参照。

［9］同、福田恆存訳、一五六頁／野島秀勝訳、二四九頁、参照。

［10］ハイデッガー「言葉の本質」『言葉への途上』、二四〇―二四一頁、参照。

［11］ハイデッガー『「ヒューマニズム」について――パリのジャン・ボーフレに宛てた書簡』渡邊二郎訳（筑摩書房、一九九七年、一二三頁）参照。

［12］ハイデッガー「言葉についての対話より」『言葉への途上』、一七九頁、参照。

第III部

第七章　ハイデガーにとって本質的なものとは：語られていないものの詩学

諸々の学問の認識は通常、諸々の命題の内で語り出されており、われわれにとって摑み取られ使用されうる成果として、目前に置かれている。ある一人の思索者の「教説」とは、語られるものの内に語られていないままであるものであり、そのことのために自分自身を消耗しきるために、われわれがそれに対して曝し出されるようなものである。[*1]

第1節　詩人の役割とは何か

論文「ハイデガーの存在論的教育、あるいは、いかにしてあるがままの自分になるか」において、イアン・トムソンは、洞窟の比喩との関わりでハイデガーの教育観について論じている。[*2] ハイデガーによれば、プラトンはパイデイア（*paideia*）の教育学的構想を創設し、その諸側面が後の「教育」理解に前代未聞の影響を与えてきたが、その構想のより深遠な特質は忘れ去られてきた。トムソンは、ハイデガーがこうして忘れ去られた諸側面を発掘した痕跡を辿る。それはとりわけ、洞窟への回帰についての原神話の重要性に関わるものである。神話の最後では、光に向かう上昇の後、解放された人物が洞窟に戻る可能性が提起される。光に慣れてしまったため、そのような人物は目の前が真っ暗であることを発見し、笑いものにされるであろう。さらには、彼の生そのものが脅かされるかもしれない。ハイデガーは、教育の欠如を常に乗り越えるという観点からパイデイアの本質が理解されねばならない有様に注意を喚起し、その様相を以下のように記述する。

それゆえに、物語を語ることは、人がそう思いがちなように、洞窟からその外に向上していく中で到達される最高の段階の描写をもっては、終わらないのである。反対に、その「比喩」には、自由にされた者が洞窟の内へ、なお縛られている者たちのもとへと下り還っていくことについての物語が含まれている。自由にされた者は、この縛られている者たちをも、彼らにとって隠蔽されていないものから引き離して、最も隠蔽されていないものの前に直面させるよう導いていくべきである。しかし、そのきたるべき解放者は洞窟の内ではもはや勝手がわからない。その人物は、洞窟の内で規準を与えている真理の圧倒的な力に屈するという危険を冒し、すなわち通常の「現実性」を唯一の現実性とする要求に倒されるという「危険」を冒す。解放者には、殺害されるという可能性が迫ってくる。その可能性は、プラトンの「教師」であったソクラテスの宿命において、現実となったのである（*Pathmarks*, p. 171）。[*3]

洞窟への回帰の中で、今一度頭の向きを変え、洞窟内の光の欠如に再び目を慣れさせる必要がある。これが、そこでの真相を見極めるための条件である。ゆえにここには、洞窟で流布している規範を甘受する状態に立ち戻る危険のみならず、真理を改竄する危険も伴う。これがハイデガーにとって最も重要な懸念である。というのも、洞窟からの上昇において熟視される真理は、隠蔽されてきたものを漸進的に明るみに出すという観点から理解されるが、これに対して洞窟への回帰においては、まず見ることの可能性が正しさという観点から、すなわち、洞窟の住人たちの間で流布している規準という観点から理解されることになるからである。このことは、ハイデガーが真理の捉え方に関してアレーテイア（*aletheia*）から表象への堕落とみなすものの具体例を洞窟の比喩の中に見いだすことを意味している。さらにハイデガーは、洞窟の比喩は人類史においていかなることが生じているのかを垣間見させてくれる、とも主張する。「人は、真理の本質を表象の正しさとして理解する中で、すべての存在者を「諸々のイデア」に従って思惟し、すべての現実的なものを「諸々の価値」に従って評価している」（ibid., p. 182）[*4]。簡単に言えばこのことが意味するのは、価値やその起源、あるいは諸々のイデアの発生の性質についてのあらゆる真正な考察が、巧みに回避されているということである。ここでの議論によりふさわしいハイデガーの用語を用いて言い換えるなら、そのことによって、いかなる存在論的な気づきや探究の可能性もが遮断されてしまう、ということである。

＊1　ハイデッガー「真性についてのプラトンの教説」『道標』［ハイデッガー全集　第九巻］辻村公一、ハルトムート・ブフナー訳（創文社、一九八五年、二四七頁）参照。
＊2　本論文は、以下に所収されている。Michael A. Peters ed. *Heidegger, Education, and Modernity* (Rowman and Littlefield, 2002).
＊3　ハイデッガー「真性についてのプラトンの教説」『道標』、二七三頁、参照。
＊4　同、二八九頁、参照。

ハイデガーによる洞窟の比喩の解釈についてのトムソンの説明は、洞窟からの解放の第二段階に注意を喚起する。すなわち、とらわれの状態と、外界の光へと脱出する状態の中間にある段階である。この第二段階において、捕虜は鎖を逃れ、向きを変えて、洞窟の入り口の火と対象物が、これまで彼らの注意を奪っていた影を生み出していたものであることを発見する。火と対象物を見てもまだ、最も現実的なものを見たことにはならない。なぜなら、双方は共に人間の努力の産物であり、ゆえに、ある意味で人工的であるからだ。つまり、それらが提供する知識の可能性は、局所的であり限定的である。しかし、洞窟の壁に見られてきたものが影であるという気づきが生じ、それらが人間の作り出したもの（洞窟の入り口の火と対象物）の明滅する仮象であり、よって人間の作り出したものによって致命的に限定されているという気づきが生じることは、ここでの飛躍的前進である。したがって、こうした影が生み出される仕方を理解することは——少なくとも、われわれが現在関心を抱く時代に関して言えば——「枠付け」の性質、技術の倒錯的な特性を理解することに等しい。それは、技術によって物や人々がたんなる情報源としてみなされるようになっている有様を理解することである。よってこの段階は、枠付けからの消極的自由を構成している。すなわち、幻影からの（相対的）自由から、真なるもの、善なるものについて熟視する積極的自由へと向かう途上の段階である。しかし、正しさの条件は否定という観点から満たしうるのに対して、第三段階で実現される真理の性質は、熟視の対象物がそれ自体で真なるものであるかどうかにかかっている。つまり、偽物に対する本物、「擬」（*pseudos*）に対する「真」（*alethes*）である。ハイデガーは、『パルメニデス』として出版された一九四二—四三年の講演課程の中で、古代ギリシャ人にとって、またアリストテレスにおいてもなお、「アレーテイアは、存在者の特性であって、たんに存在者を聴き取ることの、また存在者について陳述することの一特性ではないのである」（*Parmenides*, p. 34）[*5] と述べている。この段階での真なるものについての熟視には是認（affirmation）が深く関わっており、この是認は、否定からは決して生じえないものである。この種の肯定性は、否定の否定から引き出すことはできない。またそのような是認は、俯瞰的なものでも中立的なものでもありえない。知識の対象物は、愛の対象物であるからだ。

＊5 ハイデッガー『パルメニデス』〔ハイデッガー全集 第五四巻〕北嶋美雪、湯本和男、アルフレード・グッツォーニ訳（創文社、一九九九年、六〇頁）参照。

だが、ここでの諸関係をたんなる対立項として十分捉えきることはできず、その様相はここで用いられている〔肯定や否定といった〕語が含意する以上に複雑である。したがって、学習者が理解に至る道のりを辿る諸段階のダイナミズムを理解することが必要である。「擬」の思想についてのハイデガーの探究が示すように、この道のりは、隠蔽性と忘却の様式という観点から理解されるべきである。「擬」は、必ずしも偽物ではない。キルケゴールが時に使う「ヨハネス・デ・シレチオ（沈黙のヨハネス）」という偽名は、必ずしも偽りの名前ではなく、欺くためのものでもない（ibid., p. 36ff.）。偽装は、様々な形をとり、巧みに調子を変えながら身を隠す。さらに、ある意味でハイデガーは、アレーテイア（*aletheia*）の反意語が否定の接頭辞を取り除くことによって見いだされることになる、と述べようとしている。すなわち、レーテー（*lethe*）それ自体の忘却性の中に見いだされると言うのである。そして忘却それ自体は様々な形をとり、ハイデガーも認めようとしているように、忘却それ自体が忘れ去られるような、ある種の没却をも含む。こうしたことは、後で再び論じる必要がある主題である。しかしまずは、アレーテイアへの道筋についてのハイデガーの説明が示唆しうる、大学をめぐる諸問題に対する最初の応答を考えてみることにしよう。

トムソンは、ビル・レディングズのような批判者たちがハイデガーの足跡を辿ることによって、教育――特に大学、中でも、大学の道具主義化と超専門化による断片化――の退廃ぶりを、枠付けというニヒリスティックな論理の帰結として明らかにしている点については賛同する。しかし彼は、レディングズの

『廃墟のなかの大学』(Readings, 1996)[*6] の結論が陰鬱なものであり、間違ったものであると考える。レディングズの見解によれば、「エクセレンスの大学」は、とりわけ、官僚的法人としてのエクセレンスという点で「卓越したもの」となっている。つまり、実質的価値の不在によって、ゆえに、ニヒリズムの永続化によって特徴づけられるエクセレンスである。これとは対照的に、トムソンによれば、ハイデガーの見解は、要するにエクセレンスの概念を新たに本質化することを通じて大学の統一性を再確認するものとして理解されるべきである。これは、二つの方法で達成される。第一に、「卓越した個人を形成すること」に共に身を託すことである。エクセレンスは、現存在の本質の養成という観点から理解されるべきである。つまり、現存在によってわれわれ自身を発見する場所が理解可能なものとなること、あるいはもっと単純に言ってしまえば、世界が開示することである。したがって世界を開示する存在が現存在の本質を養成することは、この本質を認め発現させるということであり、理解可能な世界の創造と維持へのその参加を認めるのみならず、世界の開示におけるその存在論的な役割を積極的に受け入れることである(Thomson, 2002, pp. 260-261)。

＊6　ビル・レディングズ『廃墟のなかの大学』青木健、斎藤信平訳(法政大学出版局、二〇〇〇年)参照。

統一性が達成されるべき第二の方法は、現に在るもの、すなわち、異なる諸学問の措定についての理解のみならず、多様な探究の様式それ自体の存在論的な前提についての理解をも共に追求することである。レディングズによって暗黒郷として記述される「エクセレンスの大学」は、洞窟の後方で明滅する像の一助となり、これをもとに生きながらえる。学生、教師、管理者たちは、騒ぎ立てることもなく、忙しげに、ほぼ無意識のうちにこれらの像と共謀する形で時を費やしていく。そのような制度のもつニヒリスティックな諸傾向——行為遂行性、道具主義、教育の実質が手続き主義において見失われる有様——をここで例証する必要はない。[1] むしろ以下で私は、開眼した教師が洞窟に持ち帰ると考えられる一種の機知に着目し、生徒の道のりが同じ光に向かわねばならないということを考えていきたい。「エクセレンスの大学」にあってそのような人物は異人である。この教師はいかにして、教えを受ける者に対し、物の見方を転換させるのであろうか。ここに含意されることがらは、高等教育に限定されるものではない。

ここで考察される転換の性質は、ハイデガー自身の思考における——とりわけ、哲学から詩への転換と時に呼ばれるものにおける——高名な「転回」に言及せずして理解すべきではない。その転換はまた、『存在と時間』での人間中心主義から離脱しようとする試みでもあり、現存在の綿密な検討を重視する関心の向け方を離れて、言語がもつ広範な重要性の理解に向かうこと——「言語が話す」という重要な逆転に向かうこと（*Poetry, Language, Thought*, p. 189ff.）——を通じて達成される部分もある。言語は現存在の綿密な検討に際して重要な役目を果たすが、そこでは、ハイデガーが一九三〇年代以降の著作において言語に認めるようになる最高の位置づけは与えられない。彼が技術と関連させる退廃は、その後徐々に、本質的に言語に結びつくものとして理解されるようになる。その一方で、技術が行使する全体化の効力に対する抵抗の可能性が、特に詩的なものそれ自体の性質に見いだされるようになる。

このことは『存在と時間』の中で予示されており、それが最もはっきりと示されているのは「空談」（*Gerede*）の説明においてであろう。この用語の翻訳は、若干不適切なものであるかもしれないが、侮蔑的な使い方を意図したものではない。それは侮蔑的であるよりもむしろ、現存在の日常性の様式を包含するものである。つまり現存在が実存論的に根絶され、世界内存在の原初的な関係性から切り離されているような様式である。しかもこれは、最もありふれた日常性の形式である。つまり現存在の「最も執拗な「実在性」」を構成するのである（*Being and Time*, p. 214）。[*7] 空談は、世人に特徴的な慣用語であり、情報の伝播と噂話に勤しみ、流動的で足場をもたない。空談が枠付けの問題の徴候を示す様子が見受けられるのは、それが本来性と対照をなし、ある面で本来性の障害となることによってであるかもしれない。

＊7　ハイデガー『存在と時間II』原佑、渡邊二郎訳（中央公論新社、二〇〇三年、一〇〇頁）参照。

ハイデガーの詩的なものへの転換と、これが枠付けの論理に抵抗するために必要となる理由については、いくつかの点を指摘しておかなければならない。ハイデガーは、詩的なものによって何を意味しているのであろうか。言語は人間が思い通りにできる道具ではないし、たんなるコミュニケーションの手段でもないということは、最初から認めておかねばならない。そしてまた、詩的なものも、実存にとっての装飾的な付随品の一種という観点から理解されるべきではない。こうして、空談の流布とは対照的に、言語は一種のポイエーシス（*poiesis*）であるという意味で詩的なものである。これは、言語が存在を生み出す、ないしは存在をもたらすことを意味し、われわれと世界のために物と可能性を創始することを意味している。このことは、最初ははっきりとしないかもしれないが、物の名づけにおいて最もたやすく見受けられることである。ハイデガーは、このことについて一九三六年の講演「ヘルダーリンと詩作の本性」の中で以下のように述べている。

> 詩人は、すべての事物に、それらが何であるのかに応じて名前をつける。この命名は、前もってすでに知られているものがたんに名前を賦与される、ということで成り立つのではなく、詩人が本質的なことばを語りながらこの名を挙げることを通して、存在者は初めて、それであるところのものへと任命されるのである。そのようにしてそれは存在者として知られる。詩作はことばによる存在の創設である（*Elucidations of Hölderlin's Poetry*, p. 59）。[＊8]

人間はまさに彼自身の実存を宣誓する者であり、ヘルダーリンが「内奥性」と呼ぶものの中で、「継承者であり、あらゆる事物の中で学ぶ者」として地上に所属することを宣誓する者である（ibid., p. 54）[*9]。人間が物の最中に所属していることに対して行う宣誓は、歴史として生じる。これは言語を通じて可能になるだけではない。言語は人間の歴史性を保証するのである。さらにこれは、他者なくしては実現されえない。われわれの実存の根拠は会話だからである。われわれが共に語ることによって、最も高尚なものも最もつつましいものも、その名づけが可能になる。

＊8　ハイデッガー「ヘルダーリンと詩作の本性」『ヘルダーリンの詩作の解明』［ハイデッガー全集　第四巻］濱田恂子・イーリス・ブフハイム訳（創文社、一九九七年、五五頁）参照。

＊9　同、四九―五〇頁、参照。

しかしながら、詩的なものは、枠付けの押し付けや空談の空虚さのもとで退廃しない限り、言語の一般的な可能性であり、それが特に偉大な詩人の作品に見いだされることは明らかである。一九四六年の講演「何のための詩人たちか」の中で、ハイデガーは、ヘルダーリンの言う時間の欠乏と、神聖なものの痕跡を露わにする詩人の潜在的な力との関係を明らかにし、技術の効果についての問いを明示的に投げかける作品を生み出す詩人について吟味している。この時代が窮乏しているのは「痛み、死、愛の本質の非隠匿性がこの時代には不足しているからである」（*Poetry, Language, Thought*, p. 97）[*10]。ハイデガーは、ライナー・マリア・リルケが、こうした退廃の隠喩語としての貨幣の性質について思案していることに思いを馳せる。彼は、リルケの『巡礼の書』（*Book of Pilgrimage*）（1901）の中に、硬貨や産業の歯車において貨幣の原材料である金属が「凝結すること」――マルクス的なモチーフ（Marx, 1886, p. 106）[*11]――が生じ、それによって堕落する様子を見いだす。彼は、金属が郷愁を抱く様子を思い描く。すなわち、それが「溶け」、口を開いた山脈の鉱脈の中に立ち戻っていき、山脈はそれを受け入れてぴったりと口を閉ざす。技術的支配の対象化する特性が、物と人々を制覇し計算可能な条項へと還元する。人間はこうした状況のもとで特に無防備である。そこにおいては、人間が自らを押し通すことによって、無制約な生産の領域へと自らを引き渡す危険をもつ境域が広げられていくのである。こうして人間の本質に襲いかかる脅威は、この本質そのものから沸き上がってくる（*Poetry, Language, Thought*, p. 115）[*12]。ハイデガーは、このように、ニーチェの力への意志に対して時に決して遠回しとは言えない（ただし確かに誤った）非難をなしつつ、さらに続けて述べる。「自らを押し通す人間は、一人[*13]一人がそれを知ろうと知るまいと、欲しようと欲しまいと、技術に仕える職員なのである」（ibid., p. 116）。これは意志することの神格化であり、鎮静化された平和状態の中で一種の充足に達する。その中で、あらゆる自然は資源として、すなわち、在庫品として水路で運ばれ蓄積される。

＊10　ハイデッガー「何のための詩人たちか」『杣径』［ハイデッガー全集　第五巻］茅野良男、ハンス・ブロッカルト訳（創文社、一九九八年、三〇四頁）参照。
＊11　カール・マルクス『資本論（一）』向坂逸郎訳（岩波書店、一九六九年）参照。
＊12　ハイデッガー「何のための詩人たちか」『杣径』、三二五頁、参照。
＊13　同、参照。

そのような世界において、神は身を引く。しかし、リルケのことばが示すように、詩人はその不在を悟ることができる。このことを否定性の核心として認めることによって、彼らは一種の回復ないしは再生を可能にする。ヘルダーリンの詩「帰郷／つながりのある人たちに宛てて」に関するハイデガーの一九四三年の講義では、詩人は「神不在の近くにとどまり、高いところにいるものを名づける太初のことばが不在の神に対して近くにいる中から与えられるまで、不在に対して準備を整えながら近くにいるところで待ち受け」なければならない、と述べられている（*Elucidations of Hölderlin's Poetry*, pp. 46–47）[*14]。「ヘルダーリンと詩作の本性」において、詩人は「外に投げ出された――神々と人間との間である、あの間に投げ出された」者であると言われ、神の暗示と人々の声をとりまとめる者である（ibid., p. 65）[*15]。そして、「あたかも祝日のように……」という詩について一九三九年に行われた講演では、詩人が、奇跡のように遍在するもの、「力強いもの、神々しく美しいもの」に対して共鳴しつつ応じる有様が語られる（ibid., p. 76）[*16]。「自然」は、ヘルダーリンが「万物の創造者」そして「一切の命」[*17]と呼ぶものを表わす適切なことばとなる。ピュシス（*physis*）としてそれは火であり炎であり（ibid., p. 79）、物を名づける詩人にとっては、霊感の源である（ibid., p. 82）[*18]。これは、言語を媒介にした人間と世界の相互所有がもつ幅広い形而上学的構造をほのめかすものである。こうして、ヘルダーリンへの転換は、ソクラテス以前への転換を伴うものであり、ロゴス（*logos*）とピュシスの統合に向かうものである。

＊14　ハイデッガー「帰郷／つながりのある人たちに宛てて」『ヘルダーリンの詩作の解明』、四〇頁、参照。
＊15　ハイデッガー「ヘルダーリンと詩作の本性」『ヘルダーリンの詩作の解明』、六三頁、参照。
＊16　ハイデッガー「『あたかも祝日のように……』」『ヘルダーリンの詩作の解明』、七九頁、参照。
＊17　同、八一頁、参照。
＊18　同、八五頁、参照。

詩人は、洞窟の影を起点に、その影が投影される仕方に注意を喚起しながら行く手を先導する。この主題化は、とりわけ詩それ自体の性質についての省察を通じて可能になる。これは、ポイエーシスの生産的性質、言語の陳述的な性質、そして言語が物を立ち現れさせる有様についての省察である。というのも、後に再び論じるように、第二段階の上昇には、枠付けの言語がある特定の種類の現れを可能にする仕方を理解するようになることが深く関わっているためである。ハイデガーがヘルダーリンについて書くのは、後者がその執筆において、主として詩の本性、その本質に関心をもつからである（'Hölderlin and the Essence of Poetry', ibid., p. 52）。[*19] これは一種の存在論的探究であり、その内で、語ること、運命づけること、本質は、徐々に合体していく。

しかしながら、そのような詩的思考がもつ創始の力を認識することには、危険性を認めることが深く関わる。人間が何かしら顕在的なものに曝されるのは言語を通じてのみであるとすれば、この「最も無垢な」ものも危険性を生み出すことになる。「ことばとしてのことばは、それが本質的なことばなのか、それともまやかしであるのか、ということについて直接的には全く保証を与えない。……このような言語はたえず言語自身によって生み出された幻影の中に身を置いていなければならないし、それによって言語の何よりも独自なものである真の言述を危うくしていなければならない」（ibid., p. 55）。[*20] 技術それ自体の危険は、こうした観点からでなければ認識されないであろう。教育が約束するものと、それが陥りがちな悪弊を明らかにしようとするなら、言語によってわれわれが陥れられるところの不安定な状態を理解しなければならない。

＊19　ハイデッガー「ヘルダーリンと詩作の本性」『ヘルダーリンの詩作の解明』、四七頁、参照。

＊20　同、五〇―五一頁、参照。

後の著作、特に一九五一年の講義「建てる　住む　思考する」および、「詩人のように人間は住まう」においてハイデガーは、詩的なものを建てることと住むことの可能性そのものに結びつける中で、これらの主題をとりまとめている。後に再び論じるように、名づけることはいつでも、既存の物に対してある名前を与えることと以上のものであった。それがここでは、尺を取ることとの関連で理解されるようになる。[*21] 明らかにそれなくして建てることはありえないし、またさほど明らかでないにしても、住むこともありえない。後者は、われわれが学習に際して次第に物を尺度で測り、物事を推し量ることができるようになり、その測ることを、新たな予期せぬ方法で広げていく有様に見ることができる。（ルートヴィヒ・ウィトゲンシュタインもそう述べるであろうが、これは規則遵守の学習に関わることがらである。）こうして尺を取ることは、既存の物に既存の尺度を適用するというよりもむしろ、まさに測ることの可能性そのものを創始することである。尺を取ることがいかにして始まるのかと問うことは、言語がいかに始まるのかというお馴染みの問いに似ている。重要な諸点において、まさに両者は同じことなのである。

> この尺を取ることはそれ自体、本来的な意味での測るということであって、建物を作るために既存の物差しを用いて行うようなたんなる測量ではない。しかし詩を詠うとは、住むことの次元を本来的に計り知ることであり、ゆえに建てる始まりであるのだ。詩を詠うとは、人間が住むことを何よりもまず住む本質へと、その現前する存在へと向かわせるのである。詩を詠うとは、根源的に住まわせることなのである（*Poetry, Language, Thought*, p. 227）。[*22]

ここで事態の核心にあるものは、測ることの性質、すなわち、われわれにとって規準とみなされるものの性質だけではなく、まさにそのような規準の可能性そのものである。そうした詩的思考が構築する存在の家はまた、教育が創始するもの、すなわち教育によるわれわれの世界の建築と設立でなければならない。先に考察したように、詩とは、「ことばにおける存在の創設」である。

＊21 「尺を取ること」の英語の原語は、'measure-taking' である。英語の 'measure' は、後出の「韻律」(metre) と共に、物理的な意味での測定と、詩や音楽のリズムに言及しうる。両者の意味は相互に関連している。例えば 'to gain the measure of something' は、慣用句として、何かを理解するようになることを意味する。

＊22 ハイデガー「詩人のように人間は住まう」『哲学者の語る建築――ハイデガー、オルテガ、ペゲラー、アドルノ』伊藤哲夫、水田一征訳(中央公論美術出版、二〇〇八年、三三―三四頁)参照。

そうであるなら、詩的なものをポイエーシスとして説明し、言語を陳述的なものとして説明することが、いかにしてあるべき世界と教育にとって不可欠であるかのみならず、それと必然的に結びつくポイエーシスの可能性そのものについての存在論的な省察にとっていかに不可欠であるかも明らかになる。当然のことながらハイデガーの著書は、技術がわれわれの実践にもたらす全体化の効力を明るみに出す力をもつゆえに、教育において賛美されることになる。行為遂行性は、今日の教育に対して最も幅を利かせ、最も切迫した脅威である。この著書が提供する否定的批評は確かに重要なものであるが、それは詩的なものの説明の中で具体化される、ハイデガーによる価値の肯定に込められた果てしない豊かさと関連させて理解する必要がある。本質的な価値に結びつくものとしての真理の意味、すなわち実在を回復し、知識の対象を回復することは、命題の特性としての真理を理解することに対置されるものであり、ニヒリズムの克服の核心にあるべきものである。これは、ある意味で教師が抱える課題を示すものである。そうであるなら、精神的指導者および教師という含意をもつドイツ語の単語、'*Dichte*'(詩人/先達/予言者)の力は、洞窟への回帰の筋書きにおいて特に重要である。真理への上昇の性質と詩的なものの本質的性質についてのハイデガーの説明を考慮するなら、そのような人物は、善き教えのあるべき姿を模範として示さなければならない。'*Dichte*' はまた、実践を創始することができるという意味でも導き手となる。すなわち、物の尺度を発見し、重要であるものの規準を実現し、啓発すること（edification）によってである。これは同時に、'*aedificare*'という語[*23]が示すように、建てることでもある。

＊23「啓発する／建設する」を含意する英語'edify'の語源。

ハイデガーは詩的なものの説明を行うわけであるが、それにもかかわらず、ここには悪名高き諸問題がつきまとう。その問題とは、彼自身のテクストが時折ほのめかす難解さと欠点である。それは、いわば彼自身の意図に反して彼が否定するにもかかわらず生じ、少なくともそのように見える、難解さと欠点であると言ってよかろう。ここでこの問題に目を向けるにあたり、私はとりわけ、語られぬものに対するハイデガーの関わり方を強調してみたい。このことは、語りえぬものについての本質的な問いにあてはまるだけではなく、彼が引き合いに出す典拠との関係にもあてはまる。このようにして私は、解釈と忘却という主題について、非ハイデガー的な問いかけの準備をしようと思う。ここでの目的は、政治的行動と信念についての彼の沈黙に関してお馴染みの問いを直接的に投げかけることではなく、語られていないものに対して彼がもつ関係のより精妙な諸側面を露わにすることである。それによって、詩的なものと本質についての彼の捉え方に光が当てられることになる。

ハイデガーの思考において本質についての思想と詩的なものについての思想の間には、緊密で、まさに本質的なつながりがあることは明らかである。トムソンが強調するように、本質は、永久に持続するものというプラトン的概念の観点から考えられるべきではなく、むしろハイデガーが述べるように、動詞として捉えられるべきである（Thomson, 2002, p. 246ff.）。「本質」は、存在物が明るみに出され現存在によって理解されるようになる歴史的な有様を示す。それは、歴史的連続性をもつ理解可能性の諸配列という観点から理解されることになり、その一つ一つの配列が基盤の必然的な現れを差し出し、そのような思考の仕方をいわば内側から外に出す形で支える。こうした存在神論は、「理解可能性を根本から作り直す自己成就的な予言」のようなものとして、歴史的に機能する（Thomson, 2002, p. 248）。存在者とは何かについての理解の歴史的変化は、教育とは何かについての理解を変容させる。現行の教育は、ハイデガーがあからさまに嘆くように、枠付けによって形成されている。これが存在についての技術的理解であるということは、十分に明らかである。それがニーチェの思考の産物——力への永劫回帰の意志——であるということは、重大な取り違えであるように思われる(2)。

こうした主張、とりわけ、「本質」の「ことばに関わる」性質についての指摘を見れば、ハイデガーの思考を、洞窟の比喩の含意として通常理解されるような形而上学的な像に単純に対応させることができないことは十分明らかである(3)。他方で、こうした主張がどの程度、詩的なものについてのハイデガーの理解や詩人についての彼の読み方と調和しうるかは不明である。この点に関して二つのことを述べておかねばならない。第一に、解釈の性質とその理解の仕方を、彼の運命の捉え方と関連させ、なおかつ複数の論文の中である特定の語彙が繰り返し用いられることに関連させて理解する必要がある。第二に、ハイデガーの思考における転換は、故郷という主題がとりわけ目立つものであることに関連づけられる。そして次にはこのことが、彼の思考における嘆きとノスタルジアの側面を示唆することになる。皮肉なことに、ハイデガーが本質という思想の中に見いだすことばのダイナミズムは、ニーチェの思考のディオニュソス的な要素の中に一層鮮明に現れている。

第2節　開示と解釈

ヘルメースは神々の使者である。この使者は運命の知らせを告げる。ヘルメネウエイン（*hermeneuein*）という動詞は、説き明かすことを意味しているが、それは運命の知らせを聴き取って明るみに出し、お告げをもたらすことである（'A Dialogue on Language'）。[*24]

第一に、ハイデガーの思考に及ぼされたと考えられる諸々の影響に注意を払うことが重要である。ハイデガーの詩的なものについての概念は、確かに力強く、豊かで、きわめて重要であるが、時に想定されるほどには、完全に独創的とは言えないであろう。例えば、ラルフ・ウォルドー・エマソンの論文「詩人」は、いくつかの重要な点において、ハイデガー自身のものと類似した詩的なものの捉え方の輪郭を示している。その一八四四年の論文「詩人」（'The Poet'）において、エマソンは述べる。「すべての人が詩人の到来に何らかの関心をもっているが、それがどれほど自分に関わりをもちうるかについて知る者はいない。われわれは、世界の秘密が深遠であることを知っているが、誰が、あるいは、何が、われわれのために解釈をする者となるかについては知らない」（Emerson, 1982, p. 264）。[*25] 詩を作るものは、韻律ではなく、韻律作りの思考である。[*26](4) 詩人の役割は、告げ知らせ、確言することである。というのも、自然が与えるものは、固定され永久的なものとして——自然のままの与件や感覚的印象という観点から——理解されるべきではないからである。むしろそれは、記号学的に捉えられるべきである。「自然は、あらゆる創造物を、絵画的言語として詩人に授ける。類型として用いられると、対象の中にその古い価値よりもずっとすぐれた素晴らしいもう一つの価値が現れる。それは、十分に耳を近づけてみるなら、大工の細縄がそよ風の中で音楽を奏でているかのようである」（ibid., p. 266）[*27]。そして、論文「自然」（'Nature'）の中でエマソンは書く。「世界は象徴的である。発話の諸々の部分は比喩である。なぜなら、自然全体が人間の精神の比喩であるからだ……物理学の公理は、倫理学の法則を翻訳する」（ibid., p. 53）[*28]。

＊24　ハイデッガー「言葉についての対話より――ある日本の人と問いかける人との間で交わされた」『言葉への途上』［ハイデッガー全集　第一二巻］亀山健吉、ヘルムート・グロス訳（創文社、一九九六年、一四三頁）参照。

＊25　エマソン「詩人」『エマソン論文集（下）』酒本雅之訳（岩波書店、一九七三年、一一五頁）参照。

＊26　原語は、'metre-making argument'。訳注＊21を参照。

＊27　エマソン「詩人」『エマソン論文集（下）』、一一七頁、参照。

＊28　エマソン「自然」『エマソン論文集（上）』酒本雅之訳（岩波書店、一九七二年、六四頁）参照。

ことばにおいては、言語と世界の緊密性を反映する形で、あるいはスタンリー・カベルが述べるように日常言語学派の哲学を裏書きする形で、存在の基礎づけがなされている（Cavell, 1989, p. 80ff.）。ここでカベルの思考は、彼の論文の題目でもある「基礎づけることとして発見すること」（finding as founding）というエマソン的な主題を軸に展開する。これによって、エマソンがまさに条件（*condition*）という思想そのものに心を奪われている様子を吟味するための布石が打たれる。エマソンが取り組んでいるものは、この用語の中に凝縮されている、口述（*dictation*）と順応（*conformity*）である[*29]。私が継承しなければならないことば、まさに私の表現手段こそが、私を順応へと駆り立てうるのである。別の見方をするなら、もしハイデガーの述べるように思考が手仕事であるなら（*What is Called Thinking?*, p. 16ff.）、このことは、思考が有益かつ実用的な仕事をなしうるものであるのみならず、把捉への傾向性、いわば物に対する暴力性をもつものでもあるということを意味する。同様に、エマソンも論文「経験」（'Experience'）の中で、掌握すると同時に対象物が手からすり抜ける有様を、「われわれの条件の最も醜く／摑みがたい（unhandsome）部分」であると捉える（Emerson, 1982, p. 288）[*30]。そして再び見方を変えるなら、これは私の文化の規準に関わることがらであり、その規準は私のために召還されねばならず、それによって、あるいはそれに抗って、私が自らの自由を拡張しなければならないような諸条件を供給するものである[5]。それに代わる状態は、退屈な順応、すなわち私の命の血が凍らされることである。

＊29　‘condition’という単語には、‘con（＝together）-dir（＝say）’、すなわち、語ることに合意し、ことばによって語りかけられる存在としての人間、という含意がある。

＊30　エマソン「経験」『エマソン選集3　生活について』小泉一郎訳（日本教文社、一九六一年、一八二頁）参照。

よって詩人は、美しく／摑みやすい（handsome）思考の可能性を例証する。ハイデガーを先取りすると同時に、彼にとって有益であるとも考えられるようなことばを用いて、エマソンは、詩人による構築的な書き物の流動性を強調する。

> しかし、想像力の特質は、流れることであり、凍ることではない。詩人は形式や色にとどまらず、それらの意味を読み取った。場合によってはこの意味に安息せず、同じ対象を自らの新しい思考の解釈者となす。ここに、詩人と神秘家の違いがある。後者は、ある象徴を一つの意味に釘付けにするが、それはつかの間、真なる意味であっても、じきに古く誤ったものとなる。というのも、あらゆる象徴は流動的であるからだ。あらゆる言語は乗り物のように伝達し推移するものであり、フェリーや馬のように運搬に役立つのであって、農場や家のように定住の家屋として役立つものではない（ibid., p. 279）[*31]。

このように家とは異なるものとしての運搬を通じて伝えられる思考は、定住や故郷への回帰以上の何ものかを示すという意味で有益である。こうした思考は、そのエネルギーを現実のものとするための新しい方法を模索する。それは、経験の新しい強度の解放であり実現である。エマソンは、そのような人間が「電流全体の伝導体」であると言う（ibid., p. 283）[*32]。ここには、ニーチェがエマソンにその一部を負っているディオニュソス的なものについての暗示がある。これは、力への意志についてのハイデガーの自己中心的解釈とはかけ離れた世界である。だが、たとえニーチェ経由のそうした思考の言い回しに関するハイデガーの捉え方が読み違いであったとしても、エマソンの論文に表明される物の見方は、ハイデガーによる詩的なものの捉え方と十分共鳴するものであり、ある程度はエマソンからの影響を考えることもできるように思われる。

＊31　エマソン「詩人」『エマソン論文集（下）』、一三八頁、参照。
＊32　同、一四四頁、参照。

東洋の典拠との関係について言えば、より直接的な影響が見られるが、熱心に求められているわりには往々にしてその影響は認められないままである。逆に日本では、ハイデガーの著作に幅広い関心が寄せられていた。数多くの研究者がハイデガーのもとを訪れ、『存在と時間』の複数の翻訳が企てられた(6)。手塚富雄は、ハイデガーとの会合についての短い記述の中で、二人が抱いた強烈な親近感を明らかにしている。彼は、詩の重要性についての感覚をハイデガーと共有し、また詩が時間および時間の働きと最も緊密に関わるようになるのは、その関わりが気づかれていない時点である、という確信をも共有していた（'An Hour with Heidegger', in May 1996, p. 64）[*33]。思索者の「教説」は、本章冒頭の題辞を思い起こせばわかるように、「語られるものの内に語られていないままであるもの」である。ラインハルト・メイは、東アジアの影響について綿密に議論する中で、ハイデガーは往々にして、思想や言語の様式を他から援用してもその影響をほとんど認めようとはしなかった、という結論を導き出している。そしてとりわけそれがあてはまるのは、彼がマルティン・ブーバーの翻訳（Buber, 1910）を通じてその作品に出会った、詩人としての荘子からの援用であると言う。詩人は、とりわけ典拠を明示することが語られるものの効果を弱めるかもしれない場合には、それを明示すべきでないということかもしれないし、少なくとも、そのような申し開きがなされるかもしれない。そうであるなら、この点に関し、*'Dichte'* の役割はハイデガーにとって、ある意味で都合のよいものであったということになる。さらに、そのようなテクストの読解に関係した詩的慣用法についての想定は、例えば中国の非形而上学的な伝統に由来する思考が、存在の歴史についてのハイデガーの捉え方とどの程度相容れるのかについて、かなりの疑問を残すものである。無についての非形而上学的な思考が、形而上学に回帰することなく、この存在論的解決の歴史と和解することは可能なのだろうか。ハイデガーが無の性質について決着をつけるのは、この歴史の中から、あるいはそれとの関係においてである。その事実は、現前の形而上学についての批評の布石を打つものであるかもしれないが、沈黙や語られていないものに最も関わりをもつ東洋の思考の諸側面を十分に反映するものであるとは言いがたい。ここにおいてハイデガーの企てには、いかに彼が避けようとしても、どこか自滅的な部分がある。これに対して、「言葉についての対話より」のようなテクストは、こうした問題に対してハイデガーの側が示す感受性を、ある程度のところ明るみに出すものかもしれない。語ることの秘密という神秘に関してなされる問いかける人の質問に対し、また語りつくせぬものを語ろうとする試みに応答し、日本人は答える。「秘密というものは、秘密が支配しているという事態が明るみに出ない時にのみ、初めて秘密たりうるのである」（*On the Way to Language*, p. 50）*34。

＊33　原典は以下の通りである。「そして、本当の詩が、人の目につかぬところで、時代と時務に最も密接に交渉することについては、何の疑いももっていなかった」（手塚富雄「ハイデガーとの一時間」『手塚富雄著作集　第五巻』（中央公論社、一九八一年、三五四頁）参照。

＊34　ハイデッガー「言葉についての対話より——ある日本の人と問いかけるある人との間で交わされた」『言葉への途上』、一七九頁、参照。

本章で論じている詩人たちにより直接に向き合う上で、ハイデガーの詩人についてのヴェロニク・フォーティの緻密な研究は注目に値する。フォーティは、ハイデガーの読み方が、集中点ないしは収束点にテクストを引き寄せる傾向をもつ有様に注意を喚起する。これは、時に詩が実際に語ることに反し、その範囲を逸脱するような読み方でもある。例えば、ゲオルグ・トラークルの著書において、「集合点」は事実上、象徴的に示されはしても、決して到達されることはない。それは「語られていないものの中で位置をずらされた」ままである（Fóti, 1992, p. 15）。ハイデガーの読み方は、つまるところ「詩を領有的に侵犯し変形するもの」となる。つまり、「トラークルが詩において、特に疎外を主題化する際の、断絶や否定性を覆い隠してしまう」（ibid., pp. 15-16）。トラークルの詩における異邦人の姿は、ハイデガーによって、精神的な暗闇から神聖なものに向けての上昇のモチーフとして読まれる。けれども、ハイデガーがそれを孤独のロマン化となそうとしているのとは逆に、トラークルの詩において異邦人は破壊的要素であり、迫害と流浪を象徴するものである（ibid., p. 18）。

フォーティは、〔ハイデガーによる〕ヘルダーリンの読み方についても同様の指摘をする。ハイデガーは、自分自身の著書が文学的学問の実践と目的からは区別されるものであるとはっきり述べている。その代わりに彼の著書は、その対象（およびそれ自体）を、初期ギリシャ思想の約束を結実させるような宿命を運ぶ変容という観点から理解するのである（ibid., p. 61）。ここまではもちろん、詩人と思索者、すなわち'Dichte'となったハイデガーによる、歴史的な創始と基礎づけ作業の一部であると言ってもよかろう。この宿命を運ぶ思考は、ハイデガーが「挨拶」や「祝祭性」といった意味深長なことばの正体を明らかにしたり、マントラのように繰り返したりする場合に見られるアプローチを導くものである。つまり、「本質」、「運命」、その同族言語について彼自身が執筆する際の呪文的なことばの繰り返しに反映されるアプローチである。その読み方は、異種性と多声性に逆らうものである。それは、諸々の詩の間の差異や詩のジャンルの間の差異を十分に銘記し損なうものであり、すべてをその統一的で本質的な解釈に仕向け、運命の知らせを独自に聴き取って、お告げをもたらす。ヘルダーリンは「ムネーモシュネー」（'Mnemosyne'）の中で想起の死、あるいは詩的コミュニケーションの失敗について語るが、ハイデガーはこの点を見逃している。また、火の比喩的表現に含意されるすさまじい破壊についても見逃し、代わりにそのテクストが「詩人によって経験される、計り知れない地盤の崩壊」に言及するものであると解釈する（ibid., p. 68）。ジャック・デリダが示すように、ハイデガーは、政治的命運を決する一九三三年から一九五三年の間、精神について熟考することによって火の破壊的側面それ自体を「火、炎、燃焼、火災」という観点からみなすに至った時ですら、火の破壊的側面を見逃しているのである（Derrida, 1987, p. 83）。最も深刻な点は、ハイデガーの解釈が一部のテクストの解読不可能性——テクストによる読解への抵抗、全体化する思考の攪乱——を忘却しているということであろう。というのも、ハイデガーの解釈が事実どれほど偏ったものであるにしても、彼の語調には、これらの詩人によって語られる宿命を運ぶことばを一貫して聞き分けていることの揺るぎない確言を、繰り返し聴き取ることができるからである。つまり、それは詩の本質を達成するものなのである。

ハイデガーが自らの解釈に対してもつ自信は以上の通りであり――そしてこのきわめて多くの部分が、解釈の単一の声を好む暗黙の前提と、それに向かう断固たる勢いに基づいているので――彼はある種の沈黙の意義を認めることができない。沈黙がハイデガーのテクストに「現れる」ことは確かなのであるが、それはただ美化され、彼の思想における政治的なものの宿命の象徴となるだけなのである。ヴェロニク・フォーティはテオドール・アドルノの問いとエドモン・ジャベスの答えを取り上げる。アウシュビッツの後に、人はもはや詩を書くことができないのであろうか。あるいは書いてはならないということなのであろうか（Fóti, 1992, p. 74）。ハイデガーにおけるこの語られていないもの、すなわちこうした問いを尋ねること自体の不可能性は、ジャン゠フランソワ・リオタールが詳細に示しているように、ハイデガーが記憶不可能なものを考える能力をもたないことを反映している（Lyotard, 1990）[7]。沈黙はハイデガーがほとんど耳を傾けることができなかった問題であるということを悟るために、一九三〇年代の彼の政治的活動についての「沈黙」に注意を向ける必要はほとんどなかろう。ハイデガーの詩学こそが、語られていないものの政治学となるのである。

最後に、詩的なものについてのハイデガーの解釈と理解に見られる限度と手抜かりは、彼の思考に明白に示される全般的な無能さという、より広い背景に位置づけられる必要がある。トラークルの中の異邦人の姿に然るべく応答し損じていることは、ハイデガーの思考における承諾と歓待の一層幅広い欠如の徴候である。これはとりわけ、故郷と運命に対する彼の賛辞に現れている。共同体内部の人々は、他者の声を覆い隠す調和的共有（相互共存［*Miteinandersein*］、相互共有［*Miteinanderteilen*］）に没頭する。他方で、他者志向の徳は、（他の異なる）人々にではなく、存在に対する崇敬に――あるいは四方域ないしは言語それ自体に――向けられる。以下では、こうした他者への敬意を、多少なりとも以上のような限度から救い出すことが、私の関心の一つとなる。
しかしながら先に進む前に、詩的なものの思想と教育の性質をめぐる前述のテクストの中に収斂する比喩的表現によって示される、相互連関する二つのパターンに目を向けておく必要がある。一つめのパターンには、故郷、定住、運搬、運動、回帰という比喩的語句が含まれる。その両極は、時にハイデガーのテクストに支配的である（回顧的な）故郷へのノスタルジアと、エマソンとディオニュソス的なニーチェの中に見いだされる（前向きな）電流の強度である。もう一つのパターンは、貨幣、硬貨、通貨、凍ることと流れることであり、その両極は「凝固すること」と「溶けること」である。リルケにおいてこれらのパターンは同時に見いだされる。ハイデガーによって引用される手紙の中で、リルケは、その昔、一四世紀、「貨幣がまだ黄金であり、まだ金属であり、美しい物であり、あらゆるものの中で最も扱いやすくわかりやすいものであった」ということを思い起こす（*Poetry, Language, Thought*, pp. 113–114）[*35]。この通貨が近代世界で獲得するようになった「振動」[*36]は堕落であり、これに対する応答として彼は、本来のエネルギーがその源である岩の不動性と隠蔽性へと流れ戻る様子を思い描く。

*35　ハイデッガー「何のための詩人たちか」『杣径』、三二三頁、参照。
*36　同、三二二頁、参照。

われわれのことばもまた、一種の通貨であり、流通と交換の中で愚鈍なものになる危険に瀕している。われわれの思考もまた、静止したままでありうる。そして後ろを振り返り、諸々の可能性を閉ざしてしまいうる。これに対して、詩的言語は、あるいはもっと適切な言い方をするなら、われわれの言語は、詩的である限り、新しいことばを鋳造する可能性を差し出す。この可能性は、愚かな仕方で新造語を考案することによってではなく、われわれにとっての物の有様を表現する様々な新しい方法を見いだすことによって、すなわち多様な仕方で前進する言語を見いだすことによってもたらされる。この可能性こそが、まさにわれわれの責任であり、とりわけ教育における責任なのである。

第3節　他者を志向する／別の仕方での教育（education otherwise）

以上のことは、教育に対するハイデガーの意義についてどのような見方を示しているのであろうか。いくつかの結論を導き出す時がきた。第一に、技術による枠付けについてのハイデガーの説明には、疑うことなく、今日の世界、とりわけ教育の世界を理解する上でおおいなる価値がある。第二に、詩的なものについての彼の説明は計り知れないほど豊かなもので、こうした枠付けの傾向に抵抗しようとする場合に決定的な重要性をもつような言語の捉え方を提示する。第三に、その説明はハイデガーが含意するほどには独創性をもたない（エマソン、ニーチェを参照）。第四に、ハイデガーによるテクストの読み方は、解釈の一義的様式に向かう傾向がある。これによって、彼が最も大切にするテクストさえもが（あるいは、特にそうしたテクストが）曲解され制約される。それは、詩的なものを阻止し、本質化する。第五にハイデガーは、自らの典拠の一部を認め損なっている。ある特定の影響や典拠について「忘却すること」は、彼の政治生活における脱線について「忘却すること」と一致すると同時に、記憶不可能なものについて考える能力の欠如とも一致する。（これによって今度は、彼が領有する東洋の思考が曲解されることになる。）第六に、以上のことがらの結果として、ハイデガーが政治的なものを美的なものとなすことは、結局のところ形而上学的な思考への崇敬によってもたらされる帰結であり、存在論それ自体を優先化し美的なものとなすことの帰結である。

以上に照らして、ハイデガーの思考が高等教育に対してもつ意義としてトムソンが見いだすものを手短に再考すべきであろう。すなわち、エクセレンスの思想の新たな本質化ということである。これには、第一に、「卓越した個人を形成すること」に共に身を託すことが深く関わり、第二に、研究される様々な教科の存在論的な前提についての共通の問いかけが深く関わるとみなされる。確かに、これら二つの目的の間には密接な関連性がある。エクセレンスの完成主義的な形式は、世界を開示するという人間に特有な本質の観点から理解される一方で、あらゆる探究の形式に義務づけられる存在論的な身の託し方はそれ自体、開示の性質と様式についての省察である。開示についての省察はそれ自体、一種の開示であらざるをえない。教育におけるそのような身の託し方は、多くの点で歓迎すべきものではあるが、トムソンの探究から導き出されるどこか抽象的で形式的な帰結でもある。そうした身の託し方によって、今日の高等教育を悩ます諸問題がどの程度対処されるのかは明らかでない。さらに、そうした身の託し方が、ハイデガーの最良の思考を脅かす形而上学の復活をどの程度逃れるものであるかについても、疑問が残り続ける。

私自身の意向としては、前述したようにハイデガーの思考が（否定的な意味で）技術の正体を暴くというだけではなく、次のような真理を（肯定的な意味で）明るみに出すという点で、その思考の最良の意義を見いだしてみたい。つまり、われわれがどのような言語を使用するかということは、どのような教育を行うかということにとって重大な意味をもつ、という真理である。なぜ、教育について語るための思慮深く豊かな言語が欠如しているのであろうか。なぜ、教育を受けた人々はこの問いをさらに問うことをしないのか。詩的なものについてのハイデガーの説明は、究極的にどれほど弱められようとも、現代の教育の挫折の性質と、これを超える道の可能性を明るみに出す潜在的な力をもつ。行為遂行性の窮状に閉じ込められない教育の言語を見いだす必要がある。このことは、冒頭で述べたように、今日の教育において最も差し迫った問題である。

以上のことがらについて、ハイデガーの壮大な思考は十分に示唆に富むものではあるが、それを認めた上でなお、私はその欠陥を多少なりとも示そうとしてきた。ハイデガーの思考は否定性と郷愁に向かい、本来その思考が解放するはずのエネルギーを阻止してしまう。そこにおいて語られていないものが証言するのは、記憶不可能なものではなく抑圧である。ハイデガーの思考は、事態が最も切迫した倫理的な関心事であるところで、存在論を美的なものとなす。さらには、宿命を運びつつお告げをもたらす中で、われわれの言語と生活が広範に及ぼす力を覆い隠す。こうした否定性への傾向に対して、エマソンは、詩的なものについて同様の理解に依拠しつつも、思考と存在の強度を志向し、ニーチェのディオニュソス的思考への布石を打つ(8)。

こうした適切な感受性を備えた言語の重要性を例証するものは、教育における標準という中心的な問題との関連性の中に見いだすことができる。今日広く行き渡っている標準と品質管理に関する専門用語は、偽りの厳格さを万全に装いつつ、現行の実践に見られる機械的で行動主義的な特性を反映するものである。これは偽造の通貨、あるいはせいぜいのところ、標準が本来維持すべき価値の感覚が鈍ってしまったところで用いられる通貨である。標準を維持することは、たんに既存の尺度をもとに評価を読み取るだけのこと(「既存の物差しを用いて行うようなたんなる測量」)ではありえない。規準は応用されること、すなわち判断されることを必要としており、われわれは判断することを通してことばを行使する。そうした状況において真の厳格さは、「本来的に計り知ること」、詩的なもの、すなわちポイエーシスに関わる韻律作りの思考を要求する。言語に対するそのような責任なしに、標準を上げることはできないのである(その場合の標準とは、われわれが掲げ、その後ろについて行進するような旗として想起されるべきものである)。

しかしながら、ハイデガーの思考が教育に対してもつ意義を方向づけ直すための別の方法もある。そのためには、異邦人という主題に立ち戻ることが必要である。というのも、これは様々な意味で、詩的なものについてのハイデガーの理解につきまとう諸問題を集約するものだからである。エマニュエル・レヴィナスは、ハイデガーが存在論にとらわれているために人間の他者への関係を理解したり十分に説明したりすることができなくなってしまっているということを、数々のテクストにおいて示す。ハイデガーにおいて他者への関係は「相互共存在」にすぎず、これが許容する物の見方には驚くほど限度がある。『全体性と無限』においてレヴィナスは、「自らに安住する存在をかき乱す「異邦人」」の姿について書いている(Levinas, 1969, p. 39)[*37]。ハイデガーに見られるこうした欠如は、結局のところ、彼の存在論的企てそれ自体を根本から覆すものである。そして彼の存在に対する崇敬は、美的なものにされ、枯渇させられる。それは一種のニヒリズムへと失墜する。これとは対照的に、レヴィナスが敬愛するものは、本質的に他の人間(「他者」(the Other))への非対称的な関係である。

*37　エマニュエル・レヴィナス『全体性と無限——外部性についての試論』合田正人訳(国文社、一九八九年、四〇頁)/レヴィナス『全体性と無限(上)』熊野純彦訳(岩波書店、二〇〇五年、五二頁)参照。

ハイデガーの思考においてこのままでは危険に曝される他者への敬意を回復するために、人間の他者に対する関係がもつ非対称性を、別の他なるものたちへと拡張するジョン・ルウェリンの試みについては、次章で詳細に論じる。

本章で論じてきたハイデガーの思考がもつ豊かさは、受容性の可能性——「聴き取らせる」(*Gehörenlassen*)「在らせる」(*Seinlassen*)「なすがままであること」(*Gelassenheit*)に含意されるもの——を生き生きと描き出していることにある。これらは、四方域の間の相互に反映し合う関係にとって必要とされる、他者志向の徳である。「世界の円舞」は「音が鳴り響く鏡の演技」であり、そこから「物を物たらしめる作用が生じる」（*Poetry, Language, Thought*, p. 180）。エマソンは、そよ風を受ける大工の細縄に音楽を見いだす。もし、物が動詞を生成する作用が、動詞としての「本質」の意味を反響するものであるなら、それは、詩的なものは停止したり凍るものであってはならず、思考の運搬の手段であらねばならない、というエマソンの主張を思い起こさせるものでもある。そうであるなら、教師と学習者の実践は意味を読み取ることでなければならず、意味の内に安息することであってはならない、すなわち、同じ対象を新しい思考を表明する機会として用いることでなければならない。

洞窟の比喩についてのハイデガーの読解は、光に向かって上昇した人の回帰を強調する点に斬新さがある。これは、教師の回帰である。このパターンを、運命を伝えるお告げの運び手の回帰以外のものとして読み取ることは可能であろうか。教師は、たんに真理を事前に携えただけで暗闇に戻ることはできない。というのも、教師は真理の明るい光に目がくらみ、そこで「規準を与えている真理の圧倒的な力」、すなわち洞窟における通常の「現実性」が見えなくなってしまうからである。教師は、生徒の世界を構成する幻影に直面して当惑するであろう。だとすれば、そのパターンを、教師が繰り返し行わなければならない回帰――新しいことばの発見、基礎づけることとして発見すること、まさに再び出発するために戻ること――として読むことはできるだろうか。ここに含意される受容性と責任によって、われわれの条件（condition）にとって妥当な応答をハイデガーから救い出す、あるいは、引き出すことができるかもしれない。他者を志向する／別の仕方での教育のための詩学を。

（1）これらの問題についてのより徹底した説明については、Standish, *et al.*（1998a）と Standish（2001）を参照。 レディングズの『廃墟のなかの大学』についての批判的議論については、Standish（1999）を参照。

（2） 教育をめぐる今日の技術的理解の支配についての批評に対するニーチェの関連性を探究するものとしては、Standish *et al.*（2000）を参照。

（3） しかしながら、そうした通常の理解の仕方では、プラトン自身の説明における詩的なものの機能が不十分にしか認識されてこなかったということは確かである。このことは、彼の形而上学の理解のされ方に関連している。こうした状況は、プラトンのようなテクストにおける、詩的なものや芸術に対する関係のもつ両義性を反映するものである。

（4） エマソンは書く。「詩を作るものは、韻律ではなく、韻律作りの思考――きわめて情熱的で生き生きとしていて植物や動物の精気のように、それ自身の構造をもって新しき物で自然を飾る思考――である」（Emerson, 1982, pp. 263–264）［1］。

（5） 『理性の主張』の中でカベルは書いている。「私に必要なことは、私の文化の規準を召喚することである。それは、私のことばと生活を追求し想像しうる過程で、文化の規準を私のことばと生活に対面させるためである。そして同時に、私のことばと生活を追求する過程で、私の文化のことばが私のために想像するかもしれないような生活に私のことばと生活を対面させるためである。つまり、文化が私の内で出会う道筋において、文化をそれ自身に対面させるためである」（Cavell, 1979, p. 125）。このテクストの後半で、カベルが「ことばがもつ／に対する寛容さと非寛容さの同時性」について語る際、「がもつ」と「に対する」（of）の二重属格は、こうした人間と言語の関係性における葛藤と潜在的な力とも言えるものを示している（ibid., p.186）。

（6） 特に、Yasuo Yuasa, 'The Encounter of Modern Japanese Philosophy with Heidegger'（in Parkes 1987, pp. 155–174）参照。

（7） リオタールは、ハイデガーの政治的活動に向けられるあまたの尋問がもつ扇情主義を避け、ハイデガーの行動と沈黙が彼の思考全体に埋め込まれたものであることを、巧みな仕方で明るみに出している。この主題の教育的側面に関連するリオタールのテクストの議論については、Standish（2001）を参照。

（8） ニーチェの思想がもつ教育の別の可能性そして、エマソン的な別の可能性は、Standish *et al.*（2000）（特に、第七章、第九章）で探究されている。ニーチェとリオタールが触発するディオニュソス的な強度についての見事な説明については、Gordon Bearn, 'Pointlessness and the University of Beauty'（in Standish, P. and Dhillon, P., eds, 2000）を参照。

〈章末注の訳注〉

［1］　エマソン「詩人」『エマソン論文集（下）』酒本雅之訳（岩波書店、一九七三年、一一三頁）参照。

第八章　平等に先立つ倫理：レヴィナスに続く道徳教育

第1節

道徳と道徳教育に関する今日の言説の多くを特徴づけているものは、空虚とニヒリズムである。このことは、正誤の区別を教えるという安易な考え方に見られるし、[1]価値と価値教育についての共通理解にも明らかに見てとれる。また、平等についての神聖視された想定のもとで権利についての語りが流布していることにも歴然と現れている。さらには繰り返し唱えられる標準というお題目の中にも見られる。[2]なぜこれをニヒリズムと呼ぶのか、なぜそれがある種の空虚とみなされるのか。それは、こうした道徳教育およびそれに関連することがらについての様々な考え方が、人間および主体‐客体関係についてのある特定の捉え方を共有しているからである。そこにおいて、価値は原初的なものとしての主体性に接ぎ足されるか、さもなくばこれに付加されるものである。このことについて、以下に続く私の議論の目的に則して、より詳しく説明していきたい。

本稿は、こうした今日の言説を、ジャン＝フランソワ・リオタールおよび、特にエマニュエル・レヴィナスの言明に照らして考察する。その際、倫理の優位性――他人との対面における私の絶対的な責任、私の他人への関係の非対称性——についてのレヴィナスの説明に依拠したい。それは、さもなくばここで私に向けられるかもしれない咎め立てをかわすためだけではなく、そのような思考の転換がもつ潜在的な力を示しうるような人間観を、概略的に描き出すためでもある。これによって受容性の重要性についての感覚が呼び覚まされる。受容性は、道徳的推論（そこでの中心的人物は自律的で自由な行為者である）の限度から倫理的なものを解放するのみならず、流布している徳倫理学の説明用語をもはるかに超える。(3)

私の議論が目指すものは、関連し合う二つの形で問題を顕在化させる。最初の問題は、倫理的なものを人間の経験の一区分とみなすことよって、他の諸区分を多かれ少なかれ手つかずにしてしまう傾向があるということである。倫理は、ある時間の範囲内で行われる仕事である。つまり、中絶、死刑、安楽死などの諸問題をめぐる葛藤に関わることがら——ラジオショーでの真摯な議論、あるいは教室内での議論に関わることがら——である。（そのような議論が時に奨励する仰々しさに留意してほしい。青少年に関わる多くの教師は、そのような問題についての議論が非現実性を帯びうるということを熟知しているであろう。それはおそらく、こうして議論されることがらが多くの生徒の生活経験から相対的に乖離したものであること、議論が抽象性を帯びていること、さらに、生活の大半とはほとんど無関係な議論の中で自らの立場をはっきりさせるよう多くの生徒に働きかける、仲間集団の圧力などが組み合わさった結果であろう。また、議論されることがらが、商業的な影響、あるいはメディアの影響を受けて些事に変じる恐れもある。これは例えば、「オプラ」（*Oprah*）*1のようなテレビショーや、プレーヤーが忠誠などの問題に関して複数の選択肢から決定していく「スクループル」（*Scruples*）*2といったゲームに見られる。そこでは「もし……とすれば、あなたはどうするか」と問いかけられる。）語彙が不安定に渦巻いていながらも、物事を区分するという倫理の特性が見受けられ、そこでは「もちろん、政治に宗教を持ち込むべきではない」といった物言いがなされる。あるいは、政治をスポーツに持ち込むべきではない、政治を宗教に持ち込むべきではない、ビジネスや専門的実践に道徳を持ち込むべきではない、等々である。これに伴い、客観性が価値からの自由として暗黙のうちに理想化され、「これに価値を持ち込んではいないか」とか、「断定的になるべきではない」といった非難めいた口調が一種の主観主義を指摘するものとなる。すなわち、唯一ありうる価値は個人的な価値であり、誰も他人の価値に対して判断を下す立場にはないということになる。もちろん、こうした考え方の背後にある動機は、様々な形で価値が人々に押し付けられてきた理不尽なやり方を考えれば理解できなくもないが、だからといって、そうした立場がより弁護可能になることもないし一貫したものになることもない。

＊1 アメリカで最も高い評価と人気を得るトーク番組「オプラ・ウィンフリー・ショー」を指す。この番組でオプラ・ウィンフリーはエミー賞を受賞している。また、女優としても活動しアカデミー賞にノミネートされた経験をもつ。

＊2 道徳的葛藤の解決策を各自が探すことをテーマにしたゲームの商品名。

これに関連する第二の問題群は、人間が社会と（すなわち他人と）準契約関係にしかない、根源的に孤立した諸個人であるという想定に関わる。そのような個人は欲求と欲望をもち、それらは充足を妨げるやむにやまれぬ理由がない限り、充足されるべきものである。私の判断に権限を与えるものは、まさに私の感情の真正性である。ゆえにあなたは私を判断する立場にはない、ということになる。このような諸個人は権利をもち、これによって（往々にして当然のことながら）声高な要求をなす絶好の機会が与えられる。また責任をもつが、これが昨今ではむしろ懸案のもととなっている。しかしここで責任は、いわば権利との論理的な相関関係から離陸していく。概して、両者は共に、比較的具体的なことがらに焦点化するものであり、そうしたことがらは、例えば（「これらはあなたの権利である」といった形で）一覧表に加えることができるようなものである。言うまでもなく、そうした権利は（再び当然のことながら）、機会均等政策の中心的関心事となる。

ここで述べたことがらの一部が、道徳教育の諸側面に直接関与している人々の考え方に典型的であるというよりもむしろ、そうした教育を支える一般的な考え方の背景であるなら、（道徳）哲学それ自体がこうした思考様式を免れてきたと考えるわけにはいかない。他人との契約関係にある個人という像は、トマス・ホッブズに一部由来するものであることは明らかであり、近代（英語圏）世界の道徳哲学の顕著な特徴であり続けている。同様に、われわれ自身が内なる深みをもつ存在者であるという近代的な意味合いは、最も明らかな形でルソーに起源をもつ。内なる深みに通じていることは真正性の要件であり、それを参照することが権威の根拠となる。ルソーの深淵にして革命的な思考における重要な要素は、内なる自己への権威の再配置が、計り知れない恩恵として平等の原理への道を開き、そして間接的には、代償として前述したような主観主義につながっているということである。

このような背景のもとで、物がいかに（われわれ人間に）現れるかという見地からそれを理解しようとする現象学の試みは、倫理よりも存在論に優位性があるのだという確信を強化する。ゆえに、倫理が、いわば事後にやってくるという危険が生じる。この点に関しても異議を唱えねばならない。「存在すべきか否か」が問題なのではない。これは、舞台の下でゴトゴトと音を立てる亡霊から注意を逸らすことにすぎない。その亡霊に対してわれわれは不可避的に、逃れえないものとして、常に責務を負っているのである。[4] レヴィナスは一般化された責任を志向する。

以下では、リオタールとレヴィナス、二つの引用を別々に論じ、それらがこれまで考察してきた類いの見解を覆すような道筋を探っていきたい。

第2節

『リオタール寓話集』においてリオタールは、あらゆるものが果てしない郊外地に飲み込まれているような、世界に広がるメガロポリスという観点から、グローバル化の影響を思い描いている。この暗黒郷では、欲求が充足され、権利が行使され、また、視聴者参加番組や意見代表者のグループがありとあらゆるできごとに反応することによって、すべての人々が意見を表現することができる。あらゆるものが表象されるのである。しかしリオタールは、私秘性、そして沈黙――表象できるものを超える沈黙と私秘性――という第二の生活が、権利の主張に先立たなければならないことに注意を促す。背景にある沈黙は、権利が明瞭化されるために必要なのである。

> 人間が、諸権利の行使から全く漏れ落ちるあれこれのものと出会うことのできるような、非人間的な領域を保っていなかったら、人間に認められている諸権利を受けるに値しないのだ。もしわれわれがすでに言われていること以外の何ものも話すことがないなら、なぜわれわれは表現の自由に対する権利をもつことになるのだろうか。もしわれわれが内部の他なるものの沈黙に全く耳を傾けないならば、われわれが言う術を知らないことを言うことのできるような機会を、どうやって見つけることができるだろうか。このような沈黙は、まさしく諸権利の相互性に対して例外をなしている。しかもその沈黙こそが、その相互性を正当化するものなのだ。「第二の生活」に対して申し分なく、その絶対的な

権利を認めなければならないだろう。なぜなら、それこそが諸権利に権利を与えるものだからである。しかし、「第二の生活」はいつも諸権利を逸脱するものであるから、それはたえず一つの特赦であるという地位に甘んじなければならないだろう（Lyotard, 1997, pp. 121-122）[5][*3]。（傍点筆者）

＊3　ジャン＝フランソワ・リオタール『リオタール寓話集』本間邦雄訳（藤原書店、一九九六年、一四六―一四七頁）参照。

リオタールがここで非人間的なものについて好意的に語ることができるのは、人間的なものについての考えが、まさにそうした（西欧的な）信奉の仕方を背負い込んだものであるからだ。すなわち、個人、権利、表象、そして本章の冒頭で明らかにした諸問題に浸透する現前の形而上学に対する信奉の仕方である。このように理解される人間的なものとは、コンテクストから自由な範疇や本質ではなく、先述したような思考様式と諸価値の構築物であり、それらのありとあらゆる欠陥を背負うものである。

このリオタールの引用に関連して、レヴィナスがそれより三〇年ほど前に『全体性と無限』の中で語ったことばについて考えてみたい。レヴィナスの用語において、幸福は、充足されうる欲求や必要に関連するという意味で欲望と対置されるべきである。言い換えるなら、幸福は、ここで批判されている見解（レヴィナスが時折表現するような政治の領域）において馴染みの深い、自然主義的倫理に多かれ少なかれ関連するということである。これとは対照的に、欲望は、無限の高みにあって手が届かないが、たえずわれわれを招き寄せることができるようなもの（宗教的なものの領域）への希求に関連している。

幸福と欲望を分離する隔たりによって、政治と宗教が分割される。政治は相互承認を目指し、言い換えれば平等を目指す。政治が保証しようとするのは幸福である。そして政治の法が完了させ、聖化するものは、承認のための闘争である。宗教はこれに対して、「欲望」であって、承認のための闘争などでは全くない。宗教とは、平等な者たちが形成する社会において可能な剰余である。すなわち、栄えある慎み深さ、責任と犠牲という剰余なのであって、それこそが平等そのものの条件なのである(Levinas, 1969, p. 64)。*4

＊4　エマニュエル・レヴィナス『全体性と無限――外部性についての試論』合田正人訳(国文社、一九八九年、八二―八三頁)／レヴィナス『全体性と無限(上)』熊野純彦訳(岩波書店、二〇〇五年、一一一頁)参照。

リオタールもレヴィナスも、権利に反対するわけではない。そのことははっきりしている。また、平等に反対するわけでもない。むしろ彼らは、権利や平等が典型をなすような諸価値の枠組みが支配的なところで危機に曝されるものについて懸念する。私はここでの彼らの言明について、その言い回しに類似性があることに注意を喚起したい。「このような沈黙は、まさしく諸権利の相互性に対して例外をなしている。しかもその沈黙こそが、その相互性を正当化するものなのだ」とリオタールは書く。「「第二の生活」に対して申し分なく、その絶対的な権利を認めなければならないだろう。なぜなら、それこそが諸権利に権利を与えるものだからである」(傍点筆者)。レヴィナスによれば、「宗教とは、平等な者たちが形成する社会において可能な剰余である。すなわち、栄えある慎み深さ、責任と犠牲という剰余なのであって、それこそが平等そのものの条件なのである」*5(傍点筆者)。

＊5　同、参照。

レヴィナスは、存在論が主体‐客体の二分法の克服という観点から捉えられる場合(例えばハイデガーのように）でさえも、存在論の優位性を覆すことを望む。そしてこれをやり遂げるために、われわれの存在にとって根源的であるもの、まさに、存在に先立つものが他者（the Other）[*6]への責任であるということを示そうとする。[(6)]レヴィナスにおいてこの責任は、典型的には他の人々への責任であるが、これがどこまで他の生き物や非生物に対する一般化された責任にも敷衍されうるかについては、後に考察することにしよう。レヴィナスは、われわれの感覚経験を通じた物の認識と顔の顕現を対比させることによって、この責任を特色づける。感覚経験が出発点であるところでは、われわれはその経験の物語を、データの受容、感情の刺激、そしてその内において対象を徐々に把握するところの世界の客観化、という観点から構築する。これに対して、私は顔に対面する時、私の諸感覚が決定しうるいかなるものをも必然的に超える何ものかを見る。私が顔として見るものに関して、他者の内部性から何ものかが啓示されねばならない。それは、内部性がそこにあるということにすぎないのかもしれない。そしてその内部性は常に、私が知りうるかもしれないことのいかなる可能性をも超える。さらに、顔は顔であるために、ある存在を明るみに出さなければならない。その存在の究極的な傷つきやすさと欲求が、私を常に責務を負う立場に置くのである。レヴィナスはこれを、私が応答すればするほど深まるような責任であると主張するであろう。それは、必要と充足、欲求と満足のいかなる計算に対しても完全に他なるものである。よく知られているように、レヴィナスは「わたしたち一人一人が万人を前にして、万人に対して罪を負うているが、この私は他の誰にも増して罪を負うている」[*7]という『カラマーゾフの兄弟』のことばを引用する。私は他者の前において、私の責務において個別化されるのであり、この責務は自ら放棄したり譲渡したりできるようなものではない。そして他者の前において、私の責務は絶対的である。ジョン・ルウェリンが言うように、「「倫理的欲望」は、充足の相関物ではない。それは、あらゆる相関関係を不穏にする「絶対の」関係であり、意識を挑発する非道義心であり、私の皮膚の下にある他なるものがもたらすむずがゆさである。わが生涯の弁はすべて、いつでも一層不完全なものである」(Llewelyn, 2000, pp. 121–122)。

＊6　本章および第九章では、著者の表記に基づき、大文字で示された 'Other'、あるいは 'the Other' を「他者」、小文字で示された具体的な人を含意する 'the other'、あるいは 'others' を「他人」、'same'（同）と対比されるものとしての 'other' を「他なるもの」、'otherness' を「他者性」と訳し分ける。

＊7　E・レヴィナス『存在の彼方へ』合田正人訳（講談社、一九九九年、三三二頁）参照。

こうしたことはどれも、とてつもなく受け入れがたく、少なくとも大げさであるように思われるかもしれない。しかし、それによってわれわれはひと呼吸おき、まさにこの信じがたいという思いそれ自体が、いかほどに、ここで問題とされている近代性の想定に深く身を浸すゆえにそれに気づくことすらないような、われわれの存在の所産であるかを考えることにならないだろうか。それに対して事後的に価値が付加されるような不活性物質という観点以外で世界を考えることは、何と難しいことであろうか。そして、個別の義務や愛着を考慮する前に、まず「客観性」という冷静な観点から他人を捉えることが最も合理的であるかもしれないという考え方をしないことは、多くの人々にとって何と難しいことであろうか。

ここで、顔が喚起するものを一層もっともらしいものにするような別の要因を挙げることができるかもしれない。発達の用語を用いるなら、母親（第一の他者）の顔を徐々に認識するようになることは、子どもが一人の人間となりゆくことにとって不可欠ではなかろうか。そして、母親の顔は、たんに諸感覚の源としてではなく、内部性として子どもに現前している。その内部性の性質は、本質的に、子どもに対して応答と責任を求める呼びかけである。（確かに、子どもによる世界の物の最初の認識は、母親の認識に部分的に端を発するものとしてアニミズム的である、ということがここで関連性をもつ。）

レヴィナスは、他者が私に教えを授けるということを強調する。そしてこの教えには、計り知れない高みと神秘的な深みの感覚、および「聖潔」であると同時につつましやかな他者の感覚が深く関わっている。顔は審問するものとして、語りの中で私の前に姿を現わす。今度はこのことについて考えてみたい。

第3節

私は他者の前において無である。私が直面する高みと距離は無限であり、計り知れないものである。これは近代性にとって言語道断なことではなかろうか。詩的奔放さとして、当然非難すべきものではなかろうか。（キルケゴールが扇動したかったのは、この言語道断の感覚である。）そうした憤りの反応の中にもまた、近代性のあまりにも合理的すぎる思考による抑圧に対して疑いが向けられる根拠があるのではなかろうか。そして、詩的なものに対する疑いは[7]、表象的で直説法的なものに過度に占有されてしまっている言語を示唆するものではなかろうか。すなわち、能動と受動、主体と客体、他動詞と自動詞があまりに整然と二分化されているような言語である。

ジョン・ルウェリンは初期の著作においてもレヴィナス的テーマを追求しているが、そこで彼は、例えば古典ギリシャ語に見受けられるような動詞の中間態、すなわち能動態と受動態の中間にあるような動詞が消滅したこととの意義を探究している（Llewellyn, 1991）。こうして、能動態である、

Luei ton hippon（彼は馬をつなぐ。）

は、以下の中間態と対比される。

Luetai ton hippon（彼は馬をつなぎ、そうすることによって、自ら影響を被る。）

もちろん、この二番めの翻訳のぎこちなく不適切な性質が、いみじくも問題の点を証明している。つまり、われわれの言語の支配的な形態には、欠落しているか抑制されている何かがあるということである。'she married him'（「彼女は彼と結婚した」）と、'she got married to him'（「彼女は彼と結婚した」）と、'he married her'（「彼は彼女と結婚した」）という言い回しの興味深い互換性は、能動態と受動態を融合する形で、ここで重要な点を部分的に示唆していると言えよう。われわれ自身の言語の捉え方においては直説法が支配的であるが、直説法か、疑問形か、仮定法かというような分類を拒絶し、異なる叙法を一層目立たせるように思われる言語の諸形態を考えることができるかもしれない。（ルウェリンは、われわれの倫理的生活においてきわめて重要なイマジネーションを、とりわけ仮定法と結びつけている。すなわち、「かもしれない」（*may be*）ものについて想いを馳せ、「そのように在らしめてみる」（*let it be so*）といった考え方をするイマジネーションである。）子どもの共通基語、あるいは最初のことばは第一義的に仮定法である、と考えることはできるだろうか。あるいは、仮定法をより優先させる他の種族の言語というものを考えることはできるだろうか。そうであるとすれば、われわれ自身の言語において直説法が重要であるという確信はひょっとすると、そのようにイマジネーションを行使することを阻止し、倫理的生活を窒息させてしまうものなのだろうか。

ルウェリンは、レヴィナスが人間を正当に扱う欲求にとらわれるばかりに人間に非ざるものを正当に扱い損ねていることに対して遺憾の意を表明している。これに対して日常生活には十分に倫理的な方法で物に関わる潜在的可能性があるとされる。すなわち、われわれの話し方やある種のイマジネーションを制止することによって覆い隠されてしまうような潜在的可能性である。ルウェリンは、人間に非ざるものとの関係においてわれわれに課されている責任について、ハイデガーから得られる思想に着目する。そのような責任は、「緑の党」の主張を承認することによって契約できるようなものではない。つまり責任は、完全には、あるいは第一義的には、とさえ言ってよいかもしれないが、選択の問題ではないということである。むしろそれはハイデガーの用語を用いるなら、人間と存在の相互所有という観点から理解されなければならない。すなわち、世界が科学的研究の対象としてではなく、住む場所（科学的な理解はそこから事後的に抽象されうるにすぎない）として成り行く様という観点である。子どもの共通基語や「原始的な」種族の言語は、このことを一層鮮明な形で具体的に示すものであるかもしれない。そしておそらくこの洞察は、ウィトゲンシュタインが認めているように、西欧世界の傍観者的な精査のまなざしに曝される時、常に誤解を受けやすいものであると言ってよかろう（例えば Wittgenstein, *Remarks on Frazer's* Golden Bough を参照）。以下に詳述するように、叙情詩的で、難解で、暗示に富むある一節において、ルウェリンは、後期ハイデガーが詩的なもの、日常的なもの、応答、責任について思考を繰り広げている様子を示す。[*8]

日常的な死すべき者は、「アポロに邂逅し」、空に燃えたぎる炎によってその「あまりに多すぎる目」を幻惑される詩人と共に、人間であるか否かに関わらないところで日常的な存在者の非日常性を忠実に記憶する責任を共有する。例えば「水差しと腰掛け、歩道橋と田畑……さらに木と池……小川と丘陵……あおさぎとノロ、馬と牛……鏡と留め金、本と写真、王冠と十字架」などである。そこにおいて、本は聖書であるかもしれないしそうではないかもしれず、そのことばは予言者のことばであるかもしれないし詩人のことばかもしれず、また、十字架はキリスト（Word）、三位一体（Trinity）の十字架であるかもしれないしそうではないかもしれない。なぜなら、~~存在（Being）~~ということばを消す十字線、四位一体、そしてそれが自ら背負う存在論的責任の重荷は、合理的な存在－神論と存在－無神論に先立つのと同様に、有神論と無神論に先立つものでもあるからだ（Llewelyn, 1991, p. 141）。

ここで意味される詩的なものは、われわれの日常生活――つまり、はっきりさせておくなら、われわれの日常生活の道徳性――に影響を与えることになる。ただし、ここで表現され問題となっている感受性や応答は、存在に対する自覚の高まりというよりも、日常的な物の非日常性を記憶する責任に関わる。そのような物は、たとえ日常世界の一部であっても、われわれにとっての他者性と究極的な不可解さという非日常性を備えているのである。このことは、そうした忠実な記憶が「人間であるか否かに関わらないところで」物に向けられるという意味で、レヴィナスを超え、場合によっては彼に背くことであるかもしれない。個別の物――「水差しと腰掛け……」――をルウェリンはハイデガーの論文「物」（'The Thing'）（*Poetry, Language, Thought*）の結びの諸段落に見いだす。ハイデガーは、そうした物が、世界の数限りない「対象物」の中の諸項目や、「生き物としての人間の無限の集団」の中の諸項目として発見されるのではないことを示す。それらは、物と共に住むことに依拠している。そして、このようにして住むことは、ある意味で詩的な、物に対する敬愛に特徴づけられる。そこでは詩的なものが、言語それ自体（そして直説法的なもの、もしくは表象的なものを過度に重視することの危険性）に関わる何かを含意すると同時に、物を存在へと招き入れるポイエーシス（*poiesis*）に関わる何かを含意している。ハイデガーによる基礎的存在論の企て、すなわち、存在についての直接的な記述からの転換において、[8]「存在」（'Being'）ということばは、二本の交差する対角線によって十字型に消されている。存在という概念は、大地、天空、神々、死すべき者という四方域――この十字の四点によって絵画的に暗示される四位一体――に置き換えられる。これらは、われわれの生が生きられる世界の諸次元である。そして、それなくしては、物が物として理解されえないような諸次元である。水差し（のようにきわめて質素なもの）は一体何のためにあるのか。それはある重さと形状を備えた三次元の対象、不活性物質であるのか。そうであるとすれば、水差しは言語の還元作用によって抽象的に理解されることになる。それは、何らかの形で基礎的なものとして想定されるなら、明るみに出すのでなく不明瞭にしうるような作用である。こうして捉えられるものは、生きられた経験の中の水差しではない。というのも、その水差しは、一日の労働の後で乾きを癒す水を入れておくものであり、家族の食卓で分かち合われるワインを注ぐものであるからだ。水差しは、先述の物理的記述が伝えうる以上の何ものかを意味するような形で、実践に焦点を当てる。物理的記述は、ある意味で物の衰弱をもたらす。水差しが意味するもの、それが理解される有様は、四方域の豊かさを十全に備えた実践の一部を構成し、それに関わる。この豊かさを否定しようと脅かす還元性とは対照的に、詩人と予言者の言語はここで密接に関連しながら、合理的存在論、合理的神学を超え、存在の偶像崇拝的な神格化をも超える思考方法を示唆する。責任は、直接名づけられないもの、表象されないものに対して果たされる。これは、そうであるかもしれないものに対する責任であり、いつでもまだこれからきたるべき存在の仕方に対する責任である。

＊8　ウィトゲンシュタイン「フレーザー『金枝篇』について」『青色本・茶色本　他』［ウィトゲンシュタイン全集第六巻］大森荘蔵、杖下隆英訳（大修館書店、一九七五年）参照。

第4節

レヴィナスが『存在の彼方へ』(Levinas, 1981) の序文で引用する句の一つに、パスカルの言がある。「……「そこは私が日向ぼっこする場所だ」。このことばの内に全地上における簒奪の始まりと縮図がある」(パスカル『パンセ』(*Pensées*) 一一二節)[*9]。倫理的自然主義や欲求と必要の充足が、他者への強欲で貪欲な関係に至ることがここでは含意されている。その簒奪によって、神秘と敬愛の感覚が感受されるかもしれない空間が侵略されていき、この侵略は、そうした空間が計算可能で理解可能であるという見込みのもとで実行される。道徳の言語と道徳教育を覆う空虚は、以上のように理解することができる。こうした問題が公立小学校における宗教的エートスの欠如に関連しているということは、その通りである部分もあろう。しかし、問題をこうした観点からのみ捉え、宗教的な学校はすべからくこうした害悪を免れていると考えることは間違っている。また、宗教に関係のない学校が、宗教は追加的な選択肢であるという思い込みをなすなら、ある時間の範囲内で行われる倫理という捉え方と同じ誤りを犯すことになる。

*9　E・レヴィナス『存在の彼方へ』、六頁、参照。

以上のような議論に依拠して道徳教育の授業の含意を引き出すことはできるが、最高の道徳教育とも言えるものは道徳教育の授業の境界を必然的に超えるかもしれず、確かにその通りなのである。これがどのような含意をもつかについては、ここではごく手短に示唆することしかできない。レヴィナスの著書を通じてきわめて力強く表明されている到達しえない高みの感覚と神秘の感覚は、ある種の完成主義的教育を志向する。他者に対する私の責務に応じようとする試みがひたすらその責務を深めるように、無限の高みの感覚に触発される生徒もまた、教科についての知識を深めることはひたすら自らの希求、欲望の強度を高めるということに気づくであろう。ここで重要な点は、こうした完成主義の有様が学究的生活の特性でありうるというだけではなく、むしろ最終的に範疇化し封じ込めようとする試みに対する徹底した挑戦だということである。それこそが、ここで言われている完成主義的教育が学習者に示す模範である。この背後に、われわれの実践と思考の土台をなす、何らかの仮定法の感覚を見いだすことができるだろう。そこでは、仮にも何かをなしたり考えたりするためには、まず（これはこれとして、あれはあれとして）物を在らしめなければならない。そして、基礎づけることなくわれわれの生活を条件づける、特定の諸関係や実践の中に物を在らしめなければならない(9)。これは、倫理にとってかけがえのない儚さであろう。

　最高の教育（まさしく、適切に理解された教育と言ってよかろう）は善き生活を示唆し、それがわれわれに課すところの抑えがたい絶対的な責務を示唆せねばならない。その展望は、私が（あるいは誰かが）日向ぼっこする場所が最終的に確保されるべく物事が仕向けられていくような、行為遂行性の（効率的かつ効果的に射止めねばならない明確な目標や達成すべき諸能力の）限度を暴き出すようなものでなければならない。それが学習者にとって、いかなる模範を示すことになるのかを考えてみようではないか。倫理を平等に先立つものとして位置づけるなら、教育は、無限の責任の感覚を通じて、全体性の限界を暴き出すものでなければならない。

（1）そのような考え方は、昨今大衆メディアの注目を浴びるようになっている若者の非行について、それが何であろうと教師を責める傾向に見受けられる。そのような姿勢が政治家に利用されることもあり、また教育政策に歴然と現れることもある。道徳教育についての今日の捉え方に関わるこの側面については、Smith and Standish（1997）で吟味されている。

（2）「標準」という用語は、論議にふさわしい題目としてよりもむしろ、それを阻止する働きをなすことがしばしばである。その用語が今日、意のままに行使している情動的な力と、それによって覆い隠されている空しさについては、Standish *et al.*（2000）で取り扱われている。

（3）道徳的推論を強調する近代教育理論の例は、次のような著作におけるリベラル・エデュケーションの再声明に見いだされる。すなわち、R・S・ピーターズ、ポール・ハースト、R・F・ディアデンおよびジョン・ウィルソンの著書、そしてもちろんのこと、ローレンス・コールバーグの著書である。彼らは合理的自律性という価値の中心性を強調するが、これは今日の道徳哲学の一系譜における主たる関心事である。教育における徳倫理学の熱心な提唱者はデヴィッド・カーであり、またコールバーグに対するキャロル・ギリガンの応答も、まさにこうした観点から理解すべきである。

（4）これはハムレットの父親の亡霊である。その殺害に対してハムレットは報復する責務を負う。ハムレットが聴く音は、彼が立っている舞台の下からやってくる。その舞台は、彼が自らの存在の性質に夢中になり、「この人間、まさに自然の傑作」〔1〕と言う中で、自らの存在の基盤として思い描くものである。責務は存在に先立つのである。

（5）ここでの特赦はおそらく、係争からの特赦として理解されるべきであろう。係争ということで、リオタールは判断規則の応用を意味しており、そこでは判断されるものがこれらの規則の条件に服することを余儀なくされる。もちろん、そのような係争はわれわれの生活の通常の部分であり、そうでない状態はありえないと言ってよかろう。しかしながらリオタールは、そうした応用が、判断されているものを、その性質を十分評価しない条件に押し込めることによって、暴力を行使しうることを示そうとしている。

（6）大文字で示された他者は、範疇化を通じて項目を定義づけるような他者性とは異なる秩序のもとにある関係を象徴する。この他者が私と異なるのは、知覚可能な特性や特質によってではなく、目に見えない内部性ゆえである。

（7）詩的なものに対する疑いは古典的な起源をもつ。それはプラトンによる芸術の追放に見られるが、プラトン自身の執筆の文学的な特性を考えてみるなら、このことは深遠でまさに自意識的な皮肉によって複雑さを帯びる。そうした疑いは、客観性についての近代の諸理念にも見られるが、そこでは言語が潜在的にコミュニケーションの純然たる道具であると捉えられる。

（8）ここでの用語法を明らかにする必要がある。ハイデガーの初期の著書、とりわけ『存在と時間』における関心は、'*Seindes*' よりもむしろ '*Sein*' にある。これは概して、「存在者」（'beings'）と「存在」（'Being'）の対比に基づく翻訳によって表象される。言い換えるなら、彼は物の属性、つまりそれらがどのようなものであるかに関心があるのではなく、存在（*being*）の性質、在る（to be）とはどういうことかに関心がある。

（9）「物を在らしめる」（'let things be'）という表現は、ハイデガーの '*Gelassenheit*'（なすがままであること）という表現（Heidegger, *Discourse on Thinking* 参照）に似た響きをもつが、ここで問われているものはそれとは微妙に異なっている。これは、必然的に伝統主義や保守主義であるというわけでは決してなく、ましてや変えられないものに対する諦めでもない。「物を在らしめる」という思想は、われわれの思案が断片的に吟味することしかできないような背景にたえず依拠している、ということを認めるものである。その背景は、暫定的なもの、つまり慣習的な実践を通じて個別の仕方で物事を捉えるような背景である。それは、決して基礎を据えていく活動の場面ではありえず、むしろ仮定法という観点から適切に理解されるようなものである。

〈章末注の訳注〉

［1］シェイクスピア『ハムレット』福田恆存訳（新潮社、一九六七年、六八頁）／野島秀勝訳（岩波書店、二〇〇二年、一一五頁）参照。

第九章　より高等な教育[*1]のエコノミーに向けて

本章の目的は、ある単純な区分の存在を明らかにし、これが高等教育においてどのように顕在化しているかを検証すること、そしてこの区分の中で支配的な側の主導権から解放されることで、高等教育のより良き実践の可能性が開かれることを立証することである。ここでの私の関心は、種々のエコノミーに向けられるが、主たる関心は、お馴染みの経済的な意味でのエコノミーではなく、思考と行為のあり方としてのエコノミーにある。そこでまず、その区分を明らかにすることから始めよう。

＊1　原語 'higher education' には、通常の意味での高等教育と、本章が志向する終わりなき完成主義の思想を背景にした「より高等な教育」の二つの意味が込められていると考えられるため、以下では、これを含意していると考えられる箇所については、二つの訳を併記する。

第1節　二つのエコノミー

人間関係が交換という観点から適切に理解される場面は多々ある。今日、私があなたから一〇ポンド借りて明日返すことにしたとしよう。私がお金を返せば借金は相殺される。ある特別な機会に、大学での講演にあなたを招待したとしよう。申し出を受け、あなたは指定された時間に現れ、講演を行う。それで責任は果たされる。私があるクラスで教えることを引き受けるなら、学生が書く小論文を採点することや、「オフィス・アワー」に学生に会えるようにすること、論文審査委員会に出席すること、課程評価書を回収することなどが求められ、私はこれらすべてを綿密に実行する。年度の終わりに私の仕事は完了する。あなたが開かれた大学づくりを推進する委員会の委員になることに合意したとしよう。関連書類を読んだ上で会議に出席し、議論に然るべき貢献をすれば、職務を果たしたことになる。学生についても同様に考えられるだろう。モジュール〔短期の大学単位履修課程〕に登録し、評価要件を見極め、必要とされる課題を完了し、試験で必須の問題数に答えられるよう十分復習し、求められる出席数を満たす。図書館の本を返却して、課程は完了し、次のモジュールに進む準備ができる。同じように、ある学校との契約によって、大学に籍を置く機会は学業に打ち込むことと等価とみなされ、その学校が推薦入学の生徒を準備し、それに見合う形で、大学の方ではその生徒たちを受け入れる体制を整える。同様に、大学が企業と契約を結ぶことによって、学習に対する投資に見合うような課程が提供される。

これらはすべて、閉ざされたエコノミー、すなわち、思考の対象を全体性に取り込むエコノミーとも言えるものに見られる交換の諸形態である。これらに匹敵するものは、課程設計、授業計画、教授の質的評価などの次元でも見られるだろう。ある課程は、学習成果という観点から目的や目標を明確に設定している。また、学生がこうした成果を達成できるよう、最も効率的な手段が採用されるべく教え方が工夫されている。その過程は、理想的に言えば、学生にとってわかりやすく、設定された目的に到達するための最も効率的な方法に向けて彼らを努力する気にさせるようなものである。学生は、課程に注ぐ努力が決して無駄にならないよう、各自が最も好む学習のスタイルを明らかにすべく奨励されるであろう。事実、教室で生じることに関し、そしてさらに言うなら、この課程に関わる学業の他の局面で生じることに関し、明確に示されたこれらの目標に結びつかないことは何一つないのである。評価は学習成果に厳密に向けられ、その重点は技能に置かれ、これらすべてに照らして学生は試されることになる。教師と生徒が行う必要のあることが完全に明記されるという事実によって、品質保証が促進される。課程目標達成の成功は精査の目に曝され、明瞭な遂行尺度や競争相手の大学機関との比較材料が提供される。

こうしたものが閉ざされたエコノミーに条件づけられた交換の諸形態であるということは、そこから排除されてしまうものにしばし目を向けてみればわかる。手始めに、例として大学教員の立場を考えてみよう。彼女が課程を創案する際、学生に紹介しようと思う、あるまとまった知識の集積を念頭に置いているとする。例えばそれは、人文科学の科目の諸文献一式であるかもしれないし、アートやデザインのある特定領域の技術の可能性であるかもしれないし、あるいはまた、土木工学における吊り橋建築の原理の諸側面であるかもしれない。職業上役に立つか否かにかかわらず、この教員はこれらの物事の価値や素晴らしさに気づいている、と想定してみよう。そうしたものは、学生たちにとって知識をものにする機会であるだけではなく、想像力を働かせる機会でもある。彼女が大学で教える理由の一つは、結局のところ、これらの物事について情熱をもっているということである。自分の科目に対して愛があると言ってもよかろう。彼女の考えるところ、学生が学業の過程で学習する物事を公正に反映するように評価方法が考案されることは、十分に筋が通っている。そして、こうした評価の実践は、学生へのフィードバックや彼らの能力と達成の承認を与え、将来の雇用者にとっての達成の指標を与えるものとみなされる。さらに、彼女自身の教授効果を示すものとして、教え方を調整し改善する助けとなるかもしれない。実際のところ彼女は、評価が教授に不可欠であると考えている。彼女が受け入れることができないのは、評価が余すところなく行われねばならないという点である。なぜなら、課程で行われる教授と学習が学習成果の要件を満たす限りにおいて正当化されうるという仮定は、彼女が教えている課程の諸側面でその課程の生命線とみなされるものを押さえ込む効果をもつからである。実際、ここからもう一つの帰結が導かれると彼女は信じている。すなわち、当の学習成果はそれ自体、彼女が好むように一層幅広く、一層開放的なアプローチのコンテクストの中に位置づけられることがなければ、十全に実現されることはないという帰結である。

学生の視点からも、同じような筋書きを語ることができるだろう。ある学生がそれなりの熱意をもって、あるモジュールの登録を決めたとしよう。初日の講義は十分刺激的で、図書館を訪れて講読文献一覧の書物と論文をわずかながらも一式手に入れる。その学生は、それなりの熱意もって読み始める。しかしながら、課程案内を見てみると、このモジュールの履修要件を満たすためには、一〇項目の一覧の中から二つの課題論文を選んで仕上げなければならないことがわかる。他の学生と様々な選択肢について意見を交わしてみると、幾人かは状況を計算ずくで、他の者はそれに従っている。つまり、自分が執筆しようとする題目に関連する書物を読みさえすればよいわけである。それ以外のいかなることも、自分が評価を下される論文を改善するのに使える時間を費やすことになるので、無駄である。課題論文を片付けてしまえば、もはや講義に出向く目的はないも同然である。実際のところ、そのモジュールの概要がわかってしまえば、自分が選んだ題目に直接関わる講義に出るだけで十分であろう。これによって、良心的な学生は自分の熱意にどこか冷や水を注がれる気がする。彼は、その課程によって、自分に新しい思考方法が開かれるであろうと期待していたのであり、なおもそうであるかもしれないと考えている。しかし他の人たちが言っていることには、どこか揺るぎのない道理がある。彼らは自分より一層、実際的で現実的であるというだけなのかもしれない。散漫な努力の仕方しかせず、不適切な形でエネルギーを注ぎ、物事に夢中になりすぎて、必要とされているものを見失う結果になるという過ちは犯したくない。けれども課題を書き始めてみると、再びやる気が失せていく。課程案内の課題遂行についての助言を読んでみると、ある特定の成績を達成するためには、そこに提示されている規準を満たさなければならないことがわかる。より抜け目のない学生たちは、教員は自分の求める回答を講義で注意深く強調するであろうから、その回答を提出しなければならない、と彼に対して忠告する。こうした回答のみが教員の採点表に符合するのであり、それ以外はどれほどすぐれたものであろうとも枠にはまらないであろう、と言うのである。

この点については、教師と学生の間に決定的な物の見方の相違がある。われわれがここで思い描いている大学教員は、事態の別の可能性について確固たる感覚をもっている。彼女はこうした感覚を、さほど忙しくなく、確かに一層ゆとりがあったと言える時代、自分自身の高等教育の経験を通じて身につけたのかもしれない。さもなくば、例えば自分が敬服し影響を受けた人々の人格形成に関わる教育経験を読むことによって、場合によっては、ある特定の類いの文学に精通することによって、教え学ぶことがどのようなものでありうるかについて、ある感触を得たのかもしれない。あるいは、ただたんに、自分が教える科目の探究に魅せられていることで、物事についてのより直観的な把握力をもっているということかもしれない。彼女が享受している教え学ぶことの経験には、科目に固有の特質があるということなのかもしれない――例えば、実験がうまくいったときのわくわくした思いがそうであるし、あるいは、研究ゼミに試しに参加し始める過程で獲得される自信なども含まれるかもしれない。これに対してわれわれが思い描く学生の方は、まだこうした経験の対極にいる――つまり、この科目の外部、ここで言われているような科目がもつ特別な側面の外部にいる。ここで念頭に置かれているその人物――このモジュールを履修している他の人々とは明らかに違う人物――は、見たところ、その科目が開いてくれるかもしれない諸々の可能性に対して十分受容的であるように思われる。しかし彼はまた、この課程が彼に期待するものと、その課程との関わりの中で他の人々——仲間の学生、そして彼の教師たち——がとる立場を通じて、教育とは何のためにあるのかについて、そしてなおさらのこと、当該の科目が何のためにあるのかについて学んでいる。本当の意味で彼は、教育とはいかなるものなのかについて学んでいる。さらにここでは、別の考察も関連性をもつ。すなわち、ここまで考察してきた大学教員とは対照的な形で、高等教育とは何かについて自らなおも学んでいる、多くの新人教員の存在である。もちろん彼らは、学生としての自分自身の経験をもっているであろうが、教授に対する一層「専門職的な」アプローチを保証するために設定された品質保証体制からの熱心な要求に自ら直面し、さらには、研究者として己を確立することについての懸念に直面する時がくる。そうした時、彼らは、安易に人の意見を受け入れ、先述したような教授と学習のエコノミーに対して、あまりに無批判的に黙従してしまうかもしれない。

ここまで展開してきた場面に、さらに別の登場人物を加えることができる。大学の管理者たち——学部長や総長、経営者といった人々——である。大学の資金調達が一層、品質管理体制のもとに置かれるにつれ、よい評価を得るために理にかなった、ありとあらゆる手段をとることが管理者の職務となる。教授と学習に関して言えば、最高の評価を達成するには、卓越性よりもむしろ、間違いに対する警戒や思慮分別のある危険の抑制が必要とされるであろう。経営者が展望をもつことは歓迎されるであろうが、これは大学理念の説明文書に盛り込まれる必要があり、その信憑性の判断規準たる善き実践の指標によって証拠づけられる必要があるだろう。言い換えるなら、それは同じ閉ざされたエコノミーの支配下に置かれることになるであろう。こうしたエコノミーの条件を真に超える展望をもつ経営者は、おそらく「体制をうまく利用する」、すなわち何であれ自らの本意を妥協し曲げる必要があることを悟るであろう。

五〇年ほど前、劇作家のジョン・オズボーンは、英国の演劇界が戦後瀕死状態に陥ってしまったことを嘆き、彼が「うまくできた演劇」と呼ぶものについて皮肉を込めて書いた。カーテンが引かれるとエドワード王朝風の客間が現れ、電話が鳴り、執事が部屋に入り受話器を取る。古めかしい幕開けとお決まりの筋書きが無難に進行する。観客はそこそこに満足しているのかもしれないが、その効果たるや眠気を誘うものである。ある意味で、教授と学習の閉ざされたエコノミーは、目標と手段の釣り合いがとれた「うまくできた授業」の中に見いだされることになる。品質を保証された「うまく運営される大学」は、制度全体としてこれを複製する。「うまく運営される仮想の大学」では、こうして整頓された教授と学習のエコノミーが、情報通信技術のデータベースやスプレッドシートと完全に調和する。

私は、以上のような区分を、自らが志向する方向性を明らかにする形でなしてきた。このことについて弁明をするつもりはない。というのも、この区分を理解することによって、必然的に閉ざされたエコノミーの欠点を理解することになると考えられるからである。その枠組みの外で思考することができない人々が大勢いる、ということがまさに問題なのである。この思考様式全体に、どこか自己強化的で自己永続的なところがあり、抗いがたい部分もある。こうした主張を正当化し、少なくともそれに一層の妥当性をもたせるために、この区分を精緻化するためのより哲学的な方法に目を向ける必要がある。

第2節　交換と充足のエコノミーを超えて

この貴重な手がかりとして、身近なできごとからは一歩距離をとるように思われるかもしれないが、二〇世紀を通じて数多くの思想家の重大な関心事であり、ポスト構造主義の哲学において特に際立っている、交換をめぐる問いについての一つの側面に目を転じてみたい。「贈与」という思想である。「贈与」のパラドクスは、様々な形で、贈与の行為それ自体がある種の交換へと転じていくように思われる有様に関係している。これが最も端的に見られるのは、もちろんのこと、贈り物を互いにやりとりする場合である。相手との関係に応じて、またお返しに自分が受け取ることになるもののおおよその価格に応じて、自らが与えるものを値踏みするという外交儀礼を思い出してみるなら、このことはぴんとくるであろう。しかし、与える行為がこのような方法で見返りを受けない場合、別の形の報酬や返報を考えることができる。すなわち、受け取る者の感謝の念や、与えたという快感に伴う喜びなどである。寄付が匿名である場合ですら、供与者は、傲慢とまでは言わなくとも、「善い行いをした」ということに対するある種の充足感をもつ傾向がある。要するに、これらの要因に汚されていない純粋贈与は不可能に思われるようになり、したがって与える行為のパラドクスが生じる。贈与は（純粋）贈与ではなく、それでも与える行為は諦めるべきものではなく、そうしたいと願うべきものとなるのだ。与える行為がその意味を付与されるのは、与える行為がもつこの不可能性に関係している。われわれはその不可能性と良心的に共存せねば――つまり、それでもなお与えようと努力せねば――ならない。というのも、これを諦めることは、たんなる交換に黙従し陥っていくことであるからだ。その閉ざされたエコノミーからわれわれを救うものは、この不可能性を見失わないというまさにその事実である。教え学ぶことは、冒頭でなした区分が示唆し始めているように、また以下でさらに明らかになるように、この不可能性の観点から実り多い形で理解することができる。(1) これは、ある種の完成主義を暗示するものと考えられ、そこでは、現状を完璧にすることの不可能性を希望をもって認識することによって、われわれが希求すべき完成の感覚は鈍らされることがない。

より哲学的な表現を用いるなら、私がここで展開している立場の一層幅広く一層文化的に行き渡っている論拠は、エマニュエル・レヴィナスがなす区分に目を転じてみると明らかになる。一九五七年の論文「哲学と無限の観念」（'Philosophy and the Idea of Infinity'）において、彼は哲学的精神がとりうる二つの方向性を明らかにしている。これには、哲学を通じて思考し、哲学に従事する上で二つの方法を思い描き、その含意として生活に対する二種類の方向づけを思い描くことが必要となる。レヴィナスの説明によれば、第一の方向性において思想家は、自分以外のものであって自分とは区分される関係を維持する。それは、われわれを取り巻く自然を超えて、彼方へとわれわれを導く動きをはらんでいる。すなわち、異邦人を志向し、一種の完成主義を通じて神に及ぶ動きである。これは他律性そのものである。レヴィナスは、無限に対する関係という観点からこの思想を明らかにする。第二の方向性において思想家は、諸々の考えに対して自由に同意し、その結果、彼の本性が保持されるような仕方でそうした考えが取り込まれる。すなわち、それによって、他であったものが同の中へと取り入れられるのである。それは一種の自律性に向かう動きであり、その自律性の中では、還元不可能なものによって思考に限界が定められることはないであろう。ばらばらで多様なできごとが一つの歴史の中に組み込まれる。こうした事態は、「歴史を通じて人間が存在を征服すること」[*2]とみなすことができよう（Levinas, 1998, p. 48）。これは全体性の観点からの考え方である。

＊2　エマニュエル・レヴィナス「哲学と無限の観念」『超越・外傷・神曲——存在論を超えて』内田樹、合田正人編訳（国文社、一九八六年、三五三頁）参照。

当然のことながら、全体性と無限の区分は、その呼び名をタイトルとする彼の主要著書において指針となる思想である（Levinas, 1969）。同著において重要なのは、レヴィナスにとって永遠かつ最大の関心事である他性（alterity）の問題である。同著の中で彼は、他人（others）への関係と他者（the Other）への関係の倫理的な区分を提示する。後者は通常、語頭の大文字を特徴とし、他の人物との絶対的関係を示す。これは、ある人物を別の人物から差異化するような個別の特性や要因とは独立した関係である。もちろんそこには、そのような差異化の要因に関わる倫理的な問題――すなわち、社会正義（例えば人種、障害、社会階級間の富の分配などに関わるもの）や、特定の役割や状況に関わる義務などの問題――が存在する。しかしこれらのものは、水平軸と考えられるものにおいて作用する。当然のことながら、それらは準契約的性質をもち、交換のエコノミーの一部として理解される。そのような閉ざされたエコノミーにおいて、人は自らの義務を果たし、欲求を充足し、負債を清算することができる。そしてこれこそが、全体化され包括的に捉えられるエコノミーである。

そうなると、交換という観点から思考することは不可避的に、そして望ましいことに、われわれの日常生活の一部となる。しかしそれはまた、日常生活を過度に侵犯し、歪んだ形をとりもする。この結果として、垂直軸として考えられる次元でのより根本的な関係が否認されることになる。垂直軸のエコノミーは、近代の思想――交換を特色とする思考方法――にとって、いわば言語道断なものである。垂直軸は、人を混乱させると同時に畏怖の念を起こさせるような、責務の次元である。つまり、私が応じようとすればするほど深まるような責務である。そこにおいて私はこの責任のもとに単独化される。

こうした否認の帰結は、さらにいくつかの例によって示されるであろう。まず、責任感のある親を考えてみよう。優良な学校に学費を支払い、きちんとした衣類を買い、栄養のある食品を提供することで、その親は自分の義務を完全に果たしていると感じている。忠実な市民の場合はどうであろうか。税金を納め、要求があればいつでも投票し、決して法を犯すことがないその市民は、自分が責任をもって義務を果たし、礼儀正しい市民であることに充足感を覚えている。同じように勤勉な教師を考えてみよう。その教師の授業は、学習達成度テストに向けて丹念に準備され、教師は効率的、効果的に自分の仕事を遂行していることに満足して家路につく。大学の花形教授は、研究業績引用の評価指標、研究助成金、基調講演やテレビ出演回数を数え上げ、きたるべき大学研究評価に備え、自分たちが獲得する星印の評価数にひとりよがりの充足感を覚えている。そして抜け目のない学生は、行為遂行規準を特定し、自分の課題を選び取り、完全に要件を満たし、個々のモジュールや課程で使われた図書を今や閉じようとしている。これで自分の学習ポートフォリオに最新の業績が加わったというわけだ。しかしまた、こうしたことの一つ一つが道徳的に異様なものとなり、その異様さに特徴的な悪徳は傲慢さであると考えることができないだろうか。自分が決して十分やりつくしていないと感じ、他者への関係の無限の可能性について思いを寄せる親（市民、教師、学生、愛好者……）には、どこかしら美徳があるのではないか。こうしたことを見極めることのない人物は、全体の状況を見誤るという――そしてまさに、市民であること、親であること、そして愛と教育の最も重要な点を見逃すという――危険に瀕しているのではないだろうか。これで十分だと考える親には、どこか道徳的に不快な部分があるのではなかろうか。学ぶことを愛する者に対して、星印の評定と業績という通貨を超えることを期待することはできないだろうか。こうしたことに気づくことによって、他者への絶対的関係が高等教育、そしてより高等な教育にとって意味しうるものについて、さらに考える道が開かれるだろう。

第3節　他　性（Alterity）

ここで重要なのは、他者への関係についてのレヴィナスの説明には、マルティン・ブーバーの「我－

汝」関係の用語の使い方とは別のものが関わっていることについての理解である。まず第一に、他者への関係は対称的なものではない。キルケゴールとウィトゲンシュタインがすでに主張していたように、第一人称の用法は倫理学において非常に重要である。例えば、「私はあなたに対して責任がある」ということは、あなた、もしくは彼や彼女の側の同等の責任を含意するものとして理解すべきではない。その関係は、私を単独化するものである。つまり、私の他者に対する絶対的責務は、見逃したり譲渡したりすることができないものなのである。レヴィナスは、ドストエフスキーのラスコーリニコフを引き合いに出して次のように述べている。「わたしたち一人一人が万人を前にして、万人に対して罪を負っているが、この私は他の誰にも増して罪を負うている」[*3]。これが、いかなる互換性や相互性のエコノミーからも自由であることは明らかである。第二に、その関係は認知の関係ではなく、ゆえに承認の関係でもない。他者は、私が知りえない深みをもつ者として、私のもとに到来する。そして、暴力を行使しないために、私はこの不可知性、すなわち物事の核心にある否定性を承諾しなければならない。これは、一段と優れた倫理的関係である。水平軸のもとにある全体性や閉ざされたエコノミーとは対照的に、この(縦)軸は無限を志向する。レヴィナスにとって決定的に重要なことは、この根本的な他者への関係が無視されるなら、水平面にある他人との関係もまた崩壊するであろう、という事実である。準契約的な義務といったものは、そうした義務を作用させるエコノミーが、この無限の関係という異なる条件によって究極的に意味づけされるのでなければ、正確に理解されることはない——ゆえに、自己充足的な市民、親、教師、愛好者という貧困が生み出されることになる。学生(student)は、もとを辿れば、愛する者(ラテン語の'*studere*'——愛すること[love])であることを銘記しておきたい。

＊3　E・レヴィナス『存在の彼方へ』合田正人訳(講談社、一九九九年、三三二頁)参照。

他者が、人間という観点から――つまり人間として――理解されるべきであるということは、レヴィナスの読者の間では概ね共通認識となっている。しかし、このように人間に力点を置くことは、人間的なものが個人的なものという観点から理解されるようになるという意味で、危険である。個人的なものが、際立って特徴的な性質をもつ特定の人物に所属するものとして解釈されたり、特徴的な性質をもつ特定の被抑圧集団に所属するものと解釈される場合、さらなる歪曲が生じる。それは、いかに隠蔽され、否認されようとも、経験には人間的なものに対する関係が浸透している――個人的であるとか対人関係に関わると考えられるものを超え、こうしたものとは質的に異なるような仕方で浸透している――という事実を見逃すことである。このことの一つの帰結として、教育に関連するレヴィナス的説明の諸側面は見失われてしまう。ここでしばし立ち止まり、教えること、言語、他性の複雑な相互関連性が明らかになるかもしれない、『全体性と無限』からの一連の言明を見てみよう。

> 他者の現前あるいは表出は一切の意味作用の源なのであって、了解可能な本質として観照の対象となること[*4]はない。その現前あるいは表出は言語として聴き取られ、それゆえ、外部で実現される（ibid., p. 297）。

> 言語によって実現されるのは、諸物の、新たなエーテルへの参入である。諸物はそこで名前を受け取り、概念となる。……意味づけられた諸行動の一つとして言語を提示しようとする言語の分析によって見誤られているのは、世界のこの供与、内容の供与である。内容の供与は、他者の顔に応答し、あるいはその顔に問いかけることで、有意味性のパースペクティヴを初めて開くのである（ibid., p.

174）。[*5]

向こう岸から到来するこの声によって教示されるのは、超越それ自体である。教えが意味しているのは、外部性という全き無限なものなのである。……〔他者の〕他性が現れるのは、征服するのではなく、教えるような統御にあってのことである。教えとは支配と呼ばれる類いの一種、全体性のただ中で作動するヘゲモニーではない。それは無限なものの現前なのであって、その現前が全体性の閉じた回路を破裂させるのである（ibid., p. 171）。[*6]

他者への関係は、明らかに、誰かの瞳の奥をじっと見つめる際の稀有な親密性の瞬間によって捉えられるようなものではない。これとは対照的に、レヴィナスがここで強調する事実は次の通りである。他者は言語として聴かれるものであり、言語はまさに有意味性のパースペクティヴを開くものであり、この言語の供与、この声の供与が、交換の回路を突破するような仕方で教えをもたらすのである。レヴィナスは時に、他者への関係がきわめて稀なものであると述べているが、それは「至高体験」のような形で稀なのではなく、われわれが他者への関係の要求を満たすことがほとんどないという意味で稀なのである。否認の諸々の形式によって、他者への関係がわれわれの生活の基底をなしているという事実は隠されていく。

＊4　エマニュエル・レヴィナス『全体性と無限――外部性についての試論』合田正人訳（国文社、一九八九年、四五五頁）／レヴィナス『全体性と無限（下）』熊野純彦訳（岩波書店、二〇〇六年、二五〇頁）参照。
＊5　同、二六四―二六五頁／同『全体性と無限（上）』熊野純彦訳（岩波書店、二〇〇五年、三五八頁）参照。
＊6　同、二六〇―二六一頁／同、三五一―三五二頁、参照。

特に高等教育で教えられるものは、知識の蓄え、譲渡可能な技能、何らかの能力などの観点から捉えられるべきではない。マイケル・オークショットは、科目を学ぶことを、会話への導き、すなわち、われわれがその継承者であるような会話への導きとして語ったが、これは、ここでの趣旨にかなり近いことを言っている。

本来、教育とはこうした会話の技能と協力関係への導きである。会話の中でわれわれは様々な声を認知し、適正な発話の機会を識別できるようになると共に、会話にふさわしい知的・道徳的習慣を身につける。結局のところ、およそいかなる人間の発話にもそれぞれの場所と性格を付与するのは、この会話に他ならないのである（Oakeshott, 1991, pp. 490–491）。*7

実際のところ、学科が、世界についての素朴な事実や持ち運び自由な技能として正しく理解されることは決してありえない。学科というものは、ある意味で、いつでも言語的に構成される実践なのである。実際に、他にどのような実践がありうるのか。そしてそうした実践は、言語的に構成されるゆえに、言うまでもなく重要な価値をもつ。この「会話」という考えは、言語としてのカリキュラムの性質を際立たせるものではなかろうか。

＊7　マイケル・オークショット「人類の会話における詩の声」『保守的であること——政治的合理主義批判』澁谷浩、奥村大作、添谷育志、的射場敬一訳（昭和堂、一九八八年、二一五頁）参照。

教授と学習のエコノミーがいかにこの事実を覆い隠そうとも、カリキュラムの科目は、そうした閉鎖の諸形態を、まさにその性質によって突破するような言語の供与を構成する。そして、われわれの選択は

——われわれが教えるものとその教え方、学問の対象とこれを追求する仕方、さらにはこうしたものすべての評価の仕方において——否認の諸形式に黙従するか、他者を志向する／別の仕方での教育（education otherwise）が引き起こす無限の可能性に開かれるかのいずれかである。ここに学生の教育だけではなく、教授と研究の改善に対しても実践的含意があることは、ほとんど疑う余地がない。

さらにレヴィナスの思想における他性の説明は、教え学ぶことにおいてある種の客観性の実現を可能にし、その中でわれわれは、アイリス・マードックが、「物欲しげで貪欲な触手」と呼んだものから解放される。われわれが気づき始めているように、この中で責任の思想は、個人的関係を巻き込むものとしてだけではなく、学問の対象や学習内容、われわれが自らを委ねる科目に対する応答性と、応答責任にまで広がるものとして理解されるようになる。学科は、熟達すべき知識や技の総体としてではなく、むしろ追求されるにつれて一層深まり拡大するものとして理解されるようになる。山腹を登るにつれて広がる景色のように、人はまだこれから学ぶべきものについて一層理解を深めるべく前進する。外側からそこでの問題を理解することは、ほとんど不可能である。これは決して空想的なことではなく、自分が研究する科目を愛する人々にとっては馴染み深い経験である。これに対して、現行の政策や実践、および教授、学習、研究方法に関して広く普及している言説の実に多くの側面は、色あせた自己中心主義に映る。しかし、まさにこのような批判を表現できる可能性そのものが、その言説によって密かに削り取られていくのである。さらには、こうしたことを思考する可能性もまた、失われる危険がある。

全体性と無限の対照は、教授と学習の閉ざされたエコノミーを超える教育の方向づけについて認識するための、一つの方法を提供する。それは他性と責任を強調するもので、ある種の奉仕への方向づけによって特徴づけられる。その中で教師と学生は科目に仕え、この科目に対する姿勢を一方が他方に模範として示す。しかしながら、冒頭で概略したような、学習と教授の理解についての狭隘な観点を同じく突破するような、もう一つの過剰のエコノミーがあると認識することが重要である。ここでその可能性を多少なりとも理解するために、他性への関係から目を転じ、別の種類の自己超克――今度は、他者への従属を通じてではなく、流動と強度の経験を通じてなされるもの――へと目を向ける必要がある。これは再び、様々な形態の自己への没頭状態に向かう、反教育的な衝動を免れるためである。

第4節　強　度（Intensity）

これまで考察してきた過剰のエコノミーは、応じれば応じるほど深まるような責務と責任によって特徴づけられる。以下では、過剰は欲望を通じて機能することになる。しかしこれは、欠乏の相関物としての欲望、ひいては原則的に充足可能なものとしての欲望という古典的な理解とは異なり、追求すればするほど強度を高めていくような欲望である。ここで指針を与えてくれるものは、ニーチェの思想である。

ニーチェは『悲劇の誕生』において初めてあらゆる価値の再評価を行っているが、ここで、古代ギリシャ悲劇におけるディオニュソス的な力と、ソクラテスの弁証法がもつアポロ的形式および明晰さとを区分している。前者は、無秩序に解放されて高潮するエネルギー、すなわち創造力や破壊力への衝動のようなものによって特徴づけられる。他方で後者は、論理的な思考の純粋な形式と秩序、および理性に対する信仰によって特徴づけられる。ソクラテスの出現によって、より正確には、ある種のソクラテス主義の出現によって――これは歴史上のソクラテスの立場でもなければプラトンの記述において姿を現わすソクラテスの立場でもないが――悲劇の流儀で証言を行う可能性が衰退し、結果としてわれわれが送る生活が浅薄なものになっている。弁証法を構成する論証と反証には楽観主義的なところ、すなわち、理由づけられた探究の進歩への信仰がある。それが漸進的に悲劇を侵犯し、「市民劇への死の跳躍」[*8]を余儀なくさせる(Nietzsche, 1993)。

＊8　ニーチェ『悲劇の誕生』秋山英夫訳（岩波書店、一九六六年、一三五頁）参照。

近代におけるソクラテス主義の産物は、「抽象的人間」[*9]——「抽象的教育、抽象的道徳、抽象的正義、抽象的国家」——である（ibid., pp. 109-110）。これをポストモダンの状態へと置き換えるなら、「抽象的教育」というものが高等教育の手続き主義、規則化、行為遂行性という点でさらに洗練されたものとなっていることがわかる。[(2)]道具主義的理性と管理主義は、プレゼンテーション、コミュニケーション、評価、説明といった儀式化されたものによって、いわばカリキュラムの舞台演出を行う。そのような教育の理想的な産物は、譲渡可能な技能のポートフォリオを手にした存在、すなわち、いろいろな仮面一式を備えた存在である。それらのものは、達成記録に適切に列挙され、雇用者にとってひと目でわかるようになっている。すべての問題には適切な技術的解決策があり、人間は知識を限りなく蓄積し、物事が完全に精査できる場合にのみ理解は成立する、という楽観的な信念がある。その相関物は、一種の他文化の略奪と陳列——テーマパークや遺産保存産業が示し、仮想世界の急速な発展が明るみに出すようなもの——である。多文化主義は一連の見世物として取り扱われ、海外旅行はパッケージ化された経験の寄せ集めとして取り扱われる。近代の認識論は、知識を統握し概念に閉じ込め、知識のエコノミーは知識を交換にふさわしい商品へと変換する。批判は、学生による人の意見の無断使用、新聞の日曜版の書評、芸術雑誌的な深夜番組の稼業となる。略奪や陳列は、そのような考えが繁殖する文化の空洞から注意を背けさせる。その空洞の貧弱な埋め合わせを行うものは、心理療法やニューエイジのスピリチュアリティである。ゆえに、教育における交換のエコノミーには――「うまく運営されている」大学においては――標準、品質、エクセレンスの「ブルジョア的」劇場化が必要とされる。実践は技巧的で自意識的なものとなり、説明責任の凝視の対象として上演され発表される。そこでは、「学習」と「教育」ということばが、演劇的な深刻さと共に語られる。

＊9　同、一八二頁、参照。

ニーチェは、すでに『悲劇の誕生』において、「われわれが今日文化・教養・文明と呼ぶすべてのものは、いつかこの誤ることのない審判者ディオニュソスの前に立たねばならないであろう」と断言している（ibid., p. 95）。[＊10] 後期の著作ではその確信が一層強くなっており、崇高な認識や諸力の均衡はさほど強調されず、エネルギーの急激な高まりと情熱的な没頭状態の中で、生の肯定がより強調されるようになる。こうしたディオニュソス的エネルギーのブルジョア的な否認は、ルサンチマン（*ressentiment*）――いわばそれ自身に向けられる感情――をもたらす。そのような記述は、物事に制限を課し弱体化させる説明責任の仕組みや、本論で問題としているような教授と学習についての捉え方にうまくあてはまるものであろう。

＊10　同、二四七頁、参照。

しかし、もしこれが負の電荷のもつ力であるとするなら、このような考えに含意される正の性質はどうであろうか。高等教育、そしてより高等な教育において、追求するほど強度を高める欲望をどのようにして見いだすことができるのであろうか。ディオニュソス主義者は、多様かつ微妙な仕方で活路を見いだしうるのである。それを示すために、より平凡なやり方に映るかもしれないが、教え学ぶことの経験がもつ一層馴染み深い一側面を引き合いに出してみたい。

論文を書く経験は、多くの学生にとって、先送りし、回避し、躊躇しながら始められるものである。計画は素描され、それから修正され、あげくの果てに放棄されるかもしれない。いくつかの漫然とした文章をタイプするものの、その仕事は後日に持ち越される。しかしながら、一気にことばが流れ出す瞬間が訪れる。学生はほとんどわれを忘れ、書いているうちにあっという間に一時間が経ってもそのことに気づかず、議論の深みにはまり込んでいるということに突如気づく。時間や諸々の雑念を忘れ、今や書き続けることに集中しているのである。学生は自分がこの作業に夢中になっていることに気づき、そこから離れている時も作業に戻りたくなり、少なくともしばらくの間、この強度は持続される。このことによって、ここでの一番の関心事である最高の状態では、例えば、個別のモジュールの要件を満たし充足するだけで終わるということではなく、もっと学びたいという欲望をもたらすあふれる思いのようなものが生み出されるであろう。同様に、研究者が異なったタイムスケールで、時にはゆっくりと、時には速く前進しつつ、場合によっては生涯をかけて奮闘する様子を思い描くことができるかもしれない。もちろん、時にはつまずき、時には絶望するかもしれないが、こうして躍動的に作業に従事するコンテクストの中で、ディオニュソス的なものが突如姿を現わし、その研究者を前進させ、献身の強度を高めるのである。

このディオニュソス的強度を表わすものとして繰り返されるモチーフは、輪になってぐるぐる回る踊り手たちの様子――マティスの「ラ・ダンス」(*La Danse*)が絶妙に捉えているようなもの――である。踊りから踊り手を見分けることはできない。しかしこれらの例が示し始めているように、エネルギーと強度は、静謐とした一人きりの経験からも伝わってくる。例えば、エンジニアが機械の精密さに魅了されること、芸術作品を熟視すること、数学の方程式に頭を悩ませること、哲学的問題によって特異な混乱を引き起こされること――これらはすべて、強度をもった没頭状態によって特徴づけられる。

それはまた、教え学ぶことの経験の一部でもある。多くの人たちが自分に最も影響を与えた教師を覚えているのは、言ってみれば、その教師たちが課程の目標を効率よく達成したからではなく（そうは言っても、試験に合格させてくれた教師に対する感謝の念を否定するというわけではないが）、彼らが学生の熱意を引き出し、学生が熱意を分かち合えるようにしてくれたからであろう。これは、ニーチェが非難したソクラテス主義とは対照的なものとして、また、「ソクラテス的方法」という近代的な概念ともきわめて異なるものとして、プラトンの対話の真髄である。大学やそれ以外のところで教えている教師の多くには、「とてもうまくいった」授業の経験がいくつかあるだろう。試行錯誤の中で、おそらくは予期せず、授業の経験が勢いを得たような場合である。これは、注意深く計画された授業で、教師が問題となっている題材を巧みに取り扱い、それがもつ内在的な力が学生を虜にするような場合であったかもしれない。あるいは、それは予期できない展開が生まれた授業であったかもしれないが、その場合の決定的な成功の鍵は、これこそが取り上げるべき発言であるとか、これこそ追求すべきチャンスであるといった、教師の感覚である。そのような機会は、ゼミでの白熱した議論、グループプロジェクトでの集中作業、あるいはウェブ検索を通じた様々な発見に関わるものであったかもしれない。しかしこのような機会は、教員のみが話し、学生は沈黙した恍惚状態の中で耳を傾けている講義室の中でも生じるかもしれない。これらの機会に共通するものは、学問の対象に強度をもって従事している状態であり、そこでは、学生が教師の仕事を通じて学問の対象に引き込まれている。こうしたことは、教師のカリスマ性や華やかな教授スタイルによって生じる場合もあるし、より控えめな抑制や引きこもりから生じる場合もある。また、挑発によって生じることもあれば、当の作業それ自体に物語らせることによって生じる場合もある。善き教師は、多様な形で姿を現わす。そして、そこにレシピは存在しえない。というのも、多くの部分は教師の判断に依拠しているからである。例えば、クラスと相互作用すること、講義を構成し執り行うこと、その機会がもつリズムに呼応することなどである。多くの部分がタイミングのよさにかかっている。教えられる内容に従事する中で生じる摩擦を通じて強度が生み出されるのであるが、教師はこの強度の鋭敏な伝導者であり指揮者でなくてはならない。こうすればうまくいく、という唯一の方法はない。よって、うまく教えることには、事前に決められたひと揃えの処方可能な技能や能力ではなく、アリストテレス的な実践理性のようなもの——適切な環境のもとで、適切な時に適切な物事を行い、そこでは優れた教師がある意味で、こうした状況の指揮者でもあること——が必要とされると同時に、中心を据えるよりも、むしろできごとに対して一層曝され、場合によっては一層無防備で、一層開かれた状態にあるようなものも必要とされる。そこにレシピは存在しないが、このことは、実践に携わる意欲的な教師は何も学ぶことができない、ということを意味するわけではない。むしろそのような能力は、優れた実践例に注意を向けることや、そこから進んで学ぼうとする姿勢によって培われるのである。さらにそのような能力は、まさにここで述べられているような説明に注意を向け、それが教授と学習についてのより安易な想定に異を唱える様子に注意を向けることによっても促進されうるのである。

ここで問題となっていることを理解するさらなる経路は、ゴードン・バーンの優れた論文、「固定点の不在と美の大学」の中に見いだされる。それは、こうした経験の強度の可能性を、生き生きと想像的に伝える（Bearn, 2000, pp. 230–258）。バーンは、ジャン＝フランソワ・リオタールの著書に見受けられる断層を辿っていくが、これはある意味で、本章での強度と他性の区分を反映するものである。バーンは、「崇高な大学」と対比して想像される「美の大学」という理念を掲げている。

バーンによる美的なものと崇高なものの古典的な対比の活用は、強度とリズムの問題へと注意を向ける役割を果たしている。「成果に基づく教育」の原理によってなされる悪名高き侵害のもとで、美は固定点の不在という理想に関連づけられるようになる。これに基づき、強度は二つの経路を通じて達成されることになる。きわめて明白な形で強度が訪れうるのは、引き算、もしくはつながりの欠乏とも言えるものを通してであり、これは集中状態——おそらく純粋数学の問題への没頭状態のようなもの——に関わっている。しかしそれはまた、足し算のようなものを通じて生じる場合もある。そこでは、学問の対象が無数の方向につながり、肯定と否定の用語に基づく表象的な思考の仕方とは対照的に、思考がメビウスの輪に沿うようにして、裏面をもたずして是認（affirmation）の中で流動する。

定形の無さと固定点の不在は、空虚に向けてではなく、あふれる美の強度に向けてわれわれを動かす。これが表象の裏面にあるもの、すなわち差異の群れ、強度の群れ、同一性なき世界である。そしてその固定点の不在において、美はその自律性を取り戻すであろうが、この場合それは否定によってではない。ここでの美の自律性は、つながりの欠如からではなく、ここからいたるところにつながる無数の線から引き出されるのである（ibid., p. 246）。

われわれの表象的実践と言説の類型は、この強度を劇的に仕立て上げその流れを止めつつ、厳しく統制し抑えつける。これに対して、あふれる美の強度は、多次元的なグラフの交差する諸々の線という観点から思い描かれ、諸々の線はそれらが交差する諸点を多次元に沿って引っ張っている。バーンは、ダ・ヴィンチによる水と渦巻きと洪水の研究を描写しているが、その一つは以下のようなものである。

一つの水源から流れ出る水は、荒々しく波立つ水たまりを作り、それが渦巻きの群れを生み出してあらゆる方向に水流を放出する。……われわれは最大限に強度をもった活動を想像することができる。そこでは水があらゆる方向から注ぎ込み、デカルト的な水の渦巻きとも言えるものの群れを生み出し、それからあらゆる方向に水流を放出し、循環が再開されるのである。「美の大学」は、その強度をもったグラフの線の解放という大義に捧げられるものであり、ダ・ヴィンチが描き出す、力強く荒れ狂う水流は、時に山を真っ二つに切り裂きさえする（ibid.）。

こうしたビジョンの中で学問は、従事している作業に強度をもって魅了される状態という観点から特徴づけられるようになる。こうした状態は、学習成果やカリキュラムの目標を理路整然と、余すところなく、つぶさに示そうとするいかなる試みをも破綻させ、実に愚かなものとなす。それは、教育における情報通信技術が、その豊かな可能性と逆行する形で――実のところ、情報技能によってアクセスされる詰め込み学習として――理解される傾向に見られるような貧困さを曝け出す。ここで、数々の「実用的な」目標を期待することもできよう。しかし重要なことは、大学における学問の質とも言える、あふれる美の強度を表わす言語を探し出すことである。

ここで取り上げられている類いの美は一連の学問的関与の領域を横断して見いだされる、ということが重要である。というのも、その議論はリベラル・エデュケーションと職業教育、内在的価値と外在的価値といった古くさい二分法を迂回するものであるからだ。職業教育は、必然的に、理論、実践、娯楽、機能と関わりをもつことになる。例えば、二つの共同体をつなぐ橋や道路を建設する際に、多角的な視点からアプローチできる調査のフィールドがある。すなわち、人口の流れ、コンクリートの科学的性質、橋のデザインの美学と物理学、共同体にかかる費用やそれによってもたらされる社会変化などの視点である。

これは要するに、粗野で実用的であるか、もしくは、洗練され理論的であるかのいずれかに思われたいといった欲望の背後にある、目的の多様性を隠さないということである。こうして明るみに出される多様性は、肯定的な固定点の不在、すなわち美の好例である。固定点の不在は、一般化されたものであろうと個別のものであろうと、人文学に限られることではなく、すべての分野において進歩や刺激の鍵となる（ibid., p. 255）。

人生の過程において、技術的訓練の重要性は色あせ、一方で創意に富む想像力の重要性が高まる。そして、燃えつきることなく火を点すような「想像力の発火を促す高等教育、より高等な教育（どのような分野であろうとも）の諸特徴」を奨励することが、われわれの務めである（ibid., p. 247）。いかなる分野においても、肯定的な固定点の不在は、そうした想像力の強度を高めるための秘訣であるのかもしれない。

皮肉にも、私がこれまで批判してきた閉ざされたエコノミーの中では――それが生み出す行為遂行状況の測定に対する盲目的崇拝や、抑圧的な管理主義という結末の中では――リビドーが満ちあふれる徴候が見られるであろう。そして再び皮肉にも、学習者をその中心に据えることで体制を新たに人間化しようとする試みは、まさに私が主張してきたような注意や客観性を阻む障害となる、自己への没頭状態を強める。そして、究極のニヒリズム的態度とも言える主観的な耽溺へと堕す危険性を伴う。そうした試みがルサンチマンの相関物であり、教育の善を否認し、その特質を抑制し歪曲するものであることは、今や一層のこと明らかになった。

第5節　教育の転換

ここでの趣旨は、教育における交換の諸関係をなしで済ましてしまおうということではないし、そのようなことは実際ありえないことであろう。そうではなく、そうした諸関係がより深遠な考察を曖昧にする際に何が起こっているのかを理解し、そうした事態によってもたらされる影響を緩和することである。ここで描かれているような過剰のエコノミーによって条件づけられる時にこそ、交換の諸関係はうまく機能しうるのである。

最近数十年の間に多くの国々において高等教育が変化をくぐり抜けてきたことについては疑う余地はない。この変化が開かれた大学づくりによって特色づけられる場合、それは多くの点で歓迎されることになる。これに関連する政策と実践は、特にイギリスにおいて、二つの重大な潮流によって特色づけられてきた。第一は、継続教育の分野から広まった諸実践の運用に見られるものである。これは、より広範に普及し、概してより顧客主導型の市場において実施されることに一層馴染んでいるような分野である。大学は、過去二〇年の管理主義のもとで磨きをかけられてきたその分野の管理的実践を、ほぼ無批判的に導入してきた。だが大学は、継続教育の分野がこれほどまでに広い範囲で学生を獲得することに成功したことが、その教授の実践を通じてであったということをおおかたのところ無視してきた。私が叙述してきたような最も優れた実践のいくつかは、その華やかとは言えない分野において、まさに歴然と見受けられたことは言うまでもない。

第二は、多くの人々が情報通信技術を、大学を大衆化する体制の圧力に対する解決とみなしてきたことに関わっている。そこでは、その体制が要求するカリキュラムを提供する構造とパターンに重大な変化が生じている。これには、情報通信技術の費用効果について、反証を無視した安易な想定――まさに先に批判したような詰め込み学習の運用に対して、より広く門戸を開いていく想定――を伴う傾向がある。情報通信技術の内には、複合的で多様な可能性があり、情報通信技術がその実行を約束するような有益な役割を高等教育において果たすためには、これらの可能性をより一層微細に配慮して評価する必要がある。しかしながら、現在の政策と実践の方向性を理解するという目的のために、大まかに対比の構図を考えてみることはできよう。一方において情報通信技術は、CD‐ROMの技術によってであろうと、オンラインの情報源としてであろうと、他に類を見ないほど情報の保存と普及の潜在的可能性をもっており、この点においてそれは「知識のエコノミー」の一側面のモデルとなる。しかしこの背景のもとで、情報通信技術には、教授と学習についての素朴な想定に陥る傾向がある。これは、画一的な構造をもつものとしての知識、あるいは、多かれ少なかれ消費の惰性的な対象としての知識という理解の仕方を強化し、それゆえ、知識の商品化に寄与するものである。他方において、インターネットの拡大は、コミュニケーションと相互作用の新たな可能性を明るみに出し、その過程で水平的かつ脱中心的な関連のネットワークをモデル化しつつ、知識のエコノミーの新たな局面を暗示している。しかし、このことの否定的な側面は、ウェブの無秩序な性質に集約されているように、秩序と制御の欠如である。

情報通信技術に関連するこれらの多様な側面は、現在の高等教育の方向性と、その自己理解の仕方に見られる危機の深刻化をある意味で象徴するものであり、おそらくはその原因の一部であるかもしれない。これは、その経営と管理において最も明白に見受けられるが、それが運用される現場のいたるところに反響をもたらし、一番重要なこととして、教授と学習に反響をもたらしている。一方においてネットワーク化された活動と運用の自由という徳が称揚され、他方において、主として融資の仕組みを通じ、官僚による中央集権的な制御構造が強化されている。交換の諸関係には不安定さがあり、その不安定さは、何らかの組織に特有のものであるというわけでなく、体制全般にわたって浸透しているものであることは明らかである。高等教育についての考え方が交換のエコノミーの内に制限されている限り、そして大学において教え学ぶことがどういうことかについての理解がこのように貧困化している限り、ここでの混乱は乗り越えられそうにない。

必要とされる高等教育、そしてより高等な教育に向けての新たな方向づけは、それにふさわしい教え学ぶことの性質をより良く理解することなしには達成されないであろうし、そうした理解こそ、私が提示しようとしてきたものである。「荒削りで実用的」であろうとする人々に対抗して、また教授と学習の新たに洗練された理論化が必要であると信じている人々に対抗して、ここでの訴えは、本書の多くの読者にも覚えがあると考えられるような高等教育の経験に向けられる。高等教育の分野において優勢な状況は、私の主張してきたアプローチに不利に働くものであるが、だからといって大学で働く人々がたんに黙従すべきであるということではもちろんない。教師は、通常、体制を覆す者として知られてきた。そしてこのことを実行する上で、大学教員は他の多くの人々よりも一層強い立場にある。しかし、私が行ってきた説明を考慮するなら、学問に携わる者がまさに何をすべきかについて発言することは重要である。そこで、いくつかの提案をもって結論としたい。

まず、教えられる内容についての示唆が挙げられる。カリキュラムの内容は、情報のパッケージ、あるいは限られた知識の総体と捉えられるべきではなく、常に、さらなる探究の無限の可能性を開くものとみなされるべきである。これは、シラバスのために選ばれる課題、テクスト、問題に対してすぐさま実践的な影響をもたらすであろう。取り組まれるテクストは、単一の解釈を拒むようなものであるべきで、たえず生徒の安定を崩し、さらなる思考を挑発することができなければならない。教えることそれ自体の様式——その方法と言ってもよい——こそが、必ずしも予測可能ではない仕方で、こうした思考の可能性を開くべきである。それゆえに、教えようとする内容を計画することは妥当なことであるが、これは、個別の授業のコンテクストに応答する準備と、その場に応じて授業内容を発展させる意欲を伴うべきである。このことは、幅広い目標に身を託すことを排除するものではなく、そうした目標をそれ相応に重んじるための条件である。その結果として評価も、学生の発展的思考に余地を残すような方法で工夫されるべきである。これは決して安易な選択肢ではなく、学生に課される要求を課程を通じて開き続けることを意味している。また多くの課程にとっては、成功の規準を余すところなく詳細に明示しようとしないことをも意味するであろう。大学の教師の一部には、「規準」や「標準」がそもそも何を意味しているのかについて再考することが求められるかもしれない。そして、その過程において、行為遂行性の体制によってこれらの用語に与えられてきた意味を学び直し、その結果、規準や標準を支え維持してきた探究の伝統と学問の共同体の重要性に気づくことが求められるかもしれない。さらにその結果、学問に携わる者は、彼ら自身の研究を構想しこれに取り組むやり方を通して、私が描こうと試みてきた類いの熱中と専心の模範者となるべきである。

何よりも、あらゆる次元においてわれわれの考え方を制覇する交換のエコノミーの傾向を想起し、これに抵抗することが重要であり、ゆえに、高等教育、そしてより高等な教育の性質を正しく特徴づける過剰のエコノミーを理解する中で、教師として、研究者として、あるいは管理者として、自らの仕事を続けることが重要なのである。ここにおいて、現行体制のもとで行えることは数多くある。そしてまた、この体制を改善できる方法を示す強力な証拠も存在している。

（1） Standish *et al.*（1998 b）の中の「人に教えを与えること」（'Giving Someone a Lesson'）という章も参照。

（2） より詳しい説明については、特に高等教育において内容より手続きが支配的になっていることに関しては、Standish（2001）を参照。

訳者あとがき

本書『自己を超えて：ウィトゲンシュタイン、ハイデガー、レヴィナスと言語の限界』は、Paul Standish, *Beyond the Self: Wittgenstein, Heidegger and the Limits of Language* (Avebury: Aldershot, UK, 1992) を原著とし、それに著者のより最近の論文三本を加え、加筆修正の上、邦訳されたものである。一九九二年に出版された原著部分は第I部、第II部として、それ以降に出版された論文は第III部として、本書に収められている。大きな流れとして見るなら、第I部、第II部は、第II部の最後の章である第六章「受容性と言語の限界」を連結点として、第III部に引き継がれていく。その意味で、第六章は、第I部、第II部の展開の一つの到達地点としての「限界」という位置づけをもつと同時に、それを超える転換のための足場たる「ザラザラした大地」として、第III部への視界を開く役割を果たしている。よって、第I部、第II部と第III部の間には、思想の流れの継続性を明瞭に見いだせると同時に、第III部の各章に明らかに示されるように、著者の思想の転換を見てとることもできる。本書で論じられる思想家との関わりという観点からこの転換を捉えるなら、ハイデガーからレヴィナスへ、そしてラルフ・ウォルドー・エマソンとスタンリー・カベルの思想への転換、と解釈できるであろう。さらにもう一つの大きな転換は、第I部、第II部で提示された「自己を超えて」の思想がいかにして教育とそれを語る言語に切り込むことができるかを、第III部がより具体的に、教育実践との関わりで示している点にある。

この流れは、まさに著者自身が、本書の主題である「言語の限界」の思想を体現する形で行ってきた執筆の歴史と思想の発展を背負うものであり、「自己を超えて」の動きを形成するものでもある。本書の執筆の背景については、著者が「日本語版への序文」(以下、「序文」と略)で論じている通りであるが、この「訳者あとがき」では、「序文」で書かれていることを引き受け、本書に収められた九つの章の翻訳をくぐり抜けて見えてきた「自己を超えて」の動きを、翻訳上の工夫点とも関連づけて述べていきたい。

「序文」において著者は、本書を執筆する過程で自ら引き受け、向き合い、やがてはそれをバネにして「自己を超えて」の動きを作ることになる、三つの背景もしくは柱を示している。第一は、第I部、第II部が執筆された当時から今日に至るまでイギリス社会と教育に影響を与えてきた支配的な思想の潮流である。これは、本書の第九章で批判されている「閉ざされたエコノミー」に代表されるような思考形態と言ってもよかろう。この意味で本書は、教育と社会をめぐるきわめて日常的な問題関心を哲学の根源に据えている。第二は、この支配的な思想の潮流を背景に、自己や言語の捉え方、ひいては教育がどうあるべきかについて人々の倫理的な立場に影響を与えてきた、イギリス教育哲学内部の主流な思想の系譜である。この思想は、「序文」にも示されるように、「自律性」、「リベラル」、「人間主体」、「真正性」といった、自己に関わる概念形成に多大な影響を与えてきた。このイギリス教育哲学の伝統との対話は、著者にとって避けることのできない重要なコンテクストである。本書で提示される著者の立場は、このコンテクストの内側から、その限界を超えて生み出された、もう一つの教育哲学の流れと位置づけることができるかもしれない。そして第三は、イギリス教育哲学の伝統の中での、ハイデガーとウィトゲンシュタインの思想的位置づけである。本書で著者が提示するような二人の思想家の関連づけ方、解釈の仕方は、分析哲学が主流であり続けてきたイギリス教育哲学界では、ある意味で排斥され、もしくは、少数派の思想として境界に位置づけられてきた。

この三つの背景はいずれも、避けることのできない伝統、すなわち限界を構成し、その内から著者のことばが生み出されるような言語実践のコンテクストである。そして相互に関連し合いながら、著者が本書で提唱する「受容性」や「慎み深さ」といった生き方の様式に対する盲目性を生み出し、教育の名のもとに、ある種の抑圧と暴力を行使してきた背景でもある。著者による本書執筆の根底にある問題意識は、これらの背景に徹底して対面しつつ、その内側からのみ可能になるような、もう一つの教育の地平、そしてもう一つの自己と言語との関わり方を示し、それを通じて教育哲学の務めを再考し、代替的な教育哲学の言語の自律性を示すことであるとも考えられる。この全体的な展望のもとに、第一章から第九章までを読み通すなら、そのどの場面にも、教育実践に対する著者の強烈な問題意識が浸透している。それは、学問と実務を区切り分断していく発想——第一の背景にも、第二の背景にも、第三の背景にも、それぞれ形を変えて浸透している二分化的な思考様式——に対するレジスタンスとも言える。これらの限界に、いかにして応答し、教育の哲学を語るもう一つの様態と言語を差し出すことができるのか。この点から見るなら、本書は、「理論と実践」という形で互いを排斥し合うか、さもなくば、前者を後者に応用し、場合によっては後者の安直な要求に前者を回収するという、いずれかの選択肢しかもたない、「教育哲学」と「教育実践」の対話の仕方、そしてそれらの言語の様式そのものを揺さぶる試みであるとも言えよう。（第三章の結びの一節では、哲学の言語、ウィトゲンシュタインやハイデガー研究の言語、ひいては教育哲学者である著者自身の言語を、教育実践の言語に対面させることによって揺さぶり、「不快感」をくぐり抜ける必要性が述べられている。（本書二五九頁））これは、本書第II部を締め括り、第III部第七章で再び登場するカベルの思想の流れを共有する、哲学の日常性への回帰、日常性における哲学的思考の復権という課題

――日常的な生活と日常的な言語の使用の側から、哲学の言語と実践の言語を同時に揺さぶる試み――でもある。ただし、ここで著者が教育実践と哲学の間の葛藤を論じていることは、著者自身が哲学を放棄することを意味していない。むしろ教育実践の言語に曝され、揺さぶられる不快さを通じて、哲学がその内部から他者性に開かれることを可能にし、それを通じて言語の自律性を達成し、言語との関わりを通じて自己の自律性――他者への応答を引き受けることをすでに余儀なくされているような自己の有様――を回復し、哲学をよみがえらせようとすることが、本書全体を貫く方向性である。

著者の立場、そして思考と執筆の様式は、本書の「限界」の思想を体現するものとして、先に述べた三つの背景をたんに批判するにとどまらない。著者にとって、これらの背景は、それなくしては、それを超える領域への転換を図ることが不可能であるような、「ザラザラした大地」であり、引き受けねばならない――著者自身の言語が、不可避的に、すでにその中に取り込まれている――限界である。この限界への取り組み方と密接に関わる形で、本書で再解釈され、再構築される諸々の諸概念――「真正性」、「リベラル・エデュケーション」、「自律性」など――もまた、決して全否定されるのではなく、著者が追求するより善き生のビジョンに支えられて変化を被りつつも、一つの伝統として継承されるという側面を備えている。第III部は、この伝統の継承とそこからの逸脱の動きを地道に辿る第I部、第II部なくしては生まれえなかったのであり、同時に「自己を超えて」開けた第III部は、他者への志向をより鮮明に打ち出すものとして、いわば第I部、第II部の執筆の過程から待ち受けられ、その到来を予見されていたとも考えられる。第六章で重点的に論じられる「受容性」の思想は、第七章以降で、「語りえぬもの」をめぐり、「他者を志向する／別の仕方での教育」の思想へ、そして限界との関わりを具現する言語の様式としての「語られていないものの詩学」の提示へと、その地平を超え広がっていく。著者にとって、ハイデガーはレヴィナスを必要としていた。また、ウィトゲンシュタインは、カベル（とエマソン）を必要としていた。「故郷」への回帰は、「基礎づけることとして発見すること」（finding as founding）（本書五二八頁）という、前進的な反基礎づけ主義に道を譲らねばならなかった。*1

＊1　カベルは、エマソンの哲学者としての務めが、「アメリカ的思考を基礎づけること（founding）、あるいは混乱をなくすこと／共に基礎づけることを崩すこと（deconfounding）」を通じ、「前進しながら、基礎から逸れること」であると述べている。これは、エマソンの「終わりなき完成」主義の思想における代替的な「基礎づけ」の仕方を物語る。「発見すること」（finding）ということばは、すでにあるものの発見を示唆しがちである。これに対して、エマソンとカベルの思想において強調すべき点は、模索を通じて新しい可能性が発見されるということである。この意味で、基礎づけることは、これが最後という意味での「基礎づけ主義」として理解されるべきでない。むしろ、カベルの思想においては、繰り返し発見すること、基礎が発見の中で達成されていくこととして理解されるべきである。こうして「基礎づけることとして発見すること」は、エマソンの「反基礎づけ主義」として、途上的にあり続ける生き方を示すものである（齋藤, 2009, pp. 208–209）。

以上のような著者の立場を背負って書かれた本書の訳語決定にあたっては、特に以下の二つの用語について、本書の主題との関わりから工夫をした。第一は、後期ウィトゲンシュタインの思想との関わりで用いられる 'limit' と、それと対比させて著者が用いる 'limitation' の区分である。ウィトゲンシュタインにおける '*Grenze*（limit）' 概念には、原語的にこれら二つの意味が共に含まれているが、その差異についてはこれまで十分に明らかにされてはこなかった。これに対して著者は、その概念に込められる二つの意味を区分して引き出す。それはまず、第一章で以下のように解説されている。

言語の分析は、言語の限界を示す。言語の限界の重要性と深く絡み合う「限界」（'limit'）という用語には、豊かさがある。ゆえに限界は、その向こうを見ることはできても、侵犯することはできないような障壁であるかもしれないし、悪くすれば、視界に目隠しをするような何かであるかもしれない。そのようなものとしての限界は、われわれが当然のことながら超えようとする、あるいは少なくとも超えたいと望むような類いの、否定的な制約である。他方、「限界」は、ある状況が差し出す到達可能性といった意味合いをもつかもしれない。これには、そこに向かって到達することができるという意味での限界が示す、より肯定的な意義があるように思われる。前者における、制約あるいは欠落という否定的な意味合いは、より明白に否定的な「限度」（'limitation'）という語によって伝えられるが、「限界」はより豊かな概念として用いられるであろう（本書一〇一頁）。

ここに示されるように、'limitation' が制約という否定的な意味合いをもつのに対し、'limit' は、現状を超えて人が届きうるかもしれない地平（あるいはそこに向かって突進する動き）を含意し、またそこを転換点として現状を超えるべき転換の地場、足がかりを含意するものとして、肯定的な意味合いがある。さらに、本書第六章小節3・1では、以下のように述べられている。

第一章第4節では、限界（limits）と限度（limitations）の区分がなされた。これは、「私の言語の限界が、私の世界の限界を意味する」（*Tractatus*, 5. 6）といった仕方で用いられる場合の限界という概念の豊かさを、限定的で否定的な限度という概念と区分するためであった。この意味での「限界」という用語は、より日常的な使用にもあてはまる。例えば、あることばの意味の限界が、その効果的活用の条件として受け入れられる場合などである。限界は定義のために必要である。この種の限界は、ゲームの規則のようなものであり、その境界の内でゲームは意味をなす。限界は、ある状況の外側の範囲の秩序を形成すると言ってもよいだろう。それに向けてわれわれは視界や抱負を広げることができる。他方、「限度」は、ある障壁を課すという観点から理解できる。人はそれを超えることをある程度は試みるかもしれないし、少なくとも超えることを望むかもしれない。またそれは視界を制限するものであるかもしれない（本書四五七—四五八頁）。

この二つの区分は、用語の選択に関わるだけではなく、本書全体を貫く三つの柱——イギリス社会と教育の現状との戦い、イギリス教育哲学の伝統の継承と発展、ハイデガーと後期ウィトゲンシュタインの思想の再解釈——のいずれにも関わる形で、著者の立場を象徴するものである。受容性、慎み深さの徳は、限界としての 'limit' を実現する上で不可欠な、自己と言語と他者の関わりのあり方の特性として提示される。言い換えるなら、この関わりの様態としての受容性と慎み深さは、本書を貫く 'limit'、すなわち限界の思想と表裏一体の徳なのである。

第二は、本章の中心概念の一つである 'authenticity' である。本書においてこの語は、バルト、テイラー、ハイデガー、エマソン、カベルなど様々な思想家のコンテクストとの関わりで多様に、なおかつ、ずれを背負うことばとして批判的に用いられている。邦訳にあたっては、この著者の意図を反映させる形で、ハイデガーに関わるコンテクストでは「本来性」、それ以外では「真正性」と訳し分けた。これは、まず「本来性」という日本語そのものが想起させる、本来あるべき状態という原点（故郷）への回帰的志向性を想起させる語が、著者自身が本書で志向する、エマソン、カベル的な「基礎づけること」として発見すること」という、前進的な反基礎づけ主義とは方向性を異とする含意をもつためである（第七章を参照）。

後者は、本来あるべきものという固定的な価値を参照枠としてもつのとは別様の、それでいて、すべての価値を放棄するニヒリズム的な生き様とも異なるものとして、善きもの、真なるものを希求する、もう一つの‘authenticity’のあり方に関わっている。こうして「真正性」は、本書での議論を通じて、唯一絶対なものとして真なるものを固定するのではなく、限界を超え続ける中で希求され広がり続けるような、終わりなき完成主義における善の地平を志向することになる。

さらに、本書第II部の第六章、および第III部以降に明示的に登場するレヴィナスの他者性の思想は、真正性としての‘authenticity’を、自己を超える他者性の次元に一層開くものである。著者がその概念自体を批判的に再構築する真正性としての‘authenticity’は、第五章の後半で論じられるように、ことば以前の私秘的な状態（語りえぬものの私秘化）と結びつけられ、前言語的、前社会的な原初状態を想起させるような、ハイデガーの一つの解釈の仕方に異を唱えるという伏線をもつ。それに代わり著者は、すでに言語的存在であり、すでに公共性に開かれているものとしての人間の有様、しかも同時に「語られていないもの」、「語りえぬもの」という限界との関わりを運命づけられた自己－言語－他者の連関を、ハイデガーおよび後期ウィトゲンシュタインの再解釈と重ね合わせながら提言する。その意味で、著者が警戒しつつも完全に放棄することのない「真正性」としての‘authenticity’は、「本来性」としての‘authenticity’の思想を引き受けつつも、これを批判的に再構築するものであると言えよう。この新たな地平のより具体的な様相は、第III部第七章以降において展開されることになる。

以上のような本書の構成と思想の発展は、原著 *Beyond the Self* が一九九二年に執筆されて以来の著者の執筆の軌跡とも不可分である。著者の思想は、原著執筆以来、今日に至るまで、二つの思想の系譜を中心に発展し続けている。一つめは、デリダ、レヴィナス、リオタールなどポスト構造主義の思想家についての著作である。二つめは、アメリカの哲学者スタンリー・カベルの日常言語の哲学に関わる著作である。第III部に所収されている三つの章は、これらの思想の展開を如実に示しつつ、かつ、本書の第I部、第II部を受け継ぐ流れを典型的に示す三つの論文である。第七章「ハイデガーの本質主義：語られていないものの詩学」は、'Essential Heidegger: Poetics of the Unsaid' (in M. Peters (ed.), *Heidegger, Education and Modernity*, Rowman and Littlefield, 2002) として、出版された。第八章「平等に先立つ倫理：レヴィナスに続く道徳教育」は、'Ethics Before Equality: Moral Education After Levinas' (*Journal of Moral Education*, 30: 4 (2001), 339–348) に出版され、「平等に先立つ倫理：レヴィナス的道徳教育の再構築に向けて」(『現代思想』第三〇巻第四号（青土社、二〇〇二年）：二四四—二六〇頁（ポール・スタンディッシュ、齋藤直子共著））として加筆改訂の上、翻訳された。（本書ではこれをさらに翻訳し直している。）第九章「より高等な教育のエコノミーに向けて」は、'Towards an Economy of Higher Education' (*Critical Quaterly*, 47.1–2 (2005), 53–71) として出版された。この論文は同時に、二〇〇五年十一月六日に京都大学で開催された、第二回京都大学大学院教育学研究科国際シンポジウム「大学教育の知の彼方へ」において、スタンディッシュ氏による基調講演としても発表されている。

また、このたび邦訳が出版されるにあたって加えられた「日本語版への序文」については、以下の二つの国際会議においてスタンディッシュ氏の基調講演として発表された内容——本邦訳書の出版を念頭に置いての発表——を、本書出版のための最終稿として書き直したものである。一つめは、二〇〇六年十二月九日に京都大学において開催された「大学院生主体の教育国際会議」における基調講演「『自己を超えて』の序文」である（『臨床教育人間学』第八号（京都大学大学院教育学研究科臨床教育学講座［二〇〇七年］）に一部訳文、解説を所収）。二つめは、二〇〇八年三月二十五日に、ロンドン大学教育研究所で開催された、京都大学大学院教育学研究科・ロンドン大学教育研究所第一回国際会議 'The Self, the Other and Language: Dialogue between Philosophy, Psychology and Comparative Education'（京都大学グローバルCOE／大学院教育改革支援プログラム共催）のスタンディッシュ氏と訳者の共同基調講演 'Introduction to *Beyond the Self*' である（『臨床教育人間学』第九号（京都大学大学院教育学研究科臨床教育学講座［二〇〇九年］）に英語論文として所収）。これらの国際会議の場を通じて著者の思想をめぐり交わされてきた議論は、本邦訳書完成に至る歩みの中で、著者の思想の意味と位置づけを対話的に解明し発展させる上で、不可欠なものであった。

さらに、本書には直接使用されてはいないが、本書第I部、第II部の思想への関連性をもち、原著執筆以降今日に至るまでの著者の思考の展開に関わる代表的な著作は以下の通りである。

〈著書〉

Standish, P., Smeyers, P., and Smith, R.（2007）*The Therapy of Education*, Basingstoke: Palgrave Macmillan.

Standish, P., Blake, N., Smeyers, P., and Smith, R.（2000）*Education in an Age of Nihilism*, London: Routledge-Falmer.

Standish, P., Blake, N., and Smith, R.（1998）*The Universities We Need: Higher Education after Dearing*, London: Kogan Page.

Standish, P., Blake, N., Smeyers, P., and Smith, R.（1998）*Thinking Again: Education after Postmodernism*, Westport, CN: Bergin & Garvey.

〈本の章、論文〉

Standish, P.（2011）'One Language, One World: The Common Measure of Education', *Philosophy of Education 2010,* Urbana, Illinois: Philosophy of Education Society, 360–368.

Standish, P.（2009）'What is the Philosophy of Education?', in R. Bailey, ed. *An Introduction to the Philosophy of Education,* Sage: New York.

Standish, P.（2009）'Food for Thought: Resourcing Moral Education', *Ethics and Education*, 4.1, 31–42.

Standish, P.（2007）'Rival Conceptions of the Philosophy of Education', *Ethics and Education*, 2.2, 159–171.

Standish, P.（2007）'Education for Grown-ups, A Religion for Adults: Scepticism and Alterity in Cavell and Levinas', *Ethics and Education*, 2.11, 73–91.

Standish, P.（2007）'Levinas and the Language of the Curriculum', in D. Egea-Kuehne, ed. *Levinas and Education*, London: RourtledgeFalmer.

Standish, P.（2006）'Uncommon Schools: Stanley Cavell and the Teaching of Walden', *Studies in Philosophy and Education*, 25.1–2, 145–157.

Standish, P.（2005）'Democratic Participation and the Body Politic', *Educational Theory*, 55.4, 371–384.

Standish, P.（2004）'In Her Own Voice: Convention, Conversion, Criteria', *Educational Philosophy and Theory*, 36.1, 91–106.

Standish, P.（2002）'Humanism, Antihumanism, the Inhuman', in W. van Haaften, A. Musschenga, M. Slors, and B. Spiecker（eds）*Personal and Moral Identity*, Dordrecht: Kluwer.

Standish, P.（2001）'The Learning Pharmacy', in G. Biesta and D. Egéa-Kuehne（eds）*Derrida and Education*,

London: RoutledgeFalmer.
Standish, P.（2000）'In Freedom's Grip', in P. Standish and P. Dhillon（eds）*Lyotard: Just Education*, London: Routledge.
Standish, P.（2000）'Fetish for Effect', in P. Standish and N. Blake（eds）*Education at the Interface: Philosophical Questions concerning On-line Education*, special issue of the *Journal of Philosophy of Education*. Also published as a book（2000, Oxford: Blackwell）.
Standish, P.（1995）'Postmodernism and the Idea of the Whole Person', *Journal of Philosophy of Education*, 29: 1, 121–135.

また、訳者との共著、編著の出版は、主として、カベル、エマソン、ソローのアメリカ哲学の領域を中心になされている。主たる著作は以下の通りである。

Standish, P., and Saito, N.（eds）（2012）*Stanley Cavell and the Education of Grownups*, New York: Fordham University Press.
Standish, P., and Saito, N.（2010）'Crossing Borders Within: Stanley Cavell and the Politics of Interpretation', *Educational Theory*, 60.4, 419–434.
Standish, P., and Saito, N.（2009）'What's the Problem with Problem-Solving? Language, Skepticism, and Pragmatism', *Contemporary Pragmatism*, 6.1, 153–167.
ポール・スタンディッシュ（2009）「解説」（齋藤直子著『〈内なる光〉と教育：プラグマティズムの再構築』（法政大学出版局）、二八五―二九七頁。

ポール・スタンディッシュ、齋藤直子（2005）「スタンリー・カベルと『ウォールデン』の世界：日本の読者への誘い」スタンリー・カベル『センス・オブ・ウォールデン』（齋藤直子訳）（法政大学出版局）、二二三―二二八頁。

ポール・スタンディッシュ、齋藤直子（2004）「発達・超越・日常性：カベルにおけるソローの『ウォールデン』の再解釈」『近代教育フォーラム』第一三号（教育思想史学会）、一五九―一六八頁。

ポール・スタンディッシュ、齋藤直子（2004）「自らの声で――喪失・出立・再生：カベルによるエマソンの道徳的完成主義」『現代思想』第三二巻第八号（青土社）、一二八―一五一頁。

さらに著者は、様々な編著の編集および執筆者としても、イギリス教育哲学界内部のみならず、教育哲学の国際的な対話の場を生み出している。代表作は以下の通りである。

Standish, P., and Drummond, J.（eds）（2007）*The Philosophy of Nurse Education*, Basingstoke: Palgrave Macmillan.

Standish, P., Blake, N., Smeyers, P., and Smith, R.（eds）（2003）*The Blackwell Guide to Philosophy of Education*, Oxford: Blackwell.

Standish, P., and Dhillon, P.（eds）（2000）*Lyotard: Just Education*, London: Routledge.

Standish, P., and Blake, N.（eds）（2000）*Education at the Interface: Philosophical Questions concerning On-line Education*, special issue of the *Journal of Philosophy of Education*. Also published as a book（2000, Oxford: Blackwell）.

Standish, P., Crawley, F., and Smeyers, P.（eds）（2000）*Universities Remembering Europe*, Oxford: Berghahn

Books.
Standish, P., and Smith R. (eds) (1997) *Teaching Right and Wrong: Moral Education in the Balance*, London: Trentham Books.

本書に出てくる様々な思想家や小説家の著作については、既出の邦訳がある場合については、原則としてそれを参照し、原著の英語と対応させた上で、本邦訳書全体の思想の流れや語の使い方と一貫性を保つ形で、なおかつわかりやすく、邦訳を適宜修正している。その際に参照した文献については、本文の段落間注に出典と引用箇所を示し、巻末文献一覧に、原著で使用された文献と併記する形で記載している。とりわけ、ウィトゲンシュタインとハイデガーの思想に関わる翻訳では工夫が求められた。本書の独自性の一つは、「自己を超えて」という主題を軸に、後期ウィトゲンシュタインとハイデガーの思想の関係づけ方そのものを捉え直すことにあり、そのことは、それぞれの思想家の思想解釈に従来とのずれを生じさせることにもなる。その意味で、二つの思想の専門的な用語や概念を、本書独自の解釈枠に準じ、その思想全体の流れに乗せる中で、本書の主題に即した適訳として最終的に生み出し直すことが必要であった。そうした事情で、特にウィトゲンシュタインとハイデガーの思想の専門家の方々の目には、本書で使用した語彙や訳文が見慣れぬものとして映る場合も多々あるかもしれないが、本書『自己を超えて』の中で描かれるウィトゲンシュタインとハイデガー（の対話）の新たな姿としてお読みいただければ幸甚である。

ウィトゲンシュタインとハイデガーに関わる、この難解な翻訳作業を遂行する上で、二人の専門研究者の方々の協力をいただいた。ウィトゲンシュタインの著作については、ウィトゲンシュタイン研究を専門とする渡邊福太郎氏から助言をいただいた。渡邊氏には、ウィトゲンシュタインの直接引用箇所全般について、ドイツ語版原著、英語訳書、既出邦訳書を確認しつつ、最適な訳案を出していただいた。ハイデガーの邦訳については、巻末文献リストに掲載したドイツ語から日本語への翻訳をもとに、前述の原則に基づいて、本書としての内容の一貫性を保ち、また読みやすい日本語に訳し直している。ドイツ語から日本語への翻訳と、ドイツ語から英語への翻訳の過程で、ずれが生じる場合も多々あったが、英語訳も日本語訳も、ハイデガーの多義的で圧縮されたドイツ語の含意をそれぞれの言語に展開するものであるためやむなきずれとして引き受け、最終的には、本書の原著に使用されている英語訳に即して訳出している。また、大文字'Being'については、本書全般に出てくる他の「存在」関係の用語と区別するために、「存在」という形で、斜め傍点を振って区分している。この複雑な翻訳作業の過程で、ハイデガーの思想の解釈や、語彙、訳語の確認および選択について、ハイデガー研究を専門とする串田純一氏から細部にわたって助言をいただいた。渡邊氏と串田氏には、この場を借りて、深く謝意を表させていただきたい。

長年にわたる本書の翻訳の過程では、他にも多くの方々の協力を得てきた。作業の初期、中期の段階では、池田華子氏、井谷信彦氏、宮崎康子氏、高柳充利氏に協力をいただいた。本書の完成に直接つながる後期および最終段階では、広瀬悠三氏、石崎達也氏、中丸創氏、朱燁氏、高柳充利氏、渡邊福太郎氏の六名とのチームプレーのもとで、訳文の読み直し、用語の選択と統一、文献の確認等の作業を行った。とりわけ渡邊氏には、最終稿全般を細かく読み直していただき、訳者の不適切な訳語や訳文についての改訂を指摘していただいた。翻訳完成の最終段階まで共に立ち会ってくださった、広瀬、石崎、中丸、朱、高柳、渡邊諸氏には、心より御礼を申し上げたい。この六名の若手研究者たちは、国際会議、大学での授業、英国留学などを通じてスタンディッシュ氏から直接の教えを受けた方々でもあり、その意味でも、本書は、文化と言語と世代の限界を越える国際的な対話と教育交流の成果として生み出されたものでもある。スタンディッシュ氏も「序文」の最後で述べているように、本書が一つの滴として世に送り出され、今後さらに大きな対話の潮流を生み出し、われわれが哲学と教育を考える際の「限界」を超えるきっかけとなることを願ってやまない。

最後になるが、本書の出版を二〇〇三年にお引き受けいただき完成を待ち続けてくださった法政大学出版局の元編集代表・平川俊彦氏と、平川氏ご退職後に出版事業をお引き継ぎいただき完成に導いてくださった同編集部の秋田公士氏には、深く感謝申し上げたい。

二〇一二年一月三〇日

齋藤直子

論理哲学論考
L. ヴィトゲンシュタイン／藤本隆志・坂井秀寿訳 ……………………………3000円

ウィトゲンシュタイン評伝 若き日のルートヴィヒ 1889-1921
B. マクギネス／藤本隆志・今井道夫・他訳 ……………………………5800円

ウィトゲンシュタイン
A. ケニー／野本和幸訳 ……………………………3200円

回想のヴィトゲンシュタイン
N. マルコム他／藤本隆志訳 ……………………………1600円

ウィトゲンシュタイン読本
飯田隆編……………………………3500円

困難な自由 ［増補版・定本全訳］
E. レヴィナス／合田正人監訳／三浦直希訳 ……………………………4700円

貨幣の哲学
E. レヴィナス／合田正人・三浦直希訳 ……………………………2500円

他性と超越
E. レヴィナス／合田正人・松丸和弘訳 ……………………………2500円

歴史の不測 付論・自由と命令／超越と高さ
E. レヴィナス／合田正人・谷口博史訳 ……………………………3500円

実存の発見 フッサールとハイデッガーと共に
E. レヴィナス／佐藤真理人・小川昌宏・他訳 ……………………………5500円

聖句の彼方 タルムード——読解と講演
E. レヴィナス／合田正人訳 ……………………………3800円

われわれのあいだで
E. レヴィナス／合田正人・谷口博史訳 ……………………………4000円

諸国民の時に
E. レヴィナス／合田正人訳 ……………………………3500円

フッサール現象学の直観理論
E. レヴィナス／佐藤真理人・桑野耕三訳 ……………………………5200円

時間と他者
E. レヴィナス／原田佳彦訳 ……………………………1900円

レヴィナスと政治哲学 人間の尺度性
J.-F. レイ／合田正人・荒金直人訳 ……………………………3800円

＊表示価格は税別です＊

センス・オブ・ウォールデン
S. カベル／齋藤直子訳 ……………………………2800円

〈内なる光〉と教育　プラグマティズムの再構築
齋藤直子……………………………3500円

マルティン・ハイデガー　哲学とイデオロギー
H. エーベリング／青木隆嘉訳 ……………………………2800円

アレントとハイデガー
D. R. ヴィラ／青木隆嘉訳 ……………………………6200円

ハイデガーと解釈学的哲学
O. ペゲラー／伊藤徹監訳 ……………………………4300円

ハイデガー　ドイツの生んだ巨匠とその時代
R. ザフランスキー／山本尤訳 ……………………………7300円

意識と自然　現象学的な東西のかけはし
K. K. チョウ／志水紀代子・山本博史監訳 ……………………………4300円

ハイデガーと実践哲学
O. ペゲラー他／下村・竹市・宮原訳 ……………………………5500円

ハイデガーとフランス哲学
T. ロックモア／北川東子・仲正昌樹監訳 ……………………………4800円

ハイデガーとヘブライの遺産　思考されざる債務
M. ザラデル／合田正人訳 ……………………………3800円

ハイデッガーとデリダ
H. ラパポート／港道・檜垣・後藤・加藤訳 ……………………………3800円

『存在と時間』講義　統合的解釈の試み
J. グレーシュ／杉村靖彦訳 ……………………………12000円

ハイデガー『哲学への寄与』研究
山本英輔……………………………5300円

ハイデガーの真理論
岡田紀子……………………………5700円

ハイデッガー研究　思惟の道
白井成道……………………………2900円

存在と共同　ハイデガー哲学の構造と展開
轟孝夫……………………………6800円

＊表示価格は税別です＊

著　者

ポール・スタンディッシュ（Paul Standish）
バーミンガム大学で博士号取得（教育哲学）．現在，ロンドン大学教育研究所，教授（教育哲学部門長）．2001 年から 2011 年まで，イギリス教育哲学会の学術誌 *Journal of Philosophy of Education* 編集長．専門は，ウィトゲンシュタインとハイデガーの哲学，エマソン，ソロー，カベルのアメリカ哲学および，ポスト構造主義の哲学で，分析哲学と大陸哲学の間の創造的な緊張関係を追究している．近年の主要著作に，*The Therapy of Education: Philosophy, Happiness and Personal Growth*, Palgrave Macmillan, 2006（共著），*The Philosophy of Nurse Education*, Palgrave Macmillan, 2007（共編著），*Stanley Cavell and the Education of Grownups*, Fordham University Press, 2012; *Education and the Kyoto School of Philosophy*, Springer, 2012（以上，齋藤直子との共編著）などがある．

訳　者

齋藤直子（さいとう なおこ）
コロンビア大学で博士号取得（教育哲学）．現在，京都大学大学院教育学研究科，准教授．専門はプラグマティズム，アメリカ超越主義，カベルのアメリカ哲学．主要著作に，*The Gleam of Light: Moral Perfectionism and Education in Dewey and Emerson*, Fordham University Press, 2005,『〈内なる光〉と教育──プラグマティズムの再構築』，法政大学出版局，2009 年，*Stanley Cavell and the Education of Grownups*, Fordham University Press, 2012; *Education and the Kyoto School of Philosophy*, Springer, 2012（以上，ポール・スタンディッシュとの共編著），訳書に，スタンリー・カベル『センス・オブ・ウォールデン』（法政大学出版局，2005 年）などがある．

《叢書・ウニベルシタス 972》
自己を超えて
ウィトゲンシュタイン，ハイデガー，レヴィナスと言語の限界

2012年3月15日　初版第1刷発行

ポール・スタンディッシュ
齋藤直子訳
発行所　財団法人　法政大学出版局
〒102-0073 東京都千代田区九段北3-2-7
電話03(5214)5540 振替00160-6-95814
組版・印刷：三和印刷　製本：誠製本
© 2012
Printed in Japan

ISBN 978-4-588-00972-3

人名索引

ア 行

アウレリウス Marcus Aurelius　412
アイヒマン Adolf Eichmann　355
アウグスティヌス (St.) Augustine　151, 222, 227, 233, 260, 267, 445, 460, 478
アップダイク John Updike　327-328
アドルノ Theodor Adorno　534
アリストテレス Aristotle　78, 161, 186, 370, 372, 501, 507, 514
アルダーマン Harold Alderman　60, 454
アレン R. T. Allen　344-351, 353-354, 379, 384, 389, 392, 410, 424, 437, 485
アレント Hannah Arendt　176, 221, 238-239, 246, 266
アンスコム Elizabeth Anscombe　235
アンダーソン John Anderson　261
イェイツ William Butler Yeats　171, 306-307
イリッチ Ivan Illich　192
ヴァイスマン Friedrich Waismann　96, 133, 312, 506
ヴァール Jean Wahl　81
ウィトゲンシュタイン Ludwig Wittgenstein　16-20, 23-25, 28-29, 43, 51, 69-74, 77-90, 92, 94-97, 99-100, 104-105, 112, 114, 117, 119-120, 123-131, 133-136, 142-143, 155, 164-165, 170, 176-180, 182-184, 186, 196, 205, 214-219, 222, 224-225, 227-229, 231, 233-234, 265-266, 282, 296, 312-315, 317-319, 330-336, 361, 370-371, 406-407, 418, 430-431, 435, 444-445, 447, 453, 461-463, 466-467, 469-471, 475-478, 480-482, 492, 502, 504, 506, 523, 554, 572
ウィリアムズ Bernard Williams　17
ウィルソン Colin Wilson　281
ウィルソン John Wilson　559
ウィンチ Peter Winch　144, 149
ヴェイユ Simone Weil　149, 174-176, 313, 488, 496
ウォーフ Benjamin Whorf　123-124, 186
ウルフ Virginia Woolf　326, 335
エイブラムズ M. H. Abrams　145
エイヤー A. J. Ayer　107, 117-122, 170, 186
エスリン Martin Esslin　63
エピクテトス Epictetus　412
エマソン Ralph Waldo Emerson　527-530, 535-536, 538, 540-541
エリオット T. S. Eliot　137
エリオット R. K. Elliott　24, 489, 496, 507

オークショット Michael Oakeshott　9, 13, 15, 575
オコナー Flannery O'Connor　44, 500-501
オースティン J. L. Austin　18, 87, 107, 377

カ　行

カー David Carr　559
カウフマン Walter Kaufmann　412, 414
カゼピデス Tasos Kazepides　194
カベル Stanley Cavell　438, 502-503, 528, 541
カミュ Albert Camus　63, 281, 391
カルナップ Rudolf Carnap　107, 482, 506
カント Immanuel Kant　15, 267-268, 272-274, 291, 340, 347, 355, 382, 393, 418, 496
ギーチ Peter Geach　269
ギリガン Carol Gilligan　559
キルケゴール Søren Kierkegaard　17, 78, 82, 96, 327, 334, 469, 477, 496, 515, 552, 572
グッドマン Nelson Goodman　422
クーパー David Cooper　62-63, 101, 336, 420-425, 437, 492
グラバー Jonathan Glover　319-321, 327-328
黒澤 明 Akira Kurosawa　504
ケインズ J. M. Keynes　4, 447
ゲオルゲ Stefan George　467, 469, 505
ゲーテ Johan Wolfgang von Goethe　35
ケニー Anthony Kenny　270, 316
コイレ Alexandre Koyr　268
ゴッホ Vincent van Gogh　50, 456
コールバーグ Lawrence Kohlberg　559
コンディヤック Étienne Bonnot de Condillac　155
コント Auguste Comte　103

サ　行

ザッカー Richard Zucker　226, 231
サピア Edward Sapir　123, 186
サール John Searle　154-155
サルトル Jean-Paul Sartre　279, 281-290, 292-293, 296, 300, 305, 315-316, 323, 332, 335-336, 345, 386, 397-398, 412, 422-424, 432-435, 449
サンシモン Henri de Saint-Simon　103
シェイクスピア William Shakespeare　152
ジェームズ Henry James　500
ジェームズ William James　147
シェフラー Israel Scheffler　11
シェリー Percy Bysshe Shelly　146
シェリング Friedrich Wilhelm Schelling　274

ジョイス James Joyce　322
ショーペンハウアー Arthur Schopenhauer　318, 447-448
ジョンソン Virginia Eshelman Johnson　48, 105
シラー Friedrich Schiller　274
シンガー Peter Singer　275
シンプソン Alan Simpson　245
スタイナー George Steiner　253
ステーテン Henry Staten　107, 157, 235, 260
スペンサー Herbert Spencer　103
セフラー G. F. Sefler　74
荘子 Chuang Tzu　531
ソクラテス Socrates　51, 87, 319, 512, 521, 577-578, 581
ソシュール Ferdinand de Saussure　139-140, 142-143, 171, 203-204
ソロモン Robert C. Solomon　267-268, 270-274, 276-277

タ 行

ダーウィン Charles Darwin　57, 103
ダ・ヴィンチ Leonardo da Vinci　35, 583-584
ディアデン Robert Dearden　11, 15, 338-342, 345, 347, 350, 382, 386, 390, 393-394, 438, 559
テイラー Charles Taylor　105-106, 151, 155, 160-166, 263-265, 267, 281, 346, 486
デカルト René Descartes　17, 196, 234, 267-270, 276, 282, 286, 290, 293, 316, 318-319, 584
デリダ Jacques Derrida　17, 20, 154-158, 228, 231, 260, 288, 308, 316, 336, 533
トゥルニエ Michel Tournier　328, 333
ドストエフスキー Fyodor Dostoyevsky　492, 572
ドーボロ Jon Dorbolo　226-227
トムソン Ian Thomson　511, 513, 515-516, 525, 537
トラクール Georg Trakl　308
トリュフォー François Truffaut　260
ドレイファス Hubert Dreyfus　84, 436

ナ 行

ナイポール V. S. Naipaul　411
ニーチェ Friedrich Nietzsche　17, 33, 61-64, 78, 101, 147, 187, 420-421, 492, 520, 526, 530, 535-536, 538, 541-542, 577, 579, 581
ニール A. S. Neill　192
ヌスバウム Martha Nussbaum　185, 370, 372, 415, 499, 501

ハ 行

ハイエク Friedrich Hayek　4, 349, 351
ハイデガー Martin Heidegger　16-20, 23-25, 28-29, 47, 50-51, 54, 60, 69-81, 83-95, 98-100, 102, 104-107, 112, 116, 122, 140, 160, 164-171, 174, 176-180, 182, 186-187, 221, 235-238,

241, 247, 265-266, 270, 280-282, 284, 288-291, 293-296, 302, 304-305, 307-308, 315-319, 327-328, 334-336, 367, 372, 378, 385, 387, 399-401, 403-405, 414, 420, 422-423, 425, 428-429, 431, 434-438, 447, 455-456, 459-465, 467-469, 471-472, 475-484, 489, 491, 501-502, 504, 507, 511-520, 522, 524-541, 549, 554-555, 560
バークリー George Berkeley　162, 264
バーシュ Douglas Birsch　226-227
パスカル Blaise Pascal　557
パスモア John Passmore　44, 81
ハースト Paul Hirst　11, 15, 192, 194, 343, 353, 380, 430, 559
ハッカー P. M. S. Hacker　133-134, 438, 461
ハドソン W. D. Hudson　217
パーフィット Derek Parfit　319-321
ハムリン David Hamlyn　310-311, 318
ハリス Roy Harris　142-143
バルト Roland Barthes　102, 202-203, 206-207, 209-210, 213, 215, 219-222, 238-244, 246, 253, 256-257, 266, 308, 315-316, 322, 336, 420, 449-452, 454
ハルトマン Nicolai Hartmann　104
パルメニデス Parmenides　179, 187-188, 428
バレット William Barrett　70, 105
バロウ Robin Barrow　193
バーン Gordon Bearn　582-583
バーンズ Jonathan Barnes　187
ピーターズ R. S. Peters　11, 15, 425-427, 429-430, 459, 559
ヒーニー Seamus Heaney　160, 171-174, 176, 178-180, 186, 241, 308, 313, 315, 417, 465
ヒューズ Ted Hughes　48
ヒューム David Hume　37, 272, 320
ビンドマン Steven L. Bindeman　74
フィヒテ Johann Gottlieb Fichte　274, 276
フォスター E. M. Forster　397
フォーティ Véronique Fóti　532, 534
フクヤマ Francis Fukuyama　4, 12
フーコー Michel Foucault　17, 148
ブースマ O. K. Bouwsma　362
フッサール Edmund Husserl　294, 426
ブーバー Martin Buber　531, 571
ブラッドリー F. H. Bradley　275-276
プラトン Plato　15, 161, 264, 270, 393, 444, 511-512, 525, 541, 559, 577, 581
ブルーム Harold Bloom　145, 147
フリードマン Milton Friedman　4
フレーゲ Friedrich Ludwig Gottlob Frege　131, 133
フロイト Sigmund Freud　445-446
フンボルト Wilhelm von Humboldt　162-164, 167, 264-265
ヘア R. M. Hare　356-357, 359, 362-363, 365-368, 445, 489
ベイカー Gordon P. Baker　133-134, 438, 461

ベイリー Charles Bailey　351, 408
ペイン Thomas Paine　351
ヘーゲル Georg Wilhelm Friedrich Hegel　17, 267, 274-276, 278, 281, 291, 318, 412-414
ベーコン Francis Bacon　103
ヘップバーン Ronald W. Hepburn　45, 254, 480
ヘラクレイトス Heraclitus　62, 501, 507
ペリクレス Pericles　393
ヘーリンク Bernhard Häring　54
ベルクソン Henri Bergson　462-463
ヘルダー Johann Gottfried Herder　162-164, 264-265
ヘルダーリン Johann Christian Friedrich Hölderlin　91, 519-522, 532-533
ヘルメース Hermes　527
ベンサム Jeremy Bentham　103
ホーグビィ Ingvar Horgby　82, 85
ホッブズ Thomas Hobbes　12, 162, 279, 546
ボトロス Sophie Botros　492-493
ホプキンズ Gerard Manley Hopkins　171
ボネット Michael Bonnett　24, 54, 60, 425-431, 433, 435, 437, 458, 504
ポパー Karl Popper　330
ホメロス Homer　393
ボルヘス Jorge Luis Borges　323, 326, 365
ホワイト John White　15-16, 408
ホワイトヘッド Alfred North Whitehead　49-50, 52, 79, 100
ホワース Lawrence Haworth　339, 396

マ　行

マクペック John McPeck　389
マスターズ William Howell Masters　48, 105
マッキンタイア Alasdair MacIntyre　11, 192, 327, 393, 396
マッハ Ernst Mach　103
マードック Iris Murdoch　336, 486-489, 493, 495, 498, 500, 502, 576
マリ William Murray　71, 106-107, 506
マルクス Karl Marx　144, 238-241, 246, 445-446, 519
マルコム Norman Malcolm　406
マルセル Gabriel Marcel　42, 399, 423-424
マンデル Ross Mandel　73
ミッジリー Mary Midgley　234-235, 269-270, 325, 336, 444-447
ミル James Mill　103
ミル John Stuart Mill　12-13, 15, 273, 276-277, 279
ムーア George Edward Moore　447, 477
メイ Reinhard May　530
モリソン James C. Morrison　72
モンテーニュ Michel de Montaigne　268

ヤ　行

ヤコブソン Roman Jakobson　143
湯浅泰雄 Yasuo Yuasa　541
ユング Carl Gustav Jung　446

ラ　行

ライプニッツ Gottfried Wilhelm von Leibniz　51
ライル Gilbert Ryle　70-71, 75, 106-107, 269
ラッセル Bertrand Russell　85, 173, 269-270, 318
リオタール Jean-François Lyotard　7, 17, 534, 541-543, 546-549, 559, 582
リース Rush Rhees　117, 121, 226-228, 444
リード Herbert Read　192
リード Thomas Reid　320
リルケ Rainer Maria Rilke　519-520, 535
ルウェリン John Llewelyn　539, 550, 552-555
ルカーチ György Lukács　280
ルソー Jean-Jacques Rousseau　14, 267, 272-273, 349, 546
レヴィナス Emmanuel Levinas　16-17, 19-20, 539, 543-544, 546, 548-553, 555, 557, 569, 571-574, 576
レディングズ Bill Readings　515-516, 540-541
ロック John Locke　162, 324, 366
ローティ Richard Rorty　70, 144-148, 424, 460
ロレンス D. H. Lawrence　46, 417, 447

ワ　行

ワーズワース William Wordsworth　146, 349

事項索引

ア　行

アイデンティティ identity　106

近代の—— modern identity　105-106, 486

愛着 attachment　124, 373, 392, 415, 485-487, 492, 494-495, 551

曖昧さ ambiguity, obscurity, vagueness　65, 131, 133-134, 136, 153, 155, 181, 207, 242, 255, 290, 312, 331, 335, 438, 476

アカウンタビリティ accountability　7

明るみ lighting, *Lichtung*　79, 330

——に出さ（れる） (be) brought to light, (to) reveal (itself), (be) revealed, unveiled　172, 174, 284, 525, 585

——に出（し／す） exposition, (to) reveal, revealing　87, 180, 308, 378, 513, 524, 527, 537, 550, 556

——に出すこと (be) brought into a clearing, (to) reveal, revealing, revelation　79, 176, 238, 281, 288-289, 400, 455, 479, 488

存在の—— lighting of Being　→「存在」

存在の開けた—— lighting of Being　→「存在」

アポロ的形式 Apollonian form　577

アリストテレス的な実践理性 Aristotelian practical reason　582

アレーテイア *aletheia*　79, 176, 400, 489, 513-515

アンガジェ *engage*　284, 397

『アンティゴネー』*Antigone*　499

生きられた経験 lived experience　95, 134, 253, 335, 371, 556

依存 dependence　58, 80, 276, 392, 412, 414-418

異邦人 stranger　64, 423, 532, 534, 539, 569

意味

——の網の目 web of meaning　389

——の散種 dissemination of meaning(s)　332

——の写像理論 picture theory of language　72, 96, 131

——の使用説 (theory of) meaning as use, use theory of meaning　84, 95, 143, 160, 177, 266, 310

引用可能性 citationality　228, 453

ウィトゲンシュタインの建築者 Wittgenstein's builders　222, 224, 233

ウィーン学団 Vienna Circle　103

エコノミー economy　561-562, 566, 570, 572

過剰の—— economy(-ies) of excess　577, 586, 580

教授と学習の閉ざされた—— closed economy of teaching and learning　567, 576

教授と学習の—— economy(-ies) of teaching and learning　566-567, 575
交換の—— economy(-ies) of exchange　570, 579, 588-589
交換と充足の—— economy of exchange and satisfaction　567
知識の—— knowledge economy　578, 587
閉ざされた—— closed economy(-ies)　562-563, 566-568, 570, 572, 585

カ　行

懐疑主義 scepticism　268, 272, 347, 412-413
デカルト的—— Cartesian skepticism　286
開示としての真理 truth as disclosure　55, 79
会話 conversation　460, 519, 575
科学主義 scientism　189-192, 210, 442-443, 449, 486
——的 scientist, scientistic　27, 102, 192-193, 219, 244
確実性 certainty　56-57, 64, 268, 323, 336, 444, 446
不—— uncertainty　255, 257, 305, 323, 367, 400, 435-436, 450, 489-490
過剰 excess(es)　238, 252, 577
——のエコノミー economy(-ies) of excess　→「エコノミー」
言語の—— excess of language　239
家族的類似性 family resemblance　88, 184
語り discourse, *Rede*　86, 90-92, 144, 298, 323, 327, 373, 472-473, 506
語りえぬもの things which we cannot speak about, what cannot be said, what we cannot speak　86, 378, 470-471, 475, 481, 525
語りつくせぬもの (the) unsayable　218, 531
神 God　42, 52-55, 63-64, 97-99, 105, 151, 161, 264, 268, 271, 273, 295, 328, 340-341, 365, 407, 415, 437, 459, 468-469, 476, 486, 496-497, 501, 505, 520-521, 527, 556, 569
カリキュラム curriculum　6, 9-12, 26, 29, 32, 102, 190-195, 197-198, 202, 206-207, 210, 213-216, 219, 244-245, 256-258, 261, 295, 353, 449, 575, 578, 584, 587-588
環境 environment, *Umwelt*　83, 98, 165, 299
——性 environmentality　300, 331
還元主義 reductivism　50, 328
——的 reductive, reductivist　50, 428, 446
間主観性 intersubjectivity　379
観照 contemplation　304, 376, 399, 573
完成主義 perfectionism　558, 568-569
——的 perfectionist　537, 557-558
完全性 perfectibility　268
歓待 hospitality　405, 407, 534
観念論 idealism　144, 162, 264
擬 *pseudos*　514-515　→「真」
記憶不可能なもの the immemorial　534, 536, 538
記号 sign　101, 115-116, 118, 124-126, 128, 139-142, 151, 154-160, 174, 185, 201, 204-206, 208, 213, 216, 226, 231, 249-250, 309, 332, 451, 453-454, 466　→「シーニュ」
——の公共性 publicity in the signs　122

公的—— public signs　122, 139, 154
物理的　　physical signs　116, 126, 159
技術 technology　11, 26, 48, 57, 60, 201, 207, 211, 236, 281, 322, 348, 356-357, 454-457, 486, 514, 517, 519-520, 522, 524, 536-537, 563, 587
——主義 technicism　26
——の本質 essence of technology　456
情報通信—— ICT, information technology　11, 567, 584, 586-587
規準 criteria　36, 38, 131, 134, 181, 194, 252-253, 310, 312, 322, 325, 345-346, 358, 368, 385-386, 392, 395-396, 409, 512-513, 523, 525, 529, 538, 540-541, 565-566, 571, 589
規則 rule　79, 89-90, 117, 133, 135-136, 139, 155, 194, 202-203, 205, 216-217, 312, 343, 348-349, 370, 377-378, 382, 384, 389-390, 394, 426, 429-430, 445, 453, 457, 461-462, 467, 559
——遵守 (to) follow a rule, following of a rule, rule-following　122, 431, 523
基礎づけ主義 foundationalism　269
基礎づけることとして発見すること finding as founding　540
気遣い care, *Sorge*　39, 98, 299, 302, 316, 365, 374, 405-406, 415, 427-428, 434
企投 projection　94-95, 284, 287, 300-301, 310, 372, 423, 433-434
——すること projecting　94
——的 projective　421
——的配慮 projective concern　→「配慮」
気分 mood　478
義務 duty, obligation(s)　43, 53, 104, 355, 396, 406, 444, 551, 570, 572
共世界 with-world, *Mitwelt*　438
郷愁 homesick, nostalgia　409, 519, 538
驚嘆 wonder　45, 51, 53, 58-60, 67, 82, 102, 442, 468, 478-480, 501
存在への—— wonder of Being　→「存在」
強度 intensity(-ies)　530, 535, 538, 542, 577, 580, 582-584
——を高め（る） (to) intensify　558, 577, 579-580, 585
——をもった（て） intense　580-581, 584
共約
——可能なもの the commensurable　65
——不可能性 incommensurability　96
空談 idle talk, *Gerede*　299, 483-484, 517-519　→「無駄口」
敬愛 reverence　18, 52-54, 98, 446-448, 469, 555, 557
形而上学 metaphysic[s]　17, 76, 81, 88, 103, 266, 270, 291, 302, 319, 455, 472, 531, 537, 541
——的 metaphysical　17, 20, 65, 72, 75, 77, 88, 107, 131, 157, 196, 253, 263-264, 267, 271, 276, 291-294, 302, 326-327, 333, 345, 349, 365, 391, 405, 419, 421, 429, 491, 498, 521, 526, 531, 536
現前の—— metaphysics of presence　95, 156, 230, 251, 253, 465, 531, 548
啓蒙主義（的） Enlightenment　151, 264, 272, 450
決意性 resoluteness, *Entschlossenheit*　435-436, 490
決定性 determinacy　112-113, 131-135, 137, 266, 301, 312
限界 limit(s)　30, 45, 52, 67-68, 72, 79, 86, 88-89, 93, 96, 99, 101-102, 127, 132-133, 138, 141, 148, 158, 163, 184, 218, 225, 264, 308, 312, 319, 330-331, 333-334, 346-347, 376, 398, 414, 441, 457, 466-470, 475-476, 481-482, 500-502, 558, 569

言語の―― limit(s) of language　→「言語」
謙虚な（に） humble, humbly　33, 54, 496, 498, 500-501
言語
――決定論 linguistic determinism　123-124
――ゲーム language game　79, 83, 88-91, 96, 99, 126, 130-132, 134, 136, 151-152, 155, 183-184, 189, 196, 205, 218, 225, 227-228, 260, 311-313, 331, 333, 335, 391, 466-467, 469-470, 482, 494, 506
――相対論 linguistic relativity　123
――の限界 limit(s) of language　87, 96, 101, 133, 148, 164, 330, 371, 378, 414, 431, 441, 457, 459, 466-467, 470, 477-478, 501, 503
――の自律性 autonomy of language　→「自律性」
――の本質 being of language　468, 506
建築の――ゲーム language-game of building　234
建築者の―― builders' language, language of the builders　222-225, 227, 231-232, 234
合理的－断定的―― rational-assertive language　→「合理的－断定的」
合理的－断定的様式の―― language in its rational-assertive mode　→「合理的－断定的」
指示としての―― language as designation　243, 470
真正な―― authentic language　→「真正」
理想―― ideal language　89, 114, 129-131, 135, 173
検証 verification　117, 170, 358
現象学 phenomenology　18, 281-282, 290, 294, 423, 546
――的 phenomenological　281-282, 291
原子論 atomism　286, 335
――的 atomistic　265, 276-277, 286, 303
現前 presence　155, 157, 329, 459-460, 464-465, 479, 573-574
――の形而上学 metaphysics of presence　→「形而上学」
非－―― non-presence　156
現存在 *Dasein*　72, 83, 92, 95, 98, 106-107, 165, 169, 280, 294, 298-299, 302-303, 305-306, 316-317, 334, 400, 423, 429, 434, 436, 438, 479, 490, 516-517, 525
――の存在 *Dasein's* Being　→「存在」
――の本質 essence of *Dasein*　516
限度 limitation(s)　72, 87, 101, 158, 442-443, 446-447, 449-450, 457-460, 476, 494, 504
権利 right(s)　105, 273, 339, 413, 543, 545-549
行為遂行 performance　168, 191, 245, 571, 585
――性 performativity　7, 11, 516, 524, 537, 558, 578, 589
公共性 publicity　83, 91, 119, 122, 169, 426, 430
記号の―― publicity in the signs　→「記号」
構造主義 structualism　139, 171
行動主義
――的（な） behavioural, behaviourist, behaviouristic　195-196, 210, 270, 538
――者 behaviourist　191, 193
功利主義 utilitarianism　26, 106, 195, 295
合理的－断定的 rational-assertive　60, 62-63, 87, 101-102, 112-113, 138, 180, 182, 277, 371,

498-499　→「受容的－応答的」
——言語 rational-assertive language　87, 289, 371, 450, 454, 489, 493
——思考形式 rational-assertive form of thinking　61
——思考様式 rational-assertive mode of thought (thinking)　61, 111, 441
——(男性的)思考様式 rational-assertive (masculine) mode of thought　498
——様式 rational-assertive mode　399
——様式の言語 language in its rational-assertive mode　370
コギト *cogito*　268-270, 316-317
デカルト的—— Cartesian *cogito*　295
故郷 home　166, 207, 214, 216, 236-237, 378, 438, 526, 530, 534-535
個人主義 individualism　379
——的 individualistic　349
子ども中心主義(の) child-centred, child-centredness　7, 13-14
顧慮 solicitude, *Fürsorge*　298, 302, 315
痕跡 trace　156-157, 183, 519

サ　行

差延 *différance*　157, 288, 308, 316
ザラザラした大地 rough ground　111-112, 123, 132, 143, 158, 160, 173, 176, 182, 184, 196, 313, 362, 418, 431, 495
サルトル的
——な根源的自由 Sartrean radical freedom　→「自由」
——な選択 Sartrean (picture of) choice　436
「三人組の“H”」(表現主義)理論 the triple-H (expressivist) theory　164, 265
死 death　64, 94-95, 159, 283, 305-308, 323-324, 334, 369-370, 394, 414, 434, 436, 473, 475, 478, 489, 492-500, 519, 533, 578
——に向かう存在 Being-towards-death　→「存在」
時間性 temporality　94-95, 302-303, 305, 308-310
自己
——意識 self-consciousness　275-276, 291-292, 345, 413, 432
——欺瞞 bad faith, self-deception　305, 421, 427, 492
——決定 self-determination　345, 349
——充足 complacence　→「充足」
——中心主義 egotism, narcissistic　66, 576
——中心性 egocentricity　52, 57, 272
——同一性 self-identity　492
——本位 self-regarding　498
——本位的な徳 self-regarding virtue　→「徳」
世人としての—— the they-self, *das Man-selbst*　299, 305　→「世人」
本来的な—— authentic self　299
指示 (to) designate, designation　142, 145, 155-156, 160, 233, 253, 444
——説 designative　74, 96, 151, 156, 162, 164, 173, 265, 267
——的言語理論 designative theories　139, 162, 264, 266

——としての言語 language as designation　→「言語」
事実／価値 fact-value　205
事実性 facticity　283, 299
詩人 poet　125, 145-146, 171, 180, 241, 459-460, 468, 511, 518-522, 524, 526-527, 529, 531-533, 554-556
自然主義的 naturalistic　300, 548
実証主義 positivism　26-28, 103, 125, 190, 333, 442
——的 positivist, positivistic　26, 102, 112-113, 115, 122, 191, 317
論理—— logical positivism　103, 295
論理——者 logical positivist　295
実存主義 existentialism　282, 292, 422, 425, 427
私的
——感覚 private sensation　117, 186
——経験 private experiences　117-118
——言語 private language　84, 117, 119-120, 298
——言語論 the Private Language Argument　112, 117, 154, 379, 430
詩的 the poetic　89, 171-172, 244, 254, 454, 482, 522-523, 531, 533, 535, 552
——なもの the poetic　89, 308, 517-519, 522, 524-527, 530, 534-541, 552, 554-555, 559
——に建てること poetic building　422, 428, 460
シニフィアン signifier　140-141, 178, 204-208
シニフィエ signified　140-141, 204-205, 208
シーニュ sign　204　→「記号」
私秘性 privacy　84, 547
事物的存在性 present-at-hand, *Vorhandenheit*　71, 297
四方域 fourfold　98, 534, 539, 556
示すこと showing　85-87, 129, 431, 473, 488
尺度で測り／推し量ること (to) take the measure of measuring　523
写像の論理 logic of picturing　332
自由 freedom　8-9, 14-15, 106, 170, 238, 274-275, 278-279, 283-285, 288-289, 300, 305, 312-313, 335, 338, 343, 345-349, 351, 385, 388, 390-393, 397-403, 410, 413, 416, 420, 423-424, 427, 435, 443, 487, 496, 498, 512, 514, 529, 545, 547, 588
サルトル的な根源的—— Sartrean radical freedom　350
消極的—— negative freedom　397, 514
積極的—— positive freedom　397-398, 514
積極的——と消極的—— positive and negative freedom　397
宗教 religion　43, 114, 217-219, 308, 446, 544-545, 548-549, 557
——的なもの the religious　491, 548
充足 satisfaction　43, 275, 411, 417, 520, 550, 557, 577
自己—— complacence, self-sufficiency, self-sufficient　51, 413
自己——的 self-efficient　30, 51, 59, 143, 225, 392, 572
主観 subject　169, 291, 294-295, 301
——化 subjectivizing　295, 308
——－客観関係 subject-object relation, subject-object relationship　282, 301
——主義 subjectivism　170, 392, 545-546

——性 subjectivity　281-282, 291, 294, 455　→「主体性」
——性の本質 nature of subjectivity　281
——的 subjective　151, 273, 346, 585
——的立場 subjective stance　270
——と客観 subject and object　294
——本位の subject-centered　282
熟視 contemplation　237, 514
主体 subject　28, 57, 83, 149, 156, 162, 165, 185, 253, 263-265, 267, 271, 277, 281, 290-291, 293, 300, 313, 316-318, 329, 334, 373, 384, 399-400, 403, 427-429, 486-487
——－客体関係 subject-object relation(s)　293, 316, 543
——－客体の二分法 subject-object dichotomy　549
——的 subjective　425, 429
——的見地 subjective standpoint　425
——と(－)客体 subject and (-)object　291, 293, 330, 399, 429, 552
——(の軸)と客体の軸 poles of subject and object, subjective pole and objective pole　293, 384
——本位性 subject-centeredness　290, 305
言語と人間—— language and human subject　69, 103, 293, 314, 317, 319, 434
孤立した人間—— the human subject isolated　280, 423
デカルト的な—— Cartesian subject　328, 339
人間—— human subject　11, 16, 28, 100, 102, 107, 162, 186, 259, 263-264, 266-267, 277-282, 290-293, 308, 311, 315-317, 326, 420, 429-430, 432, 437, 441-443
人間——観 view of the human subject　335
人間——本位 the centrality of the human subject　291
主体性 subjectivity　16-17, 102, 266, 282-283, 543　→「主観性」
——と客体性 subjectivity and objectivity　385
人間の—— human subjectivity　16, 102, 279, 387, 432
受動
——態 passive voice　374
——態と能動態 passive and active voice　463, 552-553
——的経験 passive experience　374-375, 377
受動性 passivity　175, 285, 374-375, 377-378, 418-419
受容性 receptiveness, receptivity　30, 45, 49, 54-55, 60, 67, 111, 185, 334, 374, 415, 418-419, 427-428, 441-442, 471, 474, 482-483, 485, 495, 503-504, 539-540, 544
存在に対する—— receptiveness to Being　→「存在」
受容的－応答的 receptive-responsive　60-61, 101-102, 111-113, 138, 175, 179-180, 182, 309, 399, 401　→「合理的–断定的」
——思考様式 receptive-responsive mode of thinking, receptive-responsive mode of thought　61, 111, 172, 174, 441, 489, 499
——(女性的)思考様式 receptive-responsive (feminine) mode of thought　498
女性的　→「男性的」
——言語 feminine language　475
——執筆様式 feminine modes of writing　174, 241, 308
——な発話様式 feminine modes of speech　482

——様式 feminine mode　172, 174, 313, 465
受容的－応答的(——)思考様式 receptive-responsive (feminine) mode　→「受容的－応答的」
男性的思考様式と——思考様式 masculine and feminine modes of thought　417
自律性 autonomy　11, 13, 15-17, 31, 102, 136, 138, 143, 149, 152, 164, 174, 196, 234, 265, 274, 313, 334, 337-352, 354-357, 375-376, 378-382, 385-386, 388-397, 399, 405-410, 413, 416-420, 428, 437-438, 441-443, 486, 488, 559, 569, 583
言語の—— autonomy of language　62, 112, 138, 158, 160, 164, 170, 265, 313, 317, 422
真 *alethes*　514, 522, 538　→「擬」
心身二元論 mind-body dualism　269
真正
——性 authenticity　11, 13, 16, 157, 176, 221, 238, 240, 244, 246-247, 251-252, 254, 266, 334, 341, 419-421, 435, 545-546
——な言語 authentic language　220-222, 225, 232, 237-238, 241-242, 244, 246-247, 249, 253-254, 259, 266, 316, 420, 449
神秘 mystery　45, 48, 50-51, 53, 55, 58, 60, 65, 67-68, 78, 82, 97, 102, 133, 256, 258, 266, 314, 328, 428, 442, 454, 457, 467, 469, 488, 491, 493, 499-502, 531, 557　→「秘密」も参考に
——主義 mysticism　45, 179-180
存在の—— mystery of Being　→「存在」
進歩主義 progressivism　13-14
——的 progressive　353, 425
真理 truth　15, 44, 52-53, 58, 61, 72, 79, 104, 127-128, 176, 190, 197-198, 214, 218, 252-253, 350, 370, 421, 489, 512-514, 524, 537, 540
——の本質 essence of truth　400, 513
開示としての—— truth as disclosure　→「開示としての真理」
神話 myth　147, 189, 198, 202-206, 213, 220, 240, 244, 249, 251, 254-257, 266, 336, 449, 452-453, 511
住むこと dwelling, *Wohnen*　233-237, 266, 378, 402-404, 488, 522-523, 555
住む場所 dwelling place　166, 267, 507
生活形式 form(s) of life　73, 83, 89-90, 99, 114, 124, 132, 222-223, 225, 292, 348, 357, 360, 362, 379, 430, 494, 506
精神 soul, spirit, *Geist*　14, 38, 123, 171, 178, 237, 272-274, 276, 278, 318, 332, 340, 425-426, 431, 446, 452, 501, 528, 533, 569
世界内存在 Being-in-the-world, *In-der-Welt-Sein*　81, 83-84, 90, 165, 169, 237, 293, 296, 298, 300-301, 317, 334, 400-401, 423, 429, 484, 517
世界内部的存在者 beings in the world　47, 50, 168, 303
責任 responsibility　7, 93, 190-191, 196, 212, 257, 305, 339, 386, 399, 423, 427-428, 432-433, 435, 536, 538, 540, 543, 545-546, 549-551, 554-556, 562, 570, 572, 576-577, 579
存在に対する—— responsibility towards Being　→「存在」
無限の—— infinite responsibility(-ies)　→「無限の(で)」
責務 obligation　546, 550, 557, 559, 570, 577
絶対的な—— absolute obligation　558, 572
世人 the They, they, *Das Man*　93-94, 300, 385, 419, 483-484, 517
——としての自己 the they-self, *das Man-selbst*　→「自己」

前社会的構造 presocial structure　426, 429, 431
前主観的 presubjective　426
全体性 totality　81, 299, 558, 562, 569, 572, 574
——と無限 totality and infinity　569, 576
相互共存在 *Miteinandersein*　90, 300, 304, 534, 539
贈与 gift　568
存在
——的 ontic, ontical　300, 305-306, 437
——に対する崇敬 piety towards Being, piety towards being　18, 97, 179, 447, 534, 539
——の家 house of Being, house of being　98, 523
存在 Being　20, 47, 50, 81-82, 87-88, 93, 98, 168-169, 187, 290, 298-300, 327, 427-428, 468-469, 472, 475, 477, 479-480, 482, 484, 490, 502, 554-556, 560
——と存在者 Being and being(s)　81-82, 560
——に対する開放性 openness to Being　80
——に対する解放的な開放性 liberating openness to Being　436
——に対する受容性 receptiveness to Being　428
——に対する崇敬 piety towards Being　→「存在」
——に対する責任 responsibility towards Being　428-429, 433
——の明るみ lighting of Being　316-317, 329-330, 431
——の家 house of Being　→「存在」
——の開示 disclosure of Being　54
——の感覚 sense of Being　50, 93-94, 300, 481
——の声 voice of Being　480
——の承諾 acknowledgement of Being　482
——の神秘 mystery of Being　47
——の開け openness of Being　301
——の開けた明るみ lighting of Being　301
——の見守り shepherding of Being　431
——の呼びかけ call of Being　178
——への応答 response to Being　80, 480, 482
——への気づき awareness of Being　47, 54, 168, 306, 471, 479, 481, 501
——への驚嘆 wonder of Being　475
——への潜在的可能性 potentiality-for-Being　305-306, 436, 489
——を見守る者 shepherd of Being　315
言語と—— language and Being　73, 468
言語と——の神秘 mystery of language and Being　469
現存在の—— *Dasein's* Being　95, 299
死に向かう—— Being-towards-death　94-95, 306, 334, 489
存在者 being, beings, existent　72, 82, 290-294, 298-299, 307, 317, 455, 459, 462-463, 467-469, 475-476, 479-480, 513-514, 518, 526, 546, 554
存在と—— Being and being(s)　→「存在」
存在論 ontology　72, 536, 538-539, 546, 549-550, 555-556
——的 ontological　72, 280, 290, 361, 385, 511, 513, 516, 522, 524, 531, 537, 539, 555

タ 行

対応説 correspondence theory, theory of correspondence 72, 214, 216
体系的懐疑 systematic doubt 196, 267
頽落 fall, falling, *Verfallenheit* 93, 300, 303, 305-306
他者
　他者 the Other 539, 550-552, 557, 559, 569, 571-574, 577
　――性 otherness 259, 454-455, 488, 555, 559
他性 alterity 569, 571, 573-574, 576-577, 582
魂 soul 127, 185, 268, 271, 273, 275, 331-332, 370-371, 496
他律性 heteronomy 569
男性的 →「女性的」
　――思考様式と女性的思考様式 masculine and feminine modes of thought →「女性的」
　――執筆様式 masculine modes of writing 241
　――な発話様式 masculine modes of speech 482
　――様式 masculine mode 171, 173-174, 313
　合理的－断定的(――)思考様式 rational-assertive (masculine) mode of thinking/thought →「合理的－断定的」
単独性 singularity 334, 434
遅延 deferral 314, 336
力への意志 will to power 61-63, 101, 421-422, 520, 530
治癒 therapy 77
超越 transcendence 406, 429, 574
直示的定義 ostensive definition 114, 216, 222, 227, 260, 461
直接知 knowledge by acquaintance 175, 489
直観 intuition 49, 100, 273, 391, 463
沈黙 silence 92-93, 96, 98, 242, 436, 471, 481, 483-484, 490, 506, 525, 531, 534, 541, 547
慎み深さ humility 16, 20, 30, 33-34, 36-40, 42, 44, 51-56, 58-60, 63, 65-68, 105, 410-411, 439, 459, 467, 493, 495-496, 498, 549
ディオニュソス Dionysos 579
　――主義者 the Dionysian 580
　――的 Dionysian 526, 530, 535, 538, 542, 577, 579-580
テクネー *techne* 178, 237, 422
転回 turn 72, 517
同一性 identity 116, 135, 157, 166, 320, 388, 583
道具性 equipmentality, *Zeug* 196, 296-297, 434, 456
洞窟 cave 15, 511-514, 516-517, 521, 524, 540
　――の比喩 allegory of the cave 15, 511, 513, 526, 540
道具的存在性 ready-to-hand 71, 176, 297, 434
統合性 integrity, unity 171, 268, 276, 320, 323, 331, 381, 383
徳 virtue 16, 20, 30-33, 35, 37, 41, 43-44, 54-55, 59, 65, 68, 102, 104, 175, 278, 282, 339, 383, 393, 405-406, 428, 443, 456, 475, 493, 495-496, 534, 540, 588
　――倫理学 virtue ethics 544, 559

自己本位的な―― self-regarding virtue　31-33
独我論的 solipsistic　355

ナ　行

内部性 interiority　550-551, 559
なすがままであること *Gelassenheit*　539, 560
日常
――言語学派の哲学 ordinary language philosophy　18, 528
――的なもの the ordinary　104, 159-160, 180, 554
非――的なもの the extraordinary　159
ニヒリズム nihilism　492, 516, 524, 539, 543
人間
――主義 humanism　191, 272
――主体 human subject　→「主体」
――中心主義 anthropocentrism　517
――中心主義的な anthropocentric　272

ハ　行

配慮 concern, *Besorgen*　90, 296, 302, 427
企投的――　367, 437
ハムレット Hamlet　238, 559
パロール *parole*　139-140
判断における一致 agreement in judgement　90, 92, 119, 184, 222-223, 292, 298, 332, 430
反覆
――可能 iterable　156
――可能性 iterability　155, 231, 453, 462
悲劇 tragedy　40, 59, 472, 577-578
非対称性 asymmetry　228, 356, 358, 379, 539, 544
否定 denial　266, 280, 300, 427, 514-515, 583
――性 negativity　520, 532, 538, 572
被投性 thrownness, *Geworfenheit*　94, 280, 299-301, 485
秘密 mystery　78, 97, 467-469, 476, 480, 507-508, 527, 531　→「神秘」
表象理論 theory of representation　130-131
平等 equality　35, 543, 546, 549, 558
不安 anxiety, dread, *Angst*　305, 307, 354, 427, 436, 445, 477-478, 480, 484, 489, 498
不条理 the Absurd, the absurd, absurdity　63, 286
――性 Absurdity　64
――な absurd　284
物象化 reification　255, 331, 352
プラグマティズム pragmatism　62, 70, 147, 312
文法 grammar　73, 80, 88-89, 94, 136, 143, 164, 208, 216-217, 265, 330-331, 361, 372, 390, 461-462, 466

ポイエーシス *poiesis*　177-178, 237, 457, 518, 521, 524, 538, 555
忘却 forgetting　515, 525
　——性 forgetfulness　515
ポスト構造主義 poststructuralism　20, 144, 567
ポストモダン postmodernity　578
本質 being, essence, essential(s), essential being, essential origin, existence, nature　47, 147, 165, 168, 209, 221, 266, 283, 290-291, 301, 312, 401-403, 432, 450, 459, 462, 519-520, 522-523, 525-526, 533, 537, 540, 548, 573
　プラトン的——主義 Platonic essentialism　130
　技術の—— essence of technology　→「技術」
　言語の—— being of language　→「言語」
　現存在の—— essence of *Dasein*　→「現存在」
　主観性の—— nature of subjectivity　→「主観性」
　真理の—— essence of truth　→「真理」
　内在的—— internal essence　333
　パイデイアの—— essence of *paideia*　512
翻訳 translation　75, 107, 116, 123, 126, 187, 276, 517, 530-531, 553, 560
本来性 authenticity　94, 98, 302, 334-335, 423, 425, 427-429, 433, 437, 484, 490, 518

マ　行

民主主義 democracy　7, 349
無 nothing, nothingness　42, 51, 187, 345, 472-476, 479, 481, 495-498, 531, 552
無限(なもの) infinity　569, 572, 574
　全体性と—— totality and infinity　→「全体性」
無限の(で) infinite(ly)　43, 552
　——可能性 infinite possibilities　571, 576, 588
　——関係 infinite relation　572
　——責任 infinite responsibility(-ies)　558
　——高み what is infinitely high(er)　548, 557
無駄口 idle talk　477-478, 480-481　→「空談」
命題 proposition　58, 79, 86-88, 96, 113-114, 127, 130, 132, 135, 165, 170, 183, 218, 265, 310, 317, 470-471, 475, 488, 511, 524
　——的知識 propositional knowledge　175
　——的なもの the propositional　170, 430
物を在らしめ(る) (to) let things be　400, 558, 560

ヤ　行

与件 data　58, 135, 162, 264, 276, 527
　直接—— immediate datum　270, 316, 431
予見 divination　171-172, 176, 180, 187, 362, 381, 465
予言者 prophet　524, 555-556

ラ 行

ラング *langue* 139-140, 142, 171, 204-205
『リア王』*King Lear* 60, 67, 409, 411, 472, 475, 493, 506
理性 reason 8, 64, 80, 272, 275-276, 278, 281-282, 290, 295, 340-341, 347, 382, 420, 459, 486, 492, 578
リベラリズム liberalism 12-13, 15-16, 279
リベラル liberal 12-14, 192, 258
——・エデュケーション liberal education 11, 14-15, 27-28, 32, 337-338, 351, 353, 385, 408-409, 559, 584
——な教育哲学 liberal philosophy of education 15, 17
倫理 ethics 114, 486, 543-544, 546, 557-558
——的自然主義 ethical naturalism 557
自然主義的—— naturalistic ethics 548
倫理学 ethics 41, 92-93, 96, 106, 334, 362, 445, 447-449, 467, 469-471, 477, 481, 528, 572
ルサンチマン *ressentiment* 579, 585
ロゴス *logos* 85, 161-162, 264, 521

ワ 行

枠付け enframing 455, 504, 514-515, 518-519, 522, 526, 536

文献一覧

ハイデガー（ハイデッガー）の著作

ハイデガーの著作については，本邦訳書の原著で著者が使用している英語文献を発行年順に並び替え，その邦訳を作成する上で本書で参考にしたハイデガーの邦訳文献を併記している．原著で著者が使用しているハイデガーの英語著作集に所収されている各章の情報については，著作集の情報の下に字下げをして記した．ハイデガーの英語文献の掲載については，原則として本邦訳書の原著の文献一覧に掲載されている情報に基づいている．

―（1949）*Existence and Being*, tr. R. F. C. Hull and A. Crick, Vision Press Ltd., London．所収

　Introduction by Werner Brock, pp. 20–249.

　'Remembering of the Poet', pp. 251–290.

　'Hölderlin and the Essence of Poetry', pp. 291–315.

　「ヘルダーリンと詩作の本性」『ヘルダーリンの詩作の解明』［ハイデッガー全集　第4巻］濱田恂子，イーリス・ブフハイム訳（創文社，1997年）．

　'On the Essence of Truth', pp. 317–351.

　'What is Metaphysics?', pp. 353–392.

―（1962）*Being and Time*, tr. John Macquarrie and Edward Robinson, Blackwell, Oxford.

『存在と時間 I』『存在と時間 II』『存在と時間 III』原佑，渡邊二郎訳（中央公論新社，2003年）．

―（1966）*Discourse on Thinking*, tr. John M. Anderson and E. Hans Freund, Harper and Row, New York.

―（1968）*What is Called Thinking?*, tr. J. Glenn Gray, Harper and Row, New York.

『思惟とは何の謂いか』［ハイデッガー全集　第8巻］四日谷敬子，ハルトムート・ブフナー訳（創文社，2006年）．

―（1971a）*On the Way to Language*, tr. Peter D. Hertz, Harper and Row, New

York. 所収

'A Dialogue on Language' (1953-4), pp. 1-54.

「言葉についての対話より —— ある日本の人と問いかけるある人との間で交わされた」『言葉への途上』[ハイデッガー全集　第12巻] 亀山健吉, ヘルムート・グロス訳 (創文社, 1996年).

'The Nature of Language' (1957-8), pp. 57-108.

「言葉の本質」『言葉への途上』[ハイデッガー全集　第12巻] 亀山健吉, ヘルムート・グロス訳 (創文社, 1996年).

'The Way to Language' (1959), pp. 111-136.

「言葉への道」『言葉への途上』[ハイデッガー全集　第12巻] 亀山健吉, ヘルムート・グロス訳 (創文社, 1996年).

'Words' (tr. Joan Stambaugh), pp. 139-156.

「語《ことば》」『言葉への途上』[ハイデッガー全集　第12巻] 亀山健吉, ヘルムート・グロス訳 (創文社, 1996年).

'Language in the Poem' (1953), pp. 159-198.

—(1971b) *Poetry, Language, Thought*, tr. Albert Hofstadter, Harper and Row, New York. 所収

'The Thinker as Poet' pp. 1-14.

'The Origin of a Work of Art' (1960) pp. 15-87.

『芸術作品の根源』関口浩訳 (平凡社, 2008年).

'What Are Poets For?' (1946), pp. 89-142.

「何のための詩人たちか」『杣径』[ハイデッガー全集　第5巻] 茅野良男, ハンス・ブロッカルト訳 (創文社, 1988年).

'Building, Dwelling, Thinking' (1951), pp. 143-161.

'The Thing' (1950), pp. 163-186.

'Language' (1950), pp. 187-210.

「言葉」『言葉への途上』[ハイデッガー全集　第12巻] 亀山健吉, ヘルムート・グロス訳 (創文社, 1996年).

'...Poetically Man Dwells...' (1951), pp. 211-229.

「詩人のように人間は住まう」『哲学者の語る建築 —— ハイデガー, オルテガ, ペゲラー, アドルノ』伊藤哲夫, 水田一征訳 (中央公論美術出版, 2008年).

—(1977) *The Question Concerning Technology and Other Essays*, tr. William Lovitt,

Harper and Row, New York. 所収
'The Question Concerning Technology' (1955), pp. 3-35.
「技術への問い」『技術論』[ハイデッガー選集18] 小島威彦, アルムブルスター訳 (理想社, 1965年).
'The Turning' (1949), pp. 36-52.
'The Word of Nietzsche: "God is Dead"' (1943), pp. 53-114.
'The Age of the World Picture' (1938), pp. 115-154.
'Science and Reflection' (1954), pp. 155-182.
—(1978) *Basic Writings*, ed. David Farrell Krell, Routledge and Kegan Paul, London. 所収
'What is Metaphysics?' (1929), tr. David Krell, pp. 91-112.
「形而上学とは何であるか」『道標』[ハイデッガー全集　第9巻] 辻村公一, ハルトムート・ブフナー訳 (創文社, 1985年).
'On the Essence of Truth' (1943), tr. J. Glenn Gray, pp. 113-142.
「真性の本質について」『道標』[ハイデッガー全集　第9巻] 辻村公一, ハルトムート・ブフナー訳 (創文社, 1985年).
'The Origing of the Work of Art' (1936), tr. Albert Hofstadter, pp. 143-188.
'Letter on Humanism' (1947), pp. 189-242.
『「ヒューマニズム」について——パリのジャン・ボーフレに宛てた書簡』渡邊二郎訳 (筑摩書房, 1997年).
'Modern Science, Metaphysics, and Mathematics' (1962), tr. W. D. Barton and Vera Deutsch, pp. 243-282.
'The Question Concerning Science and Technology' (1953), tr. William Lovitt, pp. 283-318.
「技術への問い」『技術論』[ハイデッガー選集18] 小島威彦, アルムブルスター訳 (理想社, 1965年).
'Building Dwelling Thinking' (1951), tr. Albert Hofstadter, pp. 319-340.
「建てる　住む　思考する」『ハイデガー　生誕120年　危機の時代の思索者』[KAWADE 道の手帖] 大宮勘一郎訳 (河出書房新社, 2009年).
'What Calls for Thinking?' (1954), tr. J. Glenn Gray with Fred D. Wieck, pp. 341-368.
『思惟とは何の謂いか』[ハイデッガー全集　第8巻] 四日谷敬子, ハ

ルトムート・ブフナー訳（創文社，2006年）．（＊‘What Calls for Thinking?’ の該当部分を抜粋．）
‘The End of Philosophy and the Task of Thinking’（1966），tr. Joan Stambaugh, pp. 369-392.
―（1982）*The Basic Problems of Phenomenology*, tr. Albert Hofstadter, Indiana University Press, Bloomington, IN.
『現象学の根本諸問題』［ハイデッガー全集　第24巻］溝口兢一，杉野祥一，松本長彦，セヴェリン・ミュラー訳（創文社，2001年）．
―（1991）*The Principle of Reason*, tr. Reginald Lilly, Indiana University Press, Bloomington, IN.
―（1992）*Parmenides*, tr. A. Schuwer and R. Rojcewicz, Indiana University Press, Bloomington, IN.
『パルメニデス』［ハイデッガー全集　第54巻］北嶋美雪，湯本和男，アルフレード・グッツオーニ訳（創文社，1999年）．
―（1998）*Pathmarks*, tr. W. McNeill, Cambridge University Press, Cambridge. 所収
‘Plato’s Doctrine of Truth’
「真性についてのプラトンの教説」『道標』［ハイデッガー全集　第9巻］辻村公一，ハルトムート・ブフナー訳（創文社，1985年）．
―（2000）*Elucidation of Hölderlin’s Poetry*, tr. K. Hoeller, Prometheseus Books, Amherst, NY. 所収
‘Homecoming / To Kindred Ones’
「帰郷／つながりのある人たちに宛てて」『ヘルダーリンの詩作の解明』［ハイデッガー全集　第4巻］濱田恂子，イーリス・ブフハイム訳（創文社，1997年）．
‘Hölderlin and the Essence of Poetry’
「ヘルダーリンと詩作の本性」『ヘルダーリンの詩作の解明』［ハイデッガー全集　第4巻］濱田恂子，イーリス・ブフハイム訳（創文社，1997年）．
‘“As When On a Holiday...”’
「『あたかも祝日のように……』」『ヘルダーリンの詩作の解明』［ハイデッガー全集　第4巻］濱田恂子，イーリス・ブフハイム訳（創文社，1997年）．

ウィトゲンシュタインの著作

―(1965) 'Lecture on Ethics' (full journal title: 'Wittgenstein's Lecture on Ethics'), *Philosophical Review*, January. [Includes: Wittgenstein, L., 'I: A Lecture on Ethics' (1929–1930); Friedrich Waismann, "II: Notes on Talks with Wittgenstein" (1929–1930); Rhees, R., 'III: Some Developments in Wittgenstein's view of Ethics'.]
「価値」,「ハイデッガーについて」,「倫理学講話」『ウィトゲンシュタインとウィーン学団　他』[ウィトゲンシュタイン全集　第5巻] 黒崎宏, 杖下隆英訳 (大修館書店, 1976年).

―(1974) *Philosophical Grammar*, ed. Rush Rhees, tr. A. J. P. Kenny, Blackwell, Oxford.
『哲学的文法 1』[ウィトゲンシュタイン全集　第3巻] 山本信訳 (大修館書店, 1975年).

―(1975 a) *Notebooks 1914–1916*, (eds) G. H. von Wright and G. E. M. Anscombe, tr. G. E. M. Anscombe, University of Chicago Press, Basil Blackwell, Oxford.
「草稿1914–1916」『論理哲学論考　他』[ウィトゲンシュタイン全集　第1巻] 奥雅博訳 (大修館書店, 1975年).

―(1975 b) *Zettel*, (eds) G. E. M. Anscombe and G. H. von Wright, tr. G. E. M. Anscombe, Blackwell, Oxford.

―(1977) *On Certainty*, (eds) G. E. M. Anscombe and G. H. von Wright, tr. Denis Paul and G. E. M. Anscombe, Blackwell, Oxford.
「確実性の問題」『確実性の問題・断片』[ウィトゲンシュタイン全集　第9巻] 黒田亘, 菅豊彦訳 (大修館書店, 1975年).

―(1978a) *Lectures and Conversations on Aesthetics, Psychology, and Religious Belief*, Blackwell, Oxford.
「美学, 心理学および宗教的信念についての講義と会話」『講義集』[ウィトゲンシュタイン全集　第10巻] 藤本隆志訳 (大修館書店, 1977年).

―(1978b) *Philosophical Investigations*, tr. G. E. M. Anscombe, Blackwell, Oxford.
『哲学探究』[ウィトゲンシュタイン全集　第8巻] 藤本隆志訳 (大修館書店, 1976年)／『「哲学的探求」読解』黒崎宏訳 (産業図書, 1997年).

―(1978c) *Tractatus Logico―Philosophicus*, tr. D. F. Pears and B. F. McGuiness, Routledge and Kegan Paul, London and Henley.
『論理哲学論考』野矢茂樹訳（岩波書店，2003年）.
―(1979) *Remarks on Frazer's* Golden Bough, ed. Rush Rhees, tr. A. C. Miles, revised by Rush Rhees (Doncaster, S. Yorks, The Brynmill Press).
「フレーザー『金枝篇』について」『青色本・茶色本　他』［ウィトゲンシュタイン全集　第6巻］大森荘蔵，杖下隆英訳（大修館書店，1975年）.
―(1984) *The Blue and Brown Books*, Blackwell, Oxford.
『青色本・茶色本　他』［ウィトゲンシュタイン全集　第6巻］大森荘蔵，杖下隆英訳（大修館書店，1975年）.
―(1988 a) *Culture and Value*, (eds) G. H. von Wright and Heikki Neiman, tr. Peter Winch, Blackwell, Oxford.
『反哲学的断章――文化と価値』丘沢静也訳（青土社，1999年）.
―(1988 b) *Remarks on the Philosophy of Psychology*, Volume II, University of Chicago Press, Basil Blackwell, Oxford.
『心理学の哲学2』［ウィトゲンシュタイン全集　補巻2］野家啓一訳（大修館書店，1988年）.

その他の著作

Alderman, H. (1978) 'Heidegger's Critique of Science and Technology', in Murray (1978).
Allen, R. T. (1982) 'Rational Autonomy: The Destruction of Freedom', *Journal of Philosophy of Education*, vol.16, no. 2, pp. 199-207.
Anderson, J. (1980) *Education and Inquiry*, Blackwell, Oxford.
Arendt, H. (1958) *The Human Condition*, University of Chicago Press, Chicago.
［ハンナ・アレント『人間の条件』志水速雄訳（筑摩書房，1994年）.］
Aristotle, (1976) *The Ethics of Aristotle* (*The Nicomachean Ethics*), tr. J. A. K. Thompson, Penguin, London.
Bailey, C. (1984) *Beyond the Present and the Particular: A Theory of Liberal Education*, Routledge and Kegan Paul, Henley.
Baker, G. P., and Hacker, P. M. S. (1980) *Wittgenstein, Meaning and Understanding*, vol. I, Blackwell, Oxford.

Baker, G. P., and Hacker, P. M. S. (1985) *Wittgenstein: Rule, Grammar and Necessity*, Blackwell, Oxford.

Barnes, J. (1987) *Early Greek Philosophy*, Penguin Books, London.

Barrow, R. (1986) 'The Concept of Curriculum Design', *Journal of Philosophy of Education*, vol. 20, no. 1, pp. 73–80.

Barthes, R. (1983) *Selected Writings*, ed. Susan Sontag, Fontana Pocket Readers, Fontana/Collins, Oxford.［ロラン・バルト『現代社会の神話　1957』［ロラン・バルト著作集3］下澤和義訳（みすず書房，2005年）／『神話作用』篠沢秀夫訳（現代思潮新社，1967年）／『批評をめぐる試み　1964』［ロラン・バルト著作集5］吉村和明訳（みすず書房，2005年）／『新＝批評的エッセー』花輪光訳（みすず書房，1999年）.］

Bearn, Gordon C. F. (2000) 'Pointlessness and the University of Beauty', in *Lyotard: Just Education,* (eds) Standish, P., and Dhillon, P., Routledge, London.

Bettelheim, B. (1964) *Informed Heart*, Free Press, New York.［ブルーノ・ベテルハイム『鍛えられた心――強制収容所における心理と行動』丸山修吉訳（法政大学出版局，1975年）.］

Bindeman, S. L. (1981) *Heidegger and Wittgenstein, The Poetics of Silence*, University Press of America, Lanham, MD.

Birsch, D., and Dorbolo, J. (1990) 'Working with Wittgenstein's Builders', *Philosophical Investigations*, vol. 13, no. 4, pp. 338–349.

Bonnett, M. (1983) 'Education in a Destitute Time', *Journal of Philosophy of Education,* vol. 17, no. 1, pp. 21–33.

Bonnett, M. (1986) 'Personal Authenticity and Public Standards: Towards the Transcendence of a Dualism', in *Education, Value and Mind*, ed. D. E. Cooper, Routledge and Kegan Paul, London.

Borges, J. L. (1981) 'Funes the Memorious', tr. James E. Irby, in *Labyrinths*, pp. 93-94, King Penguin, London.［ボルヘス『伝奇集』篠田一士訳（集英社，1978年）.］

Botros, S. (1983) 'Acceptance and Morality', *Philosophy*, 58, pp. 433–453.

Bouwsma, O. K. (1986) *Wittgenstein, Conversations 1949–1951*, (eds) J. L. Craft and Ronald E. Hustwit, Hackett, Indianapolis, IN.

Buber, M. (1910) *Reden und Gleichnisse des Tschuang-Tse*, tr. and ed. Im Insel Verlag, Leipzig.

Byatt, A. S. (1976) *Iris Murdoch, Writers and their Work*, Longman Group Ltd., London.

Camus, A. (1942) *Le Mythe de Sisyphe*, Gallimard, Paris. [カミュ『シーシュポスの神話』清水徹訳（新潮社，1969年）.] [マーティン・エスリン『不条理の演劇』小田島雄志　他訳（晶文社，1968年）.]

Carnap, R. (1931) 'The Overcoming of Metaphysics through Logical Analysis of Language', pp. 23–34, in Murray (1978).

Cavell, S. (1979) *The Claim of Reason: Wittgenstein, Skepticism, Morality and Tragedy*, Oxford University Press, New York.

Cavell, S. (1989) *This New Yet Unapproachable America: Lectures After Emerson After Wittgenstein*, Living Batch Press, Albuquerque, NM.

Cavell, S. (1992) *The Senses of Walden* (*An Expanded Edition*), University of Chicago Press, Chicago. [スタンリー・カベル『センス・オブ・ウォールデン』齋藤直子訳（法政大学出版局，2005年）.]

Cooper, D. E. (1983) *Authenticity and Learning*, Routledge and Kegan Paul, London.

Cooper, D. E., ed. (1986) *Education, Values and Mind*, Routledge and Kegan Paul, London.

Cooper, D. E. (1990) *Existentialism*, Blackwell, Oxford.

Cooper, D. E. (2002) *The Measure of Things: Humanism, Humility and Mystery*, Clarendon Press, Oxford.

CPVE (1985) Joint Board Unit for the Business and Technical Education Council (B/TEC) and City and Guilds of London Institute.

Crystal, D. (1987) *The Cambridge Encyclopedia of Language*, Cambridge University Press, Cambridge.

Culler, J. (1976) *Saussure*, Fontana Press, London. [J. カラー『ソシュール』川本茂雄訳（岩波書店，1992年）.]

Culler, J. (1990) *Barthes*, Fontana Press, London.

Dearden, R. F. (1972) 'Autonomy and Education', in *Education and Reason*, (eds) R. F. Dearden, P. H. Hirst, and R. S. Peters, Routledge and Kegan Paul, London.

Derrida, J. (1983) 'The Principle of Sufficient Reason: The University in the Eyes of Its Pupils', *Diacritics*, vol. 13, no. 3 (Fall), pp. 2–20.

Derrida, J. (1987) *Of Spirit: Heidegger and the Question*, University of Chicago Press, Chicago. [ジャック・デリダ『精神について——ハイデッガーと問い』港道隆訳（人文書院，1990年）.]

Derrida, J. (1991) *A Derrida Reader: Between the Blinds*, Harvester Wheatsheaf–see Kamuf, P. (1991)

Derrida, J., and Searle, J. (1977) in *Glyph*, vol. I, The Johns Hopkins University Press, Baltimore.

デリダ，ジャック『有限責任会社』高橋哲哉，増田一夫，宮崎裕助訳（法政大学出版局，2002年）.

Dreyfus, H. L. (1991) *Being-in-the-World*, M.I.T. Press, Cambridge, MA. [ヒューバート・L. ドレイファス『世界内存在——『存在と時間』における日常性の解釈学』門脇俊介監訳（産業図書，2000年）.]

Edwards, P. (1972), Editor in Chief, *Encyclopedia of Philosophy*, vol. 6, New York and London.

Edwards, P. (1989) 'Heidegger's Quest for Being', *Philosophy*, vol. 64, no. 250 (October), pp. 437–470.

Elliott, R. K. (1974) 'Education, Love of One's Subject, and the Love of Truth', *Philosophy of Education Society Proceedings* 8, p. 145.

Eliot, T. S. (1961) *Selected Poems*, Faber and Faber Ltd., London. [T. S. エリオット『エリオット全集　第1巻』深瀬基寛　他訳（中央公論社，1960年）／『荒地』西脇順三郎訳（創元社，1952年）.]

Emerson, R. W. (1982) *Selected Essays*, Penguin, London. [エマソン『エマソン論文集（上）』酒本雅之訳（岩波書店，1972年）／『エマソン論文集（下）』酒本雅之訳（岩波書店，1973年）／『エマソン選集3　生活について』小泉一郎訳（日本教文社，1961年）.]

Esslin, M. (1968) *The Theatre of the Absurd*, Penguin, London. [マーティン・エスリン『不条理の演劇』小田島雄志　他訳（晶文社，1968年）.]

Fóti, V. M. (1992) *Heidegger and the Poets: Poiēsis/Sophia/Technē*, Humanities Press International, NJ.

Frankfurt, H. (1971) 'Freedom of the Will and the Concept of a Person', *Journal of Philosophy*, no. 68, pp. 5–20.

Gibson, R. (1984) *Structuralism and Education*, Hodder and Stoughton, London.

Glover, J. (1989) *I: The Philosophy and Psychology of Personal Identity*, Penguin,

London.［ジョナサン・グラバー『未来世界の倫理――遺伝子工学とブレインコントロール』加藤尚武，飯田隆監訳（産業図書，1996年）.］

Goff, R. A.（1968）'Wittgenstein's Tools and Heidegger's Implements', *Man and World*, vol. 1, no. 3, pp. 447-462.

Goodman, N.（1978）*Ways of Worldmaking*, Hackett Pub Co Inc. Indianapolis.［ネルソン・グッドマン『世界制作の方法』菅野盾樹，中村雅之訳（みすず書房，1987年）／菅野盾樹訳（筑摩書房，2008年）.］

Griffiths, M., and Smith, R.（1989）'Standing Alone: Dependence, Independence and Interdependence in the Practice of Education', *Journal of Philosophy of Education*, vol. 23, no. 2, pp. 283-294.

Hamlyn, D. W.（1978）*Experience and the Growth of Understanding*, Routledge and Kegan Paul, London.

Hamlyn, D. W.（1989）'Education and Wittgenstein's Philosophy', *Journal of Philosophy of Education*, vol. 23, no. 2, pp. 213-222.

Hare, R. M.（1961）*The Language of Morals*, Oxford University Press, Oxford.［R. M. ヘア『道徳の言語』小泉仰，大久保正健訳（勁草書房，1982年）.］

Haring, B., C. SS. R.（1967）*The Law of Christ*, vol. III, Mercier, Dublin.

Harries, Karsten,（1963）'Heidegger and Hölderlin: The Limits of Language', *The Personalist*, vol. XLIV, pp. 5-23.

Harris, R.（1988）*Language, Saussure and Wittgenstein: How to Play Games with Words*, Routledge, London and New York.

Hawkes, T.（1977）*Structuralism and Semiotics*, Methuen, London.

Haworth, L.（1986）*Autonomy: An Essay in Philosophical Psychology and Ethics*, Yale University Press, New Haven, CT.

Heaney, S.（1975）*North*, Faber and Faber, London.［シェイマス・ヒーニー『シェイマス・ヒーニー全詩集1966～1991』村田辰夫，坂本完春，杉野徹，薬師川虹一訳（国文社，1995年）.］

Heaney, S.（1980）*Preoccupations*, Faber and Faber, London.［シェイマス・ヒーニー『プリオキュペイションズ――散文選集1968～1978』室井光広，佐藤亨訳（国文社，2000年）.］

Hegel, G. W. F.（1910）*Phenomenology*, tr. J. B. Baillie, Swan Sonnenschein and Company, London.［G. W. F. ヘーゲル『精神現象学（上）』樫山欽四郎訳（平凡社，1997年）.］

Hepburn, R. W.（1980）'The Inaugural Address: Wonder', Aristotelian Society Supplementary Volume. 54: pp. 1–23.

Hirst, P. H.（1974a）'The Nature and Structure of Curriculum Objectives', in *Knowledge and the Curriculum*, Routledge and Kegan Paul, London.

Hirst, P. H.（1974b）*Moral Education in a Secular Society*, Chapter 5, University of London Press, London.

Horgby, I.（1959）'The Double Awareness in Heidegger and Wittgenstein', *Inquiry*, vol. 2（Winter）, pp. 235–264.

Hudson, W. D.（1975）*Wittgenstein and Religious Belief*, Macmillan, London.

Hughes, T.（1972）*Selected Poems, 1957–67*, Faber and Faber, London.［テド・ヒューズ『テド・ヒューズ詩集』片瀬博子訳・編（土曜美術社，1982年）.］

Illich, I. D.（1973）*Deschooling Society*, Penguin Education, London.［イヴァン・イリッチ『脱学校の社会』東洋，小澤周三訳（東京創元社，1977年）.］

井上忠『パルメニデス』（青土社，1996年）.

Jones, O. R., ed.（1971）*The Private Language Argument*, Macmillan, London.

Kamuf, P., ed.（1991）*A Derrida Reader: Between the Blinds*, Harvester Wheatsheaf, New York.

Kaufmann, W.（1960）*From Shakespeare to Existentialism*, Anchor Books, New York.

Kaufmann, W.（1978）*Hegel, A Reinterpretation*, University of Notre Dame Press, Notre Dame.

Kazepides, T.（1989）'On Educational Aims, Curriculum Objectives and the Preparation of Teachers', *Journal of Philosophy of Education*, vol. 23, no. 1, pp. 51–59.

Kenny, A.（1968）*Descartes*, Random House, New York.

Kenny, A.（1975）*Wittgenstein*, Pelican, Grenta, LA.

Keynes, J. M.（1949）'My Early Beliefs', *Two Memoirs*, Rupert Hart-Davies, London.［ケインズ『貨幣改革論――若き日の信条』宮崎義一，中内恒夫訳（中央公論新社，2005年）.］

共同訳聖書実行委員会『新共同訳聖書』（日本聖書協会，1996年）.

Larkin, Philip（1971）*The Whitsun Weddings*, Faber and Faber, London and Boston.［フィリップ・ラーキン『フィリップ・ラーキン詩集』児玉実用，村田辰夫，薬師川虹一，坂本完春，杉野徹訳（国文社，1988年）.］

Lawrence, D. H.（1957）D. H. ローレンス『虹』［現代世界文学全集 8］中野好夫訳（新潮社，1954年）.

Lawrence, D. H.（1966）*Sons and Lovers*, Penguin, London.［D. H. ローレンス『息子と恋人（上）』吉田健一訳（新潮社，1952年）.］

レイトナー，バーナード『ウィトゲンシュタインの建築』磯崎新訳（青土社，1996年）.

Levinas, Emanuel（1969）*Totality and Infinity: An Essay on Exteriority*, tr. A. Lingis, Duquesne University Press, Pittsburgh, PA.［エマニュエル・レヴィナス『全体性と無限——外部性についての試論』合田正人訳（国文社，1989年）／レヴィナス『全体性と無限（上）』熊野純彦訳（岩波書店，2005年）／『全体性と無限（下）』熊野純彦訳（岩波書店，2006年）.］

Levinas, Emanuel（1981）*Otherwise than Being or Beyond Essence*, tr. A. Lingis, Duquesne University Press, Pittsburgh, PA.［E. レヴィナス『存在の彼方へ』合田正人訳（講談社，1999年）.］

Levinas, Emanuel（1998）*Collected Philosophical Papers*, tr. A. Lingis, Duquesne University Press, Pittsburgh, PA.［エマニュエル・レヴィナス『超越・外傷・神曲——存在論を超えて』内田樹，合田正人編訳（国文社，1986年）.］

Llewelyn, J.（1991）*The Middle Voice of Ecological Conscience: A Chiasmic Reading of Responsibility in the Neighbourhood of Levinas, Heidegger and Others*, Macmillan, London.

Llewelyn, J.（2000）*The Hypocritical Imagination: Between Kant and Levinas*, Routledge, London and New York.

Lloyd, D. I.（1990）'The Limits of Autonomy', paper presented at Warwick University on 13/3/90.

Lodge, D.（1972）*20 th Century Literary Criticism*, Longman Group, London.

Lyotard, J. F.（1990）*Heidegger and the 'Jews'*. tr. A. Michel, University of Minnesota Press, Minneapolis.［ジャン＝フランソワ・リオタール『ハイデガーと「ユダヤ人」』本間邦雄訳（藤原書店，1992年）.］

Lyotard, J. F.（1997）*Postmodern Fables*, tr. G. Van Den Abbeele, University of Minnesota Press, Minneapolis and London.［ジャン＝フランソワ・リオタール『リオタール寓話集』本間邦雄訳（藤原書店，1996年）.］

リオタール，ジャン＝フランソワ『非人間的なもの——時間についての講話』篠原資明，平芳幸浩，上村博訳（法政大学出版局，2002年）.

MacIntyre, A. (1981) *After Virtue: A Study in Moral Theory*, Duckworth, London. [アラスデア・マッキンタイア『美徳なき時代』篠崎栄訳（みすず書房, 1993年).]

Malcolm, N. (1984) *Ludwig Wittgenstein, A Memoir,* Oxford University Press, New York. [ノーマン・マルコム『ウィトゲンシュタイン——天才哲学者の思い出』板坂元訳（平凡社, 1998年).]

Mandel, R. (1978) 'Heidegger and Wittgenstein: A Second Kantian Revolution', in Murray (1978).

Marcel, G. (1949) *Being and Having*, tr. Katharine Farrer, The University Press, Glasgow. [ガブリエル・マルセル『存在と所有・現存と不滅』[マルセル著作集 2] 信太正三　他訳（春秋社, 1971年).]

Marx, K. (1886) *Capital: A Critical Analysis of Capitalist Production*, tr. S. Moore and E. Aveling, William Glaisher, Limited, London. [カール・マルクス『資本論（一)』向坂逸郎訳（岩波書店, 1969年).]

May, R. (1996) *Heidegger's Hidden Sources: East-Asian Influences on his Work*, tr. G. Parkes, Routledge, London.

Midgley, M. (1989) *Wisdom, Information, and Wonder*, Routledge, London and New York.

Mill, J. S. (1972) *On Liberty*, ed. H. B. Acton, Dent, London. [J. S. ミル『自由論』塩尻公明, 木村健康訳（岩波書店, 1971年)／山岡洋一訳（光文社, 2006年).]

Morrison, J. C. (1969) 'Heidegger's Criticism of Wittgenstein's Conception of Truth', *Man and World*, vol. 2, no. 4, pp. 551-573.

Mulhall, S. (2001) *Inheritance and Originality: Wittgenstein, Heidegger, Kierkegaard*, Oxford University Press, Oxford.

Murdoch, I. (1970) *The Sovereignty of Good*, Routledge and Kegan Paul, London. [I. マードック『善の至高性——プラトニズムの視点から』菅豊彦, 小林信行訳（九州大学出版会, 1992年).]

Murray, M., ed. (1978) *Heidegger and Modern Philosophy*, Yale, London.

Naipaul, V. S. (1969) *A House for Mr. Biswas*, Penguin, London.

Nietzsche, F. (1993) *The Birth of Tragedy*, tr. S. Whiteside, Penguin, London. [ニーチェ『悲劇の誕生』秋山英夫訳（岩波書店, 1966年).]

Nussbaum, M. C. (1986) *The Fragility of Goodness*, Cambridge University Press,

Cambridge.
Oakeshott, M.（1991）'The Voice of Poetry in the Conversation of Mankind', in *Rationalism in Politics and Other Essays*（New and Expanded Edition）, Liberty Fund, Indianapolis.［マイケル・オークショット『保守的であること――政治的合理主義批判』澁谷浩，奥村大作，添谷育志，的射場敬一訳（昭和堂，1988年）.］
O'Connor, F.（1984）*Mystery and Manners*,（eds）Sally and Robert Fitzgerald, Faber and Faber, London, Boston.［フラナリー・オコナー『秘義と習俗』上杉明訳（春秋社，1982年）.］
Parfit, D.（1984）*Reasons and Persons*, Oxford University Press, Oxford.［デレク・パーフィット『理由と人格――非人格性の倫理へ』森村進訳（勁草書房，1998年）.］
Parkes, G.（1987）*Heidegger and Asian Thought,* University of Hawaii Press, Honolulu.
Passmore, J.（1970）*The Perfectibility of Man*, Duckworth, London.
Passmore, J.（1978）*A Hundred Years of Philosophy*, Penguin, London.
Peters, M. A. ed.（2002）*Heidegger, Education, and Modernity*, Rowman and Littlefield, Lanham, MD.
プラトン『饗宴／パイドン』［西洋古典叢書　第Ⅳ期第6回配本］朴一功訳（京都大学学術出版会，2007年）.
Pratt, D.（1976）'Humanistic Goals and Behavioural Objectives: Towards a Synthesis', *Curriculum Studies*, vol. 8, no. 1, pp. 15–25.
Pratt, D.（1980）'Curriculum Design and Development', Harcourt Brace Jovanivich, New York.
Readings, B.（1996）*The University in Ruins*, Harvard University Press, Cambridge.［ビル・レディングズ『廃墟のなかの大学』青木健，斎藤信平訳（法政大学出版局，2000年）.］
Rhees, R.（1970）'Wittgenstein's Builders', in *Discussion of Wittgenstein*, ed. Rush Rhees, Routledge and Kegan Paul, London.
Rorty, R.（1982）*Consequences of Pragmatism*, Harvester, Great Britain.［リチャード・ローティ『哲学の脱構築　プラグマティズムの帰結』室井尚，吉岡洋，加藤哲弘，浜日出夫，庁茂訳（御茶の水書房，1985年／1994年新装版）.］
Rorty, R.（1989）*Contingency, Irony, and Solidarity*, Cambridge University Press,

Cambridge. ［リチャード・ローティ『偶然性・アイロニー・連帯――リベラル・ユートピアの可能性』齋藤純一，山岡龍一，大川正彦訳（岩波書店，2000年）.］
ルソー『社会契約論』桑原武夫，前川貞次郎訳（岩波書店，1954年）.
Ryle, G.（1929）'Heidegger's *Sein and Zeit*', *Mind* 38, in Murray（1978）.
Ryle, G.（1949）*The Concept of Mind*, Penguin, London. ［ギルバート・ライル『心の概念』坂本百大，井上治子，服部裕幸訳（みすず書房，1987年）.］
齋藤直子『〈内なる光〉と教育――プラグマティズムの再構築』（法政大学出版局，2009年）.
Sapir, Edward（1921）*Language, An Introduction to the Study of Speech*, Harcourt, Brace and Company, New York.
Sartre, J. P.（1946）*L'Existentialisme est un Humanisme*, Nagel, Paris.
Sartre, J. P.（1958）*Being and Nothingness*, tr. Hazel E. Barnes, Methuen. ［ジャン＝ポール・サルトル『存在と無――現象学的存在論の試み〈1〉』『存在と無――現象学的存在論の試み〈2〉』松浪信三郎訳（筑摩書房，2007年）『存在と無――現象学的存在論の試み〈3〉』松浪信三郎訳（筑摩書房，2008年）.］
Sartre, J. P.（2009）*Last Chance*, the road to freedom, tr. Craig Vasey, Continuum Intl Pub Group, London. ［ジャン＝ポール・サルトル『自由への道（1）(2)(3)』海老坂武，澤田直訳（岩波書店，2009年）.］
Schopenhauer, A.（1985）*On the Basis of Morality*, tr. E. F. J. Payne, Indianapolis, The Bobbs–Merrill Company, Inc. ［ショーペンハウアー「道徳の基礎について」『ショーペンハウアー全集9』前田敬作，芦津丈夫，今村孝訳（白水社，1996年）.］
Sefler, G. F.（1974）*Language and the World*, Humanities Press, Atlantic Highlands, NJ.
シェイクスピア『リア王』福田恆存訳（新潮社，1967年）／野島秀勝訳（岩波書店，2000年）.
シェイクスピア『ハムレット』福田恆存訳（新潮社，1967年）／野島秀勝訳（岩波書店，2002年）.
Simpson, A.（1985）'The Usefulness of "Aesthetic Education"', *Journal of Philosophy of Education*, vol. 19, no. 2, pp. 273–280.
Singer, P.（1983）*Hegel*, Past Masters, Oxford University Press, New York. ［ピー

ター・シンガー『ヘーゲル入門――精神の冒険』島崎隆訳（青木書店，1995年）.］
Solomon, R. C.（1988）*Continental Philosophy since 1750 – The Rise and Fall of the Self*, A History of Western Philosophy 7, Oxford University Press, Oxford, and New York.
Standish, P., and Smith, R.（eds）（1997）*Teaching Right and Wrong: Moral Education in the Balance*, Trentham Books, Stoke-on-Trent.
Standish, P., Blake, N., Smeyers, P., and Smith, R.（1998a）*The Universities We Need: Higher Education After Dearing,* Kogan Page, London.
Standish, P., Blake, N., Smeyers, P., and Smith, R.（1998b）*Thinking Again: Education After Postmodernism,* Greenwood Publishing, Westport.
Standish, P.（1999）'Centre Without Substance: Cultural Capital and *The University in Ruins*', *Jahrbuch für Erziehungswissenschaft,* pp. 83–104.
Standish, P., Blake, N., Smeyers, P., and Smith, R.（2000）*Education in an Age of Nihilism,* Routledge, London.
Standish, P.（2000）'In Freedom's Grip', in *Lyotard: Just Education*,（eds）P. Standish and P. Dhillon, Routledge, London.
Standish, P.（2001）'Disciplining the Profession: Subjects Subject to Procedure', *Educational Philosophy and Theory*, vol. 34, no. 1, pp. 5–23.
Standish, P.（2007）'Rival Conceptions of the Philosophy of Education', *Ethics and Education*, vol. 2, no. 2, pp. 159–171.
Staten, H.（1985）*Wittgenstein and Derrida*, University of Nebraska Press, Blackwell, Oxford.［ヘンリー・ステーテン『ウィトゲンシュタインとデリダ』高橋哲哉訳（産業図書，1987年）.］
Steiner, G.（1978）*Heidegger*, Fontana Paperbacks, London.
Taylor, C.（1985）*Human Agency and Language*, Cambridge University Press, London.
Taylor, C.（1989）*Sources of the Self*, Cambridge University Press, London.
手塚富雄『手塚富雄著作集　第5巻』（中央公論社，1981年）.
Thomson, Iain（2002）'Heidegger on Ontological Education, or: How We Become What We Are', in *Heidegger, Education, and Modernity*, ed. M. Peters Rowman and Littlefield, Lanham, MD.
トゥルニエ，M.『フライデーあるいは太平洋の冥界』榊原晃三訳（岩波書店，

1982年).
Updike, J. (1989) 'On Being a Self Forever', in *Self-Consciousness*, Andre Deutsch, London.
Weil, S. (1983) *Waiting on God*, Fontana Books, London. [シモーヌ・ヴェイユ『神を待ちのぞむ』田辺保, 杉山毅訳 (勁草書房, 1991年).]
Weil, S. (1990) 'Essay on the Notion of Reading', tr. Rebecca Fine Rose and Timothy Tessin, *Philosophical Investigations*, vol. 13, no. 4, pp. 297-303.
White, J. (2003) 'Five Critical Stances towards Liberal Philosophy of Educaiton in Britain—with responses by W. Carr, R. Smith, P. Standish and T. H. McLaughlin', *Journal of Philosophy of Education*, vol. 37, no. 1, pp. 147-184.
Whitehead, A. N. (1938) *Modes of Thought*, Cambridge University Press, Cambridge. [ホワイトヘッド『思考の諸様態』[ホワイトヘッド著作集 第13巻] 藤川吉美, 伊藤重行訳 (松籟社, 1980年).]
Whorf, Benjamin Lee (1956) *Language, Thought, and Reality: Selected Writings of Benjamin Lee Whorf*, ed. J. B. Carroll, foreword by S. Chase, M.I.T. Press, Cambridge, MA.
Winch, P. (1982) 'Text and Context', *Philosophical Investigations*, vol. 5, no. 1 (January), pp. 42-56.
Yeats, W. B. (1965) *Selected Poetry*, ed. A. Norman Jeffares, Macmillan, London. [W. B. イェイツ『イェイツ詩集』中林孝雄, 中林良雄訳 (松柏社, 1990年).]
Yuasa, Y. (1987) 'The Encounter of Modern Japanese Philosophy with Heidegger', in *Heidegger and Asian Thought*, ed. Parkes, G., University of Hawaii Press, HI.
Zucker, R. (1988) 'Wittgenstein's Builder-Tribe', *Philosophical Investigations*, vol. 11, no. 3 (July), pp. 218-224.